अलंकार-विमर्श

अलंकार-विमर्श

कृष्णनारायण प्रसाद 'मागध'

वाणी प्रकाशन

वाणी प्रकाशन
4695, 21-ए, दरियागंज, नयी दिल्ली 110 002
शाखा
अशोक राजपथ, पटना 800 004
फ़ोन: +91 11 23273167 फ़ैक्स: +91 11 23275710
www.vaniprakashan.in
vaniprakashan@gmail.com

ALANKAR-VIMARSH
by Krishnnarain Prasad 'Magadh'

ISBN : 978-93-5072-779-9
Criticism

प्रथम (वाणी) संस्करण
मूल्य : ₹ 695

हर्ष प्रिंटर्स, दिल्ली-110 093 में मुद्रित

वाणी प्रकाशन का लोगो मक़बूल फ़िदा हुसेन की कूची से

श्री सरस्वत्यै नमः

सौन्दर्यमलङ्कारः

अनन्ता वाङ्मयस्यास्य गेयस्येय विचित्रता

प्रातःस्मरणीय पूज्य दादा जी की स्मृति में

कृष्णनारायण प्रसाद 'मागध'

(तनिकवा)

द्वितीय संस्करण का पुरोवाक्

यह पुस्तक (अलंकार विगर्श) गहली बार जुलाई 1966 में प्रकाशित हुई थी। कई विश्वविद्यालयों ने इसे स्नातक और परा-स्नातक कक्षाओं के पाठ्यक्रमों में स्थान भी दिया था। कई पत्रिकाओं में इसकी समीक्षाएँ भी प्रकाशित हुई थीं। सबने इसकी मुक्तकंठ से सराहना की थी। उन सबका उल्लेख नहीं करते हुए केवल डॉ. नगेन्द्र के मत को यहाँ उपस्थित करने का लोभ संवरण नहीं कर पा रहा हूँ। उन्होंने पुस्तक के प्रकाशक स्व. श्री केदार साथी के नाम अपने 22 सितम्बर 1966 को लिखे एक पोस्टकार्ड में मत व्यक्त किया था– "......**प्रस्तुत पुस्तक एक अधिकारी विद्वान द्वारा लिखित अपने विषय की प्रामाणिक रचना है।**" डॉ. नगेन्द्र के इस मत के पश्चात् कुछ और कहना रह नहीं जाता। खेदपूर्वक कहना पड़ता है कि श्री केदार साथी की आकस्मिक मृत्यु से सब गड़बड़ हो गया। प्रस्तुत पुस्तक 15-17 वर्षों से अनुपलब्ध है। प्रियवर अरुण माहेश्वरी जी से मैंने इसके प्रकाशन के सम्बन्ध में बात की जिसे उन्होंने स्वीकार कर लिया। प्रकाशनार्थ पुस्तक की एक प्रति मैंने उनके पास भेज दी जो कई वर्षों तक उनके पास ही पड़ी रही।

अन्ततः वह प्रकाशित हो आपके हाथ में आ रही है। इस निमित्त श्री अरुण माहेश्वरी जी को अशेष धन्यवाद।

नालन्दा (बिहार) **कृष्णनारायण प्रसाद 'मागध'**

जून, 2014

प्रथम संस्करण का आत्मकथ्य

सिद्धांत की सिद्धता साहित्य एवं कला की बुद्धिसंगत व्याख्या में ही है, बाधक बनने अथवा उन्हें नियमन करने में नहीं। चाहे रस हो या रीति, अलंकार हो या वाक्रोवित, ध्वनि हो या औचित्य, अनुकरण हो या रेचन, संभावना हो या कल्पना, औदात्य हो या आह्लाद, भ्रांति हो या अन्विति, पुरावृत्त हो या स्वप्न, बिंब हो या प्रतीक—कविता अथवा यों कहें कि कोई भी साहित्य-विधा केवल किसी एक की सिद्धि नहीं ढूँढ़ती। कविता के लिए चाहे पुरानी हो या नयी, अकविता हो या कवितान्तर—असल में रुचिकर होना ही पर्याप्त है, रस, अलंकारमय होना अनिवार्य नहीं। रुचिकर होने के लिए प्रेषणीयता प्राथमिक आवश्यकता मानी जा सकती है अवश्य। इसे आप भाषा का भावानुकूल उपयोग कहें अथवा विभावन-व्यापार की समस्त संपदा 'सौन्दर्यमलङ्लकारः', मेरी दृष्टि में विशेष अन्तर नहीं पड़ता। प्रस्तुत पुस्तक में मेरे ये विचार कहाँ तक सफल हो सके हैं, इसका निर्णय मैं रूचि संपन्न पाठकों पर ही छोड़ता हूँ।

अलंकार-शात्रा का सैद्धांतिक पक्ष शुष्क और अपेक्षाकृत जटिल है, पर यथासंभव सरस एवं रंजक उदाहरणों के चयन द्वारा उन्हें कम करने का प्रयत्न किया गया है। आज अलंकारयुग का अन्त भले हो गया है, पर अलंकारों के अध्ययन-अनुशीलन की आवश्यकता का नहीं। अलंकारों का सम्यक् अध्ययन अन्य काव्योपकरणों के साथ ही संभव है, सर्वथा पृथक् रूप में नहीं। सर्वथा पृथक् रूप में अध्ययन करने की मध्ययुगीन एकांगी प्रणाली की कितनी कुत्सा सहनी पड़ी है, इसे दुहराने की आवश्यकता नहीं। प्रस्तुत पुस्तक में अलंकारों का गुण, रस, रीति, वक्रोक्ति आदि सम्प्रदायों अभिधा, लक्षणा आदि शब्दशक्तियों; मनोविज्ञान, प्रतीक, बिंब आदि अन्य काव्योपकरणों के साथ साम्य-वैषम्य के निरूपण एवं अलंकार के पारिभाषिक स्वरूप, अलंकार्य, वर्गीकरण, संख्या, अलंकार-साहित्य की विकास-यात्रा आदि की विशद-चर्चा के द्वारा अध्ययन को विस्तृत एवं पूर्ण बनाने का प्रयत्न किया गया है।

अलंकार का संख्या केसम्बन्ध में पर्याप्त मतभेद है। वस्तुतः उनकी संख्या महत्त्वपूर्ण नहीं है, अपितु महत्त्वपूर्ण है उनके प्रयोग में निहित सौन्दर्यानुभूति अथवा आधुनिक शब्दावली में आत्मसंघर्ष की अभिव्यंजना। शब्दालंकार, अर्थालंकार, मिश्रित

अलंकार आदि यहाँ अलग-अलग खंडों में रखे गए हैं। आधुनिक कविता के शृंगार हेतु मानवीकरण, विशेषण-विपर्यय आदि अनेक पाश्चात्य अलंकारों का ग्रहण भी चल पड़ा है। इसी से बहुप्रचलित पाश्चात्य अलंकार भी यहाँ स्वतंत्र रूप में निरूपित है। यदि कोई चाहे तो उन्हें अन्य भारतीय अलंकारों में ही समेट सकते हैं, मेरा उनसे विरोध नहीं। ग्रंथांत में कतिपय अलंकारों के पारस्परिक साम्य-वैषमय का एकत्र विर्वचन भी सहेतुक है।

वस्तुतः प्रस्तुत पुस्तक न तो भाव सार-संचयन है और न सामग्री-सम्प्रेषण। यह न तो पूर्णतः किसी के अनुवेदन पर अनुधावित है और न मात्र मेरा आत्मकथ्य। हिंदी अलंकार-साहित्य की विभिन्न परिष्कृत कृतियों में पाठक यदि इसे भी एक स्थान दें तो मैं अपना अध्ययन सफल मान लूँगा। अलंकार-शास्त्र की परिधि व्यापक है। इसके अध्ययन-अनुशीलन का सीमांकन दुष्कर है। क्रम तो सदा चलता ही रहेगा—"अनंता वाङ्मय-स्यास्य गेयस्येव विचित्रता"।

पुस्तक लेखन में मुझे अनेक विद्वानों एवं उनकी कृतियों से प्रत्यक्ष अथवा परोक्ष रूप में सहायता मिली है। मैं उन सब के प्रति अनुगृहीत हूँ। अपने सहकर्मी बंधुओं (मिश्र द्वय) की प्रेरणा एवं उनके द्वारा मेरे आलस्य पर लगाए जाने वाले कोडे के अभाव में शायद यह कार्य पूरा नहीं होता। पुस्तक का यह सुन्दर एवं शीघ्र प्रकाशन 'साथी प्रकाशन' के संचालक श्री केदार साथी की सुरुचि का परिणाम है।

गुरुपूर्णिमा, 2023 वि. **कृष्णनारायण प्रसाद 'मागध'**

(2 जुलाई, 1966)

मागध-मंदिर

गोपालगंज (सारन)

विषय-सूची

(क) अलंकार-प्रवृत्ति

1. उपक्रम

सांध्य वेला। आप अपने कमरे में हैं। आपका मित्र आता है। कहता है, "तुम भी अजीब हो, दिन भर घर में बैठे चुपचाप गड़े मुर्दे उखाड़ते रहते हो। चलो कहीं घूम आएँ। भला यह भी क्या पढ़ने-सोचने का समय है।" और आप कह उठते हैं, "ठहरो, जरा तैयार भी तो हो लेने दो।" आप झटपट हाथ-मुँह धोते हैं। धोती की जगह पतलून चढ़ाते हैं, धुली हुई कमीज पहनते हैं और फिर मोजे-जूते; न जाने क्या-क्या। तेजी से स्नो की डिबिया उठाते हैं और फिर आती है बारी शीशे-कंघी की। इधर आप बन-सँवर रहे हैं, उधर आपका मित्र ऊब रहा है। कहता है, "अरे छोड़ो न इन्हें... एक दिन स्नो न लगाओगे तो क्या बिगड़ जायेगा... हाँ, हो गया... बस, ऐसे ही ठीक हो... भला आज कंघी न करोगे तो क्या लोग तुम्हें न पहचानेंगे कि तुम वही हो।" पर आप उसकी एक भी नहीं सुनते। बिना पूरी तरह सजे-धजे, कपड़ों पर इत्र की शीशी बिना उड़ेले घर से नहीं निकलते। आखिर यह सब क्यों? आप कई प्रकार की बातें कह सकते हैं—स्वास्थ्य के लिए साफ कपड़े पहनना आवश्यक है, सभ्य समाज में रहने के लिए यह आवश्यक है, आदि-आदि। और यदि आप बुरा न मानें तो मैं भी कुछ कहूँ—**वस्तुतः यह है आत्म-प्रदर्शन की सहज प्रवृत्ति।**

तो स्पष्ट है कि अलंकरण के मूल में है आत्म-प्रदर्शन की सहज प्रवृत्ति। यह (अलंकरण) एक सहज प्रवृत्ति है। यह सार्वजनीन तो है ही, सार्वत्रिक और सार्वकालिक भी है। हो सकता है कि इसका प्रारंभ उपयोगितावादी दृष्टि से ही हुआ हो, पर आज इसने उस सीमा का अतिक्रमण कर लिया है। आदिम मानव ने धूप, वर्षा और सर्दी से बचने के लिये घर तो बनाए होंगे, पर उसकी दीवालों पर चित्रों का निर्माण किसी उपयोगिता से नहीं, लालित्य के कारण ही प्रारंभ हुआ होगा। वस्त्र उपयोगितावादी दृष्टि से आविष्कृत भले हुए हों, पर उनमें अनेक प्रकार के गोटे-जाली उपयोगितावादी दृष्टि के कारण नहीं बने होंगे। अस्तु, यह कहना संगत है कि अलंकरण ही सहज प्रवृत्ति का इतिहास आज गहरी जड़ें जमा चुका है।

शरीर अलंकरण के साथ ही साथ मस्तिष्क अलंकरण भी प्रारंभ हुआ होगा। कालान्तर में मस्तिष्क अलंकरण की सामाजिक मर्यादा बढ़ी होगी और एक समय ऐसा भी आया होगा कि उसके अभाव में व्यक्ति समाज में असभ्य, जंगली आदि शब्दों से भी जाना गया होगा। वाणी के अलंकरण की पृष्ठभूमि इससे भिन्न नहीं मानी जा सकती। संभावना ऐसी है कि इसका भी प्रारंभ उपयोगितावादी दृष्टि से ही हुआ होगा, पर आज इसमें ललित दृष्टिकोण ही अधिक निहित है। यह असंदिग्ध रूप में मान्य है कि अलंकरण से भाषा उर्वर बनती है, इसकी गरीबी मिट जाती है, इससे भावोद्रेक में सहायता मिलती है; पर यह भी तो अमान्य नहीं है कि इससे उक्ति में रमणीयता और सुन्दरता आती है[1]। इन सारी बातों पर ध्यान रखते हुए हमें यही निष्कर्ष प्राप्त होता है कि मानव में अलंकरण-प्रवृत्ति सहज रूप में उत्पन्न ललित प्रवृत्ति है। इस प्रवृत्ति का आविष्कार मनुष्य ने मगज मार कर नहीं किया है, यह हृदय से स्वतः-स्फूर्त है।

2. अलंकार के पारिभाषिक स्वरूप का विकास

'अलंकार' शब्द 'अलम्' और 'कार' दो शब्दों के मेल से बना है। 'अलम्' का अर्थ है भूषण और 'कार' का अर्थ है कर्त्ता; अर्थात् भूषण-कर्त्ता—जिसके द्वारा भूषित या अलंकृत किया जाये, वही है अलंकार। इस प्रकार अलंकार के शाब्दिक अर्थ होंगे—सजावट, शृंगार, आभूषण आदि। 'अलंकार' शब्द का काव्य-शास्त्रीय अर्थ में प्रयोग सर्वप्रथम आद्याचार्य भरतमुनि ने 'नाट्यशास्त्र' में किया है। उन्होंने 'अलंकार' के समकक्ष ही एक और शब्द प्रयुक्त किया है—**'लक्षण'**[2]। अलंकार तो उन्होंने चार (उपमा, रूपक, दीपक, यमक) ही गिनाये हैं, पर काव्य-लक्षण छत्तीस; जिनमें हेतु, संशय, दृष्टान्त, निदर्शन आदि ऐसे हैं जिन्हें आगे चलकर अलंकार ही स्वीकार किया गया है। 'अलंकार' के लिए एक तीसरा शब्द भी प्रयुक्त हुआ है—**'चित्र'**[3]। इस प्रकार भारतीय काव्य-शास्त्र में अलंकार के लिए तीन शब्द प्रयुक्त हुए हैं—अलंकार, लक्षण और चित्र। इनमें सर्वमान्य और सर्वप्रचलित शब्द है 'अलंकार'।

पाश्चात्य काव्य-शास्त्र में भी अलंकार के लिए महत्त्वपूर्ण पर्याय तीन ही मिलते हैं—ट्रोप्स, (Trops), फिगर्स (Figures) और औरनामेंट (Ornament)। वहाँ ये शब्द

1. Metaphor took its rise from the poverty of language. Man not finding upon every occasion words ready made for their ideas were compelled to have recourse towords analogous, and tranfer them from their original meaning to the meaning of the required.

– PHil. 10 INq. P. II. C. 10

2. नाट्यशास्त्र 165।
3. हिंदी रीति परम्परा के प्रमुख आचार्य—पृ. 631।

प्रायः समानान्तर रूप में प्रयुक्त हुए हैं, पर आज 'फिगर' शब्द ही अधिक प्रचलित है। शब्दार्थ के विचार से ट्रोप, फिगर और औरनामेंट को क्रमशः लक्षण, चित्र और अलंकार की समकक्षता प्रदान की जा सकती है।

संस्कृत के आचार्यों ने 'अलंकार' का व्युत्पादन दो प्रकार से किया है—

(क) **'अलङ्करोतीति अलङ्कारः'** अर्थात् जो आभूषित करता है, वह अलंकार है और (ख) **'अलङ्क्रियतेऽनेनेत्यलङ्कारः'** अर्थात् जिसके द्वारा किसी की शोभा होती है, वह अलंकार है। सामान्यतः दोनों का सार एक ही है, किन्तु सूक्ष्म दृष्टि से पर्यालोचन के पश्चात् यह स्पष्ट हो जाता है कि प्रथम अर्थ में अलंकार काव्य का सहज अथवा स्वाभाविक धर्म है, पर द्वितीय अर्थ में वह साधन मात्र है, सहज अथवा स्वाभाविक धर्म नहीं।

आगे चलकर साहित्य-शास्त्रियों में दो वर्ग स्पष्टतः लक्षित होते हैं। साहित्य-शास्त्रियों का प्रथम वर्ग अलंकार को प्रथम अर्थ में ग्रहण कर इसे काव्य की आत्मा के रूप में स्वीकृत करता है। इस वर्ग के पोषकों में भामह, दंडी, वामन, अग्निपुराणकार, जयदेव आदि के नाम लिये जाते हैं। साहित्य-शास्त्रियों का द्वितीय वर्ग अलंकार को काव्य का मात्र शोभाकारी धर्म और बाह्य रूप से उपस्कारक मानता रहा है। इस वर्ग में मम्मट, पं॰ विश्वनाथ आदि के नाम आदरपूर्वक गृहीत हैं। वस्तुतः इस वर्ग के विचारकों ने संतुलित और औचित्यपूर्ण पद्धति से काव्य में अलंकार का स्थान निरूपित किया है। आज के सुधी आलोचक भी इन्हीं लोगों के विचारों का पोषण करते हैं।

भारतीय आलोचना में काव्य की आत्मा को लेकर अनेक प्रकार के मत सामने आए। इनमें प्राचीन मत अलंकारवादियों का ही माना जा रहा है। अलंकारवाद के आद्याचार्य भामह ने सर्वप्रथम अपनी मान्यता व्यक्त की कि भूषण के अभाव में सुन्दर रमणी के मुख पर ही कांति नहीं आती है—**'न कांतमपि निर्भूषं विभाति वनितामुखम्'**। इसी से उन्होंने घोषणा की कि प्रकृत रूप में वाणी सुन्दर नहीं होती। उसकी सुन्दरता के लिये अलंकार अनिवार्य है। वे **शब्द और अर्थ की वक्रता को ही वाणी का अभीष्ट अलंकार मानते थे**[1]। इस मान्यता को आगे बढ़ाया है आ. दंडी ने। उन्होंने बताया कि सदलंकृत काव्य ही चिरस्थायी होता है—**'काव्यं कल्पान्तरस्थायी जायते सदलङ् कृति'**। काव्य के स्थायित्व का तात्पर्य है उसकी अमरता से। अमरता अथवा स्थायित्व की बात कहकर स्पष्ट रूप से अलंकार को काव्य की आत्मा के रूप में प्रतिष्ठित करने का यह प्रत्यत्न दंडी की मौलिक देन स्वीकार की जायेगी।

---

1. न नितान्तादिमात्रेण जायते चारुता गिराम्।
   'वक्राभिधेयशब्दोक्ति' रिष्टा वाचामलङ्कृतिः।।—काव्यालंकार 1। 36।

अलंकारवाद के परवर्ती आचार्यों में दंडी का निम्नांकित सूत्र मानो स्तोत्र के रूप में प्रचलित होकर मान्य रहा है–**'काव्यशोभाकरान् धर्मान् अलंकारान् प्रचक्षते'**। यह सूत्र 'अलंकरोतीति अलंकारः' के निकट पड़ता है। डॉ॰ नगेंद्र ने दंडी के उपर्युक्त सूत्र से दो निष्कर्ष दिये हैं–अलंकार काव्य का स्वाभाविक अथवा सहज धर्म है और काव्य की शोभा अलंकारों पर ही निर्भर है। इस मत का पोषण एक लम्बी अवधि तक होता रहा है। इसी का पोषण करते हुए आ. वामन ने घोषणा की–**'काव्यं ग्राह्यमलङ्कारात्'**। अर्थात् काव्य मात्र अलंकार के कारण ही ग्राह्य है। वामन ने अलंकार का रहा-सहा क्षेत्र भी पूर्ण विकसित किया। **'सौन्दर्यमलङ्कारः'** जैसा सूत्र उनके इसी व्यापक दृष्टिकोण का परिचायक है।

अलंकारों के सम्बन्ध में विचार की यह प्रक्रिया यहाँ रुकती नहीं, बढ़ती ही जाती है। नवमी शताब्दी के आस-पास अग्निपुराणकार ने तो यह भी घोषित किया कि अलंकार-विहीन काव्य विधवा है–**'अलंकाररहिता विधवेव सरस्वती'**। समर्थकों की कौन कहे, विरोधी आचार्यों में वक्रोक्ति-वाद के प्रतिष्ठापक आचार्य कुन्तक ने भी **'सालङ्कारस्य काव्यता'** कहकर परोक्षरूप से अलंकार की पुष्टि ही की है। इस समय तक साहित्य-शास्त्र में अलंकार के विरोध में कई प्रकार के काव्य-सम्प्रदाय पनप चुके थे। खंडन-मंडन की प्रक्रिया प्रमुखता पा चुकी थी। अब अलंकार अपना आसन पूर्ववत् बनाए रखने में असमर्थ हो रहा था। धीरे-धीरे रीति, वक्रोक्ति, रस, ध्वनि, औचित्य आदि अलंकार का आसन खींचना चाह रहे थे। भला कोरा अलंकारवादी इसे कैसे सह सकता था? इसी क्रम में ख्रिष्टाब्द की तेरहवीं शदी में चंद्रालोककार जयदेव ने आ. मम्मट के 'अनलंकृती पुनः क्वापि' का पुरजोर विरोध करते हुए प्रतिपादित किया कि अलंकार-शून्य शब्दार्थ में काव्यत्व स्वीकार करने वाले कृती अग्नि में शीतलता क्यों नहीं मानते–

'अंगीकरोति यः काव्यं शब्दार्थावनलंकृती।
असौ न मन्यते कस्मादनुष्णमनलंकृती।।

यह तो रही पहले वर्ग की चर्चा। इससे इतर कुछ अन्यों के विचार भी देख लेना आवश्यक है। जहाँ 'काव्यं ग्राह्यमलंकारात्' कहकर वामन ने काव्य में अलंकार की प्रतिष्ठा की, वहाँ उन्होंने **'युवतेरिव रूपमङ्ग काव्यं,....** आदि कहकर यह भी संकेत किया कि युवती के रूप में समान अलंकार-विहीन काव्य भी रुचिकर होता है। इससे इतना तो स्पष्ट हो ही जाता है कि अलंकार के अभाव में भी काव्य का रुचिकर होना संभव है। इसे ही आगे बढ़ाकर आ. मम्मट ने **'अनलंकृती पुनः क्वापि'** की घोषणा की, जिससे काव्य में अलंकार की अनिवार्यता का महत्त्व प्रायः समाप्त ही हो गया।

वस्तुतः अलंकार को उचित रूप में आँकने का प्रयत्न प्रयास किया है पं॰ विश्वनाथ ने। उन्होंने गुण और रीति के साथ अलंकार को काव्य में रस का उत्कर्षक

स्वीकार किया है—**'उत्कर्षहेतवः प्रोक्ता गुणालंकाररीतयः'**। पुनः उन्होंने अलंकार को काव्य का अस्थिर धर्म (सहज धर्म नहीं) स्वीकार कर उसे अंगद आदिवत् शोभातिशायी रस का उपस्कारक कहा है—

'शब्दार्थयोरस्थिरा ये धर्माः शोभातिशायिनः।
रसादीनुपकुफर्वन्तो ऽलंकारास्तेऽङ्गदादिवत्।।

पं॰ विश्वनाथ की यह मान्यता **'अलंक्रियतेऽनेनेत्यलंकारः'** के निकट पड़ती है। यहाँ, स्पष्ट रूप से शब्दार्थ (काव्य के बाह्य तत्त्व) के अस्थिर धर्म और रूप में अलंकार को स्वीकृत किया गया है। ध्यान देने की बात यहाँ इतनी ही है कि अलंकार रस का उपस्कारक और काव्य का अस्थिर धर्म है, काव्य का बहिर्भूषण मात्र नहीं। बहिर्भूषण मानने का अर्थ होगा अलंकार को शब्द और अर्थ से पूर्णतः अलग कर देखना, पर वस्तुतः ऐसा किया नहीं जा सकता। संस्कृत के आचार्य 'कर्णकुंडल', 'कटक-कुंडल', 'अंगदादिवत्' आदि शब्दों-द्वारा अलंकार को काव्य से पूर्णतः अलग की वस्तु स्वीकारते रहे हैं। वे इसे बहिर्भूषण समझते रहे हैं। आभूषणों की सबसे बड़ी विशेषता यही है कि शरीर को बिना किसी प्रकार का कष्ट पहुँचाए ही उन्हें आवश्यकतानुसार अलग किया जा सकता है। क्या काव्य के अलंकारों के साथ भी यही विशेषता होती है? नहीं। यदि हम कविता से अलंकार को अलग करना चाहें तो कविता की अंग-भंगी होगी ही। आभूषण शरीर के अंगभूत नहीं होते, पर अधिकांश अलंकार काव्य-शरीर के अंगभूत तत्त्व हैं। उनका सम्बन्ध 'तन्तुपटवत्' ही स्वीकार किया जा सकता है, 'कर्ण-कुंडलवत्' बिल्कुल नहीं। अलंकार काव्य-शरीर के ताने-बाने से पूर्णतः मिला-जुला होता है। उसे विलग नहीं किया जा सकता। वस्तुतः, अलंकार का शब्दार्थ से तो रासायनिक अन्तर्गठन है, फिर उसे अलग रखकर विचार कैसे किया जायेगा। इसकी पुष्टि हेतु आनन्दवर्द्धन की मान्यता देखी जा सकती है। उनका मत है कि रस-कर्तृक-आक्षिप्त होने से जो रचना संभव होती है और रसों के साथ एक ही बार के प्रयत्न में जो सम्पन्न या सिद्ध होता है, वही अलंकार है—

रसाक्षिप्ततया यस्य बन्धः शक्यक्रियो भवेत्।
अपृथग्-यत्न-निर्वत्यः सोऽलंकारो ध्वनौ मतः।।

यहाँ अलंकार के दो लक्षण संकेतित हैं—**रसक्षिप्तता** और **अपृथग्यत्न-सम्पाद्यता**। अर्थात् रस-द्वारा आकृष्ट होना और उक्ति से अभिन्न होना अलंकार के आवश्यक लक्षण हैं। स्थूल रूप में अब हम कह सकते हैं, यदि कहना चाहें, कि अलंकार काव्य का सहज प्रभावुक धर्म है। वह काव्य का अंगभूत तत्त्व है, भले ही उसका स्थान रस, ध्वनि आदि से पीछे ही क्यों न हो।

संस्कृत-आचार्यों के मत-वैभिन्नय की परम्परा हिंदी अलंकार-शास्त्र में भी स्पष्ट

है। हिंदी के तथाकथित प्रथम आचार्य आ॰ केशव अलंकारवादी ही ठहरते हैं। वे कविता में अलंकार की स्थिति अनिवार्य मानते हैं–**'भूषन बिनु न बिराजई, कविता बनिता मित्त'**। ऐसी बात नहीं कि ये मात्र कथनी तक ही सीमित है, अपितु इन्होंने अपनी रचनाओं में इस उक्ति का पूर्णतः निर्वाह भी किया है। इससे इन्हें जितना यश मिला, शायद उससे अधिक अपयश ही। अलंकारों की बोझ से कविता का सहज गुण और स्वारस्य तो नष्ट हो ही गया है, 'कठिन काव्य के प्रेत' की संज्ञा से भी इन्हें विभूषित होना पड़ा है। दूलह कवि ने भी **'बिन भूषन नहिं भूषई, कविता बनिता यार'** कहकर आचार्य केशव की लीक ही पकड़ी है। छायावादी कवियों में अग्रणी कविवर पंतजी का विचार भी प्रायः इस परम्परा से अधिक दूर का नहीं माना जायेगा। 'पल्लव' की भूमिका में वे लिखते हैं–"अलंकार केवल वाणी की सजावट के लिए नहीं, वे भाव की अभिव्यक्ति के विशेष द्वार हैं। भाषा की पुष्टि के लिए, राग की परिपूर्णता के लिए आवश्यक उपादान है, वे वाणी के आचार, व्यवहार, रीति-नीति हैं; पृथक् स्वरूप, भिन्न अवस्थाओं के भिन्न चित्र हैं। वे वाणी के हास, अश्रु, स्वप्न, पुलक, हाव-भाव हैं।" पंतजी के इस कथन से यह अर्थ लगाना कि वे अलंकारवादी हैं, वस्तुतः भूल होगी। वस्तुतः इनके कथन में आनन्दवर्द्धन की पृष्ठभूमि को जोड़ दें, तो सारी बातें स्पष्ट हो जाएँगी। शब्दार्थ से अलंकार की अभिन्नता मानकर ही इन्होंने ये बातें कही हैं। छायावादी आलोचक प्रवर श्री नंददुलारे वाजपेयी जी भी अलंकार का महत्त्व कुछ इसी प्रकार प्रतिपादित करते हैं। उन्होंने 'आलोचना' के काव्यालोचन विशेषांक के सम्पादकीय में लिखा था कि–"अलंकार केवल पहले से सुन्दर वस्तु को अधिक सुन्दर बनाने के उपकरण नहीं हैं। काव्य के मौलिक स्वरूप से उनका गहरा सम्बन्ध है।" तात्पर्य यह कि आज भी कतिपय विचारक अलंकार को काव्य का अंगभूत तत्त्व मानने के पक्ष में हैं। जैसा कि पहले निर्देश किया गया है, इस मान्यता के पीछे भी एक सबल आधार है। जिसे यों ही टाल नहीं दिया जा सकता।

हिंदी वालों में भी काव्यशास्त्रियों का दूसरा वर्ग अलंकार को काव्य का सहज धर्म नहीं, प्रत्युत शोभातिशायी धर्म ही मानता है। इस सम्बन्ध में देव कवि का कथन देखा जा सकता है–

कविता कामिनी सुख प्रद, सुबरन सरस सुजाति।
अलंकार पहिरे अधिक, अदभुत रूप लखाति।।

उपर्युक्त छन्द का उत्तरार्द्ध विचारणीय है। यहाँ कवि मात्र इतना ही स्वीकार करता है कि अलंकार से काव्यरूप अधिक उत्तम दिखता है। इसका आशय यह है कि अलंकार के अभाव में भी उत्तम कविता संभव है, भले ही वह अधिक उत्तम न हो। आ॰ भिखारीदास ने भी अलंकार को भूषण रूप में ही स्वीकार किया है–

रस कविता को अंग भूषन है भूषन सकल

रसवादी और अनुप्रास-प्रेमी कवि **पद्माकर** ने भी कुछ ऐसा ही विचार व्यक्त किया है–

सगुण सभूषन सुभ सरस, सुबरन सुपद सराग।
इमि कविता अरु कामिनी, लहै जु सो बड़भाग।।

और कवि **लछिराम** का मत तो सर्वाधिक स्पष्ट है ही कि–

भूषनवत् पद-अर्थ में अलंकार अनुमान।

अस्तु, इस वर्ग की मान्यताओं से स्पष्ट है कि अलंकार काव्य का बाह्य धर्म है, आन्तरिक धर्म नहीं। बाह्य धर्म होने के कारण यह शोभातिशायी तो है, किन्तु शोभा का उत्पादक नहीं। काव्य में रस का होना अनिवार्य है, पर अलंकार के लिए ऐसा आवश्यक विधान नहीं बनाया जा सकता। हाँ, यदि वे रस के साथ सहज-स्फूर्त हों तो कोई बात नहीं। यहाँ स्वभावतः यह प्रश्न उठता है कि क्या 'रस' अलंकार नहीं हो सकता। नहीं, वह (रस) भी अलंकार हो सकता है (अलंकारवादियों के अनुसार)। जहाँ एक रस किसी अन्य रसादि का उपस्कारक बनता है, वहाँ वह अलंकार ही बनता है। इसी से रसवदादि अलंकारों की कल्पना हुई है। इसके बावजूद आज यह निर्विवाद है कि **अलंकार शोभा के उपस्कारक या अतिशायी हैं, उत्पादक नहीं।**

अलंकार वाणी के आभूषण हैं। अस्तु, इन्हें चमत्कारोत्पादक होना अनिवार्य है। जहाँ उक्ति चमत्कार पूर्ण नहीं होगी, वहाँ अलंकार नहीं होगा। काव्य में अलंकार हो, इसके निमित्त उक्ति की वक्रता, वाणी की भंगिमा, प्रयोग विशेष द्वारा लालित्य का ग्रहण स्वाभाविक रूप में होना चाहिये, बलात् नहीं। जहाँ बलात् की बात आयी, बना काम भी बिगड़ जा सकता है। इसी से **आ॰ महावीर प्रसाद द्विवेदी जी** कहा करते थे–"कविता करने में अलंकारों को बलात् लाने का प्रयत्न न करना चाहिये[1]।"

सच्चा सौन्दर्य बँधता नहीं, निखर ही उठता है। जिस प्रकार अलंकार-रहित सुन्दर नायिका लोगों का ध्यान अनायास आकर्षित कर ही लेती है, उसी प्रकार अलंकार रहित काव्य, यदि सचमुच में वह काव्य रमणीय है, भी पाठकों को अपनी ओर आकृष्ट कर लेता है। इसी से जयदेव आदि कट्टर अलंकारवादियों ने भी अलंकार को हारादिवत् ही स्वीकार किया है–

'हारादिवत् अलंकारः सन्निवेशो मनोहरः।'

यद्यपि अलंकार काव्य के अस्थिर धर्म हैं, तथापि इनका मनोवैज्ञानिक आधार भी है। अलंकारों की मूल प्रेरणा और मनोवैज्ञानिक आधार की चर्चा करते हुए डॉ॰ नगेंद्र जी ने अतिशयोक्ति अथवा वक्रोक्ति को ही अलंकार सर्वस्व स्वीकार किया है, जिसकी ओर भामह और दंडी ने भी पूर्ण संकेत किया था। ये मनोवैज्ञानिक आधार

1. कविरहस्य।

से हीन नहीं है[1]। आज तो बिना मनोवैज्ञानिक आधार के कोई भी बात स्वीकार ही नहीं की जाती है। ऐसी स्थिति में भला ये अलंकार मनोविज्ञान से हीन कैसे हो सकते हैं। इनका उद्भव कतिपय मनोवैज्ञानिक आधारों पर ही हुआ है।

आधुनिक युग के शीर्षस्थ आलोचक **आ॰ शुक्ल जी** अलंकार को वर्णन-प्रणाली भर मानते थे। उनका कथन है कि–"मैं अलंकार को केवल वर्णन-प्रणाली मात्र मानता हूँ, जिसके अन्तर्गत करके चाहे किसी वस्तु का वर्णन किया जा सकता है। वस्तु-निर्देश अलंकार का काम नहीं।" (काव्य में प्राकृतिक दृश्य) अथवा "अलंकार प्रस्तुत या वर्ण्यवस्तु नहीं; बल्कि वर्णन की भिन्न-भिन्न प्रणालियाँ हैं, कहने के खास-खास ढंग हैं[2]।" अलंकार के सम्बन्ध में अन्यत्र इन्होंने कहा है कि–"भावों का उत्कर्ष दिखाने और वस्तुओं के रूप, गुण और क्रिया का अधिक तीव्र अनुभव कराने में कभी-कभी सहायक होने वाली युक्ति अलंकार है[3]।" स्पष्ट है कि आ॰ शुक्ल का मत पं॰ विश्वनाथ आदि के वर्ग का ही है। सम्भवतः इन्हीं मान्यताओं को ध्यान में रखकर पं॰ रामदहिन मिश्र जी ने कहा है कि–"अलंकारों की योजना करने में एक सहृदयतापूर्ण अनुभूति से उत्पन्न विशेष विदग्धता की आवश्यकता है[4]।"

काव्य के दो पक्ष होते हैं–भावपक्ष और कलापक्ष। कलापक्ष की सिद्धि इसी में है कि वह भावपक्ष को दबाए नहीं। भावपक्ष का साधक होने में ही उसकी सार्थकता है। अलंकारों का सम्बन्ध काव्य के कलापक्ष से ही है। भावपक्ष की तरह ही काव्य के कलापक्ष का काव्य से अंगभूत सम्बन्ध है। अस्तु, उसकी उपेक्षा नहीं की जा सकती। हाँ, जहाँ भावपक्ष गौण हो जाता है और कलापक्ष–अलंकार पक्ष प्रबल हो जाता है, वहाँ कविता अवश्य ही दो कौड़ी की हो जाती है। सहृदय पाठक वैसा काव्य कतई पसंद नहीं करता है। इसे ही ध्यान में रखकर **श्री गुलाबराय** जी ने स्वीकार किया था कि–'निर्जीव से विधवा होकर भी जीवित रहना श्रेयस्कर है[5]।'

भारतीय आचार्यों की तरह ही पाश्चात्य आचार्यों ने भी अलंकार की परिभाषा भिन्न-भिन्न प्रकार से की है। अधिक विस्तार में न जाते हुए यहाँ केवल एक परिभाषा देखी जा सकती है "अलंकार अभिव्यक्ति के निश्चित प्रकार हैं जो सामान्य एवं संभाव्य (अभिव्यक्ति) से भिन्न होने के कारण कथ्य को अधिक तीव्र बनाते

---

1. विशेष के लिए देखिए इसी पुस्तक में अन्यत्र 'अलंकार और मनोविज्ञान'।
2. रस मीमांसा, पृ. 50।
3. रस मीमांसा, पृ. 358।
4. काव्य में अप्रस्तुतयोजना, पृ. 11।
5. सिद्धान्त और अध्ययन।

हैं[1]।" यदि भारतीय आचार्यों द्वारा निरूपित अलंकार-लक्षणों से इस लक्षण का तौलनिक अध्ययन किया जाये तो उसका रूप कुछ इस प्रकार होगा–

पाश्चात्य लक्षण	पौर्वात्य लक्षण
(क) अलंकार अभिव्यक्ति के निश्चित प्रकार है.... (These are established modes of expression...)	(क) 1. अभिधान प्रकार विशेषा... –रुद्रट। 2. अलंकार वर्णन करने की अनेक प्रकार की चमत्कारपूर्ण शैलियाँ हैं...। –आ. शुक्ल। 3. वे भाव की अभिव्यक्ति के विशेष द्वार हैं –पंतजी।
(ख) जो सामान्य एवं संभाव्य (अभिव्यक्ति) से भिन्न होने के कारण (Which by differing from the normal and expected,...)	(ख) 1. वक्राभिधेय शब्दोक्ति... – भामह। 2. विशेष विदग्धता की आवश्यकता है...। – पं.रामदहिन मिश्र।
(ग) काव्य को अधिक तीव्र बनाते हैं।' (make what is more vivid.)	(ग) 1. शोभाकरान् धर्मान्–दंडी। 2. योग्योचित भावालङ्करण-मलङ्कारः। –सीताराम चतुर्वेदी। 3. केवल पहले से सुन्दर वस्तु को अधिक सुन्दर बनाने के उपकरण नहीं है। – आ. नंददुलारे वाजपेयी।

इस तुलनात्मक अध्ययन के पश्चात् अलंकार के तीन सामान्य लक्षण निर्धारित किए जा सकते हैं–(1) अभिव्यंजना-प्रकार, (2) वाच्य-वैचित्र्य और (3) शोभा विधायक। डॉ. गणपतिचंद्र गुप्त को भी यही मान्य है।[1] अलंकार की सही परिभाषा

1. These are established modes of expression which by differing from the normal and expected, make what is more vivid. –Oxford Junior Encyclopaedia. vol -7

उपर्युक्त लक्षणों को एक साथ समेट कर ही बनाई जा सकती है। अस्तु, कहा जाएगा कि **मनोवैज्ञानिक भूमि पर वर्ण्यवस्तु को अत्यधिक उत्कट रूप में उपस्थित करने वाले वाच्य-वैचित्र्य से युक्त अभिव्यंजना के विभिन्न प्रकार ही अलंकार हैं।** ये असल में होते हैं शोभा विधायक ही, पर जहाँ इनसे खिलवाड़ प्रारम्भ किया जाता है, ये हमारी अभिव्यक्ति को विद्रूप बना देते हैं। निष्कर्ष रूप में कहा जाएगा कि–

(क) अलंकार चमत्कृतिजन्य प्रभावोत्पादक धर्म हैं।

(ख) अलंकार शब्द और अर्थ के (काव्य-शरीर के) धर्म हैं।

(ग) अलंकार काव्य के शोभाविधयक धर्म भी हैं, मात्र शोभातिशायी धर्म ही नहीं।

(घ) अलंकार काव्य से 'तन्तुपटवत्' सम्बन्धित हैं, अंगदादिवत् नहीं।

(ङ) अलंकार के तीन शाश्वत लक्षण हैं–अभिव्यंजना-प्रकार, वाच्य-वैचित्रय और सौन्दर्योत्पादन।

(च) अलंकार का मनोवैज्ञानिक दृष्टिकोण से अयत्नज होना आवश्यक है।

(छ) अलंकार का आक्षेप रसादि के साथ अपृथग्यत्न द्वारा ही होता है।

3. अलंकार का काव्य में प्रयोग

पारिभाषिक स्वरूप विकास के पश्चात् विचारणीय है अलंकार का काव्य में प्रयोग। सत्काव्य का कार्य जीवनांश को चकित करना भर नहीं है, प्रत्युत उसे सर्वमलमय बनाना है। गोस्वामी तुलसी के शब्दों में कहा जाएगा–'कीरति भनिति भूति भलि सोई, सुरसरि सम समकहँ हित होई।' काव्य इस जीवन और जगत् से खाद्य-पानी ग्रहण कर जीवन के हित ही निर्मित होता है। उसमें मानवीय इंद्रिय-संवेदनों, भावों और विचारों को ही रूपायित किया जाता है। अस्तु, इसके अलंकारों का चयन भी जीवन और व्यावहारिक जगत् से ही होना चाहिये। तात्पर्य यह कि काव्य में सदा वर्णनीय विषय से सहजरूप में सम्बन्धित और परिचित अलंकार ही रखे जाएँ।

काव्य होता है भाव-भावित, एतदर्थ अलंकार का प्रयोग भी भाव-भावित ही होना चाहिए। शास्त्रानुमोदन के पश्चात् भी बुद्धि-बोधित अलंकार काव्य के लिये त्याज्य हैं। अलंकार यदि भावों को उत्कृष्टता, स्पष्टता, रमणीयता आदि प्रदानकर रसात्मकता के साधक बनें, तो वे सदा अभिनन्दनीय हैं; पर यदि साधन की सीमा का अतिक्रमणकर साध्य बनने लगें, तो वे विष-बुझे मिष्टान्न की तरह ही त्याज्य हैं। वे शब्दार्थ से अपृथक् होकर भी–काव्य के अंगभूत तत्त्व होकर भी काव्य का जीवित तत्त्व (आत्मा) नहीं बन सकते। उनका स्थान रस, ध्वनि, वक्रोक्ति आदि के पश्चात् ही माना जायेगा। प्रसिद्ध मनीषि कुमारस्वामी भी लगभग इसी की पुष्टि करते हैं।[1]

1. डॉ. गणपतिचन्द्र गुप्त–साहित्य विज्ञान, पृ. 258।

पर्याप्त चिन्तन-चर्वण के पश्चात् विचारक प्रायः यह मानते रहे हैं कि अलंकार विशिष्ट प्रकार की वर्णन-शैली है। वर्णन-शैली के अन्तर्गत उक्ति की प्रेषणीयता और प्रभावोत्पादकता दोनों आती हैं। इस दृष्टि से भी अलंकारों के वैसे ही सुष्ठु प्रयोगों का महत्त्व है, जिनसे काव्य की प्रेषणीयता और प्रभावोत्पादकता बढ़े। भाषा चाहे जनजीवन की हो या काव्य की, उसका विकास एक निश्चित दिशा में होता है। इसे भाषा का स्वरूप परिवर्तन कह सकते हैं। भाषा की तरह ही अलंकार-प्रयोग में भी परिवर्तन होता रहता है। यह परिवर्तन दो प्रकार का हो सकता है। प्रथम तो यह कि विभिन्न प्रकार की उक्तियों में अभिव्यक्ति की भिन्नता से अलंकार-भिन्नता होती रहती है। द्वितीय है देश और काल की सीमा–परिवर्तित काव्यभाषा के अनुरूप पिछले स्वीकृत अलंकार हटते जाते हैं और कतिपय नवीन अलंकार सामने आते हैं। हिंदी की आधुनिक काव्य भाषा इसका ज्वलन्त प्रमाण है। परम्परा से चले आने वाले अनेक अलंकार यहाँ अस्वीकृत हो चुके हैं और पाश्चात्य सम्पर्क के परिणाम स्वरूप विशेषण-विपर्यय, मानवीकरण, व्यन्यर्थव्यंजना आदि अनेक नवीन अलंकार धड़ल्ले से चल रहे हैं। एतदर्थ कहा जायेगा कि **काव्य में अलंकारों का शुक्रवत् प्रयोग कृत्रिम और अवाच्छनीय है।** लाख अच्छाई होने के पश्चात् भी श्रृंगारकालीन कविता की जो इतनी कुत्सा की गयी है, उसका एक प्रमुख कारण रहा है बने-बनाये साँचे में कविता को ढालने की प्रवृत्ति अथवा अलंकारों का शुक्रवत प्रयोग। इसके स्थूल और अशोभन अलंकार-प्रयोग की खिल्ली उड़ाते हुए 'पल्लव' की भूमिका में पंतजी ने लिखा है--"और इनकी भावालंकारिता? जिसकी रंगीन डोरियों में वह कविता का हैंगिंग-गार्डन–वह विश्व-वैचित्र्य झूलता है, जिसके हृत्पट पर वह चित्रित है?–इन साहित्य के मालियों में से जिसकी विलास-वाटिका में आप प्रवेश करें, सबमें वही अधिकतर कदली के स्तम्भ, कमल-नाल, दाड़िम के बीज, शुक, पिक, खंजन, शंख, पद्म, सूर्य, सिंह, मृग, चन्द्र, चार आँखें होना, कटाक्ष करना, आह छेड़ना, रोमांचित होना, दूत भेजना, कराहना, मूर्च्छित होता, स्वप्न देखना, अभिसार करना;–बस इनके सिवा और कुछ नहीं! भाव और भाषा का शुक्र-प्रयोग, राग और छन्दों की ऐसी एक स्वर रिमझिम, उपमा तथा उत्प्रेक्षाओं की ऐसी दादुरावृत्ति, अनुप्रास एवं तुकों की ऐसी अश्रान्त उपल-वृष्टि क्या संसार के किसी और साहित्य में मिल सकती है? घन की लीहर, भेकी की भहर, झिल्ली की झहर, बिजली की बहर और मोर की कहर, समस्त संगीत-तुक को एक ही नहर में बहा दिया। और बेचारे औपकायन की बेटी उपमा को तो बाँध ही दिया!–आँख की उपमा? खंजन, मृग, कंज, मीन इत्यादि। होठों की? किसलय, प्रवाल, लाल,

1. It is even harder for us to believe that ornament, or decoration are properly speaking, integral factors of beauty of the work of art, certainly not insignificant parts of it, but rather necessary to its efficacy.
   – Figures of speech or Figures of thought.

लाख-इत्यादि और इन धुरन्धर साहित्यकारों की? शुक, दादुर, ग्रामोफोन इत्यादि।" इस लम्बे उद्धरण से इतना ही तात्पर्य है कि अलंकार-प्रयोग में आज परम्परा विनिर्मुक्त होने की आवश्यकता है। छायावादी कविता में उससे छुट्टी भी लोगों ने ली है। विश्वास न हो तो निराला जी की बात ही देख लीजिये—"इस युग की नवीनता, संस्कृति के प्राचीन उपमान-उपमेय के बन्धनों से अलग हो गयी। उसे अब उस तरह की वर्णना पसंद नहीं[1]।"

आलोचक प्रवर आ॰ शुक्ल ने 'रसमीमांसा' (पृ. 48-49) में अलंकार प्रयोग पर विस्तार से विचार करते हुए प्रतिपादित किया है कि उनके प्रयोग का औचित्य है भावों का उत्कर्ष-साधन और मार्मिक अनुभूतियों में तीव्रता उत्पन्न करना। पाश्चात्य विचारकों के मत भी लगभग इसी प्रकार के हैं। अरस्तू, दमित्रियस, लोंजाइनस आदि ने भी इनके स्वाभाविक किन्तु कलात्मक प्रयोग पर ही बल दिया है। लोंजाइनस ने तो यह भी घोषित किया है कि अलंकार-प्रयोग की सार्थकता तभी है, जब यह पता भी न चले कि अलंकार प्रयुक्त हुआ है।[2]

आज अलंकार-प्रयोग सम्बन्धी तीन प्रकार के मत मिलते हैं—कर्त्ता के विचार से, कृति के विचार से और पाठक के विचार से। प्रथम तो यही कि कर्त्ता के विचार से अलंकार-प्रयोग भावोत्तेजक, स्वाभाविक और कलात्मक होना आवश्यक है। द्वितीय—साहित्यिक कृतियों में उनका स्वरूप रसादि के लिए उपस्कारक, औचित्यमूलक, सहज ही आक्षिप्त होने वाला और रम्य होना चाहिये। अंतिम दृष्टिकोण है पाठक को लेकर। पाठक की दृष्टि से विचारने पर कहा जायेगा कि उनमें अन्तर को स्पर्श करने की क्षमता, सहज-ग्राह्यता आदि का होना आवश्यक है। अलंकार-प्रयोग के इन त्रिविध लक्ष्यों में सामंजस्य स्थापित करने पर डॉ॰ गणपतिचन्द्र गुप्त तीन बातें ही मुख्य मानते हैं—स्वाभाविकता, औचित्य और भावात्मकता[3]। वे तीनों लक्ष्यों में एक ही विशिष्टता पाते हैं—भावात्मकता। उनका विचार है कि—"कवि, काव्य और पाठक तीनों की ही दृष्टि से अलंकार-प्रयोग की स्वाभाविकता, औचित्य एवं सफलता का रहस्य उनकी भावानुकूलता में निहित है[3]।" इस प्रकार अलंकार-प्रयोग की कसौटी ठहरती है **'भावानुकूलता'**। इसे ही डॉ॰ गुप्त 'आकर्षण शक्ति का उद्दीपन[4] भी कहते हैं।

आ॰ शुक्ल जब यह घोषणा कर रहे थे कि कविता में मात्र अर्थग्रहण ही नहीं,

---

1. रवीन्द्र कविता कानन।
2. A figure looks best when it escapes one's notice that it is a figure.
   –On the Sublime, Page 187.
3. साहित्य विज्ञान—डॉ॰ गणपतिचन्द्र गुप्त, पृ. 265।
4. वही—पृष्ठ 266।

बिंबग्रहण भी अपेक्षित है, तो प्रकारान्तर से काव्य में चित्रात्मकता की ही बात कर रहे थे। बिंबों के लिए चित्रों की योजना अनिवार्य है। काव्य में कई प्रकार के चित्र मिलते हैं (मिल सकते हैं)—रेखाचित्र, छायाचिन्ह, खंडचित्र, समग्रचित्र, सरल चित्र, संश्लिष्ट चित्र आदि। इन सबों में संश्लिष्ट चित्रों की महत्ता सर्वाधिक है; विशेषताः उस समय जब वे गत्यात्मक हों। वैसी स्थिति में उनसे ग्रहण किये जाने वाले बिंब निश्चय ही सर्वाधिक प्रभविष्णु होंगे। आज समासोक्ति, मानवीकरण आदि की योजना से ऐसे अनेक चित्र काव्य में प्रयुक्त हो रहे हैं। चित्र-योजना द्वारा वर्ण्य-वस्तु का प्रत्यक्षीकरण करना वस्तुतः प्रकारान्तर से बिंब-ग्रहण ही है। हाँ, इतना तो अवश्य है कि यहाँ अलंकार की स्थिति व्यंग्यरूप में ही अधिक होती है, वाच्यरूप में कम; पर उनकी महत्ता है वाच्यरूप में ही प्रयुक्त होने में। अलंकार का व्यंग्यरूप में प्रयुक्त होने में डर यह रहता है कि कहीं उनका चमत्कार अलंकार से हटकर ध्वनि का विषय न बन जाए। छायावादी कवियों में निरालाजी अपने संश्लिष्ट, गत्यात्मक और सौष्ठवपूर्ण चित्रों के लिये सदा बेजोड़ बने रहेंगे। ऊषा का यह चित्र देखा जा सकता है, जिसमें रात्रिका नायिका के रूप में मानवीकरण हुआ है—

(प्रिय) यामिनी जागी!
अलस पंकज-दृग, अरुण मुख, तरुण अनुरागी!
खुले केश अशेष शोभा भर रहे,
पृष्ठ-ग्रीवा-बाहु-उर पर तिर रहे,
बादलों में घिर अपर दिनकर रहे,
ज्योति की तन्व, तड़ित द्युति ने क्षमा माँगी!
हेर उर-पट, फेर मुख के बाल
लख चतुर्दिक चलो मंद मराल
गेह में प्रिय स्नेह की जयमाल
वासना की मुक्ति, मुक्ता त्याग में त्यागी! —गीतिका

यहाँ सोकर अभी-अभी उठने वाली अस्त-व्यस्त युवती के संश्लिष्ट किन्तु स्वाभाविक चित्रांकन में आंगिक चेष्टाओं का इस बारीकी के साथ निरूपण किया गया है कि उसकी समस्त मानसिक चेष्टाएँ भी ध्वनित हो उठी हैं। ऐसी बात नहीं है कि इस प्रकार के चित्र पहले की कविता में अंकित नहीं हुए हैं। ऐसे चित्र उदारहण के लिए अंकित तो हुए हैं, पर असल बात सम्पूर्ण काव्य-प्रवाह की। पद्माकर की निम्नांकित पंक्ति 'आधे' के प्रयोग द्वारा विधान का अतिरेक तो उपस्थित करती है, पर ईषत् स्थिति का संकेत बड़े मनोरम ढंग से करती है—

आँखें अधखुलीं अधखुली खिरकी है खुली
अधखुली आंनन पैं अधखुली अलकै। —जगद्विनोद

अस्तु, द्रौपदी के इस चीर को यहीं समाप्त करते हुए मात्र इतना ही कहना अभिप्रेत है कि **काव्य में अलंकार का प्रयोग साध्यरूप में नहीं, साधन रूप में–उपस्कारक रूप में ही होना चाहिए। इनके लिए सबसे आवश्यक शर्त है भावानुकूल होना।** विषय की स्पष्टता हेतु यहाँ मैं आपसे एक प्रश्न करूँगा–आप कविता क्यों पढ़ते हैं? वर्ण्य-विषय की सिद्धि के लिये या अलंकार वर्णन की सिद्धि के लिये? स्पष्ट है कि आपका प्राथमिक उद्देश्य होता है वर्ण्य-वस्तु का ज्ञानार्जन। एतदर्थ आप उसकी व्यंजना, बोधगम्यता आदि पर तो ध्यान देते हैं, पर अलंकार वर्णन पर नहीं। वर्ण्य वस्तु की मार्मिकता कैसी है, उसका निरूपण अच्छा है या बुरा, कवि को इसमें सफलता मिली है या विफलता–इन सारी बातों का निर्णय आप काव्य-पाठ के तुरन्त ही पश्चात कर लेते हैं, पर आप इसके लिए तनिक भी नहीं चिंतित होते हैं कि इसमें उपमा, उत्प्रेक्षादि हैं या नहीं। आपकी पकड़ में कोई अलंकार यदि सहज ही आ जाये तो ठीक, अन्यथा उसके लिये आप मगज नहीं मारते। इससे स्पष्ट है कि अलंकार का प्रयोजन काव्य में चमत्कार-विधान हेतु ही है। ये सौन्दर्योत्पादक अथवा शोभा-विधायक तभी हो सकते हैं, यदि इन्हें उचित स्थान पर धारण किया जाये–"**उचितस्थानविन्यासाद् अलंकृतिरलंकृतिः।**" (–आ॰ क्षेमेन्द्र)। यहाँ श्री सुधांशु जी का कथन ध्यान देने योग्य है कि "बिना जरूरत जो चीज ली जाती है, वह बोझ ही समझी जाती है, उससे किसी प्रकार का सौन्दर्य-वर्द्धन नहीं हो सकता[1]।"

4. अलंकार और अलंकार्य

भारतीय चिंतन-धारा में अलंकारों पर बड़ा ही सूक्ष्म विवेचन किया गया है। इसी क्रम में आचार्यों ने इससे सम्बन्धित अनेक प्रश्नों पर भी विचार किये हैं। अलंकार विषयक सैद्धान्तिक और व्यावहारिक समस्याओं की चर्चा में लोगों ने अलंकार और अलंकार्य के अन्तर पर भी पांडित्यपूर्ण विचार अभिव्यक्त किये हैं। अलंकार और अलंकार्य का प्रश्न यहाँ प्रायः मिट-सा गया था, पर अभिव्यंजनावाद के प्रवर्तन के पश्चात् इस प्रश्न पर पाश्चात्य काव्य-शास्त्रियों की दृष्टि भी गयी है और तब से यह पुनः नवीन चिंतन का विषय बन गया है। अलंकार और अलंकार्य के सम्बन्ध में भारतीय काव्यशास्त्रियों के विचार मूलतः तीन प्रकार के हैं। प्रथम और प्राचीनतम विचार है अलंकार-वादियों (अलंकार, रीति और वक्रोक्ति के समर्थकों) का–भामह, दण्डी, वामन आदि पूर्वाचार्यों का। इनके अनुसार **अलंकार और अलंकार्य में अभेद है।** इन लोगों ने समस्त काव्य-सौन्दर्य को 'अलंकार' में ही आत्मभूत कर लिया है[2]!

---

1. काव्य में अभिव्यंजनावाद, पृष्ठ 118।
2. क–सौन्दर्यमलङ्कारः–का. सूत्र 1।1।2।
   ख–काव्यशोभाकरान् धर्मान् अलङ्कारान् प्रचक्षते।–काव्यादर्श 2।1।

'अलंकार' यहाँ काव्यशोभा का पर्यायवाची बन गया है। इसी से इस मत के पोषक आचार्य समस्त रस-प्रपंच को रसवत् आदि और ध्वनि को वक्रोक्ति आदि के अन्तर्गत ही समाहित कर लेते हैं ये आचार्य काव्य के प्रस्तुत पक्ष का न तो पूर्णतः निषेध करते हैं और न काव्यत्व का उसमें पूर्ण समाहार। ये आचार्य प्रस्तुत के सभी प्रकार के सौन्दर्य को अलंकारान्तर्गत अथवा अलंकार का पर्याय भर मानते हैं।

रस, ध्वनि और औचित्य के पोषकों का मत अलंकार-पोषक आचार्यों से पूर्णतः भिन्न है। इन लोगों के अनुसार अलंकार और अलंकार्य में **पर्याप्त भेद है।** आनन्दवर्द्धन, मम्मट, विश्वनाथ आदि आचार्यों के अनुसार **शब्द और अर्थ प्रत्यक्षतः अलंकार्य हैं, पर मूल अलंकार्य है रस**। तात्पर्य यह कि प्रकारान्तर से ये यही कहना चाहते हैं कि उपमा, रूपकादि अलंकार (काव्य के अनित्य धर्म) रस-रूप अलंकार्य (काव्य के नित्य धर्म) को अलंकृत करते हैं[1]।

उपर्युक्त दोनों मत परस्पर विरोधी हैं। इनसे भिन्न तीसरे प्रकार का मत है आचार्य कुन्तक का। इन्होंने अलंकार-अलंकार्य के प्रश्न पर जमकर विचार किया है। अलंकार-अलंकार्य में व्यावहारिक दृष्टि से (सैद्धान्तिक दृष्टि से नहीं) भेद मानते हुए **इन्होंने वस्तु के स्वाभाविक वर्णन (स्वभाव वर्णन) को ही अलंकार्य माना है**[2]। प्रश्नोत्तर शैली द्वारा इन्होंने इस बात का पोषण किया है कि शब्द और अर्थ अलंकार्य होते हैं एवं उनका (शब्द और अर्थ का) विदग्धतापूर्ण कथन-रूप वक्रोक्ति ही अलंकार[3]। स्पष्ट है कि आ॰ कुन्तक व्यावहारिक दृष्टिकोण से—काव्य-सौन्दर्य को सौकर्यपूर्ण उद्घाटन की दृष्टि से **अलंकार और अलंकार्य में भेद मानते हैं, पर तत्त्वतः उन्हें अभिन्न** ही स्वीकार करते हैं। आ॰ कुन्तक का मत सत्य के अधिक निकट पड़ता है।

पाश्चात्य काव्यशास्त्र के पूर्वाचार्यों ने भी अलंकार और अलंकार्य को पृथक्-पृथक् ही स्वीकार किया था, पर क्रोचे ने उनका पर्याप्त खंडन करते हुए उन्हें अभिन्न माना

---

1. (क) उपकुर्वन्ति तं सन्तं येऽङ्गद्वारेण जातु चित्।
हारादिवदलंकारास्तेऽनुप्रासोपमादयः।। —का. प्रकाश 8। 67

(ख) शब्दार्थयोरस्थिरा ये धर्माः शोभातिशायिनः।
रसादीनुपकुर्वन्तोऽलंकारास्तेऽङ्गदादिवत्।। —सा. दर्पण 10। 1

2. अलंकारकृतां येषां स्वभावोक्तिरलंकृतिः।
अलंकार्यतया तेषां किमन्यदवतिष्ठते।। —वक्रोक्ति जीवित 1। 11

3. भावेतावलंकार्यौ तयोः पुनरलंकृतिः।
वक्रोक्तिरेव वैदग्ध्यभंगीभणितिरुच्यते।। —वक्रोक्ति जीवित 1। 10

है। क्रोचे मूलतः तत्त्ववादी और द्वैत के विरोधी दार्शनिक थे। इसी से उन्होंने प्रतिपादित किया कि–"इसकी पृच्छा स्वयं की जा सकती है कि अभिव्यक्ति (अलंकार्य) में अलंकार का अन्तर्भाव कैसे होगा? बहिरंग से? तब तो वे सदा पृथक् रहेंगे। अन्तरङ्ग से? तब तो वह अलंकार्य (अभिव्यक्ति) का साधक नहीं, बाधक हो जायेगा अथवा उसका अङ्ग होकर अलंकार ही न रह जायेगा। ऐसी स्थिति में वह अलंकार्य (अभिव्यक्ति) से अभिन्न हो जायेगा[1]।" क्रोचे की यह मान्यता है तो मौलिक, पर ऐसी बात नहीं है कि भारतीय मनीषियों को अनुभूति और अभिव्यक्ति की इस अखंडता का ज्ञान नहीं था। वस्तुतः इसका ज्ञान उन्हें बहुत पहले ही हो चुका था। भारतीय वैयाकरणों की यह मान्यता कि–"पदों से भिन्न उनके अवयवभूत प्रकृति प्रत्यय अथवा वर्णों की और वाक्य से भिन्न उसके अवयव पदों की कोई पृथक् वास्तविक स्थिति नहीं है, वरन् केवल 'पदस्फोट' अथवा 'वाक्यस्फोट' ही यथार्थ है।[2] इसी तथ्य की ओर संकेत करती है। स्वयं आ. कुन्तक ने भी तो इसे स्वीकार किया ही है। पुनः क्रोचे का मत भी अन्तिम सत्य के रूप में स्वीकार नहीं किया जा सकता। उनके आलोचक विल्डनकार इसे एक सिद्धान्त भर ही मानने के पक्ष में हैं।[3]

उपर्युक्त मतों की समीक्षा से प्राप्त निष्कर्ष कुछ इस प्रकार रखे जा सकते हैं–प्रायः सभी आचार्यों को (अलंकारवादियों को भी) यह मान्य है कि काव्य में प्रस्तुत अर्थ होता है अवश्य। काव्य का यह प्रस्तुत अर्थ ही अलंकार्य है। तत्त्वतः यह रहता है अलंकार से अभिन्न, पर व्यायवहारिकता की दृष्टि से इसका अलंकार से पर्याप्त भेद है। हिंदी के मूर्धन्य विचारक आ. शुक्ल का मत है कि–"अलंकार-अलंकार्य का भेद नहीं मिट सकता। उक्ति चाहे कितनी ही कल्पनामयी हो, उसकी तह में कोई प्रस्तुत अर्थ अवश्य ही होना चाहिये। इस अर्थ से या तो किसी तथ्य की या भाव की व्यंजना होगी। इस अर्थ का पता लगाकर इस बात का निर्णय होगा कि व्यंजना ठीक हुई या नहीं। अलंकारों (अर्थालंकारों) के भीतर भी कोई-न-कोई अर्थ

---

1. One can ask oneself how an ornament can be joined to expression. Externally? In that case it must always remain separate. Intenrally? In that case either it does not assist expression and mars it; or it does from part of it and is not an ornament but a constituent element of expression indistinguishable from the whole. – Croce : Expression & Rhetoric.
2. पदे न वर्णा विद्यन्ते वर्णेष्वयवा न च।
   वाक्यात्पदानामत्यतं प्रविवेको न कश्चन।।–वैयाकरणभूषणसार, स्फोट-निरूपण-प्रकरण 68; कौण्डभट।
3. Croce's claim is not to have presented a final system of philosophy which finally delivers it from reproach of a dualistic hypothesis.
   – The Philosophy of Benedetto croce.

व्यंग्य रहता है, चाहे उसे गौण ही कहिये।"—(चिन्तामणि, दूसरा भाग, पृ. 207)। 'साहित्य की वर्तमान धारा' (प्रो॰ जगन्नाथ प्र॰ मिश्र) की भूमिका में आ॰ वाजपेयी जी ने आ॰ शुक्ल की इस स्थापना का खंडन करते हुए लिखा है—"न तो भारतीय साहित्याचार्य और न क्रोचे जैसे नवीन सिद्धान्तस्थापक वस्तु और शैली में इस प्रकार का कोई भेद मानते हैं।" यह ठीक है कि श्री वाजपेयी जी गलत नहीं हैं, पर आ॰ शुक्ल को भी अभेद अमान्य नहीं था, वे भेद केवल व्यवहारगत ही मानते थे।

यहाँ डॉ॰ नगेन्द्र की चर्चा व्यर्थ न होगी। इन्होंने पौर्वात्य और पाश्चात्य मनीषियों के मतों की समीक्षा के पश्चात् आ॰ कुन्तक के मत का ही पोषण किया है—"इन दोनों की सापेक्षिक सत्यता पर यदि विचार किया जाये तो भारतीय आचार्य की ही स्थिति अधिक विश्वस्त है। दोनों में व्यवहारगत भेद न मानने से न केवल साहित्य-शास्त्र वरन् भावशास्त्र और विचार शास्त्र का भी अस्तित्व लुप्त हो जाता है। विदेश के साहित्यमनीषी भी प्रायः इसी के पक्ष में हैं कि तत्त्व दृष्टि से अलंकार और अलंकार्य में अभेद होते हुए भी व्यवहार दृष्टि से दोनों में भेद भावना अनिवार्य है।"—(रीति काव्य की भूमिका, पृ. 84)। इसकी स्पष्टता के लिये यहाँ एक उदाहरण लेकर देखा जा सकता है—

दृढ़ जटा-मुकुट हो विपर्यस्त प्रतिलट से खुल,
फैला पृष्ठ पर, बाहुओं पर, वक्ष पर विपुल।
उतरा ज्यों दुर्गम पर्वत पर नैशान्धकार,
चमकती तारायें ज्यों हों कहीं पार। —निराला

यहाँ युद्ध स्थल से लौट रहे राम-रूप की विशालता का वर्णन प्रस्तुत है और उसकी उपमा के लिये आगत पर्वत, नैशान्धकार, और तारिकाएँ अप्रस्तुत। प्रस्तुत अर्थ है अलंकार्य और अप्रस्तुत विधान-रूप अलंकार। पर यह भेद व्यवहारगत ही है, तत्त्वतः दोनों अभिन्न हैं। साम्यारोपण की अनुभूति और उसकी अभिव्यक्ति में तत्त्वतः खंड नहीं किया जा सकता है। निष्कर्षरूप में कहा जायेगा कि **अलंकार और अलंकार्य मूलतः अभिन्न होकर भी व्यवहारगत भेद वाले हैं।** व्यावहारिकता की दृष्टि से अप्रस्तुत अर्थ है अलंकार और प्रस्तुत अर्थ अलंकार्य।

5. अलंकारवाद

संस्कृत आलोचना में काव्य की आत्मा अथवा काव्य के जीवित तत्त्व की खोज की चर्चा प्रारंभ से ही होती रही है। इसी को लेकर अनेक प्रकार के वादों का जन्म हुआ है। ऐसा भी कहा जा सकता है कि काव्य की आत्मा की खोज में ही शनैः-शनैः भारतीय आलोचना पुष्ट से पुष्टतर होती गयी है। मूलतः ये वाद निम्नांकित हैं—

1. रसवाद—प्रतिष्ठापक आचार्य भरत।

2. अलंकारवाद–प्रतिष्ठापक आचार्य भामह।
3. रीतिवाद (गुणवाद)–प्रतिष्ठापक आचार्य वामन।
4. वक्रोक्तिवाद –प्रतिष्ठापक आचार्य कुन्तक।
5. ध्वनिवाद–प्रतिष्ठापक आचार्य आनन्दवर्द्धन।
6. औचित्यवाद–प्रतिष्ठापक आचार्य क्षेमेन्द्र।

प्रायः विक्रमाब्द की नवमी शताब्दी तक अलंकारवाद का एकाधिकार-सा था। यहाँ अलंकारवाद का तात्पर्य कवियों, लेखकों अथवा आचार्यों की उस परम्परा से है, जिस परम्परा में रसादिवादों के प्रतिष्ठित होने के पूर्व या पश्चात् भी 'अलंकार' को ही काव्य का जीवित तत्त्व अथवा नित्य धर्म माना जाता रहा है। इस परम्परा के अनुसार अलंकार काव्य का चमत्कृतिजन्य सहज-लक्षित प्रभावोत्पादक धर्म ही नहीं, प्रत्युत जीवित तत्त्व है, नित्य धर्म है। इस वाद के पोषण में निम्नांकित बातें सदा दुहराई जाती हैं–

1. न कांतमपि निर्भूषं विभाति वनितामुखम्।–भामह
2. काव्यं कल्पान्तरस्थायि जायते सदलंकृति।–दण्डी
3. काव्यशोभाकरान् धर्मान अलंकारान् प्रचक्षते।–दण्डी
4. काव्यं ग्राह्यमलंकारात्।–वामन
5. सौन्दर्यमलंकारः।–वामन
6. अलंकाररहिता विधवेव सरस्वती।–अग्निपुराणकार
7. अंगी करोति यः काव्यं शब्दार्थावनलंकृती।
   असौ न मन्यते कस्मादनुष्णमनलंकृती।।–जयदेव
8. भूषन बिनु न विराजई, कविता वनिता मित्त।–केशव।

अलंकारवाद के प्रतिष्ठापक आचार्य हैं भामह। इस वाद के पोषक आचार्यों में दण्डी, उद्भट, रुद्रट, अग्निपुराणकार, जयदेव, अप्पयदीक्षित, प्रतिहारेन्दुराज आदि के नाम लिये जाते हैं। हिंदी काव्यशास्त्रियों में आ॰ केशव, जसवन्त सिंह, भूषण, दूलह आदि भी अलंकारवादी ही माने जाते हैं। श्रृंगारकालीन आचार्यों में कतिपय स्वभावतः रसवादी आचार्य हैं, पर उन्होंने अलंकारों का विवेचन भी बड़ा मनोयोग पूर्वक किया है। इस क्रम में चिन्तामणि, कुलपति, देव, दास आदि के नाम लिये जा सकते हैं। इस वाद के आधार स्तम्भ हैं आ॰ भामह और आ॰ दण्डी। इन लोगों ने वक्रोक्ति अथवा अतिश्योक्ति को ही अलंकार का मूल माना है। इस वाद के अनुवर्ती आचार्यों ने अलंकारों का विभिन्न वर्गों में विभाजन करते समय उनके मूल तत्त्व पर जमने की चेष्टा की है, भले ही वे तत्त्व आज विचारशून्य ही क्यों न प्रतीत हों।

अलंकारवादियों ने शेष काव्यांगों पर भी विचार किया है। इनमें सर्वप्रथम विचारणीय है रसवाद सम्बन्धी विचार। अलंकारवादियों के रसवाद से सम्बन्धित विचार मूलतः दो प्रकार के हैं। पहली बात तो यह है कि ये रस का महत्त्व अस्वीकृत नहीं करते हैं। भामह और दण्डी दोनों ही काव्य में रस को अनिवार्यतः स्वीकार करते हैं[1]। रुद्रट आदि के विचार तो रसवादियों के सर्वथा निकट पड़ते ही हैं। अस्तु, कहा जायेगा कि इस मत के समर्थक आचार्यों के हृदय में रस के लिये समुचित आदर भाव था।

रस के सम्बन्ध में अलंकारवादियों का दूसरा विचार थोड़ा भिन्न है। इन लोगों ने यहाँ अलंकार का पेटा बड़ा कर लिया है और अंगीभूत रस, भाव, रसाभास-भावाभास और भावशांति को क्रमशः **रसवत्, प्रेयस्वत्, ऊर्जस्वि** और **समाहित** अलंकारों के अन्तर्गत ही आत्मभूत कर लिया है। अंगभूतरसादि को इन्होंने द्वितीय उदात्त अलंकार से अभिन्न स्वीकार किया है। इसका समर्थन रुय्यक ने भी किया है। उनका कथन है कि–

"यत्र यस्मिन् दर्शने वाक्यार्थीभूता ररादयो रसवदाद्यलंकाराः, तत्रांगभूत-रसादिविषये द्वितीय उदात्तालंकारः"–अ. सर्वस्वम। हाँ, यह सच है कि अलंकारवादियों की यह मान्यता काफी विवादास्पद है और रसादि के आचार्यों द्वारा इसका पर्याप्त खण्डन भी किया जा चुका है, पर इससे अलंकार की व्यापकता के सम्बन्ध में विचार तो उद्बुद्ध होते ही हैं।

आज का विचारक प्रायः रस और अलंकार को दो स्वतन्त्र रूपों में प्रतिष्ठित तो करता है पर उनके सम्बन्ध के स्थिरीकरण के लिये रसादि के आचार्यों के निकट ही आता है। प्रायः काव्य में रस अलंकार से भिन्न अलंकार्य माना जाता है। प्रबुद्ध विचारक प्रायः आनन्दवर्द्धन के इस मत से असहमति नहीं प्रकट करता है कि अलंकार रस द्वारा आक्षिप्त होते हैं। दोनों को अर्जित करने के लिये पृथक्-पृथक् प्रयत्न की आवश्यकता नहीं, वे एक ही अभिन्न प्रयत्न द्वारा सिद्ध होते हैं[2]। पाश्चात्य विचारक लौंगिनस की उक्ति भी लगभग ध्वनिकार के मत का ही पोषण करती है[3]।

---

1. (क) युक्तं लोकस्वभावेन रसैश्च सकलैः पृथक्।–काव्यालंकार 1। 21
   (ख) अलंकृतं संक्षिप्तं रसभावनिरन्तरम्।–काव्यादर्श 1। 18
   (ग) आ॰ भामह ने तो यह भी स्वीकार किया है कि रस-संयोग द्वारा ही नीरस और शुष्क शास्त्रीय चर्चा भी ग्राह्य हो जाती है–
   'स्वादुकाव्यरसोन्मिश्रं शास्त्रमप्युपयुंजते।'–काव्यालंकार 5। 3
2. रसाक्षिप्ततया यस्य बन्धः शक्यक्रियो भवेत्।
   अपृथग्यत्ननिर्वत्यः सोऽलंकारो ध्वनौ मतः।।–ध्वन्यालोक
3. A figure looks best when it escapes one's notice that it is a figure.

अलंकारवादियों के ध्वनि सम्बन्धी विचार परोक्ष रूप में ही पल्लवित हुए हैं, प्रत्यक्षतः नहीं। रस की तरह ही इन्होंने काव्य में ध्वनि (प्रतीयमान अर्थ) का महत्त्व स्वीकार तो किया है, पर इसे काव्य का मूलतत्त्व नहीं माना है। ध्वनि के अनेक रूपों का समाहार इन लोगों ने समासोक्ति, अप्रस्तुत प्रशंसा, आक्षेप आदि के अन्तर्गत किया है। एक वस्तु के वर्णन से तत्सदृश वस्तु के लिए अन्य अर्थ की प्रतीति, वाच्यार्थ से भिन्न रूप में अन्य अर्थ के ग्रहण आदि में ही प्रतीयमान अर्थ को सीमित कर देना—अलंकार विशेष में उसे अन्तर्युक्त मानना इस बात का सूचक है कि वे ध्वनि को भी रसादि की तरह ही अलंकार में ही अन्तर्युक्त मानते थे।

रीति और गुण के सम्बन्ध में अलंकारवादियों के विचार स्पष्ट नहीं माने जा सकते। अपनी प्रवृत्ति के अनुसार उन्हें भी ये अलंकार से अभिन्न ही अधिक मानते हैं, किन्तु 'सौन्दर्यमलंकारः' की घोषणा करने वाले रीतिवाद के प्रतिष्ठापक आचार्य वामन के विचार अपेक्षाकृत अधिक सुलझे हुये हैं। इनके अनुसार काव्य का शोभाकारक धर्म है गुण और अलंकार है शोभा को अतिशयित करनेवाला धर्म—

काव्यशोभायाः कर्तारो धर्माः गुणाः।
तदतिशय-हेतवस्त्वलंकाराः।।

उपर्युक्त मान्यता में भी उलझन के लिये पर्याप्त स्थल वर्तमान हैं ही। गुणात्मा रीति और अलंकार में वस्तुगत भेद दिखाते हुये लोगों ने मूलतः इस प्रकार का विचार व्यक्त किया है कि **गुणात्मा रीति वस्तुगत शैली है और अलंकार उक्ति का चमत्कारजन्य प्रसाधन।** प्रथम मूलतः कथन शैली है और दूसरा उसका स्फुट तत्त्व। आज गुण और रीति प्रायः काव्य के नित्य धर्म का नैकट्य प्राप्त कर रहे हैं। अलंकार पर गुण आज इस प्रकार हावी माना जा रहा है कि गुण-रहित अलंकार अन्धी आँख में काजलवत् समझा जाता है। अलंकारवादी सदा से इस मान्यता को अस्वीकृत करता आया है और वह उसे अलंकार के अन्तर्गत ही ग्रहण करता रहा है, लेकिन इस पर जरा संयत होकर विचार करने की आवश्यकता है।

गुण को पाश्चात्यों ने 'क्वालिटी, (Quality) की संज्ञा से विभूषित किया है। वे इसे शैलीगत लक्षणों एवं तत्त्वों में समाहित करते रहे हैं। भारतीय साहित्यशास्त्री गुण को कभी 'काव्य का धर्म', कभी 'रस का धर्म', कभी 'चित्तवृत्ति का धर्म' और कभी 'शब्द और अर्थ का धर्म' स्वीकार करते रहे हैं। यहाँ सब पर विस्तार से विचार न करते हुये केवल इतना ही कहा जायेगा कि गुण का सम्बन्ध न तो केवल काव्य से है, न केवल रस से और न केवल चित्तवृत्ति आदि से। वस्तुतः इसका क्षेत्र जीवन का समस्त कार्य-व्यापार ही है। रचना चाहे काव्य की हो या नाटक की, कहानी की या उपन्यास की, इतिहास की या भूगोल की, दर्शन की या विज्ञान की, हस्तशिल्प सम्बन्धी या कष्ठ-कर्म सम्बन्धी—गुण की समान अपेक्षा सबों में है। यह सबों का

नित्य और शाश्वत धर्म है। गुणों के जितने भी भेदोपभेद किये गये हैं, वे शुद्धता, स्पष्टता और संक्षिप्तता—इन तीन श्रेणियों में ही समाविष्ट हो जाते हैं। इनके अभाव में कोई भी रचना दोषपूर्ण हो जायेगी। **गुण का कार्य सौन्दर्यीत्पादन नहीं, वे तो कलाकार की योग्यता के सूचक तत्त्व हैं। सौन्दर्यीत्पादन अथवा शोभा का विधान करना तो कार्य है अलंकार का।** यदि गुण को काव्य का शोभा-विधायक तत्त्व स्वीकार कर लिया जायेगा तो उनका अलंकार से अन्तर रह ही क्या जायेगा? काव्य में अलंकारयुक्त गुण की अपेक्षा नहीं, अपितु गुणयुक्त अलंकार की अपेक्षा होती है। गुण और अलंकार दो भिन्न-भिन्न वस्तुएँ हैं। गुण का सम्बन्ध जितना ललित साहित्य से है, उतना ही उपयोगी साहित्य से भी। अस्तु, कहा जयेगा कि गुण को अलंकार में ही समेटने वाली अलंकारवादियों की प्रवृत्ति दूषित है।

अब विचारणीय है वक्रोक्ति। अलंकारवादियों ने इसे महत्त्वपूर्ण स्थान प्रदान किया है। भामह के अनुसार तो यह अलंकार का आधारभूत तत्त्व ही है। इसके अभाव में काव्य-सौन्दर्य की प्रतीति ही नहीं हो सकती[1]। भामह की वक्रोक्ति **'लोकातिक्रांतगोचरं वचनम्'** से अभिन्न है। इस पर उन्होंने अन्यत्र भी विचार किया है[2]। श्रद्धेय डा. नगेन्द्र जी भी वक्रोक्ति या अतिशयोक्ति को अलंकार सर्वस्व मानने के पक्ष में हैं। वस्तुतः वक्रोक्ति को अलंकार से अभिन्न मानना उसकी महत्ता को कम करना ही है।

वक्रोक्ति के पोषक आचार्यों ने सर्वाधिक विरोध किया है स्वभावोक्ति का। स्वाभाविकता का समावेश वक्रोक्ति में भी रहता है अवश्य, पर शैलीगत वैदिग्ध्य से युक्त। आचार्य कुंतक ने वक्रोक्ति की सीमा इतनी बढ़ा दी है कि प्रत्येक प्रकार के वक्रतामूलक वैशिष्टय को इसी में समाहित कर लेते हैं। वे वर्ण-विन्यास-वक्रता से लेकर प्रबन्ध-वक्रता तक को स्वीकार करते हैं। आज का सुधी विचारक वक्रोक्ति की इस परिधि को इसी विस्तृत रूप में स्वीकार करने को तैयार नहीं है। उसे वह वाक्य की वक्रता तक ही सीमित करना चाहता है। **साहित्य-शास्त्र में वैज्ञानिक ढंग पर वक्रोक्ति की सीमा शैलीगत वैशिष्टय तक ही मानना संगत है।** शैलीगत वैशिष्ट्य की दृष्टि से अलंकार का ग्रहण वक्रोक्ति के अन्तर्गत ही होना चाहिये। कुंतक को भी यही मान्य था। भारतीय साहित्यशास्त्री की तरह ही पश्चिमी सौन्दर्यशास्त्री विलियम होगार्थ ने भी काव्य में शैलीगत वक्रता को महत्त्वपूर्ण माना है। वे 'वक्रता' को 'सर्पिल रेखा (Serpent line) मानते हुए इसे ही 'सौन्दर्य रेखा' (Line of beauty) के रूप में भी स्वीकार करते हैं।

अलंकार को वक्रोक्ति के अन्तर्गत हम ग्रहण तो करेंगे, पर उससे अभिन्न रूप

1. सैषा सर्वत्र वक्रोक्तिरनयार्थो विभाव्यते। — काव्यालंकार 2। 85।
2. युक्तं वक्ररवभावोक्त्या सर्वमेवैतदिष्यते। —काव्यालंकार 1। 30

में नहीं। दोनों में पर्याप्त पार्थक्य है। अलंकार में प्रस्तुत के साथ अप्रस्तुत का योग आवश्यक है, पर वक्रोक्ति में नहीं। वक्रोक्ति में चमत्कार उत्पादन हेतु प्रस्तुत के स्वरूप को ही परिवर्तित कर दिया जाता है। यह परिवर्तन रूपगत (In Form) होता है, द्रव्यगत नहीं (Not in Matter)। प्रथम में सौन्दर्योत्पादन होता है अप्रस्तुत के योग से, पर द्वितीय में प्रस्तुत के सामान्य या स्वाभाविक रूप को वक्रता प्रदान करने से। अस्तु, स्पष्ट है कि यह अलंकार सिद्धान्त से भिन्न है। **अलंकार की अपेक्षा वक्रोक्ति काव्य का अधिक अन्तरंग तत्त्व है।** वक्रोक्तिवाद को अलंकारवाद की अपेक्षा व्यापकवाद मानना ही श्रेयस्कर है।

औचित्य के सम्बन्ध में अलंकारवादियों ने लगभग विचार ही नहीं किया है, किन्तु इसका तात्पर्य यह नहीं है कि उनके निरूपणों में औचित्य का स्थान है ही नहीं। भामह के इस कथन—'असाधु वस्तु भी आश्रय के सौन्दर्य से उसी प्रकार अत्यन्त सुन्दर हो जाती है, जिस प्रकार सुन्दर स्त्री के नेत्रों से लगकर काला काजल[1] में प्रकारान्तर से औचित्य की प्रतिष्ठा हो गयी है। वस्तुतः काव्य में औचित्य-निर्वाह की महनीयता से अलंकारवादी आचार्य अपरिचित नहीं थे।

इस चर्चा को समाप्त करते हुए निष्कर्ष रूप से कहा जायेगा कि अलंकारवाद भारतीय आलोचना का एक महत्त्वपूर्ण वाद रहा है। प्राचीनों ने संपूर्ण सौन्दर्यशास्त्र का ग्रहण इसी वाद के अन्तर्गत कर लिया था। कालान्तर में इसकी धुरी शनैः-शनैः क्षीण होती गयी और आधुनिक युग में इसका महत्त्व अत्यल्प ही रह गया।

6. अलंकार और मनोविज्ञान

यद्यपि अलंकार काव्य के अस्थिर धर्म हैं, तथापि इनका मनोवैज्ञानिक आधार भी है। स्वभावतः मानव सौन्दर्य प्रिय प्राणी है। मनोवैज्ञानिक दृष्टि से विचारने पर कहा जायेगा कि उसकी सौन्दर्य प्रियता की प्रवृत्ति ही अलंकारों से सम्बन्धित है। सौन्दर्य प्रियता का भावोद्दीपन से गहरा सम्बन्ध है[2]। हमारी वाणी के अलंकृत होने का कारण है भावोद्दीपन और भावोद्दीपन का कारण है आत्म-प्रदर्शन का भाव, जिसके मूल में अतिशय का तत्त्व अनिवार्यतः पाया जाता है। इस प्रकार **अलंकार का मूल ठहरता है अतिशय।** डॉ॰ नगेन्द्र ने अलंकारों के मनोवैज्ञानिक आधार की चर्चा करते हुए यही निष्कर्ष दिया है कि—"अलंकृत वाणी (स्पष्ट शब्दों में), **अलंकार, का मूल ठहरती है अतिशयोक्ति[3]।"** आगे वे वक्रोक्ति को अतिशयोक्ति से अभिन्न-सा

---

1. सन्निवेशविशेषात्तु दुरूक्तमपि शोभते। नील पलाशमाबद्धमन्तराले स्रजामिव।।
   —काव्यालंकार 1।54।
2. Figures consist in the passional element–Home
3. रीतिकाव्य की भूमिका, पृष्ठ 86

मानते हुए कहते हैं कि–"अतिशयोक्ति अथवा वक्रोक्ति किसी को भी अलंकार-सर्वस्व माना जा सकता है[1]।" आ० दण्डी मनोविज्ञान शब्द से अपरिचित भले ही रहे हों, पर अतिशयोक्ति को अलंकारों का मूलाधार स्वीकार करने की कल्पना सर्वप्रथम उन्होंने ही की थी। उनके पूर्व भामह ने अतिशयोक्ति का यह महत्त्व वक्रोति को ही दिया था। परवर्ती आचार्यों ने भामह की वक्रोक्ति को दण्डी की अतिशयोक्ति से प्रायः अभिन्न ही स्वीकार किया है[2]।

डॉ नगेन्द्र जी को वक्रोक्ति से अतिशयोक्ति को अभिन्न मानने की प्रेरणा मिली है संस्कृत के आचार्यों से, पर दोनों को अभिन्न मानना अनुचित है। वस्तुतः दोनों में विरोधभाव ही अधिक है। अतिशयोक्ति में होता है स्वभावोक्ति का सीमोल्लंघन और वक्रोक्ति में वैपरीत्य या वैषम्य। आरक्त अधरों में लिपस्टिक की पुताई का सम्बन्ध है अतिशय से, पर ओठों पर पान-पीक की ललाई के बदले काजल का होना है वैपरीत्य अथवा वक्रता। अतिशयोक्ति में होता है स्वाभाविक गुणों का अतिरेक, जब कि वक्रोक्ति में स्वभाव के विरुद्ध मेल अथवा वैपरीत्यमूलक वक्रता। तात्पर्य यह कि दोनों को अभिन्न मानना असंगत है। वस्तुतः **मनोवैज्ञानिक दृष्टिकोण से अलंकार का मूल प्रेरक है अतिशयोक्ति, और वक्रोक्ति है उसकी मूल कथन-भंगिमा।** अस्तु, यह कहना कि अलंकारों के मनोवैज्ञानिक आधार की खोज भारतीय पूर्वाचार्यों ने कर ली थी, अधिक संगत है। यह आविष्कार उसी समय हो चुका था, जिस समय संभवतः मनोविज्ञान शब्द जाना भी न गया था।

फ्रायड की चिंताधारा ने आधुनिक युग-बोध में एक नवीन मोड़ उपस्थित किया है। आज प्रायः यह माना जाने लगा है कि काव्य के मूल में भी यौन-भावना ही निहित है। फ्रायड के इस विचार को अनेक विद्वानों ने प्रायः स्वीकार कर लिया है[3]। फ्रायड की यह विचारधारा भारतीय चिंताधारा के सर्वथा प्रतिकूल तो पड़ती है, पर यह कैसे अस्वीकृत किया जा सकता है कि हमारे यहाँ भी चार पुरुषार्थों में से तीसरा पुरुषार्थ 'काम' ही माना गया है। अस्तु, कहना चाहिये कि काम का महत्त्व अपने यहाँ भी पश्चिम से कम नहीं माना गया है। इसी को हमारे यहाँ शब्द-भेद से 'पूर्वजन्म

---

1. वही।
2. वही–'एवं चातिशयोक्तिरिति वक्रोक्तिरित पर्याय इति बोध्यम्।
3. (क) The stuff of the sexual life is the stuff of art, if it is expressed in one channel it is lost for the other.
   –Havelock Ellis : Psychology of Sex. vol. VI. P. 173.

   (ख) Much of what is best in religion, art and life, owes its charm to the progressively widening irradiation of sexual feeling.
   –Dr. Bhagwan Das : Science of Emotions, P. 421

का संस्कार' आदि भी कहा गया है[1]। अतः, यदि इसे भी स्वीकार किया जाये तो मानना पड़ेगा कि **वाणी की अलंकृति में हमारी यौन-भावना ही काम करती है।**

7. अलंकार और शब्दशक्तियाँ

शब्द और अर्थ (काव्य) का चमत्कृतिजन्य सहज-लक्षित प्रभावोत्पादक धर्म है अलंकार तथा शब्द और अर्थ के सम्बन्ध का नाम है शक्ति (**शब्दार्थ सम्बन्धः शक्तिः**)। अस्तु, अलंकारों और शब्दशक्तियों में आपसी सम्बन्ध का होना आवश्यक है। इस सम्बन्ध की ओर अनेक पूर्वाचार्यों ने पर्याप्त संकेत किया है।

शब्दशक्तियों में प्रधान है **अभिधा**। इसी से यह **मुख्या** अथवा **अग्रिमा** के नाम से भी जानी जाती है। अभिधा से हीन काव्य असंभव है। द्विवेदी युग का काव्य अभिधामूलक तो है ही अद्यतन युग की प्रगतिवादी और प्रयोगवादी कविताओं में भी अभिधामूलक चमत्कार ही अधिक प्राप्त होता है। अभिधामूलक (वाच्यार्थ के) चमत्कार में अलंकृति प्राकृतिक रूप में वर्तमान रहती है। यहाँ कवि-प्रौढ़ोक्ति के लिए स्थान नहीं के बराबर रहता है। जहाँ-कहीं वाच्यार्थ चमत्कार मूलक होता है, वहाँ अलंकार सहज रूप में आ जाते हैं। संभवतः इसे ही ध्यान में रखते हुए कुछ लोगों ने अभिधा के विशिष्ट प्रकार को ही अलंकार की संज्ञा दी है। लक्षणा और व्यंजनाशक्ति भी अभिधाशक्ति पर ही टिकी हुई है। इसी से आ॰ शुक्ल जी ने अभिधा की श्रेष्ठता इस प्रकार प्रतिपादित की है—''अयोग्य और अनुपपन्न वाच्यार्थ ही लक्षणा या व्यंजना द्वारा योग्य और बुद्धिग्राह्य रूप में बहुत परिणत होकर हमारे सामने आता है।''—(चिंतामणि, दूसरा भाग, पृ. 178)। वाच्यार्थ के अधिक शक्ति-सम्पन्न होने के कारण ही व्यंग्यार्थ भी गुणीभूत हो जाता है—दब जाता है। अनेक आचार्यों ने उपमा को अर्थालंकारों का मूल कहा है—जरा इस पर विचार कीजिए तो, यहाँ वाच्यार्थ का चमत्कार ही तो है—

कांस-सी मेरी व्यथा बिखरी चतुर्दिक,
बाढ़-सा उमड़ा हृदयगत प्यार। —सुमन

यहाँ दो पूर्णोपमाएँ हैं। इनके चमत्कार का आधार है वाच्यार्थ, लक्ष्यार्थ या व्यंग्यार्थ नहीं। इसी प्रकार निम्नांकित उदाहरण में स्थिति है संदेह अलंकार की, जिसका चमत्कार 'कि' और 'या' पर ही—वाच्यार्थ पर ही आधारित है—

---

1. (क) मनो हि जन्मान्तरसंगतिज्ञम्। — रघुवंश 7। 15
   (ख) उन्मनाः प्रथमजन्मचेष्टितान्यस्मरन्नपि वभूव राघवः। —रघुवंश 11। 23
   (ग) समुपविश्य भूमौ किमप्यन्तरात्मना स्मरन्निवानुध्यायन्निव निर्विकारवदनो गलितलोचनपयोधरासन्तानस्तूष्णीमधोमुखः तस्थौ। —उत्तर कादम्बरी।

कैना, गुलाबी ब्लाउजें, कि
लाल—
वासन्ती रेशम पै लाल छींट;
या साँस जैसे सुन्दर गले की
साकार
किसी के सुन्दर हृदय में। —शमशेर बहादुर

यहाँ 'कैना' (पुष्प विशेष) के लाल-पीले आह्लादक रंग को देखने के पश्चात् उत्फुल्ल मनोदशा की अभिव्यक्ति का चमत्कार है। यह चमत्कार वाच्यार्थ की विशिष्ट भंगिमा पर ही स्थित है। अस्तु, स्पष्ट है कि वाच्यार्थ चमत्कार-शून्य नहीं होता है। अलंकार के साथ इसका गहरा सम्बन्ध है। अभिधा के पश्चात् विचारणीय है लक्षणा शक्ति। अलंकारों की गठनात्मक प्रक्रिया पर विचारने से स्पष्ट है कि अनेकों के मूल में लक्षणा शक्ति की स्थिति वर्तमान है। लक्षणा के लिये तीन आवश्यक तत्त्व हैं—मुख्यार्थ की बाधा, वाच्यार्थ का योग और रुढ़ि या प्रयोजन। वस्तुतः **आरोपित अर्थ ही लक्ष्यार्थ है** जिसके दो कारण हैं—रूढ़ि और प्रयोजन। एतदर्थ लक्षणा दो प्रकार की होती है—**रूठि लक्षणा** और **प्रयोजनवती लक्षणा**। पुनः उपादान और उपलक्षण के विचार से भी इसके दो भेद हैं—**उपादान लक्षणा और लक्षणलक्षणा**। प्रस्तुत-अप्रस्तुत के आरोप या अध्यवसान के कारण ये दो प्रकार की होती, हैं—**सारोपा लक्षणा** और **साध्यवसाना लक्षणा**। सादृश्य और सादृश्येतर आधार पर खड़ी होने के कारण ये भी गौणी और शुद्धा—दो प्रकार की होती हैं। इस प्रकार लक्षणा के अनेक भेदोपभेद हैं। लक्षणा के इन विभिन्न रूपों का विभिन्न अलंकारों के साथ सम्बन्ध होता है। यहाँ इन्हीं में से कतिपय विचारणीय हैं।

सादृश्यगर्भ अलंकारों में रूपक का लक्षणा से गहरा सम्बन्ध है। पं॰ विश्वनाथ की साक्षी पर कहा जायेगा कि सारोपा लक्षणा ही रूपक अलंकार का बीज है[1]। आ॰ शुक्ल जी ने भी इसकी पुष्टि की है[2]। स्पष्टीकरण के लिए यहाँ कतिपय उदाहरण देखे जा सकते हैं—

(क) अम्बर-पनघट में डुबो रही तारा-घट ऊषा नागरी। — प्रसाद

(ख) एक बस मेरे मन-विवर में डुबकी कलौंस को।। —अज्ञेय

यहाँ 'अम्बर-पनघट', 'तारा-घट' और 'मन-विवर' में रूपक अलंकार है। आरोप विषय और आरोप्यमाण में अभेद होने पर भी विषय की सत्ता स्पष्ट होने के कारण यहाँ सारोपा लक्षणा भी है। लक्ष्यार्थ की सिद्धि प्रयोजन से होने के कारण प्रयोजनवती,

---

1. इयमेव (सारोपा) रूपकालंकारस्य बीजम्। —सा. दर्पण, वृत्ति 218
2. सारोपा लक्षणा is the basis (बीज) of रूपकालंकार। – रसमीमांसा, पृ. 369

लक्ष्यार्थ का उपलक्षण होने के कारण लक्षणलक्षणा और सादृश्य-सम्बन्ध से ये गौणी हैं। इस प्रकार यहाँ **प्रयोजनवती गौणी सारोपा लक्षणा भी है।**

साध्यवसाना लक्षणा में आरोप्यमाण विषयी पर पूर्णतः आच्छादित हो जाता है—विषयी को आत्मभूत कर लेता है। **रूपकातिशयोक्ति अलंकार में साध्यवसाना लक्षणा** ही पायी जाती है। यह तो उसका प्राण बीज है। यथा—

पगली हाँ सम्भाल ले कैसे,
छूट पड़ा तेरा अंचल।
देख बिखरती है मणिराजी,
अरी उठा बेसुध चंचल। —प्रसाद

यहाँ रूपकातिशयोक्ति अलंकार है। यहाँ आरोप्यमाण (पगली, अंचल और मणिराजी) से ही विषय (क्रमशः 'रात्रि', 'आकाश' और 'तारागण') का बोध होता है। विषय का यह अध्यवसान गुण-साधर्म्य के कारण है, जिसका लक्ष्यार्थ प्रयोजन से सिद्ध होता है, साथ ही वाच्यार्थ के लक्ष्यार्थ का उपलक्षण मात्र भी है। अस्तु, **यहाँ प्रयोजनवती गौणी साध्यवसाना लक्षण-लक्षणा है।** इस प्रकार स्पष्ट है कि साध्यवसाना लक्षणा की भित्ति पर ही रूपकातिशयोक्ति निर्मित होती है।

पाश्चात्य काव्यशास्त्र में प्रायः सभी सादृश्यगर्भ अलंकार लक्षणामूलक ही है। अतिशयोक्ति भी इसके अन्तर्गत गृहीत है[1]। अरस्तू के अनुसार लाक्षणिकता के चार तत्त्व हैं—(1) प्रयोग की सटीकता, (2) उत्कर्ष द्योतन हेतु उन्नत और अपकर्ष द्योतन हेतु निम्न आधार का ग्रहण, (3) ध्वनि और सौकर्य और (4) दूरारूढ़ न होना[2]। अरस्तू के विचार से सहमति प्रकट करते हुए निम्नांकित पंक्तियाँ देखी जा सकती हैं—

गीली अलकों से वारि-बूँदें चुआती हुई,
झीनी झोलियों से मुक्त-मुक्ता लुटाती हुई,
कोयल-सा श्यामल स्वर
भींगी अमराई से आता है पल-पल पर,
सुरमीली आँखों को ठाँक रहा श्यामअलक,

---

1. Again, Hyperboles, which are recognised as mataphors, as that about a person with a blackeye, "you would have thought him a basket of mulberies.
– Rhetoric, Book III. Chap. XI.
2. The four essentials of metaphor—(1) Must be appropriate, (2) From a better class if to embelish, from a lower if to debase, (3) The emprony must be attended to, (4) Must not be farfetched.
– Rhetoric, Book III, Chap. II

साँवली बदलियों का उड़ता-सा घूँघट पट,
छिपता-सा इन्दु वदन जाता है झलक-झलक,
उड़ती नतचितवन जब हल्की-सी विद्युत बन।

—गिरिजाकुमार माथुर

यदि शास्त्रीयता का बन्धन थोड़ा-सा ढीला कर दें, तो उपर्युक्त उद्धरण में भारतीय अलंकारशास्त्र की दृष्टि से समासोक्ति अलंकार है और पाश्चात्य अलंकार के अनुसार **मानवीकरण**। समासोक्ति में प्रस्तुत के वर्णन से अप्रस्तुत की (कार्य, लिंग और विशेषण साम्य से) प्रतीति होती है और मानवीकरण में प्रकृति की समस्त जड़ और अरूप वस्तुएँ चेतन और सरूप होकर मानवी व्यापार सम्पादित करती हैं। यहाँ प्रस्तुत है वर्षा वर्णन और अप्रस्तुत है नारीरूप का वर्णन। भारतीय शास्त्रानुसार यहाँ समासोक्ति के सभी लक्षण उत्कट रूप में (मूलतः प्रस्तुत पक्ष) प्रायः नहीं उभर सके हैं, किन्तु अरस्तू के लक्षण सम्बन्धी चारों तत्त्व स्पष्ट हैं। भारतीय शास्त्रानुसार यहाँ उपादान लक्षणा है—मुख्यार्थ बाधित होने पर भी लक्ष्यार्थ के अंग रूप में स्थित है। अस्तु, स्पष्ट है कि **समासोक्ति अलंकार का आधार है उपादान लक्षणा।**

आचार्यो ने निन्दा के व्याज से स्तुति और स्तुति के व्याज से निन्दा में व्याजस्तुति मानी है। यदि सूक्ष्मता से विचार किया जाये तो स्पष्ट होगा कि इसमें **शुद्धा लक्षणा** की स्थिति होती है। आ॰ मम्मट ने 'परार्थे स्वसमर्पणम्' में शुद्धा लक्षणा मानी है। व्याज स्तुति में भी निन्दा या स्तुति का स्तुति या निन्दा के लिए समर्पण ही तो होता है। रूय्यक ने भी इसी की पुष्टि है—**'अत्र विपरीतलक्षणया वाच्यवैपरीत्य-प्रतीतिः।'** इसे निम्नांकित उदाहरण से समझा जा सकता है—

भसम जटा विष अहि सहित, गंग कियो तैं मोहि।
भोगी तें जोगी कियो, कहा कहौं अब तोहि।। —पद्माकर

यहाँ निन्दा के व्याज से स्तुति में व्याजस्तुति है। यहाँ मुख्यार्थ बाधित है—आरोपित अर्थ (लक्ष्यार्थ) ही असल है। भोगी से जोगी बन जाना—सामान्य मनुष्य से देवत्त्व प्राप्त कर लेना की प्रतीति शुद्धा लक्षणा द्वारा ही होती है। इस प्रकार, व्याजस्तुति में शुद्धा लक्षणा का योग है। लक्षणा शक्ति का विस्तार इसी प्रकार अन्य अलंकारों में भी देखा जा सकता है। **अप्रस्तुत प्रशंसा में शुद्धा लक्षणा ही प्राणवत्ता का परिचायक** बनकर स्थित रहती है। इसमें 'स्वसिद्धये पराक्षेपः' (अपनी सिद्धि हेतु पर का आक्षेप) की स्थिति होती है। इसके निमित्त 'कुरुक्षेत्र' की ये पंक्तियां देखी जा सकती हैं—

बट की विशालता के नीचे जो अनेक वृक्ष,
ठिठुर रहे हैं उन्हें फैलने का वर दो।
रस सोखता है जो मही का भीमकाय वृक्ष,
उनकी शिरायें तोड़ो डालियाँ कतर दो।। —दिनकर

यहाँ **सारूप्य निबन्धना अप्रस्तुत प्रशंसा** (अन्योक्ति) है। यहाँ वाच्य है 'बट वृक्ष की विशालता' का वर्णन जो अन्यों को पनपने नहीं देता है, पर कर्म-साम्य से लक्ष्यार्थ है पूँजीवादिता का विनाश, जिससे शोषितों को पनपने का अवसर मिले। अर्थ सिद्धि हेतु यहाँ लक्ष्यार्थ का आक्षेप किया गया है। यहाँ 'स्वसिद्धये पराक्षेपः' की स्थिति है न कि 'परार्थे स्वसमर्पणम्' की। इसी प्रकार 'आक्षेप' आदि अलंकारों में भी अप्रकट रूप से लक्षणा की स्थिति सदा वर्तमान रहती है।

लाक्षणिक प्रयोग हिंदी कविता के लिए नया नहीं है, किन्तु इसे अस्वीकार नहीं किया जा सकता कि पाश्चात्य-सम्पर्क से आधुनिक हिंदी कविता में नए-नए लाक्षणिक प्रयोग धड़ल्ले से हुए हैं। स्वयं आ॰ शुक्ल जी ने भी यह स्वीकार किया है कि—"अभिव्यंजनावाद के कारण योरोप के काव्य क्षेत्र की उत्पन्न वक्रोक्ति या वैचित्र्य की प्रवृत्ति, जो हिंदी के वर्तमान काव्यक्षेत्र में आयी उससे खड़ी बोली की कविता की व्यंजना-प्रणाली में बहुत कुछ सजीवता तथा स्वच्छन्दता आयी। लक्षणाओं के प्रचार से काव्य भाषा की व्यंजकता अवश्य बढ़ रही है।" पाश्चात्यों से संपर्क के कारण ही **विशेषण विपर्यय** (Hypallage या Transferred Epithet) द्वारा नये लाक्षणिक प्रयोग सामने आये हैं। विशेषण विपर्यय में कथन की विशेष रूप से अर्थ-गर्भित करने के लिये विशेषण का विपर्यय किया जाता है। ऐसे स्थलों पर प्रायः **साध्यवसाना लक्षणा** ही स्थित रहती है—

थके हुए दिन के निराश भरे जीवन की
तब शिथिल सुरभि से घरणी में। —प्रसाद

यहाँ 'थका' और 'शिथिल' विपर्यस्त विशेषण है। इनमें साध्यवसाना लक्षणा ही काम कर रही है। लक्षणा के ऐसे अनेक सहज सम्बन्ध अनेक अलंकारों में प्राप्त होते हैं।

लक्षणा की तरह ही **व्यंजना** का भी अलंकार से गहरा सम्बन्ध है। अभिधा और लक्षणा की अर्थ-बोधक शक्ति समाप्त हो जाने पर मात्र व्यंजनाशक्ति ही अर्थ-बोधन में समर्थ होती है[1]। यह दो प्रकार की होती है—**अभिधामूला** और **लक्षणामूला**। ध्वनि का प्राण व्यंजनाशक्ति ही है। ध्वनि तीन प्रकार की मानी गयी है—**वस्तुध्वनि, अलंकारध्वनि** और **रसध्वनि**। प्रथम दो प्रकार की ध्वनि शब्द-शक्ति से ही उद्भूत ध्वनि है। अलंकार ध्वनि की उत्पत्ति उसी समय होती है, जब वस्तु या अलंकार से व्यंग्यार्थ अधिक चमत्कारक होता है। यथा—

नीरव थी प्राणों की पुकार।
मूर्च्छित जीवन-सर निस्तरंग नीहार घिर रहा था अपार।

---

1. विरतास्वभिधाद्यसु मयार्थो बोध्यते परः।
   सा वृत्तिर्व्यञ्जना नाम शब्दस्यार्थादिकस्य च।।—सा. दर्पण 2। 12

निःस्तब्ध अलस बनकर सोयी चलती न रही चंचल बयार।
पीता मन मुकुलित कंज आप अपनी मधु-बूँदे मधुर मौन।
निःस्वन दिगन्त में रहे रुद्ध सहसा बोले मनु अरे कौन।। –प्रसाद

यहाँ इड़ा को देखकर मनुका निस्तब्ध हो जाना संकेत द्वारा (व्यंग्य द्वारा) ही वर्णित है। मनु के हृदय रूपी कमल के भीतर उनका मन-मधुप मकरन्द-रूप भावनाओं का आनन्द ले रहा है। अस्तु, यहाँ **व्यंग्य द्वारा रूपक अलंकार की ध्वनि मानी जायेगी।**

आधुनिक हिंदी कविता सूक्ष्म से सूक्ष्मतर की ओर अग्रसर है। मात्र वाच्यार्थ द्वारा कवि के 'मूलकथ्य' को पकड़ पाना दुष्कर ही नहीं असंभव भी हो गया है। यह संकेतों की भाषा में लिखी जा रही है। पहले कविता सुनने की वस्तु थी, कालान्तर में यह पढ़ने की वस्तु बनी और आज यह समझने-समझाने की वस्तु हो गयी है। इसका कारण है इसकी सांकेतिकता। अस्तु, इसे पकड़ में लाने के लिए आज व्यंजना शक्ति ही सर्वाधिक उपयोगी प्रतीत हो रही है, संकेतशक्ति ही कथ्य तक पहुँचने में समर्थ हो रही है। आ॰ शुक्ल जी ने इसे बहुत पहले ही लक्षित कर लिया था, तभी तो वे घोषणा कर चले थे कि–"काव्य में अर्थग्रहण मात्रा से काम नहीं चलता, बिंबग्रहण अपेक्षित होता है।"–(कविता क्या है)। यहाँ 'बिंबग्रहण' का प्रयोग यदि विशद अर्थ में मान लिया जाए तो वह 'व्यंजना' से अधिक दूर नहीं दिखाई देता है। प्रायः इसी बात को श्री रामधारी सिंह दिनकर जी यों दुहराकर व्यंजना का महत्त्व प्रतिपादित कर रहे हैं–"असली वस्तु शब्दों के अर्थ में नहीं, संकेत हैं और संकेत तो शब्द बहुत दूर तक दिया करते हैं।"–(रीति काव्य का नया मूल्यांकन)। वस्तुतः शब्दों की सांकेतिकता के अभाव में कविता मर जाती है। इसी ढंग की बात नकेनवादी चिंतक और कवि नरेश जी भी कहते हैं–"काव्य में शब्दों के अर्थ से रसोपलब्धि नहीं होती, शब्दों की व्यंजना से होती है।"–(साहित्य 2। 3 अंक)। तो स्पष्ट है कि कविता में व्यंजना का बड़ा महत्त्वपूर्ण स्थान है। इसी व्यंजना का अलंकार से जहाँ थोड़ी भी साँठ-गाँठ हो पाती है, कविता की रमणीयता द्विगुणित हो जाती है। व्यंजना भी अलंकारों की तरह ही शब्दाश्रित या वाक्याश्रित हो सकती है। जहाँ व्यंग्यार्थ वाक्याश्रित होता है, वहाँ यह मुख्यार्थ से पूर्णतः भिन्न अर्थ ग्रहण कर लेता है। कभी-कभी तो यह अनेक अर्थों का भी बोधक हो जाता है। यथा–

यों भूतल कोऊ? कछू राखो हिये सयान।
भजौ मधुप तजि पदमिनिहिं जानि होत गतभान।। –बैरीसाल

अलंकार की दृष्टि से यहाँ **संदेह संकर** की स्थिति मानी जायेगी। उपर्युक्त उदाहरण में यदि प्रस्तुत (कमल में भ्रमर का रस लेना) द्वारा प्रस्तुत (नायिका का नायक द्वारा आलिंगन) की प्रतीति मानी जाए तो प्रस्तुतांकुर अलंकार और यदि

मधुप के बहाने सखी आदि द्वारा नायक विशेष को संकेत कराया जाना जाए तो गूढ़ोक्ति अलंकार मानना पड़ेगा। इस प्रकार संदेह की स्थिति कायम रहने से यहाँ सन्देश संकर अलंकार है। पर यह भी स्पष्ट है कि यहाँ मूलकथ्य का बोध न तो अभिधा द्वारा हो रहा और न लक्षणा द्वारा—अर्थ की सिद्धि में मात्र व्यंजना शक्ति ही सहायक है। तात्पर्य यह कि व्यंजनाशक्ति अलंकार का बाधक नहीं साधक ही है।

पाश्चात्य काव्यशास्त्र में स्वीकृत अलंकारों में व्यंजना अथवा ध्वनि का महत्त्व और भी अधिक है। अलंकार में ध्वनि की स्वीकृति वहाँ प्रत्यक्षतः ही की गयी है। यह सच है कि हमारे मनीषियों ने शब्द-शक्ति के चमत्कार को अलंकार के चमत्कार से पूर्णतः भिन्न स्वीकार किया है। इसके प्रतिकूल पाश्चात्य काव्यशास्त्रियों ने शब्द-शक्ति पर अलग से विचार न करके उसके चमत्कार को प्रायः अलंकार के चमत्कार से अभिन्न ही मान लिया है। इसका अर्थ यह नहीं है कि भारतीय काव्यशास्त्री अलंकार और शब्द-शक्ति के चमत्कार को विरोधी मानते हैं। हम शब्द-शक्ति को अलंकारों में अथवा उनके चमत्कार को अलंकारों के चमत्कार में आत्मभूत भले न करे (क्योंकि इनमें वाच्यार्थ का चमत्कार होता है)। पर एक को दूसरे का उत्कर्ष कारक—उपस्कारक तो स्वीकार करेंगे ही। अस्तु, यह निर्भ्रान्तरूप से स्वीकार किया जाएगा कि शब्दशक्तियाँ अलंकारों के चमत्कार में यथास्थान वृद्धि करती हैं। कतिपय अलंकार तो बिना शब्द शक्ति-आश्रित चमत्कार के टिक ही नहीं सकते।

8. अलंकार और प्रस्तुत-अप्रस्तुत

अलंकार के दो मुख्य अंग हैं—प्रस्तुत और अप्रस्तुत। प्रस्तुत का अर्थ है वर्णनीय वस्तु और अप्रस्तुत का अर्थ है प्रस्तुत के प्रति भाव को उद्दीप्त करने के लिए अलंकरण-रूप में आने वाली कल्पना-प्रसूत वस्तु। बाहर से आगत वैसी प्रत्येक वस्तु जो प्रस्तुत के प्रति भाव को उद्दीप्त करती है, चाहे वह विशेष्य हो या विशेषण, क्रिया हो या मुहावरा—सभी अप्रस्तुत के अन्तर्गत ग्रहण की जाएगी। भावोत्तेजक होने के लिए अप्रस्तुत-योजना का हमारी परिचित भाव-भूमि से ही ग्रहण किया जाना आवश्यक है। अप्रस्तुत के लिए उपमानादि शब्द भी चलते हैं, पर उपमान की सीमा पर विचार करते हुए आ॰ शुक्लजी इसे अप्रस्तुत विधान या अप्रस्तुत-योजना कहना ही अधिक संगत और व्यावहारिक मानते थे। सटीक अप्रस्तुतों के लिए चार बातों का होना आवश्यक है—(1) कवि कल्पना द्वारा आगत, (2) सादृश्य अथवा साधर्म्य पर आधारित, (3) प्रस्तुत के प्रति उत्तेजक और (4) शोभातिशायी। काव्य में मूल वस्तु होती है प्रस्तुत, अप्रस्तुत तो केवल उसका भावोद्दीपक होता है। इसके प्रतिकूल यदि

अप्रस्तुत प्रस्तुत पर पूर्णतः हावी हो जाता है, उसपर आच्छादित हो जाता है, तो वैसी स्थिति में कविता धरती से ऊपर उठकर आकाश की वस्तु हो जाती है। ऐसी स्थिति में वह जीवनांश के लिए भी महत्त्वपूर्ण नहीं रह जाती है। कल्पना का उपयोग कविता में होना तो चाहिए ही, पर इसका यह तात्पर्य नहीं कि मात्र कल्पना ही कविता का सर्वस्व है। सत्काव्य में भावयोग के साथ ज्ञानयोग का समुचित सामंजस्य आवश्यक ही नहीं अनिवार्य भी है। श्री सुधांशुजी के शब्दों में—''अप्रस्तुत-योजना बुरी बात नहीं, किन्तु प्रस्तुत की बिल्कुल उपेक्षा कर देने से वर्णन का आधार नहीं रह जाता। सारी कविता हवाई जहाज हो जाती है।''—(काव्य में अभिव्यंजनावाद, पृ. 128)। आधुनिक युग में हिंदी में ऐसी अनेक कविताएँ लिखी गयी हैं जिनमें अप्रस्तुत-योजना ने प्रस्तुत का गला घोंट कर रख दिया है। उदाहरण स्वरूप पन्तजी की 'नक्षत्र' शीर्षक कविता देखी जा सकती है। मात्र अप्रस्तुतों की लम्बी कतार के अतिरिक्त यहाँ है क्या?

अप्रस्तुत-योजना की आधारशिला है साम्य भावना। अलंकार शास्त्रानुसार हमारे यहाँ तीन प्रकार का साम्य स्वीकृत है—सादृश्य (रूप या आकार साम्य), साधर्म्य (गुण या क्रिया साम्य) और शब्द साम्य (भिन्न वस्तुओं में नाम की समता)। इनमें से अप्रस्तुत-योजना के लिए महत्त्वपूर्ण प्रथम दो प्रकार के साम्य ही हैं। तीसरा तो शब्द क्रीड़ा मात्र है। अद्यतन युग में सर्वाधिक महत्त्व मिला है साधर्म्य को। तर्क के आधार पर सादृश्य और साधर्म्य की पुष्टि काव्य में असंभव है। इसी से यहाँ आंशिक साम्य होने पर भी सादृश्य या साधर्म्य का पूर्णतः आरोप मान लिया जाता है। हाँ इतनी शर्त अवश्य है कि वह आंशिक आधार सटीक हो। यथा—

नवोढा-बाल लहर
अचानक उपकूलों के
प्रसूनों के ढिग रुककर
सरकती है सत्वर। —पंत

यहाँ प्रस्तुत है 'लहर' का वर्णन, जिसका अप्रस्तुत 'नवोढा' से आंशिक साधर्म्य (सादृश्य नहीं) के साथ ही अध्यवसान किया गया है—नवोढा (लज्जाभयपराधीनरतिर्नवोढा) मुश्किल से प्रिय के समीप जाती तो है, पर शीघ्र ही वहाँ से भाग खड़ी होती है। लहर की भी यही स्थिति है।

अप्रस्तुत-योजना में स्वरूप साम्य, क्रिया साम्य, गुण साम्य के साथ-साथ प्रभाव साम्य भी पूर्वाचार्यों से ही स्वीकृत रहा है, पर आधुनिक हिंदी कविता में सर्वाधिक महत्त्व हो गया है प्रभाव साम्य का। प्रभाव साम्य के आधिक्य से आज कविता में प्रस्तुत और अप्रस्तुत का भेद प्रायः मिटता-सा दिखाई दे रहा है। इसका कारण है। अभिव्यंजनावादी प्रवृत्ति का प्रभाव। इससे होता यह है कि काव्य जीवन से दूर भागता

जाता है। इससे अप्रस्तुत-योजना दुरूह होती जाती है। यथा–

तड़ित है उपहार मेरा
बादलों-सा प्यार मेरा। –महादेवी

यहाँ केवल प्रभावसाम्य पर ही अप्रस्तुत की योजना की गयी है। इस प्रकार के साम्य में गुण-क्रिया साम्य भी स्वतः व्यंजित रहता है अवश्य, पर उसकी स्थिति गौण होती है। यह प्रवृत्ति अधिक दूर तक अच्छी नहीं मानी जा सकती। छायावाद की इसी न्यूनता को लक्ष्य कर परवर्ती युग की कविता ने समाज से सम्बद्ध तथा मूर्त अप्रस्तुतों का ही चयन अधिकांश रूप में किया है–

(क) *कोयले की खान की मजदूरिन-सी रात*
बोझ ढोती तिमिर का विश्रान्त-सी अवदात। –रांगेय राघव

(ख) *अधिकांश जनता का*
रद्दी की टोकरी-सा जीवन है,
संज्ञा हीन, अर्थहीन,
बेकार, चिरे-फुटे टुकड़ों-सा पड़ा है। –केदारनाथ अग्रवाल

प्रथम उदाहरण में प्रस्तुत 'रात' के लिये अप्रस्तुत है कोयला ढोते-ढोते काली हो जाने वाली मजदूरिन। मजदूरिन बोझ ढोती है कोयले का और रात अन्धकार का। दोनों काले हैं। अन्धकार से होने वाले सुख-दुख का ज्ञान न तो रात को है और न कोयला से सोना बनाने का ज्ञान मजदूरिन को। निश्चय ही इस अप्रस्तुत योजना में दम है–नवीनता और भावुकता के साथ यथार्थवादिता है, केवल भावयोग ही नहीं ज्ञानयोग भी है। दूसरे उदाहरण के साथ भी यही स्थिति है।

अप्रस्तुत-योजना के निमित्त आधुनिक कविता में मूलतः चार प्रकार की स्वीकृत प्रवृत्तियों के दर्शन होते हैं–

1. मूर्त प्रस्तुत के लिये मूर्त अप्रस्तुत का प्रयोग।
2. मूर्त प्रस्तुत के लिये अमूर्त अप्रस्तुत का प्रयोग।
3. अमूर्त प्रस्तुत के लिये मूर्त अप्रस्तुत का प्रयोग।
4. अमूर्त प्रस्तुत के लिये अमूर्त अप्रस्तुत का प्रयोग।

सुविधा के लिये चाहें तो इन्हें दो कोटियों में ही रख सकते हैं–मूर्त के लिये अमूर्त की योजना और अमूर्त के लिये मूर्त की योजना। मूर्त के लिये अमूर्त की योजना का उद्देश्य होता है अर्थ की सूक्ष्मता को तीव्रता प्रदान करना–

छूते थे मनु और कंटकित
होती थी वह बेली
स्वस्थ व्यथा की लहरों-सी
जो अंग-लता थी फैली। –प्रसाद

यहाँ श्रद्धा के लिये व्यथा की लहर की योजना अमूर्त है, जिसका उद्देश्य है उसकी देह-लता में उठने वाली व्यथा की गहरी व्यंजना। अमूर्त में मूर्त की सारी विशेषताएँ आ जाएँ, यह आवश्यक नहीं है, पर मूर्त की मुख्य विशेषता का अमूर्त में पूर्णतः लक्षित होना आवश्यक है। उपर्युक्त उद्धरण में भी मूर्त (श्रद्धा) के विशेष प्रयोजनीय गुण पर ही कवि की दृष्टि जमी है। इसकी तुलना में अमूर्त के लिये मूर्त प्रयोग आधुनिक हिंदी कविता में अपेक्षाकृत कम मिलते हैं–

जल उठा स्नेह दीपक-सा
नवनीत हृदय था मेरा
अब शेष धूम-रेखा से
चित्रित कर रहा अन्धेरा। —प्रसाद

यहाँ अमूर्त (स्नेह) के लिये मूर्त (दीपक) अप्रस्तुत की योजना की गयी है। वियोगदशा को दीपक की धूम-रेखा कहना व्यंजनापूर्ण है। दीपक के प्रकाश की स्थिति और बुझ जाने पर धूम-मयता की स्थिति में वही अन्तर है जो संयोग की सुखदता और वियोग की दुखदता में। यहाँ अप्रस्तुत-योजना प्रभावसाम्य पर ही आधारित है। इस प्रकार की सटीक योजनाएँ हिंदी में अपेक्षाकृत कम ही हुई हैं।

अप्रस्तुत-योजना की ये सभी प्रवृत्तियाँ भारतीय साहित्य में प्रारम्भ से ही प्रचलित रही हैं, पर हिंदी कविता ने आधुनिक युग में पश्चिमी-साहित्य के प्रभाव से ही इसे पुनः प्रचलित किया है। आज लक्षणा के सहारे और साध्यवसान (रूपक) द्वारा कभी-कभी सूक्ष्म से सूक्ष्म का भी मूर्तिकरण उत्कृष्ट रूप में हो चुका है। अमूर्त का मूर्त विधान सटीक हो, इसके लिये आवश्यक है भावानुभूति का जन-संपर्कित होना, तभी लक्षण बोधगम्य और प्रभविष्णु होगा। इसका बहुत दूर तक भाषा के मँजाव से भी सम्बन्ध है। यहाँ यह सदा ध्यान में रखना चाहिये कि अमूर्त का मूर्त विधान से तात्पर्य है भावना के मूर्त विधान से। काव्य में मूर्त विधान संभव है भावना का ही, स्थूल का नहीं।

छायावादी कविता में कहीं-कहीं सर्वथा अभिनव अप्रस्तुत-योजना का विधान भी किया गया है। उदाहरणस्वरूप प्रसाद जी द्वारा प्रयुक्त 'अंजन रेखा' की यह अप्रस्तुत-योजना देखी जा सकती है।

तिर रही अतृप्ति-जलधि में,
नीलम की नाव निराली।
काला-पानी बेला-सी
है अंजन-रेखा काली।। —प्रसाद

रमणी के नेत्रों में रंजित अंजन-रेखा देख लेने के पश्चात् दर्शक की आँखें वहीं अटक जाती है–अंजन-रेखा काले पानी के समुद्रीतट के समान हैं, जहाँ एक बार

उतर कर व्यक्ति लौटता नहीं। अँग्रेजकालीन भारत में गुरुतर अपराध के लिये 'काले पानी का दंड' दिया जाता था। रमणी का रूप-दर्शन भी तो गुरुतर अपराध ही ठहरा–उसका दंड काले पानी से कम कैसे हो सकता है? अस्तु, जिसने कजरारी आँखें एक बार भी देख लीं, उसे मुक्ति कहाँ? वह तो उनमें बँध ही जायेगा। रूप 'अतृप्ति-जलधि' है, जिसमें 'नीलम की नाव' (प्रेमी दर्शक की आँखें) तिर रही हैं। निश्चय ही यह अप्रस्तुत-योजना सर्वथा अभिनव है। इस युग की कविता में ऐसी ही अनेक योजनाएं सर्वथा उपयुक्त और सुन्दर बन पड़ी हैं। अप्रस्तुत-योजना की दृष्टि से छायावाद विशिष्टता का युग था। इसी से इसमें विशेषीकरण की प्रवृत्ति सर्वत्र मिलती है और यही सच्चा ज्ञान भी है[1]। पर नवीनता और विशेषीकरण के कारण अप्रस्तुत योजना कहीं-कहीं बड़ी भद्दी और बेठिकाने भी हो गयी है। यों तो असमर्थ और भद्दी योजनाएँ प्रायः सभी युगों की कविताओं में प्राप्त हैं, पर नए अप्रस्तुतों की खोज में आधुनिक कवि कुछ अधिक भूल कर गये हैं। नेत्रों को कवि आज तक कमल, मीन आदि से ही उपमित करता चला आ रहा था, उसे ही स्वर्गीय मुक्तिबोध जी लालटेन से उपमित कर रहे हैं–**'दो लालटेन से नयन दीन'**। जरा सोचिये तो, दीन नेत्र लालटेन से उपमित हुये हैं, तो क्या प्रसन्न नेत्र गैस बत्तियों से उपमित किये जायेंगे। 'प्यार का बल्ब फ्यूज हो गया', 'तेरी प्राण-पीठिका पर लिंग-सा खड़ा हुआ' आदि उदाहरण इसी कोटि के हैं।

मूर्तता-अमूर्तता के आधार पर अप्रस्तुत दो प्रकार के माने जा सकते हैं–**मूर्त अप्रस्तुत और अमूर्त अप्रस्तुत**। पुनः इंद्रिय-संवेदना के आधार पर मूर्त अप्रस्तुत पाँच प्रकार के स्वीकार किये जा सकते हैं–रूपमूर्ति, रसमूर्ति, गंधमूर्ति, स्पर्श मूर्ति और नाद मूर्ति। अमूर्त अप्रस्तुतों के ग्रहण में न तो इन्द्रियानुभूति की आवश्यकता होती है और न अत्यधिक त्वरा की। इसके लिये आवश्यक है कल्पनाशक्ति का खिंचाव। अमूर्त अप्रस्तुतों को दो वर्गों में रखा जा सकता है–मानसिक अमूर्ततावाले और प्राकृतिक अमूर्ततावाले। कोई-कोई अप्रस्तुतों को सरल, संश्लिष्ट, जटिल आदि वर्गों में भी रखना चाहते हैं, पर यह आत्यन्तिक दृष्टिकोण का परिचायक है।

अप्रस्तुत-योजना का महत्त्व काव्य के लिये तो है ही, यह कवि की मनोगत भाव-भूमि के वैज्ञानिक अध्ययन के लिये सोपान भी है। किसी भी कवि की अप्रस्तुत-योजनाओं का समुचित विश्लेषण करके उसके ज्ञान, उसकी जीवन-दृष्टि, अन्तः-प्रकृति आदि का पूरा-पूरा पता लगाया जा सकता है। इसमें कवि की रचनागत आत्मा निहित रहती है। यह वह छोर है जिस पर चलकर कवि की मानसिक दशाओं,

---

1. To generalize is to be an idiot.To particularise is the alone distinction of merit. General knowledge are those that idiots possess. Strictly speaking all knowledge is particular. –C.M. Bowra : Romantic imagination

अन्तर्द्वन्दों आदि का प्रत्यक्षीकरण किया जा सकता है। इस प्रकार इसे सत्यान्वेषण का माध्यम भी कहा जा सकता है।

इस विवेचन के पश्चात् कहा जायेगा कि अलंकार योजना में अप्रस्तुत-योजना ही असल बात है। इसी की सफलता या विफलता पर अलंकार की सफलता या विफलता निर्भर करती है। प्रस्तुत के सत्य को उद्दीप्त कर बोधगम्य बनाने का सफल माध्यम है अप्रस्तुत। अलंकार में अप्रस्तुत घुली-मिली उस रासायनिक वस्तुवत् है जिसके अभाव में उसकी शक्ति नष्ट हो जाती है। यह एक प्रकार से सत्य का सहज वाहक है।

9. अलंकार और प्रतीक

हिंदी कविता में प्रतीक का प्रयोग स्वतंत्र रूप में भी हुआ है और अलंकार-प्रणाली के अन्तर्गत उपमान रूप में भी। अस्तु, यहाँ अलंकार-विवेचन के क्रम में प्रतीक के महत्त्व आदि पर भी विचार कर लेना आवश्यक है। प्रतीक का शब्दार्थ है चिह्न लक्षण, आकृति, संकेत, किसी के बदले में काम आने वाली वस्तु आदि। काव्य में 'प्रतीक' का प्रयोग सामान्य चिह्न आदि से भिन्न एक विशेष अर्थ में होता है। यहाँ इसे एक प्रकार का संकेतात्मक शब्द, प्रतिनिधि शब्द, किसी विशिष्ट अभिप्राय का बोधक आदि कहा जा सकता है। सामान्यतः **अन्यस्तर के अनुरूप विषय का अन्यस्तर की वस्तु द्वारा प्रतिनिधित्व करना ही प्रतीक है**[1]**।** अमूर्त, अदृश्य, श्रव्य और अप्रस्तुत विषय का अपने साहचर्य के कारण प्रतीक उन्हें मूर्त, दृश्य, श्रवय और प्रस्तुत विषय द्वारा प्रतिविधान करता है। देश, सांस्कृतिक वासना आदि के कारण प्रत्येक भाषा के प्रतीक प्रायः भिन्न-भिन्न हुआ करते हैं। सार्वदेशिक प्रतीक बहुत थोड़े ही हैं। प्रतीकों का प्रयोग असीमित है। भाषा, साहित्य, कला, धर्म आदि प्रायः मानव के समस्त दैनन्दिन विषयों तक प्रतीक का प्रसार है। मोटे तौर पर संक्षिप्तता, स्पष्टता, बोधगम्यता, लाक्षणिकता, सौन्दर्य-प्रसारण आदि अर्थ भी प्रतीक के लिये जाते हैं। प्राचीन भारतीय ललितसाहित्य में अलंकार की अपेक्षा प्रतीक को कम महत्त्व मिला है। भारतीय साहित्यशास्त्र में प्रतीक के लिये **'उपलक्षण'** शब्द प्रयुक्त हुआ है। प्रतीकवाद के लिये श्रीमद्भागवत (11 । 21 । 35) में 'परोक्षवाद' शब्द भी व्यवहृत मिलता है।

काव्यात्मक प्रतीकों के सामान्यतः तीन लक्षण स्थिर किये जा सकते हैं—विशिष्ट सांकेतिकता, अनेकार्थता और अप्रस्तुत अर्थ-बोध की क्षमता। इसी प्रकार प्रसंगानुसार अर्थ की भिन्नता और विशिष्ट अर्थ का आरोप इसकी अनिवार्य विशेषताएँ मानी जा सकती हैं। इनके अभाव में प्रतीक की सत्ता स्थिर न हो सकेगी।

---

1. A symbol might be defined as a representation which does not aim at being a reproduction. –A. Symons : The Symbolist movement in Literature.

अलंकार की तरह ही प्रतीक की काव्य में बड़ी महत्ता है। प्रतीक-विधान द्वारा काव्य-सौन्दर्य की वृद्धि की भावना न्यूनाधिक रूप में प्रायः सब में मिलती है। कुछ हद तक प्रतीक उपमा अथवा रूपक के संक्षिप्त संस्करण अथवा रूपकातिशयोक्ति के विशिष्ट प्रकार कहे जा सकते हैं (हैं नहीं)। श्री सुधांशु जी के शब्दों में कहा जायेगा कि—''हमारे काव्यों में प्रतीकों के प्रतीकवत् व्ययवहार बहुत ही कम हुआ करते हैं। वे प्रायः अलंकार-प्रणाली के भीतर उपमान के रूप में प्रयुक्त किये गये हैं[1]।'' पर प्रतीक और उपमान को एक मान लेना भूल होगी। दोनों में पर्याप्त अन्तर है। उन्हीं के शब्दों में—''प्रतीक और उपमान में सबसे बड़ा अन्तर यही है कि प्रतीक के लिये सादृश्य के आधार की आवश्यकता नहीं, केवल उसमें भावोद्‌बोधन की शक्ति रहनी चाहिये; पर उपमान में सादृश्य के आधार का रहना आवश्यक है।''[2]

काव्य भाव-भावित तो होता है, पर वह बुद्धि को सर्वथा अस्वीकृत कर नहीं चलता है। असल बात है मात्रा की प्रचुरता की। प्रत्येक युग की कविता में भावना का समान रूप रहे ही, यह आवश्यक नहीं है। कभी भावना का जोर अधिक हो जाता है, तो कभी दौड़ में बुद्धि आगे निकल जाती है। भावना और बुद्धि की प्रचुरता के आधार पर काव्य की दो स्थूल कोटियाँ मानी जा सकती हैं—**भाव-भावित काव्य और बुद्धि-बोधित काव्य**। इन्हें ही क्रमशः भावयोग की कविता और ज्ञानयोग भी कह सकते हैं। भाव-भावित काव्य की अपेक्षा बुद्धि-बोधित काव्य के अप्रस्तुत अधिक जटिल, तीक्ष्ण, चुभते हुए और उपयोगिता मूलक होते हैं। हिंदी काव्य में ऐसे अप्रस्तुत संत काव्य, प्रयोगवादी काव्य और नई कविता में देखे जा सकते हैं। इसके प्रतिकूल भक्तिकाव्य, शृंगार काव्य, छायावादी काव्य आदि में अप्रस्तुत अपेक्षाकृत सरल और सुबोध हैं। सामान्यतः कहा जायेगा कि कविता में सत्य का आग्रह जब-जब अधिक हो जाता है, जीवन सत्य की खोज़ अधिक बढ़ जाती है, तब-तब अप्रस्तुत जटिल और दुरूह हो जाते हैं। प्रतीक तो प्रयुक्त होते हैं दोनों समयों में, पर प्रयोग में अन्तर अवश्य हो जाता है। जटिल अप्रस्तुतों में प्रतीक संश्लिष्ट बिंब बनकर व्यवहृत होते हैं और सरल अप्रस्तुतों में प्रतीक मात्र उपलक्षण बनकर आते हैं। इसकी स्पष्टता के लिये हिंदी की छायावादी कविता और नई कविता को तुलनात्मक रूप में देखा जा सकता है। प्रथम में अप्रस्तुत उपलक्षण या प्रतीकवत् हैं, किन्तु द्वितीय में संश्लिष्ट बिंबों के रूप में। आ॰ शुक्ल की ये पंक्तियाँ भी इसी की पुष्टि करती हैं—''छायावाद बड़ी सहृदयता के साथ प्रभाव-साम्य पर ही विशेष लक्ष्य रख कर चला है। कहीं-कहीं तो बाहरी सादृश्य या साधर्म्य अत्यन्त अल्प या

---

1. काव्य में अभिव्यंजनावाद, पृ. 147।
2. वही।

न रहने पर भी आभ्यन्तर प्रभाव-साम्य लेकर ही अप्रस्तुतों का सन्निवेश कर दिया जाता है। ऐसे अप्रस्तुत अधिकतर उपलक्षण के रूप में या प्रतीकवत् होते हैं[1]।"

छायावाद के भीतर ही निराला में कविता अपना एक नया रूप खराद रही थी। उस रूप में ज्ञानयोग का पर्याप्त समावेश था। कविता के उसी रूप का पल्लवन हुआ है नई कविता के रूप में। कविता के इस नवीन रूप ने वस्तु सत्य पर अधिक ध्यान दिया है। इस काव्य में ज्ञानवृत्ति अधिक सचेष्ट है। इसी से इसकी अप्रस्तुत-योजना अपेक्षाकृत अधिक जटिल हो गयी है एवं समस्त चित्र संश्लिष्ट रूप में ही प्राप्त हो रहे हैं। यहाँ प्रतीक सत्यान्वेषण का ही नहीं, उसके संप्रेषण का भी माध्यम बन गया है। ऐसी स्थिति में अलंकारों की सत्ता-महत्ता स्वभावतः कम जाती है। आज का कवि अप्रस्तुतों की योजना कर उसके द्वारा सत्य की भावात्मक स्थापना में नहीं, प्रत्युत सत्योपलब्धि हेतु दृश्य वस्तुओं के साहचर्य से भावना और ज्ञान के सामंजस्यपूर्ण संघटन में विश्वास करता है। इसे ही यदि स्थूल रूप में कहें तो वह कुछ इस प्रकार होगा कि हिंदी कविता अलंकारों की भाषा से हटकर प्रतीक की भाषा तक पहुँच गयी है।

यहाँ यह प्रयोजनीय नहीं कि आधुनिक हिंदी कविता में प्रतीकवाद मैटर-लिंक के प्रतीकवाद से प्रारंभ हुआ है या ईसाई प्रतीकवाद से। यह फ्रांसीसी प्रतीकवाद से प्रभावित है या भारत की प्राचीन मिट्टी से ही सहज रूप में विकसित। इसी प्रकार यहाँ यह भी विचारणीय नहीं है कि कुल कितने प्रकार के प्रतीक हिंदी कविता में प्रयुक्त होते हैं, प्रत्युत हम उसका केवल अलंकार के परिप्रेक्ष्य में ही विचार करेंगे। स्थूलतः प्रतीक दो प्रकार के माने जायेंगे—भावोत्तेजक प्रतीक और विचारोत्तेजक प्रतीक। विचारोत्तेजक प्रतीकों की अपेक्षा भावोत्तेजक प्रतीक ही अलंकार के उपस्कारक अधिक होते हैं। इनमें साम्य की क्षमता स्वभावतः वर्तमान रहती है। सादृश्यमूलक अलंकारों में ऐसे थोड़े अप्रस्तुत अवश्य पाए जाते हैं, जिनमें प्रतीकत्व स्वतः निहित है। प्रतीक-युक्त अप्रस्तुतों की योजना से काव्य का चमत्कार अधिक बढ़ जाता है। अन्योक्ति प्रतीकाश्रित अलंकार ही है। इसकी मार्मिकता प्रतीकाश्रित अप्रस्तुतों पर ही निर्भर करती है। प्रतीकों की व्यंजकता का महत्त्व इस अलंकार में सर्वाधिक होता है[2]। भ्रमर, कमल, हंस, मछली आदि ऐसे ही प्रतीकाश्रित अप्रस्तुत होने के कारण काव्य में अपनी सार्वकालिक और प्रायः सार्वदेशिक सत्ता स्थापित कर चुके हैं। प्रतीक के विभिन्न प्रकारों में लक्षणाश्रित प्रतीकों का महत्त्व अलंकार के लिये अधिक है।

---

1. हिंदी साहित्य का इतिहास, पृ. 629।
2. The greater the suggestive quality of the symbol used, the more answering emotion it looks in those to whom it is addressed, the more truth it will convey. – E. Underhill : Mysticism. 13.

छायावादी कविता में लक्षणा के आधार पर ऐसे अप्रस्तुत प्रयुक्त हुए हैं जिनमें अप्रस्तुत के सभी गुण न होने पर भी अलंकार का निष्पादन हो जाता है। इसका एकमात्र कारण है उनका प्रतीकाश्रित होना। पंतजी की कविता में ऐसे प्रतीकों की अधिकता है। इस युग की सर्वश्रेष्ठ काव्य कृति 'कामायनी' में अधिकांश प्रतीक लाक्षणिकता के बल पर ही अलंकार-रूप में प्रयुक्त हुये हैं। यहाँ कुछ उदाहरण देखे जा सकते हैं–

1. अपनी ज्वाला से कर प्रकाश
2. जीवन-निशीथ के अन्धकार
3. मधुमय वसंत जीवन-वन के
4. श्रद्धा देख रही चुप मनु के भीतर उठती आँधी को।

अलंकार के उपस्कारक की दृष्टि से आधुनिक हिंदी कविता में प्रतीक मूलतः तीन प्रकार से प्रयुक्त होते हैं–(1) उपमानच्छल से, (2) रूपकच्छल से और (3) लक्षणा से। उपमान रूप में प्रयुक्त होने वाले प्रतीक से एक भाव या विषय की सूचना भर मिलती है। इस प्रकार के प्रतीकों के प्रयोग में वही कवि माहिर होता है, जिसकी अन्तर्दृष्टि अधिक मार्मिक होती है। ऐसे अधिकांश प्रतीक होते हैं एकदेशीय, पर ये काव्य का विधान बड़ी मार्मिक रीति से करते हैं। इनके प्रतिकूल रूपकों, विशेषकर सांगरूपकों के अधिकांश प्रतीक क्रिया अथवा क्रिया-प्रवाह की सूचना देते हैं। साम्य-विधान की क्षमता इनमें भी पहले की तरह ही होती है। लक्षणाश्रित प्रतीकों से अनुभूति की तीव्रता के साथ साम्य-भाव की व्यंजना अधिक प्राप्त होती है। जहाँ-तहाँ अंग्रेजी से अनूदित लक्षणाश्रित प्रतीक भी हिंदी में प्रयुक्त हुये हैं–

सुन्दरता का गर्व न करना ओ स्वरूप की रानी।
समय-रेत पर उतर गया है कितने मोती का पानी।।

यहाँ 'समय-रेत' अंग्रेजी के 'सैंड ऑफ टाइम' का अनुवाद है। इसी प्रकार निम्नांकित उदाहरण में मृत्यु का ठंडा ओठ भी अभारतीय ही अधिक प्रतीत हो रहा है–

काल के प्याले में अभिनव
ढाल जीवन का मधु आसव
नाश के हिम अधरों से मौन
लगा देता है आकर कौन! –महादेवी

अँग्रेजी से अनूदित लाक्षणिक प्रतीकों की बहुलता और विविधता है पंतजी की कविता में। इन्होंने शब्दों का प्रतीकवत् प्रयोग कर, भाषा में नवीन अर्थवत्ता भरकर काव्यभाषा के साथ-साथ अलंकारविधान में भी नवीन मोड़ उपस्थित किया है। आज लाक्षणिकता के बल पर इस प्रकार के भी अप्रस्तुत रखे गये हैं, जिनमें प्रतीकत्व है,

पर अप्रस्तुत के सभी गुण नहीं। धर्म के स्थान पर धर्मी और धर्मी के स्थान पर धर्म के प्रयोग में ऐसे प्रतीक ही अलंकार रूप में प्रयुक्त हुये हैं। आज प्रयोगशीलता की ओट में कहीं-कहीं ऐसे भी प्रतीक प्रयुक्त हुये हैं जो भावों के साधक नहीं, बाधक बने हैं। वस्तुतः काव्य में भावोत्तेजक प्रतीकों को ही स्थान मिलना चाहिये।

कतिपय पाश्चात्य विचारक प्रतीक को रूपक अलंकार से अभिन्न स्वीकार करते हैं। वस्तुतः यह मत भ्रम पर आधारित है। दोनों में पार्थक्य की सीमा पूर्ण स्पष्ट है। प्रस्तुत पर अप्रस्तुत का आरोप तो होता है दोनों में; पर 'रूपक' में प्रस्तुत और अप्रस्तुत दोनों वाच्य रहते हैं, जबकि 'प्रतीक' में केवल अप्रस्तुत ही वाच्य होता है और प्रस्तुत व्यंग्य। भारतीय अलंकारशास्त्र की दृष्टि से प्रतीक सर्वाधिक निकट पड़ता है 'रूपकातिशयोक्ति' के। रूपकातिशयोक्ति में भी प्रस्तुत का आरोप ही होता है, पर यहाँ अभेद इतना बढ़ जाता है कि केवल अप्रस्तुत ही वाच्य रहता है। अप्रस्तुत के रमणीय और साम्ययुक्त होने के कारण प्रस्तुत की प्रतीति भी उसी से होती है। प्रतीक में भी रखा जाता है केवल अप्रस्तुत ही, प्रस्तुत नहीं। इसी से कतिपय विद्वान् प्रतीक को रूपकातिशयोक्ति से अभिन्न स्वीकार कर उसे इसमें ही अन्तर्भुक्त कर देने के पक्ष में हैं। यहाँ यह जान लेना चाहिये कि दोनों में सूक्ष्म अन्तर भी है। रूपकातिशयोक्ति में प्रस्तुत-अप्रस्तुत का आधार होता है उत्कट साम्य-भाव। इसके अप्रस्तुत रूप-गुण-क्रियादि में समानधर्मी तो होते ही हैं, सर्वप्रसिद्ध भी होते हैं। पर प्रतीक के लिये यह आवश्यक विधान नहीं है। उसमें तो बहुत दूर-दूर तक की, कभी-कभी विपरीत वस्तुओं में भी गोटी बैठाई जाती है। अस्तु, दोनों को अलग-अलग स्वीकार करना ही श्रेयस्कर है। यों अपने यहाँ प्रतीक तो उपमान-प्रणाली के अन्तर्गत ग्रहण किए ही गये हैं।

काव्य में प्रतीकात्मक उपमान का महत्त्व अधिक हो जाता है। यदि वह लक्षणाश्रित भी हो तो अति उत्तम। सामान्य उपमानों की अपेक्षा प्रतीकात्मक उपमान अधिक भावपूर्ण होते हैं। उनमें अर्थ व्यंजकता सहज ही अधिक हो जाती है। यथा—

यह विशद जीवन कि जो आकाश-सा
या कि निर्झर-सा चपल लघु तीव्र है।
क्या पूर्ण है? क्या तृप्ति पाता शीघ्र है?
वह ग्रीष्म-सा है या मदिर मधुमास-सा। —मुक्तिबोध

यहाँ चतुर्थ चरण में 'ग्रीष्म' और 'मधुमास' का प्रयोग जीवन के लिये प्रतीकात्मक उपमान के रूप में हुआ है। उदासी, शैथिल्य, नीरसता, कष्ट आदि का प्रतीक है ग्रीष्म और हर्ष, उल्लास, स्फूर्ति, सरसता, अनुकूलता आदि का प्रतीक है मधुमास (बसन्त)। इन प्रतीकों के प्रयोग में जीवन का समग्र रूप प्रत्यक्ष हो रहा है।

अन्त में यही कहना पर्याप्त है कि शुद्ध प्रतीकों का महत्त अलंकारों के लिये प्रायः नहीं के बराबर है। अलंकार से उनकी भिन्नता बड़ी दूर की हो जाती है। अलंकार की दृष्टि से सर्वाधिक महत्त्व है लाक्षणिक प्रतीकों का। पंतजी वैसे प्रतीकों के प्रयोग में माहिर हैं। यदि प्रतीक अलंकार की सत्ता को दबा दें, तो वे अलंकार की दृष्टि से महत्त्व शून्य ही कहे जायेंगे। प्रतीकात्मक उपमान-योजना से भी काव्य में भावोद्‌बोधन की क्षमता अधिक हो जाती है। काव्य में वे सदा समान रूप में समादृत रहेंगे। असल बात है साम्यभाव की। साम्यभावना ही विकसित होकर अनेक साम्यमूलक प्रतीकों का रूप ग्रहण कर लेती है। सादृश्य मूलक अलंकारों का प्रतीकों से निकट का सम्बन्ध है। अस्तु, काव्य में एक का दूसरे से उपस्कृत होने में ही सार्थकता है।

10. अलंकार और बिंब-विधान

हिंदी की नई कविता में अलंकारादि की अपेक्षा प्रतीकों, बिंबों आदि का महत्त्व अधिक हो गया है। आज के अधिकांश कवि एक से एक अनुपम प्रतीक और बिंब के सृजन में ही अपनी सफलता मान रहे हैं। अन्य अनेक विधानों की तरह की काव्य में बिंब-विधान जैसी वस्तु का आयात भी पश्चिम से ही हुआ है। पश्चिम के स्वच्छन्तावादी कवियों ने कल्पना को शीर्षस्थानीय स्वीकारते हुये कविता में बिंब-विधान (Imagery) की पुरजोर वकालत की है। वे कल्पना को काव्य की मूल शक्ति मानते हैं जिसका कार्य है बिंब-विधान करना। बिंब सिद्धान्त की परिधि कल्पना से छोटी है। जहाँ कल्पना का क्षेत्र कविता के भाव पक्ष और कला पक्ष दोनों से सम्बन्धित है, वहाँ बिंब का सम्बन्ध केवल कला पक्ष अथवा शैली से है। भारतीय विचारकों ने अलंकार को शैलीपक्ष के अन्तर्गत ही मानने के लिये पर्याप्त विचार-विमर्श किया है।

बिंब-विधान सम्बन्धी क्षमता सब में समान नहीं होती। काव्य रचना में बिंब-विधान का स्वरूप अधिकतर काव्यकार के व्यक्तित्व पर निर्भर करता है। अपेक्षाकृत गंभीर व्यक्तियों द्वारा निर्मित बिंब सरल अथवा व्यंग्य-विनोद प्रिय व्यक्तियों द्वारा निर्मित बिंबों से पूर्णतः भिन्न होंगे। तात्पर्य यह कि बिंब-निर्माण में व्यक्तित्व का बहुत बड़ा योग होता है। विचारकों ने साहित्यिक बिंब के पाँच लक्षण निर्धारित माने हैं–चित्रात्मकता, शब्दरूपात्मकता, ऐन्द्रिकता, भावोत्पादकता और आरोपण का अभाव। बिंब का अंतिम लक्षण ही उसे अलंकार से पर्याप्त रूप में भिन्न बना देता है। यदि आरोपण का भाव साहित्यिक बिंबों में भी स्वीकार कर लिया जाये तो इसे अलंकार से भिन्न करना असंभव हो जायेगा। अलंकार में विषय पर आरोप हेतु आरोप्यमाण बाहर से आयात किये जाते हैं, जबकि बिंबों में आरोपित तत्त्व होता ही नहीं है। इसे उदाहरण द्वारा यों समझा जा सकता है–'नायिका का

मुख चाँद-सा सुन्दर है'–यहाँ 'चाँद' अप्रस्तुत है जिसका आरोप बाहर से हुआ है। ऐसी स्थिति में चाँद का बिंब बनने पर भी उसे बिंब-विधान के अन्तर्गत ग्रहण नहीं किया जा सकता, इसे उपमा अलंकार का ही उदाहरण माना जायेगा। इसी से अलंकार और बिंब-विधान का सीमांकन करते हुए डॉ॰ गणपति चन्द्रगुप्त जी ने लिखा है–"जहाँ बिंब से प्रस्तुत विषय (उपमेय) की ऐन्द्रिक विशेषता का बोध प्रत्यक्ष रूप में होता है, वहाँ अलंकार में उसका बोध उपमान या अप्रस्तुत के माध्यम से होता है। दूसरे शब्दों में, बिंब मूल विषय पर बाह्यवस्तु (अप्रस्तुत) के रूप में आरोपित नहीं होता; वह मूल का ही अविभाज्य अंग होता है।[1]"

विचारकों का एक वर्ग, जिसके प्रतिनिधि रोबिन स्केलटन (Robin Skelton) महोदय हैं[2] बिंब-सिद्धान्त की परिधि को सर्वाधिक व्यापक रूप प्रदान कर रहा है। इस वर्ग के विचारक औचित्य की सीमा तोड़कर अलंकार, प्रतीक, ध्वनि आदि को बिंब-सिद्धान्त में ही अन्तर्भुक्त मानने के पक्ष में हैं। ये प्रतिमाशून्य बिंब (Abstract Image) रूपकात्मक बिंब (Allegorical Image) लाक्षणिक बिंब (Emblematic Image) आदि वर्गों में बिंबों को वर्गीकृत कर उपमा, उत्प्रेक्षादि अलंकार को उससे अभिन्न स्वीकार करते हैं। वस्तुतः यह मत अतिरेक पर आधारित है। इससे बिंब-सिद्धान्त का ही रूप विकृत होता है। हाँ, यहाँ इतना अवश्य स्वीकार किया जायेगा कि कतिपय अलंकारों में बिंबवात्मकता का पर्याप्त रूप अवश्य मिलता है, किन्तु इतने ही मात्र से वे बिंब से अभिन्न नहीं माने जा सकते। कतिपय साहित्यिक बिंब भी तो ऐसे हैं जिनमें आलंकारिक सौन्दर्य ही अधिक स्फुट है, तो क्या उन्हें बिंबों के वर्ग से हटाकर अलंकार में अन्तर्भुक्त किया जा सकता है? सच तो यह है कि दोनों में पर्याप्त अन्तर है। इसकी पुष्टि में कई प्रकार की बातें कहीं जा सकती हैं।

बिंबविधान का क्षेत्र मात्र प्रस्तुत अथवा वर्ण्य-विशेष तक ही सीमित है। इसके प्रतिकूल अलंकार में अप्रस्तुत अथवा आरोप्यमाण का बाहर से आयात आवश्यक है। भावानुभूति को तीव्र कर अथवा उत्कट रूप में उपस्थित कर प्रेषणीयता प्रदान करना दोनों का कार्य है, पर इसके निमित्त दोनों के माध्यम में अन्तर हो जाता है। बिंब में माध्यम का कार्य करता है ऐन्द्रिक प्रभाव, जिससे वह ऐन्द्रिक उत्तेजना या भावोत्तेजन में सफल होता है, पर अलंकार में तुलना, सादृश्य, विरोध, न्याय आदि बुद्धिजन्य (कभी-कभी भाव जन्य) प्रक्रियाएँ ही समस्त कार्य सम्पादित करती है। इसी प्रकार बिंब मूलतः वस्तु का रूप-बोधक भर है, जब कि अलंकार से रूप-बोधन के अतिरिक्त अन्य प्रकार की अनुभूतियाँ भी प्राप्त होती हैं। अलंकार के मूल में होती है अतिशयोक्ति, पर बिंब के मूल में स्वभावोक्ति। यद्यपि दण्डी ने स्वभावोक्ति को

1. साहित्य विज्ञान, पृष्ठ 321।
2. The Poetic Pattern–Robin Skelton.

आद्यालंकार माना है (काव्यादर्श 218), पर अनेक आचार्य उसकी आलंकारिता पर ही सन्देह करते हैं। अलंकार और बिंब में एक प्रमुख अन्तर और है। प्रथम वस्तु के मूल प्रभाव को तीव्रता, उत्कटता आदि प्रदान करने में सहायक होता है (कभी-कभी मूल प्रभाव भी उत्पन्न करता है), पर द्वितीय उसे हृदयस्थ ही नहीं बनाता, आत्मार्पित भी कराता है। वर्ण्य-वस्तु के सौन्दर्योद्घाटक दोनों हैं, अमूर्त को मूर्त दोनों बनाते हैं, पर दोनों की प्रक्रिया में सूक्ष्म अन्तर है। अलंकार में जहाँ अमूर्त के लिये मूर्त और मूर्त के लिये अमूर्त की योजना बाह्यरोपित होती है, वहाँ बिंब-विधान में अमूर्त को ही मूर्त में परिणत कर दिया जाता है। दोनों के इसी अन्तर को डॉ॰ गणपतिचन्द्र गुप्त जी इस प्रकार स्पष्ट करते हैं—"जहाँ अलंकार में अप्रस्तुत के समावेश के द्वारा विषयं को आवश्यकतानुसार मूर्त या अमूर्त रूप प्रदान किया जाता है, जब कि बिंब-विधान में केवल प्रस्तुत को ही मूर्त रूप दिया जाता है[1]।"—अस्तु, अलंकार और बिंब-विधान अभिन्न नहीं माने जा सकते, दोनों की सत्ता अलग-अलग स्वीकार करना ही श्रेयस्कर है।

11. अलंकार और सौन्दर्यानुभूति

स्थूलतः काव्य के दो पक्ष होते हैं—सुन्दर और कुरूप। इसे ही शुभ-अशुभ, मंगल-अमंगल आदि विभिन्न शब्दों द्वारा लोग विभिन्न रूप में प्रकट करते रहे हैं। कोई भी कवि अपने काव्य को जान-बूझकर कुरूप नहीं बनाना चाहता। उसकी दृष्टि सदा सुन्दर पक्ष की ओर ही टिकती है। इसके निमित्त वह प्रकृति के सौन्दर्यमूलक वस्तुओं की ओर ही अपना ध्यान केन्द्रित रखता है। इसी से वह हँसते-खेलते संसार, खिलते-फूलते प्रसून, हहराते-गाते निर्झर, शुभ्र-मदिर चाँदनी आदि को अपने काव्य में स्थान दे चलता है। यदि कवि प्रकृति के कुरूप और वीभत्स पक्ष का भी चित्रण कर चलता है, तो उसमें भी उसकी सौन्दर्य चेतना अथवा सौन्दर्यनुभूति ही निहित होती है।

सौन्दर्यनुभूति अथवा सौन्दर्य चेतना (Aesthetic Experience or Aesthetic consciusness) पर भारतीय आचार्यों की अपेक्षा पश्चिमी विद्वानों ने अधिक गहराई से विचार किया है। सौन्दर्य वस्तुगत है अथवा व्यक्तिगत? वह बाहर की वस्तु है अथवा मन के भीतर की? इस पर अनेकों ने बहुत दिनों तक माथापच्ची की है। सुन्दर क्या है? इस सम्बन्ध में आज तक अनेक प्रकार के विचार पनप चुके हैं। कुछ लोग शुद्ध कलात्मकता में ही सौन्दर्य की सत्ता स्थापित करते हैं, तो कुछ लोग उपयोगिता में। विविधता, एकरूपता, सम्मात्रा, सुव्यवस्था, जटिलता, औचित्य, संगति, व्यंजना, मसृणता, स्पष्टता आदि को लोग सौन्दर्य का कारण बताते रहे हैं।

1. साहित्य विज्ञान, पृष्ठ 345।

आधुनिक विचारक क्रोचे संकल्पात्मक अनुभूति (Intution) को ही सौन्दर्य का मूल स्रोत मानते थे और अभिव्यक्ति की पूर्णता को सौन्दर्य। आलोचक प्रवर आ॰ शुक्ल अन्तस्सत्ता की तदाकार परिणति को ही सौन्दर्यानुभूति मानते थे[1]। उनकी मान्यता थी कि जिस प्रकार वीरकर्म से वीरत्व कोई पृथक् पदार्थ नहीं है, उसी प्रकार सौन्दर्य की सुन्दर वस्तु से पृथक् सत्ता नहीं हो सकती। यदि क्रोचे और आ॰ शुक्ल की मान्यताओं पर ध्यान दिया जाये तो स्पष्ट होगा कि दोनों की मान्यताओं में बहुत दूर का अन्तर नहीं है। पश्चिमी विचारक प्लेटो, टाल्सटाय, रस्किन श्लेगेल, कांट आदि मांगल्य, नैतिकता आदि से सौन्दर्य को अपृथक् तथा इसकी आनन्दमय अनुभूति को सौन्दर्यानुभूति स्वीकारते रहे हैं। पश्चिमी विचारक मूलतः इसका सम्बन्ध कला से ही मानते हैं (वहाँ काव्य भी कला के अन्तर्गत ही गृहीत है)। अपने यहाँ कला उपविद्या के रूप में स्वीकृत रही है। इसी से अपने यहाँ काव्य में जहाँ रसानुभूति की चर्चा की गयी है, वहाँ पश्चिम में रसानुभूति का महत्त्व सौन्दर्यानुभूति को अनायास ही प्राप्त हो गया है।

सौन्दर्यानुभूति का पेटा रसानुभूति की उपेक्षा छोटा पड़ता है। इसमें सौन्दर्य-चिंतन तो होता है, पर समाधि चेतना (मधुमती भूमिका) नहीं। संकल्पात्मक वृत्तियाँ निरोधित तो यहाँ भी होती हैं—आत्मानुभूति यहाँ वर्तमान तो रहती है, पर रसास्वादन नहीं हो पाता है। रसानुभूति की तरह ही इसका ग्रहण भी हमारा अन्तर्मन अथवा हृदय ही करता है, जिसका माध्यम है चाक्षुष प्रत्यक्ष। पर इसमें चमत्कार और आह्लादकता का अंश अधिक होता है और रस-सिंचन का कम। संभवतः इन्हीं मान्यताओं पर ध्यान रखते हुये पंडितराज जगन्नाथ ने रमणीय अर्थ के प्रतिपादक शब्दों में काव्यत्व स्वीकार किया था—**रमणीयार्थप्रतिपादकः शब्दः काव्यम्'**। यहाँ 'रमणीयता-प्रतिपादक' रसात्मकता का पर्यायवाची कदापि नहीं है। रस और रमणीयता में पंडितराज को पर्याप्त पार्थक्य मान्य है। यहाँ वे रस के अभाव में भी मात्र रमणीयता प्रतिपादन—चमत्कार उद्‌बोधन में भी काव्यत्व स्वीकार कर रहे हैं। रस-सिद्धान्त के दिग्गज अनुसंधित्सु डॉ॰ आनन्द प्रकाश दीक्षित के अनुसार कहा जाएगा कि यहाँ 'रमणीयता' से उनका तात्पर्य चमत्कार से है जो काव्यपाठ के समय हमारे हृदय में विशेषों के पुनः-पुनः अनुसंधान की भावना जगाता है। काव्य की यह परिभाषा रसानुभूति के निकट नहीं, प्रत्युत सौन्दर्यानुभूति के निकट पड़ती है। इसमें चमत्कार पर विशेष बल दिया गया है, जो अलंकार का मूल है। काव्यपाठ के समय वर्ण्य-वस्तु को तीव्रानुभूति प्रदान कर उत्कट प्रेषणीयता उत्पन्न करना ही अलंकार का मूल कार्य है। पंडितराज द्वारा सौन्दर्यानुभूति की यह प्रतिष्ठा रसानुभूति से तनिक भी घटकर नहीं है। निश्चय ही इससे काव्य में अलंकार का अक्षुण्ण महत्त्व अनायास ही स्थापित

1. रसमीमांसा पृष्ठ 29।

हो जाता है। माघ की यह पंक्ति–**"क्षणे क्षणे यन्नवतामुपैति तदेव रूपं रमणीयतायाः"** भी इसी भाव को व्यक्त कर रही है। आज यह असंदिग्ध रूप में मान्य है कि सौन्दर्यानुभूति चमत्कारोत्पादक और आनन्दविधायक होती है। यह सच सहै कि आ॰ शुक्ल काव्य में चमत्कारवाद के विरोधी थे, इसी से उन्होंने रसवाद की नवीन ढंग से स्थापना की है, पर इससे काव्य में चमत्कार (अलंकार) और सौन्दर्यानुभूति का महत्त्व घटता नहीं, बढ़ता ही है।

यदि सौन्दर्यानुभूति के परिप्रेक्ष्य में अलंकार पर विचार करें तो कहना पड़ेगा कि **अलंकार सौन्दर्यानुभूति का साधक तत्त्व है।** अलंकार के मूल में चमत्कार की भावना निहित होती है। सौन्दर्यानुभूति के साथ अलंकार का संयोग (योग भर नहीं) होने से रमणीयता और भी अधिक उत्कृट हो जाती है। जिस प्रकार सौन्दर्यानुभूति हमें चमत्कृत और मुग्ध तो करती है, पर स्थायी प्रभाव की स्थापना नहीं (भारतीय दृष्टिकोण से), उसी प्रकार अलंकार भावों का उत्कर्ष भर दिखाते हैं, वस्तुओं के रूपानुभव, गुणानुभव और क्रियानुभव को तीव्र भर बनाते हैं, उन्हें स्थापित नहीं करते हैं। दोनों का सम्बन्ध काव्य के शरीर अथवा शैली पक्ष से है। इससे इन्कार नहीं किया जा सकता कि प्राण की प्राणवत्ता शरीर की स्वस्थता पर ही निर्भर है। जब तक काव्य के कलापक्ष–अलंकार और सौन्दर्यानुभूति का पक्ष प्रभावशाली नहीं होता। तब तक काव्य की आत्मा (शक्ति) प्रभावकारी न होगी। जहाँ सौन्दर्यानुभूति अलंकाराश्रित होती है, वहाँ रसोपलब्धि भी सहज रूप से अपृथक् भाव से ही हो जाती है। आनन्दवर्द्धन को भी संभवतः यही मान्य था। इसी से वे **'न तेषां बहिरंगत्वं रसाभिव्यक्तौ' स्वीकार करते हैं।**

अलंकार पर विचारते समय भारतीय आचार्यों ने सौन्दर्यानुभूति पर भी प्रकारान्तर से विचार कर लिया गया है। अलंकार केवल शोभातिशायी तत्त्व ही नहीं, शोभा-विधायक तत्त्व भी माने गये हैं। पाश्चात्यों में अरस्तू के अनुसार अलंकार काव्यभाषा को लोक-सामान्य स्तर से ऊपर उठाकर विशेष भावभूमि पर स्थिर करता है जिससे कथन में दीप्ति और आह्लादकता आती है। आ॰ शुक्लजी की कविता को सामान्य की नहीं, विशेष भावभूमि की वस्तु ही मानते थे। दमित्रियस के अनुसार भी आकर्षणहीन कथ्य अलंकार द्वारा आकर्षक बन जाता है। आ॰ भामह भी यही मानते रहे हैं कि कभी-कभी असाधु भी साधु के रूप में परिणत हो जाता है, यदि उसे आश्रय का सौन्दर्य प्राप्त हो। दण्डी आदि ने तो स्पष्ट रूप से अलंकार को शोभाकारक धर्म माना ही है। हिंदी के आचार्यों में केशव आदि के विचार भी इसी प्रकार के हैं। आधुनिक युग के विचारक भी काव्य में अलंकार-प्रयोग का लक्ष्य सौन्दर्योत्पादन ही मानते हैं। वर्ण्य-वस्तु के रूप-गुण-क्रिया को तीव्रानुभूति देना सौन्दर्योत्पादन की क्षमता को बढ़ाना ही तो है, वह और है क्या? श्री शिपले ने अपने कोश में अलंकार-प्रयोग के

नौ प्रयोजनों में एक प्रयोजन सौन्दर्योत्पादन ही स्वीकार किया है। डॉ॰ गणपति चन्द्रगुप्त के अनुसार अलंकार-प्रयोग का लक्ष्य है–'आकर्षण शक्ति की उद्दीप्ति'। शब्द भेद से इसे सौन्दर्योत्पादन ही कहा जाएगा। यह भी सच है कि अलंकार-रहित काव्य भी सुन्दर होते हैं, पर यह भी तो पूर्ण सत्य नहीं कि अलंकार के प्रयोग से काव्य कुरूप हो जाता है। असल बात है अलंकार और अलंकार्य में सच्चे सामंजस्य की। इनमें उचित सामंजस्य के अभाव में सौन्दर्य प्रस्फुटित नहीं होता है। इसके निमित्त आवश्यक है सौन्दर्य-विधायक वस्तुओं का–अलंकारों का समुचित रूप में संयोग। अलंकरण की कला में पारखी व्यक्ति ही उचित सामंजस्य स्थापित कर सकता है, अन्यथा सौन्दर्यात्पादन न हो सकेगा।

निष्कर्ष रूप से कहा जायेगा कि अलंकार और सौन्दर्यानुभूति में परस्पर उपकार की भावना निहित है। अलंकार सौन्दर्यानुभूति का आवश्यक उपादान है। इससे काव्य के सौन्दर्य को मात्र अतिशयति ही नहीं किया जाता, प्रत्युत उसे स्थायित्व प्रदान भी किया जाता है। उचित विन्यास के अभाव में प्रत्येक वस्तु बुरी हो जाती है, केवल अलंकार ही नहीं। अस्तु, इन्हें सौन्दर्यानुभूति का साधक तत्त्व ही माना जाएगा।

12. अलंकारों की संख्या

अलंकारों की संख्या पर विचार करते समय कई प्रकार के प्रश्न सामने आते हैं। क्या अलंकारों की एक निश्चित संख्या का निर्धारण करना आवश्यक है? क्या इस निश्चित संख्या का निर्धारण सहज ही किया जा सकता है? क्या आज तक जितने भी अलंकार निरूपित हुए हैं, सभी उसी रूप में मान लिए जाएँ? क्या आगे के कवि और आचार्य नवीन अलंकारों का स्वरूप निर्धारण नहीं करेंगे? आदि-आदि। उपर्युक्त सभी प्रश्नों को ध्यान में रखते हुए यदि कहा जाए कि अलंकारों की संख्या का निर्धारण एक कष्ट कल्पना है, तो अत्युक्ति न होगी।

अलंकारों के विकासात्मक अध्ययन से स्पष्ट है कि आ॰ भरत मुनि के समय केवल उपमा, रूपक, दीपक और यमक–ये चार अलंकार ही निर्धारित किये गये थे, जबकि कतिपय अन्य अलंकार भी तत्कालीन काव्य में प्रयुक्त हो रहे थे। आचार्य भामह के समय से ही इसकी संख्यात्मक वृद्धि ही चलती है। इसकी संख्यात्मक वृद्धि करने वाले आचार्यों में भामह, दण्डी, रूय्यक, जयदेव, अप्पयदीक्षित, शोभाकर मित्र (अलंकार रत्नाकर) आदि के नाम अग्रगण्य हैं। 17वीं शदी में पंडितराज जगन्नाथ द्वारा लिखित 'रस गंगाधर' में 180 से भी अधिक अलंकारों की चर्चा हुई है। इनमें कुछ अलंकार चमत्कारहीन, कुछ एक दूसरे में अन्तर्भुक्त होने वाले, कुछ अप्रधान और कुछ अतार्किक कहकर यदि छोड़ भी दिए जाएँ तो भी इनकी संख्या बहुत अधिक ही रह जाती है। अलंकार की इस संख्यात्मक वृद्धि की ओर बहुत पहले ही

लक्ष्य कर लिया गया था। इसी से दण्डी ने बहुत पहले ही बड़ी सटीक और वैज्ञानिक घोषणा की थी कि समस्त अलंकारों की गणना नहीं की जा सकती है, चूँकि उनकी सृष्टि तो प्रत्येक दिन हो रही है–**'ते (अलंकाराः) चाद्यापि विकल्प्यन्ते कस्तान् कार्त्स्न्येन वक्ष्यति।'**–काव्यादर्श 2। 1। शब्दभेद से रुद्रट ने दण्डी के इस मत का पोषण करते हुए स्वीकार किया था कि हृदय में उठने वाले समस्त आह्लादक भाव अलग-अलग अलंकार माने जा सकते हैं। आनन्दवर्द्धन ने भी दण्डी के मत का ही पोषण किया है। उनके अनुसार भी अलंकार सतत वर्द्धमान हैं। मेधवीजन प्रतिदिन नए-नए अलंकार की उद्भावना करते रहते हैं–**'सहस्रशो हि महात्मभिरन्यैरलङ्कारप्रकाराः प्रकाशिताः प्रकाश्यन्ते च'**।–ध्वन्यालोक 3।43 वृत्ति। इसी से वे इसे अनंत प्रकार का घोषित करते हैं–**'अनन्तो हि.... अलङ्काराः'** (–वही)।

हिंदी के आधुनिक विचारकों का मत भी इसी प्रकार का है। आ॰ शुक्ल ने काव्य में चमत्कारवाद का खंडन और रसवाद की पुनर्प्रतिष्ठा करते समय लिखा है–''अलंकार वर्णन करने की चमत्कारपूर्ण शैलियाँ हैं। इन्हें काव्यों से चुनकर प्राचीन आचार्यों ने नाम रखे और लक्षण बनाये। ये शैलियाँ न जाने कितनी हो सकती हैं।'' अतः यह नहीं कहा जा सकता कि जितने अलंकारों के नाम ग्रन्थों में मिलते हैं उतने ही अलंकार हो सकते हैं[1]।'' श्री सुधांशु जी का मत भी ऐसा ही है–**''अलंकारों की संख्या न निश्चित है, और न निश्चित की जा सकती है[2]।''** अस्तु, उपर्युक्त विचारों के मतों पर हमें भरोसा करते हुए यही स्वीकारना चाहिये कि अलंकार अनन्त हैं। इनकी संख्या का निर्धारण नहीं किया जा सकता है।

पर आखिर ऐसा क्यों मान लिया जाये? लगे हाथ इस पर जरा विचार कर लें। वस्तुतः अलंकार का मूल है चमत्कार। इस चमत्कार का कारण है वाग्विकल्प की विचित्रता। वाग्विकल्प में जितने प्रकार का वाच्य-वैचित्र्य हो सकता है, चमत्कार की कोटियाँ भी उतनी ही होंगी और अलंकार भी उतने ही होंगे। काव्य के वाच्य-वैचित्र्य को किसी निश्चित सीमा में बाँधकर नहीं रखा जा सकता। यह भी संभव नहीं है कि आज तक जितनी कविताएँ की गयी हैं, आगे की कविता उन्हीं की लीक पर निर्मित हो। युग के अनुसार युगबोध में परिवर्तन हो जाता है। इसी से आगे आने वाले प्रत्येक युग की कविता अपने पिछले युग की कविता से भिन्न प्रकार की हो जाती है। उसमें भाव, भंगिमा, भाषा, छन्द आदि प्रायः सब कुछ भिन्न हो जाते हैं। हिंदी का भक्तिकाव्य आदिकालीन काव्य से जितना भिन्न था, उससे उतना ही भिन्न था शृंगारकाव्य। इसी प्रकार द्विवेदी युग की कविता शृंगार युग की कविता से और छायावादी काव्य द्विवेदीयुगीन काव्य से भिन्न नवीन प्रकार का युगबोध लेकर

1. रसमीमांसा, पृष्ठ 360।
2. काव्य में अभिव्यंजनावाद, पृष्ठ 117।

उपस्थित हुआ था। द्विवेदी युग तक जहाँ केवल भारतीय अलंकार ही काव्य में रहे थे, वहाँ छायावादी कविता में मानवीकरण, ध्वन्यर्थव्यंजना, अनुकल्प, उपलक्ष आदि अनेक पाश्चात्य अलंकारों का भी प्रचलन धड़ल्ले से हुआ। आज की नई कविता का क्षितिज भी पिछली कविता से पूर्णतः भिन्न प्रकार का है। इसमें विभिन्न पद्धतियों पर भिन्न-भिन्न प्रकार की भावानुभूतियाँ अभिव्यक्त हो रही हैं। अलंकार का महत्त्व क्षीण हो गया है। प्रतीक और बिंब आज अधिक महत्त्वपूर्ण हो गये हैं। इसमें नवीन प्रकार का चमत्कार मिल रहा है। अतः यह आवश्यक नहीं है कि इसमें भी समस्त प्राचीन अलंकार उसी रूप में चलें—नये अलंकारों का प्रचलन तो आवश्यक रूप से होगा ही। आज का कवि प्राचीन अलंकारों का मोह छोड़कर कविता के लिये नवीन अलंकारों की खोज में पिल पड़ा है। ये प्रतीक और बिंब क्या हैं? क्या ये वाग्विकल्प के नवीन वाच्य-वैचित्र्य नहीं। अस्तु, किसी भी समय अलंकारों की एक निश्चित संख्या का निर्धारण अनावश्यक है। उस सीमा को मानने की चिंता किसी को भी नहीं होगी। परिवर्तित युगबोध के अनुसार नवीन अलंकारों का सृजन एवं प्राचीन अलंकारों का त्याग सर्वदा चलता रहा है (आगे भी चलता ही रहेगा)। यह तो प्रत्यक्ष है ही कि जिन्हें भामह ने छोड़ा या महत्त्वशून्य माना, उन्हें दण्डी ने महत्त्वपूर्ण बनाया, जिन्हें दण्डी ने अप्रधान खाते में खतियाया, उन्हें रुद्रट आदि परवर्ती आचार्यों ने प्रधान वर्ग में स्थान दिया। —अस्तु।

अलंकारों की संख्या (और उसके स्वरूप का भी) का निर्धारण एक कष्ट कल्पना है। मेरे विचार से संख्या निर्धारण अथवा स्वरूप-स्थिरीकरण में तीन बातों पर ध्यान रखना आवश्यक है—कर्त्ता, कृति और पाठक। कर्त्ता का मन किस प्रकार के चमत्कार अथवा वाच्य-वैचित्र्य में रमता है; किस प्रकार की कृति में किस प्रकार का चमत्कार अधिक रुचता है, किस प्रकार के अलंकार से उसमें भावयोग होता है तथा किस प्रकार के पाठक को किस प्रकार का चमत्कार अधिक अच्छा लगता है—यदि इन बातों को ध्यान में रखकर कुछ विचार किया जाये तो शायद सटीक ढंग पर कुछ काम हो सकता है। पर यह कार्य कितना गुरुतर और श्रमसाध्य है, यह किसी को समझाने की आवश्यकता नहीं। अस्तु, इस दृष्टि से भी अलंकारों की संख्या का निर्धारण भी असंभव-सा है।

13. अलंकारों का वर्गीकरण

जिस प्रकार अलंकारों की संख्या अनिर्णीत है, उसी प्रकार अलंकारों का वर्गीकरण उलझनपूर्ण है। अलंकारों के वर्गीकरण का इतिहास उतना ही प्राचीन है जितना अलंकार-साहित्य का इतिहास। यह असंदिग्ध रूप में स्वीकार किया जाता है कि अलंकारों के वर्गीकरण का बीज अलंकार-शास्त्र के आद्याचार्य भामह में वर्तमान था, किन्तु उनका वर्गीरण विभिन्न प्रवृत्तियों का निर्देश भले कर ले, अलंकारों के

विकास-क्रम का सूचक नहीं माना जा सकता। उद्भट का वर्गीकरण भी भामह की पद्धति पर ही हुआ। यह वर्गीकरण वैज्ञानिक तो नहीं, पर तत्कालीन प्रचलित चार विभिन्न विचारधाराओं का सूचक और अलंकारों की विकासात्मक स्थिति का निर्देशक अवश्य है। अलंकारों के वैज्ञानिक वर्गीकरण की नींव डाली है **रुद्रट** ने। इन्होंने प्रथम शब्दालंकार और अर्थालंकार जैसे वर्ग तो बनाये ही, वामन की मान्यताओं का उपयोग करते हुए समस्त अर्थालंकारों को भी **चार वर्गों में** विभक्त किया है–**वास्तव, औपम्य, अतिशय और श्लेष।** वास्तव में 23, औपम्य में 21, अतिशय में 12 और श्लेष में एक (भेदों को स्वतंत्र मान लेने पर–शुद्ध श्लेष के 10 + संकीर्णश्लेष के 2) अलंकार रखे गये हैं। रुद्रट का यह वर्गीकरण भी कतिपय असंगतियों से युक्त है। कतिपय अलंकार ऐसे भी हैं जिन्हें इन्होंने कई वर्गों में रखा है, फिर भी उस समय तक के वर्गीकरणों में यह सर्वोत्तम है अवश्य। वर्गीकरण की दृष्टि से रुद्रट के पश्चात् महत्त्वपूर्ण आचार्य हैं रुय्यक और उनके शिष्य मंखक। **'अलंकार सर्वस्वम्'** में सर्वप्रथम बार मूलतत्त्वों को आधार मानकर अलंकार के वर्ग बनाये गये हैं। रूय्यक का वर्गीकरण इस प्रकार है–

1. सादृश्य गर्भ–सादृश्य अथवा साधर्म्य के आधार पर (उपमामूलक)–(28)–
   (क) भेदाभेद तुल्य प्रधान–जिनके उपमेय-उपमान में भेद नहीं होता हो–
   उपमा[1], उपमेयोपमा[2], अनन्वय[3], स्मरण[4]।
   (ख) अभेद प्रधान–जिनके उपमेय-उपमान के साधर्म्य में अभेद कथित हो–
   (ग) गम्यमान औपम्य–जहाँ औपम्य प्रतीयमान रहे, वाच्य नहीं
   1. आरोप मूलक–जहाँ उपमेय में उपमान का आरोप किया जाये–रूपक[5], परिणाम[6], संदेह[7], भ्रांति[8], उल्लेख[9], अपह्नुति[10]।
   2. अध्यवसाय मूलक–जहाँ उपमेय में उपमान का अध्यवसाय किया जाये–
   उत्प्रेक्षा[11], अतिशयोक्ति[12]।
   1. पदार्थगत–तुल्ययोगिता[13], दीपक[14]।
   2. वाक्यार्थगत–प्रतिवस्तूपमा[15], दृष्टान्त[16], निदर्शना[17]।
   3. अभेद प्रधान–व्यतिरेक[18], सहोक्ति[19], विनोक्ति[20]।
   4. विशेषण वैचित्र्य–समासोक्ति[21], परिकर[22]।
   5. विशेषण-विशेष्य वैचित्र्य–श्लेष[23]!
   6. शेष–अप्रस्तुत प्रशंसा[24], पर्यायोक्ति[25], अर्थान्तरन्यास[26], व्याजस्तुति[27], आक्षेप[28]।

2. विरोध गर्भ–जिनका मूलाधार विरोध वर्णन हो–विरोध[29], विभावना[30], विशेषोक्ति[31], सम[32], विचित्र[33], अधिक[34], अन्योन्य[35], विशेष[36], व्याघात[37], अतिशयोक्ति[38], असंगति[39], विषम[40]।
3. शृंखला गर्भ–जिनमें शृंखलावत् सम्बन्ध हो–कारणमाला[41], एकावली[42], मालादीपक[43], सार[44]।
4. न्यायमूल–जिनका आधार न्याय हो–
   (क) तर्कन्याय–काव्यलिंग[45], अनुमान[46]।
   (ख) वाक्यन्याय–यथासंख्या[47], पर्याय[48], परिवृत्ति[49], अर्थापत्ति[50], विकल्प[51], परिसंख्या[52], समुच्चय[53], समाधि[54]।
   (ग) लोकन्याय–प्रयत्नीक[55], प्रतीप[56], मीलित[57], सामान्य[58], तद्गुण[59], अतद्गुण[60], उत्तर[61]।
5. गूढ़ार्थ प्रतीति मूल–जिनका आधार गूढ़ अर्थ की प्रतीति हो–सूक्ष्म[62], व्याजोक्ति[63], वक्रोक्ति[64]। = 64।

रुय्यक के इस वर्गीकरण में रसवत्, प्रेयस्वत्, ऊर्जस्वी, समाहित, भावोदय, भावसंधि, भावसाबल्य, संसृष्टि, संकर, स्वभावोक्ति, भाविक, उन्मीलित, विशेषक आदि अलंकार समाविष्ट नहीं हैं। कतिपय असंगतियों के बावजूद भी यह वर्गीकरण परवर्ती आचार्यों को प्रायः किसी न किसी रूप में अवश्य मान्य रहा है।

रुय्यक के पश्चात् विद्याधर (एकावलीसार) ने अलंकारों का दो दृष्टियों से वर्गीकरण किया है–स्थूल और सूक्ष्म। स्थूल दृष्टि से वे अलंकारों के चार वर्ग–**वस्तुप्रतीति, औपम्यप्रतीति, रसभाव प्रतीति** और **अस्फुट प्रतीति** और **सूक्ष्म दृष्टि से नौ वर्ग** मानते हैं–साधर्म्यमूल, अध्यवसाय मूल, विरोधमूल, वाक्यन्याय मूल, लोकव्यवहार मूल, तर्क न्यायमूल, शृंखलावैचित्र्यमूल, अपह्नवमूल, और विशेषण वैचित्र्यमूल। यह वर्गीकरण रुय्यक के वर्गीकरण पर ही आधारित है। अस्तु, कोई नवीनता नहीं मानी जा सकती।

हिंदी के आचार्यों में भी अलंकारों के वर्गीकरण की प्रवृत्ति प्रारंभ से ही मिलती है। **आ॰ केशव** ने 'कवि प्रिया' में नवम प्रभाव से सोलहवें प्रभाव तक अलंकार निरूपित किया है। उनका यह वर्गीकरण भामह, उद्भटादि से भिन्न प्रकार का नहीं माना जा सकता। वर्गीकरण का दूसरा प्रयास किया है देव ने। उन्होंने अलंकार का **दो वर्ग**–मुख्य (40) और गौण (30) माना है। इस वर्गीकरण का कोई आधार नहीं है। डा. ओमप्रकाश का अन्दाज है कि जहाँ देव ने सरसता देखी है, उसे मुख्य अलंकार मान लिया है और अन्यों को गौण। वर्गीकरण का तीसरा प्रयत्न मिलता है **आ॰ भिखारी दास** में। दास जी ने कुल 86 अर्थालंकारों को ग्यारह वर्गों में रखा है। वैयाकरणों के 'तुदादि' 'चुरादि' के वजन पर इन्होंने 'उपमादि', 'उल्लासादि' वर्ग

बनाये हैं। इस वर्गीकरण के पीछे भी वैज्ञानिक आधार की कमी है। डा. ओमप्रकाश के अनुसार यह ''वर्गीकरण यदृच्छया अनुशासित प्रतीत होता है।''

आधुनिक काव्यशास्त्रियों में **पोद्दारजी** ने रुय्यक के वर्गीकरण को ही मान्यता प्रदान की है। अन्तर सिर्फ इतना है कि रुय्यक के 64 अलंकारों की जगह इन्होंने 100 अलंकारों का वर्गीकरण कर लिया है। **श्री सुब्रह्मण्य शर्मा** ने अर्थालंकारों के आठ वर्ग बनाये हैं—औपम्यमूल (34), विरोधमूल (10), कार्य-करण सिद्धान्तमूल (11), न्यायमूल (29), अपह्नवमूल (11), शृंखलावैचित्र्यमूल (40), विशेषण-वैचित्र्ययूल (2) और कविसमयमूल (1)। इस वर्गीकरण का आधार है विद्याधर का वर्गीकरण। सूक्ष्म मनोवैज्ञानिक आधार पर आश्रित इस वर्गीकरण को भी नहीं माना जा सकता। रुय्यक और विद्याधर के आधार पर ही **पं॰ रामदहिन मिश्र** ने भी अलंकारों का वर्गीकरण किया है। 'विनोक्ति' को रुय्यक ने 'भेद प्रधान गम्यमान औपम्य' वर्ग में रखा है, पर मिश्रजी ने 'शेष' में। 'प्रश्नोत्तर' को 'लोकन्याय' वर्ग में रखकर इस वर्ग के अलंकारों की संख्या इन्होंने आठ कर दी है। 'संकर' और 'संसृष्टि' को 'गूढ़ार्थ प्रतीतिमूल' वर्ग में रखने से इस वर्ग में भी कुल आठ अलंकार हो गये हैं। सब मिलाकर मिश्र जी का वर्गीकरण **अधिक सुधार हुआ** मान लिया जा सकता है।

अलंकारों के वैज्ञानिक विभाजन की ओर **डा. नगेन्द्र** (रीतिकाव्य की भूमिका) ने भी ध्यान दिया है। उनका विचार है कि—''व्यावहारिक धरातल पर आकर भी हम अलंकारों के कुछ अपेक्षाकृत मूर्त आधार निर्धारित कर सकते हैं। X X X अलंकारों के ये मनोवैज्ञानिक आधार हैं—स्पष्टता, विस्तार, आश्चर्य, अन्विति, जिज्ञासा और कौतूहल। इनके मूर्त रूप हैं—साधर्म्य, अतिशय, वैषम्य, औचित्य, वक्रता और चमत्कार (बौद्धिक)।'' तात्पर्य यह कि डा. नगेन्द्र के अनुसार अलंकार के कुल छह निम्नांकित वर्ग होंगे—

1. साधर्म्यमूल—उपमा और रूपक से लेकर दृष्टांत और अर्थान्ष्तर-न्यासतक।
2. अतिशयमूल—अतिशयोक्ति के विभिन्न भेदों से लेकर उदात्तादि तक।
3. वैषम्यमूल—विरोध, विभावना, असंगति से लेकर व्याघात, आक्षेप आदि तक।
4. औचित्यमूल—यथासंख्य, कारणमाला, एकावलि से लेकर स्वभावोक्ति आदि तक।
5. वक्रतामूल—पर्याय व्याजस्तुति, अप्रस्तुत प्रशंसा से लेकर सूक्ष्म, पिहित आदि तक।
6. चमत्कारमूल—श्लेष और यमक से लेकर मुद्रा और चित्र आदि तक।

अन्त में डा. नगेन्द्र ने स्वीकार किया है कि—''उपर्युक्त विभाजन में अतिशय, वक्रता और चमत्कार ये तीन ऐसे आधार हैं जो वास्तव में अपने व्यापक रूप में

समस्त अलंकारों के मूलवर्ती हैं[1]।'' इन्होंने वर्गीकरण का जो मार्ग सुझाया है, उसमें औचित्य है, पर इसे भी निर्भ्रान्त रूप में स्वीकार नहीं किया जा सकता; चूंकि अतिशय, वक्रता और चमत्कार का प्रयोग अति सीमित अर्थ में ही मान्य है।

डा. गणपतिचन्द्र गुप्त ने परम्परागत वर्गीकरण पर विचारते हुये लिखा है कि इन ''वर्गों में से अधिकांश ऐसे हैं जो मूलतः अलंकार की सीमा से बाहर पड़ते हैं। अवश्य ही उनके उदाहरणों में सौन्दर्य मिलता है, किन्तु वह सौन्दर्य अलंकारजन्य न होकर किसी अन्य कारण से है[2]।'' इसी से निष्कर्ष रूप में प्रतिपादित करते हैं कि—''केवल सादृश्यमूलक अलंकारों का ही वर्ग ऐसा वर्ग है जो अलंकार का असली क्षेत्र है[3]।'' वे सादृश्यमूलक वर्ग को चार उपविभागों में बाँटते हैं—तुलनामूलक, आरोपमूलक, तादात्म्यमूलक और व्यंजनामूलक। वस्तुतः डा. गुप्त से बहुत पहले ही श्री सुधांशुजी ने भी अन्य वर्गों के अलंकारों के अनौचित्य पर विचार करते हुये व्यंग्य रूप में ऐसा ही स्वीकार किया है[4]। इस प्रकार का विचार संस्कृत के अनेक काव्यशास्त्रियों ने भी छिट-पुट रूप में व्यक्त किया है, फिर भी इससे पूर्णतः इन्कार नहीं किया जा सकता कि डा. गुप्त का मत अतिरेक पर ही आधारित है।

ऊपर के विवेचन से स्पष्ट है कि अभी तक किसी एक विद्वान द्वारा किया गया वर्गीकरण सर्वथा निर्दोष नहीं है। अब तक सर्वाधिक मान्य और प्रचलित रहा है रुय्यक का वर्गीक्रण। एतदर्थ वही विचारणीय है। उन्होंने 'मीलित', 'उन्मीलित', 'सामान्य' और 'विशेषक' को लोकन्याय वर्ग में रखा है, जबकि इनमें उत्कटता है सादृश्य की। लोकन्याय का तो इनमें सहयोग भर है। यही बात है 'प्रतीप' की। इसमें उपमा विपरीत तो होती है, पर वैपरीत्य का आधार है, वर्ण्य-अवर्ण्य। इसे ही लोगों ने विपरीतोपमा या प्रतीपोपमा भी कहा है। अस्तु, इन सबों को सादृश्य-मूलक वर्ग में ही स्थान मिलना चाहिये।

अतिशेयाक्ति के एक भेद 'रूपकातिशयोक्ति' में सादृश्य तो है, पर अन्य भेदों में नहीं। इस एक के कारण ही अतिशयोक्ति के समस्त भेदों को सादृश्य मूल वर्ग में रखा गया है। यह अवैज्ञानिक है। वस्तुतः रूपकातियोक्ति को रूपक का ही एक भेद मानकर इसके अन्य भेदों को इस वर्ग से विघटित किया जाना आवश्यक है। अत्युक्ति के साथ इसका एक अलग वर्ग भी बनाया जा सकता है।

'सम' विरोधमूलक अलंकार नहीं है। 'विषम' का विलोम होने के कारण ही उसे इस वर्ग में रखा गया है। उसका उचित वर्ग होगा लोकन्याय। इसी प्रकार 'विशेष'

1. रीतिकाव्य की भूमिका।
2. साहित्य विज्ञान, पृष्ठ 346।
3. साहित्य विज्ञान, पृष्ठ 347।
4. काव्य में अभिव्यंजनावाद—चौथा अध्याय।

और 'पर्याय' में अन्तर केवल नाममात्र का है। इन्हें एक ही वर्ग में रखना अधिक श्रेयस्कर है। इन्हें विरोधमूलक वर्ग से हटाकर लोकन्यायमूलक वर्ग में रखा जाना चाहिये। 'अन्योन्य' में भी विरोध का भाव नहीं है। इसका भी उचित वर्ग होगा लोकन्याय। 'व्याज स्तुति' और 'व्याज निन्दा' को नहीं मालूम क्यों गम्योपम्याश्रय वर्ग में रखा गया है। इनमें तो व्यंजना का भाव पूर्णतः स्पष्ट है। अस्तु, इन्हें गूढ़ार्थ-प्रतीति मूल वर्ग में स्थान मिलना चाहिये। इस प्रकार यह चर्चा थोड़ी और भी बढ़ायी जा सकती है।

अलंकारों का वर्गीकरण करते समय हमें यह सदा ध्यान रखना चाहिये कि अलंकार उक्ति-वैचित्र्य के ही विभिन्न रूप हैं। उक्ति-वैचित्र्य में विभिन्नता होने पर भी कतिपय ऐसी मूलभूत प्रवृत्तियाँ होती हैं, जो प्रायः एकाधिक अलंकारों में पायी जाती हैं। अलंकारों के वर्गीकरण का श्रेष्ठ आधार ये मूलभूत प्रवृत्तियाँ ही हैं। विभिन्न आचार्यों ने मूलभूत प्रवृत्तियों के आधार पर अलंकारों का वर्गीकरण किया भी है। उचित परिष्कार-संस्कार के पश्चात् रुय्यक का वर्गीकरण आज भी हमारे लिये सर्वथा उपयोगी और अनुकूल ही ठहरेगा।

यह असंदिग्ध रूप से मान्य है कि काव्य का सम्बन्ध शब्द और अर्थ दोनों से है। जिस प्रकार प्रत्येक अंग के लिये अलग-अलग आभूषण अपेक्षित है, उसी प्रकार काव्य-शरीर—शब्द और अर्थ के लिये भी अलग-अलग अलंकार होंगे। आ० मम्मट ने शब्द और अर्थ के अलंकारों का अन्तर अन्वय-व्यतिरेक सिद्धान्त पर और रुय्यक ने आश्रयाश्रयिभाव पर स्पष्ट किया है[1]। ये सिद्धान्त प्रायः उसी रूप में आज भी मान्य हैं। इनके अतिरिक्त कुछ ऐसे भी अलंकार होंगे जो दोनों से सम्बद्ध हों—इस प्रकार अलंकार कुल तीन प्रकार के माने जाते हैं—शब्द से सम्बद्ध अलंकार—**शब्दालंकार,** अर्थ से सम्बद्ध अलंकार—**अर्थालंकार,** और शब्द और अर्थ दोनों से सम्बद्ध अलंकार—**शब्दार्थालंकार** अथवा **उभयालंकार।**

यहाँ उभयालंकार (शब्दार्थालंकार) विशेष रूप से विचारणीय है। शब्द और अर्थ पर—दोनों पर समान रूप से आश्रित होने के कारण ही यह उभयालंकार के नाम से अभिहित किया जाता है। इसमें शब्द और अर्थ दोनों का समान बल होना आवश्यक है। दोनों में से किसी एक का भी बल यदि असमान हो गया, कम गया तो यह नहीं होगा। इसमें शब्दों का उलट-फेर भी संभव है[1]—यह शब्द-परिवृत्तिसह और

1. (क) देखिये—इसी पुस्तक में 'अर्थालंकार' शीर्षक में।
   (ख) लोकवदाश्रयाश्रयिभावश्च तत्तदलंकार निबन्धनम्। अन्वयव्यतिरेकौ तु तत्कार्यत्वे प्रयोजकौ। न तदलंकारत्वे। तदलंकारप्रयोजकत्वे तु श्रौतोपमादेरपि शब्दालंकारत्वप्रसंगात्। तस्मादाश्रयाश्रयिभावेनैव चिरन्तनमतानुसृतिरिति भद्रम्।—अ. सर्वस्वम्।

परिवृत्त्यसह दोनों प्रकार का हो सकता है। श्लेष, यमक, काकु-वक्रोक्ति, पुनक्तवदाभास, परंपरित रूपक, आवृत्ति दीपक, निरुक्ति आदि में शब्द और अर्थ की तुल्यबलता के कारण ही अनेक आचार्य इन्हें उभयालंकार मानने के पक्ष में रहे हैं। आज तक आते-आते उपर्युक्त सभी अलंकार प्रायः उभयालंकार के खाते से हटाकर शब्दालंकार या अर्थालंकार के खाते में ही खतियाये जा रहे हैं। इसके निमित्त आधार-रूप में लोगों ने अन्वय-व्यतिरेक सिद्धान्त और शब्द-परिवृत्ति-सहिष्णुत्व को ही अपनाया है। तात्पर्य यह कि वर्गीकरण की दृष्टि से उभयालंकार का खाता अनुपयुक्त-सा हो गया है। अस्तु, इसे महत्त्वशून्य ही समझना चाहिये।

तो अब शेष रहे जाते हैं दो वर्ग—शब्दालंकार और अर्थालंकार, किन्तु कभी-कभी ऐसा भी देखने को मिलता है कि एकाधिक अलंकार एक ही स्थल पर जम़ गये हैं। अनेक अलंकारों की एकत्र-स्थिति होने पर चमत्कारगत वैभिन्नय उत्पन्न हो जाता है। अब इन्हें किस खाते में रखा जाये? अलंकारों का यह जमघट अथवा मेल यदि केवल शब्दालंकार अथवा केवल अर्थालंकार अथवा केवल शब्दालंकार और अर्थालंकार का होता तो ऐसे अलंकार को आवश्यकतानुसार शब्दालंकार या अर्थालंकार या उभयालंकार में रख लिया जाता, पर यहाँ ऐसा करना अनुपयुक्त है। अस्तु मिश्रित अलंकारों के लिए एक तीसरे खाते की भी आवश्यकता पड़ती है। आचार्य ऐसे ही अलंकारों को **'मिश्रित अलंकार'** के खाते में खतियाते रहे हैं। इस प्रकार वर्गीकरण की दृष्टि से समस्त अलंकारों को प्रथम तीन खातों में खतियाया जा सकता है।—**शब्दालंकार, अर्थालंकार** और **मिश्रित अलंकार।** इन्हीं तीन वर्गों अथवा खातों के पुनः निम्नांकित रूप में अवान्तर वर्ग या खाते बनाकर सभी अलंकार रखे या खतियाये जा सकते हैं—

(अ) शब्दालंकार

1. गूढ़ार्थप्रतीतिमूलक : वक्रोक्ति —1
2. पुनरूक्तिमूलक : 1. व्यंजनमात्र पौनरूक्त्य—
   (क) शब्दपौनरूक्त्य : छेकानुप्रास, वृत्यनुप्रास, श्रुत्यनुप्रास
   2. स्वरव्यंजन पौनरूक्त्य—यमक, अन्तयानुप्रास
   (ख) अर्थपौनरूक्त्य—पुनरूक्तवदाभास
   (ग) शब्दार्थपौनरूक्त्य—लाटानुप्रास, वीप्सा, पुनरूक्ति। = 10

---

1. इति शब्दपरिवृत्तिसहत्वाभ्यामस्योभालंकारत्वम्।—सा. दर्पण

(ब) अर्थालंकार–

1. सादृश्यमूलक–

(क) भेदाभेद तुल्य प्रधान–उपमा, उपमेयोपमा, अनन्वय, स्मरण और प्रतीप = 5

(ख) अभेद प्रधान– (अ) आरोपमूल–रूपक, परिणाम, संदेह, भ्रांतिमान, उल्लेख, अपह्नुति, मीलित और उन्मीलित = 8

(ब) अध्यवसायमूलक–उत्प्रेक्षा, अतिशयोक्ति, सामान्य और विशेषक = 4

(ग) भेद प्रधान या गम्यौपगम्याश्रय :

(अ) पदार्थगत–तुल्ययोगिता और दीपक = 2

(ब) वाक्यार्थगत–प्रतिवस्तूपमा, दृष्टांत, निदर्शना और उदाहरण = 4

(स) विशेषण-वैचित्र्य–समासोक्ति, परिकर, परिकरांकुर और अर्थश्लेष = 4

(द) शेष–व्यतिरेक, सहोक्ति, विनोक्ति, अप्रस्तुतप्रशंसा, अर्थान्तरन्यास, पर्यायोक्ति और आक्षेप। = 7

2. विरोधमूलक–विरोधाभास, विभावना, विशेषोक्ति, असंगति, विषम, व्याघात और विचित्र। = 7

3. शृंखलामूलक–कारणमाला, एकावली, सार और मालादीपक। = 4

4. गूढार्थ प्रतीतिमूलक–सूक्ष्म, भाविक, उदात्त, व्याजोक्ति, स्वभावोक्ति, व्याजस्तुति और व्याजनिन्दा = 8

5. न्यायमूलक–

(क) तर्कन्याय मूल–काव्यलिंग और अनुमान। = 2

(ख) वाक्यन्यास मूल–यथासंख्या, परिवृत्ति, परिसंख्य, समुच्चय, विकल्प, समाधि और अर्थापत्ति। = 7

(ग) लोकन्याय मूल–प्रत्यनीक, तद्गुण, अतद्गुण, उत्तर, सम, विशेष, पर्याय, अधिक, अल्प और अन्योन्य। = 10

(स) मिश्रित अलंकार–संसृष्टि और संकर। = 2

अलंकारों का उपर्युक्त वर्गीकरण सर्वथा निर्भ्रान्त है, यह मेरा दावा नहीं। यदि इसे मैं मौलिक कहूँ, तो बात सरासर झूठ होगी। यह तो रुय्यक से ही चला आने वाला वर्गीकरण है–थोड़ा परिष्कार-संस्कार भर ही मेरा है। डा. जगदीशनारायण त्रिपाठी जी ने भी इसी प्रकार का वर्गीकरण किया है। इसके सम्बन्ध में इतना तो

कहा ही जायेगा कि यह मूलभूत प्रवृत्तियों के साथ ही एकसूत्रता पर भी आधारित है। विशुद्ध मनोवैज्ञानिक आधार पर भी अलंकारों के वर्ग बनाये जा सकते हैं, और लोग बनायेंगे भी, पर यहाँ वह अपेक्षित नहीं है।

14. अलंकार-साहित्य की विकास यात्रा

क. संस्कृत अलंकार साहित्य

भारतीय चिन्तन-धारा में भाव-भावित (काव्य) और बुद्धि-बोधित (शास्त्र)—समस्त उपलब्धियाँ **वाङ्मय** के अन्तर्गत निहित हैं। यह असंदिग्ध रूप से मान्य है कि काव्य का आविर्भाव शास्त्र से पहले हुआ है। काव्य के शास्त्रीय अध्ययन से ही **'काव्यशास्त्र'** नामक विधा का आविर्भाव हुआ है। इस विधा या शास्त्र के लिये प्राचीनतम स्वीकृत नाम है **अलंकार शास्त्र।** इसे ही 'क्रियाकल्प', 'सौन्दर्यशास्त्र', 'साहित्य-विद्या', 'साहित्य-शास्त्र', 'काव्यशास्त्र' आदि नामों से भी अभिहित किया गया है। अद्यतन समय में इसे अंतिम दो नामों से ही प्रायः सम्बोधित किया जाता है। भारतीय वाङ्मय में कभी सम्पूर्ण साहित्यशास्त्र ही 'अलंकारशास्त्र' के नाम से जाना जाता था। उस समय यह हमारी सम्पूर्ण आलोचना-पद्धति का सूचक था। राजशेखर ने तो इसे वेद के सप्तम अंग के रूप में स्वीकृत किया है—**'उपकारकत्वादलंकारः सप्तममङ गमिति यायावरीयः। ऋते च तत्त्वरूपपरि ज्ञाताद्वेदार्थानवगतेः।'**—**'काव्यमीमांसा'**। आ॰ वामन ने **'सौन्दर्यमलंकारः'** कहकर भी लगभग इसकी सम्पूर्णता का ही द्योतन किया है। वस्तुतः यहाँ अलंकार मात्र काव्य का शोभाकारक बाह्य उपकरण मात्र नहीं, काव्य की आत्मा के रूप में उसका आन्तरिक धर्म है। आज हमें यह अमान्य है, यद्यपि आ॰ भामह ने अपने 'साहित्य-शास्त्र' विषयक ग्रंथ का नाम ही 'काव्यालंकार' रखा है। अलंकार का यह व्यापक स्वरूप आज अमान्य हो चुका है।

प्रारम्भिक मनीषियों ने **काव्य के चमत्कृतिजन्य सहज-लक्षित प्रभावोत्पादक धर्म को अलंकार** माना था और इसके निरूपक शास्त्र को अलंकार शास्त्र। कालन्तर में अर्थ-विस्तार होने पर अलंकार शब्द एक समय **समस्त काव्यात्मक-सौन्दर्य का बोधक** हो गया था (सौन्दर्यमलंकारः)। यह अधिक दिनों तक मान्य नहीं रहा। आगे चलकर इसका ऐसा अर्थसंकोच हुआ कि यह वाणी के निश्चित विभूषणों का बोधक और काव्य का **अस्थिर और अनित्य धर्म** घोषित किया गया। 'अलंकार' शब्द अब तक अर्थ-विकास की इन तीन स्थितियों से गुजर चुका है। इसकी तीसरी स्थिति ही अभी मान्य है। इस तीसरी स्थिति तक आते-आते 'अलंकार-शास्त्र' का अर्थ भी संकुचित हो गया था। अब यह संपूर्ण काव्य-शास्त्र का द्योतक न रहकर अलंकारों के शास्त्रीय अध्ययन का सूचक मात्र रह गया था। वस्तुतः, आज 'अलंकार-शास्त्र'

का प्रयोग हमें इसी अर्थ में करना चाहिये। इसका सम्बन्ध अब अलंकारों के स्थापत्य आदि के वैज्ञानिक विवेचन से ही है। आज इसे ही 'अलंकार-साहित्य' के नाम से भी जाना जाता है। यहाँ 'अलंकार-शास्त्र' और 'अलंकार-साहित्य' लगभग पर्यायवाची शब्द के रूप में ही प्रयुक्त हैं।

भारतीय अलंकार-साहित्य (अलंकार-शास्त्र?) का उद्‌भव और विकास प्रथम संस्कृत अलंकार-साहित्य के रूप में ही हुआ है। संस्कृत अलंकार-शास्त्र के बीज वेदों में खोजे जा सकते हैं[1]। वैदिक साहित्य से लेकर ईसवी सन् की 17वीं शताब्दी तक इस शास्त्र ने हमें अनेक बहुमूल्य उपलब्धियाँ दी हैं। ऐतिहासिक अध्ययन की सुविधा हेतु संस्कृत अलंकार-साहित्य को हम निम्नांकित चार खंडों में रख सकते हैं–

1. प्रारम्भिक काल–वैदिक-साहित्य से लेकर भरत तक।
2. ध्वनिपूर्व काल–भामह से लेकर रुद्रट तक।
3. ध्वनि काल–आनन्दवर्द्धन से लेकर क्षेमेन्द्र तक।
4. ध्वन्युत्तर काल–मम्मट से लेकर पंडितराज जगन्नाथ तक।

प्रारंभिक काल : प्रत्येक प्रकार का साहित्य एक निश्चित समय में प्रारंभ होकर आगे विकसित हो चलता है। यही स्थिति इस काल के अलंकार-साहित्य की है। साहित्य में नवीन मान्यताओं और अलंकारों के उद्‌भव का ही है यह काल। यह एक प्रकार से अलंकार की स्थापना का काल है। इस काल का विस्तार अधिक विस्तृत है। इसे अलंकार का आविर्भाव काल भी कह सकते हैं। इस समय विभिन्न प्रकार के प्रयोग प्रारंभ ही हो रहे थे। क्रमानुसार इसमें प्रथम स्थान आता है **वैदिक-साहित्य** का। इस साहित्य के अन्तर्गत वेद, ब्राह्मण, आरण्यक, उपनिषद और वेदाँग रखे जाते हैं। इसका समय 2500 ई. पूर्व से 500 ई. पूर्व असंदिग्ध रूप में स्वीकृत है। ऋग्वेद में उपलब्ध उपमा (1/18/124), रूपक (1/1/19-20), रूपकातिशयोक्ति (वही) आदि में इस शास्त्र का मूल उत्स देखा जा सकता है। इसी प्रकार अन्य वेदों एवं उपनिषदों में अनुप्रास, उदाहरण, सार आदि के प्रयोग मिलते हैं। **यास्क-प्रणीत** 'निघण्टु' में उपमा वाचक 12 पद प्रयुक्त हुये हैं। इन्होंने स्वयं तो **उपमा का सोदाहरण विश्लेषण** किया ही है, **आ॰ गार्ग्य** का लक्षण भी उद्‌धृत किया है[2]। इन्होंने पाँच प्रकार की उपमाएँ (कर्मोपमा, भूतोपमा, रूपोपमा, सिद्धोपमा, और अर्थोपमा) मानी है। **पाणिनी** की **'अष्टाध्यायी'** में अलंकार सम्बन्धी कतिपय शब्दों के प्रयोग तो स्पष्ट हैं ही।

---

1. The oldest phase of literary criticism may be traced back to the Rig Veda. The Highways & Byways of criticism in Samskrit, – कुप्पु स्वामी
2. उपमा यत्तत् तत्सदृशमिति गार्ग्यः।

भारतीय काव्यशास्त्र के आद्याचार्य **भरत** का **'नाट्यशास्त्र'** नाट्य-विधानों का विश्वकोश है। इसमें काव्यशास्त्रीय अंगों के साथ-साथ अभिनय और नाट्य-शाला के विधान आदि का सविस्तार विवेचन मिलता है। इसमें 'उपमा', 'रूपक', 'दीपक', एवं 'यमक'—ये **चार अलंकार** निरूपित हुए हैं। इन्होंने इनके भेदादि का भी निरूपण किया है। परवर्ती समय में होने वाले **अलंकारों के संख्यात्मक विकास और संकोच की प्रवृत्ति** यहाँ स्पष्ट रूप से प्राप्त है।

ध्वनिपूर्व काल : यों आद्याचार्य के रूप में आदृत तो हैं आ॰ भरत, पर अलंकार-शास्त्र के प्रतिष्ठापक आचार्य है भामह। इस काल के अन्य प्रमुख आचार्यों में दण्डी, उद्भट, वामन और रुद्रट के नाम लिये जाते हैं इस काल के उपसंहारक आचार्य हैं रुद्रट। वस्तुतः यह काल **अलंकार-काल** ही कहा जाना चाहिये। समस्त युग में इसी की सार्वभौमिकता दिखती है। नवीन अलंकारों का स्वरूप-चिंतन, लक्षण निर्धारण, वर्गीकरण के लिए मार्ग अन्वेषण आदि ही इस काल के आचार्यत्व का मानदंड-सा दिखता है। यह मूलतः उत्तरोत्तर विकास और विस्तार का काल है। इस काल का अलंकार-साहित्य इस प्रकार रखा जा सकता है—

1. **आ॰ भामह : अलंकार-शास्त्र** के प्रतिष्ठापक आचार्य भामह (500-600 ई.) कश्मीर निवासी थे। कुल 400 श्लोकों का छह अध्यायों में विभक्त **'काव्यालंकार'** इनका प्रख्यात ग्रंथ है, जिसके दूसरे और तीसरे परिच्छेदों के 160 श्लोकों में कुल 41 (17 + 23 + आशी) अलंकारों का निरूपण हुआ है। वे इस प्रकार हैं—

द्वितीय परिच्छेद—1. सर्वस्वीकृत—अनुप्रास, यमक, रूपक, दीपक, उपमा = 5

2. सर्वप्रचलित भामह स्वीकृत—आक्षेप, अर्थान्तरन्यास, व्यतिरेक, विभावना, समासोक्ति, अतिशयोक्ति = 6

3. कैश्चित्-स्वीकृत भामह-रिस्त—हेतु, सूक्ष्म, लेश = 3

4. अन्य स्वीकृत भामह वर्णित—यथासंख्य, उत्प्रेक्षा = 2

5. अन्य स्वीकृत भामह-सतिरस्कार वर्णित—स्वभावोक्ति = 1/17

तृतीय परिच्छेद—प्रेयस्, रसवत्, ओजस्वी, पर्यायोक्ति, समाहित, उदात, श्लिष्ट, अपह्नुति, विशेषोक्ति, विरोध, तुल्ययोगिता, अप्रस्तुत प्रशंसा, व्याजस्तुति, निदर्शना, उपमा-रूपक, उपमेयोपमा, सहोक्ति, परिवृत्ति, ससन्देह, अनन्वय, उत्प्रेक्षावयव, संसृष्टि, भावकत्व और आशी = 24। कुल योग 41।

इनमें 'हेतु', 'सूक्ष्म' और 'लेश' को अलंकार-शून्यता और स्वाभावोक्ति को सतिरस्कार वर्णित होने के कारण यदि कम कर दिया जाये तो यह संख्या घट कर

37 पर आ जाती है। ये **वक्रोक्ति को अलंकार का मूल** मानते हैं[1]। इनके अनुसार अशोभन काव्य ही अनलंकृत होता है[2]। इनके अनुसार काव्य का प्राण है अलंकार—**'यत्नोऽस्यां कविना कार्यः कोऽलकारोऽनया बिना**।—काव्यालंकार 2।86।

2. दण्डी आ॰ दण्डी (7वीं सदी) दाक्षिणात्य थे। इनके **'काव्यादर्श'** की प्रसिद्धि का अनुमान मात्र इसी से लगाया जा सकता है कि इसका अनुवाद कन्नड़ (कविराज मार्ग), सिंहली (सिय बसलकर) तथा तिब्बती भाषा में भी हो चुका था। इसके तीन परिच्छेदों में कुल 660 श्लोक हैं। इन्होंने कुल 38 अलंकारों (4 + 34) का विवेचन किया है। ये अलंकारवादी तो थे, पर भामह की तरह कट्टर नहीं। ये अलंकार को काव्य का शोभाकारी धर्म मानते थे[3]। इनके अनुसार सदलंकृत काव्य ही कल्पनान्तर-स्थायी बन जाता है[4]। अलंकारों की उद्‌भावना रोज हो रही है, अतः इनके अनुसार उसकी संख्या सीमित नहीं की जा सकती[5]। ये अतिशयोक्ति को **अलंकारोत्तम** और श्लेष को **वक्रोक्तियों का शोभाकारक** मानते थे[6]। भामह ने भावोक्ति को सतिरस्कार वर्णित किया था, पर इन्होंने उसे **आद्यालंकृति** कहा है[7]। भामह द्वारा व्यक्त प्रायः सभी अलंकारों को इन्होंने स्वीकार कर लिया है एवं उपमा-रूपक, उपमेयोपमा (अनन्वयोपमा), ससन्देह (संशयोपमा), अनन्वय (नियमोपमा), उत्प्रेक्षावयव (अचेतनोत्प्रेक्षा) की स्वतंत्र सत्ता समाप्त कर उन्हें **उपमाचक्र** के अन्तर्गत ही ग्रहण किया है। कुछ के नाम भी इन्होंने बदल दिये हैं—अप्रस्तुत-प्रशंसा, यथासंख्य और लेश को क्रमशः अप्रस्तुतस्तोत्र, क्रम और लव के नाम से लिखा है। इनके द्वारा **नवाविष्कृत** अलंकार हैं 'आवृत्ति और 'संकीर्ण'। 'चित्रबंध' और 'प्रहेलिका' को भी इन्होंने अलंकारान्तर्गत ही माना है। इनके अनुसार **अलंकार का प्राण** है अतिशय,

---

1. (क) न नितान्तादिमात्रेण जायते चारूता गिराम्।
   वक्राभिधेयशब्दोक्तिरिष्टा वाचामलंकृतिः।। —काव्यालंकार 1।36।
   (ख) सन्निवेशाविशेषात्तु दुरुक्तमपि शोभते। —वही 1। 54।
2. न कान्तमपि निर्भूषं-विभाति वनितामुखम्। — वही 1। 13।
3. काव्यादर्श 2।1।
4. वही 1।19।
5. ते चाद्यापि विकल्प्यन्ते कस्तान् कार्त्स्येन वक्ष्यते। —वही 2। 1।
6. (क) अतिशयोक्तिः स्यादलंकारोत्तमा यथा। —वही 2। 114।
   (ख) श्लेषः सर्वासु पुष्णाति प्रायो वकोक्तिषु श्रियम्। —वही 2। 363।
7. स्वभावोक्तिश्च जातिश्चेत्याद्या सालंकृतिर्यथा। —वही 2। 28।

भामह की वक्रोक्ति नहीं[1]। अभिनव गुप्त के अनुसार इनकी अतिशयोक्ति भामह की वक्रोक्ति से अभिन्न ही है[2]।

3. उद्भट उद्भट (800 ई. लगभग) कश्मीर-नरेश जयापीड़ के सभापंडित थे। 100 से भी कम श्लोकों वाला छह **वर्गों में विभक्त** इनका **'काव्यालंकार-सार-संग्रह**[3]**,** मात्र अलंकार-विवेचक ग्रन्थ है। यह 'भामह विवरण' का ही एक अंश प्रतीत होता है[4]। इसमें लगभग 79 कारिकाओं में कुल 41 अलंकारों का विवेचन मिलता है। इसमें आक्षेप विभावना, अतिशयोक्ति, सन्देह, एवं अनन्वय के लक्षण सर्वथा भामह के अनुसार और अनुप्रास, उत्प्रेक्षा, रसवत्, भाविक आदि के लक्षण उनकी वजन पर दिये गये हैं। अस्तु, विवेचन के क्षेत्र में इन्हें **भामह का अनुयायी** कहना चाहिये। संकर, काव्यहेतु (काव्य लिंग), दृष्टान्त (काव्य-दृष्टान्त) और संभवतः पुनरुक्तवदाभास भी इनके द्वारा **नवाविष्कृत** हैं। 'निदर्शन' यहाँ 'निदर्शना' के नाम से लिखा गया है। लाटानुप्रास, छेकानुप्रास और वृत्त्यनुप्रास को **स्वतंत्र-अलंकारत्व** तो इन्होंने दिया ही, उपमा का वैज्ञानिक विवेचन भी सर्वप्रथम किया है, जो मम्मट को भी उसी रूप में मान्य है। हाँ, भरत के समय से स्वीकृत चला आने वाला 'यमक' यहाँ व्यक्त है, इसे महत्त्वहीन नहीं माना जा सकता। इन्होंने अलंकारों का वर्गीकरण भी किया है जो वैज्ञानिक तो नहीं है, पर ऐतिहासिक महत्त्व का अवश्य माना जायेगा।

4. वामन वामन (850 ई. पूर्व) भी कश्मीर-नरेश जयापीड़ के सभापंडित थे। इनकी **'काव्यालंकार-सूत्रवृत्ति'** सूत्रशैली में लिखी गयी प्रथम उपलब्ध रचना है, जिसमें 5 अधिकरण हैं। इसके आलंकारिक अधिकरण में कुल 33 अलंकारों का विवेचन हुआ है। व्याजोक्ति और वक्रोक्ति **नवाष्कृत** अलंकार है। पूर्ववर्ती आचार्यों द्वारा विवेचित अलंकारों में से 15 अलंकारों (स्वभावोक्ति, प्रेयस्, रसवत्, ऊर्जस्वि, पर्यायोक्ति, उदात्त, भाविक, आशी, संकीर्ण, आवृत्ति, हेतु, सूक्ष्म, लेश, काव्यलिंग और दृष्टान्त) को इन्होंने पीछे छोड़ दिया है। इन्होंने व्यापक रूप में सौन्दर्यमात्र को ही

---

1. अलंकारान्तराणामप्येकमाहुः परायणम्।
   वागीशमहितामुक्तिमिमामतिशयाह्वयाम्।। वही 2 । 220।
2. 'एवं चातिशयोक्तिरिति वक्रोक्तिरिति पर्याय इति बोध्यम्'—वस्तुतः दोनों का अर्थ है लोकोत्तर चमत्कार—'लोकोत्तरेण चैवातिशयः X X X अनया अतिशयोक्त्या विचित्रया भाव्यते'।—लोचन।
3. इस ग्रंथ के चार नाम मिलते हैं—'काव्यालंकार-सार-संग्रह' (बनहट्टी आदि), 'अलंकार-सार-संग्रह' (काणे आदि), 'काव्यालंकार-संग्रह' (डे), 'काव्या-लंकार-सार' (शंकरन)।
4. विशेष जानने के लिये देखिये—'हिंदी अलंकार-साहित्य', पृष्ठ 16।

अलंकार कहा है[1]। पूर्ववर्ती आचार्यों से विरोध प्रकट करते हुए इन्होंने अलंकार को शोभाकारक धर्म नहीं, प्रत्युत अनित्य अंग स्वीकार किया है[2]। उपमा को इन्होंने **अर्थालंकारों का मूल** कहा है[3] एवं शेष को उसका प्रपंच। अलंकारशास्त्र में इनकी देन महत्त्वपूर्ण है।

5. रुद्रट संक्रान्तिकालीन आचार्य रुद्रट (800-850 ई.) समन्वयवादी आचार्य थे। इन्हें उद्भट की श्रेणी का आचार्य माना जाता है। इनके **'काव्यालंकार'** के 16 अध्यायों में कुल 734 आर्या छन्द हैं। इसके चार अध्यायों (2-5) में 5 शब्दालंकारों (वक्रोक्ति, अनुप्रास, यमक, श्लेष और चित्र) और पुनः चार अध्यायों (7-10) में 58 अर्थालंकारों (23 + 21 + 12 + 2) का विवेचन किया गया है, जिनमें 28 अलंकार (14 + 8 + 6—समुच्चय, भाव, पर्याय, विषम, अनुमान, परिकर, परिसंख्या, कारणमाला, अन्योन्य, उत्तर, सार, अवसर, मीलित, एकावली + मत, प्रतीप, उभयन्यास, भ्रातिमत्, प्रत्यनीक, पूर्व, साम्य, स्मरण + विशेष, तदगुण, अधिक, असंगति, पिहित, व्याघात) **नवाविष्कृत** है। पूर्वाचार्यों द्वारा निरूपित अलंकारों में से अनेक अलंकारों को इन्होंने छोड़ भी दिया है। इन्होंने वामन-शैली पर अलंकारों का **विश्लेषणात्मक वर्गीकरण** करते हुए समस्त अर्थालंकारों को चार वर्गों—वास्तव, ओपम्य, अतिशय और श्लेष—में रखा है[4]। अस्तु, अलंकार निरूपण में इनका महत्त्व अक्षुण्ण है। ये इस काल के अंतिम आचार्य हैं।

ध्वनि काल : नवमी शताब्दी के उत्तरार्द्ध में भारतीय काव्य-शास्त्र में एक नवीन मोड़ उपस्थित होता है ध्वनि सम्प्रदाय की स्थापना को लेकर। यह काल मूलतः **अलंकार विरोधी** काल है। इस काल में काव्य-शास्त्रियों ने काव्य के निरूपण की अपेक्षा **आभ्यन्तरिक-सौन्दर्य के उद्घाटन** पर दृष्टि अधिक केन्द्रित की है। यह शिक्षा का नहीं, **स्थापना का काल** है। यह युग सूत्रों का नहीं, वृत्ति का है। खंडन और मंडन इस युग की मूल विशेषता है। इस युग के आचार्य हैं—आनन्दवर्द्धन (ध्वन्यालोक), अग्निपुराणकार, अभिनवगुप्त (नाट्यशास्त्र, ध्वन्यालोक), राजशेखर (काव्यमीमांसा), मुकुल भट्ट (अभिधावृत्ति मातृका), कुंतक (वक्रोक्ति-जीवितम्) महिमभट्ट (व्यक्तिविवेक), भोजराज (सरस्वतीकण्ठाभरणम्) क्षेमेन्द्र (औचित्यविचारचर्चा) आदि। इनमें से अलंकार विवेचन से प्रत्यक्षतः अग्निपुराणकार और भोजराज का ही सम्बन्ध है, शेष आचार्य प्रत्यक्षतः या परोक्षतः ध्वनि आदि से ही सम्बन्धित है।

---

1. सौन्दर्यमलंकारः।—का. सू.वृत्ति 1।1।2।
2. तदतिशयहेतवस्त्वलंकाराः। —वही 3।1।1
3. तन्मूलं चोपमेति। —का. सू. वृत्ति 4।2।2।1.
4. (क) अर्थस्यालंकारा वास्तवमौपम्यमतिशयः श्लेषः।
   एषामेव विशेषा अन्ये तु भवन्ति निःशेषाः।।—काव्यालंकार 7।9।

1. **आनन्दवर्द्धन**—ये (840-870) कश्मीर-नरेश अवन्तिवर्मा के सभापंडित थे। इनका व्यक्तित्व सर्वथा गत्वर था। 117 कारिकाओं की 4 उद्योतों में विभक्त **'ध्वन्यालोक'** इनका सिद्ध ग्रंथ है। इन्होंने अलंकार पर प्रासंगिक रूप से विचार किया है। इनके अनुसार **वाग्विकल्प अनन्त रूपात्मक है एवं उन्हीं के विभिन्न प्रकार हैं अलंकार**[1]। इनके द्वारा प्रतिष्ठित ध्वनि अलंकार-शास्त्र के विकास में दो प्रकार की बाधाएँ उत्पन्न कर सकी—उदीयमान आचार्यों द्वारा अलंकार विवेचन में संकोच और ध्वनि विरोधी आचार्यों द्वारा अलंकार विवेचन न कर ध्वनि के खंडनादि में शक्ति क्षय करना। ध्वनि-पोषक आचार्यों द्वारा अलंकार पूर्णतः तिरस्कृत रहा है।

2. **अग्निपुराणकार** अग्निपुराणकार (900 ई. के लगभग) ने **'अग्निपुराण'** में अन्य काव्य-शास्त्रीय विषयों के साथ-साथ तीन अध्यायों (342-344) में अलंकारों का विवेचन किया है। वस्तुतः, यह संग्रह मात्र है, मौलिक विवेचन नहीं। अस्तु, इसका महत्त्व अन्यों की अपेक्षा कम है।

3. **कुन्तक** ध्वनिविरोधी आचार्य कुन्तक (925-1025 ई.) ने **'वक्रोक्तिजीवितम्'** में सालंकार की काव्यता (सालंकाररय काव्यता) में विश्वास तो किया है, पर हैं वे अधिक अलंकारों के विपक्षी (1। 35) इनके अनुसार **स्वभावोक्ति अलंकार नहीं अलंकार्य है**[2]। अलंकार-शास्त्र में इनकी महत्त्वपूर्ण देन है अलंकार-अलंकार्य में अन्तर स्थापन।

4. **भोजराज** अलंकार-शास्त्र में रुद्रट के पश्चात् भोजरात (1030-1050) का ही नाम लिया जाना चाहिये। इनके **'सरस्वतीकंठाभरण'** में 5 परिच्छेद हैं, जिसके तीन (2-4) परिच्छेदों में अलंकार का विवेचन किया गया है। इनका विवेचन **मौलिक कम और विलसित तथ्यों का संग्रह ही अधिक** है। इन्हें **24 की संख्या से मोह** है तभी तो बाह्य (शब्दालंकार), आभ्यन्तर (अर्थालंकार) और उभय (शब्दार्थालंकार) सबों की संख्या इन्होंने 24-24 ही मानी है। उपमा और रूपक के भेद भी 24-24 ही हैं। इनके द्वारा **नवाविष्कृत** अलंकार प्रायः चमत्कारहीन होने के कारण महत्त्वशून्य हैं। काव्य का निरलंकार होना ये दोष मानते हैं। उदाहरण पटुता इनकी अपनी विशेषता है।

ध्वन्युत्तर काल—अलंकार-शास्त्र का विकास, अलंकारों का प्रौढ़ विवेचन और वैज्ञानिक वर्गीकरण इसी युग में हो सका है। इस काल के आलंकारिकों ने मम्मट (काव्यप्रकाश), रुय्यक (अलंकारसर्वस्वम्), हेमचन्द्र (काव्यानुशासन), वाग्भट प्रथम (वाग्भटालंकार), वाग्भट द्वितीय (काव्यानुशासन), जयदेव (चन्द्रालोक), विद्याधर

---

1. अनन्ता हि वाग्विकल्पास्तत्प्रकारा एवं चालंकाराः। —ध्वन्यालोकलोचन 3।37 पर वृत्ति।
2. अलंकारवृत्तां येषां स्वभावोक्तिरलंकृतिः। अलंकार्यतया तेषां किमन्दयवतिष्ठते।। —व॰ जीवित 1।11।

(एकावली), पं॰ विश्वनाथ (साहित्यदर्पण), पं॰ केशव मिश्र (अलंकार शेखर), शोभाकर मित्र (अलंकार रत्नाकर), यशस्क (अलंकारोदाहरण), भानुदत्त (अलंकार तिलक), गोस्वामी कर्णपूर (अलंकार कौस्तुम), अप्पयदीक्षित (वृत्तिवार्तिक, चित्रमीमांसा, कुवलयानन्द), विश्वेश्वर पंडित (अलंकार कौस्तुभ, अलंकार मुक्तावली, अलंकार प्रदीप, कवीन्द्र कंठाभरण), नरसिंह कवि (नजराजयशोभूषण), पंडितराज जगन्नाथ (रस गंगाधर) आदि हैं। इस काल के बहुचर्चित आचार्य थोड़े ही हैं जिनमें से इस काल के प्रस्तावक और उपसंहारक आचार्य क्रमशः मम्मट और पंडितराज जगन्नाथ का विशिष्ट स्थान है।

1. मम्मट : भोजराज के पश्चात् अलंकार-शास्त्र में महत्त्वपूर्ण स्थान है ध्वनिवादी आचार्य मम्मट (1100 ई. के लगभग) का। ये कश्मीरी पंडित थे। इनका **'काव्य-प्रकाश'** भारतीय काव्य-शास्त्र की अन्यतम उपलब्धि है। इन्होंने काव्य को 'अनलंकृति पुनः क्वापि' से मर्यादित तो किया ही, **अलंकार को रसादि का उपस्कारक स्वीकार** कर नई दिशा भी दी है[1]। इन्होंने कुल 68 (6 + 62) अलंकारों का विवेचन किया है, जिनमें अतद्गुण, मालादीपक, विनोक्ति, सामान्य और सम संभवतः **नवाविष्कृत** हैं। इन्होंने आश्रयाश्रयिभाव पर शब्दालंकार और अर्थालंकार को पृथक् मानने की भी बात कही है। विवेचन की प्रौढ़ता और शैली की सामाजिकता के लिये ये सदा प्रतिष्ठित रहेंगे।

2. रुय्यक : कश्मीर-निवासी आ॰ रुय्यक (1135-1155 ई.) प्रौढ़ आलंकारिकों में से है। **'अलंकारसर्वस्वम्'** अलंकार-शास्त्र की सर्वाधिक प्रौढ़ और सशक्त उपलब्धि है। पूर्वाचार्यों के अलंकार सम्बन्धी सिद्धान्तों का इन्होंने प्रामाणिक समीकरण प्रस्तुत किया है। इन्होंने कुल 73 (4 + 69) अलंकारों का विवेचन किया है, जिनमें 'विकल्प' और 'विचित्र' नवाविष्कृत हैं। 'अन्वय-व्यतिरेक' के सिद्धान्त पर इन्होंने शब्दालंकार का अर्थालंकार से विभेद तो किया ही है, पुनः अर्थालंकारों का **वैज्ञानिक वर्गीकरण** भी किया है। उनका ही वर्गीकरण आज तक किसी न किसी रूप में मान्य है। वस्तुतः 'अलंकारसर्वस्म्' का महत्त्व सूत्रों से अधिक वृत्तियों को लेकर ही है।

3. हेमचन्द्र : आ॰ हेमचन्द्र (12वीं सदी) के **'काव्यानुशासन'** में 34 (5 × 29) अलंकारों का विवेचन हुआ है। अर्थालंकारों की संख्या कम जाने का कारण है अनेक अलंकारों का एक दूसरे में अन्तर्भाव कर देना और कुछ अलंकारों का त्याग। इनका अलंकार-विवेवन असंदिग्ध नहीं माना जा सकता।

---

1. यस्तु रीतेरनिर्वाहादौदार्यस्य विपर्ययः। वाक्यं तदनलंकारमलंकारविदो विदुः।।

— सर॰ कण्ठा॰ 1।41।

2. उपकुर्वन्ति तं सन्तं येऽङ्गादारेण जातुचित्। हारादिवलंकारास्तेऽनुपासोपमादायः।।

—का. प्रकाश 8।66।

4-5 वाग्भट द्वय : दोनों आचार्य जैन थे। वाग्भट प्रथम (12वीं सदी) के **'वाग्भटालंकार'** में 5 परिच्छेद हैं। इसके अंतिम परिच्छेद में कुल 39 (4 + 35) अलंकारों का विवेचन है। इन्होंने शब्दालंकारों को **ध्वन्यलंक्रिया** कहा है, जो एक नई दिशा में सोचने को प्रेरित करता है। वाग्भट द्वितीय (14वीं शती) के **'काव्यानुशासन'** के दो अध्यायों (3-4) में कुल 69 (6 + 63) अलंकारों का निरूपण हुआ है। पूर्वाचार्यों द्वारा स्वीकृत आशी, भाव, मत, उभन्यास और पूर्व नामक अलंकार इनके द्वारा **पुनरुज्जीवित** एवं 'अन्य' और 'अपर' **नवाविष्कृत** हैं। इन्होंने शब्दालंकारों का निरूपण अर्थालंकारों के पश्चात् किया है।

6. जयदेव : पीयूषवर्षी जयदेव (13वीं सदी) काव्य, दर्शन और अलंकार-शास्त्र के निष्णात और मर्मज्ञ पंडित थे। अलंकार-शास्त्रीय प्रबंधों में इनका **'चन्द्रालोक'** सदा आदरणीय रहा है। मम्मट के प्रौढ़ विवेचन के कारण अलंकार के क्षीण होते हुए महत्त्व को इन्होंने पुरस्थापित किया है।[1] खंडन-मंडन में न पड़कर सीधे **अनुष्टुप छंद में लक्षणोदाहरण** प्रस्तुत कर इन्होंने अलंकारों को सरल, सुबोध और सुकंठ बनाने का स्तुत्य प्रयास किया है। 'चन्द्रालोक' के पंचम मयूख में इन्होंने 8 शब्दालंकार और 92 अर्थालंकार निरूपित किए हैं। अत्युक्ति, उन्मीलित, प्रहर्षण, अनुगुण, उल्लास, प्रौढ़ोक्ति, भाविकच्छवि, अवज्ञा, परिकरांकुर, विकस्वर, असंभव, विषादन, स्फुटानुप्रास और अर्थानुप्रास—ये 16 अलंकार इनके द्वारा **नवाविष्कृत** हैं। वे और अधिक नवीन अलंकारों के पक्ष में नहीं हैं[2]।

7. विद्याधर : विद्याधर (13वीं सदी) कलिंग-नरेश नरसिंह राज के सभापंडित थे। इनकी **'एकावली'** के सप्तम उन्मेष में शब्दालंकार और अष्टम उन्मेष में अर्थालंकार वर्णित है। उदाहरणों में इन्होंने कलिंग-नरेश की प्रशस्ति गाई है। जिस प्रवृत्ति का पालन हिंदी अलंकार-साहित्य में पर्याप्त रूप में हुआ है। ये अलंकार के मर्मज्ञ पंडित थे।

8. पं॰ विश्वनाथ : भारतीय काव्यशास्त्रियों में पं॰ विश्वनाथ (14वीं सदी) **सर्वाधिक लोकप्रिय आचार्य हैं।** इनका **'साहित्य दर्पण'** विवेचन की मौलिकता और गंभीरता के कारण कम, पर सरलता और स्पष्टता के कारण ही अधिक प्रख्यात हो सका है। मम्मट और रुय्यक का प्रभाव (अनुकरण?) पग-पग पर (विशेषतः अलंकार निरूपण में) लक्षित होता है। इसके दसवें परिच्छेद में कुल 89 (12 + 70 + 7)

---

1. अंगीकरोति यः काव्यं शब्दार्थावनलंकृती। असौ न मन्यते कस्मादनुष्णमनलंकृती।।
—चन्द्रालोक 1।8।

2. अलंकारेषु तथ्येषु यद्यनास्था मनीषिणाम्।
तदर्वाचीनभेदेषु नाम्नां नाम्नाय इष्यताम्।। —वही 5।125।

अलंकारों का निरूपण हुआ है। यह सच है कि ललित शैली में सर्वांग निरूपण करके पं॰ विश्वनाथ ने मम्मट और रुय्यक की समकक्षता प्राप्त कर ली है।

9. **अप्पयदीक्षित :** अप्पयदीक्षित (17वीं सदी) दाक्षिणात्य थे। वे वेदान्त, मीमांसा, व्याकरण और अलंकार-शास्त्र के **निष्णात पंडित थे**। उनके 104 ग्रंथों का अब तक पता चल चुका है। उनमें मौलिकता का अभाव तो है, पर गंभीर से गंभीर विषय को भी सरलता और स्पष्टता से प्रस्तुत करने में वे माहिर थे। इस कला में उनका कोई प्रतिद्वन्द्वदी नहीं दिखता। अलंकार-शास्त्र पर इनके तीन ग्रंथ हैं **'वृत्तिवार्तिक'**, **'चित्रमीमांसा'** और **'कुवलयानंद'**। प्रथम दो ग्रंथ अपूर्ण हैं। 'चित्रमीमांसा' में विवेचन की मौलिकता के साथ सर्वाधिक प्रौढ़ता मिलती है। इसी से पंडितराज ने खंडन के लिए इसे ही चुना है। 'कुवलयानंद' वस्तुतः 'चन्द्रालोक' के पंचम मयूख की टीका है। जिस प्रकार 'चन्द्र' का 'आलोक' **'कुवलय' के 'आनन्द'** का आविर्भावक है, उसी प्रकार 'चन्द्रालोक' 'कुवलयानन्द' का। इसमें शब्दालंकारों का विवेचन छोड़ दिया गया है। इसमें कुल 133 अर्थालंकारों का निरूपण हुआ है, जिनमें 17 अलंकार (प्रस्तुतालंकार, अल्प, कारकदीपक, मिथ्याध्यवसिति, ललित, अनुज्ञा, मुद्रा, रत्नावली, विशेषक, गूढ़ोक्ति, विवृतोक्ति, युक्ति, लोकोक्ति, छेकोक्ति, निरुक्ति, प्रतिषेध और विधि) **नवाविष्कृत** हैं। वस्तुतः प्रवृत्तियों की दृष्टि से जयदेव, केशव मिश्र और अप्पयदीक्षित ध्वनिपूर्वकाल के आचार्य ठहरते हैं। 'कुवलयानंद' लक्षण-लक्ष्य शैली, सरलता, सरसता स्पष्टता आदि के कारण पठन्त और रटन्त के लिए सदा शीर्ष-स्थानीय रहा है।

10. **पंडित जगन्नाथ :** अलंकार-शास्त्र के अंतिम ज्योति-स्तंभ हैं सम्राट् शाहजहाँ के सभापंडित पंडितराज जगन्नाथ (17वीं सदी)। चिंतन की मौलिकता और विचार स्वातन्त्र्य में ये प्रायः सबों से जेठे पड़ते हैं। अलंकार-शास्त्र में 'चित्र-मीमांसा-खंडन' और 'रस-गंगाधर' अन्यतम ग्रन्थ हैं। इनका विवेचन क्रम मम्मट और रुय्यक के अनुसार है। 'रस-गंगाधर' के उपलब्ध अंश में सत्तर अलंकार निरूपित हैं। इनका संभवतः **नवाविष्कृत** अलंकार है 'तिरस्कार'।

पंडितराज के परवर्ती आचार्यों का महत्त्व प्रायः नहीं के बराबर है। इस काल में मूलतः पिछली प्रवृत्तियों का ही पोषण मिलता है। इस समय तक **'भाषा'** में भी अलंकार-शास्त्र तैयार होने लगा था। पंडितराज के समानान्तर ही आचार्य केशवदास हिंदी अलंकार-शास्त्र के लिए मार्ग प्रशस्त कर रहे थे। हिंदी-अलंकार-शास्त्र में संस्कृत अलंकार-शास्त्र की दोनों शैलियों—विस्तृत शैली और संक्षिप्त शैली का प्रचुर प्रसार मिलता है।

(ख) हिंदी अलंकार-साहित्य

विविध साहित्य-रूपों की तरह ही हिंदी का काव्यशास्त्रीय विवेचन भी संस्कृत

काव्यशास्त्र से ही प्रेरणा प्राप्त कर सका है। पुण्य या पुंड का अस्तित्व चाहे हो या नहीं, यदि कृपाराम की 'हित तरंगिणी' (1598 वि०) को हिंदी का प्रथम काव्यशास्त्रीय ग्रन्थ न मान लिया जाये, तो ऐसा कहना असंगत नहीं कि विक्रम की सोलहवीं सदी तक हिंदी में ऐसे ग्रन्थों का अभाव था। सूर की 'साहित्य-लहरी' की असंदिग्धता अभी तक अप्रमाणित ही है। गोपा का 'रामभूषण' और 'अलंकार-चंद्रिका' तथा करनेस का 'कर्णाभरण', 'श्रुतिभूषण' और 'भूपभूषण' नोटिस मात्र ही हैं। अस्तु, हिंदी में निर्भ्रान्त रूप से आ० केशवदास ही प्रथम अलंकार-निरूपक आचार्य ठहरते हैं।

निरूपण की दृष्टि से हिंदी अलंकारशास्त्रियों को दो वर्गों में रखा जा सकता है—अनेकांग निरूपक आचार्य और एकांग निरूपक आचार्य। पुनः प्रतिपादन शैली की दृष्टि से भी इनके दो भेद हो सकते हैं—विस्तृत शैली में निरूपण करने वाले और संक्षिप्त शैली में निरूपण करने वाले। विस्तृत शैली में निरूपण करने वालों ने लक्षण के लिए प्रायः दोहा, सोरठा आदि छोटे छन्दों का प्रयोग किया है और उदाहरण के लिए कवित्त, सवैया आदि प्रायः बड़े छन्दों का, इसके प्रतिकूल संक्षिप्त शैली में निरूपण करने वाले आचार्यों ने दोहा, सोरठा आदि छोटे छन्दों में ही लक्षण-लक्ष्य का समन्वय किया है। इस आधार पर मध्ययुगीन (शृंगारकालीन) हिंदी अलंकार-साहित्य को चार वर्गों में रखा जाएगा—(1) विस्तृत शैली में अनेकांग-निरूपक आचार्यों द्वारा रचित ग्रन्थ, (2) विस्तृत शैली में एकांग-निरूपक आचार्यों द्वारा रचित ग्रन्थ, (3) संक्षिप्त-शैली में अनेकांग-निरूपक आचार्यों द्वारा रचित ग्रन्थ और (4) संक्षिप्त-शैली में एकांग-निरूपक आचार्यों द्वारा रचित ग्रन्थ। आधुनिक युग (गद्य युग) में रचित अलंकार-साहित्य के वर्गीकरण की समस्या भी कम जटिल नहीं है। इसी से इसका क्रमिक निरूपण ही अच्छा रहेगा।

मध्ययुगीन हिन्दी अलंकार-साहित्य

(क) विस्तृत-शैली में अनेकांग निरूपक ग्रंथ :

1. **आ० केशव दास :** हिंदी अलंकार-शास्त्र के **प्रवर्तक आचार्य** केशव की **'रसिक-प्रिया'** (1658 वि०) **कवि-शिक्षा की पुस्तक** है। इसी ने इन्हें **प्रौढ़ आचार्य** का आसन दिया है। इसमें कुल 16 प्रभाव हैं। प्रथम अलंकार के दो वर्ग—**सामान्य और विशेष बनाकर** ९ प्रभावों (7-16) में कुल 44 'विशेष' अलंकारों का निरूपण इन्होंने किया है। इन्होंने लक्षण दोहे में और उदाहरण प्रायः कवित्त, सवैये में दिए हैं। अलंकारों का क्रम किसी विशेष आधार पर नहीं है। 'सुसिद्ध', 'प्रसिद्ध' और 'विपरीत' इनके **नवाविष्कृत** अलंकार हैं। लक्षण की अपेक्षा उदाहरण अधिक मौलिक और उपयुक्त हैं। इन्होंने किसी का **अन्धानुसरण नहीं** किया है, पर पूर्वाचार्यों (मुख्यतः दण्डी) से प्रभावित अवश्य हैं। इनमें मौलिक उद्भवाना की अपेक्षा

पांडित्य-प्रदर्शन और **अध्ययन-गांभीर्य** अधिक स्पष्ट है। ये सिद्धान्ततः अलंकारवादी हैं। इनका ध्यान रहा है **सार-संचयन** पर[1] है इसी से ये अन्यों से क्षमा चाहते हैं।[2] फिर भी यह असंदिग्धरूप से कहा जाएगा कि 'रसिक प्रिया' का हिंदी अलंकार-साहित्य का **प्रथम प्रौढ़ ग्रन्थ** है।

2. चिन्तामणि : इनके **'कविकुलकल्पतरू'** (1725 वि॰) में 8 प्रकरण और 1133 पद्य हैं। इसके दूसरे और तीसरे प्रकरण में अलंकार निरूपित हैं। ये अलंकार को **काव्य-पुरुष का हारादिवत्** मानते थे[3]। इन्होंने दो प्रकार का—शब्द और अर्थ का अलंकार माना है[4]। इनका अलंकार विवेचन मूलतः विद्यानाथ प्रणीत 'प्रताप रुद्रयशोभूषण' पर आधारित है। यत्र-तत्र मम्मट और विश्वनाथ की छाया भी स्पष्ट है। सामान्यतः **निरूपण सुलझा हुआ** है।

3. कुलपति मिश्र : जयपुर-नरेश रामसिंह के प्रीत्यर्थ कुलपति ने **'रस-रहस्य'** (1727 वि॰) की रचना की है। इसके 8 वृत्तान्तों के कुल 652 पद्य हैं, जिसका मूल उपजीव्य है 'काव्यप्रकाश'। मम्मट का तो इन्होंने आभार भी प्रकट किया है[5]। इसके सातवें और आठवें वृत्तान्त में 'काव्य प्रकाश' के क्रम से ही अलंकार विवेचित हैं। लक्षण दोहे में और उदाहरण कवित्त-सवैये में रखे गये हैं। इनके अनुसार **अलंकार अंगरूप में स्थिर रहकर रस का उपस्कारक** होता है[6]। एवं नए अलंकारों की उद्भावना का हेतु है उक्तिभेद[7]। ये उपमा को **शिरोरत्न** (सो उपमा सिर-मौर) मानते थे। इनके लक्षण **सर्वाधिक स्पष्ट** और **उदाहरण मौलिक** तथा **सटीक** हैं। वस्तुतः, ये **मध्यकालीन आचार्यों** में शीर्षस्थ ठहरते हैं।

4. पदुमनदास : दलेल सिंह के प्रीत्यर्थ **'काव्यमंजरी'** (1741 सं॰) नामक **कवि-शिक्षा की पुस्तक** की रचना पदुमनदास ने 14 कलिकाओं में की है, जिनमें कुल 716 पद्य हैं। यह 'कविप्रिया' के आदर्श पर लिखी गयी है। इसकी दसवीं और ग्यारहवीं कलिका में क्रमशः शब्दालंकार और अर्थालंकार निरूपित हैं, जिनके लक्षण दोहे और उदाहरण प्रायः कवित्तों में हैं। ग्रन्थ साधारणकोटि का है।

---

1. सुनि-सुनि विविध विचार।—कविप्रिया 3।2।
2. छमियों कवि अपराध।—कविप्रिया 3।1।
3. अलंकार ज्यों पुरुष को, हारादिक मन आनि।
   प्रासोपन आदिक कवित, अलंकार ज्यों भानि।।—क॰ कु॰ क॰ तरु।
4. शब्द अर्थ गति भेद सों लंकार द्वै भांति। —क॰ कु॰ क॰ तरु।
5. जिते साज हैं कवित के, मम्मट कहे बखान।
   ते सब भाषा में कहे, रस-रहस्य में आनि।। —रसरहस्य।
6. रसहिं बटावे होय जहँ, कबहुक अंग निवास। —रसरहस्य 6।13।
7. उक्ति भेद ते होत है, अलंकार यह जानि। —रसरहस्य 7/3।

5. देव कवि : देव के काव्य-शास्त्रीय ग्रन्थ दो हैं—**'भावविलास'** (1746 वि॰) और **'शब्द रसायन'** (1760 वि॰)। भावविलास बाल-प्रयास भर है[1]। इसके 5 विलासों में नायक-नायिका भेदादि के साथ 39 अलंकार निरूपित हैं[2]। इसके लक्षण सदोष हैं और उदाहरण बेठिकाने। 'शब्द रसायन' (काव्य रसायन) अपेक्षाकृत प्रौढ़ ग्रन्थ है। इसमें ग्यारह प्रकाश हैं, जिसके आठवें प्रकाश में शब्दालंकार और नवमें प्रकाश में अर्थालंकार वर्णित हैं। अलंकार विषयक इनकी मान्यता आ॰ केशव के समान ही है[3]। इसमें कुल 70 अर्थालंकार वर्णित हैं, जिनमें उपमा और स्वभावोक्ति को **सर्वप्रमुख** माना गया है[4]। निरूपण में क्रम और व्यवस्था से देव पूर्णतः अपरिचित लगते हैं। सब मिलाकर इनका आचार्यत्व शिथिल है। मध्यकालीन आचार्यों में इन्हें आवश्यकता से अधिक महत्त्व अनजान में मिल गया है। वस्तुतः इनके **लक्षण अस्पष्ट** और **उदाहरण अनुपयुक्त** हैं। डा. ओमप्रकाश के शब्दों में कहा जाएगा कि—"अब यह निर्णीत-सा है कि देव में जितनी चतुरता है उतनी प्रतिभा नहीं।" उनका स्मरण केवल पुस्तक-प्रणेता के रूप में ही किया जाना चाहिये।

6. कुमारमणि शास्त्री इनका काव्य शास्त्रीय ग्रन्थ **'रसिक रसाल'** (1776 वि॰) 'काव्य प्रकाश' के आधार पर लिखा गया है, जिसमें कुल दस उल्लास हैं। इसके सातवें और आठवें उल्लास में क्रमशः शब्दालंकार और अर्थालंकार निरूपित हैं। अनुप्रास के अन्तर्गत इन्होंने रीति प्रसंग पर भी विचार कर लिया है। अर्थालंकारों में 'कुवलयानंद' से भी पर्याप्त सहायता ली गयी है। इनमें शास्त्रीय निरूपण और विवेचन की **क्षमता कुलपति से घटकर नहीं** है। आचार्यत्व की दृष्टि से इन्हें कुलपति के पश्चात ही स्थान मिलना आवश्यक है।

7. श्रीपति : श्रीपति ने अलंकार का विवेचन **'अलंकार गंगा'** और **'श्रीपतिसरोज'** (**काव्य सरोज**—1777 वि॰) में किया है। 'श्रीपति सरोज' अनेकांग निरूपक ग्रंथ है। ये चमत्कारवादी नहीं, **प्रख्यात काव्याभ्यासी** थे। इनके निरूपण का आधार है 'काव्य प्रकाश'। कहा जाता है कि हिंदी का मौलिक साहित्य-शास्त्र प्रणयन हेतु इनकी अध्यक्षता में आगरे में एक विद्वत्परिषद् का भी निर्माण हुआ था जिसके निर्णयों के प्रवर्तन का प्रयास भी किया गया था।

---

1. ... चढ़त सो रही वर्ष। कढ़ी देव मुख देवता, भावलिास सहर्ष। — भावविलास
2. (क) सब नायिकायदि-नायक सहित, अलंकार वर्णन रच्यौ। —भावविलास।
   (ख) अलंकार मुख्य उनचालीरा हैं देव कहैं....। — भावविलास।
3. कविता कामिनी सुखदप्रद, सुवरन सरस सुजाति।
   अलंकार पहिरे अधिक, अद्भुत रूप लखाति। — शब्द रसायन।
4. अलंकार में मुख्य है, उपमा और सुभाव।
   सकल अलंकारानि विषै, परगट प्रगट प्रभाव।। —शब्द रसायन।

8. सोमनाथ : आश्रयदाता प्रताप सिंह के प्रीत्यर्थ इन्होंने **'रस पीयूष निधि'** (1794 वि॰) की रचना की थी, जिसके 22 तरंगों में कुल 1127 पद्य हैं। इसके अंतिम दो तरंगों के कुल 343 (40 + 303) पद्यों में क्रमशः शब्दालंकार और अर्थालंकार निरूपित हैं। ग्रंथ का आदर्श तो है 'काव्य प्रकाश' पर अलंकार-प्रकरण में कुलपति और जसवन्त सिंह से भी पर्याप्त सहारा लिया गया है। इसके **लक्षण सरल और उदाहरण स्पष्ट** हैं। इन्हें अर्थालंकारों में कुवलयानन्दीय क्रम ही मान्य है। इनके अनुसार **अलंकार का स्वरूप उक्ति-भेद से ही स्फुट होता है।**[1] सब मिलाकर इनकी गिनती उत्तम आचार्यों में ही की जाएगी।

9. भिखारी दास : दासजी ने **'काव्यनिर्णय'** (1803 वि॰) की रचना हिंदूपति सिंह के प्रीत्यर्थ की है। इसके 25 उल्लासों में कुल 12101 पद्य हैं। इसमें अलंकार-प्रसंग तीन स्थलों पर आया है—प्रथम, तृतीय उल्लास में 'पदार्थ निर्णय' के पश्चात् 'अलंकार मूल' के नाम से, दूसरी बार आठवें से अठारहवें उल्लास के बीच और तीसरी बार 20-21 वें उल्लासों में 'शब्द चित्र' के नाम से। विवेचन के लिए ये 'काव्य प्रकाश' और 'चन्द्रालोक' के समान रूप से ऋणी हैं। इसमें कुल 108 अलंकार (अर्था॰ 86 + वाक्या॰ 8 + भावोदय आदि 3 + रसवदादि 4 + अनुप्रास 1 + शब्दा॰ 5 + चित्र 1) वर्णित हैं। वैयाकरणों के 'तुदादि', 'चुरादि' के वजन पर इन्होंने अर्थालंकारों के 'उपमादि', 'उल्लासादि' वर्ग भी बनाये हैं। डा. ओमप्रकाश के अनुसार 'यह वर्गीकरण यदृच्छया अनुशासित प्रतीत होता है।'' गंभीरतम विषयों का **सुगमतापूर्वक प्रतिपादन** इनकी मौलिकता है। इनका तुक निर्णय अपने ढंग का अकेला है। आचार्यत्व की दृष्टि से इन्हें केशव, कुलपति और कुमारमणि शास्त्री की कोटि में ही रखना चाहिए।

10. जनराज : जनराज अल्पख्यात आचार्य हैं। इनके विशाल ग्रंथ **'कविता-रस-विनोद'** (1833 वि॰) में कुल 24 विनोद और 2025 पद्य हैं। इसके आठवें विनोद में अलंकार और बाईसवें विनोद में 'प्रहेलिका' और 'यमक' का निरूपण हुआ है। अलंकार वर्णन का आधार है 'कुवलयानन्द', किन्तु समस्तरूप में ग्रंथ 'काव्य प्रकाश' पर आधारित है। विवेचन सामान्य और प्रचलित पद्धति का है।

(ख) विस्तृत शैली में एकांग-निरूपक ग्रन्थ :

1. मतिराम : मतिराम के दो ग्रंथ अलंकार निरूपक हैं—**'ललित ललाम'** (1718-21 वि॰) और **'अलंकार पंचाशिका'** (1747 वि॰)। 'ललित ललाम' 401 छंदों (दोहा 270 + कवित 73 + सवैया 50 + छप्पय 8) में पूर्ण हुआ है, जिसके 360 छंदों में अर्थालंकारों का निरूपण कुवलयानन्दीय क्रम से हुआ है। इसमें 'काव्य लिंग'

---

1. अलंकार जो होत सो उक्ति भेद सों होत। — र. पी. निधि 21।17।

छोड़ दिया गया है। इनका आधार ग्रंथ है 'कुवलयानंद'। कहीं-कहीं 'काव्य-प्रकाश' और 'साहित्य-दर्पण' से भी सहारा लिया गया है। **रमणीय उदाहरण** ही इसकी मौलिकता है। लक्षण प्रायः शिथिल है। शब्दालंकारों का विवेचन इन्होंने किया ही नहीं है।

'अलंकार पंचाशिका' 116 छंदों की छोटी रचना है, जिसके 105 छंदों में कुल 40 (भेदोपभेद सहित 48) अलंकार निरूपित हुए हैं। 'ललित ललाम' बनाया भाऊ सिंह के प्रीत्यर्थ और यह बना है ज्ञानचन्द हेतु। इसमें मतिराम ने अपेक्षाकृत **स्वच्छता और संक्षिप्तता** पर अधिक ध्यान दिया है। दोनों ग्रंथों में मतिराम का **कविरूप अग्रसारित है,** आचार्य रूप नहीं।

2. भूषण : इनका एकमात्र ग्रंथ 'शिवराज भूषण' (1730 वि॰) 384 छंदों की वीर रसात्मक रचना है। इसके छंदों में कुल 105 अलंकार (अर्था॰ 99 + शब्दा॰ 4 + चित्र 1 + संकर 1) निरूपित हुए हैं। इन्होंने मतिराम से लगभग एक चौथाई लक्षण ज्यों के त्यों लिए हैं। ये 'चन्द्रालोक' के पूर्णतः ऋणी हैं। इनके लक्षणों और उदाहरणों में **भर्ती** के शब्द तथा शब्दों के विकृतरूप सर्वाधिक हैं। इनका **आचार्यत्व सर्वथाहीन कोटि का है।**

3. दलपित राय : इन्होंने महाराज जगत सिंह के आश्रम में 'अलंकार रत्नाकर' (1792 वि॰) लिखा है। यह है तो 'भाषाभूषण' की व्याख्या, पर इसमें पद्य के साथ गद्य भी प्रयुक्त हुआ है। इसमें **अन्यों के उदाहरण** भी रखे गए हैं। पुस्तक **पांडित्यपूर्ण और उत्तम** है।

4. रघुनाथ : रघुनाथ निर्मित **'रसिक मोहन'** 482 छंदों का अलंकार ग्रंथ है जिसका विभाजन 'मंत्र' में किया गया है। पुस्तक के प्रारंभ में अलंकार सूची भी है। विवेचन के लिए ये 'कुवलयानंद' और 'चन्द्रालोक' (देखिये स्तवकोपमा) के ऋणी हैं। इसके उदाहरण अधिक सरस हैं।

5. दूलह : इक्यासी छंदों वाला (दोहा 8 + सवैया 1 + कवित 72) **'कवि-कुल-कंठाभरण'** (1800 वि॰) दूलह की एकमात्र रचना है, जिसमें उन्होंने अलंकार रूपी सागर को विचार-सागर में रखने का प्रयत्न किया है[1]। इसे कवि ने संक्षिप्त रचना मानी है[2], पर संक्षेप का अर्थ 'कथन की संक्षिप्तता' से है 'छोटा छंद' से नहीं। वस्तुतः इनकी अपनी सीमाएँ हैं, फिर भी इनके लक्षण सुगम और सुबोध हैं। छंदों की दीर्घता के कारण **उदाहरण निर्दोष नहीं** बन सके हैं। अलंकारों

---

1. दीरघ मत सतकाबिन के, अर्थासम लघुतर्ण।
   कवि दूलह याते कियो, कवि-कुल-कंठाभर्ण।। —क. कु. कंठाभरण।
2. थोरे क्रम-क्रम ते कही अलंकार की रीति। —वही।

का महत्त्व प्रति-पादन में ये केशव की शब्दावली से प्रभावित हैं[1]। इनके विवेचन का मुख्याधार है 'कुवलयानंद'। इन्होंने कुल 115 अलंकारों का निरूपण किया है। इन्होंने तीन प्रकार के साहित्यिकों (सत्कवि, कर्त्ता और अलंकृति) की चर्चा कर तत्कालीन साहित्यिकों के तीन वर्गों का भी संकेत किया है[2]। सब मिलाकर इनका विवेचन सचेष्ट स्थिति का परिणाम माना जाना चाहिये, कोरी भावुकता का नहीं।

इस वर्ग में रखे जाने वाले अन्य ग्रंथों में **'अलंकार दीपक'** (शंभुनाथ मिश्र(19वीं सदी, प्रथम चरण), **'अलंकार-दर्पण'** (हरिनाथ–1826 वि.), **'अलंकारमणि मंजरी'** (ऋषिनाथ–1831 वि.), **'रघुनाथ अलंकार'** (सेवादास–1840 वि.), **'अलंकार दर्पण'** (रतन कवि–1843 वि.), **'सरफराज चंद्रिका'** (देवकीनन्दन–1843 वि.), **'टिकैतराय प्रकाश'** (बेनी वंदीजन-1849 वि.) **'नरेन्द्र भूषण'** (भान कवि–1845 वि.), **'अलंकार भ्रम-मंजन'** (ग्वाल कवि), **'भूषण कौमुदी'** (रणधीर सिंह), **'चित्र चंद्रिका'** (काशिराज–1889 वि.), **'गंगाभरण'** (लेखराज–1935 वि.), **'रामचन्द्र भूषण'** (लछिराम–1947 वि.), **'महेश्वर भूषण'** (गंगाधर–1952 वि.) आदि प्रमुख हैं। 'गंगाभरण' में गंगा की प्रशस्ति के उद्देश्य से ही अलंकारों का निरूपण किया गया है[3]। लछिराम ने स्पष्ट शब्दों में अलंकारों का शोभाकारक धर्म घोषित किया है[4]। प्रायः ये सभी पुस्तकें सामान्य कोटि की ही हैं। मतिराम, दलपति राय आदि की क्षमता प्रायः इस वर्ग के किसी भी आचार्य को नसीब नहीं है।

(ग) संक्षिप्त शैली में अनेकांग-निरूपक ग्रंथ :

1. जसवन्त सिंह : इनका 'भाषा भूषण' (1700 वि.) अपने ढंग की रचना है, जिसने परवर्ती आचार्यों का पर्याप्त रूप में मार्गदर्शन किया है। इसके 5 प्रकाश में कुल 212 दोहे हैं, जिसके 166 दोहें में अलंकार और 36 दोहे में शेष काव्यांग निरूपित हैं। ग्रंथ के उपक्रम और उपसंहार में 10 दोहे प्रयुक्त हुए हैं। अलंकारों का मनोयोगपूर्वक (योग नहीं संयोग से) वर्णन होने के कारण ही इसे 'भाषा भूषण' कहा

---

1. चरन, वरन, लच्छन ललित, रचि रीझे करतार।
   बिन भूषण नहिं भूषई, कविता, बनिता चारा। –वही 2।
2. (क) दीरघ मत 'सतकबिन' के, रचि रीझै 'करतार और सभामध्य सोभा लहै अलंकृति ठहराय। –वही।
3. (ख) अलंकार मिस कीन्हौं गंगा गुन गान में। –गंगाभरण।
4. भूषनवत् पद अर्थ में अलंकार अनुमान। –रामचन्द्र भूषण।

गया है[1]। इसका आधार ग्रंथ है कुवलयानन्दीय चन्द्रालोक। इसमें लक्षण-लक्ष्य समन्वय पर पूरा ध्यान दिया गया है। लक्षण और उदाहरण सरल, स्पष्ट और सुबोध होने के कारण ही यह **रटन्त के लिये ख्यात** रहा है। अपनी पद्धति का यह **पूर्ण उपयोगी ग्रंथ** है।

2. रसिक गोविन्द : इन्होंने 'भाषाभूषण' की शैली पर **'रसिक गोविन्द'** (1890 वि॰) की रचना की है जिसमें गुण, दोष, नायक, नायकादि के साथ अलंकार का सुन्दर वर्णन किया गया है। विद्वानों की साक्षी के अनुसार यह ''आलोचक की प्रतिभा ही नहीं रखता था, प्रत्युत इसमें संस्कृत के काव्यशास्त्वाकारों के समक्ष अपना निर्णय देने का साहसस भी था।''—(हिंदी साहित्य का बृहत् इतिहास; भाग 6, पृ. 373)। इन्होंने निरुपण के लिये गद्य का भी प्रयोग किया है।

3. याकूब खां : ये सामान्य स्तर के कवि थे। इनके **'रसभूषण'** (1775 वि॰) में रस और अलंकार (रस + भूषण) का साथ-साथ वर्णन हुआ है। उनकी युक्ति है कि अलंकारहीन नायिका अशोभन होती है, इसीसे उन्होंने अलंकारयुक्त नायिका का निरूपण किया है[2]। विवेचन सामान्य स्तर का भले हो, पर इससे यह तो पता चलता है कि किस रस में कौन-सा अलंकार अधिक उपयुक्त है।

4. ब्रह्मदत्त : इन्होंने दीपनारायण सिंह के आश्रम में **'दीपप्रकाश'** (1867 वि॰) की रचना सात प्रकाशों में की है। इसमें अलंकारों का सुन्दर वर्णन हुआ है एवं नायक-नायकादि के साथ शेष काव्यांग का चलते रूप में। विवेचन और उदाहरण आदि की दृष्टि से पुस्तक सरल और स्पष्ट है। कई अर्थों में यह पुस्तक 'भाषाभूषण' से बीस पड़ती है।

5. शिवप्रसाद : इनका **'रसभूण'** याकूब खां के 'रसभूषण' के आदर्श पर निर्मित है। विवेचन के क्षेत्र में जसवन्त सिंह के भी कम ऋणी नहीं हैं।

6. गुलाब सिंह : इन्होंने **'वनिताभूषण'** (1949 वि॰) में नायिका भेद और अलंकार का 'रसभूषण' की तरह ही, एकत्र विवेचन किया है। पुस्तक में कवि की प्रतिभा सर्वत्र दिखाई पड़ती है। अलंकारों के लिये ये 'कुवलयानंद' के ऋणी हैं। उदाहरण इन्होंने अन्यों के भी रखे हैं।

(घ) संक्षिप्त शैली में एकांग-निरूपक ग्रंथ :

1. श्रीधर ओझा : मुसल्लेह खान के आश्रय में इन्होंने **'भाषाभूषण'** (1767 वि॰) नामक अलंकार ग्रंथ की रचना की थी। पूरी रचना 150 दोहों में है। इसका आधार है 'कुवलयानंद'। दोहे के पूर्वार्द्ध में लक्षण और उत्तरार्द्ध में उदाहरण दिया गया है। लक्षण-लक्षण का जितना सुन्दर आदर्श इसमें प्रस्तुत है, अन्यात्र नहीं। पुस्तक अपनी सफाई, लोच और बन्दिश के लिए सदा प्रख्यात रहेगी।

---

1. अलंकार संयोग ते भाषाभूषण नाम। —भा. भूषण 211।
2. अलंकार बिनु नाइका, सोभित होइ न आन।
   अलंकार जुत नाइका, यातैं कहौं बखान।। —रसभूषण।

2. गोप कवि : इनका **'रामालंकार'** (1773 वि०) **'रामचन्द्रभूषण'** और **'रामचन्द्राभरण'**—तीनों एक ही योजना के तीन रूप है, जिनके आधार है 'चन्द्रालोक' और 'भाषाभूषण'। पुस्तकें सामान्य कोटि की हैं।

3. रसिक सुमति : इनका **अलंकार चन्द्रोदय'** (1785 वि०) 187 दोहों में पूर्ण हुआ है, जिसके 180 दोहे में अर्थालंकार और शेष में शब्दालंकार निरूपित है। कुछ अर्थों में यह 'भाषाभूषण' से उत्तम बन पड़ी है।

4. रसरूप : ये तुलसी भक्त थे। इनकी रचना **'तुलसी भूषण'** (1811 वि०) में कुल 111 अलंकारों का निरूपण हुआ है[1]। इन्होंने लक्षण अन्यों के (संस्कृत के आचार्यों के) तथा उदाहरण तुलसी के रखे हैं। हिंदी अलंकार-साहित्य में यह पहली पुस्तक है जिसमें संपूर्ण उदाहरण दूसरे का रखा गया है। इसमें छह शब्दालंकारों का निरूपण है। अर्थालंकारों का निरूपण अकारादिक्रम में हुआ है। पुस्तक अच्छी है।

5. बैरीसाल : इनका **'भाषाभरण'** (1825 वि०) कुल 475 छंदों की रचना है। इसका आधार है 'कुवलयानंद'[2]। विवेचन की स्पष्टता और उदाहरण माधुर्य इनकी अपनी विशेषता है। पद्माकर की रचना इससे पूर्णतः प्रभावित है।

6. रामसिंह : इनकी रचना **'अलंकार दर्पण'** का आधार है 'कुवलयानंद'। इसके 343 छंदों के केवल अर्थालंकारों का ही निरूपण किया गया है। इसमें दोहा के अतिरिक्त सोरठा, गाथा आदि अभी छोटे छंद ही प्रयुक्त हुए हैं। रचना सामान्य प्रकार की है।

7. पद्माकर : 'भाषाभूषण की पद्धति पर लिखा गया इनका **'पद्माभरण'** (1867 वि०) कुल 344 छंदों का लक्षण-लक्ष्य समन्वय मूलक ग्रंथ है। इसका विस्तार 'भारतभूषण' से लगभग ढाई गुणा है। इसका प्रधान उपजीव्य है 'कुवलयानन्दीय चन्द्रालोक'। वैरीलाल के 'भाषाभरण' से इसमें पर्याप्त सहायता ली गयी है। यत्र-तत्र 'काव्य-प्रकाश', 'साहित्य-दर्पण', जसवन्त सिंह और दूलह से भी सहायता ली गयी है। इसमें शब्दालंकार छोड़ दिये गये हैं। लक्षणों की अपेक्षा उदाहरण अधिक उत्तम हैं। पद्माकर ने विषय को सुकंठ बनाने की पूर्ण चेष्टा की है। यह ग्रंथ उनके आचार्यरूप को प्रचारित करता है।

8. **गिरिधर दास**—भारतेन्दुजी के पिता गिरिधर दास (गोपाल चंद्र) का—**'भारती भूषण'** (1890 वि०) 378 छंदों की रचना है। इसमें 100 अर्थालंकार तथा दो शब्दालंकार वर्णित हैं। अर्थालंकारों का विवेचन और क्रम कुवलयानन्दीय है। पुस्तक सरल है।

---

1. एकादस अरु एक शत्, मुख्य अलंकृत रूप। —तुलसीभूषण।
2. रीति कुयलयानंद की, कीन्हों भाषाभर्न। —भाषाभरण।

इन सबों के अतिरिक्त **'लालित्य लता'** (दत्त–1830 वि॰), **'काव्याभरण'** (चंदन 1845 वि॰) आदि रचनाएँ भी इसी वर्ग की हैं। इस वर्ग में श्रीधर ओझा की रचना अपनी पद्धति में सर्वाधिक सफल है।

गद्ययुगीन हिंदी अलंकार-साहित्य

इस काल में निर्मित अलंकार-साहित्य के वर्गीकरण की भी अनेक समस्याएँ हैं। सामान्यतः समस्त परम्परा को द्विविध कह सकते हैं। इस समय कुछ लोग पुरानी परिपाटी पर ग्रंथ निर्मित कर रहे थे और कुछ ने प्राचीनता का आश्रय छोड़कर गद्य का सहारा लिया था। इस काल में अलंकार-शास्त्र का वैज्ञानिक अध्ययन करने वालों में डा. सुशील कुमार दे, श्री काणे, डा. लाहरी, डा. राघवन, डा. शंकरन, डा. रामशंकर शुक्ल रसाल, डा. ओमप्रकाश आदि के नाम लिये जाएँगे। इस काल में अलंकार-साहित्य के प्रमुख निर्माता एवं उनके ग्रंथ निम्नाकित क्रम से रखे जा सकते हैं–

1. कविराज मुरारिदान : इनका **'जसवन्त जसोभूषण'** (1950 वि॰) 'प्रताप रूद्र यशोभूषण' के वर्ग का ग्रंथ है। इसमें सात आकृतियां हैं। चर्चित अलंकारों की संख्या 81 है, जिसमें 13 अलंकार **नवाविष्कृत** हैं। प्राचीन 18 अलंकारों का इन्होंने अन्यत्र अन्तर्भाव किया है। विवेचन निर्दोष नहीं है, पर इनकी विद्वत्ता **सर्वत्र झांकती** है।

2. जगन्नाथ प्र॰ भानु : इनका **'काव्य प्रभाकर'** (1966 वि॰) 12 मयूखों का ग्रंथ है, जिसके नवम मयूख में अलंकारों का विवेचन है। इनके अनुसार "जहाँ चमत्कार नहीं, वहाँ अलंकार नहीं", मानना चाहिये। अलंकार-विवेचन में इन्होंने अधिक श्रम किया है। ये मम्मट और विश्वनाथ से अधिक सहमत हैं। इनके अनुसार–"अलंकार 108 हैं–शब्दालंकार 8 और अर्थालंकार 100।"–(का. प्रभाकर, पृ. 472)। प्रश्नोत्तर शैली द्वारा इन्होंने शंका का भी समाधान किया है। यहाँ परचित उदाहरण भी रखे गये हैं। इनकी रचना हिंदी अलंकार-साहित्य में एक विशिष्ट प्रगति का सूचक है। लेखक के इस कथन से कि–"पढ़ते ही विषय सहज ही हृदयंगम हो जाता है।" प्रायः सभी पाठक सहमत हैं।

3. लाला भगवान दीन : दीन जी की **'अलंकार मंजूषा'** (1973 वि॰) का निर्माण विद्यार्थियों के लिये हुआ था। इसमें चार पटल हैं। प्रथम पटल में अलंकार की परिभाषा आदि के पश्चात् शब्दालंकार, द्वितीय पटल में अर्थालंकार, तृतीय पटल में उयभालंकार और चतुर्थ पटल में अलंकार दोष का वितेत्चन किया गया है। इसमें कुल 120 (10 + 108 + 2) अलंकारों का वर्णन है। इसका उद्देश्य मौलिक प्रतिपादन नहीं, प्रत्युत **पूर्व प्रतिष्ठित अलंकारों का सुगमतापूर्वक विवेचन** भर है। अपने उद्देश्य में यह सफल एवं नामकरण की दृष्टि से सार्थक है। 'सूचना' 'विवरण' आदि की

सहायता से दीनजी ने अलंकार सम्बन्धी अनेक गुत्थियों को सुलझाने का सफल प्रयास किया है।

4. डा. रामशंकर शुक्ल 'रसाल' : इनका **'अलंकार पीयूष'** (1985 वि॰) प्रयाग विश्वविद्यालय से डी॰ लिट्॰ की उपाधि के लिये लिखा गया **शोध ग्रंथ** है। संस्कृत और हिंदी के समस्त अलंकार-साहित्य का **आलोड़न** कर लेखक ने निश्चय ही अलंकार पर महत्त्वपूर्ण कार्य किया है। डा. गंगानाथ झा ने इसके सम्बन्ध में लिखा था कि यह शोध-प्रबंध छोटा होने पर भी पांडित्यपूर्ण और मौलिक है। इसमें अलंकार विषयक कोई सामग्री छूटी नहीं है। कतिपय अर्थों में यह **अलंकार-परिचायक-कोश** है। है तो यह पुस्तक अपने ढंग की अकेली, पर इसमें हिंदी अलंकार-साहित्य का ही अधिक उपयोग किया गया है।

5. अर्जुनदास केडिया : इनका **'भारती भूषण'** (1987 वि॰) प्राचीन शैली का **पांडित्य-प्रदर्शक** ग्रंथ है। इसका लक्षण मौलिक और गद्य में होने के कारण अधिक उपयोगी है। इसमें स्वरचित और पर-रचित दोनों प्रकार के उदाहरण रखे गये हैं। इसमें आठ शब्दालंकार और एक सौ अर्थालंकार वर्णित हैं। अब तक की उपलब्ध सामग्री से केडिया जी ने पूर्ण लाभ उठाया है। विवेचन से स्पष्ट है कि केडिया जी अलंकारवादी हैं।

6. आ॰ विश्वनाथ प्रसाद मिश्र : इनकी **'काव्यांग कौमुदी'** (तृतीय कला—1991 वि॰) 8 प्रकाशों में पूर्ण हुई है। इसके पंचम प्रकाश में कुल 56 प्रमुख अलंकारों (4 + 50 + 2) का निरूपण हुआ है। इस पुस्तक की एक सीमा है—विश्वविद्यालयीय छात्रों को सुगमतापूर्वक विषय का बोध कराना है। अपनी सीमा में यह रचना सफल है। इन्होंने **'वाङ्मय विमर्श'** में भी प्रमुख अलंकारों का संक्षिप्त पद्धति पर विवेचन किया है।

7. बिहारीलाल भट्ट : इनके **'साहित्य सागर'** (1994 वि॰) नामक ग्रंथ में कुल 15 तरंग हैं, जिसके तीन (10-12) तरंगों में अलंकारों का विवेचन है। इसमें मौलिकता का सर्वथा अभाव और विवेचन सामान्य स्तर का है।

8. मिश्रबन्धु : इनके **'साहित्य पारिजात'** (1997 वि॰) में अन्य काव्यशास्त्रीय विषयों के साथ कुल 124 अलंकार का निरूपण हुआ है। इसमें विषय प्रतिपादन की प्रौढ़ता के साथ निरूपण की मौलिकता आचार्यात्व के अनुरूप है।

9. कन्हैयालाल पोद्दार : इनकी **'अलंकार मंजरी'** (काव्य कल्पद्रुम-द्वितीय भाग—2002 वि॰) उस समय तक की समस्त उपलब्धियों में सर्वाधिक उपादेय रचना है। इसमें छह शब्दालांकर, एक सौ अर्थालंकार और दो उभयालंकार के अतिरिक्त अलंकार-शास्त्र का इतिहास आदि भी दिया गया है। उदाहरण के अतिरिक्त सभी बातें गद्य में हैं। इसमें तीन प्रकार के उदाहरण रखे गये

हैं—स्वरचित, अनूदित और अन्यरचित। **यदि पोद्दार जी अपनी कतिपय सीमाओं से बच पाते तो यह पुस्तक और भी उत्तम होती।** आत्मश्लाघा और पंडिताऊपन यहाँ भी स्पष्ट है।

10. पं॰ रामदहिन मिश्र : इनका **'काव्य दर्पण'** (2004 वि॰) लेखक के शब्दों में 'अभिनव साहित्य शास्त्र' (?) बनकर सामने आया है। इसमें 12 प्रकाश हैं। लेखक की दृष्टि मम्मट और विश्वनाथ पर पूर्णतः केन्द्रित रही है। इसी से इसका नामकरण उनकी रचनाओं के मिश्रण का परिणाम है—**'काव्य** (—प्रकाश + साहित्य—) दर्पण। मिश्र जी पाश्चात्यों के प्रति सर्वत्र अनुदार रहे हैं। वस्तुतः पुस्तक की भूमिका ही जान है और **सर्वाधिक बेजान है अलंकार निरूपण।** इसके 12वें प्रकाश में सात शब्दालंकार, सतहत्तर अर्थालंकार, दो उभयालंकार और तीन पाश्चात्यालंकार वर्णित हैं। उदाहरणों की नवीनता के अतिरिक्त शेष इसमें दोष ही है।

11. प्रो॰ देवेन्द्रनाथ शर्मा : इनकी **'अलंकार मुक्तावली'** (2005 वि॰) विश्वविद्यालय की उच्च शिक्षा के छात्रों को ध्यान में रखकर लिखी गयी है। इसमें कुल 82 अलंकार (8 + 72 + 2) वर्णित हैं। वाद-विवाद के वितण्डा में न पड़कर शर्मा जी का ध्यान केवल इसी पर टिका है कि—"कुछ भी अपेक्षित छूटे नहीं और अनपेक्षित आवे नहीं।" इसका आदर्श रहा है 'साहित्यदर्पण'। इसमें तीन प्रकार के उदाहरण रखे गये हैं—स्वरचित, अनूदित और अन्यरचित। वस्तुतः, **इतनी अधिक छात्रोपयोगी पुस्तक मेरे देखने में अभी तक नहीं आयी है।** अपने छात्रों द्वारा किए अलंकार-सम्बन्धी प्रश्नों के हल पहले में इसीं पुस्तक में ढूँढता हूँ, पुनः अन्यत्र।

12. सुधीन्द्र : इनकी **'काव्यश्री'** (दूसरा भाग 1954 ई.) में कुल 73 अलंकार (10 + 61 + 2) वर्णित हैं। यहाँ विवेचन में **परम्परावादी दृष्टिकोण** का आग्रह अधिक है। अंग्रेजों का Onomatopaeia ध्वन्यनुप्रास में अन्तर्भुक्त कर लिया गया है। पुस्तक सामान्य स्तर की है।

13. डा. भगीरथ मिश्र : इनके साहित्य-शास्त्रीय ग्रंथ **'काव्य शास्त्र'** (1957 ई.) में कुल छः अध्याय हैं। इसके छठवें अध्याय में इन्होंने 5 शब्दालंकारों और 52 अर्थालंकारों का प्रायः संक्षिप्त ढंग से विवेचन किया है। लक्षण सरल हैं, पर उदाहरण पंचानवे प्रतिशत से अधिक ब्रजी के हैं। समग्ररूप से इसे परम्परावादी प्रयत्न ही कहना चाहिये।

14. बलदेव उपाध्याय : इनके साहित्य-शास्त्रीय ग्रंथ **'संस्कृत आलोचना'** का प्रकाशन सूचना विभाग, उत्तर प्रदेश द्वारा हुआ है। सम्पूर्ण पुस्तक तीन खंडों और 14 परिच्छेदों में विभक्त है। इसके 12वें परिच्छेद में अलंकार का रूप वर्णन के पश्चात् कुल 34 अलंकारों (शब्दा॰ 3 + अर्था॰ 31) का वर्णन किया गया है। विवेचन में परम्परागत, संक्षिप्तता आदि होते हुये भी पूर्णतः स्पष्टता है।

15. रमेशचन्द्र पाठक : इनका **'अलंकार प्रकाश'** (1962 ई.) सामान्य स्तर की परीक्षोपयोगी पुस्तक है। इसमें कुल 54 अलंकार (4 + 48 + 2) वर्णित हैं। परिशिष्ट में छंद और गुण आदि पर भी संक्षेप में विचार किया गया है। इसका दृष्टिकोण अर्थकरी ही रहा है।

16. मुरली मनोहर प्रसाद सिंह : इनकी **'अलंकार मीमांसा'** (1964 ई.) कई दिग्गजों की मुहरों से लैस होकर अभी-अभी निकली है। छात्रोपयोगी पुस्तकों में निश्चय ही यह एक प्रगति (कुछ अर्थों में अगति भी) का सूचक है। प्रारंभ के 60 पृष्ठों (भूमिका भाग) में लेखक की मनन-शीलता और अधिकाधिक विवेचना सुन्दर है। इसका **प्रतिपादन, भाग शिथिल और कमजोर** है, निर्दोष नहीं है। इसमें कुल 61 अलंकार (4 + 55 + 2) वर्णित हुए हैं निरूपण और प्रतिपादन में **सबसे बड़ी कमी है एकरूपता का अभाव**–कहीं उदाहरणों की भरमार (उपमा) और कहीं पूर्ण कमी (श्लेष); कुछ का विवेचन भामह से ही (उपमादि) है, पर अधिकांश का नहीं (एकावली आदि); प्रायः सभी में लक्षण निरूपण के पश्चात् विवेचन है, पर 'यमक' आदि में क्रम वैपरीत्य है; कहीं-कहीं मौलिक लक्षण ही नहीं हैं (वक्रोक्ति, यमक); कहीं-कहीं उदाहरण जमा भर कर दिये गये हैं–उनका विश्लेषण किया ही नहीं गया है। (साधर्म्य लुप्ता, वाचकलुप्ता, उपमेयोपमा, अनन्वय, उक्तविषयावस्तूत्प्रेक्षा आदि) शपथ लेने भर के लिए इसमें मुक्त छंदादि के भी उदाहरण रखे गये हैं। कहीं-कहीं लेखक ने अन्य की रचना (उदाहरणों में) को अन्य की रचना मान बैठा है (पृ. 149–दास जी के 'काव्य-निर्णय' के बदले 'शृंगार-निर्णय', पृ. 179 पर गुप्त जी की 'यशोधरा' के बदले 'राम तुम्हारे गात' पृ. 196 पर 'होत लोभ... कल्हौ बिथा' को भिखारीदास के बदले केशवदास आदि)। इन असंगतियों के पश्चात् भी पुस्तक अच्छी कही जायेगी।

17. श्यामनन्दन शास्त्री : इनकी **'काव्यशास्त्र की रूपरेखा'** (1964 ई.) भी सद्यः प्रकाशित रचना है। इसमें कुल 9 अध्याय हैं। इसके आठवें अध्याय में कुल 71 (6 + 63 + 2) अलंकारों का संक्षिप्त किन्तु सटीक विवेचन है। पाद टिप्पणियों में मम्मट, विश्वनाथ, जयदेव आदि के भी लक्षण दिये गये हैं। पुस्तक के प्रारंभ में अलंकार-शास्त्र का इतिहास भी दिया गया है। लेखक यह मानकर चला है कि **"हिंदी का अपना कोई साहित्य-शास्त्र नहीं है"**, तभी तो वह "हिंदी का निजी साहित्यशास्त्र लिखने के प्रयास में 'काव्य-शास्त्र की रूपरेखा' (ध्यान दीजिए–'हिंदी का निजी साहित्य शास्त्र' की रूपरेखा नहीं) लिख गया है। इसमें मौलिकता नहीं है। हां, संस्कृत साहित्य-शास्त्र के सर्वमान्य तथ्यों का यह **कौशलपूर्ण** चयन अवश्य है। चयन में लेखक का दृष्टिकोण समन्वयवादी रहा है। जिस प्रकार तीक्ष्ण मति वाला छात्र अपनी पाठ-पुस्तक के सभी अध्यायों की पूर्ण तैयारी न कर सुगमता एवं

सर्वाधिक अंक प्राप्ति हेतु केवल प्रमुख प्रश्नों को ही तैयार कर काम चला लेता है, लेखक का प्रस्तुत प्रयत्न भी उसी प्रकार का है। आखिर है यह रूपरेखा ही, विस्तृत विवेचन नहीं—**यथानाम तथा गुण**। इसकी विशिष्टता है सरलता और स्पष्टता। सब मिलाकर पुस्तक सफल है।

अन्त में, हिंदी अलंकार-साहित्य की शृंखला में अपनी इस रचना 'अलंकार-विमर्श' को मैं भी एक कड़ी के रूप में जोड़ रहा हूँ। मेरा ऐसा विश्वास है कि शृंखला की यह कड़ी अशोभन न होगी।

(ख) शब्दालंकार

अलंकार शास्त्र के प्रवर्तक आचार्य भामह ने **'शब्दार्थौ सहितौ काव्यम्'** कहते समय निश्चय ही यह लक्ष्य कर लिया था कि काव्य में स्थूलतः मुख्य तत्त्व दो ही हैं–(1) शब्द अर्थात् शब्द की ध्वनि और (2) शब्द का अर्थ। चूँकि अलंकार काव्य का शोभाकारक धर्म है, अतः यह दोनों का–शब्द (शब्द की ध्वनि) और अर्थ का अलंकरण करता है। **जहाँ अलंकरण शब्द अथवा शब्द की ध्वनि का होता है, वहाँ शब्दाबलंकार होता है।**

शब्दालंकार का अर्थ है शब्दाश्रित अलंकार। इसमें शब्द-रचना का वैचित्र्य होता है। यहाँ यह जान लेना चाहिये कि सूक्ष्म विचार से 'शब्दालंकार में प्रयुक्त 'शब्द' का अर्थ मात्र शब्द (word) नहीं, वरन् 'शब्द की ध्वनि अथवा 'नाद' है। महर्षि पतञ्जलि ने **'प्रतीतिपदार्थको लोके ध्वनिः शब्द इत्युच्यते'** (लोक में पदार्थ की प्रतीति कराने वाली ध्वनि ही शब्द है) कहकर 'शब्द' को 'ध्वनि' ही स्वीकार किया है। वाग्भट प्रथम (12वीं सदी) ने 'वाग्भटालंकार' में शब्दालंकार को **'ध्वन्यलंक्रियाएँ'** कहा है, जिससे भी यही सिद्ध होता है। अध्यापक श्यामापद चक्रवर्ती (अलंकार चन्द्रिका) की मान्यता भी ऐसी ही है[1]। इससे कहा जायेगा कि **शब्दालंकार की सृष्टि वस्तुतः शब्द के आधार पर नहीं, वरन् शब्द की ध्वनि के आधार पर होती है।** शब्दालंकारों में तीन प्रकार की ध्वनि होती है–वर्णध्वनि (अनुप्रास आदि में), पद ध्वनि (यमक, वक्रोक्ति, श्लेष आदि में) और वाक्य ध्वनि (लाटानुप्रास, यमक आदि में)। इस अलंकार में ध्वनि मूलतः दो प्रकार के कार्य करती है–ध्वनि-संकेतों द्वारा पृष्ठभूमि तैयार करना और नाद-गुण द्वारा प्रेषणीयता उत्पन्न करना। इस विवेचन से स्पष्ट है कि शब्दालंकारों में ध्वनि-संकेत और नाद योजना का महत्त्वपूर्ण स्थान है। ध्वनि अथवा नाद कविता का संगीत धर्म है। कविता में नाद तत्त्व के महत्त्व पर

---

1. अ. मीमासां। –पृष्ठ 63।

विचार करते हुए आचार्य शुक्ल ने स्वीकार किया है कि इससे उसकी आयु बढ़ती है[1]। वस्तुतः कविता में चमत्कारिता के निमित्त शब्दों का विशेष रूप से चयन ही आवश्यक नहीं, अपितु उनसे प्रस्फुटित ध्वनि-सौन्दर्य अथवा नाद-सौन्दर्य पर भी ध्यान देना अनिवार्य है। नाद-सौन्दर्य के अभाव में कविता का रूप-विधान तो ढीला हो ही जाता है, उसकी प्रभविष्णुता के साथ अर्थविधान की चुस्ती भी कम जाती है। अंग्रेजी विचारक आर्किबाल्ड मेक्लिश जब यह मानते हैं कि ध्वनि-रूप-गठन के कारण ही कविता का अर्थ प्रसारित होता है, तो प्रकारान्तर से वे इसी की पुष्टि करते हैं[2]। अस्तु यह सिद्ध है कि शब्दालंकार का अर्थ है शब्दाश्रित अलंकार, पर प्रकृत रूप में हैं वे ध्वन्याश्रित अलंकार। **वस्तुतः इन्हें शब्दालंकार नहीं, ध्वन्यालंकार ही कहना चाहिये।**

एक बात और। शब्दालंकार होता तो है शब्दाश्रित, पर इसका तात्पर्य यह कदापि नहीं है कि यह अर्थहीन अथवा अर्थालंकार हीन भी होता है। अर्थ तो यहाँ रहता ही है, अर्थालंकार भी रह सकते हैं। शब्दालंकार और अर्थालंकार के रूप में अलंकारों का विभाजन आधारित है अन्वय और व्यतिरेक पर। तात्पर्य यह कि असल बात है चमत्कार प्रस्फुटन की। अलंकार का मूल है चमत्कार। शब्दालंकार का चमत्कार अर्थालंकार से पूर्णतः भिन्न होता है। इसका चमत्कार होता है शब्दाश्रित अथवा ध्वन्याश्रित, पर उसका अर्थाश्रित। अर्थालंकारों से इसकी भिन्नता एक और बात में भी है—इसमें एक शब्द के बदले उसका पर्याय नहीं दिया जा सकता है। इसके प्रतिकूल अर्थालंकारों में पर्यायवाची शब्दों का उलट-फेर सम्भव है। शब्द परिवर्तन से शब्दालंकार का अस्तित्व ही नष्ट हो जाता है। इसे ही आचार्यों की गुरु-गंभीर शैली में कहा जायेगा कि **अर्थालंकार शब्द-परिवृत्ति-सहिष्णु होते हैं, पर शब्दालंकार नहीं। शब्दालंकार होते हैं वर्ण-निर्भर और अर्थनिरपेक्ष, पर अर्थालंकार होते हैं अर्थ-निर्भर और शब्द निरपेक्ष।** निष्कर्ष यह कि शब्दालंकार अर्थ युक्त होकर भी चमत्कार के लिये अर्थ का सहारा नहीं लेते हैं। शब्द अथवा शब्द की ध्वनि पर ही इनके चमत्कार निर्भर करते हैं। इसी से कुछ लोग इसे ध्वन्यर्थाश्रित मानते हुए **ध्वन्यार्थालंकार** भी कहना चाहते हैं।

शब्दालंकार प्राचीनों से ही स्वीकृत रहा है। आचार्य भरत का **'शब्दाभ्यासः'** शब्दालंकार ही है। भरत के समान भामह ने भी केवल यमक और अनुप्रास पर ही विचार किया है। उदभट ने इसमें पुनरुक्तवदाभास को भी स्वीकार किया है।

---

1. 'नाद-सौन्दर्य से कविता की आयु बढ़ती है।' रसमीमांसा, पृष्ठ 47।
2. The poem's meaning is evoked by the structure of words–as sounds rather than by the structure of words–as meanings.

–Poetry and Experience, Page 15

अर्थालंकारों को पृथक् करने का श्रेय है वामन का। शब्दालंकारों का पूर्ण विकास किया है रुद्रट ने। भोज के 'सरस्वती कंठाभरण' में इसकी संख्या चौबीस हो गयी है, किन्तु उनमें अधिकांश शब्द-परिवृत्ति-सहिष्णु हैं। अतः वे शब्दालंकार नहीं कहे जा सकते। आचार्य मम्मट ने शब्दालंकारों में वक्रोक्ति, अनुप्रास, यमक, श्लेष और पुनरुक्तवदाभास का विवेचन किया है। जयदेव ने स्फुटानुप्रास, अर्थानुप्रास और पुनरुक्तिप्रकाश नये शब्दालंकार माने हैं। प० विश्वनाथ ने 'भाषा-सम' और 'प्रहेलिका' नामक शब्दालंकारों का भी विवेचन किया है। हिंदी के मध्यकालीन काव्यशास्त्रियों ने मूलतः अप्पयदीक्षित को प्रमाण मानकर इसका विवेचन छोड़ ही दिया है। मतिराम, पद्माकर आदि द्वारा शब्दालंकारों की पूर्णतः उपेक्षा इसी का परिणाम माना जायेगा। आचार्य केशव ने केवल यमक और चित्र को ही स्वीकार किया है। शब्दालंकारों के विवेचन में कुलपति मिश्र की दृष्टि अपेक्षाकृत अधिक परिष्कृत है। इन्होंने कुल छह शब्दालंकारों का विवेचन किया है। देव ने 'सिंहावलोकन' को भी शब्दालंकार ही माना है। शब्दालंकार के विवेचन में हिंदी के आधुनिक काव्यशास्त्रियों की दृष्टि सर्वाधिक सुरुचि सम्पन्न रही है। प्रस्तुत पुस्तक में अनुप्रास, यमक, श्लेष, वक्रोक्ति, पुनरुक्ति, पुनरुक्तवदाभास और वीप्सा—इन सात शब्दालंकारों का विवेचन किया गया है। इनके प्रयोग आधुनिक हिंदी कविता में भी निरन्तर देखे जा सकते हैं।

अनुप्रास

वर्ण अथवा वर्ण-समूह की चमत्कारपूर्ण आवृत्ति से प्रस्फुटित ध्वनि-वैचित्र्य अनुप्रास है। अनुप्रास का लक्षण 'अनुप्रास' शब्द की व्याख्या में ही निहित है। इस शब्द के तीन खंड हैं—अनु + प्र + आस; अनु = वर्णनीय रसादि के अनुकूल, प्र = प्रकृष्ट, आस = वर्ण-विन्यास अर्थात **अनुप्रास का अर्थ है वर्णनीय रसभावादि के अनुसार उत्कृष्ट वर्णों का विन्यास।** इसे यों भी समझा जा सकता है—अनु = पश्चात्, बाद में, प्र = चमत्कार पूर्वक, आस = पास-पास प्रयोग अर्थात् **एक वर्ण अथवा वर्ण-समूह के पश्चात् उसी वर्ण अथवा वर्ण-समूह का चमत्कारपूर्ण एकाधिक बार पास-पास प्रयोग।**

यह एक शब्दालंकार है। यह प्राचीनों से ही स्वीकृत रहा है। रुद्रट के अनुसार अविवक्षिता स्वर-व्यंजनों का अनेकध आवर्तन (काव्यालंकार 2।18) ही अनुप्रास है। आ० मम्मट ने वर्ण (व्यंजन) साम्य को अनुप्रास कहकर लक्षण को सरल और सुकंठ तो बनाया है अवश्य[1], पर इसमें पूर्णता का अभाव है। सब प्रकार की पूर्णता और समग्रता के साथ लक्षण निरूपित किया है पं० विश्वनाथ ने। इन्होंने मम्मट के

1. वर्णसाम्यमनुप्रासः। —काव्यप्रकाश 9।79।

'वर्ण-साम्य' की जगह 'शब्द-साम्य' (वर्ण-समूह साम्य) को ही अनुप्रास की रूपरेखा कहा गया है, साथ ही 'वैषम्येऽपि स्वरस्य यत्' कह कर यह भी घोषणा की है कि इसमें मात्र व्यंजनों (वर्णों) के साम्य की ही अपेक्षा है[1]। तात्पर्य यह कि अनुप्रास में स्वर-साम्य का होना आवश्यक नहीं है। **स्वर-साम्य के अभाव में भी अनुप्रास होता है।** इनके 'शब्द-साम्य' का तात्पर्य व्यंजन वर्णों के साम्य से ही है। विवेचन से स्पष्ट है कि मम्मट की अपेक्षा पं॰ विश्वनाथ का लक्षण अधिक सटीक है।

हिंदी के मध्यकालीन आचार्यों में कुछ ने अनुप्रास को ग्रहण तो किया है, पर लक्षण कम ही लोगों ने दिये हैं। कुछ ने सीधे इसके भेदों का विवेचन भर कर दिया है। आ॰ भिखारीदास ने इसे गुणों की चर्चा के पश्चात् निरूपित किया है[2]। आधुनिक काव्यशास्त्रियों ने इसका विवेचन संस्कृत काव्यशास्त्र के आधार पर ही किया है। पूर्वोक्त लक्षण में मुझे वर्ण अथवा वर्ण-समूह की आवृत्ति स्वीकार है, चूंकि इसमें आवृत्ति कभी एक वर्ण की होती है और कभी अनेक वर्ण की। इसी से यह भी ध्वनित है कि अनुप्रास में स्वरों की गणना नहीं होती है। जैसे, 'कमल कोमल है' में क, म, ल (व्यंजन वर्ण) की आवृत्ति है; 'कोमल' के 'ओ' स्वर-ध्वनि की गणना यहाँ नहीं होगी। एक बात और। आवृत्ति को चमत्कारपूर्ण होना चाहिये। अलंकार का मूल है चमत्कार; जहाँ चमत्कार ही नहीं, वहाँ अलंकार कैसा? इसी से लक्षण में 'चमत्कारपूर्ण' शब्द दिया गया है। 'ध्वनि-वैचित्र्य' तो स्पष्ट है ही। अनुप्रास वस्तुतः ध्वनि-वैचित्र्य ही है। अनुप्रास वर्ण की आवृत्ति में भी होता है और वर्ण-समूह (शब्द या पद) की आवृत्ति में भी। इसी आधार पर इसके दो भेद होते हैं—वर्णानुप्रास और शब्दानुप्रास (पदानुप्रास)। पुनः प्रथम के दो (छेकानुप्रास और वृत्त्यनुप्रास) एवं द्वितीय के तीन (लाटानुप्रास, श्रुत्यनुप्रास और अन्त्यानुप्रास) भेद होते हैं। इसका विस्तार यों दिखाया जा सकता है—

अनुप्रास

- वर्णानुप्रास
  - 1 छेकानुप्रास
  - 2 वृत्त्यनुप्रास
- शब्दानुप्रास (पदानुप्रास)
  - 3 लाटानुप्रास
  - 4 श्रुत्यनुप्रास
  - 5 अन्त्यानुप्रास

काव्यशास्त्रियों ने अनुप्रास के भेद-प्रभेद का प्रपंच तो बहुत रचा है, पर उपर्युक्त

---

1. अनुप्रास : शब्दसाम्यं वैषम्येऽपि स्वरस्य यत्। – सा. दर्पण. 10।3।
2. गुन भूषन अनुमानिकै, अनुप्रास उर आनि।।
   वचन आदि कै अन्त जँह, अक्षर की आवृत्ति।
   अनुप्रास सो जानि द्वै, भेद छेक औ' वृत्ति।। – का. निर्णय 19। 34, 35।

पाँच भेद ही प्रमुख हैं। आधुनिक हिंदी कविता में इनके प्रयोग निरन्तर देखे जा सकते हैं।

छेकानुप्रास :

एक अथवा अनेक व्यंजनों की केवल एक बार क्रमानुसार आवृत्ति छेकानुप्रास है।

छेक का अर्थ है विदग्ध अथवा चतुर। अतः छेकानुप्रास का अर्थ है विदग्धजनों को प्रिय लगने वाला अनुप्रास।

यह अनुप्रास का प्रथम प्रकार है। यह उद्भट के समय से ही स्वीकृत रहा है। आ॰ मम्मट ने इसे एकाधिक व्यंजन का एक बार साम्य में स्वीकार किया है[1]। पं॰ विश्वनाथ ने इसे एकाधिक व्यंजनों की (स्वरूप और क्रम से) एक बार आवृत्ति में स्वीकार किया है[2]। इसमें अनेक व्यंजनों की एक बार आवृत्ति की बात रुय्यक से लेकर विश्वनाथ तक मान्य रही है, पर हिंदी काव्यशास्त्र से इसे किंचित् भिन्न रूप में ग्रहण किया है।

हिन्दी के आचार्यों में अधिकांश ने इसे संस्कृत की पद्धति पर ही निरूपित किया है। जसवन्त सिंह का लक्षण स्पष्टतः पं॰ विश्वनाथ के लक्षण के अनुसार है। विश्वनाथ के 'वैषम्येऽपि स्वरस्य यत्' के आधार पर ही इन्होंने बिना स्वर समता के छेकानुप्रास स्वीकार किया है[3]। भूषण का लक्षण अस्पष्ट है[4]। आ॰ भिखारीदास आदि ने इसके लक्षण निरूपण में संस्कृत से भिन्न मार्ग ग्रहण कर मौलिकता के साथ ऋजुता और हिंदी की सरल प्रकृति से काम लिया है। दास जी ने अनेक व्यंजनों की ही नहीं, एक व्यंजन की एक बार आवृत्ति में भी छेकानुप्रास स्वीकार किया है[5]। यहाँ यह बता देना आवश्यक है कि इस नवीन मार्ग-पोषण को कतिपय काव्यशास्त्री बन्द आँखों से उसका अनुसरण मानते हैं। सत्य तो यह है कि यहाँ अनुसरण है ही नहीं और यदि है भी तो बन्द आँखों से नहीं—पूर्णतः खुली आँखों से। भला प्रकृति के अनुरूप नवीन मार्ग का अवलम्बन और परम्परा का त्याग क्या अनुचित है? यदि नहीं, तो हिंदी काव्यशास्त्र ने इस नवीन मार्ग को ग्रहण कर पाप नहीं किया है। जरा देखिए न विचार कर, कितना स्पष्ट मार्ग है यह—**छेकानुप्रास में वर्णों की क्रमानुसार**

---

1. सोऽनेकमस्य सकृत्पूर्वः। —का. प्रकाश 9।79।
2. छेको व्यञ्जनससंघस्य सकृत्सामयमनेकघा। — सा. दर्पण 10।3।
3. आवृत्ति बरन अनेक की दोइ दोइ जब होय।
   है छेकानुप्रास सुर समता बिनहू सोय।। —भा. भूषण 196।
4. स्वर समेत अच्छर पदनि, आवत सहस प्रकास। —शि. भूषण 355।
5. बर्न अनेक की एक की, आवृत्ति एकहि बार।
   सो छेकानुप्रास है, आदि अन्त इक ढार।। —का. निर्णय 19।36।

आवृत्ति होगी मात्र एक बार, चाहे वर्ण एक हों या अनेक; पर वृत्त्यनुप्रास में वर्णों की क्रमानुसार आवृत्ति अनेक बार होगी, चाहे वर्ण एक हों या अनेक। दोनों में भिन्नता है आवृत्ति की, वर्णों की संख्या की नहीं। दास जी को मारिये गोली। वे शृंगारकालीन आचार्य हैं–घटिया किस्म का सौदा है उनका; जरा नवीनों को ही देख लीजिये–श्री चंद्रशेखर (अलंकार प्रवेशिका), श्री शांतिलाल बालेन्दु (हिंदी काव्यशास्त्र), अलंकार शास्त्र के मूर्द्धन्य आचार्य लाला भगवानदीन (अलंकार मंजूषा), आ॰ विश्वनाथ प्रसाद मिश्र (काव्यांग कौमुदी–तृतीय कला), श्री बलदेव उपाध्याय (संस्कृत आलोचना) आदि अनेक आचार्य भी केवल एक बार की आवृत्ति में ही छेकानुप्रास स्वीकार करते हैं।

एक बात और। कुछ काव्यशास्त्री इसके निरूपण में आवृत्ति को क्रमानुसार के साथ-साथ स्वरूपानुसार (स्वरूपतः) भी लिखते हैं–लिखने को कहते हैं। इस सम्बन्ध में मेरा एक विनम्र निवेदन है–क्रमानुसार तो ठीक है, पर स्वरूपानुसार से क्या तात्पर्य? दो बातें हो सकती हैं–(क) क, ख आदि जिन वर्णों की आवृत्ति हो रही है उनका स्वरूप अथवा (ख), क, ख आदि का जिस स्वर के साथ संयोग के साथ पहले प्रयोग हुआ है, उसी रूप में पुनः प्रयोग करना। प्रथम के सम्बन्ध में यह कहा जा सकता है कि 'स्वरूपानुसार' से जिस अभिप्राय की ओर संकेत है, उसका काम 'क्रमानुसार आवृत्ति' से ही चल जाता है। जैसे–'सर' की आवृत्ति के लिये 'सर' का ही होना आवश्यक है, 'रस' का नहीं। क्या यहाँ मात्र 'क्रमानुसार आवृत्ति कहने से ही 'स्वरूपानुसार' का बोध नहीं होता है? पुनः यदि अनुप्रास में स्वरों की गणना ही नहीं होती (वैषम्येऽपि स्वरस्य यत्), तो 'स्वरूपानुसार' या 'स्वरूपतः' का लिखा जाना निरर्थक ही है। ये शब्द संस्कृत के लिये भले ही ठीक हों, हिंदी में इनका प्रयोग व्यर्थ है। इसी से मैंने पूर्वोक्त लक्षण में 'स्वरूपानुसार' का उल्लेख नहीं किया है, यों उसे मानने वाले लिख सकते हैं, मुझे कोई आपत्ति नहीं।

इस अलंकार में दो बातों पर ध्यान देना आवश्यक है–(क) एक अथवा अनेक व्यंजनों की केवल एक बार आवृत्ति और (ख) आवृत्ति का क्रमानुसार होना।

एक व्यंजन की एक बार आवृत्ति–

गुरु गोविन्द दोनों खड़े काके लागूँ पाँय। – कबीर

यहाँ 'ग' और 'क' की अलग-अलग क्रमशः 'गुरु गोविन्द' और 'का के' में क्रमानुसार आवृत्ति है।

क्या दूँ देव! तुम्हारी इस विपुल विभुता को मैं उपहार? – अज्ञेय

यहाँ 'व' की एक बार क्रमानुसार आवृत्ति (विपुल विभुता) हुई है।

पी के फूटे आज प्यार के पानी बरसा री।

हरियाली छा गयी, हमारे सावन सरसा री।। —भवानीप्रसाद मिश्र

यहाँ उत्तरार्द्ध में 'ह' और 'स' की अलग-अलग क्रमशः 'हरियाली हमारे' और 'सावन सरसा' में केवल एक बार क्रमानुसार आवृत्ति हुई है।

अनेक व्यंजनों की एक बार आवृत्ति–

इस ग्रह कक्षा की हलचल री
तरल गरल की लघु लहरी।। – प्रसाद

यहाँ 'रल' की 'तरल गरल' में क्रमानुसार एक बार आवृत्ति हुई है।

विस्मृति का नील नलिन रस बरसो अपांग के घन से। –प्रसाद

यहाँ 'नल' की 'नील नलिन' में और 'रस' बरसो' में क्रमानुसार एक बार आवृत्ति हुई है।

नव नव कुसुमों से चुन-चुन कर
धूलि सुरभि मधुरस हिमकण।
मेरे उर की मृदु कलिका में
भर दे कर दे विकसित मन। –पंत

यहाँ 'नव', 'चुन', 'भर' आदि अनेक वर्णों की केवल एक बार क्रमानुसार आवृत्ति है।

वृत्त्यनुप्रास

वृत्ति के अनुसार एक अथवा अनेक व्यंजनों (वर्णों) की क्रमानुसार अनेक बार आवृत्ति वृत्त्यनुप्रास है। जैसा कि नाम से स्पष्ट है, वृत्त्यनुप्रास का नामकरण वृत्ति के अनुसार होने वाले चमत्कारिक वर्ण-विन्यास के आधार पर हुआ है। वृत्ति का अर्थ है विभिन्न रसादि के अनुकूल वर्ण-विन्यास। इसमें वर्णों की चमत्कारपूर्ण योजना को वृत्ति के अनुकूल होना अनिवार्य है।

वाणी के तीन गुणों—कोमल, मृदु और कठोर के आधार पर ही वृत्तियाँ भी तीन प्रकार की मानी गयी हैं—कोमला, मधुरा और परुषा। मधुरा वृत्ति ही उपनागरिका भी कही गयी है। उपनागरिका, मधुरा और परुषा की चर्चा आ मम्मट ने की है। वामन ने इन्हें ही वैदर्भी, गौड़ी और पांचाली के नाम से लिखा है। आ॰ मम्मट ने एक अथवा अनेक व्यंजनों की एकाधिक बार आवृत्ति में इस अलंकार को तो स्वीकार किया ही है[1], वृत्तियों पर भी विचार किया है। जयदेव और पं॰ विश्वनाथ ने वृत्तियों की चर्चा छोड़ दी है, केवल एक अथवा अनेक व्यंजनों की आवृत्ति भर मानी है[2]। कारिका में

1. एकस्याप्यसकृत्परः।—का. प्रकाश 9।79
2. अनेकस्यैकधा साम्यमसकृद्वाप्यनेकधा।
एकस्य सकृदप्येष वृत्यनुप्रास उच्यते।।—सा. दर्पण 10।4

पं॰ विश्वनाथ ने स्पष्ट किया है कि 'एकधा' साम्य का तात्पर्य केवल स्वरूपतः साम्य से है, क्रमशः साम्य से नहीं; पर अनेकधासम्य का तात्पर्य स्वरूप और क्रम दोनों प्रकार के साम्य से है[1]। हिंदी के अनेक काव्यशास्त्रियों ने इसे पं॰ विश्वनाथ के आधार पर ही निरूपित किया है, जिससे वे छेकानुप्रास को वृत्त्यनुप्रास में ही अन्तर्भुक्त करने की दलील देते हैं। वस्तुतः यह संस्कृत-परम्परा के अन्धानुकरण का परिणाम है। इसके प्रतिकूल जिन्होंने हिंदी का मौलिक मार्ग ग्रहण किया है उनके समक्ष यह समस्या नहीं है।

शृंगारकालीन आचार्यों में सर्वप्रथम जसवन्त सिंह ने इसे मम्मट के आधार पर निरूपित किया है। वृत्तियों की चर्चा ही इसका प्रमाण है। (भा. भूषण—201, 202)। इस पर कुलपति मिश्र, भिखारी दास ने भी विचार किया है। भिखारीदास ने इसे वृत्ति के अनुकूल ही स्वीकार किया है।[2] आधुनिक काव्य-शास्त्रियों में कुछ ने वृत्तियों की चर्चा छोड़ भी दी है। इस अलंकार में निम्नांकित बातों पर ध्यान देना आवश्यक है—

(क) इसमें आवृत्ति वृत्ति के अनुकूल होती है। (ख) इसमें एक वर्ण की अनेक बार आवृत्ति होती है। (ग) इसमें अनेक वर्ण की अनेक बार आवृत्ति होती है। (घ) इसमें आवृत्ति क्रमानुसार होती है।

उपनागरिका वृत्ति : माधुर्य, गुणयुक्त, वर्ण-विन्यास ही उपनागरिका वृत्ति है। इसमें ट वर्गहीन, माधुर्यगुण-व्यंजक, सानुनासिक और अनुस्वार युक्त वर्ण-विन्यास होता है। इसमें प्रयुक्त सामासिक पद सरल होते हैं। इसका प्रयोग मूलतः शृंगार, हास्य और करुण रस में होता है।

एक व्यंजन की अनेक बार आवृत्ति—

सुधा सुरा सम साधु असाधू। —तुलसी : मानस

यहाँ 'स' की क्रमानुसार अनेक बार आवृत्ति हुई है।

चपल चोखी चोट कर अब पंख की। —पंत : ग्रंथि

यहाँ 'च' की क्रमानुसार अनेक बार आवृत्ति हुई है।

विजन-वन-वल्लरी पर

सोती थी सुहाग भरी—स्नेह-स्वप्न-मन।—निराला : जूही की कली

यहाँ प्रथम चरण में 'व' की और द्वितीय चरण में 'स' की क्रमानुसार अनेक बार आवृत्ति हुई है।

---

1. एकधा स्वरूपत एव, न तु क्रमतोऽपि। अनेकधा स्वरूपतः क्रमतश्च।
—वही (वृत्ति)।

2. कहुँ सरि बर्न अनेक की, परै अनेकनि बार।
एकाहिं की आवृत्ति कहूँ, वृत्यौ दोइ प्रकार।। —का. निर्णय 19135।

मसली सुहागिन सेज पर के सुमन वे। —गि॰ कु॰ माथुर : नाश निर्माण

अनेक व्यंजनों की अनेक बार आवृत्ति–

आम को कहत आमली है आमली को आम,
आक ही अनारन को आँकिबो करति है।—पद्माकर : जगद्विनोद

यहाँ 'आम' (अनेक व्यंजनों) की अनेक बार क्रमानुसार आवृत्ति हुई है।

मधुर बाला का मधुर मधु मुग्ध राग। —पंत : ग्रंथि

यहाँ 'म ध' की क्रमानुसार अनेक बार आवृत्ति हुई है।

तरणि के साथ तरल तरंग में
तरणि डूबी थी हमारी ताल में। —पंत : ग्रंथि

यहाँ 'तर' की क्रमानुसार अनेक बार आवृत्ति हुई है।

परुषा वृत्ति : ओज गुण-व्यंजक वर्ण-विन्यास ही परुषा वृत्ति है। इसमें व्यंजन द्वित्व, संयुक्त वर्ण, टवर्ग युक्त वर्ण-विन्यास होता है। इसका प्रयोग वीर, रौद्र और भयानक रस में होता है।

एक व्यंजन की अनेक बार आवृत्ति–

विपुल वासना विकच विश्व का मानस शतदल
छान रहे तुम, कुटिल काल कृमि-से घुस पल पल;
तुम्हीं स्वेद सिंचित संसृति के स्वर्ण शस्य दल। —पंत : परिवर्तन

यहाँ प्रथम पंक्ति में 'व' की, द्वितीय पंक्ति में 'क' की और तृतीय पंक्तिक में 'स' की क्रमानुसार अनेक बार आवृत्ति हुई है।

अनेक व्यंजनों की अनेक बार आवृत्ति–

क्रुद्ध फिरत अति जुद्धहिं जुरत नहिं रुद्ध मुरत भट।
खग्ग भजत अति बग्ग तजत सिर पग्ग सजत चट।।

—भूषण : शि. भूषण

यहाँ 'द्ध' एवं 'रत' की प्रथम चरण में और 'ग्ग' एवं 'जत' की द्वितीय चरण में क्रमानुसार अनेक बार आवृत्ति हुई है।

ततु विक्रम कथ्य अकथ्य जस मथ्थ समथ्थ दसरथ्थ सुअ।

—भिखारीदास : का. निर्णय

यहाँ 'थ्थ' की क्रमानुसार अनेक बार आवृत्ति हुई है।

कोमल वृत्ति : प्रसाद गुण-व्यंजक वर्ण-विन्यास ही कोमला वृत्ति है। इसमें माधुर्य और ओज गुण से भिन्न वर्ण-विन्यास होता है। ट वर्ग हीन वर्ण-विन्यास यहाँ भी अपेक्षित है। इसमें प्रायः 'य र ल व' आदि की आवृत्ति होती है। इसका प्रयोग मूलतः शृंगार, शांत आदि रसों में होता है।

एक व्यंजन की अनेक बार आवृत्ति–

सिखा दो ना हे मधुप कुमार
मुझे भी अपना मीठा गान।
कुसुम के चुने कटोरों से
करा दो ना कुछ कुछ मधु पान।। —पंत : पल्लव

यहाँ पूर्वार्द्ध में 'म' की और उत्तरार्द्ध में 'क' की क्रमानुसार अनेक बार आवृत्ति हुई है।

दो टूक कलेजे को करता—पछताता पथ पर आता। —निराला : भिक्षुक

यहाँ 'प' की क्रमानुसार अनेक बार आवृत्ति हुई है।

अनेक व्यंजनों की अनेक बार आवृत्ति—

आली कहा कहिये कवि 'तोष'
कहूँ प्रिय प्रीति नई प्रतिपाली। —तोष : सुधानिधि

यहाँ 'कह' की क्रमानुसार अनेक बार आवृत्ति हुई है।

खग-कुल कुल कुल सा बोल रहा
किसलय का अंचल डोल रहा। —प्रसाद : लहर

यहाँ 'क ल' की क्रमानुसार अनेक बार आवृत्ति हुई है।

लाटानुप्रास

जहाँ एकार्थवाची शब्द या पद की आवृत्ति हो, पर अन्वय करने पर तात्पर्य या अभिप्राय भेद से अर्थ भेद हो जाये, वहाँ लाटानुप्रास होता है। लाटानुप्रास का 'लाट' शब्द गुजरात का प्राचीन नाम है। हो सकता है, इस अनुप्रास का प्रारंभ वहीं के किसी काव्यशास्त्री ने किया हो अथवा वहाँ के लोगों को यह अनुप्रास अधिक प्रिय रहा होगा, इसी से इसका ऐसा नामकरण हुआ है[1]। इसमें आवृत्ति होती है शब्द और अर्थ की (वर्ण की नहीं), पर अभिप्राय भेद से अर्थ में भिन्नता होती है। जैसे—'मूर्ख आखिर तो मूर्ख ही ठहरा'—यहाँ 'मूर्ख' की आवृत्ति है, पर इनमें अभिप्राय भिन्नता स्पष्ट है।

यह अनुप्रास का एक प्रकार है। यह प्राचीनों से ही स्वीकृत रहा है। भामह ने इसे एक प्रकार का अनुप्रास ही कहा है, पर उद्‌भट ने इसे एक स्वतंत्र अलंकार माना है। आगे चलकर मम्मट ने भिन्न अभिप्राय वाले एकार्थक शब्दों के सादृश्य में इसे स्वीकार किया है[2]। पं. विश्वनाथ की मान्यता भी ऐसी ही है[3]। हिंदी के आचार्गों में

1. प्रायेण लाटजनप्रियत्वाल्लाटानुप्रासः। —सा. दर्पण 10।7 वृत्ति
2. शब्दस्तु लाटानुप्रासो भेदे तात्पर्यमात्रतः। —का. प्रकाश 9।81
3. शब्दार्थयोः पौनरुक्त्यं भेदे तात्पर्यमात्रतः। —सा. दर्पण. 10।7

जसवन्त सिंह ने इसे मम्मट और विश्वनाथ के आधार पर स्वीकार किया है[1]। स्पष्टता की दृष्टि से आ. दास का लक्षण उत्तम है[2]। भूषण आदि के लक्षण गड़बड़ हैं। आचार्यों ने इसे दो प्रकार का स्वीकार किया है–पदगत (शब्दगत) और वाक्यगत।

पदगत (शब्दगत)

मन मृगया कर मृगदृगी, मृगमद-बेंदी भाल।
मृग पति-लंक मृगांक मुखि, अंक लिये मृग बाल।।

–दास : का. निर्णय

यहाँ 'मृग' शब्द की आवृत्ति है, पर अभिप्राय भेद से इनका अर्थभेद स्पष्ट है।

पंकज तो पंकज, मृगांक भी है मृगांक री प्यारी।
मिली न तेरे मुख की समता, देखी बसुधा सारी। –अं. मुक्तावली

यहाँ 'पंकज' और 'मृगांक' शब्द की आवृत्ति है, जिनमें अभिप्राय भेद है। प्रथम 'पंकज' का अर्थ है सामान्य कमल, पर द्वितीय 'पंकज' का अर्थ है नीच कुलोत्पन्न (कीचड़ में उत्पन्न होने वाला) कमल। इसी प्रकार प्रथम 'मृगांक' का अर्थ सामान्य रूप से चन्द्रमा है, पर द्वितीय 'मृगांक' का अर्थ है कलंकी चन्द्रमा। अस्तु, अभिप्राय भेद होने से यहाँ भी शब्दगत लाटानुप्रास है।

वाक्यगत–

पीय निकट जाके नहीं, घाम चाँदनी ताहि।
पीय निकट जाके सखी, घाम चाँदनी ताहि।। –ज. सिंह : भा. भूषण

–जिस नायिका के निकट प्रियतम नहीं है, उसके लिये चांदनी भी धूप है; पर हे सखी, जिसके निकट प्रियतम है, उसके लिये धूप भी चाँदनी है। यहाँ 'पीय निकट जाके' और 'घाम चाँदनि ताहि' में वाक्यगत आवृत्ति है, पर अभिप्राय भेद है। अतः लाटानुप्रास है।

औरन के जांचे कहा, नहिं जाँच्यो सिवराज।
औरन के जाँचे कहा, जो जाँच्यो सिवराज। –भूषण : शि. भूषण

–दूसरों की याचना करने से क्या, यदि शिवाजी से याचना न की और शिवाजी से याचना की, उसे फिर दूसरों की याचना करने की आवश्यकता क्या? यहाँ 'औरन के जाँचे कहा' और 'जाँच्यो सिवराज' की आवृत्ति है, पर अन्वय करने के पश्चात् तात्पर्य भेद दिखता है। अतः यहाँ भी वाक्यगत लाटानुप्रास है।

---

1. सो लाटानुप्रास जब पद की आवृत्ति होइ
शब्द अर्थ के भेद सों भेद बिना हू सोइ।। –भा. भूषण 198।
2. एक शब्द बहु वारगी सो लाटानुप्रास।
तात्पर्ज तें होतु है, और अर्थ-प्रकास।। –का. निर्णय 19।48।

श्रुत्यनुप्रास

एक ही उच्चारण-स्थान (कंठ, तालु आदि) से उच्चारित होने वाले अनेक श्रुति-सम वर्णों की आवृत्ति श्रुत्यनुप्रास है। श्रुति का अर्थ है सुनना अर्थात् जो कर्णप्रिय हो—जिस वर्ण-विन्यास के श्रवण से जी न उबे। इसमें आवृत्ति तो होती है अनेक बार ही, पर एक वर्ण की नहीं; किसी एक ही उच्चारण-स्थान से उच्चारित होने वाले अनेक वर्णों की आवृत्ति ही इसका अभिप्रेत है।

यह अनुप्रास का एक प्रकार है। अन्यों की अपेक्षा इसकी कल्पना बाद में हुई है। भोजराज ने इसे सर्वाधिक महत्त्व दिया है। उन्होंने इसे अनुप्रासों का नायक तो माना ही है, कवि की मनःसमाधि का परिणाम और 'वैदर्भी' का निष्पादक भी स्वीकार किया है[1]। मम्मट ने इसे नहीं माना है, किन्तु पं. विश्वनाथ ने तालु, दाँत आदि स्थानों में से किसी एक स्थान में उच्चरित व्यंजनों के सादृश्य में इसे स्वीकार किया है।[2] हिंदी के शृंगारकालीन आचार्यों द्वारा प्रायः यह अस्वीकृत ही रहा है। उन्नीसवीं सदी में गिरिधरदास, लेखराज आदि एवं आधुनिक काव्यशास्त्रियों में भानुकवि, दीनजी, रामदहिन मिश्र आदि ने स्वीकार किया है। पोद्दार जी इसे एवं अन्त्यानुप्रास को वृत्त्यनुप्रास में ही अन्तर्भुक्त करते हैं। वस्तुतः इसे अनुप्रास भेद स्वीकारना ही अधिक संगत है।

चूँकि यह अनुप्रास-प्रकार उच्चारण-स्थान से उच्चरित वर्णों की आवृत्ति पर निर्भर है, अतः उच्चारण-स्थान का ज्ञान आवश्यक है। हिंदी ध्वनियों के उच्चारण-स्थान सामान्यतः इस प्रकार स्वीकृत हैं—

1. कंठ—अ, आ, क, ख, ग, घ, ङ, ह, ः।
2. तालु—इ, ई, च, छ, ज, झ, ञ, य, श।
3. मूर्द्धा—ऋ, ट, ठ, ड, ढ, ण, र, ष।
4. दाँत—लृ, त, थ, द, ध, न, ल, स।
5. ओष्ठ—उ, ऊ, प, फ, ब, भ, म।
6. कंठ-तालु—ए, ऐ।
7. कंठ-ओष्ठ—ओ, औ।
8. दंत-ओष्ठ—व।

उपर्युक्त उच्चारण-स्थानों में से किसी एक उच्चारण-स्थान से उच्चरित होने वाले वर्णों की आवृत्ति में यह अनुप्रास होगा।

---

1. प्रयोग श्रुत्युनुप्रासस्तेष्वनुप्रासनायकः। सनाथैव हि वैदर्भी भाति तेन निचित्रता।।
निवेशयति वाग्देवी प्रतिभानवतः कवेः। पुण्यैरमुमनुप्रासः ससमाधिनि चेतसि।
—सरस्वती कंठाभरण 2।72, 73।

2. उच्चार्यत्वाद्यदेकत्र स्थाने तालुरदादिके। सादृश्यं व्यञ्जनस्यैव श्रुत्यनुप्रास उच्यते।।
—सा. दर्पण 10।5

तुलसीदास सीदत निसिदिन देखत तुम्हारी निठुराई। —तुलसी

यहाँ 'त, स द, द, न' की आवृत्ति हुई है। इनके उच्चारण स्थान एक (दाँत) हैं। अतः यहाँ श्रुत्यनुप्रास है। इसी प्रकार पद्माकर की इन पंक्तियों में श्रुत्यनुप्रास देखा जा सकता है–

आरस सों आरत, संभारत, न सीस पट
गजब गुजारत है गरीबन की धार पर।
कहै पद्माकर सुगंध सरसावै सुचि
बिथुरी बिराजैं बार हीरन के हार पर।। —जग द्विनोद

वस्तुतः हिंदी में पद्माकर, रत्नाकर आदि की कविता श्रुत्यनुप्रास तो क्या, अनुप्रास के किसी भी प्रकार के लिये बेजोड़ है। पद्माकर तो पूर्णतः अनुप्रासप्रेमी जीव हैं।

अन्त्यानुप्रास

तुक-निर्वाह के निमित्त छन्द के चरणान्त और पदान्त में स्वर-व्यंजन की आवृत्ति (समता) अन्त्यानुप्रास है। अन्त्यानुप्रास का अर्थ है अन्त में अनुप्रास अर्थात् छन्दस्थ चरण के अन्त अथवा पद के अन्त में स्वर-व्यंजन की समता। अनुप्रास के अन्य प्रकारों में इसका एक स्पष्ट अन्तर यह है कि जहाँ अन्यों में मात्र व्यंजन-ध्वनियों की मर्यादा होती है, वहाँ इसमें स्वर-ध्वनियों की भी। स्वरों को हटा देने पर केवल व्यंजन की समता में यह अनुप्रास नहीं होता है।

हिंदी कविता में इस अनुप्रास की मर्यादा कम है। इसका एक मात्र कारण है मात्रिक छन्दों की बहुलता। हिंदी के अधिकांश छन्द प्रायः तुकांत होते हैं, इसी से आचार्यगण इस अलंकार में उतना चमत्कार नहीं मानते हैं, किन्तु यह बात 'मुक्त छंद' में लिखी जाने वाली कविता पर लागू नहीं होती है। नई कविता में मुक्त छंद की बहुलता के कारण इसका महत्त्व स्वतः स्वीकृत है। संस्कृत में प्रायः पं. विश्वनाथ का लक्षण ही मान्य है[1]। हिंदी के शृंगारकालीन आचार्य प्रायः इसकी उपेक्षा कर गये हैं। हाँ, दास जी ने तुक निर्णय के लिये अलग से एक स्वतंत्र अध्याय ही लिख मारा है। (का. निर्णय-22)। आधुनिक काव्यशास्त्रियों ने इसे प्रतिष्ठित अवश्य किया है। मुक्त छन्द की लोकग्राह्यता एवं विकासशीलता को देखते हुए इसे स्वीकार करना ही अधिक संगत है। अंग्रेजी में यही 'राइम' (Rhyme) कहा जाता है[2]। आ. रामदहिन

---

1. व्यंञ्जन चेद्यथावस्थं सहाद्येन स्वरेण तु।
   आवर्त्यतेऽन्त्ययोज्यत्वादन्त्यानुप्रास एव तत्। – सा. दर्पण 10 I6
2. Likeness between the vowel sounds in the last metrically stressed syllables of two or more lines or sections of lines, and between all sounds, Consonant or vowel, that succeed. —स्मिथ : (अलंकार मीमांसा से उद्धृत)

मिश्र ने इसके समान्त्य, विषमान्त्य आदि अनेक रूप माने हैं। विचारने से स्पष्ट है कि प्रायः सवैया में सर्वान्त्य, दोहा में समान्त्य, सोरठा में विषमान्त्य आदि के रूप में अन्त्यानुप्रास मिलता है।

हर्षित महतारी, मुनिमन हारी, अद्भुत रूप निहारी।
लोचन अभिरामा, तनु घनश्यामा, निज आयुध भुज चारी।।

—तुलसी : मानस

यहाँ 'री' का समस्त रूप से स्वर-व्यंजनयुक्त तुक है। इसके अतिरिक्त द्वितीय पंक्ति में 'मा' की आवृत्ति में भी अन्त्यानुप्रास ही है।

हिलते द्रुमदल कल किसलय, देती गलबाही डाली।
फूलों का चुंबन, छिड़ती मधुपों की तान निराली।। —पंत

यहाँ 'ा ली' (आली) की स्वर-व्यंजनयुक्त आवृत्ति में अन्त्यानुप्रास है।

वह आता—
दो टूक कलेजे के करता—पछताता पथ पर आता। —निराला

उपर्युक्त अंश मुक्त छन्द की रचना का है, पर इसमें भी 'आता', 'करता', 'पछताता' और 'आता' में 'ा ता' (आता) की स्वर-व्यंजनयुक्त आवृत्ति है। अतः यहाँ भी अन्त्यानुप्रास ही है।

2. यमक

केवल भिन्नार्थक शब्दों की क्रमशः आवृत्ति (पुनः श्रवण) में यमक अलंकार होता है। यमक का अर्थ है दो, युग्म, जोड़ा आदि। तात्पर्य यह है कि इसमें एक ही आकार के स्वर-व्यंजन समुदाय (शब्द आदि) का दो बार उच्चरित होना आवश्यक है, यों ये दो से अधिक बार भी उच्चरित हो सकते हैं। इसमें आवृत्ति होती है शब्द आदि की। शब्द निरर्थक और सार्थक दोनों प्रकार के होते हैं। पुनः सार्थक शब्द भी दो प्रकार के होते हैं—समानार्थक और भिन्नार्थक। यदि शब्द निरर्थक रहें तो कोई बात नहीं, यदि एक निरर्थक और दूसरा सार्थक रहे तो भी किसी प्रकार की गड़बड़ी संभव नहीं, गड़बड़ी तो मात्र संभव है सार्थक शब्दों की आवृत्ति में। अस्तु, लाटानुप्रास और यमक में अन्तर को ध्यान रखना आवश्यक है। **समानार्थक शब्दों की आवृत्ति में होता है लाटानुप्रास और भिन्नार्थक शब्दों की आवृत्ति में यमक।**

यह शब्दालंकार है। यह प्राचीनों से ही स्वीकृत रहा है। आद्याचार्य भरत ने इसे ही 'शब्दाभ्यास' कहा है। भामह ने सुनने में समान लगने वाले, पर अर्थ में भिन्न होने वाले वर्णों की पुनरुक्ति को यमक कहा है[1]। दण्डी, वामन आदि ने भी ऐसा ही स्वीकार किया है[2]। इसे ही आ. मम्मट और पं. विश्वनाथ ने सार्थक होने पर भी

1. तुल्यश्रुतीनां भिन्नानामभिधेयैः परस्परम्।
   वर्णानां यः पुनर्वादो यमकं तन्निगद्यते।। —काव्यालंकार 2।17
2. पदमनेकार्थमक्षरं वाऽवृत्तं स्थाननियमे यमकम्। —का. सू. वृत्ति 4।1।1।

भिन्नार्थक वर्ण-समूह की आवृत्ति में स्वीकार किया है[1]। जयदेव ने इसी लक्षण को 'किसी भी दो-तीन अक्षरों के समूह की आवृत्ति' कहकर संक्षिप्तता और सरलता दी है[2]। आ. मम्मट और पं. विश्वनाथ ने अपने लक्षणों में 'अर्थे सति' (सार्थक होने पर भी) लिखकर यह स्पष्ट कर दिया है कि यमक केवल सार्थक (भिन्नार्थक) शब्दों की आवृत्ति में ही नहीं, वरन् निरर्थक और निरर्थक-सार्थक शब्दों की आवृत्ति में भी होता है। एक बात और–आ. मम्मट ने पूर्ववर्ती आचार्यों द्वारा प्रतिपादित यमक के भेद-प्रभेदों को ग्रहण करके भी नामकरण में अरुचि दिखाकर यह स्पष्ट संकेतित किया है कि काव्य के लिये ये महत्त्वहीन एवं सहृदय के लिये अग्राह्य हैं।

हिंदी काव्यशास्त्र में भी यमक प्रायः सर्वस्वीकृत रहा है। कुछ लोगों ने तो यमक पर पूरा प्रभाव ही लिख मारा है। जसवन्त सिंह ने मम्मट का अनुसरण किया है[3]। आ. केशव ने संभवतः 'अग्निपुराण' के आधार पर ही 'अव्यपेत' और 'सव्यपेत' (व्यपेत) यमक स्वीकार किया है। दास जी में भेदों का प्रपंच विस्तृत है। प्रायः चिन्तामणि, भूषण, दूलह, दास आदि के लक्षण समान ही हैं। दास का लक्षण देखा जा सकता है[4]। आधुनिक काव्यशास्त्रियों के लक्षण भी मूलतः मम्मट और विश्वनाथ पर ही आधारित हैं, इसी से लोगों ने 'निरर्थक शब्दावृत्ति', 'निरर्थक-सार्थक शब्दावृत्ति' और 'सार्थक (भिन्नार्थक) शब्दावृत्ति' में यमक स्वीकार किये हैं[5]। यह सच है कि हिंदी की अद्यतन कविता में भी इन सभी रूपों के भूले-भटके उदाहरण मिल जाते हैं, पर क्या यह सच नहीं है कि इस भेदप्रियता में सश्रम विलास-क्रीड़ा की चामत्कारिक चकाचौंध और खींचतान वाली प्रवृत्ति ही निहित है? अस्तु, मात्र भिन्नार्थक शब्दावृत्ति तक ही यमक को सीमित मानना भाव-भावित और बुद्धिबोधित है।

---

1. (क) अर्थे सत्यर्थभिन्नानां वर्णानां सा पुनः श्रुतिः। – का. प्रकाश 9।83।
   (ख) सत्यर्थे पृथगर्थायाः स्वरव्यञ्जनसंहते।
   क्रमेण तेनैवावृत्तिर्यमकं विनिगद्यते।। – सा. दर्पण 10।8
2. आवृत्तवर्णस्तबकं स्तबकन्दांकुरं कवेः। –चंद्रालोक 5।8।
3. जमक शब्द को फिरि स्रवन, अर्थ जुदै सों जानि। – भा. भूषण 200।
4. वहै शब्द फिरि-फिरि परै, अर्थ औरई और।
   सो जमकानुप्रास है, भेद अनेकनि ठौर।। –का. निर्णय 19।34।
5. (क) निरर्थक वर्णों की अथवा भिन्न-भिन्न अर्थवाले सार्थक वर्णों की क्रमशः आवृत्ति या उनके पुनः श्रवण को यमक कहते हैं। –पोद्दार : आ॰ मंजरी।
   (ख) सार्थक होने पर भी भिन्न अर्थवाले स्वरव्यंजन समुदाय की क्रमशः आवृत्ति को यमक कहते हैं।–शर्माजी : अ. मुक्तावली।

कनक कनक तें सौगुनी मादकता अधिकाय। —बिहारी : सतसई

यहाँ 'कनक' की आवृत्ति है। 'कनक' शब्द भिन्नार्थक (सोना और धतूरा) है। अतः यहाँ यमक है।

विश्वम्भर सौरभ से भर जाय। —प्रसाद : कामायनी

यहाँ 'भर' शब्द की आवृत्ति है। 'भर' शब्द भिन्नार्थक (पूर्ण तथा भरना) है। अतः यहाँ यमक है।

पास ही रे हीरे की खान। —निराला

यहाँ 'हीरे' शब्द भिन्नार्थक है, जिसकी आवृत्ति हुई है। अतः यमक है।

तरणि के साथ ही तरल तरंग में,
तरणि डूबी थी हमारी ताल में। —पंत : ग्रंथि

यहाँ आवृत्ति है 'तरणि' की। 'तरणि' शब्द भिन्नार्थक (सूर्य और नाव) है। अतः यमक है।

बोल रसाल रसाल राजाते,
मधु बरसा मधुमास जगाते। —नरेन्द्र : प्रभात फेरी

यहाँ पूर्वार्द्ध में 'रसाल' शब्द भिन्नार्थक (रसवाला और आम) है जिसकी आवृत्ति हुई है। उसी प्रकार उत्तरार्द्ध में 'मधु' शब्द (मिठाई या शहद और चैत मास या वसन्त) में भी यमक है।

किसी सोच में हो विभोर सासें कुछ ठंडी खींचीं।
फिर झट गुल कर दिया दिया तो दोनों आँखें मींचीं।—भक्त : नूरजहाँ

यहाँ 'दिया' (देना का क्रिया रूप और दीपक) की आवृत्ति में यमक है। ऊपर जितने भी उदाहरण दिये गये हैं, सबों में आवृत्ति केवल शब्द तक ही सीमित है; पर ऐसे भी उदाहरण मिलते हैं जिनमें एकाधिक शब्दों की आवृत्ति मिलती है। प्राचीनों ने उन्हें **पादावृत्ति यमक, भागावृत्ति यमक, मुक्तिपद ग्राह्य (सिंहावलोकन) यमक** आदि भेदों में बाँटा है। वस्तुतः यह भेद-विस्तार प्रपंच मात्र हैं। उन्हें सीधे रूप में यों समझा जा सकता है कि एकाधिक शब्दों (भिन्नार्थक) की आवृत्ति वाले यमक भी मिलते हैं जैसे—

ऊँचे घोर मन्दर के अन्दर रहनवारी,
ऊँचे घोर मन्दर के अन्दर रहाती हैं। —भूषण : शि. भूषण

यहाँ एकाधिक शब्दों 'ऊँचे घोर मन्दर के अन्दर' की ही आवृत्ति है। भूषण का यह सम्पूर्ण छन्द पादावृत्ति यमक का ही उदाहरण है। मध्यकालीन हिंदी कविता में ऐसे अनेक चमत्कारपूर्ण छन्द सश्रम लिखे गये हैं।

3. श्लेष

शिलष्ट शब्दों से अनेक अर्थों की प्रतीति ही श्लेष अलंकार है। 'श्लेष' शब्द 'शिलष' धातु से निष्पन्न है, जिसका अर्थ है चिपकना, सटना, मिलना, संयोग इत्यादि। अस्तु, 'श्लेष' का अर्थ हुआ ऐसे शब्द का प्रयोग जिसमें एक से अधिक अर्थ चिपके हों। सार्थक शब्द दो प्रकार के होते हैं–एकार्थक (अशिलष्ट) और अनेकार्थक (शिलष्ट)। कहना चाहिये कि **अनेकार्थक शब्द का प्रयोग ही श्लेष अलंकार है।**

श्लेष शब्दालंकार है या अर्थालंकार? इस प्रश्न को लेकर काव्यशास्त्रियों ने काफी विचार-विमर्श के पश्चात् यह निश्चय किया है कि इसके दोनों ही प्रकार संभव हैं। तात्पर्य यह कि **श्लेष दो प्रकार का होता है–शब्द श्लेष** और **अर्थश्लेष।** 'श्लेष' को शब्द और अर्थ–दो अलग-अलग स्वतंत्र अलंकार के रूप में स्वीकार किया है सर्वप्रथम रुद्रट ने[1]। दोनों में अन्तर स्पष्ट करते हुए आचार्यों ने कहा है कि जहाँ चमत्कार शब्दाश्रित हो वहाँ शब्दश्लेष और जहाँ चमत्कार अर्थाश्रित हो वहाँ अर्थश्लेष होगा। प्रथम में शब्द अनेकार्थक होते हैं और द्वितीय में एकार्थक। प्रथम में शब्द का परिवर्तन नहीं होता।, पर द्वितीय में शब्द परिवर्तन संभव है। तात्पर्य यह कि अर्थश्लेष की तरह शब्दश्लेष में शब्द-परिवृत्ति-सहिष्णुत्व नहीं होता है। (अर्थश्लेष–देखिये अर्थालंकार)।

यह शब्दालंकार है। यह प्राचीनों से ही स्वीकृत रहा है। भामह निरूपित 'श्लेष' अर्थश्लेष ही माना जाएगा। उन्होंने इसे उपमादि अलंकारों की पृष्ठभूमि में रहना स्वीकार किया है[2]। श्लेष का वैज्ञानिक विश्लेषण प्रारंभ हुआ है उद्भट से। उन्होंने इसका स्वरूप और प्रकार तो निर्धारित किया ही, क्षेत्र भी निर्धारित कर दिया है[3]। दण्डी ने श्लेष को सभी अलंकारों का शोभाकारक मानकर इसकी पृथक् सत्ता को व्यर्थ बताया है, पर इस मत की सराहना शायद कुछ ही लोगों ने की है। वस्तुतः शुद्ध श्लेष (केवल अन्य अलंकारों का शोभाकारक नहीं) मानना ही संगत है। शब्द शक्ति का सबल आधार भी इसी के पक्ष में है। दण्डी के प्रभाव ने ही संभवतः मम्मट को शुद्धश्लेष के साथ मिश्रितश्लेष मानने को विवश किया है। मम्मट का लक्षण रुद्रट

---

1. शब्दस्यालङ्काराः श्लेषोऽर्थस्यापि सोऽन्यस्तु। काव्यालंकार 2।13।
2. उपमानेन यत्तत्त्वमुपमेयस्य साध्यते।
   गुणक्रियाभ्यां नाम्ना च शिलष्टं तदभिधीयते।। –काव्यालंकार 3।14।
3. एक प्रयत्नोच्चार्याणां तच्छायां चैव विभ्रताम्।
   स्वरितादिगुणैभिन्नैर्वन्धः शिलष्ट मिहोच्यते।।
   अलंकारान्तर्गतां प्रतिभां जनयत्पदैः।
   द्विविधैरर्थशब्दोक्तिविशिष्टं तत्प्रतीयताम्।। –का. सा. संग्रह 4।9,10।

के लक्षण के अनुसार है[1]। कुछ दूर तक हेमचंद्र और पं॰ विश्वनाथ भी दण्डी से प्रभावित हैं ही। पं॰ विश्वनाथ का लक्षण अपेक्षाकृत छोटा, सरल और स्पष्ट है[2]। हिंदी काव्यशास्त्र में श्लेष का विवेचन आ॰ केशव से ही प्रारम्भ होता है[3]। कुलपति का लक्षण मम्मट के अनुसार है। भूषण, मतिराम, पद्माकर आदि ने इसे अर्थालंकार (अप्पयदीक्षित के आधार पर) मानकर लक्षण किया है[4]। आधुनिक काव्यशास्त्रियों ने इसके दोनों प्रकारों के विवेचन किये हैं।

जहाँ तक इसके भेद की बात है, प्राचीनों ने अनेक भेद माने हैं, पर हैं वे व्यर्थ के प्रपंच ही। सामान्यतः इसके दो प्रकार माने जाते हैं–

1. अभंग श्लेष : जहाँ श्लिष्ट शब्दों के बिना भंग (टुकड़ा) किये ही अनेक अर्थ निकलें।

2. सभंग श्लेष : जहाँ श्लिष्ट शब्दों के भंग (टुकड़ा) करने पर अनेक अर्थ निकलें।

अभंगश्लेष–

रहिमन पानी राखिये बिन पानी सब सून।
पानी गये न ऊबरे मोती मानुष चून।। –रहीम

यहाँ 'पानी' श्लिष्ट शब्द है। इसे बिना भंग किये ही इसके तीन अर्थ–चमक, प्रतिष्ठा और जल निकलते हैं जिनका क्रमशः मोती, मनुष्य और चूना से अन्वय है। अतः, यहाँ अभंगश्लेष है।

जो घनीभूत पीड़ा थी मस्तक में स्मृति-सी छायी।
दुर्दिन में आँसू बनकर वह आज बरसने आयी।।–प्रसाद : आँसू

यहाँ 'घनीभूत' और 'दुर्दिन' श्लिष्ट शब्द हैं। दोनों के क्रमशः एकत्र और मेघ बनी हुई एवं बुरे दिन और मेघाछन्न दिन अर्थ हैं। ये अर्थ उन्हें बिना भंग किये ही निष्पन्न होते हैं। अतः अभंगश्लेष हैं।

तुम्हारी पी मुख बास तरंग
आज बौरे भौरे सहकार। –पंत : गुंजन

---

1. वाच्यभेदेन भिन्ना यद् युगपद्भाषणस्पृशः।
   श्लिष्यन्ति शब्दाः श्लेषोऽसावक्षरादिभिरष्टधा।। –का. प्रकाश 9।84।
2. श्लिष्टैः पदैरनेकार्थाभिधाने श्लेष इष्यते।–सा. दर्पण॰ 10।11
3. दोय तीनि अरु भाँति बहु, आनत जामें अर्थ।
   तिनमें एक अभिन्न पद, अगर भिन्न पद जानि।। –कविप्रिया 11।29,34।
4. शब्द उभय हूँ सक्ति तें, स्लेषालंकृत मानि।
   अनेकार्थबल इक दुतिय, तात्पर्ज बल जानि।।
   दोइ तीनि कै भाँति बहु, जहाँ प्रकासत अर्थ।
   सो स्लेषालंकार है, बरनत बुद्धि समर्थ।। –का. निर्णय 20।3,4।

यहाँ 'बौरे' श्लिष्ट शब्द है। इससे दो अर्थ 'पागल' (भ्रमर के अर्थ में) और 'आम्रमंजरी' हैं। ये अर्थ शब्द के बिना भंग किये ही निकलते हैं। अतः यहाँ अभंगश्लेष है।

स्तव कर बहु अर्थ भरे। —निराला : गीतिका

यहाँ 'अर्थ' शब्द के दो अर्थ हैं—भाव (अनेक अर्थों से पूर्ण स्तवन) और धन (बहुमूल्य रत्न, मोती आदि)। अतः यहाँ भी अभंगश्लेष है।

सभंगश्लेष—

बहुरि सक्र सम विनवौं तोही, संतत ***सुरानीक*** *हित जेही।*

—तुलसी : मानस

यहाँ 'सुरानीक' शब्द श्लिष्ट है। इसके दो अर्थ हैं—'उत्तम मदिरा (खलों के अर्थ में : सुरा + नीक) और देवताओं की सेना (इन्द्र के अर्थ में : सुर + अनीक)। ये अर्थ 'सुरानीक्' के भंग करने पर प्राप्त होते हैं। अतः यहाँ सभंग श्लेष है।

चरण धरत चिंता करत, चितवत चारहु ओर।
सुवरन *को खोजत फिरैं, कवि व्यभिचारी चोर।* —अ. प्रकाश

यहाँ 'सुवरन' श्लिष्ट शब्द है, जिसे भंग करने पर क्रमशः सु + वरन = सुन्दर वर्ण (कवि के अर्थ में), सु + वरन = सुन्दर वर्ण अर्थात् सुन्दर रंगवाली स्त्री (व्यभिचारी के अर्थ में) और सुवरन = स्वर्ण (चोर के अर्थ में)—ये तीन अर्थ निष्पन्न होते हैं। अतः यहाँ सभंगश्लेष है।

चिर जीवो जोरी जुरै, क्यों न सनेह गम्भीर।
को घटि ये ***वृषभानुजा,*** *वे* ***हलधर*** *के वीर।।* —बिहारी : सतसई

यहाँ 'वृषभानुजा' और 'हलधर' में सभंग श्लेष है। भंग करने पर वृषभानुजा (1. वृषभानु + जा = वृषभानु की बेटी अर्थात् राधा और 2. वृषभ + अनुजा = बैल की बहन अर्थात् गाय) और 'हलधर' (1. हल + धर = हल को आयुध के रूप में धारण करने वाला अर्थात् बलराम और 2. हल + धर = हल को कंधे पर धारण करने वाला अर्थात् बैल) के दो-दो अर्थ निकलते हैं। अतः यहाँ सभंगश्लेष है।

किसकी बिछुड़न न उर से सम्हाली गयी।
लाजकाजल *घुला धार बहने लगी।* —हृदयेश : शैवालिनी

यहाँ 'लाजकाजल' में सभंगश्लेष है। इससे लज्जा का जल और लज्जा एवं काजल—ये दो अर्थ भंग करने पर निष्पन्न होते हैं। अतः यहाँ भी सभंगश्लेष है।

4. वक्रोक्ति

जहाँ वक्ता के अन्यार्थक कथन का श्लेष या काकु से श्रोता भिन्न अर्थ करे, वहाँ वक्रोक्ति अलंकार होता है। वक्रोक्ति का अर्थ है वक्र उक्ति अर्थात् टेढ़ा

कथन। इसमें कहने वाला कहता किसी और तात्पर्य से है, पर सुनने वाला उससे भिन्न कुछ और ही तात्पर्य ग्रहण कर लेता है। इसमें भिन्न अर्थ की कल्पना दो कारणों से संभव होती है–1. श्लेष से अथवा 2. काकु से।

यह शब्दालंकार है। यह प्राचीनों से ही स्वीकृत रहा है। कुन्तल ने वक्रोक्ति को काव्य-सर्वस्व मानकर सर्वाधिक महत्त्व दिया है। इसे अलंकार रूप में स्वीकार करना वस्तुतः इसकी सीमा को संकुचित करना है। शब्दालंकार के रूप में इसे वास्तविक प्रतिष्ठा दी है रुद्रट ने। मम्मट आदि परवर्ती आचार्यों द्वारा इसे अलंकार रूप में प्रतिष्ठित किया जाना इस बात का साक्षात संकेत मानना चाहिये कि यह काव्य की आत्मा नहीं है। मम्मट के अनुसार किसी के एक अभिप्राय वाले वाक्य की किसी के द्वारा श्लेष अथवा काकु से दूसरे अभिप्राय में योजना करना ही वक्रोक्ति है[1]। रुय्यक और जयदेव के अतिरिक्त सभी आचार्यों ने इसे शब्दालंकार ही माना है। पं. विश्वनाथ का लक्षण मम्मट के लक्षण के ही अनुसार है[2]। हिंदी काव्यशास्त्र में जयदेव और अप्पय दीक्षित के अनुयायियों ने इसे अर्थालंकार के रूप में ग्रहण किया है, पर चिन्तामणि, कुलपति, सोमनाथ, दास आदि ने इसे शब्दालंकार ही माना है। प्रायः सबों के लक्षण और उदाहरण समान ही हैं। दास जी का लक्षण अस्पष्ट ही समझना चाहिये[3]। सोमनाथ का लक्षण अपेक्षाकृत अधिक स्पष्ट है, जिसका आधार है पं. विश्वनाथ का लक्षण[4]। प्रायः सभी आचार्यों ने दो प्रकार की वक्रोक्ति मानी है–श्लेषाश्रित वक्रोक्ति और काक्वाश्रित वक्रोक्ति।

श्लेषाश्रित वक्रोक्ति–इसमें वक्ता की अन्यार्थक उक्ति का श्रोता श्लेष द्वारा भिन्न अर्थ ग्रहण करता है। श्लेष की चर्चा पीछे (श्लेष अलंकार में) हो चुकी है। इसमें श्लिष्ट (अनेकार्थक) शब्द प्रयुक्त होते हैं, जिससे श्रोता वक्ता के अभिप्राय से भिन्न अर्थ ग्रहण करता है। इसके भी दो प्रकार संभव हैं–अभंगश्लेषाश्रित और सभंगश्लेषाश्रित।

अभंग श्लेषाश्रित वक्रोक्ति–

खोलो जू किवार, तुम को हो एतीबार,
'हरि' नाम है हमारो, बसो कानन पहार में।

---

1. यदुक्तमन्यथावाक्यमन्यथाऽन्येन योज्यते।
   श्लेषेण काक्वा वा ज्ञेया सा वक्रोक्तिस्तथा द्विधा।। –का. प्रकाश 9।78।
2. अन्यस्यार्थकं वाक्यमन्यथा योजयेद्यदि
   अन्यः श्लेषेण काक्वा वा सा वक्रोक्तिस्ततो द्विधा।।–सा. दर्पण 10।9।
3. द्वर्थ काकु तें अर्थ को, फेरि लगावैं तर्क।–का. निर्णय 20।14।
4. कहै बात और कछु, अर्थ करै कछु और।
   वक्र उक्ति तासो कहैं, स्लेष काकु द्वै ठौर।। –रस रहस्य।

हौं तो प्यारी 'माधव', तो कोकिला के माथे भाग,
'मोहन' हौं प्यारी, परो मंत्र अभिचार में। —भा. सा. शास्त्र

यहाँ राधा और कृष्ण का परिहास वर्णित है। कृष्ण अपना जो नाम बताते हैं, राधा उसी श्लेष से उसी का दूसरा अर्थ करके उत्तर देती है। यहाँ 'हरि', 'माधव' और 'मोहन' श्लिष्ट शब्द हैं, जिनके क्रमशः कृष्ण और बंदर, कृष्ण और वसंत एवं कृष्ण और मोहन नाम विशिष्ट प्रयोग (मारण, मोहन आदि)—दो-दो अर्थ निष्पन्न होते हैं। ये अर्थ उन्हें बिना भंग किये ही निकलते हैं। अतः यहाँ अभंग श्लेषाश्रित वक्रोक्ति है।

एक कबूतर देख हाथ में पूछा कहाँ अपर है?
उसने कहा 'अपर' कैसा? वह उड़ गया सपर है। —भक्त : नूरजहाँ

यहाँ सलीम और मेहरुन्निसा का परिहास है। मेहरुन्निसा से सलीम ने पूछा कि अपर (दूसरा) कहाँ है? उसने उत्तर दिया कि यह अपर (पंखहीन) नहीं, सपर (पंख युक्त) है। यहाँ 'अपर' का बिना भंग किये ही दो अर्थ निकलते हैं। अतः, यहाँ भी अभंग श्लेषाश्रित वक्रोक्ति है।

सभंग श्लेषाश्रित वक्रोक्ति—

मान तजो गहि सुमति बर, पुनि पुनि होत न देह।
मानत जोगी जोग को, मोहिं न जोग सनेह।। —अ. मुक्तावली

यहाँ 'मान तजो गहि' के भंग करने से दो अर्थ निकलते हैं—'रुठना छोड़ दो' और 'योग को मानते हैं।' अतः यहाँ सभंग श्लेषाश्रित वक्रोक्ति है।

गौरवशाली प्यारी हमारी सदा तुम्ही एक इष्ट हमारी अहो।
हौं न गऊ, नहिं हौं अवशा, अलिनी हूँ, नहीं अस काहे कहो।।

—अं॰ मंजरी

यहाँ शिव और पार्वती का परिहास है। शिव जी ने पार्वती को 'गौरव-शालिनी' कहा है, जिसका श्लेष से पार्वती भिन्न अर्थ ग्रहण करती है—गौ, अवशा और अलिनी। ये अर्थ 'गौरवशालिनी' का भंग करने पर निकले हैं। अतः यहाँ सभंग श्लेषाश्रित वक्रोक्ति है।

काक्वाश्रित वक्रोक्ति—इसमें वक्ता के अन्यार्थक कथन का श्रोता काकु (कंठ स्वर की भिन्नता) द्वारा भिन्न अर्थ ग्रहण करता है। काकु का अर्थ है कंठ-ध्वनि का विकार। कंठ-ध्वनि में परिवर्तन हो जाने से एक ही कथन का अर्थ भिन्न हो जाया करता है। कंठ-स्वर में परिवर्तन हो जाने के कारण विध्यात्मक वाक्य का अर्थ भी निषेधात्मक हो जाता है।

वक्रोक्ति शब्दालंकार है या अर्थालंकार? इस प्रश्न को बनाये रखने के लिए काक्वाश्रित वक्रोक्ति ही जिम्मेदार है। वस्तुतः समस्त उलझनों के मूल में यही है।

वक्रोक्ति के प्रतिष्ठापक आचार्य रुद्रट ने इसे आद्य शब्दालंकार घोषित किया है। पोद्दार जी ने दोनों में अन्तर स्पष्ट करते हुए विधान किया है कि जहाँ शब्द-परिवृत्ति-सहिष्णुत्व हो वहाँ इसे अर्थालंकार अन्यथा शब्दालंकार ही मानना चाहिये। आचार्यों द्वारा दिये गये अधिकांश उदाहरण प्रायः अर्थालंकार के ही मिलते हैं। ऐसा प्रतीत होता है मानो, मम्मट आदि आचार्यों ने इसे कथनशैली पर निर्भर होने के कारण शब्दालंकार माना है।

मैं सुकुमारि नाथ बन जोगू।
अवसि उचित तप मोकहँ भोगू।। —तुलसी : मानस

यहाँ राम के प्रति सीता जी की उक्ति है—'हाँ, आप ठीक ही तो कहते हैं, मैं ठहरी सुकुमारी और आप हैं वन के योग्य। आपके लिये तो तपस्या ही उचित है और मेरे लिये भोग।' यह उक्ति है विध्यात्मक, पर कंठ-स्वर की भिन्नता के कारण इसका निषेधात्मक अर्थ निकलता है कि 'यदि वन जाने योग्य मैं नहीं हूँ तो आप भी उस योग्य नहीं हैं। यदि आपके लिये तपस्या उचित है, तो मेरे लिये भी तपस्या ही उचित है।' अतः, यहाँ परिवर्तित कंठ-स्वर के कारण वक्रोक्ति है।

जब आप पिता के वचन पाल सकते हैं।
तब माँ की आज्ञा भरत टाल सकते हैं।। —गुप्त : साकेत

यहाँ उत्तरार्द्ध में काकु द्वारा वक्रोक्ति है—विध्यात्मक वाक्य का अर्थ निषेधात्मक (नहीं टाल सकते हैं) हो जाता है।

सोने वाले जगकर देखें अपने सुख का सपना। —प्रसाद

यहाँ भी विध्यात्मक वाक्य का निषेधात्मक अर्थ (जगकर सुख का स्वप्न न देखें) है। अतः यहाँ भी काकु द्वारा वक्रोक्ति है।

5. पुनरुक्ति

जहाँ भाव को अधिक रुचिकर और प्रेषणीय बनाने के लिये एक ही बात को बार-बार कहा जाये, वहाँ पुनरुक्ति अलंकार होता है। पुनरुक्ति का अर्थ है फिर से कहना। इसमें अपने अभिप्रेत भाव को अधिक रुचिकर और प्रेषणीय बनाने के लिये उसी बात की आवृत्ति की जाती है।

यह शब्दालंकार है। इसे ही 'पुनरुक्ति प्रकाश' भी कहा गया है। यह प्राचीनों से अस्वीकृत रहा है। दास जी ने इसका विवेचन गुण के अन्तर्गत किया है[1]। आधुनिक काव्यशास्त्रियों में दीन जी, रामदहिन मिश्र जी आदि ने इसे स्वीकार किया है। आधुनिक हिंदी कविता में इसके उदाहरण पर्याप्त रूप में प्राप्त हैं।

---

1. एक शब्द बहु बार जँह, परै रुचिरचता अर्थ। का. निर्णय 19।27।

हृदय रो अपने दुख का भार,
हृदय रो उनका है अधिकार,
हृदय रो यह जड़ स्वेच्छाचार। —पंत : पल्लव

यहाँ 'हृदय रो' की आवृत्ति में पुनरुक्ति अलंकार है।

आज कितनी सदियों के बाद—
देवि! कितनी सदियों के बाद। —भ॰ च॰ वर्मा : मधुकण

यहाँ 'कितनी सदियों के बाद' में पुनरुक्ति अलंकार है।

हवा हूँ, हवा मैं
वसंती हवा हूँ।
वही हाँ वही जो
धरा का वसंती
सुसंगीत मीठा
गुँजाती फिरी हूँ।
हवा हूँ, हवा मैं
वसंती हवा हूँ। —केदारनाथ अग्रवाल : नींद के बादल

यहाँ 'हवा हूँ' की आवृत्ति में पुनरुक्ति अलंकार है।

6. पुनरुक्तवदाभास

जहाँ भिन्न आकार वाले शब्दों के अर्थ में सहसा पुनरुक्ति की प्रतीति हो, वहाँ पुनरुक्तवदाभास अलंकार होता है। पुनरुक्तवदाभास का अर्थ है पुनरुक्ति-सा आभास। पुनरुक्ति का आभास शाब्द भी हो सकता है और आर्थ भी। यहाँ आभास शाब्द नहीं, आर्थ होता है। 'आभास' शब्द से स्पष्ट है कि यहाँ पुनरुक्ति की प्रतीति अवास्तविक अथवा मिथ्या होती है।

यह एक शब्दालंकार है। इसके प्रवर्तक सम्भवतः उद्भट हैं[1]। इन्होंने यह स्पष्ट नहीं किया कि यह शब्दालंकार है या अर्थालंकार। मम्मट ने इसे भिन्न वर्ण-क्रम वाले शब्दों में एकार्थकता का आभास कह कर शब्दालंकार में ही ग्रहण किया है। उन्होंने इसके शब्दगत और शब्दार्थगत—

ये दो भेद किये हैं।[2] जयदेव ने इसे ही 'पुनरुक्ति प्रकाश' कहा है। रुय्यक ने इसे अर्थालंकार माना है। विश्वनाथ ने लगभग मम्मट का ही अनुसरण किया है[3]।

---

1. पुनरुक्तवदाभासमभिन्नवस्त्विवोद्भासि भिन्नरूप पदम्। —का. सा. संग्रह। 1।1
2. पुनरुक्तवदाभासो विभिन्नाकार शब्दगा।
   एकार्थतेव शब्दस्य तथा शब्दार्थयोरयम्।। —का. प्रकाश 9।86।
3. आपाततो यदर्थस्य पौनरुक्त्येन भासनम्।
   पुनरुक्तवदाभासः स भिन्नकारशब्दाः।। —सा. दर्पण 10।2।

हिंदी काव्य-शास्त्रियों में चिन्तामणि, भूषण, कुलपति, दास आदि ने इसे लगभग समान रूप में ही निरूपित किया है। दास जी का लक्षण चिन्तामणि के लक्षण की अपेक्षा अस्पष्ट है[1]। प्रो॰ देवेन्द्रनाथ शर्माजी ने इसका विवेचन तो किया है शब्दालंकार के अन्तर्गत ही, पर वे इसे उभयालंकार मानने के ही पक्ष में दिखते हैं[2]।

पुनरुक्तवदाभास और यमक में अन्तर है। भिन्नार्थक शब्द प्रयुक्त होते हैं दोनों में, पर जहाँ प्रथम में शब्द भिन्नार्थक होते ही हैं, उनके आकार भी भिन्न-भिन्न होते हैं, वहाँ द्वितीय में केवल शब्द ही भिन्नार्थक होते हैं, उनके आकार भिन्न-भिन्न नहीं (समान) होते हैं।

आचार्यों द्वारा इसके दो भेद माने गये हैं—शब्दगत और शब्दार्थगत। जहाँ शब्द बदल देने पर पुनरुक्ति का आभास मिट जाये, वहाँ यह शब्दगत होता है; पर जहाँ पुनरुक्ति का आभास शब्द और अर्थ दोनों पर आश्रित हो, वहाँ यह शब्दार्थगत होता है। शब्दगत पुनरुक्तवदाभास भी दो प्रकार के सम्भव हैं—अभंग और सभंग।

अली भँवर गुंजन लगे, होन लग्यो दल पात।
जहँ-तहँ फूले रुख तरु, प्रिय प्रीतम कित जात।।—दास : का. निर्णय

यहाँ 'अली' और 'भंवर', 'दल' और 'पात', 'रुख' और 'प्रिय' और तरू एवं 'प्रीतम' में पुनरुक्ति का आभास होता है। इनके क्रमशः 'सखी', 'भ्रमर' आदि अर्थ भिन्न-भिन्न हैं। यहाँ शब्दों का बिना भंग किये ही अर्थ निष्पन्न होते हैं। अतः यहाँ शब्दगत अभंग पुनरुक्तवदाभास है।

हिमगिरि के मस्तक से निर्झर बन बह चला पसीना।
पानी में है जान सभी की जीवन ही है जीना।। —भक्त : नूरजहां

यहाँ 'जीवन' और 'जीना' के अर्थ में पुनरुक्ति-सी प्रतीत होती है, पर पुनरुक्ति है नहीं—'जीवन' का अर्थ है जल। अतः यहाँ भी शब्दगत अभंग पुनरुक्तवदाभास ही है। निम्नांकित उदाहरण में अभंग और सभंग दोनों प्रकार द्रष्टव्य हैं।

शिव शंकर हर भव भय मेरे। —अ. मुक्तावली

—हे शिव! शम (कल्याण) कर और मेरे भव (संसार) के भय को हर (दूर कर)। यहाँ 'शिव', 'शंकर', 'हर' और 'भव' में पुनरुक्ति-सी प्रतीत होती है, पर सबों के अर्थ भिन्न-भिन्न हैं। यहाँ शब्दगत अभंग और सभंग दोनों प्रकार का पुनरुक्तवदाभास है।

वन्दनीय किहि के नहीं, वे कविंद मतिमान।
सुरग गये हू काव्य रस, जिनको जगत जहान।। —अ. मंजरी

यहाँ 'जगत' और 'जहान' में पुनरुक्ति का आभास है, पर दोनों के अर्थ हैं

---

1. (क) कहत लगै पुनरुक्त सो, पै पुनरुक्त न होइ।—का. निर्णय 20।18।
   (ख) भिन्न पदन में एक सों, जहाँ अर्थ आभास। —चिन्तामणि।
2. देखिये पृष्ठ 30—अलंकार मुक्तावली—प्रो॰ देवेन्द्रनाथ शर्मा।

भिन्न-भिन्न। 'जगत' का अर्थ है प्रकाशित और 'जहान' का अर्थ है संसार। यहाँ 'जगत' और 'जहान' के लिये यदि क्रमशः 'उदित', 'प्रकाश' आदि और 'लोक', 'विश्व' आदि शब्द दे दिये जायें तो भी पुनरुक्ति का आभास होगा ही। अतः स्पष्ट है कि यहाँ पुनरुक्तवदाभास शब्दगत नहीं, शब्दार्थगत है।

7. वीप्सा

हर्ष, शोक, आदर, अनादर, घबराहट, आश्चर्य आदि प्रदर्शित करने के निमित्त किसी शब्द की आवृत्ति वीप्सा अलंकार है। वीप्सा का अर्थ है द्विरुक्ति, पुनरुक्ति, आवृत्ति, दुहराना आदि। किसी भाव को प्रभावोत्पादक बनाने के लिये इसमें शब्द की द्विरुक्ति होती है। शब्द की आवृत्ति इसमें एक बार भी हो सकती है और अनेक बार भी, पर सामान्यतः द्विरुक्ति ही होती है।

यह एक शब्दालंकार है। संस्कृत के आचार्यों द्वारा यह अलंकार स्वीकृत नहीं रहा है। इसकी सर्वप्रथम चर्चा संभवतः आचार्य भिखारीदास ने की है[1]। आधुनिक काव्यशास्त्रियों में केडिया, लाला भगवानदीन, रामदहिन मिश्र, प्रो॰ देवेन्द्रनाथ शर्मा आदि ने इसे स्वीकार किया है। शब्द की आवृत्ति होती है। लाटानुप्रास में भी, पर वहाँ अभिप्राय भेद से अर्थभेद हो जाता है। इस अलंकार में शब्द और अर्थ दोनों की आवृत्ति होती है। असल में यहाँ होती है द्विरुक्ति। वीप्सा अलंकार और पुनरुक्ति अलंकार में अन्तर स्पष्ट है। प्रथम में भावों को बल प्रदान करने के लिये शब्द की द्विरुक्ति आकस्मिक रूप में होती है, पर द्वितीय में शब्द की आवृत्ति मनोवेगों अथवा भावों की पुष्टि के साथ ही प्रेषणीयता प्रदान करने के लिये होती है। भाषा में स्फीत प्रवाह और रवानगी देने के लिये वीप्सा का प्रयोग आधुनिक हिंदी कविता में काफी धड़ल्ले के साथ हुआ है।

पुलक-पुलक उर सिहर-सिहर तन
आज नयन आते क्यों भर-भर? —महादेवी

यहाँ 'पुलक-पुलक', 'सिहर-सिहर' और 'भर-भर' में वीप्सा अलंकार है।

श्यामल-श्यामल कोमल-कोमल
लहराता सुरभित केश-पाश? —महादेवी

यहाँ 'श्यामल-श्यामल' और 'कोमल-कोमल' में वीप्सा अलंकार है।

विहग, विहग
फिर चहक उठे ये पुंज-पुंज
कल-कूजित कर उर का निकुंज
चिर सुभग, सुभग। —पंत

यहाँ 'विहग-विहग', 'पुंज-पुंज' और 'सुभग-सुभग' में वीप्सा अलंकार है।

---

1. एक सब्द बहु बार जहँ, अति आदर सों होइ।
ताहि वीपसा कहत हैं, कबि कोबिद सब कोइ।। —का. निर्णय 19।52।

(ग) अर्थालंकार

अर्थालंकार का अर्थ है अर्थाश्रित अलंकार। इनसे अर्थ अलंकृत अथवा चमत्कृत होता है। इनमें पर्यायवाची शब्दों का उलट-फेर संभव है। यहाँ शब्द निरपेक्ष होते हैं, सापेक्ष नहीं। यहाँ वाक्य-रचना ही कुछ इस प्रकार की होती है कि चमत्कार अर्थगत होता है। पर्यायवाची शब्दों के उलट-फेर के पश्चात् भी इनके अर्थगत चमत्कार में किसी प्रकार की न्यूनता नहीं आती है। तात्पर्य यह कि **अर्थालंकार शब्द परिवृत्ति-सहिष्णु होते हैं।** अग्निपुराणकार के अनुसार कहा जायेगा कि अर्थ को अलंकृत करने वाले ही अर्थालंकार हैं। इनके अभाव में शब्द-सौन्दर्य भी मनोहर नहीं हो पाता है—

अलङ्करणमर्थानामर्थालङ्कार इष्यते।
तंविना शब्दसौन्दर्यमपि नास्ति मनोहरम्।। *—अग्निपुराण*

आ॰ मम्मट ने अर्थालंकारों को शब्दालंकारों से भिन्न करने के लिये अन्वय और व्यतिरेक के सिद्धान्त को आधार रूप में ग्रहण किया है—

"इह (अलंकारशास्त्रेषु) दोषगुणालंकाराणां शब्दार्थगतत्वेन यो विभागः सः अन्वयव्यतिरेकाभ्यामेव व्यवतिष्ठते।"(का. प्रकाश 9।85 वृत्ति)

आचार्य मम्मट के अनुसार केवल अलंकार का ही नहीं, अपितु दोष एवं गुण के शब्दार्थोभय विभाग का आधार भी अन्वय और व्यतिरेक का सिद्धान्त ही है।

अन्वय का अर्थ है जिसकी स्थिति में जो रहे—**यत्सत्त्वे यत्सत्त्वन्यः** और व्यतिरेक का अर्थ है जिसके अभाव में जिसका अभाव हो—**यद्भावे यद्भावो व्यतिरेक**। इन आधारों पर यह निश्चय किया जाता है कि शब्द-परिवृत्ति-सहिष्णुत्व की स्थिति में अर्थालंकार होते हैं—**योऽलंकारों यदीयावन्व-यव्यतिरेकावनुविधते स तदलंकार :** (का. प्रकाश)। अन्वयव्यतिरेक का यह सिद्धान्त औपपत्तिक अथवा केवल कार्यकारण भाव पर आधारित होने के कारण अलंकारों के निर्धारण में अधिक महत्त्व का नहीं माना जा सकता।

अलंकारों के वर्गीकरण का एक अन्य सिद्धान्त **आश्रयाश्रयिभाव** का है। आचार्य रुय्यक के अनुसार जो अलंकार जिस (शब्द या अर्थ) पर आश्रित होता है वही उसका अलंकार होता है—**योऽलंकारो यदाश्रितः स तदलंकारः**। जयरथ ने इसे

ही उपस्कार्योपस्कारक भाव कहा है। तात्पर्य यह कि शब्द का उपस्कारक शब्दालंकार माना जायेगा और अर्थ का उपस्कारक अर्थालंकार—**आश्रयाश्रयिभावेनेति। उपस्कार्यो-पस्कारकभावेनेत्यर्थः। तेन योऽलंकारो यदुपस्कारः स तदलंकार इति पिण्डार्थः।** वस्तुतः यह सिद्धान्त सौन्दर्यतत्त्व पर आश्रित है। अस्तु, मेरे विचार से, आश्रयाश्रयिभाव अथवा उपस्कार्योपस्कारक भाव का सिद्धान्त सहृदय होने की सौन्दर्यानुभूति और कवि-विवक्षा पर आधारित होने के कारण अधिक संगत है। अलंकारशास्त्र के अवगाहन से स्पष्ट है कि अर्थालंकारों का विकास एक निश्चित रेखा पर हुआ है। इस शास्त्र के प्रवर्तक आचार्य भामह से लेकर आज तक अर्थालंकारों की संख्या निरन्तर बढ़ती ही रही है[1]। इनकी संख्या अनन्त हो सकती है। जिस प्रकार इनका वर्गीकरण[2] कष्टसाध्य है, उसी प्रकार इनकी संख्या का निर्धारण भी दुष्कर कार्य है। कतिपय आचार्यों ने प्राचीनों द्वारा स्वीकृत अनेक अर्थालंकारों को छोड़ भी दिया है। अर्थालंकारों के इस विस्तार को सूक्ष्म और तार्किक दृष्टि से देखने के पश्चात् यह स्वीकार करते हुए तनिक भी हिचक नहीं होती है कि इनमें अनेक अलंकार मात्र वाखिलास के सूचक हैं। कहीं-कहीं तो व्यर्थ का विस्तारमात्र है। प्रस्तुत पुस्तक में पाँच वर्गों में कुल अड़सठ अर्थालंकारों का विवेचन किया गया है। इनमें प्रायः सभी प्रमुख अर्थालंकार आ गये हैं; किन्तु मेरा यह दावा नहीं कि इनके अतिरिक्त शेष अलंकार गौण ही हैं।

1. उपमा

दो भिन्न वस्तुओं के बीच सादृश्य या साधर्म्य प्रतिपादन ही उपमा अलंकार है। 'उपमा' (उप + मा) शब्द में 'उप' उपसर्ग है जिसका अर्थ है निकट और 'मा' का अर्थ है मापना, तौलना, देखना अथवा निर्णय करना। अर्थात् दो भिन्न वस्तुओं को—उपमेय और उपमान को एक दूसरे के निकट रखकर उनकी समानता स्थापित करना ही उपमा अलंकार है।

दो भिन्न वस्तुओं में समता स्थापित करने के लिये उनके रूप, गुण, क्रिया आदि सम्बन्धी विशेषताएं ही आधार बनाई जाती हैं। सादृश्य-प्रतिपादन के निमित्त दो भिन्न वस्तुओं (उपमेय और उपमान) में सभी गुणों का समान होना आवश्यक नहीं है, कुछ ही साम्यों के आधार पर उपमा का निर्वाह हो जाता है। असल बात है सादृश्य की सूक्ष्मता, विशदता और चमत्कारोत्पादकता की। उपमा की रम्यता और उत्कृष्टता उपर्युक्त बातों पर ही निर्भर करती है। यदि सादृश्य प्रतिपादन द्वारा सहृदय का हृदय चमत्कृत और आह्लादित न हो तो कतिपय साम्यों के पश्चात् भी उपमालंकार मानना असंगत ही होगा। **अलंकार का प्राण है चमत्कार। जहाँ चमत्कार ही नहीं वहाँ**

---

1. देखिये—इसी पुस्तक में अन्यत्र—'अलंकार-साहित्य की विकास यात्रा'
2. देखिये—इसी पुस्तक में अन्यत्र—'अलंकारों का वर्गीकरण'।

अलंकार कैसा? इसी से एक-दो साम्यों के आधार पर भी (यदि चमत्कार हो) उपमालंकार मान लिया जाता है। जैसे–'मुख चन्द्रमा के समान सुन्दर है' में 'मुख' जैसे छोटे अंग का सादृश्य-प्रतिपादन 'चन्द्रमा' जैसे विशाल ग्रह से किया गया है। यहाँ दोनों में पर्याप्त वैषम्य होते हुए भी एक सादृश्य है–'आह्लादकत्व'। इस 'आह्लादकत्व' के आधार पर ही दोनों में सादृश्य-प्रतिपादन किया जाता है जिससे सहृदय का हृदय चमत्कृत और आह्लादित हो उठता है। इसी प्रकार जब किसी अविवेकी व्यक्ति को हम गदहे से उपमित करते हैं, तो गदहे की जड़ता अथवा मूर्खता ही सादृश्य का आधार होती है, न कि उसका चौपाया होना, घास चरना, अधिक बोझ ढोना, रेंकना आदि। अस्तु, यह स्पष्ट रूप से समझ लेना चाहिये कि **सादृश्य की सूक्ष्मता, विशदता, चमत्कारोत्पादकता, सटीकता आदि पर ही उपमा की रम्यता और उत्कृष्टता निर्भर है।**

उपमा का आधार है सादृश्य। सादृश्य को चमत्कृतिजन्य और सहृदय के लिये आह्लादक तो होना आवश्यक है ही, साथ ही उसे वाच्यरूप में स्पष्टतः प्रकट होना भी अनिवार्य है, व्यंग्य रूप में प्रतीयमान नहीं। सादृश्य के व्यंग्य रूप में प्रतीयमान होने पर उपमालंकार नहीं होगा, वहाँ दो प्रकार की स्थितियाँ सम्भव है।–अलंकारान्तर की प्राप्ति अथवा ध्वनि काव्य। उपमेयादि के वाच्य न होने पर 'रूपक' के भ्रम की संभावना है। अस्तु, **उपमा में सादृश्य का वाच्य होना अनिवार्य है।**

उपमा चमत्कार का प्राण ही नहीं, अर्थालंकारों का मूलाधार भी है। संभवतः इसी से अप्पयदीक्षित ने उपमा की तुलना एक नटी (शैलूषी) से की है[1]। रुय्यक ने इसे अनेक अलंकारों का बीज[2] एवं राजशेखर ने इसे 'अलंकारशिरोरत्न' कहा है[3]। सादृश्यमूलक अलंकार इसी के विस्तार अथवा रूपान्तर कहे जा सकते हैं। सादृश्य की कल्पना के तनिक विस्तार से अनेक नए-नए अलंकारों का जन्म हो जाता है[4]। इससे स्पष्ट है कि बीसों अलंकारों में सादृश्य का विस्तार-प्रसार है। ये समस्त अलंकार 'औपम्यगर्भ' हैं। इनमें सादृश्य की भावना स्थित है। एक बात और–उपमालंकार

---

1. उपमैका शैलूषी सम्प्राप्ता चित्रभूमिकामेदान!।
   रजयति काव्यरङ्गे नृत्यन्तो तद्विद्वां चेतः।। –चित्र मीमांसा।
2. उपमैव च प्रकारवैचित्र्येण अनेकालङ्कारबीजभूतेति प्रथमं निर्दिष्टा।–रुय्यक।
3. अलंकारशिरोरत्नं सर्वस्वं काव्यसम्पदाम्।
   उपमा कविवंशस्य मतैवेति मतिर्मम।।–अलंकार शेखर।
4. 1. उपमा–मुख कमल के समान है।
   2. उपमेयोपमा–मुख कमल के समान है और कमल मुख के समान है।
   3. अनन्वय–मुख मुख के समान है।
   4. प्रतीप–मुख के समान कमल है।
   5. स्मरण–कमल को देखकर मुख याद आता है।
   6. भ्रांतिमान–भौरे तुम्हारे मुख को कमल समझकर उस पर मँडराते हैं।

में उपमेय और उपमान के बीच भेद का होना आवश्यक है। भेद के मिट जाने पर ही उपमा 'रूपक' हो जाती है। दूसरी ओर भेद यदि अधिक बढ़ जाता है, तो उपमा अपना स्वरूप खोकर 'व्यतिरेक' का रूप ग्रहण कर लेती है।

उपमा सादृश्यगर्भ वर्ग का भेदाभेद तुल्य प्रधान अर्थालंकार है। काव्य-शास्त्र की प्रतिष्ठा के पूर्व ही इसका प्रयोग सादृश्यकथन के रूप में होता था। इसके प्रयोग ऋग्वेद में भी कई स्थलों पर व्यवस्थित रूप में उपलब्ध है[1]। यास्क ने अपने निरुक्त में इसके चारों अंगों की विवेचना बड़े स्पष्ट रूप में की है। काव्यशास्त्र में इसकी प्रतिष्ठा आ. भरत के समय से मिलती है[2]। भामह ने उपमान और उपमेय का देश, काल, क्रिया आदि के आधार पर गुणलेश से साम्य में उपमा मानी है[3]। अर्थात् दो **भिन्न वस्तुओं में विरोध को छोड़कर साम्यकथन करना ही उपमा है।** दण्डी ने गुणलेश के साम्यको उद्भूत (वास्तविक नहीं) मानकर उपमा का स्वरूप स्थिर किया

---

7. संदेह—यह मुख है या कमल है।
8. रूपक—मुख-कमल है।
9. परिणाम—मुख-कमल से शीतलता मिलती है।
10. अपह्नति—यह कमल है, मुख नहीं।
11. उल्लेख—तुम्हारे मुख को कोई कमल कहता है और कोई चन्द्रमा।
12. उत्प्रेक्षा—मुख मानों, कमल है।
13. अतिशयोक्ति—यह कमल है।
14. दीपक—मुख और कमल दोनों शोभते हैं।
15. तुल्ययोगिता—मुख से कमल और चन्द्रमा जीते गए।
16. प्रतिवस्तूपमा—तुम्हारे मुख को देखकर मैं प्रसन्न हो जाता हूँ। कमल-दर्शन से किसे प्रसन्नता नहीं होती?
17. दृष्टांत—घर में तुम्हारा मुख शोभता है और तालाब में कमल।
18. निदर्शना—मुख कमल लक्ष्मी को धारण करता है।
19. सहोक्ति—तुम्हारे मुख के साथ कमल दिन में प्रसन्न होता है।
20. व्यतिरेक—कहाँ भ्रमर कलंकित कमल और कहाँ तुम्हारा निष्कलंक मुख; दोनों में समता कैसी?
21. अप्रस्तुतप्रशंसा—तुम्हारे मुख के आगे कमल निर्गन्ध है।

1. अभ्रातेव पुंसि एति प्रतीची, गर्तारुगिव सनये धनानाम्।
   जायेव पत्यु उशती सुवासा, उषा हस्रव निरणीते अप्सः।।—ऋग्वेद 1।18।124।
2. यत्किंचित्काव्यबन्धेषु सादृश्येनोपमीयते।
   उपमा नाम विज्ञेया गुणाकृतिसमाश्रया।। —नाट्यशास्त्र 17।4।
3. विरुद्धेनोपमानेन देशकालक्रियादिभिः।
   उपमेयस्य यत्साम्यं गुणलेशेन सोपमा।।—काव्यालंकार 2।30

है[1]। वामन का लक्षण भामह के लक्षण का अनुसरण करता है[2]। आ. मम्मट के लक्षण का प्रेरणा-स्रोत है भामह का लक्षण। इन्होंने भामह के 'विरुद्ध' शब्द से ही प्रेरित होकर भेद होने पर भी साधर्म्य से सम्बद्ध होने में उपमा मानी है (**साधर्म्यमुपमाभेदे** का. प्रकाश 10।87)। आ. मम्मट ने सादृश्य के स्थान पर 'साधर्म्य' का प्रयोग कर उपमेय और उपमान के साधारण धर्म की ओर ध्यान तो दिया ही है, यह भी संकेतित किया है कि इसमें कार्य-कारण आदि का निरूपण नहीं होता है–निरूपण होता है मात्र साधर्म्य का। रुय्यक ने उपमान के साधर्म्य को उपमालंकार मान कर इसी का पोषण किया है। पं. विश्वनाथ ने एक वाक्य में दो पदार्थों के वैधर्म्यरहित वाच्यसादृश्य को उपमा कहकर लक्षण को अधिक स्पष्ट किया है[3]। इन्होंने यह स्पष्ट कर दिया है कि **साधर्म्य को व्यंग्य नहीं, वाच्य होना चाहिये।** जयदेव और उनके अनुगामी अप्पयदीक्षित ने चमत्कार सौन्दर्यमूलक सादृश्य में उपमा को स्वीकार कर लक्षण को पं. विश्वनाथ से कम व्यंजक नहीं रहने दिया है[4]।

हिन्दी के काव्यशास्त्रियों ने उपमा का लक्षण संस्कृत के आचार्यों के अनुसार ही दिये हैं। आ. केशव का लक्षण सामान्य ही है[5]। जसवन्त सिंह, दास जी आदि ने वस्तुतः लक्षण दिया ही नहीं है, मात्र सामान्य कथन-भर किया है। मतिराम, भूषण, पद्माकर आदि के लक्षण जयदेव और अप्पयदीक्षित के अनुसार हैं। पद्माकर पर कम-वेशी मम्मट और विश्वनाथ का प्रभाव भी है अवश्य[6]। कुलपति का लक्षण अपेक्षाकृत अधिक सटीक और वैज्ञानिक है। इन्होंने 'शब्द-अर्थ' के कथन द्वारा इसे ध्वनि से तो अलग किया ही है, 'नहीं कलपित उपमान' कहकर उत्प्रेक्षा से भी भिन्न कर दिया है[7]।

उपमालंकार के **चार अंग** होते हैं। इन्हें क्रमशः उपमेय, उपमान, साधारण धर्म और सादृश्यवाचक शब्द कहा जाता है।

---

1. यथाकथञ्चित् सादृश्यं यत्रोद्भूतं प्रतीयते।
   उपमा नाम तस्याः प्रपवचोऽयं प्रदश्यते।। –काव्यादर्श 2।14।
2. उपमानेनोपमेयस्य गुणलेशतः साम्यमुपमा।। –का. सू. वृत्ति 4।।2।
   उपमानोपमेयोः साधर्म्ये भेदाभेद तुल्यत्वे तुल्यत्वे उपमा। अ. सर्वस्व।
3. साम्यं वाच्यं वैधर्म्यं वाक्यैक्य उपमा द्वयोः। –सा. दर्पण 10।14।
4. उपमा यत्र सादृश्यलक्ष्मीरुल्लसति द्वयोः। –चन्द्रालोक 5।11, कुवलयानंद 6।
5. रूप शील गुण होंहि सम, जो क्यों हूँ अनुसार। – कविप्रिया 14।1
6. (क) जहाँ बरनिये दुहुनि की, समछवि को उल्लास। –ल. ललाम 40।
   (ख) जहाँ दुहुन को देखिये, सोभा बनत समान। –शि. भूषण 32।
   (ग) उपमेयहु उपमान को, इक सम धरम जु होइ।
   उपमा-वाचक पद मिलें, उपमा कहिये सोइ।।–पद्माभरण 7।
7. सब्द अर्थ समता कहै, दोऊन की जेहि ठौर।
   नहि कलपित उपमान जहँ, सो उपमा सिरमौर।।–रसहस्य

उपमेय : उपमेय का अर्थ है 'उपमा देने योग्य' अर्थात् जिसकी तुलना अभीष्ट होती है या तुलना के लिये जो वस्तु प्रस्तावित रहती है। इस प्रकार हम कहेंगे कि **उपमेय वह वर्णनीय पदार्थ अथवा प्रस्तावित विषय है जिसकी समता अथवा विशिष्टता किसी दूसरे पदार्थ से दिखाई जाती है।** जैसे–'मुख कमल के समान सुन्दर है' में 'मुख' शब्द उपमेय है। यहाँ 'मुख' की समता 'कमल' से की गयी है। इसी प्रकार 'हाथ मृणाल-सा कोमल है' में 'हाथ' की समता 'मृणाल' से की गयी है, अतः यहाँ 'हाथ उपमेय है। एक बात और–**उपमान की अपेक्षा उपमेय अल्पगुण वाला (निकृष्ट) होता है।** इसकी समता में लाया जाने वाला अन्य पदार्थ (उपमान) सदा उत्कृष्टकोटिक होता है। जहाँ उपमेय उपमान से प्रधान और उत्कृष्टकोटिक हो जाता है, वहाँ एक नये प्रकार का चमत्कार आ जाता है और उपमा 'प्रतीप' बन जाती है। उपमेय के लिये कपितय अन्य शब्द भी चलते है–**प्रस्तुत, प्रकृत, विषय, विशेष्य, वर्ण्य, प्रासंगिक, प्राकरणिक, प्रधान आदि।**

उपमान : उपमान का अर्थ है 'जिससे उपमा दी जाये' अर्थात् जिससे उपमेय की समता अथवा विशिष्टता बतायी जाये। इस प्रकार कहा जायेगा कि **उपमान वह अवर्णनीय पदार्थ अथवा विषय (आक्षिप्त विषय है) जिससे उपमेय की समता अथवा विशिष्टता दिखाने में गर्व की अनुभूति होती है।** जैसे–पूर्वोक्त उदाहरण में 'कमल' और 'मृणाल' उपमान हैं, चूंकि क्रमशः 'मुख' और 'हाथ' उन्हीं के समान बताए गये हैं। **उपमान उपमेय से सदा उत्कृष्टकोटिक होता है।** उपमान सदा अप्रस्तावित होता है। इसे कवि-कल्पना द्वारा आक्षिप्त किया जाता है। इसके लिये अन्य शब्द भी चलते हैं–**अप्रस्तुत, अप्रकृत, विषयी, विशेषण, अवर्ण्य, अप्रांसगिक, अप्राकरणिक, अप्रधान आदि।** संभवतः आ॰ शुक्ल के दिखाये मार्ग के कारण ही अद्यतन समय में उपमेय और उपमान के लिये क्रमशः 'प्रस्तुत' और 'अप्रस्तुत' का चलन अधिक हो गया है। सूक्षमता से विचारने पर इसका औचित्य स्पष्ट हो जाता है। 'अप्रस्तुत' के लिये आ॰ शुक्ल ने **'अप्रस्तुत योजना'** और **'अप्रस्तुत विधान'** जैसे शब्द प्रयुक्त किये हैं। उन्होंने 'अप्रस्तुत योजना' को ही अधिक अर्थबोधक भी स्वीकार किया है। वस्तुतः उपमेय और उपमान का प्रयोग सामान्यतः औपम्यगर्भ अलंकारों तक ही सीमित मानना तार्किक है, शेष के लिये 'प्रस्तुत' और 'अप्रस्तुत' ही ठीक रहेंगे।

साधारण धर्म : दो भिन्न पदार्थों में समता अथवा विशिष्टता के प्रतिपादन हेतु किसी-न-किसी गुण अथवा आधार का होना आवश्यक है। उसके अभाव में समता-प्रतिपादन नहीं हो सकता है। इस आधार पर कहा जायेगा कि **उपमेय और उपमान के बीच जिस गुण, क्रिया धर्म, विशेषता आदि के कारण साम्य अथवा वैशिष्टय प्रतिपादित होता है, उसे ही साधारण धर्म कहा जाता है।** जैसे, पूर्वोक्त उदाहरणों में 'सुन्दर' और 'कोमल' शब्द साधारण धर्म हैं। इसके

लिये **साधर्म्य, समान धर्म** और संक्षेप में केवलधर्म भी प्रयुक्त होता है। साधारण धर्म विशेषण (गुण, रूप-रंग आदि) रूप अथवा क्रिया रूप में प्रयुक्त होता है। जैसे—विशेषण रूप में—

'अधिकार न सीमा में रहते, पावस-निर्झर से वे बहते।' प्रसाद : कामायनी

यहाँ 'अधिकार का सीमा में न रहना' साधारण धर्म है, जो गुण रूप में प्रयुक्त होता है। इसी प्रकार निम्नांकित उदाहरण में साधारण धर्म है 'चिल्लायी', जिसका प्रयोग क्रिया रूप में हुआ है—

'पागल-सी प्रभु के साथ सभा चिल्लायी।
सौ बार धन्य वह एक लाल की माई।।' —गुप्तजी : साकेत

प्रतीपादि अलंकारों में **विशेषधर्म** भी देखे जाते हैं। ये साधारण धर्मों के अतिरिक्त वैसे धर्म अथवा लक्षण होते हैं जो उपमेय अथवा उपमान में एक खास प्रकार की विशेषता लिये होते हैं। खासकर उपमेयोपमान में अन्तर-सूचक तुलना के समय इनकी स्थिति देखी जा सकती है—

अलंकारों में साधारण धर्म प्रायः तीन रूपों में प्राप्त होता है—(क) अनुगामी रूप में, (ख) वस्तुप्रतिवस्तु भाव के रूप में और (ग) बिंबप्रतिबंबभाव के रूप में। उपमेय और उपमान में एक रूप में स्थिर रहने वाला साधारण धर्म अनुगामी कहा जायेगा। वस्तुप्रतिवस्तुभाव में साधारण धर्म होता तो है एक ही, पर भिन्न-भिन्न वाक्यों में भिन्न-भिन्न शब्दों से निर्दिष्ट रहता है। इसके प्रतिकूल बिम्बप्रतिबिम्बभाव में साधारण धर्म भिन्न-भिन्न होते हैं। यहाँ उपमेय और उपमान वाक्यों में साधारण धर्म सर्वथा भिन्न-भिन्न रखा ही जाता है।

सादृश्य वाचक शब्द—जिस शब्द के द्वारा उपमेय और उपमान के बीच समता प्रतिपादित की जाती है, उसे सादृश्य-वाचक शब्द कहा जाता है। इसे ही **औपम्य-वाचक, प्रतिपादक, द्योतक, उपमा-वाचक, साधर्म्य-वाचक, सादृश्य-वाचक** अथवा संक्षेप में **वाचक** शब्द भी कहा जाता है। सा, ऐसा, सादृश्य, सदृश, समान, जैसा, तुल्य, सरिस, इव, यथा, वा, से, सी, सौं, लौं, जिमि, ज्यों, तूल, सम आदि ऐसे शब्द ऐसे ही हैं। उपमा के सादृश्य के लिये चमत्कृतिपूर्ण होना आवश्यक माना गया है। आचार्यों के अनुसार चारुत्व, चमत्कार और रसार्द्रता सादृश्य के आवश्यक तत्त्व हैं।

आधुनिक हिंदी कविता में सादृश्य मूलतः तीन प्रकार के मिलते हैं—आकार-प्रकार का साम्य उपस्थित करने वाले, गुण एवं क्रिया का साम्य उपस्थित करने वाले और प्रभाव साम्य उपस्थित करने वाले। इन्हें यों देखा जा सकता है—

1. (क) रामू ताड़-सा लम्बा है।
   (ख) उसी तपस्वी-से लम्बे थे, देवदारु दो-चार खड़े।— प्रसादः कामायनी
   (ग) दिन अच्छा है,

बीच खेत में अड़े साँड़ की तरह खड़ा है। – केदारनाथ अग्रवाल

उपर्युक्त उदाहरणों में आकार-प्रकार का साम्य उपस्थित करने वाले सादृश्य ही उपस्थित हुए हैं। इन्हें मूर्त के लिये मूर्त सादृश्य का विधान भी कहा जा सकता है।

2. (क) संसार में द्रोहाग्नि पेट की जठराग्नि-सी प्रज्ज्वलित है।

(ख) जो घनीभूत पीड़ा थी, मस्तक में स्मृति-सी छायी।–प्रसाद : आँसू

(ग) बिखरी अलकें ज्यों तर्कजाल। –प्रसाद : कामायनी

(घ) दृढ़ जटाजूट हो विपर्यस्त प्रतिलट से खुल
फैला पृष्ठ पर, बाहुओं पर, वक्ष पर विपुल
उतरा जो दुर्गम पर्वत पर नैशान्धकार।–निराला : राम की शक्तिपूजा

उपर्युक्त उदाहरणों में गुण-साम्य और क्रिया-साम्य उपस्थित करने वाले सादृश्य ही प्रयुक्त हुए हैं।

3. (क) लाज की मादक सुरा-सी लालिमा, फैल गालों में नवीन गुलाब-से,
छलकती थी बाढ़-सी सौन्दर्य की, अधखुले सस्मित दृगों-से सीपके।
– पंत

यहाँ कवि-कल्पना द्वारा वर्णित मुख-सौन्दर्य का प्रभाव-साम्य ही वर्णित है। इसी प्रकार निम्नांकित उदाहरण में प्रभाव-साम्य उपस्थित करने वाला सादृश्य ही है–

प्रातः सद्यः स्नात
कंधों पर बिखरे केश
आँसुओं से ज्यों
धुला वैराग्य का संदेश

चूमती रह-रह
वदन की अर्चना की धूप
वह सजल निष्काम
पूजा-सा तुम्हारा रूप–धर्मवीर भारती : ठंडा लोहा

द्रोपदी के चीर के समान ही उपमा के भेद अनन्त हैं, पर इन्हें, रुढ़-शास्त्रीयता के बुद्धि-विलास का मात्र प्रमाण नहीं कहा जा सकता; इसके समस्त भेद सादृश्य-मूलक वाग्विकल्पों पर आधारित है। मूलतः **इसके दो भेद हैं–पूर्णोपमा और लुप्तोपमा।**

क : पूर्णोपमा

जहाँ उपमा के पूर्वोक्त चारों अंग उपमेय, उपमान, साधर्म्य और सादृश्य-वाचक शब्द पूर्णतः स्पष्ट होते हैं, वहाँ पूर्णोपमा अलंकार होता है। पूर्णोपमा के दो अर्थ हैं–(1) वैसी उपमा जिसमें उसके चारों अंग (उपमेय, उपमान, साधर्म्य और वाचक) वर्तमान हों, और (2) वैसी उपमा जिसमें कवित्व, रमणीयता, चमत्कार आदि सभी दृष्टियों से पूर्णता हो। यह प्राचीनों से ही स्वीकृत रहा है। वामन ने पूर्णोपमा को प्रथम अर्थ में ही ग्रहण किया है[1]। मम्मट, विश्वनाथ आदि ने भी वामन के मत को ही

---

1. गुणद्योतकोपमानोपमेयशब्दानां सामग्रये पूर्णा।–का. सू. वृत्ति 4।2।5।

स्वीकार किया है[1]। हिंदी के आचार्यों ने भी प्रायः वैसे ही लक्षण दिए हैं[2]। भूषण, दास आदि ने सामान्य उपमा को ही पूर्णोपमा मान लिया है। पद्माकर का लक्षण अपेक्षाकृत अधिक स्पष्ट बन पड़ा है[3]। पूर्णोपमा दो प्रकार की मानी गयी है—श्रौती और आर्थी।

श्रौती पूर्णोपमा : जहाँ सा, से, सी, सों, इव, यथा, वा, लौं, जिमि, जैसा आदि सादृश्य-वाचकों के प्रयोग से पूर्णोपमा होती है, वहाँ श्रौती पूर्णोपमा होता है। श्रौती का अर्थ है 'श्रवण मात्र से ही', अर्थात् जहाँ पूर्वोक्त सादृश्यवाचकों का प्रयोग उपमान के साथ बिना सम्बन्धकारकादि की सहायता से ही प्रत्यक्ष सम्बन्ध दिखाते हुए हो एवं अर्थ का बिना अनुसंधान किए ही, श्रवण मात्र से ही सादृश्य बोध करा देने में समर्थ हों, वहाँ श्रौती पूर्णोपमा होती है। इसमें सादृश्य का बोध अभिधा द्वारा ही हो जाता है। उपमान के साथ अन्वित होने के कारण ये शब्द उपमेय को तुरन्त आक्षिप्त करते हैं जिससे सादृश्य-स्थापना के लिये दिमागी कसरत की आवश्यकता नहीं होती है। जैसे, 'कमल-सा मुख' में 'कमल-सा' सुनते ही तुरत जिज्ञासा होती है कि 'क्या' और उसका उत्तर 'मुख' मिलते ही हमारी जिज्ञासा शांत हो जाती है। यहाँ उपमेय-उपमान का सम्बन्ध स्वतः सिद्ध होता है।

हिंदी के अधिकांश काव्यशास्त्रियों ने इस विभाजन को छोड़ दिया है। कुछ ने भेदों का उल्लेख तो किया है, पर लक्षण का नहीं। कुलपति ने इसे मम्मट के अनुसार ग्रहण किया है। पद्माकर का लक्षण प्रायः अस्पष्ट ही है[4]।

नव उज्जवल जलधार हार हीरक-सी सोहति।

—भारतेन्दु : गंगावर्णन

यहाँ 'नव उज्जवल जलधार' उपमेय, 'हीरे का हार' उपमान, 'सोहति' साधर्म्य (क्रियारूप) और 'सी' वाचक है। उपमा के चारों अंगों के कथन से यहाँ पूर्णोपमा तो है ही, 'सी' वाचक के कारण श्रौती भी है।

अधिकार न सीमा में रहते, पावस-निर्झर-से वे बहते।

—प्रसाद : कामायनी

यहाँ 'अधिकार' उपमेय, 'पावस निर्झर' उपमान, 'से' वाचक और 'बहते'

---

1. (क) उपमानोपमेयसाधारणधर्मोपमाप्रतिपादकानामुपादाने पूर्णा। —का. प्रकाश 10।87 वृत्ति।
   (ख) सा पूर्णा यदि सामान्यधर्म औपम्यवाचि च।
   उपमेयं चोपमानं भवेद्वाच्यम्।। —सा. दर्पण 10।15।
2. वाचक अरु उपमेय जहं, साधारन उपमान। —ल. ललाम 43।
3. उपमान'रु वाचक धरम, उपमेयहु जो होइ।
   ये चारिहु परसिद्ध जहँ, पूरन उपमा सोइ।। —पद्माभरण 8।
4. सो स्रौती सब्दहिं सुनत, जहँ वाचक को ज्ञान। —पद्माभरण 10।

साधर्म्य है। अतः पूर्णोपमा है। 'से' वाचक के कारण उपमा श्रौती है।

पूस मास की धूप सुहावन,
घिसे हुए पीतल-सी पांडुर। —नागार्जुन

यहाँ 'पूस की धूप' उपमेय, 'घिसा हुआ पीतल' उपमान, 'सी' वाचक और 'पांडुर' (पीला) साधर्म्य है। अतः पूर्णोपमा है। 'सी' वाचक के कारण यहाँ भी श्रौती पूर्णोपमा ही है।

कोकाकोला जैसा हुस्न
बुझा-बुझा सा लाल-लालसा। —कर्तारसिंह दुग्गल

यहाँ उपमेय (हुस्न), उपमान (कोकाकोला), वाचक (जैसा) और साधर्म्य (बुझा-बुझा और लाल-लाल) का स्पष्टकथन होने से पूर्णोपमा एवं 'जैसा' वाचक होने से श्रौती है।

दो लालटेन-से नयन दीन। —मुक्तिबोध

यहाँ भी उपमेय (नयन), उपमान (लालटेन), वाचक (से) और साधर्म्य (दीन) के स्पष्ट कथन से श्रौती पूर्णोपमा है।

आर्थी पूर्णोपमा : जिस पूर्णोपमा अलंकार में तुल्य, सम, समान, सरिस, सरीखा, सदृश आदि सादृश्यवाचक प्रयुक्त होते हैं, वहाँ अर्थी पूर्णोपमा होती है। यहाँ पूर्वोक्त वाचक कभी उपमेय और कभी उपमान और कभी दोनों से अन्वित होते हैं। ऐसी स्थिति में भाव का स्पष्टीकरण सम्बन्ध कारकादि के सहारे ही हो पाता है। यहाँ उपमेय-उपमान का सम्बन्ध अर्थ के सहारे-बुद्धि व्यापार के द्वारा स्थापित करना पड़ता है, तभी सादृश्य ज्ञान हो पाता है। बिना अर्थानुसंधान के यहाँ सादृश्य-सम्बन्ध स्पष्ट नहीं होता है। असल बात है अर्थानुसंधान अथवा अर्थविश्लेषण की। इसी से इस प्रकार की पूर्णोपमा आर्थी कही जाती है।

हिंदी के अधिकांश काव्यशास्त्रियों ने इस विभाजन को छोड़ दिया है। पद्माकर आदि ने इसका विवेचन तो किया है, पर वह स्पष्ट नहीं है[1]। आ. मम्मट के अनुसार तुल्य आदि शब्दों के प्रयोग से उपमा में सादृश्य की प्रतीति आक्षेपगम्य (प्रत्यक्ष नहीं) होने पर आर्थी उपमा होती है[2]।

पीपर पात सरिस मन डोला। —तुलसी : मानस

यहाँ 'मन' उपमेय, 'पीपल का पत्ता' उपमान, 'डोला' (क्रियारूप) साधर्म्य और 'सरिस' वाचक शब्द है। अतः पूर्णोपमा है, साथ ही 'सरिस' वाचक होने के कारण यह आर्थी उपमा भी है।

---

1. अर्थ निरूपै आरथी। — पद्माभरण 20।
2. देखिये—का. प्रकाश 10।87 वृत्ति।

सुभग सुधाधर-तुल्य मुख। —पद्माकर : पद्माभरण

यहाँ उपमेय (मुख), उपमान (सुधाकर), साधर्म्य (सुभग) और वाचक (तुल्य) का स्पष्ट कथन होने के कारण पूर्णोपमा है एवं 'तुल्य' शब्द के वाचक होने से आर्थी है।

तुम्हारा चुम्बन जल रहा है, भाल पर
दीपक सरीखा। —दुष्यन्तकुमार

यहाँ उपमेय (चुम्बन), उपमान (दीपक), साधर्म्य (जलना) और वाचक (सरीखा) के स्पष्ट कथन से पूर्णोपमा और 'सरीखा' शब्द के सादृश्यवाचक होने से उपमा आर्थी हो गयी है।

दामिनी की कोर सम चमकी अंगुलियाँ
शाँत पानी में। —अज्ञेय : अकेली न जइयो राधे जमुना के तीर

यहाँ भी उपमेय (अंगुलियाँ), उपमान (दामिनी की कोर) साधर्म्य (चमकना) और वाचक (सम) के स्पष्ट कथन से पूर्णोपमा एवं 'सम' वाचक के कारण आर्थी बन पड़ी है।

लुप्तोपमा

जहाँ उपमेय, उपमान, साधर्म्य और सादृश्य-वाचक में से किसी एक दो अथवा तीन (अंग) का लोप हो (कथन न किया जाये) वहाँ लुप्तोपमा अलंकार होता है। उपमा के पूर्वोक्त चारों अंग का शब्दतः कथन होता भी है और कभी-कभी नहीं भी होता है। प्रसंगानुसार वे अंग लुप्त भी रहते हैं। लोप किसी एक, दो अथवा तीन अंगों का ही संभव है, चारों अंगों का नहीं। उपमा के लुप्त अंग के आधार पर ही लुप्तोपमा की कल्पना की गयी है। पं॰ विश्वनाथ ने लुप्तोपमा का श्रौती और आर्थी में अवान्तर विभाग किया है। हिंदी के आचार्यों ने इसे स्वीकार तो नहीं किया, पर हिंदी में यत्र-तत्र इसके उदाहरण मिल जाते हैं। वस्तुतः लुप्तोपमा का श्रौती और आर्थी में किया गया विभाग पूर्णतः अवैज्ञानिक है। इसमें अनेकों भ्रांतियाँ रह जाती हैं।

हिंदी के शृंगार कालीन आचार्यों ने लुप्तोपमा का अनावश्यक विस्तार-प्रसार किया है। पद्माकर ने बैरीशाल के आधार पर पन्द्रह प्रकार की लुप्तोमाएँ मानी हैं। उन्होंने चारों अंगों के लोप में 'पूर्णलुप्ता' का भी विधान किया है[1]। वस्तुतः उपमा के किसी अंग का कथन न होने पर सादृश्य कहाँ रह जायेगा? फिर वैसी स्थिति में चमत्कार वाच्यरूप में नहीं, प्रतीयमान रूप में ही रह जायेगा—चमत्कार के प्रतीयमान हो जाने पर उपमा कैसे संभव है? हाँ, रूपकातिशयोक्ति की तो बात ही अलग है। पूर्णलुप्ता की बात तो छोड़िये, पोद्दार जी उपमेय लुप्ता भी नहीं मानना

1. पूरलुप्ता है तहाँ, जहाँ चहुन को लोप।
   जाहि निरखि सुक मंदहुव, ताहि लखहु करि चोप।। —पद्माभरण 19।

चाहते हैं। डा. सुखथांकर भी उपमेय लुप्ता को नहीं मानना चाहकर पोद्दारजी का ही समर्थन कर रहे हैं[1]। निश्चय ही उपमेय के अभाव में सादृश्य की कल्पना विचित्र मानी जायेगी; अस्तु, पोद्दार जी और डा. सुखथांकर के विचार सत्य के अधिक निकट हैं, पर हिंदी कविता में उपमेय लुप्ता के भी थोड़े-बहुत उत्तम उदाहरण अवश्य मिल जाते हैं। लुप्तोपमा के जितने भेद किये गये हैं, उन पर समीक्षात्मक दृष्टि से विचारने पर यह स्पष्ट हो जाता है कि ये समस्त भेद काव्य शास्त्र के लिये न तो अनिवार्य है और न सहृदयों को ग्राह्य, फिर इनमें तार्किकता का भी पूर्णतः अभाव है। हिंदी के शृंगारकालीन आचार्यों द्वारा माने गये अनेक भेद—वाचकोपमेय लुप्ता, उपमेयोपमान लुप्ता, धर्मोपमेय लुप्ता, धर्मोपमानोपमेय लुप्ता, वाचकोपमानोपमेय लुप्ता और वाचक धर्मोपमेय लुप्ता—व्यर्थ के प्रपंच के ही परिणाम हैं। सच पूछिए तो त्रिलुप्ता में केवल 'वाचकधर्मोपमान लुप्ता' ही संभव है। डा. सुखथांकर ने भी प्रकारान्तर से इसकी पुष्टि की है[2]। कतिपय विचारक 'वाचक धर्मोपमेय लुप्ता' को भी स्वीकार करना चाहते हैं। आप सोच सकते हैं कि भला धर्म, वाचक और उपमेय के लोप होने पर बचेगा क्या? मात्र उपमान न। यहाँ भूलने की बात नहीं कि रूपकातिशयोक्ति में भी तो मात्र उपमान का वर्णन होता है, अतः इसकी स्थिति सम्भव नहीं है। कुछ लोग ऐसा मान सकते हैं कि उपमा में उपमेय और उपमान का भेद होता है और अतिशयोक्ति में (अभेद होने के बाद) अध्यवसान। अतः **वाचक धर्मोपमेय लुप्ता ही रूपकातिशयोक्ति नहीं है,** फिर भी यह प्रपंच बेकार ही है। यों इसके भी कतिपय चमत्कारिक उदाहरण आधुनिक हिंदी कविता में देखे जा सकते हैं।

विवेचन के प्रपंच में न उलझते हुये हिंदी की प्रकृति और उपमा के औचित्य को ध्यान में रखकर लुप्तोपमाओं का प्रसार हम निम्नांकित रूप में कर सकते हैं—

(क) एकलुप्ता : वाचक लुप्ता[1], धर्म लुप्ता[2], उपमान लुप्ता[3] = 3
(ख) द्विलुप्ता : धर्मवाचक लुप्ता[4], वाचकोपमान लुप्ता[5], धर्मोपमान लुप्ता[6] = 3
(ग) त्रिलुप्ता : वाचक धर्मोपमान लुप्ता[7] = 1
=7

ऊपर के विवेचन से स्पष्ट है कि इन सात लुप्तोपमाओं के अतिरिक्त आचार्यों ने और प्रकार की लुप्तोपमाएं भी स्वीकार की हैं, पर चमत्कार के अभाव में उन्हें अस्वीकार करना ही श्रेयस्कर है। संस्कृत में तो कपितय ऐसी लुप्तोपमाएँ भी हैं,

1. उपमेय लुप्ता Is not possible, for the absence of उपमेय nox out the bottom of the figure itself. —काव्य प्रकाश नोट्स—पृ. 5।
2. That the आलंकारिक should go to the length of admitting उपमेय लोप (That is वादि उपमान लुप्ता) shows their survile obedience to grammar. —काव्य प्रकाश नोट्स—पृ. 6।

जिनका चलन हिंदी में एकदम है ही नहीं। जैसा पहले स्पष्ट किया भी गया है कि कतिपय विद्वान 'उपमेय लुप्ता', 'धर्मोपमेय लुप्ता' और 'वाचकोपमेय लुप्ता' भी मानते हैं, पर इनमें चमत्कारिक उत्कृष्टता का प्रायः अभाव ही दिखता है—यों छिटपुट रूप से कुछ अच्छे उदाहरण मिल भी जाते हैं, पर इन्हें मानना श्रेयस्कर नहीं है। पाठकों को दृष्टि में रखकर मैं उनका निरूपण कर रहा हूँ, पर मेरे विचार से उन्हें अस्वीकृत करना ही उत्तम है।

(क) एकलुप्ता

1. **उपमेय लुप्ता जहाँ : उपमेय को छोड़कर उपमा के शेष तीनों अंगों का कथन किया जाए, वहाँ उपमेय लुप्ता उपमा होगी।**

पड़ी थी बिजली-सी विकराल। —गुप्तजी : साकेत

यहाँ उपमान (बिजली), साधर्म्य (विकराल) और वाचक (सी) का कथन किया गया है, किन्तु उपमेय (कैकेयी) लुप्त है। यदि पूर्व प्रसंग ज्ञात न हो तो उपमेय (कैकेयी) का सहज ही आक्षेप दुष्कर ही नहीं असंभव है। अस्तु, यहाँ उपमेय लुप्ता तो है, पर चमत्कार का अभाव ही कहना चाहिये।

मुख कमल समीप सजे थे दो किसलय दल पुरइन के। —प्रसाद : आँसू

यहाँ उपमान (पुरइन के किसलय), साधर्म्य (सजना) और वाचक (समीप) हैं, किन्तु उपमेय (दो कान) लुप्त हैं। अतः यहाँ भी उपमेयलुप्ता है। पहले उदाहरण की अपेक्षा इसमें चमत्कार अधिक है और उपमेय को भी आसानी से आक्षिप्त किया जा सकता है। वस्तुतः उपमेय-लुप्ता के साथ यही सबसे बड़ी गड़बड़ी है कि यदि उपमान चुभते हुये और पूर्ण स्पष्ट नहीं होते हैं तो उपमेय का समझना दुष्कर हो जाता है। इसके प्रयोग में थोड़ी सतर्कता की आवश्यकता होती है। अर्थ संधित्सुओं के लिये भी उपमा-परम्परा का अधिकृत ज्ञाता होना आवश्यक है। निम्नांकित उदाहरण में उपमान के चुभते हुये होने के कारण उपमेय को आक्षिप्त कर लेना सहज है—

चंचल हैं ज्यों मीन, अरुनारे पंकज सरिस।
निरखि न होय अधीन, ऐसो नर नागर कवन।।

यहाँ प्रथम चरण में 'मीन', 'चंचल' और 'ज्यों' एवं द्वितीय चरण में 'पंकज', 'अरुनारे' और 'सरिस' क्रमशः उपमान, साधर्म्य और वाचक हैं। उपमेय (नेत्र) लुप्त हैं, पर उसका आक्षेप सहज ही हो जाता है।

2. **उपमान लुप्ता जहाँ उपमान को छोड़कर उपमा के शेष तीनों का कथन किया जाये, वहाँ उपमान लुप्ता उपमा होगी।**

गज-सम गमन सुमन्द। —पद्माकर : पद्माभरण

यहाँ उपमेय (गमन = गति : स्त्री की चाल); साधर्म्य (समन्द) और वाचक (सम) हैं, किन्तु उपमान (गज-गमन : गजगति) लुप्त है। 'गज' मात्र उपमा सूचक

शब्द है, उपमान नहीं—'गमन' का उपमान 'गज-गमन' होगा न कि 'गज'। एक बात और—उपमान लुप्ता में उपमान के सदृश किसी अन्य वस्तु का विधान आवश्यक रूप से होता है। सदृश वस्तु के अभाव में यह अलंकार 'समनामी' अलंकार में बदल जाएगा। उपर्युक्त उदाहरण में 'गज' वैसा ही शब्द है और वास्तविक उपमान (हाथी के समान चाल) की अनुपस्थिति में उसका होना आवश्यक था। अतः यहाँ उपमान लुप्ता है।

छिन इत छिन उत तकि रहत, अध-ऊरध ठहरैं न।
डरे हरिन के-से चपल, कहा करे ये नैन।। —का. कौमुदी

यहाँ उपमेय (नयन), साधर्म्य (चपल) और वाचक (से) तो कथित है, पर उपमान (हरिण के नेत्र) लुप्त। यहाँ 'हरिण' शब्द मात्र उपमा सूचक शब्द है, उपमान नहीं। अतः यहाँ उपमान लुप्ता उपमा है।

काव्यशास्त्रीय दृष्टिकोण से हिंदी में उपमान लुप्ता के उदाहरण इक्के-दुक्के ही मिलते हैं। अलंकार विवेचन से सम्बन्धित हिंदी की अधिकांश पुस्तकों में उपमान लुप्ता के उदाहरण गलत ही रखे गये हैं—वहाँ लोगों ने **उपमान के निषेध को उपमान का लोप** मानकर उदाहरण रख दिया है। वस्तुतः **निषेध** और **लोप** में अन्तर न समझने के कारण ही वैसा हुआ है।

3. धर्मलुप्ता जहाँ धर्म को छोड़कर उपमा के शेष तीनों अंगों का कथन किया जाये, वहाँ धर्मलुप्ता उपमा होगी।

कुंद इंदु सम देह, उमा रमन करुना अयन। —तुलसी : मानस

यहाँ उपमेय (शिव जी की देह), उपमान (कुंद, इंदु) और वाचक (सम) कथित हैं, पर धर्म (गौर वर्ण) लुप्त। अतः यहाँ धर्म लुप्ता है।

कनक-से दिन, मोती-सी रात
सुनहली साँझ, गुलाबी प्रात। —महादेवी

यहाँ पूर्वार्द्ध में धर्मलुप्ता के दो उदाहरण हैं—प्रथम उदाहरण में उपमेय (दिन), उपमान (कनक) और वाचक (से) तो है, पर धर्म (पीलापन, सुनहला आदि) लुप्त है। इसी प्रकार द्वितीय उदाहरण में भी उपमेय (रात), उपमान (मोती), वाचक (सी) है, पर धर्म (उज्जवलता : चाँदनी के कारण प्रकाश) लुप्त है। अस्तु, यहाँ धर्मलुप्ता के दो उदाहरण हुए।

धूप—
माँ की हँसी के प्रतिबिंब-सी
शिशु-बदन पर। —अज्ञेय

यहाँ भी उपमेय (धूप), उपमान (माँ की हँसी का प्रतिबिंब) और वाचक (सी) तो हैं पर साधर्म्य (सुखकारक आदि) लुप्त है। अस्तु, साधर्म्यलुप्ता है।

4. वाचक लुप्ता : जहाँ सादृश्य-वाचक शब्द को छोड़कर उपमा के शेष तीनों अंग लुप्त न हों, वहाँ वाचक लुप्तोपमा होगी।

नील-सरोरुह स्याम, तरुन अरुन वारिज नयन।

करौ सो मम उरधाम, सदा क्षीर सागर सयन। —तुलसी : मानस

यहाँ प्रथम चरण में उपमेय (विष्णु : क्षीर सागर में सदा शयन करने वाले), उपमान (नील सरोरुह) और धर्म (श्याम) कथित हैं, पर वाचक (समान आदि) लुप्त। इसी प्रकार द्वितीय चरण में उपमेय (नयन), उपमान (वारिज) और धर्म (अरुण) कथित हैं। पर वाचक (समान आदि) लुप्त। अतः यहाँ वाचकलुप्तोपमा के दो उदाहरण हैं।

शलभ-चंचल मेरे मन प्राण। —पंत : गुंजन

यहाँ उपमेय (मन, प्राण), उपमान (शलभ) और धर्म (चंचल) हैं, पर वाचक ('सा' आदि) का कथन नहीं है। अतः यहाँ भी वाचक लुप्ता है।

तापस बाला गंगा, निर्मल। —पंत : नौकाविहार

यहाँ उपमेय (गंगा), उपमान (तापसबाला) और धर्म (निर्मल) कथित हैं, पर वाचक ('सा' आदि) लुप्त। अस्तु, यहाँ भी वाचक लुप्तोपमा है।

(ख) द्विलुप्ता

5. धर्मवाचक लुप्ता : जहाँ धर्म और वाचक लुप्त हों एवं उपमा के शेष दो अंग लुप्त न हों, वहाँ धर्मवाचक लुप्तोपमा होगी।

कंज-दृगनि लखि लेहु। —पद्माकर : पद्माभरण

—कमलाक्षी (नायिका) को देखो। यहाँ 'कंज' उपमान और 'दृगनि' उपमेय कथित है, पर धर्म और वाचक लुप्त हैं। अस्तु यहाँ धर्मवाचक लुप्ता है।

बिजली-माला पहने फिर मुसकाता था आंगन में। प्रसाद : आँसू

यहाँ 'बिजली' उपमान और 'माला' उपमेय है, पर धर्म और वाचक लुप्त हैं। अतः धर्मवाचक लुप्ता है।

धर्मवाचक लुप्तोपमा और रूपक में बड़ा सूक्ष्म अन्तर है। अतः दोनों में एक दूसरे का भ्रम संभव है। भ्रम निवारण हेतु यहाँ यह जान लेना चाहिये कि **धर्म उपमेयनिष्ठ होने पर उपमा और उपमाननिष्ट होने पर रूपक होता है।** धर्मवाचक लुप्तोतमा में विशेषण उपमेय से अन्वित होता है, किन्तु रूपक में उपमान से। पूर्वोक्त उदाहरणों में विशेषण उपमेय से ही अन्वित हैं। अस्तु, यहाँ धर्मलुप्ता है।

6. धर्मोपमान लुप्ता जहाँ धर्म और उपमान लुप्त हों, एवं उपमा के शेष दोनों अंग लुप्त न हों, वहाँ धर्मोपमान लुप्तोपमा होगी।

गज-सी गति अवरेखु। —पद्माकर : पद्माभरण

यहाँ उपमेय (गति) और वाचक (सी) है, पर उपमान (गजगति) और धर्म (मंथरता) लुप्त है। 'गज' यहाँ उपमान नहीं, मात्र उपमासूचक शब्द है, चूँकि नारियों की गति का उपमान है 'गजगति' न कि 'गज :। अतः यहाँ धर्मोपमान लुप्तोपमा है।

तदपि कहूँ कोई नहीं, काव्यानंद समान। —का. दर्पण

यहाँ उपमेय (काव्यानन्द) और वाचक (समान) कथित हैं, पर धर्म और उपमान लुप्त हैं। अतः यहाँ भी धर्मोपमान लुप्तोपमा है।

7. धर्मोपमेय लुप्ता जहाँ धर्म और उपमेय लुप्त हों एवं उपमा के शेष दो अंगों का कथन किया जाये, वहाँ धर्मोपमेय लुप्ता होगी।

कंचन लता समान। —पद्माकर : पद्माभरण

यहाँ उपमेय (नायिका) और धर्म (सुन्दरता) का लोप है। मात्र उपमान (सोने की लता) और वाचक (समान) का कथन किया गया है। अस्तु, यहाँ धर्मोपमेय लुप्तोपमा है। वस्तुतः, लुप्तोपमा का यह प्रकार भी क्लिष्ट-कल्पना पर ही आधारित है। उपमा की परिपाटी से परिचित अनुसंधित्सु ही इसे पहचान सकते हैं। क्लिष्ट-कल्पना के कारण चमत्कार का सहज रूप भी इसमें नहीं रह पाता है। अतः इसे अलंकार नहीं मानना ही अधिक संगत है।

8. वाचकोपमान लुप्ता जहाँ वाचक और उपमान लुप्त हों एवं उपमा के शेष दो अंगों का कथन किया जाये, वहाँ वाचकोपमान लुप्तोपमा होती है।

अरुण नयन उर बाहु विशाला। —अ. मीमांसा

यहाँ वाचकोपमान लुप्ता के दो उदाहरण हैं—प्रथम उदाहरण में उपमेय (नयन) और धर्म (अरुण) कथित हैं, तथा वाचक और उपमान लुप्त हैं। इसी प्रकार द्वितीय उदाहरण में भी उपमेय (उर और बाहु) और धर्म (विशाल) स्पष्ट हैं, तथा वाचक और उपमान लुप्त। अस्तु, यहाँ वाच-कोपमान लुप्ता है।

सुनहली साँझ, गुलाबी प्रात। —महादेवी

यहाँ भी वाचकोपमान लुप्ता के दो उदाहरण हैं। प्रथम उदाहरण में उपमेय (साँझ) और धर्म (सुनहली) कथित हैं, द्वितीय उदाहरण में भी उपमेय (प्रातः) और धर्म (गुलाबी) कथित हैं। वाचक और उपमान का लोप दोनों उदाहरणों में है। अतः ये वाचकोपमान लुप्ता के उदाहरण हैं।

9. वाचकोपमेय लुप्ता : जहाँ धर्म और उपमान का कथन किया जाये, पर उपमा के शेष दो अंग (वाचक और उपमेय) लुप्त हों, वहाँ वचकोपमेय लुप्ता होती है।

चपल चंचला देखु। —पद्माकर : पद्माभरण

यहाँ उपमान (चंचला) और धर्म (चंचल) कथित हैं, पर उपमेय (नायिका) और वाचक (के समान) लुप्त। अस्तु, वाचकोपमेय लुप्ता है। इसी प्रकार—

छबि सो रति आचरति है, चलि अवलोकहु लाल। —रस मंजरी

में उपमान (रति) और धर्म (छवि) वर्तमान हैं, पर उपमेय और वाचक लुप्त। अस्तु, यहाँ भी वाचकोपमेय लुप्तोपमा है।

(ग) त्रिलुप्ता

10. वाचकधर्मोपमानलुप्ता : जहाँ मात्र उपमेय का ही कथन किया जाये एवं उपमा के शेष तीनों अंग लुप्त हों, वहाँ वाचकधर्मोपमान लुप्तोपमा होगी।

वृषभ कंध केहरि-ठवन। —तुलसी : मानस

यहाँ 'वृषभ' और 'केहरि' उपमा-बीजक शब्द भर हैं, उपमान नहीं; यहाँ भी मात्र उपमेय (कंध) ही कथित है और उपमा के शेष तीनों अंग लुप्त हैं। अस्तु, वाचकधर्मोपमान लुप्ता हुई।

खो गया मोरा खग अनजान मृगेक्षणि! —पंत

यहाँ 'मृगेक्षणि' (नारी)—उपमेय भर कथित है और उपमा के शेष तीनों अंग लुप्त हैं। आँख (नारी) के लिये उपमान है 'मृग की आँख' न कि 'मृग'। अतः, 'मृगेक्षणि' का 'मृग' मात्र उपमा-बोधक शब्द भर है, उपमान नहीं। अस्तु, यहाँ भी वाचकधर्मोपमान लुप्ता है।

मालोपमा

जहाँ एक उपमेय का अनेक उपमानों से सादृश्य सम्बन्ध दिखाया जाये वहाँ मालोपमा अलंकार होता है। मालोपमा का अर्थ है माला के रूप में उपमा अर्थात् यहाँ एक उपमेय के लिए अनेक उपमान माला रूप में कहे जाते हैं। यह उपमा अलंकार का ही एक प्रकांर है जिसे स्वतंत्र अलंकार की सत्ता प्राप्त है।

यह प्राचीनों से ही स्वीकृत रहा है। पं॰ विश्वनाथ ने आ॰ मम्मट के आधार पर ही इसका लक्षण किया है[1]। संस्कृत के अधिकांश आचार्यों ने इसका विवेचन जाने या अनजाने न किया है। संभवतः इसके पीछे उपमा के विचित्र बंधों की इयत्ता का न होना ही है। आ॰ भामह की दृष्टि ऐसी ही है[2]। उपमा के बंध-वैचित्र्य का विस्तृत निरूपण किया है आ॰ दण्डी ने, जिन्होंने **धर्मोपमा, नियमोपमा, मोहोपमा, चाटूपमा** आदि के साथ **बहूपमा** और **मालोपमा** भी स्वीकार किया है। हिंदी के आचार्यों में मतिराम, पद्माकर आदि के लक्षण विश्वनाथ के लक्षण के ही अनुसार हैं[3]। मालोपमा मूलतः तीन प्रकार की मिलती है—

1. **एकधर्मा (साम्यधर्मा) :** जहाँ अनेक उपमानों के लिये एक ही धर्म रहे।
2. **भिन्नधर्मा :** जहाँ सभी उपमानों के लिये धर्म भिन्न-भिन्न रहें।
3. **लुप्तधर्मा :** जहाँ सभी उपमानों के धर्म लुप्त रहें।

---

1. (क) एकस्यैव बहूपमानोपादाने मालोपमा। —का. प्रकाश 10।90 वृत्ति।
   (ख) मालोपमा यदेकस्योपमानं बहु-दृश्यते। —सा. दर्पण 10।26।
2. मालोपमादिः सर्वोऽपि न ज्यायान् विस्तरो मुधा!—काव्यालंकार 2।38।
3. (क) जहाँ एक उपमेय को, होत बहुत उपमान। —ल. ललाम 48।
   (ख) मालोपम उपमेय इक। ताके बहु उपमेमान। —पद्माभरण 22।

एकधर्मा मालोपमा

पछतावे की परिछाहीं-सी
तुम भू पर छायी हो कौन?
दुर्बलता की अँगड़ाई-सी
अपराधी-सी भय से मौन। —पंत : छाया

यहाँ एक उपमेय (छाया) के लिये 'परछाहीं', 'दुर्बलता', 'अँगड़ाई' और 'अपराधी'—ये चारों उपमान रखे गये हैं। ये उपमान मालारूप में हैं। इन सबों के लिये एक साधर्म्य (छायी) है। अतः, यहाँ एकधर्मा मालोपमा है।

पन्नग समूह में गरुड़-सदृश,
तृण में विकराल कृशानु सदृश,
राणा भी रण में कूद पड़ा,
घन अन्धकार में भानु सदृश।—श्याम नारायण पांडेय : हल्दीघाटी

यहाँ एक उपमेय (राणा प्रताप) के लिये तीन उपमानों (गरुड़, कृशानु और सूर्य) की योजना मालारूप में की गयी है, जिनका साधर्म्य एक ही—'कूद पड़ा।' अस्तु, यहाँ भी समानधर्मा मालोपमा है।

भिन्नधर्मा मालोपमा

कभी चौकड़ी भरते मृग-से
भू पर चरण नहीं धरते,
मत्त मतंगज कभी झूमते,
सजग शशक नभ में चरते। —पंत : बादल

यहाँ एक उपमेय (बादल) के लिये कवि ने अनेक उपमानों (मृग, मतंगज और शशक) की मालारूप में योजना की है, जिनके लिये क्रमशः 'चौकड़ी भरना', 'झूमना' और 'चरना'—भिन्न-भिन्न धर्म कहे गये हैं। अतः, यहाँ भिन्नधर्मा मालोपमा है—

अँधियारी बगिया में कोयल-सी कूक गयी,
सूनी दुपहरिया में पीड़ा-सी हूक गयी,
कारी बदरिया में उमड़-उमड़ घुमड़ाई,
चाँदी की रातों में चितवन-सी मूक रही,
सुधि आयी। —वीरा : सुधिआयी

यहाँ एक उपमेय (सुधिधाई) के लिये कवयित्री ने 'कोयल', 'पीड़ा', 'काले बादल' और 'चितवन'—इन चार उपमानों की माला तैयार की है। इनके साधारण धर्म भी भिन्न-भिन्न हैं—'कूक', 'हूक', 'घुमड़न' और 'मूक'। अस्तु, यहाँ भी भिन्नधर्मा मालोपमा है।

लुप्तधर्मा मालोपमा

तरुवर की छायानुवाद-सी,
उपमा-सी भावुकता-सी,
अविदित भावाकुल भाषा-सी
कटी छँटी नवकविता-सी। —पंत : छाया

यहाँ एक उपमेय (छाया) के लिये अनेक उपमानों की माला तैयार की गयी है, पर सभी उपमानों के धर्म लुप्त हैं। अतः, यहाँ लुप्ताधर्मा मालोपमा है। भूषण का यह प्रसिद्ध छन्द—

इंद्र जिमि जंभ पर, बाड़ब सुअंभ पर,
रावण सदंभ पर रघुकुल राज है। —भूषण : शिवराज भूषण

भी लुप्तधर्मा मालोपमा का सुन्दर उदाहरण है। इसमें एक उपमेय शिवाजी के लिए अनेक उपमानों की योजना हुई है, पर उनके साधर्म्यों का कथन नहीं किया गया है। अज्ञेय जी का निम्नांकित छन्द देखा जा सकता है, जिसमें, लुप्तधर्मा और भिन्नधर्मा मालोपमा के उदाहरण एक साथ है—

द्रोपदी के पट जैसा,
वारिधि के तट जैसा,
वामन की माप-सा अनन्त,
भूख की पुकार-सा दुरन्त,
बढ़ता चला गया,
व्योम पर छा गया। —अज्ञेय

यहाँ कवि का उद्देश्य है धूलि-कणों के विस्तार का बोध कराना। इसके लिए कवि ने एक उपमेय (धूलि-कण) के लिए अनेक उपमानों (द्रोपदी का पट, समुद्र का तट, वामन की माप और भुक्खड़ों की पुकार) की मालाकार योजना की है। प्रथम दो उपमानों के धर्म लुप्त हैं। अतः वहाँ है लुप्तधर्मा मालोपमा, किन्तु अन्तिम दोनों उपमानों के लिए भिन्न-भिन्न धर्म (क्रमशः अनन्त और दुरन्त) दिए गए हैं। अतः यहाँ भिन्न धर्मा मालोपमा है। इस प्रकार इस एक ही उदाहरण में लुप्तधर्मा और भिन्नधर्मा—दोनों के उदाहरण हैं।

रशनोपमा

जहाँ उपमेय उत्तरोत्तर उपमान बनता जाता है, वहाँ रशनोपमा अलंकार होता है। रशना का अर्थ है करधनी, बन्धन या शृंखला। करधनी अथवा शृंखला की कड़ियाँ एक दूसरी से गुंथी रहती हैं—पहली कड़ी को दूसरी कड़ी पकड़ती है और दूसरी कड़ी को तीसरी, इस प्रकार कड़ियों की एक शृंखला बन जाती है। शृंखला की कड़ियों के समान ही यहाँ अनेक वस्तुएँ उपमेय-उपमान रूप में आबद्ध होती हैं अर्थात् पहले

कहा गया उपमेय आगे चलकर दूसरे उपमेय का उपमान बनता चलता है। इस प्रकार इस अलंकार में उपमेय को उपमान बनाते जाने से एक शृंखला अथवा रशना बन जाती है। कुछ लोग इसे **'रसनोपमा'** भी लिखते हैं, पर वहाँ 'रसना' से जिह्वा का भ्रम हो सकता है।

यह प्राचीनों से ही स्वीकृत रहा है। इसके निरूपण में आ॰ मम्मट ने भामह और उद्भट की दृष्टि से ही अपनाई है। इन्होंने केवल नाम भर (का. प्रकाश 10।90 वृत्ति) लिया है। पं॰ विश्वनाथ ने इसे स्वतंत्र अलंकार का रूप दिया है[1]। हिंदी के आचार्यों ने इसे विश्वनाथ के आधार पर ही ग्रहण किया है[2]।

सुगुन ज्ञान सम उद्यमहु, उद्यम सम फल जान।
फल समान पुनि दान है, दान सरिस सनमान।। -पद्माकर : पद्माभरण

यहाँ सुगुण के समान ज्ञान, ज्ञान के समान उद्यम, उद्यम के समान फल (परिणाम), फल के समान दान और दान के समान सम्मान बताया गया है। इस प्रकार पहले कहे गये उद्यम आदि उपमेय उत्तरोत्तर उपमान होते गये हैं, जिससे उपमा की एक शृंखला बनती गयी है अस्तु, यहाँ रश्नोपमा है।

मति-सी नति, नति-सी विनति, बिनती-सी रति चारु।
रति-सी गति, गति-सी भगति, तो मैं पवन कुमारु।। -काव्य दर्पण

यहाँ मति के समान नति (नम्रता), नति के समान, विनती, विनती के समान रति (प्रेम), रति के समान गति और गति के समान भगति कही गयी है; इस प्रकार जो पहले उपमेय है, अगली उपमा में वही उपमान है। इस प्रकार यहाँ भी उपमा की एक श्रृंखला बन गयी है। अस्तु यहाँ भी रशनोपमा है।

समुच्चयोपमा

जिस उपमा में उपमान के अनेक साधर्म्यों का समच्चय हो, उसे समुच्चयोपमा कहते हैं। समुच्चयोपमा में दो शब्द है—समुच्चय और उपमा। उपमा तो पहले से स्पष्ट है ही, शेष है समुच्चय। समुच्चय का अर्थ है समूह अथवा झुण्ड। सामान्यतः उपमा में दो वस्तुओं के साम्यका निरूपण एक ही साधर्म्य के आधार पर होता है, पर इस अलंकार में अनेक साधर्म्यों को जुटाकर उनका समूह तैयार किया जाता है। यहाँ असल बात है साधर्म्य के समुच्चय या एकत्रीकरण की। 'कमल के समान सुन्दर मुख' में साधर्म्य एक ही—'सुन्दर'। अतः यहाँ उपमा है, पर 'कमल के समान

---

1. कविता रशनोपमा यथोदूर्ध्वमुपमेयस्य यदिस्यादुपमानता।—सा. दर्पण 10।25।
2. (क) जहाँ प्रथम उपमेय सों, होत जात उपमान। —ल. ललाम 51।
   (ख) रसनोपम उपमेय जहँ, होत जात उपमान। —पद्माभरण 24।

सुन्दर, कोमल, मधुर और प्रफुल्लित मुख' में सुन्दर, कोमल, मधुर और प्रफुल्लित'—ये चार साधर्म्य है। यहाँ साधर्म्यों का समुच्चय किया गया है। अतः यहाँ उपमा नहीं, समुच्चयोपमा है।

दिव्य, सुखद, शीतल रुचिर तव दर्शन विधु-रूप।

—काव्य दर्पण

यहाँ 'विधु' के चार धर्मों—दिव्य, सुखद, शीतल और रुचिर से दर्शन (नायिका के) की उपमा दी गयी है। अतः समुच्चयोपमा है।

हरि-छवि-जल जबतें परे, तब ते छन बिधुरै न।
भरत, ढरत, बूड़त, तिरत, रहट-घरी लौं नैन।।

—बिहारी : सतसई

यहाँ 'आँख' उपमेय, 'रहट-धरी' उपमान और 'लौं' वाचक है। उपमान के चार साधर्म्यों—भरत, ढरत, बूड़त और तिरत—का यहाँ समुच्चय किया गया है। अतः समुच्चयोपमा अलंकार है।

च. लक्ष्योपमा

जिस उपमा में सादृश्य का ज्ञान वाचक के आधार पर नहीं, वरन् लक्षण द्वारा लक्षित होने से होता है, उसे लक्ष्योपमा कहते हैं। उपमा में सादृश्य का ज्ञान आवश्यक है। यह दो प्रकार से सम्भव है—वाचक शब्द (सा, समान आदि) के श्रवण से और अर्थ के अनुसंधान से। 'चन्द्रमा-सा सुन्दर मुख' में सादृश्य का ज्ञान वाचक 'स' के श्रवण मात्र से ही हो जाता है। यदि कोई उसे इस प्रकार कहे कि 'मुखचंद्रमा का प्रतिद्वन्द्वी है' या 'मुख चाँद के सौन्दर्य को चुरा रहा है' या 'चन्द्रमा मुख का मित्र है' तो बिना अर्थानुसन्धान के सादृश्य का ज्ञान दुष्कर है। इस विवेचन से स्पष्ट है कि यहाँ अभिधाशक्ति काम नहीं करती है। यहाँ लक्षणाशक्ति द्वारा ही हम सादृश्य का ज्ञान कर पाते हैं। इस अलंकार में उपमा लाक्षणिकता पर ही आश्रित होती है। इसी से लक्ष्योपमा के नाम से जाना गया है। कतिपय काव्यशास्त्री इसे ही ललितोपमा (उममा ललित और चमत्कारी होने के कारण), **संकीर्णोपमा** (उपमा की संकीर्णता के कारण), **व्यंग्योपमा** (व्यंग्य द्वारा उपमा प्रतिपादित होने के कारण) आदि के नाम से भी पुकारते हैं।

देख रही मैं तो निराली यह बात आली,
किसलय की लाली चुरा ली मेरे कर ने।

—अलंकार मुक्तावली

—कर ने किसलय की लाली चुरा ली कहने का यहाँ लक्षणा से यह अर्थ लक्षित होता है कि 'कर किसलय के समान लाल है'। 'चुरा ली' शब्द से ही यहाँ सादृश्य

लक्षित हो रहा है। अतः यहाँ लक्ष्योपमा है।

चिढ़ जाता था वसंत का कोकिल भी
सुनकर वह बोली।
सिहर उठा करता था मलयज
इन स्वासों के सौरभ से।

—प्रसाद

यहाँ 'चिढ़ जाना' और 'सिहर उठना' लक्षक पद है, जिनके लाक्षणिक चमत्कार द्वारा सादृश्य का ज्ञान कराया गया है। अस्तु, यहाँ भी लक्ष्योपमा अलंकार है।

2. उपमेयोपमा

जहाँ उपमेय और उपमान परस्पर एक दूसरे के उपमान और उपमेय होते हैं, वहाँ उपमेयोपमा अलंकार होता है। उपमेयोपमा का अर्थ है उपमेय-उपमान की अलग-अलग उपमा अर्थात् यहाँ उपमेय को समता उपमान से और पुनः उपमान की समता उसी उपमेय से की जाती है औपम्य-निर्वाह हेतु यहाँ तीसरी वस्तु आयात नहीं की जाती है। वस्तुएँ केवल दो ही होती हैं। पहली वस्तु को दूसरी वस्तु के समान बताकर पुनः उसके क्रम को उलट भर दिया जाता है। ऐसा करने का कोई स्पष्ट कारण तो नहीं बताया जा सकता, पर यह अनुमान भिड़ाया जा सकता है कि उपमेय की समता के लिये इसमें मात्र एक ही उपमान मिल पाता है, दूसरा नहीं। चूंकि उपमेय और उपमान के बीच मध्यस्थता का कार्य साधर्म्य करता है, इसी से साधर्म्य के आधार पर ही यह अलंकार पूर्णतः घटित होता है। दण्डी, रुद्रट, भोज आदि ने इसे अनन्योपमा के रूप में उपमा के अन्तर्गत ही रखा है, पर भामह, उद्भट, वामन, मम्मट, विश्वनाथ आदि ने इसे स्वतंत्र अलंकार ही माना है। इसे मात्र रूप वैभिन्न्य ही कहना चाहिये, मूल बात में किसी प्रकार का अन्तर नहीं है। उपमेयोपमा में साधर्म्य वाच्य अथवा व्यंग्य दोनों हो सकता है।

यह सादृश्यगर्भ वर्ग का भेदाभेद तुल्य प्रधान अलंकार है। आ. मम्मट ने उपमेय-उपमान में परस्पर परिवर्तन प्रतिपादित करने को ही उपमेयोपमा (विपर्यास उपमेयोपमा तयोः।—का. प्रकाश 10 । 91) कहा है। जयदेव और पं. विश्वनाथ के लक्षण आ. मम्मट के ही अनुसार है। 'पर्यायेण' शब्द इसकी पुष्टि के लिये काफी है[1]। हिन्दी काव्यशास्त्रियों में आ. केशव ने इसे छोड़ दिया है। देव ने इसे उपमा का एक भेद मान लिया है। शेष आचार्यों के लक्षण प्रायः जयदेव और पं॰ विश्वनाथ के

---

1. (क) पर्यायेण द्वयोस्तच्चेदुपमेयोपमा मता।—चन्द्रालोक 5।
   (ख) पर्यायेण द्वयोस्तदुपमेयोपमा मता।।—सा. दर्पण 10।27।

ही अनुसार पड़ते है[1]। दास जी का लक्षण किंचित् भिन्न भी कहा जा सकता है[2]।

लोचन से अम्बुज लसें, अम्बुज लोचन जान।

यहाँ नेत्र और कमल परस्पर एक दूसरे से उपमित हैं, जिनकी मध्यस्थता के लिये 'असें' साधर्म्य है। अतः यहाँ उपमेयोपमा है। यहाँ साधर्म्य 'लसें' वाच्यरूप में स्थित है। निम्नांकित उदाहरण में साधर्म्य (मधुर) वाच्य नहीं व्यंग्य है–

साधु वचन सम है सुधा, वचन सुधा सम जान।

–अ. मुक्तावली

यहाँ साधुओं के वचन और अमृत परस्पर एक दूसरे से उपमित है, जिनका धर्म (मधुर) व्यंग्य है, वाच्य नहीं। कभी-कभी वस्तु-प्रति-वस्तुभाव में भी उपमेयोपमा सम्भव है। ऐसी स्थिति में साधर्म्य दो वाक्यों में कहा जाता है–

सोभित कुसुमस्तवक सम, विलसित कुचजुग धारि।
बनिता-सी लतिका लसति, बनिता लतानुहारि।।

–अ. मुक्तावली

यहाँ पूर्वार्द्ध में 'सोभित' और 'विलसित' दो विभिन्न शब्दों द्वारा एक ही साधर्म्य का कथन दो वाक्यों में हुआ है। वस्तु, यहाँ वस्तु-प्रतिवस्तु भाव ही कहा जायेगा। उत्तरार्द्ध में बनिता और लतिका परस्पर एक-दूसरे से उपमित है, जिनका साधर्म्य 'लसति' वाच्य है। अस्तु, यहाँ उपमेयोपमा पूर्णतः स्पष्ट है। कहीं-कहीं उपमेयोपमा का मालाकार रूप भी देखने को मिल जाता है।

3. अनन्वय

जहाँ श्रेष्ठ उपमान के अभाव में स्वयं उपमेय को ही उपमान कहा जाये, वहाँ अनन्वय अलंकार होता है। अनन्वय शब्द के दो खण्ड है–अन्+अन्वय अर्थात् दूसरे से अन्वय न होना। अन्वय का अर्थ है मेल या सम्बन्ध। इस प्रकार अनन्वय का अर्थ हुआ जो अकेला ही हो, जिसका सम्बन्ध अथवा मेल दूसरे से न हो। अन्वय अथवा सम्बन्ध की कल्पना द्वित्व पर आधारित है। सम्बन्ध अकेले संभव नहीं है। इस अलंकार में दूसरे सं सम्बन्ध का अभाव रहता है। इसमें किसी एक वस्तु की समता किसी दूसरी वस्तु से नहीं की जाती है, इसका एक मात्र कारण है वर्ण्य वस्तु को अनुपम, बेजोड़, अनूठा और अद्वितीय बताने की उत्कट भावना। इसी से उसकी उपमा उसी से दी जाती है। जब हम किसी को कहते हैं–'आप के समान और कोई

---

1. (क) जहाँ परस्पर होता है, उपमेयो उपमान।–शि. भूषण 53।
   (ख) उपमेयोपम परस्पर, उपमेयहु उपमान।।–पद्माभरण 27।
2. उपमा दोऊ दुहुन की, सो उपमा उपमेय।–का. निर्णय 8।31।

नहीं है। आप मात्र अपने समान है।', तो हम उस व्यक्ति की अद्वितीयता ही स्वीकार करते हैं। ऐसी ही चमत्कारिक उक्ति का नाम है अनन्वय।

यह सादृश्यगर्भ वर्ग का भेदाभेद तुल्य प्रधान अर्थालंकार है। यह प्राचीनों से ही स्वीकृत रहा है। भामह, उद्भट, वामन, रुय्यक, मम्मट, जयदेव, विश्वनाथ आदि ने इसे उपमा के अन्तर्गत ही **नियमोपमा** अथवा **अनन्वयोपमा** के नाम से स्वीकार कर लिया है। चाहे जो भी हो, मूल रूप में आ॰ भामह का लक्षण ही लगभग सबों को मान्य है[1]। आ॰ वामन ने इसे ही संक्षिप्त किया है[2]। मम्मट ने वामन के लक्षण को ग्रहण कर उसमें 'एक ही वाक्य में' जोड़ भर दिया है[3]। पं॰ विश्वनाथ का लक्षण मम्मट के लक्षण का अनुसरण करता है[4]। जयदेव और अप्पयदीक्षित के लक्षण भी इससे अभिन्न ही है[5]। हिंदी के काव्यशास्त्रियों में जयवन्तसिंह का लक्षण गड़बड़ है और मतिराम का अस्पष्ट। पद्मकर और दास के लक्षण अपेक्षाकृत अधिक स्पष्ट है[6]। पद्मकर पर जयदेव और अप्पयदीक्षित के अतिरिक्त मम्मट और विश्वनाथ की छाप भी पूर्णतः स्पष्ट है।

उस काल दोनों में परस्पर युद्ध वह ऐसा हुआ।
है योग्य बस कहना यही अद्भुत वही ऐसा हुआ।।

—मैथिलिशरण गुप्त

—उस युद्ध के ऐसा वही युद्ध हुआ। यहाँ जो उपमेय है, वही उपमान भी है। अतः अनन्वय है।

मानि गंग सम गंग रंग कविता को राखत।

—रत्नाकर

—गंगा के समान गंगा को ही मानो; यहाँ 'गंगा' ही उपमेय और उपमान दोनों है। अतः अनन्वय अलंकार है।

यद्यपि भारत आरत है,
पर भारत सम भारत है।

—मैथिलीशरण गुप्त

---

1. यत्र तेनैव तस्य स्यादुपमानोपमेयता।
   असादृश्यविवक्षातस्तमित्याहुरनन्वयम्।।—काव्यालंकार।
2. एकस्योपमेयोपमानत्वेऽनन्वयः।—का.सू. वृत्ति 4।3।14।
3. उपमानोपमेयत्वे एकस्यैवेकवाक्यगे अनन्वयः।—का. प्रकाश 10।91।
4. उपमानोपमेयत्वे कस्यैव त्वनन्वयः।।—सा. दर्पण 10। 16।
5. उपमानोपमेयत्वं यदेकस्यैव वस्तुनः।—कुवलयानन्द 10।
6. (क) जाकी समता ताहिबो, कहत अनन्वय भेय।—का. निर्णय 8।31।
   (ख) सुअनन्वय इक वस्तु ही, उपमेयहु उपमान—पद्यभरण 26।

यहाँ 'भारत' उपमेय के लिये उपमान भी 'भारत' ही कथित है। अतः यहाँ भी अनन्वय अलंकार है।

राम से राम सिया सी सिया
सिरमौर विरंचि विचारि सँवारे।

—अलंकार मुक्तावली

यहाँ उपमेय राम और सीता के लिये उपमान क्रमशः राम और सीता ही है। अस्तु यहाँ भी अनन्वय अलंकार ही है।

4. प्रतीप

जहाँ प्रसिद्ध उपमान को उपमेय बनाया जाये, वहाँ प्रतीप अलंकार होता है। प्रतीप का अर्थ है विपरीत, विलोम या उल्टा। इस अलंकार में उपमा अलंकार के बिल्कुल विपरीत विधान किया जाता है अर्थात् उपमेय उपमान का सम्बन्ध उलट दिया जाता है। उपमालंकार में उपमेय को अपेक्षा उपमान उत्कृष्टकोटि का बताया जाता है, किन्तु इस अलंकार में उपमेय को उत्कृष्टकोटिक और उपमान को निकृष्टकोटिक बताया जाता है। 'मुख चन्द्रमा के समान सुन्दर है' में 'चन्द्रमा' (उपमान) उत्कृष्टकोटिक है, अतः यहाँ उपमा है; किन्तु 'चन्द्रमा मुख के समान सुन्दर है' में चन्द्रमा (उपमान) निकृष्टकोटिक है। अस्तु, यहाँ है प्रतीप। दोनों में सादृश्य की बात ज्यों की त्यों होने पर भी अन्तर स्पष्ट है।

यह सादृश्यगर्भ वर्ग का भेदाभेदतुल्य प्रधान अर्थालंकार है। कतिपय आचार्य इसे लोकान्यान्यमूलक अर्थालंकार मानने के पक्ष में है। यदि इसके उपमेय और उपमान बिल्कुल निश्चित होते तो इसे लोकान्यान्य वर्ग में रखा जा सकता था, किन्तु ऐसा है नहीं। यह अलंकार उपमा के विपरीत तो होता है अवश्य, पर यह वैपरीत्य वर्ण्य-अवर्ण्य के आधाार पर ही होता है। पुनः इसे **प्रतीपोपमा** या **विपरीतोपमा** या **विपर्यासोपमा** (दण्डी) भी कहा गया है[1]। अस्तु, इसे सादृश्यगर्भ वर्ग में रखना ही उचित है। स्वतंत्र अलंकार के रूप में इसकी प्रतिष्ठा अपेक्षाकृत बाद में हुई हैं पंडितराज जगन्नाथ भी इसे विपरीतोपमा मानने के पक्ष में ही है[2], पर दूसरे को कौन कहे, स्वयं उनके ही टीकाकार नागेश जी प्रतीप को उपमा से अलग एक स्वतंत्र अलंकार मानने के पक्ष में है[3]। वस्तुतः प्रतीत की स्वतंत्र सत्ता अनिवार्य है। रुद्रष्ट

1. त्वदाननमिवोन्निद्रमरविन्दमभूदिति।
सा प्रसिद्धिविपर्यासोपमेष्यते।।—काव्यादर्श 1।17।
2. मुखामिव चन्द्र इति प्रतीपे, चन्द्र इं मुख, मुखमिव चन्द्र इत्युपमेयोपमायां च सादृश्यस्य चमत्कारित्वान्नातिप्रसंगः शंकनीयः, तयोः संग्राह्यत्वात्।—रसगंगाधर।
3. 'अहमेव गुरुः'—इति प्रतीपेऽपि उपमानतिरस्कृतत्वकृत नीयएव सः, न तु सादृश्य-बुद्धिकृत इति न तत्रापि तत्त्वम्। अलंकारभेदे च चमत्कारभेद एवं निदानम्।

—रसगंगाधर-टीका।

इसे स्वरूप साम्यवर्ग में स्वीकार किया है। रुय्यक का लक्षण सामान्य रूप में लक्षण नहीं, मीमांसा ही माना जायेगा[1]। मम्मट का 'प्रतीप' 'निरूपण रुय्यक के अनुसार है। उन्होंने उपमान का निषेध, निन्दा या तिरस्कारनिमित्त उपमेय रूप में वर्णन में 'प्रतीप' माना है[2] : अप्ययदीक्षित ने जयदेव के अनुसार केवल उपमान की उपमेय रूप में कल्पना को ही प्रतीप कहा है[3]। पं॰ विश्वनाथ ने उपमान की व्यर्थता में भी प्रतीप ही स्वीकार किया है[4]। हिंदी काव्यशास्त्रियों में जसवन्त सिंह, मतिराम, भूषण, भिखारीदास, पद्माकर आदि अधिकांश आचार्यों ने अप्पयदीक्षित के आधार पर इसके अलग-अलग भेदों के लक्षण दिये हैं।

रुय्यक, मम्मट, विश्वनाथ आदि के लक्षणों को प्रमाण माना जाये, तो कहा जायेगा कि प्रतीप अलंकार दो प्रकार का होता है, अयदीपित ने पाँच प्रकार का प्रतीप माना है। हिंदी के आचार्यों ने इन्हीं के आधार पर प्रतीप के पांच प्रकार स्वीकार किये हैं। इन भेदों की भावना में उपमान का अनादर, तिरस्कार अथवा निष्फलता एवं उपमेय का प्रकर्ष ही स्वीकृत है–

1. प्रथम प्रतीप : प्रसिद्ध उपमान को उपमेय रूप में कल्पित करना।
2. द्वितीय प्रतीप : उपमेय का अनादर करना।
3. तृतीय प्रतीप : उपमान का अनादर करना।
4. चतुर्थ प्रतीप : उपमान की अयोग्यता घोषित करना।
5. पंचम प्रतीप : उपमान की व्यर्थता प्रमाणित करना।

प्रथम प्रतीप

जहाँ प्रसिद्ध उपमान को उपमेय बनाया जाये, वहाँ प्रथम प्रतीप होता है। वस्तुतः उपमान को उपमेय बनाने का अर्थ केवल उपमेय के स्थान पर उपमान और उपमान के स्थान पर उपमेय का हो जाना भर नहीं है। असल बात है उपमान तिरस्कार या अनादर की। प्रतीप के इस रूप में के उपमान का उपमेय बन जाने भर से ही अनादर स्पष्ट है। उत्कृष्टकोटिक को निकृष्टकोटि आसन पर बिठाना उसका अनादर नहीं तो और है क्या? अस्तु, उपमान का अनादर होता तो यहाँ भी है, पर

---

1. उपमानस्याक्षेप उपमेयताकल्पनं वा स्र्वस्वम्।–अ. प्रकाश 10।13।
2. आक्षेप उपमानस्य प्रतीपमुपमेयता।
   तस्यैव यदि वा कल्प्या तिरस्कारनिबन्धनम्।।–का. प्रकाश 10।13।
3. प्रसिद्धस्योपमानस्योपमेयत्वप्रकल्पनम्।–कुवलयानन्द 12।
4. प्रतीपमुपमानस्योपमेयत्वप्रकल्पनम्।
   निष्फलवाभिधानं वा प्रतीपमिति कथ्यते।।–सा. दर्पण 10।87।

प्रकट रूप में जान नही पड़ता है। हिंदी के आचार्यों ने इसे अप्पयदीक्षित के आधार पर ही निरूपित किया है[1]। प्रायः सबों के लक्षण समान ही हैं।

उसी तपस्वी-से लम्बे थे,
देवदारु दो-चार खड़े।

—प्रसाद

यहाँ तपस्वी (मनु) उपमेय है और देवदारु उपमान, पर उपमान को ही उपमेय बनाया गया है। यहाँ 'देवदारु के समान तपस्वी' नहीं, वरन् 'तपस्वी के समान देवरारु' की कल्पना है। साम्यभावना यहाँ भी है, किन्तु उपमेय का उत्कर्ष दिखाने के निमित्त यहाँ उपमान के उत्कर्ष का प्रत्याख्यान किया गया है—उपमेय उपमान का क्रम पलट दिया गया है।

जिन अधरों की मंद हँसी थी, नव अरुणोदय का उपमान।

—महादेवी

यहाँ 'नव अरुणोदय' (प्रसिद्ध उपमान) को उपमेय बना दिया गया है और 'मंद हँसी' (उपमेय) को उपमान। अतः यहाँ प्रथम प्रतीप है।

अधरों की लाली से चुपके कोमल गुलाब के गाल सजा।
आया, पंखुड़ियों को काले-पीले धब्बों से सहज सजा।।

यहाँ प्रसिद्ध उपमान (गुलाब) उपमेय रूप में कल्पित है। अस्तु, यहाँ प्रथम प्रतीप है।

चाँदनी रात है—
किसी अबोध कुमारी के सरल नैनों-सी
अथाह, मदभरी, गोली .... ।

—नेमिचंद्र जैन

यहाँ प्रसिद्ध उपमान है 'चाँदनी रात', जिसे उपमेयरूप में कल्पित किया गया है और उपमेय (नयन) को उपमान बनाया गया है। अस्तु, यहाँ भी प्रथम प्रतीप है।

यह देखो दूधिया चाँदनी
आज बिखरी है धरती पर
शुद्ध वनस्पति घी-सी जिसमें रंग न अबतक मिल पाया है।

—केशवचन्द्र वर्मा

1. (क) जहँ प्रसिद्ध उपमान को पलटि कहत उपमेय।—ल. ललाम 57।
(ख) सो प्रतीप उपमेय को, जहँ कीजै उपमान।—का. निर्णय 8।34।
(ग) सो प्रतीप उपमेय को, कीजै जब उपमान।—भाषाभूषण।
(घ) सो प्रतीप उपमान को, जहँ कीजै उपमेय।—पद्माभरण 28।

यहाँ भी प्रसिद्ध उपमान (चाँदनी) को उपमेय रूप में कल्पित किया गया है। अस्तु, प्रथम प्रतीप है।

डालकर परदा कुहासे का
यह शरद को साँझ दूल्हन-सी
गाँव के सिहरे सिवानों पर
पालकी से सहम कर उतरी।

—शंभुप्रसाद श्रीवास्वत

यहाँ भी प्रसिद्ध उपमान (साँझ) को उपमेय और उपमेय (दूल्हन) को उपमान के रूप में कल्पित करने से प्रथम प्रतीप है।

द्वितीय प्रतीप

जहाँ प्रसिद्ध, उपमान को उपमेय बनाकर वास्तविक उपमेय का अनादर किया जाये, वहाँ द्वितीय प्रतीप होता है।

प्रतीप में अनादर तो होता है, पर उपमेय का नहीं। यहाँ उपमेय से उपमान का ही अनादर होना चाहिये, उपमान से उपमेय का नहीं; पर द्वितीय प्रतीप में उपमेय का ही अनादर होना कहा गया है, फिर उपमान का अनादर कहाँ? और यदि उपमान का अनादर ही नहीं हुआ तो प्रतीप कैसा? वस्तुतः, स्थिति इसके प्रतिकूल है। यद्यपि प्रत्यक्षतः यहाँ अनादर वास्तविक उपमेय का किया जाता है, पर अनादर होता है उपमान का ही। वास्तविक उपमेय यहाँ भी सदा उत्कृष्कोटिक ही बना रहता है, इसी से प्रतीप होता है। हिंदी काव्यशास्त्रियों ने इसके विवेचन के लिये जयदेव और अप्पयंदीक्षित को ही आधार रूप में ग्रहण किया है[1]। हिंदी के आचार्यों के लक्षण में पर्याप्त समता है[2]। इसका एकमात्र कारण है एक ही लक्षण को आधार मानना।

गरब करत मुख को काह, चंदहि नीके जोइ।

—भूषण

—हे सुंदरि, तू अपने मुख का क्या गर्व करती है, चन्द्रमा को-तो भली-भाँति देख (अर्थात् मुख से चन्द्रमा का सौन्दर्य कम नहीं है)। यहाँ प्रसिद्ध उपमान (चन्द्रमा) को नायिका के मुख के समान बताकर उसे उपमेय बनाया गया है और पुनः 'नीके जोइ' द्वारा वास्तविक उपमेय (मुख) का अनादर किया गया है। अतः, यहाँ द्वितीय प्रतीप है।

---

1. अन्योपमेयलाभेन वर्ण्यस्यानादरश्च तत्। कुवलयानंद 12।
2. (क) जहाँ और अपमान लहि वर्न्य अनादर होय।—ल. ललाम 66।
   (ख) कै काहू बिधि वर्न्य को, करौ अनादर ठान।—का. निर्णय 8।34।
   (ग) अनआदर उपमा न तें, जु उपमेय को होत।—पद्मामरण 29।

करती तू निज रूप का गर्व यही अविवेक।
रमा, उमा, शशि, शारदा तेरे सदृश अनेक।।

—प्रकाश

यहाँ सामान्य नारी के रूप को प्रख्यात उपमान (रमा, उमा, शशि, शारदा) के रूप समान बताकर उसे उपमेय बनाया गया है और 'यही अविवेक' द्वारा उसका (वास्तविक उपमेयं का) अनादर किया गया है। अतः, यहाँ द्वितीय प्रतीप है।

अरी सुनयने! इन नयनों पर क्या फूली फिरती है।
इन्हीं सदृश इन्दीवर-श्रेणी प्रतिसर में तिरती है।।

अलंकार मुक्तावली

यहाँ प्रसिद्ध उपमान 'इन्दीवर' को नायिका के नेत्रों के समान कहा गया है—उपमेय बनाया गया है और वास्तविक उपमेय (नेत्र) का अनादर किया गया है। अस्तु, यहाँ भी द्वितीय प्रतीप है।

तृतीय प्रतीप

यहाँ प्रसिद्ध उपमेय की उपमान रूप में कल्पना कर प्रसिद्ध उपमान का अनादर किया जाये, वहाँ तृतीय प्रतीप होता है। हिंदी काव्यशास्त्रियों ने इसे जयदेव और अप्पयदीक्षित के अनुसार ही निरुपित किया है। प्रायः सबों के लक्षण समान है[1]। वस्तुतः यह द्वितीय प्रतीप का विपरीत है।

गरव करत कत चाँदनी, हीरक छीर समान।
फैली इती समाज गत, कीरति-सिवा खुमान।।

—भूषण

यहाँ शिवाजी की कीर्ति (प्रसिद्ध उपमेय) उपमान रूप में कल्पित हुई हैं और पुनः प्रसिद्ध उपमान (चाँदनी) का कीर्ति द्वारा अनादर कराया गया है। अतः, तृतीय प्रतीप है।

जिसकी आँखों पर निज आँखें रख विशालता नापी है।
विजय गर्व से पुलकित होकर मन ही मन फिर काँपी है।।

—भक्त

यहाँ बेगम की आँख (प्रसिद्ध उपमेय) को उपमान के समान बताकर पुनः उससे मृग की आँख (प्रसिद्ध उपमान) का अनादर कराया गया है। अस्तु, यहाँ भी तृतीय प्रतीप है।

---

1. (क) वर्ण्योपमेयलाभेन सथान्यत्थाप्यनादरः।—कुवलयानन्द 14।
(ख) जहाँ अनादर आन को उपावर्न्य उपमेय।—ल. ललाम 61।
(ग) उपमा को जु अनादरै, वर्न्य आदरै देखि।—का. निर्णय 8।39।
(घ) उपमानहु उपमेय तें, आदर जबै लहै न।—पद्माभरण 30।

चतुर्थ प्रतीप

जहाँ प्रसिद्ध उपमान को उपमेय की समता के लिये अयोग्य घोषित किया जाये, वहाँ चतुर्थ प्रतीप होता है। इसमें पहले उपमान से उपमेय की समता स्थापित की जाती है और पुनः उपमान को उपमेय के लिये अयोग्य घोषित किया जाता है। इसका लक्षण भी जयदेव और अप्पयदीक्षित के अनुवदन का अनुधावन मात्र ही हिंदी में समझना चाहिये। भूषण, मतिराम, दास, पद्माकर आदि के लक्षण है तो समान हो, पर स्पष्टता में पद्माकर का लक्षण सबसे आगे है[1]। प्रतीप के प्रायः सभी प्रकारों के लक्षण (पद्माकर का) स्पष्ट ही है।

बहूरि विचार कीन्ह मन माहीं,
सीय बदन सम हिमकर नाहीं।

—तुलसी

यहाँ सीता के मुख (उपमेय) के लिये चन्द्रमा (प्रसिद्ध उपमान) को अयोग्य घोषित किया गया है। अस्तु चतुर्थ प्रतीप है।

इन चंचल नयनों का जादू,
जड़ मीन कहाँ से पायेंगे?

—अ. प्रकाश

यहाँ 'जड़ मीन इन चंचल आँखों का जादू कहाँ से पायेंगे?' कहकर प्रसिद्ध उपमान (मीन) की अयोग्यता घोषित की जा रही है। अस्तु यहाँ चतुर्थ प्रतीप है।

इस अलंकार में उपमान की अयोग्यता घोषित कर उपमा ही असिद्ध कर दी जाती है। किन्तु, अप्रकट रूप में साम्यभाव यहाँ रहता है अवश्य।

पंचम प्रतीप

जहाँ उपमेय को तात्त्विक देखकर कैमर्थ्य द्वारा उपमान की निष्फलता (व्यर्थता) बतायी जाये, वहाँ पंचम प्रतीप होता है।

इसमें उपमान ही व्यर्थ बताया जाता है। हिंदी वालों ने इसे भी जयदेव और अप्पयदीक्षित के आधार पर ही निरूपित किया है[2]। भूषण और मतिराम के लक्षण

---

1. (क) वर्ण्येनान्यस्योपमाया अनिष्पत्तिवचश्च तत्।—कुवलयानन्द 15।
   (ख) पाय बरन उपमान को जहाँ न आदर और। शि. भूषण 47।
   (ग) समता देह न नाम लै।—का. निर्णय 8।39।
   (घ) जु उपमान उपमेय की समता जोग न होत।—पद्माभरण 31।14
2. प्रतोपमुपमानस्य कैमर्थ्यमपि मन्वते।—कुवलायानंद 16।

प्रायः गड़बड़ और अस्पष्ट है[1]। दास और पद्माकर के लक्षण अपेक्षाकृत स्पष्ट है[2]। संस्कृत के आचार्यों में वामन ने इसे ही आक्षेप की कोटि में रखा है[3]।

तिय तो मुख ही सों सदा, रहे उजास अमंद।
कहिये कहा विरंचि सों, बृथा रच्यौ है चंद।।

—सोमनाथ

नायिका का मुख उज्ज्वल, प्रकाश दायक है, अतः चन्द्रमा को रचना बेकार है—कह कर यहाँ उपमान (चन्द्रमा) का कैमर्थ्य से आक्षेप है। अतः यहाँ पाँचवाँ प्रतीप है।

तेरा मुख शोभित यहाँ, उदित हुआ क्यों चंद।

—अलंकार मुक्तावली

इस उदाहरण में भी 'मुख के रहते हुये चन्द्रमा की क्या आवश्यकता है' कहकर यह संकेत कर दिया गया है कि मुख ही चंद्रमा का कार्य कर रहा है। अस्तु यहाँ भी उपमान की व्यर्थता बतायी गयी है, जिससे पंचम प्रतीप है।

5. स्मरण

किसी वस्तु के दर्शन आदि से तत्सदृश पूर्वानुभूत वस्तु का स्मरण होना ही स्मरण अलंकार है। स्मरण का अर्थ है पूर्वानुभूत वस्तु की याद करना। पूर्वानुभूत वस्तुएँ श्रुत और दृष्ट दोनों प्रकार को हो सकती हैं। पूर्वानुभव अवचेतन रूप में स्थित होते है। परिस्थिति विशेष में उनकी याद आना ही स्मृति है। प्रत्यक्षतः किसी वस्तु के देखने, सुनने, चिंतन करने, अनुभव करने आदि के कारण तत्सदृश वस्तु की स्मृति ही इसका विषय है। ऐसा होना सादृश्य और वैसादृश्य—दोनों पर निर्भर करता है। जहाँ सुन्दर वस्तु देखने से पूर्वानुभूत किसी सुन्दर वस्तु अथवा किसी पूर्वानुभूत असुन्दर वस्तु का स्मरण हो आवे, वहाँ स्मरण सादृश्य के कारण होता है और यदि किसी असुंदर वस्तु देखने से पूर्वानुभूत किसी सुन्दर वस्तु की याद हो आये, वहाँ स्मरण वैसादृश्य के कारण होता है।

यह सादृश्यगर्भ वर्ग का भेदाभेदतुल्य प्रधान अर्थालंकार है। इसे रुद्रट के समय से स्वीकार किया गया है। भोजराज आदि ने इसे ही स्मृति कहा है। रुय्यक के

---

1. (क) हीन होय उपमानसों नष्ट होता उगमान।—शि. भूषण 49।
   (ख) कहा कछु न उपमान को यौ जहँ करत बखान।—ल. ललाम 65
2. (क) जहँ कीजत उपमेय लखि, उपमा व्यर्थ विचार।—का. निर्णय 8। 44।
   (ख) लखि उपमेयहि को जहाँ, वृथा होत उपमान।—पद्माभरण 32।
3. उपमान कैमर्थ्यस्योपमानाक्षेपश्चाक्षेपः।—कान्यालंकार सूत्र 43। 27।

अनुसार सादृश्यानुभव द्वारा किसी वस्तु को अन्तर-स्मृति ही स्मरण है।[1] आ. मम्मट ने रुद्रट का छाप ग्रहण करते हुये पूर्वानुभूत वस्तु के सदृश अन्य वस्तु के अनुभव में स्मरण माना है।[2] पं॰ विश्वनाथ का लक्षण रुय्यक के लक्षण पर आधारित है,[3] ये केवल 'अन्तर' शब्द के अभाव में पूरा भाव व्यक्त नहीं कर सके। पंडितराज जगन्नाथ ने 'सादृश्यानुभव' पर आपत्ति प्रकट करते हुये कहा है कि किसी वस्तु का स्मरण केवल अनुभव से ही नहीं, अपितु किसी वस्तु के स्मरण से भी तत्सदृश वस्तु का स्मरण सम्भव है। इसी से वे 'सादृश्यानुभव' के बदले 'सदृशज्ञानात्' शब्द का प्रयोग चाहते है (रसगगाधर, पृ. 424-25) एवं सदृशज्ञान से उद्बुद्ध संस्कारजन्य तत्सदृश वस्तु के स्मरण में ही स्मरण अलंकार मानते हैं[4]। हिंदी के श्रृंगारकालीन काव्यशास्त्रियों में से अनेकों ने (जसवंत सिंह, मतिराम, पद्माकर आदि) जयदेव और अप्पयदीक्षित के समान ही इसे भ्रम-संदेह के साथ घालमेल कर दिया है[5]। भूषण रुय्यक और विश्वनाथ के अनुगामी दिखते हैं[6]। कुछ सुधि कियें' के आधार पर कहा जा सकता है कि दासी जी पंडितराज के लक्षण से प्रभावित है[7]। इनमें रुद्रट के समान ही स्पष्टता का पूर्ण निर्वाह है।

सादृश्य द्वारा स्मरण

मैं पाता हूँ मधुर ध्वनि में गूँजने में खगों के।
मीठी तानें परमप्रिय की मोहिनी वंशिका की।।

—हरिऔध

यहाँ पक्षियों के कलरव के श्रवण से कृष्ण की बंशी की मीठी तान के स्मरण का कथन है। पक्षियों के मधुर कलरव से बाँसुरी की मीठी तान की स्मृति में यहाँ सादृश्य द्वारा स्मरण अलंकार है।

देखता हूँ जब पतला, इंद्रधनुषी हल्का
रेशमी घूँघट बादल का, खोलती है कुमुद कला
तुम्हारे ही मुख का तो-ध्यान, मुझे करता तब अन्तर्धाना।

—पंत

---

1. सदृशानुभवाद्रस्त्वन्तरस्मृतिः स्मरणम्।—अ. सर्वस्वम्।
2. यथाऽनुभवमर्थस्य दृष्टे तत्सदृशे स्मृतिः स्मरणम्।—का. प्रकाश 19/132।
3. सदृशानुभवाद्रस्तु स्मृतिः स्मरणमुच्यते।—सा. दर्पण 19/27।
4. सादृश्यशानोबुद्धसंस्कारप्रयोज्यं स्मरणं स्मरणालङ्कारः।—रस गंगाधार।
5. (क) मुमिरन भ्रम संदेह ये लच्छन नाम प्रकास।—भाषाभूषण।
   (ख) स्मरण भ्रांति संदेह तिहँ, लच्छन इनके नाम।—पद्माभरण 43।
6. सम सोभा लखि आन की, सुधि आवत जेहि ठौर।
   स्मृति भूषन तेहि कहत हैं भूषन कवि सिरमौर।।—शि. भूषण 74।
7. कछु लखि मुनि कछु सुधि कियें, सो सुमिरन मुखकंद।—का. निर्णय 9/13।

यहाँ कुमुदकला को बादल का इन्द्रधनुषी, हल्का, रेशमी घूँघट खोलते देखने से कवि को झीनी रेशमी घूँघट हटाते हुये अपनी प्रेयसी का पूर्वदृष्ट मुख याद आ जाता है। अस्तु यहाँ भी सादृश्य द्वारा स्मरण अलंकार है।

वैसादृश्य द्वारा स्मरण

देखता हूँ आज जो दुख झेलते
मैं उसे अनजान राहों में विकल
तो मुझे स्मृति उन दिनों की सालती
जब बनी थी सुख-तरिण की वह कमल।

—समदर्शी

यहाँ वर्तमान में दर-दर ठोकरें खाते देखने से पिछले सुख के दिन याद आ रहे हैं। अस्तु यहाँ वैसादृश्य द्वारा पूर्वानुभूत वस्तु की स्मृति होने से स्मरण अलंकार है। निम्नांकित उदाहरण में भी वैसादृश्य द्वारा ही स्मरण अलंकार है—

ज्यों-ज्यों इत देखियत मूरख बिमुख लोग
त्यों-त्यों ब्रजवासी सुखरासी मनभावे है।
खारे जल छीलर, दुखारे अन्धकूप देखि
कालिन्दी के कूल काज मन ललचावे है।

—नागर

6. भ्रान्तिमान

सादृश्य के कारण एक वस्तु में किसी दूसरी वस्तु का निश्चयात्मक ज्ञान भ्रान्तिमान है। भ्रान्तिमान शब्द भ्रम से बना है जिसका अर्थ है धोखा। अंस्तु भ्रान्तिमान का अर्थ है धोखायुक्त ज्ञान। एक वस्तु में दूसरी वस्तु के भ्रम (धोखे) के कारण ही हो हम अक्सर रस्सी को सर्प अथवा ठूँठे वृक्ष को आदमी समझ लेते हैं। इस भ्रम के आधार हैं सादृश्य और स्मरण। दो वस्तुओं में उत्कट साम्य के आधार पर वस्तु की स्मृति जागती है एवं इसके पश्चात् भ्रम उत्पन्न होता है। निश्चित मिथ्याज्ञान ही भ्रम है। इसमें ज्ञान तो होता है मिथ्या ही, पर मिथ्या होने पर भी ज्ञाता के लिये यह मिथ्याज्ञान निश्चय कोटिका होता है, तभी तो वह रस्सी को सर्प समझकर भाग खड़ा होता है। उनके समक्ष जब तक किसी पुष्ट प्रमाण से उसकी असत्यता प्रतिपादित नहीं होती, तब तक उसके लिये वही ज्ञान निश्चयात्मक होता है। ऐसे मिथ्याज्ञान की उत्पत्ति ज्ञानेन्द्रियों की असमर्थता, दूरी आदि के कारण ही होती है। **इसमें भ्रम स्थिति तो वाच्य होती है, पर सादृश्य की कल्पना व्यंग्य।**

यह सादृश्यगर्भ वर्ग का अभेद प्रधान आरोपमूलक अर्थालंकार है। सादृश्य गर्भ अलंकारों में से सर्वप्रथम रुद्रट ने स्वीकार किया है। आ॰ मम्मट के अनुसर प्रस्तुत

दर्शन में, अप्रस्तुत के साथ उसके सादृश्य के कारण, अप्रस्तुत की प्रतीति हो भ्रान्तिमान है[1]। रुय्यक और पं॰ विश्वनाथ के लक्षण इससे भिन्न है[2]। इनके अनुसार इसमें सादृश्य के साथ कवि प्रतिभा का होना भी आवश्यक है[3]। कवि-प्रतिभा का अर्थ कवि-कल्पित चमत्कार से ही है। तात्पर्य यह है कि विरही जनों, घायलों, पागलों आदि के भ्रम में भ्रान्तिमान नहीं होगा। भ्रम का वास्तविक के साथ चामत्कारिक होना अनिवार्य हैं पंडितराज जगन्नाथ ने इसके नाम से औचित्य पर विचार करते हुये इसे औपचारिक बताया है। परवर्ती समय में इसी से इसे भ्रान्ति ओर भ्रम नाम से भी अभिहित किया गया है। हिंदी के शृंगार-कालीन आचार्य्र जयदेव के आधार पर इसके नाम को ही लक्षण रूप मानते रहे हैं[4]। भूषण का लक्षण मम्मट के लक्षण का अनुसरण करता है[5]।

पाय महावर देन को, नाइन बैठी आय।
फिर-फिर जान महावरी, एँड़ी मीड़ति जाय।।

—बिहारी

यहाँ नाइन को नायिका की एँड़ी में (अतिशय ललाई के कारण) महावर का भ्रम हो गया हैं इसी से यह नायिका को एंड़ी में महावर की गोली न मलकर, एँड़ी को मलती जाती है। अस्तु यहाँ भ्रान्तिमान है।

किंशुक कुसुम जानकर झपटा भौंरा शुक की लाल चोंच पर,
तोते ने निज ठोर चलाई जामुन का फल उसे सोचकर।

—अ. मीमांसा

यहाँ भारे को तोते की चोंच में (अतिशय ललाई के कारण) किंशुक के फूल की भ्रांति हो गयी है और तोते को भौंरे में (अतिशय कालिमा के कारण) जामुन के पके फल की। इसी से वे एक-दूसरे पर आक्रमण भी कर डालते हैं। अस्तु भ्रान्तिमान अलंकार है।

नाक का मोती अधर की कांति से,
बीज दाड़िम का समझकर भ्रांति से,
देखकर सहसा हुआ शुक मौन है,
सोचता है, अन्य शुक वह कौन है?

—मैथिलिशरण गुप्त

---

1. भ्रांतिमानन्संवित्तत्तुल्यदर्शने।—का. प्रकाश 10।132।
2. (क) सादृश्याद् बस्त्वनन्तर-प्रतीतिः भ्रांतिमान्।—अ. सर्वस्वम्।
   (ख) साम्यादतर्स्मिस्तद् बुद्धिभ्रांतिमान् प्रतिभोत्थितः।—सा. दर्पण।
3. सादृश्यहेतुकापि भ्रांतिर्विच्छित्यर्य कविप्रतियोत्भापितैव गृद्यते।—अ. सर्वस्वम्।
4. देखिये—फुटनोट 2, पृष्ठ 212।
5. आन बात को आन में, होत जहाँ भ्रम आप।—शि. भूषण 72।

यहाँ शुक को एक वस्तु में (नाक उसमें पहरे गये मोती में) दूसरी वस्तु (शुक और उसके द्वारा खाये जाते हुये अनार के दाने) का निश्चयात्मक ज्ञान होना कथित होने से भ्रांतिमान अलंकार है।

7. संदेह

जहाँ प्रस्तुत में अप्रस्तुत का संशयात्मक (अनिश्चयात्मक) ज्ञान हो, वहाँ संदेह अलंकार होता है। संदेह का अर्थ है संशय अर्थात् अनिश्चयात्मक ज्ञान। यह सदा सादृश्यमूलक होता है। कभी-कभी वैधर्म्य के स्पष्ट कथन होने अथवा न होने पर भी संदेह होता हैं **यहाँ ज्ञान सदा द्विकोटिक रहता है।** अर्थात् किसी एक पक्ष में निर्णय नहीं हो पाता है। यहाँ 'यह है अथवा यह' की भावना सदा वर्तमान रहती है। इस अलंकार में **या, अथवा, कि, क्या, धौं, किधौं आदि** शब्द आवश्यक रूप से पाये जाते हैं। जैसे यह रस्सी है या सर्प? यह चन्द्रमा है अथवा प्रियामुख?

यह सादृश्यगर्भ वर्ग का अभेद प्रधान आरोपमूलक अर्थालंकार है। इसे ही भामह ने 'ससंदेह' और रुद्रट ने 'संशय' कहा है। दण्डी ने इसे उपमा के अन्तर्गत ही स्वीकार किया है[1]। आचार्य वामन ने इसे उपमा-प्रपंच के अन्तर्गत स्वीकार करते हुये उपमान और उपमेय के संशय में ही संदेह माना है[2]। उद्भट और मम्मट लगभग भामह के ही अनुगामी प्रतीत होते है। रुय्यक, वामन, विद्याधर, पं॰ विश्वनाथ आदि इसे संदेह कहना ही ठीक समझते हैं। रुद्रट का लक्षण पूर्णतः स्पष्ट है। उनके अनुसार एक वस्तु में यदि अनेक वस्तुओं का संशय हो और सादृश्य के कारण अनिश्चय बना रहे, तो संशय अलंकार होता है[3]। आ॰ मम्मट ने इस अलंकार के दो भेद—'भेदोक्ति' और 'भेदानुक्ति' माने है[4], साथ ही उन्होंने निश्चयान्त को भी स्वीकार किया है[5]। पं॰ विश्वनाथ ने प्रकृत में अप्रकृत का कविप्रतिभोत्थापित संशय ही इस अलंकार का लक्षण किया है। उन्होंने इसके तीन रूप स्थिर किये है—शुद्ध, निश्चयगर्भ और निश्चयान्त[6]। हिंदी के अधिकांश जयदेव के अनुगामी है[7]। भूषण का लक्षण मम्मट के अनुकूल है[8]। पोद्दारजी ने उसके भेदों का निरूपण मम्मट के

---

1. अनन्वय ससन्देहाबुपमास्येव दर्शितौ।—काव्यादर्श।
2. उपमानोपमेयसंशयः संदेहः।—का. सू. वृत्ति 4।3।11।
3. काव्यालंकार 8। 41।
4. ससंदेहस्तु भेदोक्तौ तदनुक्तौ च संशयः।—का. प्रकाश 10। 138।
5. भेदोक्तावित्मनेन न केवलमर्य निश्चयगर्भो यावन्निश्चयान्तोऽपि संदेहः स्वीकृतः—वही, वृत्ति।
6. संदेहः प्रकृतेऽन्यस्य संशयः प्रतिभोत्थितः।
   शुद्धो निश्चयगर्भोऽसौ निश्चयांत इति त्रिधा।।—सा. दर्पण 10।35।
7. देखिये, फुटनोट 2, पृष्ठ 29। 2।।
8. कै वह कै यह यों जहाँ, होत आनि संदेह।—शि. भूषण 78।

आधार पर किया है और श्री देवेंद्रनाथशर्माजी ने पं॰ विश्वनाथ के आधार पर। मूलतः इसके तीन भेद स्वीकृत है—शुद्ध, निश्चयगर्भ और निश्चयांत। प्रथम में संदेह की स्थिति प्रारंभ से अन्त तक बनी रहती हैं द्वितीय ही निश्चयमध्य भी कहा जाता है। इसमें प्रारंभ और अन्त में संदेह स्पष्ट रहता है, पर मध्य में निश्चयात्मक भाव भी अन्तर्निहित होता है। तृतीय में संदेह अन्त में निश्चय में बदल जाता है।

शुद्ध

विरह है या अखंड संयोग
शाप है या है यह वरदान।

—महादेवी

यहाँ 'विरह' प्रस्तुत है और अखंड संयोग', 'शाप', एवं 'वरदान' अप्रस्तुत। प्रस्तुत और अप्रस्तुत में अन्त तक संदेह की स्थित बनी रहने से यहाँ शुद्ध संदेह है।

यह लगा दौड़ने अश्व कि मद मानव का?
हो रहा यज्ञ या ध्वंस अकारण भव का?
घट में जिसको कर रहा खड्ग संचित है,
वह सरिद्वारि है या नर का शोणित है?

—दिनकर

यहाँ अश्व में मद का, यज्ञ में ध्वंस का और सरिद्वारि में शोणित का संदेह है। यहाँ संदेह प्रारम्भ से अन्त तक बना रहता है। अतः शुद्ध संदेह है।

कौन देव, तुम मेरे हृदयाधार?
असुर क्रूर, तो सुर होते है धूर्त,
क्षणमति होते किन्नर औ गन्धर्व,
दुर्विदग्ध संशयी, हृदय से हीन
होता मानव, तुम हो उससे भिन्न।

—नागार्जुन

यहाँ पाषाणी ने राम को देखा है। राम को देखने के पश्चात् वह निर्णय नहीं कर पा रही है कि वह कौन है। क्या वह उसका हृदयाधार है? नहीं। क्या वह असुर है? नहीं, वे तो क्रूर होते हैं। वह देवता भी नहीं हो सकता, चूँकि वे तो धूर्त होते हैं। वह किन्नर और गंधर्व भी नहीं हो सकता, क्योंकि वे क्षणमति होते है। और मानव, नहीं मानव भी नहीं हो सकता—वे तो दुर्विदग्ध, संशयी और हृदयहीन होते हैं। निश्चय हो वह उनसे भिन्न है। इस प्रकार अन्त तक पाषाणी निश्चय नहीं कर पाती कि वह कौन है। अतः, यहाँ शुद्ध संदेह है। निम्नांकित उदाहरण भी शुद्ध संदेह का ही है—

कैना, गुलाबी ब्लाउजें, कि
लाल
वासंती रेशम पै लाल छींट;
या साँस जैसे सुन्दर गले की
साकार—
किसी के सुन्दर हृदय में।

—शमशेर बहादुर सिंह

निश्चयगर्भ

कहूँ मानवी यदि मैं तुमको तो वैसा संकोच कहाँ?
कहूँ दानवी तो उसमें है यह लावण्य की लोच कहाँ?
वनदेवी समझूँ तो वह तो होती है भोली-भाली,
तुम्हीं बताओ अतः, कौन तुम हे रंजित रहस्य वाली?

—मैथिलिशरण गुप्त

यहाँ प्रस्तुत शूर्पनखा में मानवी, दानवी और वनदेवी का सन्देह है। प्रारंभ और अन्त में संदेह की पूर्ण स्थिति तो है, पर मध्य में निश्चयात्मक भाव (दानवी) अन्तर्निहित है। अतः यहाँ निश्चयगर्भ संदेह है।

निश्चयान्त

है उदित पूर्णेन्दु वह अथवा किसी
कामिनी के वदन की छिटकी छटा?
मिट गया सन्देह क्षणभर बाद ही
पान कर संगीत की स्वर माधुरी।

—अलंकार मुक्तावली

यहाँ 'कामिनी वदन' (प्रस्तुत) में 'उदित पूर्णेन्दु' (अप्रस्तुत) का संदेह है। सन्देह का अन्त में निश्चय में बदल जाने से (स्वरमाधुरी के कारण) यहाँ निश्चयान्त संदेह है।

8. रूपक

प्रस्तुत में अप्रस्तुत का निषेधरहित आरोप ही रूपक अलंकार है। रूपक अर्थ है रूप धारण करना, किसी के अनुरूप, निर्मितरूप, प्रतिरूप, प्रतिमूर्ति, प्रतिकृति आदि। अर्थात् इसमें किसी दूसरे का रूप धारण करना, किसी के रूप का किसी पर आरोप होना आवश्यक है। यहाँ असल बात है आरोप या अभेद की। आरोप का अर्थ है, एक (प्रस्तुत अथवा उपमेय अथवा विषय) पर दूसरे (आरोप्यमाण या अप्रस्तुत या उपमान आदि) को उठाकर इस प्रकार रखा जाये कि वह उसे पूर्णतः ढँक ले; उसे

(विषय को) आरोप्यमाण ही बना ले। इस प्रकार यहाँ प्रस्तुत और अप्रस्तुत (उपमेय और उपमान) का पार्थक्य ही मिट जाता है, दोनों अभिन्न हो जाते है। उदाहरणार्थ 'मुखचंद्र है' में 'मुख' पर 'चन्द्र' का आरोप होने से दोनों में तादात्म्य-सम्बन्ध स्थापित हो गया है। यहाँ उपमा के सादृश्य की उत्कटता नहीं, रूपक का अभेदकत्व है। उपमेय और उपमान का भिन्नत्व मिटते ही उपमा रूपक बन जाती है[1]।

आरोप निषेध रहित भी हो सकता है और निषेध सहित भी। पूर्वोक्त लक्षण के रूपक के लिये 'निषेध रहित' आरोप का ही विधान किया गया है। इसका कारण यह है कि अपहनुति अलंकार में भी उपमेय में उपमान का आरोप ही रहता है, पर वहाँ आरोप का निषेध सहित होना आवश्यक है।

यह सादृश्यगर्भ वर्ग का अभेद प्रधान आरोपमूलक अर्थालंकार है। यह आचार्य भरत के समय से ही स्वीकृत रहा है। उनके अनुसार इसमें गुण के आश्रय से किंचित् सादृश्य को अपने 'विकल्प' से रूपायित किया जाता है[2]। भामह ने उपमान से उपमेय की एकरूपता और गुणों की समता में रूपक माना है[3]। दंडी ने उपमान-उपमेय के परस्पर तिरोभूत हो जाने में ही रूपक स्वीकार किया है। रुय्यक ने दंडी के मत को ही दुहरा भर दिया है। पर इन्होंने विषयी के द्वारा विषय को रूपवत् करना स्वीकार कर उपमेय और उपमान की रूपवत्ता का आग्रह तो प्रगट किया ही, इसे एकावली से भिन्न भी कर दिया है[4]। उद्भट का लक्षण इन सबों से भिन्न है[5]। वामन ने रूपक को उपमा-प्रपंच स्वीकार करते हुये इसे उपमान से उपमेय का गुण-साम्य होने से उपमेय में उपमान का अभेदारोप कहा है[6]। आ॰ मम्मट ने अपने लक्षण में बड़ी कुशलता से भामह और उद्भट के लक्षणों का सारगर्भित संक्षेप उपस्थित किया है[7]। पं. विश्वनाथ ने प्रायः मम्मट के लक्षण को ही स्पष्टता प्रदान की है।

उनके अनुसार अनपह्नुत विषय पर विषयी के अभेदारोप में रूपक होता है[8]। अप्पयदीक्षित का लक्षण जयदेव के अनुसार है, जो प्रायः इन्हीं से मिलता-जुलता है[9]।

1. (क) उपमैव तिरोभूतभेदा रूपकमुच्यते।—काव्यादर्श 2।66।
   (ख) उपमैव तिरोभूतभेदा रूपकम्।—अ. सर्वस्वम्।
2. नाट्यशास्त्र 56।58।
3. उपमानेन यत्तत्त्वमुपमेयस्य रूप्यते।
   गुणानां समतां दृष्ट्वा रूषकं तद्विदुः।।—काव्यालंकार 2।21।
4. विषयिणा विषयस्य रूपवतः करणाद् रूपकम्।—अ. सर्वस्वम्।
5. श्रुत्या सम्बन्धविरहाद् यत्पदेन पदान्तरम्।
   गुणवृत्तिप्रधानेन युज्यते रूपकं तु तत्।।—का. सा. संग्रह 1।11।
6. उपमानोपमेयस्य गुणसाम्थात् तत्त्वारोपो रूपकम्।—का. सू. वृत्ति 4।3।6।
7. तद्रूपकमभेदो य उपमानोपमेययोः।—का. प्रकाश 10।93।
8. रूपकं रूपितारोपाद्वि (पो. वि.) षये निरपह्नवे।—सा. दर्पण 10। 18।
9. विषयभेदताद्रूप्यरञ्जनं विषयस्य यत्—कुवलामानन्द 17।

हिंदी काव्यशास्त्रियों में आ॰ केशव ने इसे दंडी के अनुसार निरूपित किया है[1]। जसवन्त सिंह ने इसका लक्षण नहीं दिया है। मतिराम, भूषण, दास, पद्माकर आदि के लक्षण प्रायः अप्पयदीक्षित और पं॰ विश्वनाथ के अनुसार है[2]। कुलपति मिश्र ने अपने लक्षण में पं॰ विश्वनाथ की कारिका और वृत्ति दोनों का पूर्ण उपयोग किया है[3]। आधुनिक काव्यशास्त्रियों का निरूपण अधिक सटीक है।

उपमा के समान ही रूपक बड़ा व्यापक अलंकार है। विभिन्न आचार्यों ने इसके विभिन्न प्रकार माने है। आ॰ भरत ने इसका भेद स्वीकार नहीं किया है। भामह ने इसके दो भेद किये हैं—समवस्तस्तुविषय और एकदेशविवर्ति। मम्मट ने इन्हें सांगरूपक का उपभेदभर माना है। दण्डी ने सामासिकता (समस्त, असमस्त, समस्त-व्यस्त), अवयव (अवयव, अवयवी), अंग (एकांग), सम्बन्ध की संगति (युक्त अयुक्त) आदि के आधार पर इसके सब मिलाकर बीस भेद माने हैं। रुद्रट ने प्रथम तीन भेद—सावयव, निरवयव और संकीर्ण रूपक स्वीकार किया है एवं पुनः सावय के तीन (सहज, आहार्य और सहजाहार्य) और निरवयव के चार (शुद्ध, माला, रशना और परम्परित) उपभेद माने हैं। मम्मट ने रूपक के भेद-प्रभेद की व्यवस्था रुय्यक के अनुसार की है। पं॰ विश्वनाथ का भेद निरूपण भी मम्मट जैसा ही है। हिंदी के अधिकांश काव्य-शास्त्रियों ने अप्पयदीक्षित के अनुसार ही रूपक के छह भेद माने हैं। आ॰ केशव ने तीन भेद—अद्‌भुत, विरुद्ध और रूपक-रूपक स्वीकार किया है। दंडी का व्यतिरेक रूपक ही इनका अद्‌भुत रूपक है। कुलपति के भेद निरूपण का आधार मम्मट की भेद-प्रभेद-व्यवस्था ही है। सामान्य रूप से कहा जायेगा कि रूपक के भेद-प्रभेद की इयत्ता नहीं है। चूंकि रूपक में असल बात है उपमेय में उपमान के आरोप की। अतः आरोप की पद्धति और मात्रा के अनुसार इसके अनेक भेद स्वीकार किये जाते हैं। मूलतः आरोप दो प्रकार से संभव है—अभेद की कल्पना द्वारा और तादात्म्य स्थापन-द्वारा। अस्तु, रूपक के प्रथम दो भेद होंगे—अभेद रूपक और ताद्रूप्य रूपक। पुनः दोनों के सम, अधिक और न्यून—ये तीन तीन भेद माने जायेंगे। यह वर्गीकरण आरोप की पद्धति पर आधारित है। कतिपय आचार्यों ने आरोप की मात्रा के आधार पर रूपक के सांग, निरंग और परंपरित—ये तीन भेद माने हैं पुनः

---

1. उपमा के ही रूप सो, मिल्यो बरनिये रूप।—कविप्रिया 13।12।
2. (क) बरनत विषयी विषय को, करि अभिन्न तद्रूप।—ल.ललाम 68।
   (ख) उपमा अरु उपमेय तें, वाचक धर्म मिटाय।
   एकै कै आरोपिये, सो रूपक कविराय।।—का. निर्णय 10।13।
   (ग) उपमेय' रु उपमान को, इक करिं कहव जु रूप।—पद्माभरण 33।
3. उपमा अरु उपमेय कौ, भेद परै नहिं जान।
   समता व्यंग्य रहै जहाँ, रूपक ताहि बखान।।—रस रहस्य।

सांग के समस्तवस्तु विषय और एकदेशविवर्ति एवं निरंग और परंपरित के क्रमशः शुद्ध और मालारूप—ये दो-दो भेद माने हैं। यदि हम चाहें तो अधिक विवाद में न पड़ते हुये सांग, निरंग और परंपरित को समअभेद रूपक के अन्तर्गत ही स्वीकार कर सकते है। अनेक आचार्यों ने ऐसा किया भी है। इससे अध्ययन-अध्यापन में सुविधा भी हो जाती है। अस्तु, रूपक का वृक्ष तैयार करना चाहें तो वह इस प्रकार होगा—

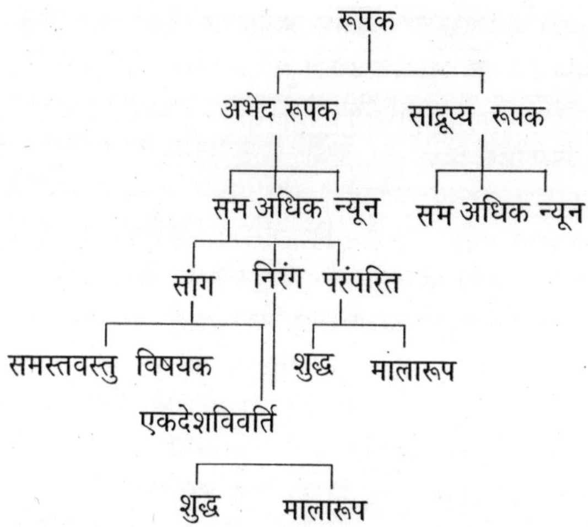

अभेद रूपक

प्रस्तुत में अप्रस्तुत का अभेद रूप में निषेध रहित आरोप होने पर अभेद रूपक होता है। इसमें प्रस्तुत और अप्रस्तुत (उपमेय और उपमान) की कल्पित अभिन्नता अथवा एकता होती है। अभेद दो प्रकार का होता है—आहार्य और वास्तव। जहाँ भेद में भी अभेद (कल्पनाजन्य) स्वीकार कर लिया जाता है, वहाँ अभेद आहार्य होता है और जहाँ वास्तविक अभेद होता है, वहाँ वास्तव। **रूपक में अभेद आहार्य रूप में होता है, वास्तव रूप में नहीं।** 'मुख चन्द्र है' में 'मुख' और 'चन्द्र' है पृथक्-पृथक्, पर आहार्य अभेद द्वारा इन्हें एक मान भर लिया गया है। **वास्तव अभेद होता है भ्रांतिमान अलंकार में।** हिंदी के श्रृंगारकालीन आचार्यों ने इसे अप्पयदीक्षित जी से ग्रहण किया है, पर वे लक्षण को छोड़ गये हैं। इसके भेदों की कल्पना भी दीक्षितजी के आधार पर ही की गयी है। यह तीन प्रकार का होता है—सम अभेद, अधिक अभेद और न्यून अभेद।

सम अभेद रूपक : प्रस्तुत में अप्रस्तुत का समरूप में (बिना न्यूनता और अधिकता के) निषेध रहित अभेद स्थापन (पर्यवसान) होने पर समअभेद रूपक होता है। यह तीन प्रकार का होता है—सांग, निरंग और परंपरित।

सांग रूपक : **जहाँ प्रस्तुत में अप्रस्तुत का निषेधरहित सावयव आरोप हो, वहाँ सांग रूपक होता है[1]।**

सांग का अर्थ है अंगों के साथ। इसे ही सावयव रूपक भी कहा जाता है। इसमें प्रधानता एक आरोप की होती है, जिसे अंगी कहा जाता है। शेष आरोप गौण होते है और वे उसके अंग होकर आते हैं। इसमें एक प्रधान आरोप के आधार पर कतिपय गौण आरोप भी देखे जाते हैं। इसे ही सादृश्य और सकल (दण्डी) रूपक भी कहा गया है। इसके दो भेद होते हैं—समस्तवस्तुविषयक और एकदेशविवर्ति। समस्तवस्तुविषय में आरोप के सभी विषय (उपमेय) और आरोप्यमाण (उपमान) शब्दतः कथित होते हैं, पर एकदेशविवर्ति में आरोप के कुछ विषय एवं आरोप्यमाण शब्दतः कथित न होकर आर्य होते हैं, अर्थ के बल से आक्षिप्त होते हैं।

समस्तवस्तुविषय

बीती विभावरी जाग री!
अम्बर-पनघट में डुबो रही तारा-घट उषा नागरी।

—प्रसाद

यहाँ उषा में नागरी का, अंबर में पनघट का और तारा में घट का आरोप किया गया है। उषा में नागरी का आरोप ही प्रधान है और शेष गौण। ये आरोप समरूप में हैं अतः यहाँ समस्तवस्तु विषय-सांग-सम-अभेद रूपक है।

चख-झख, बार-सिवार, मुख-सरसिज, गमन-मराल।
छवि-तरंग, पानिप-सलिल, बाल-मानसर ताल।।

—पद्माकर

यहाँ अंगी है 'बाल' (उपमेय) जिसमें 'मानसर ताल' (उपमान) का आरोप किया गया है। उसके अंग—चख, बार, मुख, गमन, छबि और पानिप (उपमेय) में क्रमशः झख, सिवार, सरसिज, मराल, तरंग और सलिल (उपमान) का आरोप किया गया है। अस्तु यहाँ समस्तवस्तु-विषय-सांग रूपक है।

रवि-शशि तेरे अवतंस लोल
सीमंत-जटित तारक अमोल
चपला विभ्रम, स्मित इन्द्रधनुष

---

1. (क) अंगिनो यदि सांगस्य रूपणं सांगमेव तत्।—सा. दर्पण 10।30।
(ख) परस्परसापेक्षनिष्पत्तिकानां रूपकाणां संघातः सावयवम्।—रसगंगाधर।

हिमकण बन झरते स्वेद-निकर
अप्सरि, तेरी सुन्दर नर्तन!

—महादेवी

यहाँ विराट् प्रकृति का चित्रण अप्सरा के रूप में किया गया है। यहाँ आरोप के सभी विषय और आरोप्यमाण शब्दतः कथित है। अस्तु यहाँ भी सांग रूपक (समस्त वस्तु विषयक) है।

एकदेशविवर्ति -

जीवन की चंचल सरिता में, फेंकी मैने मन की जाली।
फँस गयीं मनोहर भावों की, मछलियाँ सुघर भोलीभाली।।

—पंत

इसमें अंगी है 'जीवन' (उपमेय) जिसमें 'चंचल सरिता' (उपमान) का आरोप किया गया है। जीवन के अन्य अवयवों 'मन' एवं 'मनोहर भावों' में क्रमशः 'जाली' (जाल) और 'मछलियों' का आरोप किया गया है। यहाँ मछलियाँ पकड़ने के सभी साधन है—सावयव उपमेय और उपमानों का शब्द द्वारा स्पष्ट कथन किया गया है, पर 'मैंने' का उपमान उक्त नहीं हैं यहाँ 'मैंने' के स्थान पर धीवर (उपमान) अर्थ द्वारा आक्षिप्त होता है। अस्तु यहाँ एकदेशविवर्ति सांग रूपक है।

शिशुता की निशा सिरानी, उग आया यौवन दिनकर।
छबि विलसित तन-सरवर में, दो सरसिज लसे मनोहर।।

—भक्त

यहाँ 'शिशुता' में 'निशा', 'योवन' में 'दिनकर', 'तन' में 'सरोवर' और 'स्तन' में 'सरसिज' का आरोप है, पर 'सरसिज' के साथ 'स्तन' का कथन नहीं हुआ हैं वह अर्थ द्वारा सहज ही आक्षिप्त हो जाता है। अस्तु यहाँ एकदेशविवर्ति सांग रूपक हैं यदि 'सरगिज' के साथ 'स्तन' (उपमेय) का कथन शब्दतः रहता, तो यह भी समस्तवस्तु विषय-सांग रूपक का उदाहरण होता।

फैला अपने मृदु स्वप्न पंख उड़ गयी नींद
निशि-क्षितिज पार।

—महादेवी

यहाँ 'स्वप्न पर 'पंख' का और 'निशि' पर 'क्षितिज' का आरोप शब्दतः कथित है, पर 'नींद' पर 'विहग' का आरोप शब्द नहीं है। उसे अर्थ द्वारा आक्षिप्त करना पड़ता है। अस्तु यहाँ एकदेशविवर्ति-सांग रूपक है।

आँखों के कोष हुये है मोती बरसा कर रीते। -महादेवी

यहाँ 'आँसू' उपमेय का शब्दतः कथन नहीं है। मात्र उपमान का ही कथन है। अतः यहाँ भी एकदेशविवर्ति-सांग रूपक ही है।

***निरंग रूपक :* जहाँ प्रस्तुत में अप्रस्तुत का निषेध रहित निरवयव आरोप हो, वहाँ निरंग रूपक होता है**[1]। इसे निरवयव रूपक भी कहा जाता है। निरंग या निरवयव का अर्थ है अंगों के बिना अर्थात् जहाँ मात्र एक उपमेय में उपमान का आरोप हो। 'मुखचन्द्र', 'चरणकमल' आदि इसी के उदाहरण हैं। रूपक का यही भेद सर्वाधिक प्रचलित है। इसके दो भेद हैं–शुद्ध या केवल और मालारूप। शुद्ध निरवयव रूपक में एक उपमान का आरोप एक उपमेय में होता है, पर मालारूप निरवयव रूपक में अनेक उपमानों का आरोप मात्र एक उपमेय में होता है।

शुद्ध रूप

चरण-कमल बंदौ हरि राई।

—तुलसी

यहाँ एक उपमेय (चरण) में एक उपमान (कमल) का आरोप होने से शुद्ध-निरंग रूपक है।

इस हृदय-कमल का घिरना, अलि-अलकों की उलझन में।
आँसू-मरंद का गिरना, मिलना निःश्वास-पवन में।।

—प्रसाद

यहाँ 'हृदय-कमल', 'अलि-अलक', 'आँसू-मरंद' और निःश्वास-पवन'–ये चार रूपक हैं जो शुद्ध-निरंग रूपक है।

तू स्वप्न-सुमनों से सजा तन, विरह का उपहार ले।

—महादेवी

यहाँ 'स्वप्न-सुम में' 'स्वप्न' पर 'सुमन' का निरवयव आरोप है। अतः निरवयव रूपक है।

पलक-यवनिका के भीतर छिप
हृदय-मंच पर, छाकर छबिमय।

—पंत

यहाँ 'पलक' पर 'यवनिका' का और 'हृदय' पर 'मंच' का आरोप है। ये आरोप निरवयव है। अस्तु यहाँ भी शुद्ध-निरवयव रूपक है।

मालारूप

ओ चिंता की पहली रेखा,
अरे विश्व-वन की व्याली;
ज्वालामुखी स्फोट से भीषण,
प्रथम कंप-सी मतवाली!
हे अभाव की चपल बालिके,

1. निरङ्गकेवलस्यैव रूपणम्।—सा. दर्पण 10।30।

री ललाट की खल रेखा
हरी-भरी-सी दौड़-धूप
ओ जल-माया की चल रेखा!

—प्रसाद

यहाँ एक चिंता (उपमेय) में विश्ववन की व्याली, ज्वालामुखी के भीषण स्फोट की प्रथम कंपन के समान मतवाली, अभाव की चपल बालिका, ललाट की वक्ररेखा आदि अनेक उपमानों का मालाकार आरोप है। अस्तु यहाँ मालारूप निरवयव रूपक है।

ओ अकूल की उज्ज्वल हास!
अरी अतल की पुलकित श्वास!
महानन्द की मधुर उमंग!
चिर शाश्वत की अस्थिर लास!

—पंत

यहाँ एक उपमेय (विचिविलास) में हास, श्वास, उमंग, लास आदि अनेक उपमानों का आरोप मालारूप में हुआ है। अस्तु यहाँ मालारूप निरवयव रूपक है।

अन्य युगों की तरह आधुनिक युग में भी उपमा और रूपक का कवियों ने खुलकर प्रयोग किया है। छायावादियों की तो कतिपय कविताएँ ही रूपक का सुन्दर उदाहरण प्रस्तुत करती है। उदाहरणार्थ महादेवी की 'किस सुधि वसंत का सुमन तीर', 'प्रिय मेरे गीले नयन बनेंगे आरती' आदि कविताएँ देखी जा सकती हैं पंत जी की 'नक्षत्र' शीर्षक कविता में निरवयव रूपक के अतिरिक्त और है क्या? यहाँ मात्र सुन्दर-असुन्दर, संभव-असंभव आरोप ही तो है।

परंपरित रूपक : **जहाँ एक आरोप दूसरे आरोप के कारण-रूप में अवस्थित होता है, वहाँ परंपरित रूपक होता है**[1]। परंपरित का अर्थ है सिलसिलेवार, परम्परा से, लगातार अथवा आश्रित। यहाँ कार्य-कारण भाव से आरोप की शृंखला बन्ध जाती है, एक आरोप पर ही दूसरा आरोप आधारित होता है। यहाँ प्रस्तुत में अप्रस्तुत का आरोप स्वतः सिद्ध नहीं होता है—इसकी सादृश्य भावना स्वतः सिद्ध नहीं, पारस्परिकतानु सम्बन्धी होती है। जैसे, यदि कोई कहे कि-'श्रीमन्! आप भ्रष्टाचाररूपी कुम्भकर्ण के लिये राम है', तो यह स्पष्ट है कि 'भ्रष्टाचार' एवं 'कुम्भकर्ण' तथा 'श्रीमन्' एवं 'राम' में कोई सम्बन्ध नहीं है, पर चूँकि 'भ्रष्टाचार' में 'कुम्भकर्ण' का आरोप किया गया है। इसी से 'श्रीमन्' में 'राम' का आरोप हुआ है। यहाँ कहने का तात्पर्य इतना ही है कि जिस प्रकार राम ने कुम्भकर्ण का नाश किया था उसी प्रकार

---

1. (क) नियतारोपणोपायः स्पादारोपः सरस्य यः।—काव्यप्रकाश 10।95।
   (ख) यत्र कस्यचिदारोपः परारोपणकारणम् तत् परम्परितम्।—सा.दर्पण 10।43।

श्रीमन् भी भ्रष्टाचार का नाश करने में समर्थ है। तो अब खुलासा हो गया कि परंपरित रूपक में दो आरोप परस्पर मिलकर ही एक-दूसरे को सार्थक बनाते हैं, इनकी स्वतन्त्र सत्ता नहीं होती है। इस रूपक के भी दो भेद होते हैं—शुद्ध या केवल और मालारूप। **जहाँ आरोप दो ही हों और एक आरोप दूसरे आरोप का कारण हो, वहाँ शुद्ध परंपरित रूपक होता है और जहाँ आरोप दो से अधिक हों—आरोपों की एक शृंखला-सी बन गयी हो, वहाँ मालारूप परंपरित रूपक होता है।** इन भेदों के दो-दो उपभेद भी माने गये हैं—श्लिष्टशब्दमूलक और अश्लिष्टशब्द मूलक, किन्तु ये उपभेद तर्क की कसौटी पर खरे नहीं उतरते हैं। श्लेष की स्थिति तो प्रायः सभी अलंकारों के साथ हो सकती है। आचार्य मम्मट ने भी—**'यद्यपि शब्दार्थालंकारोऽयमित्युक्तं वक्ष्यते च तथापि प्रसिद्ध्यनुरोधादत्रोक्तः। एकदेशविवर्ति हीदमन्यैरभिधीयते'** कहकर श्लेषमूलक रूपक को अर्थालंकार मानने से हिचक ही प्रकट किया है। अस्तु, ये उपभेद बुद्धिबोधित नहीं प्रतीत होते हैं।

शुद्ध परंपरित रूपक

राम नाम सुन्दर करतारी।
संशय विहग उड़ावनहारी।।

—तुलसी

यहाँ 'राम नाम' में 'करतारी' का और 'संशय' में विहग' का आरोप है। इसे आरोपों का कार्य-कारण भाव है। राम नाम में करतारी (ताली) के आरोप का कारण है संशय में विहग का आरोप होना। संदेह को पक्षी मानने के पश्चात् राम नाम को ताली (ताली बजाने से पक्षी उड़ जाते है) कहना उचित ही है। ये आरोप एक दूसरे के कारण ही सार्थक है। अस्तु यहाँ शुद्ध परम्परित रूपक है।

बाड़व ज्वाला सोती थी
इस प्रणय-सिन्धु के तल में।
प्यासी मछली-सी आँखें,
थी विकल रूप के जल में।

प्रसाद

यहाँ आँखों में मछली का आरोप, रूप में जल के आरोप का कारण है। अतः यहाँ शुद्ध परंपरित रूपक है। प्रस्तुत उदाहरण में कुछ लोग उपमा अलंकार भी मान सकते हैं, पर उपमा है नहीं।

दो आंसू-तारक चख-नभ से अकस्मात् ही टूट पड़े।

—भक्त

यहाँ आँसू में तारक करने से ही नेत्र में नभ का आरोप किया गया है। अतः यहाँ भी शुद्ध-परंपरित रूपक है।

मालारूप परंपरित रूपक

राम कथा कलि पन्नग भरनी।
पुनि विवेक-पावक कहँ अरनी।।

—तुलसी

यहाँ 'कलि (युग)' में 'पन्नग' (सर्प) का 'रामकथा' में 'भरनी' (सर्प-मन्त्र) का और 'विवेक' में 'पावक' का एवं 'रामकथा' में 'अरनी' (आग उत्पन्न करने के लिये विशिष्ट लकड़ी) का आरोप किया गया है। दोनों चरणों में रूपक परंपरित है, चूँकि एक आरोप का कारण है। पुनः एक (रामकथा) में 'भरनी' और 'अरनी' का आरोप होने से यह मालारूप भी है। अतः यहाँ मालारूप परंपरित रूपक है।

अधिक-अभेद रूपक : प्रस्तुत में अप्रस्तुत का निषेधरहित अभेद-पर्यवसान के पश्चात् कुछ अधिकता बताने पर अधिक-अभेद रूपक होता है।

नव बिधु बिमल तात जस तोरा,
रघुवर किंकर कुमुद चकोरा।
उदित सदा अथइहिं कबहूँ ना,
घटहि न जग नभ दिन-दिन दूना।

—तुलसी

यहाँ यश से नव विधु का निषेधरहित अभेद कथन किया गया है। पुनः चन्द्रमा का घटना-बढ़ना और यश का सदा उदित रहना कहा गया है। इससे उपमेय की अधिकता का वर्णन हो जाता है। अतः यहाँ अधिक-अभेद रूपक है।

जगत की सुन्दरता का चाँद,
सजा लांछन को भी अवदात।
सुहाता बदल-बदल दिन रात,
नवलता ही जग का आह्लाद।।

—पंत

यहाँ सुन्दरता में चन्द्रमा का निषेधरहित अभेदारोप है। चाँद लांछन को भी अवदात बना देता है, यही अधिकता है। अस्तु यहाँ भी अधिक अभेद रूपक है।

न्यून-अभेद रूपक : प्रस्तुत में अप्रस्तुत का निषेधरहित अभेद-पर्यवसान के पश्चात् कतिपय न्यूनता बताना ही न्यून-अभेद रूपक है।

तुव दृग खंजन है सही, उड़ि न सकत तजि थान।

—पद्माकर

यहाँ 'दृग-खंजन' में नायिका के नेत्र (उपमेय) में खंजन के नेत्र (उपमान) का निषेधरहित अभेदारोप है, पर 'स्थान छोड़कर उड़ नहीं सकते' के द्वारा नेत्रों के न्यूनत्व का बोध कराया गया है। अतः यहाँ न्यून-अभेद रूपक है।

निर्झर में अक्षय स्वर प्रवाह है,
पर वह विकल विराग नहीं।

—मिलिन्द

यहाँ पहले निर्झर और स्वर का अभेद कथन किया गया है; पुनः 'वह विकल विराग नहीं' के द्वारा न्यूनता दिखायी गयी है। अतः यहाँ भी न्यून-अभेद रूपक है।

ताद्रूप्य रूपक

भेद के रहते हुये भी सामान्य धर्म के आश्रय से जहाँ प्रस्तुत में अप्रस्तुत का निषेधरहित आरोप होता है, वह ताद्रूप्य रूपक कहा जाता है। तद्रूप (तत्+रूप) शब्द का अर्थ है 'उसका रूप' अर्थात् इस में प्रस्तुत अप्रस्तुत-रूप में कहा जाता है। अभेद रूपक की तरह यहाँ प्रस्तुत और अप्रस्तुत में एकता नहीं हो पाती है, दोनों में भेद बना ही रहता है। भेद के होते हुये भी सामान्य धर्म के आश्रय से ही यहाँ आरोप निष्पन्न होता है। इसमें प्रस्तुत अप्रस्तुत का रूप तो ग्रहण करता है, पर कहा जाता है उसे भिन्न ही। जैसे, कोई कहता है—'मुख दूसरा कमल है, तो यहाँ 'मुख' और 'कमल' है अलग-अलग ही, फिर भी सामान्यधर्म के आधार पर (सादृश्य से) 'मुख' में 'कमल' का आरोप का दिया गया है। हिंदी के आचार्यों ने रूपक के इस भेद को अप्पयदीक्षित के अनुसार ही ग्रहण किया है, पर अधिकांश आचार्यों ने इसे बिना निरूपित किये ही मात्र उदाहरण दे दिया है। इस अलंकार के भी तीन भेद होते हैं—सम, अधिक और न्यून। ताद्रूप्य न्यून, अधिकता बतायी आये तो ताद्रूप्य अधिक और ताद्रूप्यता समान हो तो सम होता है। आधुनिक हिंदी कविता में रूपक के इन भेदों के उदाहरण खोजने पर ही मिलेंगे, अनायास नहीं।

सम-ताद्रूप्य रूपक :

सुधा सहित मुख-ससि लख्यो,
वृथा सरद को चंद।

—पद्माकर

यहाँ 'मुख' में 'शशि' का आरोप होने से रूपक है। 'वृथा सरद को चंद'' कह कर मुख से चन्द्रमा का ताद्रप्यारोप किया गया है एवं 'सुधा सहित कह कर साम्य की प्रतीति करायी गयी है। अस्तु यहाँ सम-ताद्रूप्य रूपक है।

अधिक-ताद्रूप्य रूपक

राधा मुख यह अपर ससि,
सतत उदित सुख देत।

—अ. मंजरी

यहाँ 'मुख' में 'चन्द्रमा' का आरोप है। 'अपर ससि' कहने से यहाँ ताद्रूप्यारोप है, पर मुख को 'सतत उदित' कहकर चन्द्रमा से उसकी अधिकता बताई गयी है; चूँकि चाँद हमेशा उदित नहीं रहता है। अस्तु यहाँ अधिक-ताद्रूप्य रूपक है।

न्यून-ताद्रूप्य रूपक

दुइ भुज के हरि रघुवर सुन्दर भेष।
एक जीभ के लछिमन दूसर शेष।।

—तुलसी

यहाँ प्रथम पंक्ति में 'रघुवर' में 'हरि' (विष्णु) का ताद्रूप्यारोप तो है, पर उन्हें दो भुजावाला कहकर न्यून घोषित किया गया है। इसी प्रकार द्वितीय पंक्ति में लक्ष्मण में शेषनाग का ताद्रूप्यारोप है, पर 'एक जीभ-वाला' कहकर शेषनाग से उनकी हीनता बताई गयी है। अस्तु यहाँ न्यून-ताद्रूप्य रूपक है।

टिप्पणी : हिंदी कविता में सादृश्य का विशिष्ट महत्त्व रहा है। कतिपय कवियों का तो सादृश्य पर असाधारण अधिकार रहा है। पिछले खेवे के कवियों ने सादृश्य के लिये 'उपमा' या 'उपम्मा' शब्द भी प्रयुक्त किया हैं 'पृथ्वीराज रासो' में 'उपम्मा' शब्द के ऐसे अनेकत्र प्रयोग आसानी से देखे जा सकते हैं। सादृश्य की प्रबलता वाले ऐसे स्थलों पर सादृश्यगर्भ अलंकारों का बड़ा विचित्र घाल-मेल दिखता है। कवि ने स्वयं तो प्रयोग किया है शब्द 'उपम्मा', 'ओपम', 'उपमा' उपम्य आदि, पर इनमें यत्र-तत्र 'मनो', 'जनु' आदि उत्प्रेक्षावाचक शब्द भी मिल जाते है। अस्तु इन्हें उत्प्रेक्षा भी कह सकते है, किन्तु प्रस्तुत-अप्रस्तुत में अंग-प्रत्यंगों की समता पर विचारने से इन्हें रूपक कहना ही सटीक जँचता है। ऐसे स्थलों को डा. ओमप्रकाश जी रूपक बन्ध कहना चाहते है[1]। रासो का यह उदाहरण देखा सकता है—

कनक्क काम कुंडिलं, हलंत ते जउम्भरे।
ससी सहाइ मान भाइ, सज्जि सूर दो करे।
दुती उपम्म बिंद की, किरन्न चंद दिठ्ठयं।
मनो कि सूर इंद गोदि, अप्य आनि व्रिठयं।

—पृथ्वीराज रासो, पृ. 81

आधुनिक हिंदी कविता में भी ऐसे रूपक प्रयुक्त किये हैं, जिनमें उपमा के वाचक शब्द (सा, सी, से आदि) धड़ल्ले से देखे जा सकते हैं। इन्हें डा. ओमप्रकाश के अनुसार **'रूपक बन्ध' हो** कहा जायेगा। यदि कहें तो **रूपक बन्ध** का लक्षण कुछ

---

1. "व्यवहार में जिस प्रकार प्रत्येक सादृश्य (उपमा हो या उत्प्रेक्षा) 'उपमा' ही कहलाता है, उसी प्रकार प्रस्तुत-अप्रस्तुत में अंग-प्रत्यंगों की समानता दिखलाते हुये सादृश्य-कथन 'रूपक बाँधना' कहलाता है, वाचक शब्दों की ओर ध्यान नहीं दिया जाता; इस हेतु इन स्थलों (रूपक, उपमा, उत्प्रेक्षा आदि के मिश्रण) पर हम भी 'रूपक बन्धन' नाम को अधिक उपयुक्त समझते हैं, सांगोपांगता रूपक का ही विशेष गुण है, इस बात पर ध्यान देना चाहिये।"

—डा. ओमप्रकाशः हिंदी कविता और उसका सौन्दर्य, पृ. 29।

इस प्रकार कर सकते है—**'जहाँ वाचक शब्दों की चिन्ता न करते हुये प्रस्तुत-अप्रस्तुत में मात्र अंग-प्रत्यंगों की समता दिखाते हुये सादृश्य कथन किया जाये, वहाँ 'रूपक बन्ध' होता है।'** सामान्य रूप से इस रूपक और उपमा का मिश्रण होता है। चन्द, जायसी, तुलसी, सूर आदि की कविताओं में भी ऐसे प्रयोग तो मिलते ही है, प्रायः छायावाद के सभी कवियों में भी ऐसे प्रयोग देखे जा सकते है। निम्नांकित उदाहरण ऐसे ही है—

(क) तम-जलधि में नेह का मोती
रचूँगी सीप-सी मैं।

—महादेवी

(ख) अगरु धूम-सी साँस सुधि-गंध-सुरभित।
बना स्नेह-लौ आरती चिर अकम्पित,
हुआ नयन का नीर अभिषेक जलकण।

—महोदवी

उपर्युक्त उदाहरणों में रूपक और उपमा का मिश्रण-सा प्रतीत होता है, पर वस्तुतः है यहाँ रूपक ही। इन्हें रूपक बन्ध कहा अवश्य जा सकता है। डा. ओमप्रकाश के अनुसार यहाँ भी रूपक बन्ध की ही छटा है—

सेंदुर आगि सीस उपराहीं, पहिया-तरिवन चमकत जाहीं।
कुच-गोला-दुइ हिरदय लाये, चंचल धुजा रहहिं छिटकाये।
रसना-लूक रहहिं मुख खोले, लंका जरै सो उनके बोले।

—पद्मावत

यहाँ तोपों को-मतवाली नारी' के रूप में जायसी ने देखा है। यहाँ प्रस्तुत से अधिक प्रभावशाली अप्रस्तुत ही हो गया है।

9. परिणाम

जहाँ असमर्थ उपमान उपमेय से अभिन्न होकर (उपमेय का सहारा लेकर) कोई काम करे, वहाँ परिणाम अलंकार होता है। परिणाम का अर्थ है—परिणति, परिवर्तन, बदलना या अवस्थान्तर होना। इसमें उपमान के स्वभाव का परिवर्तन दिखाना ही अभीष्ट होता है। जहाँ उपमान स्वतः कार्य के उपयोग में असमर्थ होता है, वहाँ वह कार्य-संपन्नता की दृष्टि से उपमेय के साथ अभिन्नता कर लेता है।

यह सादृश्यगर्भ वर्ग का अभेद प्रधान आरोप मूलक अर्थालंकार है। संभवतः इसका विवेचन रुय्यक से प्रारंभ हुआ है[1]। आ॰ मम्मट ने इसे छोड़ दिया है। पं॰ विश्वनाथ का लक्षण प्रायः अस्पष्ट है। उन्होंने इसे रूपक के साथ घाल-मेल कर दिया

1. आरोप्यमाणस्य प्रकृतोपयोगित्वे परिणामः।—अ. असर्वस्वम्।

है। उनके अनुसार जहाँ उपमान उपमेय पर आरोपित होकर उसके कार्य को करने में समर्थ होता है, वहाँ परिणाम होता है[1]। अप्पयदीक्षित का लक्षण जयदेव के अनुसार है[2]। हिंदी के आचार्यों में जसवन्त सिंह का लक्षण-उदाहरण 'कुवलयानंद' के आधार पर है[3]। मतिराम के लक्षण में पं॰ विश्वनाथ की ही अस्पष्टता है[4]। भूषण के लक्षण में 'स्वे' के कारण अस्पष्टता है[5]। पद्माकर का लक्षण अपेक्षाकृत अधिक स्पष्ट है।[6]। वस्तुतः इसमें उपमान स्वतंत्ररूप में कार्य साधन में असमर्थ होता है। इसी से वह उपमेय से अभिन्न होकर कार्य-संपन्नता के लिये सामर्थ्य प्राप्त करता है। स्पष्टता की दृष्टि से पंडितराज का लक्षण सर्वोत्तम है[7]।

परिणाम और रूपक में समता-सी प्रतीत होती है, इससे एक-दूसरे में भ्रम की स्थिति भी संभव है। यहाँ यह जान लेना चाहिये कि **रूपक में उपमान स्वयं कार्य करने में समर्थ होता है, पर परिणाम में कार्य करने की समर्थता उसे उपमेय से अभिन्न होने पर ही प्राप्त होती है,** वह स्वयं असमर्थ होता है।

बरवीरन के कर-कमल, बाहत बान-कृपान।

—पद्माकर

यहाँ 'कर' उपमेय है और 'कमल' उपमान। कमल (उपमान) स्वतः बाण और कृपाण चलाने में असमर्थ है, पर कर (उपमेय) से अभिन्न होकर वह इसके लिये समर्थ हो गया है। अतः यहाँ परिणाम अलंकार है।

दूर करैं मेरे दुरित, गौरी के पद-कंज।

—अ. मंजरी

यहाँ 'गौरी के पद' (उपमेय) से अभिन्नता प्राप्त कर ही 'कंज' (उपमान) पाप को दूर करने में समर्थ हो पाता है, स्वतंत्र रूप में 'कंज' पाप प्रक्षालन में असमर्थ है। अस्तु यहाँ भी परिणाम अलंकार है।

मेरा शिशु संसार वह दूध पिये परिपुष्ट हो।
पानी के ही पात्र तुम प्रभो रुष्ट या तुष्ट हो।।

—मैथिलीशरण

---

1. विषयात्मतरोप्ये प्रकृतार्थोपयोगिनि। सा. दर्पण 10।14।
2. परिणामः क्रियार्थश्चेद्विषयी विषयात्मना।—कुवलयानंद 21।
3. करै क्रिया उपमान है, बर्ननीय परिनाम।
   लोचन कंज बिसाल तें, देखत देखौ बाम।।—मा॰ भूषण 56।
4. विषयी विषय अभेदसों, जहाँ करत कछु काज।—ल. ललाम 75।
5. जहं अभेद करि दुहुन सों, करत और स्वे काम।—शि. भूषण 67।
6. सुपरिनाम जहँ है विषय, काज करे उपमान।—पद्माभरण 40।
7. विषयी यत्र विषयात्मतयैव प्रकृतोपयोगी न स्वातंत्र्येण स परिणामः।

—रस गंगाधर।

यहाँ 'शिशु' उपमेय है और 'संसार' उपमान। स्वतंत्र रूप से संसार (उपमान) दूध पीने में असमर्थ है, पर शिशु (उपमेय) के साथ अभिन्नता प्राप्त कर लेने पर वह दूध पीने में समर्थ हो जाता है। अस्तु यहाँ भी परिणाम अलंकार ही है।

इस अलंकार में सामान्यतः 'होना', 'करना' अर्थ वाली क्रियाएँ प्रयुक्त की जाती है। इसके निमित्त उपर्युक्त उदाहरण देखे जा सकते हैं।

10. उल्लेख

ज्ञातृभेद से अथवा विषयभेद से जहाँ एक वस्तु का अनेक रूपों में वर्णन किया जाये, वहाँ उल्लेख अलंकार होता है। उल्लेख का अर्थ है लिखना, वर्णन करना या चित्रण करना। इस अलंकार में वर्णनीय वस्तु होती है एक ही, पर उसका वर्णन अनेक प्रकार से किया जाता है।

यह सादृश्यगर्भ वर्ग का अभेद प्रधान आरोप मूलक अर्थालंकार है। इसका विवचेन संभवतः रुय्यक से प्रारंभ हुआ है। उन्होंने एक वस्तु को अनेक रूपों में ग्रहण करना ही उल्लेख का लक्षण स्वीकार किया है[1]। आगे उन्होंने उल्लेख के द्वितीय रूप का लक्षण भी दिया है[2]। विश्वनाथ का लक्षण रुय्यक के लक्षण का ही अनुसरण करता है[3]। अप्पदीक्षित का लक्षण जयदेव के अनुसार है[4]। हिंदी के शृंगारकालीन आचार्यों में जसवन्त सिंह, मतिराम, भूषण, पद्माकर आदि के लक्षण विश्वनाथ और अप्यदीक्षित के अनुसार है। वे लक्षण आपस में लगभग समान है, पर पद्माकर का लक्षण अपेक्षाकृत **पं॰ विश्वनाथ के लक्षण के अधिक निकट पड़ता है[5]।** दासजी ने 'परंपरितमालानि सो' कह कर इसे किंचित भिन्न रूप में निरूपित किया है[6]।

विवेचन से स्पष्ट है कि इस अलंकार में एक वर्णनीय वस्तु का अनेक प्रकार से वर्णन हो अभीष्ट है। यह वर्णन दो प्रकार से संभव है–

---

1. यत्रेकं वस्तु अनेकधा गृह्यते स रूपबाहुल्योल्लेखनादुल्लेखः।–अ. सर्वस्वम्।
2. पूर्वत्र ग्रहीतृभेदेनानेकधात्वोल्लेखः इह तु विषयभेदने।–अ. सर्वस्वम्।
3. क्वचिद्भेदाद्ग्रहीतृणां विषयाणां तथा क्वचित्।
   एकस्यानेकधोल्लेखो यः उल्लेख उच्यते।।–सा. दर्पण 10।37।
4. बहुभिर्बहुधोल्लेखादेकस्योल्लेख इष्यते।
   एकेन बहुधोल्लेखेऽप्यसौ विषयभेदतः।।–कुवलयानंद 22, 23।
5. (क) सु उल्लेख जु एक को बहु समझैं बहुरीति।
   बहुबिध बरनें एक को, बहु गुन सों उल्लेख।–मा॰ भूषण 57, 58।
   (ख) द्वि उल्लेख श्क कों जु बहु विधि समुझै जत्र।
   विषय भेद सों इकहि इक बरनै वसुविध तत्र।।–पद्माभरण 41।
6. एकहि में बहु बोध कों, बहु गुन सों उल्लेख।
   परंपरितमालानि सो लीन्हें भिन्न बिसेष।।–का. निर्ण 10।41।

1. **ज्ञातृभेद से** : जहाँ एक वर्णनीयवस्तु का अनेक व्यक्ति अनेक प्रकार से वर्णन करें।
2. **विषय भेद से** : जहाँ एक वर्णनीय वस्तु का एक ही व्यक्ति अनेक प्रकार से वर्णन करे।

ज्ञातृभेद से

घनघोष समझ मयूर लगे कूकने,
समझी गजेंद्र ने दाहड़ मृग राज की।
सागर ने समझी प्रभंजन की गर्जना,
पर्वतों ने समझी कड़क महावर्ज की।
गंगाधर चौंके जयघोष को समझ के,
गंगा आ रही है ब्रह्मलोक से गरजती।

—वियोगी हरि

यहाँ एक ही वर्णनीय वस्तु (जयघोष) को मयूर घनघोष, गजेंद्र मृगराज की दहाड़, समुद्र बादलों की गरज, पर्वत महावज्र की कड़क और भगवान शंकर गंगा का गर्जन समझ लेते हैं। इस प्रकार ज्ञाताओं की भिन्नता के कारण यहाँ 'जयघोष' का अनेक रूपों में वर्णन किया गया है। अस्तु यहाँ ज्ञातृभेद से उल्लेख है।

जानति सौति अनीति है, जानति सखी सुनीति।
गुरुजन जानत लाज है, प्रीतम जानत प्रीति।।

—अलंकार मुक्तावली

अपनी-अपनी भावना के अनुसार प्रस्तुत नववधू को सौतें अनीति, सखियाँ सुनीति, गुरुजन लज्जा और प्रियतम प्रेमरूप जानते हैं। इस प्रकार यहाँ भी ज्ञातृभेद से एक वर्णनीय वस्तु (नववधू) का अनेक रूपों में उल्लेख किया गया है।

प्रीतम प्रीतिमई उनमानै परोसिनि जानै सुनितिनि सों ठई।
सौतो हलाहल सौती कहैं औ सखी कहै सुंदरि सील सुधामई।।

—भिखारीदास

यहाँ एक ही वर्ण्रनीय वस्तु (नायिका) को प्रियतम प्रीतिमयी, पड़ोसिनें सुनीतिमयी, सौतें विषयमी और सखियाँ शील और सुधामयी समझते हैं। अस्तु, यहाँ भी ज्ञातृभेद से एक का अनेक रूपों में वर्णन होने से उल्लेख है।

विषय भेद से

तू रूप है किरण में सौन्दर्य है सुमन में,
तू प्राण है पवन में विस्तार है गगन में,
तू ज्ञान हिंदुओं में ईमान मुस्लिमों में,
तू प्रेम क्रिश्चियन में है सत्य तू सुजन में।

—रामनरेश त्रिपाठी

यहाँ एक वर्णनीय वस्तु (ईश्वर) का एक व्यक्ति (कवि) द्वारा विषय-भेद से अनेक रूपों में—किरणों में रूप, पुरुष में सुन्दरता, हवा में प्राण, आकाश में विस्तार आदि—वर्णन किया गया है। अस्तु, यहाँ विषयभेद से उल्लेख है।

यह मेरी गोदी की शोभा,
सुख-सुहाग की है लाली।
शाही शान भिखारिन की है,
मनोकामना मतवाली।
उषा है यह कमल भृंग की,
है पतझड़ की हरियाली।

—सुभद्रा कुमारी चौहान

यहाँ कवयित्री (एक व्यक्ति) द्वारा एक ही वर्णनीय विषय (सन्तान) के प्रति विषय-भेद से भिन्न-भिन्न गुणों का कथन किया गया है। अस्तु, यहाँ भी विषयभेद से उल्लेख अलंकार है।

हम सागर के धवल हास है,
जल के धूम, गगन की धूल,
अनिल फेन, उषा के पल्लव,
वारि-वसन वसुधा के मूल,
व्योम बेलि, ताराओं की गति,
चलते अचल, गगन के गान,
हम अपलक तारों की तन्द्रा,
ज्योत्स्ना के हिम, शशि के यान।

—पंत

यहाँ एक ही वर्णनीय वस्तु (बादल); का विभिन्न गुणों के कारण एक ही व्यक्ति (बादल के माध्यम से कवि) द्वारा अनेक प्रकार से वर्णन किया गया है। अतः यहाँ भी विषयभेद से उल्लेख अलंकार है।

11. अपह्नुति

जहाँ प्रकृत (उपमेय) का निषेध कर अप्रकृत (उपमान) का आरोप (स्थापन) किया जाये, वहाँ अपह्नुति अलंकार होता है। अपह्नुति के मूल में है 'अपह्नव', जिसका अर्थ है—निषेध, प्रतिषेध, डराना, छिपाना, बहाना करना आदि। इसमें प्रकृत (प्रत्यक्ष) को 'न', 'नहीं' आदि निषेवाचक शब्दों से छिपाया जाता है एवं उसमें अप्रकृत (परोक्ष) का चमत्कारवेष्ठित आरोप या स्थापन किया जाता है। जैसे—'यह मुख नहीं, कमल है, में 'नहीं' द्वारा मुख का निषेध कर उसमें कमल की स्थापना की गयी है। स्थापना या आरोप के मूल में सादृश्य की उत्कट भावना ही होती है।

प्रकृत में अप्रकृत का आरोप रूपक में भी होता है, पर वहाँ उद्देश्य है अभेद स्थापना और यहाँ निषेध सूचना। वहाँ आरोप निषेधरहित होता है और यहाँ निषेधसहित। हाँ, इसके लिये निश्चित क्रम नहीं है कि पहले निषेध होगा, तब आरोप या पहले आरोप, तब निषेध। वस्तुतः यहाँ आरोपपूर्वक निषेध भी हो सकता है और निषेधपूर्वक आरोप भी।

यह सादृश्यगर्भ वर्ग का अभेदप्रधान आरोपमूलक अर्थालंकार है। आ॰ दण्डी के अनुसार इसमें औपम्य आवश्यक नहीं, मात्र किसी के निषेध द्वारा अन्य के प्रस्तुत करने में ही अपह्नुति है। वामन ने उपमेय का उपमान से निषेध में–तुल्य से अन्य के अपलाप में अपह्नुति स्वीकारी है[2]। इन दोनों की अपेक्षा रुद्रट का लक्षण अधिक स्पष्ट है। इनके अनुसार अतिसादृश्य के कारण सत्य होने पर भी उपमेय को असत्य कहकर उपमान को सत्य सिद्ध करना ही अपह्नुति है[3]। इन्हीं का अनुसरण करते हुये आ॰ मम्मट ने प्रकृत का निषेध कर अप्रकृत की सिद्धि में अपह्नुति मानी है[4]। इसके भेदों के विस्तार का निर्देश दण्डी ने ही किया था[5], पर मम्मट तक उसकी स्पष्ट कल्पना नहीं मिलती है। पं॰ विश्वनाथ के लक्षण पर आ॰ मम्मट के लक्षण की पूर्ण छाया है[6]। इन्होंने रुय्यक (अ. सर्वस्वम्) के आधार पर इसका तीन भेद स्वीकार किया है–निषेधपूर्वक आरोप, आरोपपूर्वक निषेध और गोपन के लिये श्लेष आदि द्वारा निषेध। जयदेव ने पर्यस्त, भ्रांत, छेक और कैतव–इन चार भेदों की विवेचना की है। अप्पयदीक्षित ने शुद्ध और हेतु–दो और भेद माने हैं। इस प्रकार अपह्नुति कुल छह प्रकार की मान ली गयी है–शुद्ध, हेतु, पर्यस्त, भ्रान्त छेक और कैतव।

हिंदी के शृंगारकालीन आचार्यों ने प्रायः अप्प दीक्षित के अनुसार इसके छह प्रकार स्वीकार किये है। हाँ, आ॰ केशव ने इसे दण्डी से उधार लिया है, पर उन्होंने भेद निरूपित नहीं किया है। आधुनिक काव्यशास्त्री श्री पोद्दारजी ने पूर्वोक्त भेदों को शब्दों, आर्थी, सावय और निरवयवा के अन्तर्गत रखा है[7]। पं॰ रामदहिन मिश्र ने विशेषापह्नुति नामक एक और भेद स्वीकार कर लिया है।

---

1. अपह्नुतिरपह्नत्य किञ्चिदन्यार्थदर्शनम्।–काव्यादर्श 2।304।
2. समेन वस्तुनाऽन्यापलापोऽपह्नुतिः।–का. सू. वृत्ति 4।314।
3. काव्यालंकार 8।57।
4. प्रकृतं यन्निषिध्यान्यत्साध्यते सा त्वपह्नुतिः।–का. प्रकाश 10।96।
5. इत्यपह्नु तिभेदानां लक्ष्यो लक्ष्येषु विस्तरः।–काव्यादर्श 2।309।
6. प्रकृत यत् निषिध्यान्य स्थापनं स्वादपह्नुति।–साहित्य दर्पण।
7. देखिये–अलंकारमंजरी, पृ. 175।

शुद्धापहुति

कतिपय आचार्यों के अनुसार अपहुति का सामान्य लक्षण (पूर्वोक्त लक्षण) ही शुद्धापहुति का लक्षण है। जयदेव द्वारा अपहुति के सामान्य लक्षण[1] के आधार पर ही अप्पयदीक्षिज्ञत ने 'प्रकृत के धर्म का निह्नव कर अप्रकृत के धर्म का उस पर आरोप' को शुद्धापहुति मानी है[2]। हिंदी के शृंगारकालीन आचार्य जसवन्त सिंह, मतिराम, भूषण, दास, पद्माकर आदि ने अप्पयदीक्षित का ही अनुसरण किया है[3]। कुछ आचार्यों ने वर्ण्यस्तु के गोपन में ही इसे स्वीकार किया है (जैसे पद्माकर[4]), पर वर्ण्यवस्तु के धर्म का गोपन और वस्तु है तथा कवि द्वारा उत्प्रेक्षित धर्मान्तर का गोपन और। समस्त विवादों को छोड़कर हमें **अपहुति के सामान्य लक्षण (पूर्वोक्त लक्षण) को ही शुद्धापहुति का लक्षण स्वीकार कर लेना चाहिये।** उक्त लक्षण में 'प्रकृत का निषेध' से अभिप्राय है 'प्रकृत के धर्म का निषेध', धर्मी का नहीं। इसी प्रकार 'अप्रकृत का आरोप' से तात्पर्य है 'अप्रकृत के धर्म का आरोप'। वस्तुतः गोपन धर्म का ही संभव है, धर्मी का नहीं। **यह आरोप दो प्रकार से संभव है**–निषेध पूर्वक आरोप और आरोप पूर्वक निषेध।

निषेध पूर्वक आरोप

उर पर नाहिं उरोज ये, कनकलता फल मानि।

–जसवन्त सिंह

यहाँ प्रकृत (नायिका के वक्षस्थल पर स्तन) का पहले 'नाहिं' शब्द से निषेध कर पीछे उस पर अप्रकृत (कनकलता के फल) का आरोप किया गया हैं। उस्तु यहाँ अपहुति है :

वे दो ओठ न थे राधे, था एक फटा उर तेरा।

–मैथिलिशरण गुप्त

यहाँ प्रकृत (ओठ) का पहले 'न' द्वारा निषेध किया गया है, पुनः उसमें अप्रकृत (फता उर) का आरोप। अस्तु, निषेधपूर्वक आरोप से यहाँ भी शुद्धापहुनति है।

ये न मग है तव चरण की रेखियाँ है।
बलि-दिशा की और देखा देखियाँ है।

---

1. अतथ्यमारोपयितुं तथ्याऽपास्तिरपहुतिः।–चन्द्रालोक।
2. शुद्धापहुतिरन्यस्यारोपार्थो धर्मनिह्ववः।–कुवलयानंद 26।
3. (क) धर्म दुर्रे आरोप तें, सुद्ध अपहुति जान।–भा. भूषण 61।
   (ख) औरे को आरोपिये, साँच छिपावत धर्म।–ल. ललाम 87।
   (ग) और धर्म जहँ थापिये, साँचो धरम दुराय–का. निर्णय 9।92।
   (घ) सुद्धापहुति लै धरम, इकको अनत अरोप।–पद्माभरण 46।
4. सुद्धापहुति जहँ थपै, सुद्ध वस्तु छपि जातः।–पद्माभरण 45।

विश्व पर पद से लिखे कृतिलेख है ये,
धरा तीर्थों की दिशा की मेख हैंये।।

—भारतीय आत्मा

यहाँ भी पहले प्रकृति (मग : रास्ता) का 'न' द्वारा निषेध किया गया है और पुनः उस पर अप्रकृत (चरण की रेखा आदि) का आरोप। अस्तु यहाँ भी निषेधपूर्वक आरोप द्वारा शुद्धापह्नुति है।

आरोपपूर्वक निषेध

यह ढुलक रही है याद, नयन से पानी नहीं।

—महादेवी

यहाँ आरोप पहले है और निषेध पीछे—पहले अप्रकृत (याद) का आरोप किया गया है और पीछे प्रकृत (आँसू) का निषेध। अस्तु यहाँ आरोपपूर्वक निषेध से अपह्नुति है।

है पलकों में करुणा के अणु, पाटल पर हिम हास नहीं।

—महोदेवी

यहाँ पहले अप्रकृत (आँसू) का आरोप ही लेता है, तब पीछे प्रकृत (कमल पंखुड़ियों पर पड़ी ओस की बूँदें) का निषेध किया जाता है। अस्तु यहाँ भी आरोपपूर्वक निषेध है।

है बिखरी उर की निःश्वासें, मादक मलय बतास नहीं यह।

—महादेवी

यहाँ भी अप्रकृत (उर की निःश्वासें) का स्थापन पहले होता है और प्रकृत (मलय बतास) का गोपन पीछे। अतः यहाँ भी आरोपपूर्वक निषेध द्वारा शुद्धापह्नुति है।

हेत्वपह्नुति

जहाँ प्रकृत का निषेध कर अप्रकृत का युक्तिपूर्वक (सहेतुक) आरोप किया जाये, वहाँ हेत्वपह्नुति होती है। हेतु का अर्थ है कारण अर्थात् हेत्वपह्नुति में गोपन का कारण भी निर्दिष्ट रहता है। अपह्नुति के इस भेद की प्रतिष्ठा अप्पयदीक्षित ने की है। उनके अनुसार युक्तियुक्त शुद्धापह्नुति ही हेत्वपह्नुति होती है[1] हिंदी के आचार्यों के लक्षण उन्हीं के अनुसरण पर बने हैं[2]। इसका शुद्धापह्नुति से अन्तर स्पष्ट है—वह होती है अनुक्तनिमित्त और यह होती है उक्तनिमित्त।

1. स एव युक्तिपूर्वश्चेदुच्यते हेत्वपह्नति।—कुवलयानंद 27।
2. (क) वस्तु दुरावै जुक्ति सों, हेत अपह्नुति होय।—मा॰ भूषण 62।
   (ख) जहाँ जुगुति सो आन को, कहिये आन छिपाय।—शिवराज भूषण 82।
   (ग) और हि दीजै युक्तिबल, और हेतु ठहराइ। काव्य निर्णय 9।21।
   (घ) हेतु अपन्हुति जुक्तिसो, इक को धरम छिपाय। और विषै आरोपिये।
   —पद्माभरण 47।

ये नहीं फूल गुलाब के, दाहत हियो हमार।
बिनु घनस्याम अराम में, लागी दुसह दवार।।

—पद्माकर

यहाँ प्रकृत (गुलाब के फूल) का निषेध कर अप्रकृत (दुसह दवार-दावाग्नि) का आरोप किया गया है। इस आरोप के लिये कारण भी दिया गया —गुलाब के फूल में दाहकता नहीं होती है (यहाँ जला रहा है हृदय)। अतः यहाँ हेत्वपह्नुति है।

पहले आंखों में थे, मानस में कूद मग्न प्रिय अब थे।
छींटे वही उड़े थे, बड़े-बड़े अश्रु वे कब थे?

—मैथैलिशिरण गुप्त

यहाँ प्रकृति (आँसू) का निषेध कर अप्रकृत (छींटों) की स्थापना की गयी है, जिसके लिये कारण दिया गया है—कूदना। अतः यहाँ भी हेत्वपह्नुति है।

पूर्वोक्त उदाहरणों में निषेध का स्वरूप स्पष्ट होने से अपह्नुति तो है, पर अर्थमीमांसा के पश्चात् कतिपय आचार्य ऐसे स्थलों पर अपह्नुति की अपेक्षा संदेह और भ्रांति को ही प्रमुख मानने के पक्ष में हैं यहाँ मात्र चमत्कार ही अभिप्रेत नहीं हैं, चमत्कार से अधिक उक्त है वियोगानुभूतियाँ, इसी से गुलाब के फूल दावाग्नि और आँसू छींटे प्रतीत होते हैं। अस्तु यहाँ सन्देह अथवा संदेह मिश्रित भ्राँति मानना ही श्रेयस्कर है। पंडितराज जगन्नाथ ऐसे स्थलों पर भ्रांतिमान मानने के पक्ष में ही है।

कैतवापह्नुति

जहाँ छल, मिस, छद्म, बहाना, कैतव, ब्याज आदि शब्दों द्वारा प्रकृत का निषेध कर अप्रकृत का आरोप किया जाये, वहाँ कैतवापह्नुति होती है। अपह्नुति का अर्थ तो स्पष्ट है ही, रहा 'कैतव'। कैतव का अर्थ है छल, मिस, बहाना आदि। इस अलंकार में निषेध वाचक शब्द (न, नहीं) प्रत्यक्षतः प्रयुक्त नहीं होते हैं। यहाँ निषेध शब्दतः नहीं, अर्थतः होता है। पूर्वोक्त 'मिस' आदि शब्दों द्वारा ही निषेध सूचित होता है। इसी से कतिपय आचार्य इसे आर्थी अपह्नुति भी कहते हैं। इसमें निषेध वाच्य नहीं, व्यंग्य रहता है इसीलिये यह व्यंग्यापह्नुति भी कही जाती है। कैतव अथवा कैतव वाची शब्दों के प्रयोग के कारण ही यह कैतवापह्नुति कही जाती है।

इस अलंकार की स्पष्ट कल्पना प्रथम जयदेव ने की है[1]। इसे ही अप्पयदीक्षित ने और अधिक स्पष्ट किया है[2]। हिंदी के आचार्यों के लक्षण इन्हीं के अनुसरण पर निर्मित हुये हैं।[3]

---

1. व्यजमानत्व व्याजाद्यैनह्नुतेः पदे।—चन्द्रलोक।
2. कैतवापह्नु तिर्व्यक्तौ व्याजाद्यैनिह्नुतेः पदे—कुवलयानंद 31।
3. (क) कैतवपह्नुति एक को, मिस करि बरनत आन।—भा. भूषण 66।
   (ख) जहं कैतव छल व्याज मिस, इन सों होत दुराव।—शिवराज भूषण 95।
   (ग) मिस करि और कथन।—काव्य निर्णय 9।23।
   (घ) जहाँ और के व्याज तें, करै जु कारज और।—पद्माभरण 52।

ओसों के मिस नभ-दृग से बहते थे आँसू झर-झर।

—श्यामनारायण पांडये

यहाँ ओस (प्रकृत) का गोपन कर उसमें आँसू (अप्रकृत) की स्थापना की गयी है। गोपन हेतु यहाँ 'मिस' शब्द प्रयुक्त है। अतः, यहाँ कैतवापह्नति है।

आँसू मिस हिम के कण ढुलते।

—महादेवी

यहाँ प्रकृत (आँसू) का 'मिस' शब्द के द्वारा गोपन किया गया है एवं उसमें अप्रकृत (हिमकरण) का आरोप हुआ है। अस्तु, यहाँ कैतवापह्नुति है।

पीत पल्लवों में सुन तेरी पद-ध्वनि उठती जाग।
फूट-फूट पड़ता किसलय-मिस चिरसंचित अनुराग।

—महादेवी

यहाँ प्रकृत (किसलय) का 'मिस' शब्द से गोपन कर उसमें अप्रकृत (अनुराग) की स्थापना होने से कैतवापह्नुति हैं इसी प्रकार पंतजी की निम्नांकित पंक्ति में कैतवापह्नुति का चमत्कार ही है—

प्रिये, कलि कुसुम में आज,
मधुरिमा मधु सुषमा सुविकास।
तुम्हारी रोम-रोम छबि व्याज,
छा गया मधुवन में मधुमास।। —पंत

छेकापह्नुति

किसी गोपनीय रहस्य के प्रकट हो जाने पर जब चतुराई से उसका गोपन किया जाये, तो छेकापह्नुति होती है। छेकापह्नुति (छेक + अपह्नुति) का अर्थ है चतुराई से छिपाना, विदग्धतापूर्ण गोपन। गोपन किसी प्रकट बात का ही संभव है। अर्थात् कोई ऐसी बात जो गुप्त ही रखी जाने योग्य है, जब भूल से प्रकट हो जाती है, तो उसे छिपाने के लिये की जाने वाली चतुराई से जो चमत्कार उत्पन्न होता है, वही छेकापह्नुति का विषय है। गोपन के लिये यह आवश्यक नहीं है कि वह आत्म-रहस्य ही हो, पर रहस्य का भी गोपन किया जा सकता है। इसी प्रकार गोपन का कार्य श्लेष द्वारा भी हो सकता है और अश्लेष द्वारा भी।

अपह्नुति के इस भेद का स्वरूप रुय्यक में ही लक्षित होता है। पं॰ विश्वनाथ की तीसरी अपह्नुति, भी यही है जहाँ वे गोपन के लिये श्लेष आदि द्वारा निषेध की बात करते है[1]। इसकी स्पष्ट कल्पना जयदेव ने की है[2]।

---

1. गोपनीयं कमप्यर्थं द्योतयित्वा कथञ्चन।
   यदि श्लेषेणान्यथा वान्यथयेत् साऽप्यपह्नुतिः।।—साहित्य दर्पण 10।38।
2. छेकापह्नु तिरन्यस्य शङ्कातस्तथ्यनिह्नवे।—चन्द्रालोक।

हिंदी के आचार्यों के लक्षण इन्हीं के अनुकूल है[1]। हाँ, दास जी का लक्षण अन्यों से भिन्न है[2]। वस्तुतः गोपनीय बात के खुल जाने पर मिथ्या समाधान प्रस्तुत करना ही छेकापह्नुति है। इस अलंकार का प्रचार मुकरियों के रूप में खूब मिलता है। खुसरो की मुकरियाँ काफी प्रसिद्ध रही है। मुकरी का अर्थ है–मुकर जाना या बदल जाना। इसमें कही हुई बात प्रायः बदल ही तो दी जाती है।

बरजत हूँ बहुबार हरि, दियो चीर यह चीर।
का मनमोहन को कहै, नहिं बानर बेपीर।।

–अ. पीयूष

नायिका की उक्ति सखी से है कि अनेक बार मना करने पर भी हरि (कृष्ण) ने कपड़े फाड़ ही दिये। इस पर सखी हरि का अर्थ मनमोहन (कृष्ण) समझ लेती है और पूछती है–क्या मनमोहन के सम्बन्ध में कह रही हो? नायिका को अब स्पष्ट हो जाता है कि उसका गोपनीय रहस्य खुल रहा है, अतः यह सोचकर कि कहीं अनर्थ न हो जाये, वह 'हरि' का अर्थ ही बदल देती है–कृष्ण ने नहीं, बेदर्दी बन्दर ने कपड़े फाड़ डाले है। यहाँ 'हरि' शब्द में श्लेष है। अतः यहाँ श्लेष द्वारा छेकापह्नुति है।

सब गुरुजन को बुरो बतावैं।
अपनी खिचड़ी आप पकावैं।
भीतर तत्त्व न झूठी तेजी।
क्यों सखि सज्जन, नहीं अँग्रेजी।

–भारतेन्दु

यहाँ पहले 'सज्जन' का अर्थ प्रकट कर, पुनः 'अँग्रेजी' के अर्थ द्वारा रहस्य का गोपन किया गया है। यहा गोपन अश्लेष द्वारा हुआ हैं। इस प्रकार यहाँ छेकापह्नुति है।

ऐनक लिये तने रहते हैं।
अपने मन साहब बनते हैं।
उनका मन औरों के काबू।
क्यों सखि साजन? ना सिख बाबू।

–उपाध्याय

यहाँ पहले अपने साजन (पति) की गोपनीय बाद प्रकट करके, पुनः 'बाबू' के अर्थ द्वारा प्रकट रहस्य का गोपन किया गया है। यहाँ भी गोपन अश्लेष द्वारा ही है।

---

1. (क) जहाँ और की संक ते, साँच छपावत बात।–ल. ललाम 95।
   (ख) साँच दुरावै जुक्ति सों, छेकापह्नुति पंथ।–पद्माभरण 51।
2. काहू बूझ्यो मुकरिके, औरे कही बनाइ।–का. निर्णय 9।22।

पर्यस्तापह्नुति

जब अप्रकृत के धर्म का निषेध कर प्रकृत के धर्म में उसकी स्थापना की जाती है, तो पर्यस्तापह्नुति होती है।

पर्यस्तापह्नुति का अर्थ है पर्यस्त का अपह्नव। पर्यस्त का अर्थ है विपरीत अथवा उलटा। हिंदी के आचार्यों ने पर्यस्त का अर्थ फेंका हुआ किया है, जो पूर्णतः असंगत है। अपह्नुति के सामान्य लक्षण से इसका लक्षण विपरीत पड़ता है—वहाँ गोपन उपमेय के धर्म का होता है, पर यहाँ उपमेय (प्रकृत) के धर्म का गोपन न होकर, उपमान के धर्म का ही गोपन (निषेध) होता है। इसी से इसे पर्यस्तापह्नुति कहते हैं।

'अलंकार सर्वस्वम्' के विमर्शनीकार एवं पण्डितराज जगन्नाथ इसमें हाने वाले निषेध को आरोप की दृढ़ता भर मानते हैं। इसी से वे इसे अपह्नुति नहीं, **'दृढ़ारोपरूपक'** मानते है[1]। किन्तु पर्यस्तापह्नुति को रूपक के अन्तर्गत स्वीकार करना असंगत ही समझिये, चूँकि रूपक में आरोप निषेध रहित होता है और अपह्नुति में निषेध सहित। जयदेव के 'यंत्र धर्ममात्रं निषिध्यते' के आधार पर ही अप्पयदीक्षित ने इसका लक्षण निरूपित किया है[2]। हिंदी के काव्यशास्त्री इसके लक्षणों के लिये दीक्षित जी के ही ऋणी है[3]। इस अलंकार में उपमान की प्रायः द्विरुक्ति होती हैं यह निर्हेतुक और सहेतुक—दोनों प्रकार की हो सकती है।

होय सुधाधर नाहिं यहि, बदन सुधाधर ओप।

—जसतन्त सिंह

यहाँ उपमान चन्द्रमा के धर्म (सुधाधरत्व) का निषेध कर उसे उपमेय मुख (वदन) में आरोपित किया गया है। अतः पर्यस्तापह्नुति है। यहाँ 'सुधाधर' विशेषण है। विशेषण के साथ विशेष्य 'यहि' (सर्वनामरूप में) भी है।

है न सुधा, यह है सुधा संगति-साधु समाज।

अ. पीयूष

यहाँ सुधा के धर्म (सुधात्व) का निषेध कर उसे साधु-संगति में आरोपित किया गया है। अस्तु पर्यस्तापह्नुति है। इसी प्रकार बच्चनजी की निम्नांकित पंक्तियों में भी इस अलंकार का चामत्कारिक सौन्दर्य देखा जा सकता है—

मधुशाला वह नहीं, जहाँ पर मदिरा बेची जाती है।
भेंट जहाँ मस्ती की मिलती मेरी वह मधुशाला है।

—बच्चन

---

1. इत्यत्र दृढ़ारोपं रूपकमेव भवितुमर्हति, नापह्नुति। उपमेयतोपमानतावच्छेदकयोः समानाधिकरणस्य निष्प्रत्यूहंभानात्।—रसगंगाधर।
2. अन्यत्र तस्यारोपार्थः पर्यस्तापह्नुतिस्तु सः।—कुवलयानंद 28।
3. (क) मेटि और को गुन जहाँ, करै और को था।—काव्य निर्णय 9।22।
   (ख) धर्मी धरम लै थापि और ठाम—पद्माभरण 49।

भ्रान्तापह्नुति

जहाँ एक वस्तु में दूसरी वस्तु की भ्रांति हो जाने पर सत्य कथन द्वारा भ्रांति-निवारण किया जाये, वहाँ भ्रान्तापह्नुति होती है।

भ्रांतापह्नुति में अपह्नुति के साथ भ्रांति का योग है। यहाँ भ्रांति का निषेध कर सत्य बात की स्थापना की जाती है। यहाँ दो बातें होती है—भ्रांति का निवारण (निषेध) और तत्त्वकथन (सत्य का प्रतिपादन)। संभवतः इसमें भ्रमनिवारणोपरांत तत्त्व निश्चय होने के कारण पं॰ विश्वनाथ ने इसे निश्चय अलंकार माना है[1]। दण्डी द्वारा प्रतिपादित तत्त्वाख्यानोपमा भी यही है[2]। पोद्दार जो इसे अपह्नुति ही मानने के पक्ष में है[3]। श्री शुकदेव बिहारी मिश्र और प्रतापनारायण मिश्र के अनुसार अपह्नुति में भ्रम आहार्य होता है, वास्तविक (अनाहार्य) नहीं। चूंकि पर्यस्तापह्नुति में भ्रम आहार्य होता ही है, अस्तु इसे (भ्रान्तपह्नुति को) मानना संगत है[4]। हिंदी के आचार्यों ने इसे जयदेव के आधार पर ही निरूपित किया है[5]। यहाँ असल बात है सत्यकथन द्वारा भ्रम का निवारण। भ्रम दो प्रकार का संभव है—वास्तविक और कल्पित। दोनों प्रकार के भ्रम इस अलंकार के विषय हो सकते हैं।

बिमल बदन यह बिधु नहीं, करि भ्रम लखु न चकोर।
नये उरोज सरोज न ये, भूलु न अलि यहि ओर।।

— अ. पीयूष

यहाँ चकोर को मुख में चन्द्रमा की और भ्रमर को उरोज की भ्रांति हुई है जिनका निवारण कर उपमेय की स्थापना की गयी हैं यहाँ भ्रांति कल्पित वास्तविक नहीं। अस्तु यहाँ भ्रांतापह्नुति है।

बेसर-मोती-दुति-झलक, परी अधर पर आय।
चूनो होय न चतुर तिय, क्यों पट पोछो जाय।।

अलंकार मुक्तावली

यहाँ नायिका के बेसर का मोती ही भ्रम का कारण है। मोती की परछाहीं उसके अधर पर पड़ती है, जिससे उसे चूना की भ्रांति हो जाती है इसका निवारण

---

1. अन्यन्निषिध्य प्रकृतस्थापनं निश्चयः पुनः।—साहित्य दर्पण 10।39।
2. इति विस्पष्टदृश्यात् तत्त्वाख्यानोपमैव सा।—काव्यादर्श 2।37।
3. 'लक्षण में उपमेय-उपमान का कथन उपलक्षण मात्र है। उपमेय-उपमान भाव के बिना भी अपह्नुति होती है।'—काव्य-कल्पद्रुम।
4. देखिये, 'साहित्य पारिजात', पृष्ठ 181।
5. (क) भ्रांत अपह्नुति वचन सों, भ्रम जब पर को जाइ।—भा. भूषण 64।
   (ख) भ्रम काहू को है गयौ, ताको मिटवत आप।—काव्य निर्णय 9।23।
   (ग) भ्रान्तापह्नुतिरन्यस्य शङ्कायां भ्रान्तिवारणे।—चन्द्रालोक।

सच्ची बात कह कर उसकी सखी करती है (यह चूना नहीं है, तू बार-बार उसे क्यों पोछ रही है) इस प्रकार यहाँ भी उपमान का निषेध कर उपमेय की स्थापना की गयी है। भ्रांति यहाँ भी कल्पित ही है।

12. मीलित

जहाँ रूप अथवा गुण साम्य से दो पृथक् वस्तुओं का एकाकार हो जाना वर्णित हो, वहाँ मीलित अलंकार होता है। मीलित का अर्थ है मिल जाना या छिप जाना। इसमें एक वस्तु दूसरी वस्तु से इस प्रकार मिल जाती है कि दोनों में भेद नहीं रह जाता है। इस मेल को तिरोधान हो जाना, खो जाना, निगूहन आदि शब्दों द्वारा व्यक्त किया जाता है। इस मेल की संगति लोगों ने नीर-क्षीर न्याय से बैठाई है। रुय्यक के वर्गीकरण के आधार पर इसे लोग लोकन्यायमूलक अर्थालंकार मानते चले आ रहे है, पर इसमें लोकन्याय की अपेक्षा सादृश्य का ही भाव अधिक उत्कट है। अस्तु इसे सादृश्यमूलक वर्ग में रखना ही श्रेयस्कर है। इसमें एक प्रकार का आरोप ही मानना चाहिये, इसी से मैंने इसे सादृश्यमूलक वर्ग के अभेदप्रधान आरोपमूलक अर्थालंकारों में रखा हैं इसका विवचेन संभवतः रुद्रट से प्रारंभ हुआ है। रुद्रट का 'पिहित' ही आ॰ मम्मट का 'मीलित' है। आ॰ मम्मट के अनुसार किसी के द्वारा किसी दूसरे का स्वाभाविक अथवा नैमित्ति चिह्न के कारण निगूहन ही मीलित है[1]। पं॰ विश्वनाथ का लक्षण सक्षिप्त ही नहीं, सरल भी है[2]। अप्पयदीक्षित का लक्षण भी लगभग पं॰ विश्वनाथ के लक्षण के समान ही[3]। दास के लक्षण में 'नीर-क्षार न्याय' के कथन से स्पष्टता अपेक्षाकृत अधिक है[5]। मतिराम, सोमनाथ आदि के लक्षण अस्पष्ट है। वस्तुतः आ॰ मम्मट ने जैसा कि माना है, इस अलंकार का सादृश्य स्वाभाविक और नैमित्तिक (आकस्मिक) लक्षणों पर ही निर्भर है। अस्तु निगूहन भी दो प्रकार से संभव है–स्वाभाविक तुल्य धर्म से निगूहन और नैमित्तिक तुल्य धर्म से निगूहन।

स्वाभाविक तुल्य धर्म से निगूहन

भई जु छबि तन बसन मिलि, बरनि सकै सु न बैन।
आँग ओप आँगी दुरी, आँगी आँग दुरै न।।

–बिहारी

---

1. समेन लक्ष्मण वस्तु, वस्तुना यन्निगूह्यते।
   निजेनागन्तुना वापि तन्मीलितमिति स्मृतम्।।–काव्य प्रकाश 10।130।
2. मीलितं वस्तुनो गुप्तिः केनचित्तुल्यलक्ष्मणा।–साहित्य दर्पण 10।89।
3. मीलत यदि सादृश्यादूेद एव न लक्ष्यते।–कुवलयानंद 147।
4. (क) मीलित सो सादृश्य ते, भेद जवै न लखाइ।–मा॰ भूषण 174।
   (ख) सो मीलित सादृश्य तें, भेद न जान्यौ जाय।–पद्माभरण 243।
5. मिलित जानिये जहँ मिलै, छीर-नीर के न्याय।।–काव्य निर्णय 14।38।

यहाँ नायिका की अयत्नज-कांति का वर्णन हैं नायिका का स्वाभाविक सौन्दर्य और अँगिया (चोली) की चमक—दोनों मिलकर एकाकार हो रहे है, जिससे दोनों में भेद नहीं प्रतीत हो रहा है। यहाँ नायिका की अयत्नज-कांति में अँगिया के रूप का निगूहन वर्णित होने से मीलित अलंकार है।

पान-पीक अधरान में, सखी लखि नहीं जाय।
कजरारी अँखियान में, कजरा री न लखाय।।

—बिहारी

यहाँ पान-पीक एवं अधरों की स्वाभाविक लालिमा और कजरारी आँखें एवं उनमें लगे काजल (दो वस्तुओं) में गुण-सादृश्य (क्रमशः लालिमा और कालिमा) के कारण दोनों का एकाकर हो जाना—भेद का न पता लगना वर्णित होने से मीलित अलंकार है।

वे आभा बन खो जाते हैं
शशि-किरणों की उलक्षन में
जिनसे उनको कण-कण में
ढूँढू पहचान न पाऊँ।

—महादेवी

यहाँ स्वेच्छापूर्वक स्वरूप धारण करने वाले ईश्वर (वे—प्रियतम) का आभा बनकर चन्द्रमा की उज्ज्वल किरणों में खो जाना एकाकार हो जाना वर्णित होने से मीलित अलंकार है। यहाँ भी मीलित स्वाभाविक गुण-'सादृश्य के कारण ही है।

नैमित्तिक तुल्य धर्म से

केसरिया पट कनक तन, कनकाभरण सिंगार।
गत केसर केदार में, जानी जात न दार।।

—भिखारीदास

यहाँ केसरिया वस्त्र और स्वर्णाभरण से अलंकृत कंचनवर्णानायिका केसर की क्यारी में घूमती हुई कही गयी है, पर रूप-सादृश्य के कारण उसका केसर के साथ एकाकार हो जाने के कारण अन्तर स्पष्ट नहीं हो पाता है—वह केसर से अभिन्न लग रही हैं अस्तु मीलित अलंकार है। किन्तु केसर की क्यारी में घूमना स्वाभाविक नहीं नैमित्तिक (आकस्मिक) ह्री है। अस्तु यहाँ नैमित्तिक तुल्य धर्म से निगूहन है।

13. उन्मीलित

जहाँ मीलित में ही सकारण भेद की प्रतीति करायी जाये, वहाँ उन्मीलित अलंकार होता है।

उन्मीलित (उत् + मीलित) का अर्थ है पृथक्, खुला हुआ आदि। यह अलंकार

मीलित का विलोम है। रूप-गुण-सादृश्य के कारण एक वस्तु का दूसरी वस्तु में छिप जाने (मीलित) पर भी किसी विशेष कारणवश उनका अन्तर स्पष्ट हो जाना ही इस अलंकार का विषय है। यहाँ भेद न रहने पर भी विशेष कारणवश भेद की प्रतीति करायी जाती है।

रुय्यक के आधार पर यह लोकन्यायमूलक वर्ग का अलंकार माना जाता रहा है, पर मीलित की तरह ही इसमें लोकमान्य की अपेक्षा सादृश्य की ही प्रधानता है। अस्तु इसे भी सादृश्यमूलक वर्ग का अभेद-प्रधान आरोपमूलक अर्थालंकार ही मानना चाहिये। इसका विवेचन जयदेव से प्रारम्भ हुआ है। मम्मट ने 'सामान्य' के अन्तर्गत ही इस प्रकार की स्थिति स्वीकार की है। जयदेव के आधार पर ही इसे अप्पयदीक्षित ने विवेचित किया है[1]। पंडितराज जगन्नाथ ने 'उन्मीलित' और 'विशेष' को 'अनुमान' के अन्तर्गत स्वीकार किया है[2]। जसवन्त सिंह, मतिराम, दास, पद्माकर आदि ने इसे दीक्षितजी के आधार पर ही ग्रहण किया है[3]। भूषण और पद्माकर के लक्षण अपेक्षाकृत स्पष्ट बन पड़े हैं[4]। इस अलंकार का अधिक प्रयोग नायिका के स्वरूप चित्रण में हुआ है।

चंपक हरवा गर मिलि, अधिक सोहाय।
जानि परै सिय हियरे, जब कुम्हिलाय।।

—तुलसी

यहाँ चम्पकवर्णा सीता का चम्पक की माला से रूप-सादृश्य के कारण अभेद था (मीलित), पर चम्पक की माला के मुर्झा जाने से दोनों का भेद लक्षित हो रहा है। अस्तु, उन्मीलित है।

समुझी परत सुगंध ते, तन केसर को लेप।

—पद्माकर

यहाँ नायिका के शरीर पर पुता केसर नायिका के शारीरिक रंग से मिल तो गया है (मीलित), पर सुगंध के कारण भेद प्रतीत हो रहा है। अस्तु, यहाँ भी उन्मीलित है।

मिलि चंदन बेंदी रही, गोरे मुख न लखाय।
ज्यों-ज्यों मद लाली चढ़ै, त्यों-त्यों उकरत जाय।।

—बिहारी

---

1. भेदवैशिष्ट्ययोः स्फूर्तावुन्मीलितविशेषकौ।—कुवलयानंद 148।
2. यत्तु—मीलितरीत्या .... इति कुवलयानंदकृदाह तन्न, अनुमानालङ्कारेणैव गतार्थत्वादनयोरलङ्कारान्तरत्वायोगात्।'—रसगंगाधर।
3. (क) उन्मीलित सादृश्य तें, भेद फुरै तब मानि।—भा. भूषण 174।
   (ख) जहाँ मिलित सामान्य में, कछू भेद ठहराय। काव्य निर्णय 14।42।
4. (क) सदृश वस्तु में मिलत, पुनि जानत कौनेहु हेत।—शिवराज भूषण 303।
   (ख) भेद फुरै मीलित बिषै, जन्मीलित चित चेप।—पद्माभरण 244।

गोरी नायिका के ललाट पर लगी (उजले) चंदन की बिंदी रूप-सादृश्य (उज्ज्वलता) को कारण नहीं दिखायी पड़ती है, पर उस पर मद की लाली (रूपमद अथवा मदिरा पान के कारण) ज्यों-ज्यों चढ़ती जाती है, त्यों-त्यों उजली बिंदी भी स्पष्ट होती जाती है। अस्तु यहाँ भी उन्मीलित है।

14. सामान्य

जहाँ अव्यक्त गुण वाले प्रस्तुत और अप्रस्तुत में गुण-सादृश्य के कारण एकरूपता का वर्णन किया जाये, वहाँ सामान्य अलंकार होता है। सामान्य का अर्थ है समान, तुल्य, सदृश अर्थात् बराबर का भाव। इसमें अव्यक्त गुणवाले प्रस्तुत का अप्रस्तुत के साथ ऐकरूप्य निरूपित होता है। यहाँ भी प्रस्तुत रहता तो है अल्प गुणवाला ही, पर प्रसाधन आदि द्वारा वह अप्रस्तुत के तुल्य हो जाता है।

रुय्यक के वर्गीकरण के आधार पर इसे लोकन्यायमूलक अर्थालंकार माना जाता रहा है, पर इसमें प्रस्तुत-अप्रस्तुत के गुण-साम्य का तत्त्व आधारभूत होने के कारण सादृश्य की भावना ही अधिक रहती है। अस्तु इसे तादृश्यगर्भ वर्ग का अभेदप्रधान अध्यवसायमूलक अर्थालंकार मानना चाहिये। इसका विवचेन रुय्यक और मम्मट से प्रारंभ हुआ है। आ॰ मम्मट के अनुसार प्रस्तुत तथा अप्रस्तुत के योग में–दोनों के गुणसाम्य विवक्षित होने के कारण दोनों की एकता का प्रतिपादन ही 'सामान्य' है[1]। इन्होंने 'गुणसाम्यविवक्षया' से यह स्पष्ट कर दिया है कि यदि समता न भी हो तो समता का प्रतिपादन किया जाये। पं॰ विश्वनाथ ने मम्मट के लक्षण को संक्षेप करते हुए मात्र इतना ही माना है कि गुणसाम्य के कारण प्रस्तुत और अप्रस्तुत की एकरूपता का वर्णन ही सामान्य है[2]। अप्पयदीक्षित का लक्षण पं॰ विश्वनाथ के लक्षण के निकट पड़ता है[3]। हिंदी के आचार्यों में जसवन्त सिंह, मतिराम, भूषण, पद्माकर आदि के लक्षण 'कुवलयानंद' के आधार पर है। इन लोगों ने मूलतः 'समुझि न परै बिसेष' पर ही बल दिया है[4]। आ॰ भिखारीदास ने 'हीरा-फटिक स्वभाव' का उल्लेख कर लक्षण को अधिक स्पष्ट बनाने की चेष्टा की है[5]।

अनेक आचार्य 'मीलित', 'तद्गुण' और 'सामान्य' को अभिन्न मानने के पक्ष में है, पर तीनों के वाच्य-वैचित्र्य के कारण में स्पष्ट अन्तर है। 'मीलित' में एक पदार्थ

---

1. प्रस्तुतस्य यदन्येन गुणसाम्यविवक्षया।
   ऐकात्म्यं बध्यते योगात्तत्सामान्यमिति स्मृतम्।।–काव्य प्रकाश 10।134।
2. सामान्यं प्रकृतस्यान्यतादात्म्यं सदृशैर्गुणैः–साहित्य दर्पण 10।90।
3. सामान्यं यदि सादृश्याद्विशैषो नोपलभ्यते।–कुवलयानंद 147।
4. ल. ललाम–340, पद्माभरण–243।
5. है सामान्य मिलै जहाँ, हीरा-फटिक सुभाय।–काव्य निर्णय 14।38।

दूसरे पदार्थ से इतना घुल-मिल जाता है कि उनके भिन्न स्वरूप का आभास ही नहीं होता है। यहाँ गुण-साम्य के कारण अल्प गुणवाला अधिक गुणवाला में तिरोहित हो जाता है। तद्गुण में एक पदार्थ अपने समीपस्थ पदार्थ के उत्कृष्ट गुणों को ग्रहण भर करता है, उसमें तिरोधान नहीं होता है। हाँ, केवल अपने गुण का त्याग यहाँ होता है अवश्य। इन सब के प्रतिकूल सामान्य में निज गुण त्यागने की बात आती ही नहीं है। यहाँ प्रस्तुत और अप्रस्तुत की स्वरूप भिन्नता का आभास सदा बना रहता है, केवल उसे सिद्ध करने वाला व्यावर्तक धर्म अलक्षित रहता है। चाहें तो कहेंगे कि एक पदार्थ के द्वारा दूसरे पदार्थ के गोपन (तिरोधान) में 'मीलित', गुण ग्रहण में 'तद्गुण' और एकरूपता वर्णन में 'सामान्य' अलंकार होता है। हिंदी के शृंगारकालीन कवियों ने नायिका के—मूलतः अभिसारिका के वर्णन में 'सामान्य' का बड़ा चामत्कारिक प्रयोग किया है।

चन्दन चर्चित तन किये, धरि पुनि हीरक हार।
धवल वस्त्र सजि कामिनी, चाँदनी महँ पगधार।।

अलंकार मुक्तावली

यहाँ नायिका है प्रस्तुत और अप्रस्तुत है चाँदनी। नायिका है शुक्लाभिसारिका। नायिका में चाँदनी की कांति (शुभ्रता का अभाव है। इसी से वह कृत्रिम साधनों (श्वेत चन्दन, हीरे की माला और सफेद वस्त्र) द्वारा अपने को उसके साथ एक रूप बनाती हैं इस एकरूपता वर्णन के कारण यहाँ सामान्य अलंकार है।

लखिये पिय निसि में नवल, कौतुक सुख सरसातु।
हिमकर अरु तिय बदन में, अन्तर लह्यौ न जातु।।

—सोमनाथ

यहाँ नायक के दर्शन से उत्पन आनन्द के कारण नायिका का प्रसन्न (प्रफुल्लित) मुखमण्डल और चन्द्रमा—इन दो पदार्थों की एकरूपता का वर्णन किया गया है। सादृश्य से भेद की प्रतीति के कारण यहाँ सामान्य अलंकार है।

साँमरी सारी सखी संग सामरी सामरे धारि विभूषण ध्वैके।
त्यों पदमाकर साँमरई अँगरागनि आँगी रची कुच द्वै के।
साँमरी रैन में साम्रीये घहरे घनघोर घटा छिती छ्वैके।
साँमरी पाँमरी की दै खुदी बलि सांमरे पै चली सांमरी ह्वैके।

—पद्माकर

यहाँ प्रस्तुत हे नायिका (सांमरी) और अप्रस्तुत है रात्रि का अंधकार (साँमरी रैन)। नायिका है कृष्णाभिसारिका। नायिका में रात्रि के समान कालिमा (रूप-सादृश्य) का अभाव है। इसी से उसने कृत्रिम साधनों (काली साड़ी, काली सखी, काले आभूषण, काले अंगराग, काला दुपट्टा) का उपयोग रात्रि की कालिमा से समता पाने

के लिये किया है। 'साँमरी छूवैके' से स्पष्ट है कि वह उतनी काली नहीं है जितना अपेक्षित है। अस्तु एकरूपता प्राप्ति के लिये ही उसने कृत्रिम साधनों का उपयोग किया है। इस प्रकार इस एकरूपता वर्णन में यहाँ सामान्य अलंकार है।

जिस प्रकार 'मीलित' का विलोम 'उन्मीलित' स्वीकृत है, उसी प्रकार 'सामान्य' का विलोम 'विशेषक' माना गया है। इसका लक्षण इस प्रकार दिया जा सकता है—**जहाँ सामान्य में ही समय की अपेक्षा से भेद की प्रतीति हो, वहाँ विशेषक अलंकार** होता है। इस अलंकार का प्रयोग अपेक्षाकृत कम मिलता है। हिंदी के आचार्यों में भूषण का लक्षण (भिन्न रूप सादृश्य मैं लहिये कछू विसेषा—शि. भूषण 307) अपेक्षाकृत अधिक स्पष्ट है। कुछ लोगों ने इसे उन्मीलित से अभिन्न मान लिया है। उन्मीलित से पृथकृता का ज्ञान हेतु द्वारा होता है, पर विशेषक में समय की अपेक्षा से। प्रयोग की विरलता के कारण ही यहाँ इस पर विस्तृत विचार नहीं किया जा रहा है।

15. उत्प्रेक्षा

उपमेय में उपमान की संभावना उत्प्रेक्षा अलंकार है। उत्प्रेक्षा का वाच्यार्थ है (उत् + प्र + ईक्षा) अन्य (उपमान) का उत्कटतापूर्वक ज्ञान अर्थात् उपमान को प्रधानता से बलपूर्वक देखना[1]। यहाँ देखने का तात्पर्य है सम्भावना करना या कल्पना करना। यह सम्भावना प्रबल तो होती ही है, एककोटिक भी होती है। इसी से इसमें उपमेय प्रायः उपेक्षित रहता है और प्रधानता मिलती है उपमान को।

सम्भावना ज्ञान की मध्यम स्थिति है। इसकी स्थिति संशय और निश्चय के मध्य में है। सम्भावना से थोड़ा-सा आगे बढ़ने पर ही निश्चय की स्थिति आ जाती है। इसे निम्नांकित वाक्यों के आधार पर समझा जा सकता है—

1. राम आ भी सकता है और नहीं भी आ सकता है — सन्देह।
2. राम के आने की सम्भावना है — सम्भावना
3. (क) राम आयेगा — निश्चय
   (ख) राम नहीं आयेगा — निश्चय

उपर्युक्त वाक्यों में प्रथम वाक्य में संशय की स्थिति है, वहाँ ज्ञान द्विकोटिक है। पर दूसरे वाक्य में ज्ञान द्विकोटिक तो नहीं है, पर पूर्णतः निश्चयात्मक भी नहीं है। हाँ, उसका झुकाव निश्चय की ओर है अवश्य। अतः स्पष्ट है कि सम्भावना ही आगे बढ़ने पर निश्चय की स्थिति है भी। संभावना की स्थिति में ज्ञान निश्चित नहीं होता है। किन्तु उत्कट अथवा प्रबल रूप से निश्चय की ओर झुका हुआ अवश्य रहता है। उपमेय में उपमान की ऐसी ही संभावना करने पर उत्प्रेक्षा अलंकार होता है।

1. उत्कटा प्रकृष्टस्गोपमानस्य ईक्षा शानम् उत्प्रेक्षा पदार्थः।—काव्य प्रकाश-बालबोधिनी व्याख्या।

यह सादृश्यगर्भ वर्ग का अभेदप्रधान अध्यवसायमूलक अर्थालंकार हैं यह प्राचीनों से ही स्वीकृत रहा है। इसका सर्वप्रथम वर्णन भामह ने किया है। उनके अनुसार इसमें विशेष गुण-साम्य नहीं, क्रिया योग आवश्यक है[1]। उत्प्रेक्षा के साथ ही उन्होंने 'उत्प्रेक्षावयव' का भी निरूपण किया है। दण्डी ने चेतन अथवा अचेतन की अन्यथा स्थित वृत्ति को 'मन्ये', 'शंके', 'ध्रुवं, 'प्रायः' 'नूनम्' आदि शब्दों द्वारा अन्यथा संभावना में उत्प्रेक्षा मानी है[2]। आ॰ मम्मट, पं॰ विश्वनाथ और अप्पयदीक्षित के लक्षण प्रायः समान, सुबोध और सुकंठ है[3]। जयदेव ने निषेधरहित उन्नीयन को उत्प्रेक्षा के लिये आवश्यक बताया है[4]। हिंदी के आचार्यों में केशवदास ने 'उत्प्रेक्षोपमा' का तो निरूपण किया ही है–'और वस्तु में और कीजिये तर्क' कह कर उत्प्रेक्षा का लक्षण भी दिया है। जसवन्त सिंह, भूषण, पद्माकर आदि के लक्षण मम्मट, विश्वनाथ और दीक्षित जी के अनुसार ही पड़ते है[5]।

उत्प्रेक्षा के भेदों का विस्तार अपेक्षाकृत पीछे हुआ है। भामह ने भेद के सम्बन्ध में चुप्पी लगा रखी है। आ॰ मम्मट ने इसके भेद नहीं किये हैं। उद्भट ने 'भावाभावाभिनतः' वाले भेदों को ही स्वीकार किया है। रुय्यक ने इसके अनेक भेदों की चर्चा कर अन्त में इसे अन्तहीन भेद वाली कहा है। सामान्य रूप से कहा जायेगा कि मम्मट के समय तक इसके दो ही भेद प्रचलित थे–वाच्या और प्रतीयमाना। इसके भेदों को पूर्ण विस्तार मिला है 'साहित्यदर्पण' में, जहाँ पं॰ विश्वनाथ ने वाच्या और प्रतीयमाना के कुल अट्ठासी (56 + 32) भेद स्वीकार किये है। इन्होंने 'सापह्नवा', 'श्लेषहेतुगा' और 'उपक्रमा' का भी विवेचन किया है। जयदेव ने उत्प्रेक्षा के तीन भेद–वस्तु, हेतु और फल माने हैं, एवं प्रतीयमाना (गूढ़ा) को अलग से स्वीकार किया है। हिंदी के शृंगारकालीन आचार्यों ने प्रायः जयदेव के मत को ही स्वीकार किया है। पंडितराज जगन्नाथ ने भी चमत्कार की विलक्षणताहेतु इसके भेदों

---

1. अतद्गुणक्रियायोगाद् उत्प्रेक्षातिशयान्विता।–काव्यालंकार 2।91।
2. अन्यथैव स्थिता वृत्तिश्चेतनस्येतरस्य वा।
   अन्यथोत्प्रेक्ष्यते यत्र तामुत्प्रेक्षां विदुर्यथा।।–काव्यादर्श 2।221।
   मन्ये शङ्के ध्रुवं प्रायो नूनमित्येवमादयः।
   उत्प्रेक्षा व्यज्यते शब्दैरिवशब्दोऽपि तादृशः।।–काव्यादर्श 2।234।
3. (क) संभावनमथोत्प्रेक्षा प्रकृतस्य समेन यत्।–काव्य प्रकाश 10।92।
   (ख) भवेत्संभावनोत्प्रेक्षा प्रकृतस्य परात्मना।–साहित्य दर्पण 10।40
   (ग) संभावना स्यादुत्प्रेक्षा वस्तुहेतुफलात्मना।–कुवलयानंद।
4. उत्प्रेक्षोन्नीयते यत्र हेत्वादिनिंह्नति विना।–चन्द्रालोक।
5. (क) आन बात की आन में, जहँ संभावना होय।–शिवराज भूषण 97।
   (ख) कीजै जहँ सम्भावना, वस्तु हेतु फल माँह।–पद्माभरण 54।

को फल और स्वरूप (वस्तु) तक भी सीमित किया है। इसी से ये भी उत्प्रेक्षा के तीन ही भेद मानते है। इस विवरण से स्पष्ट है कि उत्प्रेक्षा के भेदों को लेकर आचार्यों में काफी मतभेद है।

आधुनिक युग के अधिकांश काव्यशास्त्री उत्प्रेक्षा के भेंदों का विस्तार पं. विश्वनाथ के अनुसार ही स्वीकार करते है। सामान्यरूप में उसे यों समझा जा सकता है कि उपमा की तरह ही उत्प्रेक्षा के भी कतिपय वाचक शब्द है—मनु, मानों, मानहु, मनहुँ, जनु, जानो, जानहु, जिमि, ज्यों, जैसे, इव, निश्चय, प्रायः, सा, सी, से, मेरे ज्ञान, मेरे जानते, जान पड़ता है आदि। इन वाचक शब्दों का कहीं प्रयोग होता भी है और कहीं नहीं भी। **जहाँ उत्प्रेक्षा वाचक शब्द प्रयुक्त होते हैं, वहाँ उत्प्रेक्षा वाच्या होती है और जहाँ ये प्रयुक्त नहीं होते हैं, वहाँ प्रतीयमाना**[1]। इस प्रकार उत्प्रेक्षा के प्रथम दो भेद हुये—वाच्या और प्रतीयमाना। पुनः वाच्या के तीन—वस्तूत्प्रेक्षा हेतूप्रेक्षा और फलोत्प्रेक्षा एवं प्रतीयमाना के दो—हेतूत्प्रेक्षा और फलोत्प्रेक्षा भेद होते है। पं॰ विश्वनाथ के अनुसार **प्रतीयमाना वस्तुत्प्रेक्षा नहीं हो सकती, चूंकि वाचक शब्द के अभाव में उसमें अतिशयोक्ति की प्रतीति होने लगेगी।** पुनः वस्तुत्प्रेक्षा के दो उक्तविषया और अनुक्तविषया एवं हेतूप्रेक्षा और फलोत्प्रेक्षा के भी दो-दो—सिद्धास्पदा और असिद्धास्पदा भेद होते है। इसका वृक्ष निम्नांकित रूप में तैयार किया जा सकता है—

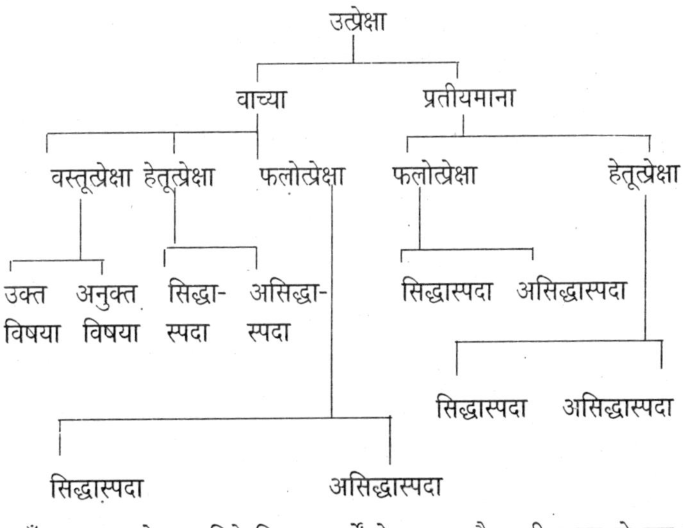

यहाँ यह जान लेना चाहिये कि आचार्यों ने वाच्या और प्रतीयमाना के रूप में उत्प्रेक्षा का जो भेद स्वीकार किया है, वस्तुतः उन्हें उत्प्रेक्षा का भेद नहीं, वरन् भेदों

---

1. वाच्येवादि प्रयोगे स्यादप्रयोगे परा पुनः।—सा. दर्पण 10।41।

का आधार मानना ही श्रेयस्कर है। एक बात और—उपमेय और उपमान केवल वस्तूत्प्रेक्षा में ही संभव है, हेतूत्प्रेक्षा में नहीं। अतः उत्प्रेक्षा के लक्षण में उपमेय-उपमान भाव का कथन उपलक्षण मात्र ही समझना चाहिये, यहाँ असल बात है संभावना की।

वस्तूत्प्रेक्षा

एक वस्तु (उपमेय) में दूसरी वस्तु (उपमान) की संभावना वस्तूत्प्रेक्षा है।

यहाँ उत्प्रेक्षा का आश्रय उपमेय होता हैं यह दो प्रकार की होती है उक्तविषया और अनुक्तविषया। प्रथम में उपमेय और उपमान उक्त (शब्दतः कथित) रहते हैं और द्वितीय में उपमेय अनुक्त रहता है। अनुक्तविषया में विषय (उपमेय) का कथन नहीं किया जाता है, उसे आक्षिप्त करना पड़ता है।

उक्तविषया–

छिप्यौ छबीलो मुँह लसै, नीले अंचल चोर।
मनो कलानिधि झलमलै, कालिन्दी के नीर।।

—बिहारी

यहाँ नीले घूँघट से झाँकते हुये मुख में यमुना के पानी में झलमलाते हुये चाँद की उत्प्रेक्षा है। यहाँ मुँह (एकवस्तु) में चन्द्रमा (दूसरी वस्तु) की उत्प्रेक्षा होने से वस्तूप्रेक्षा एवं मुख (उपमेय) के उक्त होने से उक्त विषया और वाचक शब्द (मनो) के प्रयोग से वाच्या है। अस्तु यहाँ उक्तविषया-वाच्या-वस्तूत्प्रेक्षा है।

सोहत ओढ़े पीत पट्ट, श्याम सलोने गात।
मनो नीलमणि, सैलपर, आतप पर्‌यौ प्रभात।।

—बिहारी

यहाँ श्रीकृष्ण के श्याम-सलोने गात पर पीतपट की शोभा की उत्प्रेक्षा नीलमणि पर्वत पर पड़ने वाली प्रभातकालीन रश्मियों से की गयी है। यहाँ दो वस्तुओं में उत्प्रेक्षा होने से वस्तूप्रेक्षा, उपमेय के उक्त होने से उक्तविषया और वाचक शब्द के प्रयोग से वाच्योत्प्रेक्षा है।

नील परिधान बीच सुकुमार
खुल रहा मृदुल अधखुला अंग
खिला हो ज्यों बिजली के फूल
मेघवन बीच गुलाबी रंग।

—प्रसाद

यहाँ नीले परिधान के बीच से झाँकते हुये अधखुले अँग (उपमेय) के लिये मेघवन के बीच गुलाबी रंग के बिजली के फूल (उपमान) के खिलने की उत्प्रेक्षा की गयी है। यहाँ भी एक वस्तु (उपमेय) में दूसरी वस्तु (उपमान) की उत्प्रेक्षा होने से

वस्तूत्प्रेक्षा, उपमेय के उक्त होने से उक्तविषया और वाचक शब्द (ज्यों) के प्रयोग के कारण वाच्योत्प्रेक्षा है।

छोटे-छोटे बिखरे-से, शुभ्र बादलों को पार करता हुआ
मानो कोई तपक्षीण कापालिक
साध्य-साधना की जल बुझी, झरी
बची-खुची राख पर धीमे पैर रखता–
नीरव चपलतर गति से
चाँद भागा जा रहा है–
द्रुत पद।

—अज्ञेय

यहाँ बिखरे बादलों को द्रुतगति से पार करते हुये चाँद (उपमेय) के लिये साध्य-साधना की जल बुझी, बची-खुची राख पर नीरव किन्तु चपलतर गति से भागने वाले तपक्षीण कापालिक (उपमान) की उत्प्रेक्षा की गयी है। यहाँ दो वस्तुओं में उत्प्रेक्षा होने से वस्तूत्प्रेक्षा, उपमेय के उक्त होने से उक्तविषया और वाचक (मानों) के प्रयोग से वाच्योत्प्रेक्षा है।

अनुक्तविषया–

सरद ससी बरसत मानों, धन घनसार अमंद।

—पद्माकर

—शरद ऋतु की चाँदनी (इस प्रकार फैल रही है।) मानो, कर्पूर की वर्षा कर रही है। यहाँ चाँदनी के फैलने में कर्पूर की वर्षा की उत्प्रेक्षा की गयी है, पर चाँदनी का फैलना (उपमेय) अनुक्त है, मात्र कर्पूरवर्षा (उपमान) ही उक्त हैं अस्तु यहाँ अनुक्तविषया एवं वाचक (मनों) के प्रयोग से वाच्योत्प्रेक्षा है।

उस असीम नीले अंचल में
देख किसी की मृदु मुसकान
मानों हँसी हिमालय की है
फूट चली करती कल गान।

—प्रसाद

यहाँ उपमेय है निर्झर, पर उसका कथन नहीं किया गया है। उस पर हिमालय की हँसी (उपमान) की उत्प्रेक्षा की गयी हैं। इसलिये यहाँ अनुक्त विषया वस्तूप्रेक्षा है और वाचक शब्द (मानों) के प्रयोग से वाच्योत्प्रेक्षा।

आयी मोद-पूरिता सोहागवती रजनी
चाँदनी का आँचल सम्हालती सकुचती
गोद में खेलाती, चन्द्र चंद्रमुख चूमती
झिल्लीरव गूँजा, चलो मानो वनदेवियां

—वियोगी

यहाँ वनदेवियों के बलैया लेने में उत्प्रेक्षा तो है, पर विषय के उक्त न होने से अनुक्तविषया है। वाचक शब्द (मानों) के प्रयोग से यहाँ वाच्योत्प्रेक्षा है।

खुल-सी गयी है दो पहाड़ों की श्रेणियाँ
और बीच में अबाध अन्तराल में
शुभ धौत–
मानो स्फुट अधरों के
बीच से प्राकृतिक
बिखर गया हो कल हास्य।

—अज्ञेय

यहाँ वर्ण्य विषय है दो पहाड़ों के बीच अन्तराल में अबाध रूप से प्रवाहित होने वाली शुभ्र स्त्रोतस्विनी, पर वह (उपमेय) अनुक्त है, केवल उस पर स्फुट अधरों के मध्य से फूटने वाली स्वाभाविक हँसी (उपमान) ही उक्त है। अस्तु यहाँ भी दो विषयों में उत्प्रेक्षा होने से वस्तूत्प्रेक्षा, उपमेय के अनुक्त होने से अनुक्तविषया और वाचक (मानों) के शब्दतः कथन से वाच्योत्प्रेक्षा है।

हेतूत्प्रेक्षा

अहेतु में हेतु मानकर उत्प्रेक्षा करना हेतूत्प्रेक्षा है।

इसमें अकारण में कारण-रूप बताकर सम्भावना की जाती है। इसके भी दो भेद होते हैं—सिद्धास्पदा और असिद्धास्पदा। जहाँ उत्प्रेक्षा का आस्पद (आधार) सिद्‌ध (सम्भव) होता है, वहाँ सिद्‌धास्पदा और जहाँ असिद्‌ध (असम्भव) होता है, वहाँ असिद्‌धास्पदा हेतूत्प्रेक्षा होती है।

सिद्धास्पदा

मनो चली आँगन कठिन, तातें राते पाँय।

—जसवन्त सिंह

—मानों (नायिका) कठिन आँगन में चली है, इसी से उसके पैर लाल है। यहाँ आँगन की कठोरता के कारण नायिका के पैरों का लाल होना कथित है। वस्तुतः यह कारण है नहीं। उसमें ललाई सहज है, आँगन में चलने से ललाई नहीं हुई है, किन्तु आंगन में (कठोर वस्तुपर) चलने से पैर लाल हो सकते हैं। इसलिये सिद्धावस्था है और अकारण में कारण की कल्पना होने से हेतूत्प्रेक्षा है। पुनः वाचक (मानों) के प्रयोग से वाच्या भी है। अस्तु यहाँ सिद्धास्पदा-वाच्या-हेतूत्प्रेक्षा है।

मानो खोटी विरह-घटिका सामने देख के ही।
कोई भी थी अवनतमुखी, कांतिहीना मलीना।।

—हरिऔध

यहाँ कातिहीन, मलीन और नम्रमुखी होने के लिये 'विरह-घटिका' कारण रूप में कथित है, पर वस्तुतः वह कारण है नहीं। अतः अकारण में कारण की कल्पना हुई, किन्तु 'विरह-घटिका' किसी के कांतिहीन, मलीन और नम्रमुखी होने का सिद्ध कारण हो सकती है। इसलिए सिद्धास्पदा हुई। 'मानों' के प्रयोग से यह वाच्या भी है। अतः यहाँ सिद्धास्पदा-वाच्या-हेतूत्प्रेक्षा है।

रजनीश जाता है चला, दिवसेश आता है यहाँ।
मानों इसी से पक्षियों का वृन्द गाता है यहाँ।

—उपाध्याय

पक्षी स्वभावतः कलरव कर रहे हैं, पर यहाँ उसके कारण रूप में चन्द्रमा का अस्त और सूर्य का उदय होना कथित है, जो वस्तुतः कारण नहीं है (अहेतु में हेतु की सम्भावना), पर यह भी किसी के लिये सिद्ध कारण हो सकता है (सिद्धास्पदा)। इस प्रकार यहाँ भी सिद्धास्पदा हेतूत्प्रेक्षा है। 'मानों' के प्रयोग से यह भी वाच्या ही है।

असिद्धापदा

मोर मुकुट की चन्द्रकनि, यों राजत नंदनन्द।
मनु ससि-सेखर की अकस, किय सेखर सतचंद।।

—बिहारी

सैकड़ों चन्द्रबिंबों वाले मयूरपंख से निर्मित मुकुट को श्रीकृष्ण का धारण करना यहाँ चन्द्रशेखर (शिव) के ईर्ष्यारूप में वर्णित है। वस्तुतः यह कारण असिद्ध है। इस प्रकार अहेतु में असिद्ध हेतु की कल्पना होने से यहाँ असिद्धास्पदा-हेतूत्प्रेक्षा है एवं 'मनु' शब्द के कथन के कारण वाच्या।

करते हुये गर्जन गगन में दौड़ते हैं घन यथा,
हय, गज, रथादिक शब्द करते चल पड़े अगणित तथा।
उठने लगी सब ओर रज, होने लगी कंपित धरा,
मानों न सहकर भार यह ऊपर चली करके त्वरा।।

—गुप्तजी

यहाँ धरती को ऊपर उड़ने (धूल के रूप में) का कारण बताया गया है घोड़े, हाथी, रथ आदि का उसके द्वारा भार न सहन करना। वस्तुतः यह कारण असिद्ध है साथ ही अकारण में कारण भी। इसलिये यहाँ असिद्धास्पदा-हेतूत्प्रेक्षा है। मानों' शबद के रहने से प्रस्तुत उदाहरण भी वाच्योत्प्रेक्षा का ही है।

निराकार तम मानों सहसा
ज्योतिपुंज में हो साकार
बदल गया द्रुत जगत-जाल में
घर कर नाम-रूप नाना।

—पंत

यहाँ ज्योतिपुंज में साकार होने वाले नाना नामरूप जगज्जाल का कारण बताया गया है निराकार तम। वस्तुतः यह कारण है नहीं। अतः यह अकारण में कारण की कल्पना है। पुनः यह कारण असिद्ध भी है। अस्तु, यहाँ भी अहंसिद्धास्पदा-हेतूत्प्रेक्षा है एवं 'मानों' शब्द के कारण वाच्या भी।

फलोत्प्रेक्षा

अफल में फल की सीयावना करना फलोत्प्रेक्षा है।

इसमें जो फल नहीं होता है, उसमें फल की उत्प्रेक्षा की जाती है। यह भी दो प्रकार का होता है—सिद्धास्पदा और असिद्धास्पदा।। **जहाँ फल का आस्पद! (आधार)** सिद्धू (सम्भव) होता है, वहाँ सिद्धास्पदा और जहाँ आस्पद (आधार) असिद्ध (अंसभव) होता है, वहाँ असिद्धासस्पदा-फलोत्प्रेक्षा होती है।

सिद्धास्पदा

किये पीन कुच विधि मनों, लंक लचहिं केहि हेत।

—पद्माकर

—कमर में लचक के लिये ही ब्रह्मा ने मानों नायिका का स्तन पुष्ट बना दिया है—यहाँ अफल में फल की संभावना की गयी है, ब्रह्मा ने पीन स्तनों का निर्माण कटि में लोच लाने के लिये नहीं किया है, किन्तु यह फल सिद्ध भी हो सकता है। अस्तु, यहाँ सिद्धास्पदा-फलोत्प्रेक्षा है। यहाँ उत्प्रेक्षा का वाचक (मनों) शब्दतः कथित होने से वाच्योत्प्रेक्षा है।

तरनि तनुजातट तमाल तरुवर बहु छाये।
झुके कूल सों जल परसन हित मनहु सुहाये।।

—भारतेन्दु

यमुना के तट पर उगे तमाल वृक्ष इस प्रकार झुके हैं मानो, वे यमुना के जल का स्पर्श करना चाहते है। यहाँ झुके हुये वृक्षों का उद्देश्य जल का स्पर्श करना नहीं है, किन्तु कवि-कल्पित संभावना से वे वर्णित वैसे ही है। अतः, यहाँ अफल में फल की संभावना। पर इस संभावना का आधार है सिद्ध। अस्तु यहाँ सिद्दास्पदा-फलोत्प्रेक्षा है एवं 'मनहु' शब्द के कारण यह वाच्या भी है।

मधुप निकारन के लिये, मानों रुके निहारि।
दिनकर निज कर देत है, शतदल दलनि उघारि।।

—अ. मुक्तावली

सूर्य की किरणों से कमल का खिलना स्वतःसिद्ध है, पर कवि ने उत्प्रेक्षा की है कि कमल-संपुट में बन्द भौरों को माना मुक्त करने के निमित्त ही सूर्य अपने करों (किरणों) से कमल की पंखुड़ियों को खोलता है। कमल के खिलने से भौरे का बाहर

निकलना अफल में फल की संभावना है, पर है यह कारण सिद्ध। अस्तु, यहाँ भी सिद्धास्पदा-हेतूप्रेक्षा है। वाचक शब्द 'मानों' यहाँ भी स्पष्टतः कथित है। अस्तु यह वाच्योत्प्रेक्षा है।

असिद्धास्पदा

खंजरीट नहीं लखि परत, कछु दिन साँची बात।
बाल-दृगन सम होन को, मनों करन तप जात।।

—भिखारीदास

कामिनी के नेत्रों की समता प्राप्ति हेतु यहाँ खंजन का तप करना कथित है। यह अफल में फल की कल्पना है—वस्तुतः खंजन कुछ दिनों के लिये तप दकरने हेतु नहीं जाते हैं। पुनः कामिनी के नेत्रों की समता के लिये तपस्या करना असिद्ध है, कामिनी की प्राप्ति के लिये तो तपस्या की जा सकती है, पर उसके नेत्रों की समता के लिये नहीं। अस्तु, यहाँ असिद्धास्पदा-हेतूत्प्रेक्षा है। पुनः वाचक शब्द (मनों) के कथन के कारण यहाँ वाच्योत्प्रेक्षा है।

नाना सरोवर खिले नव पंकजों को
ले अंक में बिहँसते मन मोहते थे।
मानों पसार अपने शतशः करों को
वे माँगते शरद से सुविभूतियाँ थे।।

—हरिऔध

यहाँ फलरूप में 'विभूतियों' की याचना हेतु सरोवरों द्वारा पंकज-मिस हाथ फैलाने की उत्प्रेक्षा की गयी है। यह अफल में फलकी कल्पना तो है ही, असिद्ध भी है। पुनः वाचक शब्द यहाँ भी स्पष्टतः कथित है। अस्तु यहाँ भी असिद्धास्पदा-वाच्या-फलोत्प्रेक्षा है।

प्रतीयमाना

यह तो पहले ही स्पष्ट किया जा चुका है कि **जहाँ वाचक शब्द प्रयुक्त नहीं होते हैं, वहाँ उत्प्रेक्षा प्रतीयमाना होती है।** प्रतीयमाना उत्प्रेक्षा ही गूढ़ोत्प्रेक्षा, गुप्तोत्प्रेक्षा, गम्योत्प्रेक्षा आदि नामों से भी जानी गयी है। यह दो प्रकार की होती है—हेतूत्प्रेक्षा और फलोत्प्रेक्षा। उत्प्रेक्षा के ऊपर जितने भी उदाहरण दिये गये हैं, उन सब में वाचक शब्द प्रयुक्त है। अतः वे वाच्योत्प्रेक्षा के ही उदाहरण हैं। नीचे दो-एक उदाहरण प्रतीयमाना के भी दिये जाते हैं।

हेतूत्प्रेक्षा

चल चक्र वरुण का ज्योति भरा
व्याकुल तू क्यों देता फेरी

तारों के फूल बिखरते हैं
लुटती है असफलता तेरी।

—प्रसाद

रात्रि में आकाश से तारे स्वतः (स्वभावतः) टूटकर गिरते हैं, पर कविने उत्प्रेक्षा की है कि मानों मनु की असफलता लुटती जा रही है। यह अहेतु में हेतु की कल्पना है। यहाँ उत्प्रेक्षावाचक शब्द प्रयुक्त नहीं है। अस्तु, यहाँ गम्या-हेतूत्प्रेक्षा है।

विधु के वियोग से विकल मूक
नभ जला रहा था अपना उर।
जलती थी धरती तवा सदृश
पथ की रज भी थी बनी भउर।

—श्यामनारायण पांडेय

दोपहर में आकाश स्वतः गर्म हो जाता है, पर यहाँ दिन को चन्द्रमा का वियोग होने से उसे विहर-संतप्त होना कथित है। अस्तु, यहाँ अकारण में कारण की संभावना है। पुनः यह कारण सिद्ध है। अस्तु, यहाँ सिद्धास्पदा-हेतूत्प्रेक्षा हैं। साथ ही वाचक शब्द का प्रयोग न होने से यह गम्योत्प्रेक्षा भी है। निम्नांकित उदाहरण भी गम्या-हेतूत्प्रेक्षा का ही है—

नीम पर चढ़ी करेले की लतर—
ग्रीन शेड की शोख साड़ी
इर्द-गिर्द तीखी सस्ती सेंट
और, उस पर चढ़ा
रोमांस का परवाना।

—कुमारी राधा

फलोत्प्रेक्षा

गिरि अरावली के तरु के थे
पत्ते-पत्ते निष्कंप अचल।
बन-वेलि-लता-लतिकाएँ भी
सहसा कुछ सुनने को निश्चल।।

—श्यामनारायण पांडये

यहाँ जंगली लताओं का कुछ सुनने के लिये निश्चल होना कथित है, पर वस्तुतः वे कुछ सुनने के लिये निश्चल नहीं है। निश्चलता उनका स्वाभाविक गुण है। अस्तु, यहाँ अफल में फल की कल्पना है। पर यह कल्पना सिद्ध भी हो सकती हैं अस्तु, यहाँ सिद्धास्पदा-फलोत्प्रेक्षा हुई। पुनः उत्प्रेक्षावाचक शब्द का कथन न किया जाने के कारण यह प्रतीयमाना है।

16. अतिशयोक्ति

जहाँ उपमेय को छिपाकर उपमान के साथ उसका अभेदस्थापना किया जाता है, वहाँ अतिशयोक्ति अलंकार होता है[1]।

अतिशय (बढ़ी-चढ़ी) उक्ति ही अतिशयोक्ति है। सामान्य बात को असाधारण रूप में बढ़ा-चढ़ाकर कहना ही इसकी विशेषता है। इस उक्ति में लोक सीमा (मर्यादा) का अतिक्रमण (उल्लंघन) होना आवश्यक है। अतिशय उक्ति होने के कारण ही इसमें उपमेय को छिपाकर उपमान के साथ उसका अभेद स्थापन किया जाता है। यहाँ उपमान में उपमेय का अभेदाध्यवसान होता है अर्थात् उपमेय को उपमान पूर्णतः आत्मसात् कर लेता है। उपमेय के अध्यवसान से यहाँ इतना ही तात्पर्य है कि **वह वाच्य-वाचक भाव से तो अप्रकाशित रहता है, पर लक्ष्य-लक्षक भाव से नहीं।** लक्षणा से उपमेय की सत्ता यहाँ भी स्पष्ट हो जाती है। निष्कर्ष यह है कि उपमेय का अध्यवसान वर्णन में तीव्रता, सौन्दर्य और चमत्कार वृद्धि के निमित्त ही होता है। जैसे, किसी सुन्दरी के मुख को देखकर कोई मनचला यह कह उठे—'अरे यार! यह देखो, दिन ही में चाँद निकल आया'—तो यहाँ मुख (उपमेय) का चाँद (उपमान) में अध्यवसान हुआ है, चाँद से ही मुख की प्रतीति करायी गयी है।

अतिशयोक्ति का आधार है गौणी साध्यवसाना लक्षणा। इसमें विषयी द्वारा निगरण की गयी विषय-वस्तु की उसी से सादृश्य-प्रतीति कराई जाती है। इसी से इस अलंकार का चमत्कार और उत्कर्ष लक्षणा पर ही निर्भर करता है।

यों तो समस्त अर्थालंकारों का मूल उपमा है, पर उसके मूल में भी अतिशयोक्ति ही रहती है। इसी से अनेक आचार्यों ने अतिशयोक्ति को ही अलंकारों का मूल स्वीकार किया है। डा. नगेंद्र जी ने अपने सिद्ध ग्रंथ 'रीतिकाव्य की भूमिका' में अलंकारों की मनोवैज्ञानिकता पर विचारते हुये अलंकारों की जननी के रूप में वक्ता द्वारा किसी बात को बढ़ा-चढ़ाकर (अतिशय कर) कहना या घुमा-फिराकर (वक्रोक्ति द्वारा) कहना ही स्वीकार किया है। इससे भी इसकी महत्ता स्पष्ट हो जाती है। संभवतः अतिशयोक्ति के इसी महत्त्व को ध्यान में रखकर दण्डी ने इसे **अलंकारोत्तम,** आनन्दवर्द्धन ने **सर्वालंकाररूप,** अभिनव गुप्त ने **सर्वालंकार-सामान्य रूप** और मम्मट ने सकलालंकार-प्राणस्वरूप घोषित किया है।

यह सादृश्यगर्भ वर्ग का अभेद प्रधान अध्यवसायमूलक अर्थालंकार है। इसके वर्णन-वैचित्र्य के कारण कुछ और इसे वैचित्र्यमूलक अर्थालंकार भी कहते हैं। इसके उदाहरण वेदों में भी मिलते है। आद्याचार्य भामह ने इसकी महत्ता समझ ली थी। उनके अनुसार किसी निमित्त से लोकातिक्रान्त अर्थ का बोधन ही अतिशयोक्ति है[2]।

---

1. उपमेयं निगीर्य उपमानेन तस्या भेदकथनम् अतिशयोक्तिः।—अ. मुक्तावली।
2. निमित्ततो वचो यत्तु लोकातिक्रांतगोचरम्।
   मन्यन्तेऽतिशयोक्ति तामलङ्कारतया बुधाः।।—काव्यालंकार 2।81।

अग्निपुराणकार का लक्षण भी ऐसा ही है[1]। दण्डी ने इसे विवक्षा या विशेषस्य लोकसीमावर्तिनी कहा है[2]। तात्पर्य यह है कि दण्डी के समय तक अतिशयोक्ति का लक्षण प्रायः स्थूल ही बना हुआ था। इसे लोग लोकसीमा को पार करने वाली प्रशंसात्मक उक्ति के रूप में ही ग्रहण करते रहे है। सर्वप्रथम उद्भट ने भामह के लक्षण में तोड़-जोड़ कर थोड़ा परिष्कार किया तत्पश्चात् वामन ने संभाव्य धर्म और उसके उत्कर्ष की कल्पना में अतिशयोक्ति स्वीकार कर सम्पूर्ण लक्षण को ही बदल दिया[3]।

आचार्य मम्मट उद्भट की ही लीक पकड़ी है। हाँ 'निगीर्याध्यवसानम्' वाली बात उनकी अपनी है अवश्य[4], जिसे प्रायः सभी परवर्ती आचार्य स्वीकृत करते हैं। पं॰ विश्वनाथ ने 'अलंकार सर्वस्वम्' को आधार बनाकर 'निगरण' और 'अध्यवसान' पर निसाना बैठाया है[5]। और की बात तो छोड़िये, स्वयं पंडितराज जगन्नाथ ने भी मम्मट का ही मत मान लिया है[6]।

अतिशयोक्ति के भेदों का निरूपण क्रमिक रूप से भेद, सम्बन्ध और कार्यकारण भाव के आधार पर हुआ है। रुय्यक के आधार पर पं॰ विश्वनाथ ने पाँच प्रकार की अतिशयोक्ति स्वीकार की है–रूपकातिशयोक्ति, भेदकातिशयोक्ति, असंबंधातिशयोक्ति, सम्बन्धातिशयोक्ति और कारणातिशयोक्ति। मम्मट की तीसरी अतिशयोक्ति इससे भिन्न है और उन्होंने 5वीं को स्वीकार नहीं किया है। जयदेव ने छह प्रकार की अतिशयोक्ति (अक्रम, अत्यन्ता, चपला, सम्बन्धा, भेदका और रूपका) मानी है। अप्पयदीक्षित ने इन्हें स्वीकारते हुये दो और भेद (असंबंधा और सापह्नवा) माने हैं।

हिंदी के शृंगारकालीन आचार्यों ने अतिशयोक्ति का स्वतन्त्र रूप से लक्षण न देकर उसके भेदों का ही निरूपण किया है। चिन्तामणि, दास, कुलपति आदि ने मम्मट और विश्वनाथ की राह ली है[7] और जसवन्त सिंह, मतिराम, भूषण, पद्माकर

---

1. लोकसीमातिवृत्तस्य वस्तुधर्मस्य कीर्तनम्। भवेदतिशय...... ।।–अ. पु॰ का. भण, पृ. 75।
2. विवक्षा या विशेषस्य लोकसीमावर्तिनी।
   असावतिशयोक्तिः स्यादलङ्कारोत्तमा यथा।।–काव्यादर्श 2।214।
3. संभाव्यधर्म तदुत्कर्षकल्पनातिशयोक्तिः।–का. सू. वृत्ति 4।3।17।
4. निगीर्याध्यवसानन्तु प्रकृतस्य परेण यत्।
   प्रस्तुतस्य यदन्यत्वं यद्यर्थोक्तौ च कल्पनम्।।
   कार्यकारणयोर्यश्च पौर्वापर्यविपर्ययः।
   विज्ञेयातिशयोक्तिः सा।।–काव्य प्रकाश 10।100।
5. सिद्धत्वेऽध्यवसायस्यातिशयोक्ति निगद्यते।–सा. दर्पण 10।46।
6. विषयिणा विषस्य निगरणमतिशयः, तस्योक्तिर तिशयोक्तिः।–रस गंगाधर।
7. जहं अत्यंत सराहिये, भतिसयोकति सु कहंत।–दासः का. निर्णय 11।2।

आदि ने जयदेव और अप्पयदीक्षित की। ग्वाल-कवि ने सापह्नवा को परिसंख्या के अन्तर्गत ही स्वीकार कर लिया है। आधुनिक काव्यशास्त्रियों में पोद्दारजी ने पाँच भेदों (रूपक, भेदक, सम्बन्ध, असंबंध और कारण) का वर्णन कर पुनः रूपक के दो (शुद्धा और सापह्नवा), सम्बन्ध के दो (संभाव्यमान और निर्णीयमान) और कारण के तीन (अक्रम, चपल और अत्यन्त) उपभेद स्वीकार किये हैं। श्री रामदहिन मिश्र जी ने भी कारणातिशयोक्ति के तीन भेदों को स्वीकार किया है। सामान्यतः अतिशयोक्ति निम्नांकित प्रकार की स्वीकार की जा सकती है–

1. रूपकातिशयोक्ति–भेद में अभेद।
2. भेदकातिशयोक्ति–अभेद में भेद।
3. असंबंधातिशयोक्ति–संबंध में असंबंध।
4. संबंधातिशयोक्ति–असंबंध में सम्बन्ध।
5. अक्रमातिशयोक्ति–कार्य-कारण का सहभाव।
6. चपलातिशयोक्ति–कारण के ज्ञान मात्र से कार्य का होना।
7. अत्यन्ततिशयोक्ति–कारण से पहले कार्य का होना।

व्यावहारिकता की दृष्टि से यहाँ एक और बात जान लेनी चाहिये कि उपमेय और उपमान केवल रूपकातिशयोक्ति में ही होते हैं, अतिशयोक्ति के शेष भेदों में नहीं–अन्य भेदों में उपमेय और उपमान के लिये प्रकृत और अप्रकृत का प्रयोग ही होना चाहिये।

रूपकातिशयोक्ति

जहाँ उपमेय को उपमान द्वारा निगरण (अन्तर्भुक्त) कर लिए जाने पर उसके कल्पित अभेद का कथन किया जाये, वहाँ रूपकातिशयोक्ति अलंकार होता है।

रूपकातिशयोक्ति का शब्दार्थ होगा रूपक + अतिशयोक्ति अर्थात् रूपक की अतिशयोक्ति। तात्पर्य यह है कि रूपक में उपमेय और उपमान में अभेद-स्थापन तो किया ही जाता है, पर रूपकातिशयोक्ति में वह अभेदकत्व इतना अधिक बढ़ जाता है कि केवल उपमान ही वाच्य रह कर लक्षणा द्वारा उपमेय का बोध कराता है–मुखचन्द्र (रूपक) न कहकर केवल चन्द्र (रूपकातिशयोक्ति) ही यहाँ अभीष्ट होता है। यहाँ दो वस्तुओं (उपमेय और उपमान) में भेद रहते हुये भी कल्पित अभेद का कथन किया जाता है। इसी से इसे अभेदकातिशयोक्ति भी कहते हैं। वस्तुतः यह पूर्णतः कवि प्रतिभोत्थित अलंकार है। इसमें उपमान का रमणीय और साम्ययुक्त होना आवश्यक है, जिससे उपमेय का संकेत शीघ्रता से मिल जाये। इसी से प्रायः इसमें उपमान रूढ़ प्रतीक के रूप में ही प्रयुक्त होते है।

हिंदी के शृंगारकालीन आचार्यों ने इसका लक्षण जयदेव के आधार पर दिया है[1], जिनमें जसवन्त सिंह मतिराम, पद्माकर आदि प्रमुख है[2]। दासजी का लक्षण भी ऐसा ही है[3]। स्थूल रूप से कहा जायेगा कि इसके लक्षण में प्रायः सर्वत्र एकता है। कुछ लागों ने इसके शुद्ध और सापह्नवा दो भेद किये है, पर वह वर्णन विस्तार मात्र है।

अद्‌भुत एक अनूपम बाग
जुगल कमल पर गजवर क्रीड़त तापर सिंह करत अनुराग।

—सूरदास

यहाँ चरण के बदले 'जुगल कमल', जांघ के बदले 'गजवर' और कमल के लिये 'सिंह' प्रयुक्त है—उपमेय को छिपाकर केवल उपमानों का ही कथन किया गया है। अतः रूपकातिशयोक्ति है।

बाँधा था विधु को किसने
इन काली जंजीरों से।
मणिवाले फणियों का मुख
क्यों भरा हुआ हीरों से।।

—प्रसाद

यहाँ सुख के लिये 'विधु', केशराशि के लिये 'काली जंजीर' और सीमंत के लिये 'फणिमुख' का कथन है—उपमेय का कथन नहीं है। अस्तु रूपकातिशयोक्ति है।

विद्रुम सीपी-संपुट में मोती के दाने कैसे?
है हंस न, पर शुक फिर क्यों चुगने को मुक्ता ऐसे।

—प्रसाद

यहाँ ओठ के लिये 'विद्रुम सीपी-संपुट', दाँत के लिये 'मोती' और नाक के लिये शुक (शुकतुण्ड) का ही कथन किया गया है। अतः, यहाँ भी रूपकातिशयोक्ति ही है।

भेदकातिशयोक्ति

दो वस्तुओं में अभेद रहने पर भी जहाँ भेद वर्णित हो, वहाँ भेदकातिशयोक्ति होती है।

---

1. रूप्यं रूपकमध्यगम्।—चंद्रालोक।
2. (क) अतिसयोक्ति रूपक जहाँ केवल ही उपमान।—भा. भूषण 69।
   (ख) जहँ केवल उपमान तें प्रकट होत उपमेय।—ल. ललाम 111।
   (ग) उपमेयहिं को कहत जहँ तजिसु अर्थ उपमान।—पद्माभरण 62।
3. विदित जान उपमान को, कथन काव्य में देखि—का. निर्णय 11। 28।

भेदकातिशयोक्ति का अर्थ है भेदक + अतिशयोक्ति अर्थात् अभिन्न पदार्थों में भी भिन्नता (भेद) स्थापित करने वाली अतिशयोक्ति। हिंदी के आचार्यों ने इसका निरूपण जयदेव और अप्पयदीक्षित के आधार पर किया है[1]।

इन लोगों ने और, अन्य, दूसरा आदि भेदक शब्दों द्वारा भिन्नत्व प्रकट किया है। भेद का अर्थ ही है 'भिन्नव'। सजातीयों से भिन्नत्व के वर्णन में ही भेदकातिशयोक्ति होती है।

वह कविता औरे जु सुनि, घूमत सुघर समाज।

—पद्माकर

यहाँ कविता तो वही है, पर भेदक पद (और) द्वारा अभेद में भेद किया गया है। अतः भेदकातिशयोक्ति है।

अनियारे दीरथ नयनि, किति न युवती सयान।
वह चितवन औरे कछु, जिहि बस होत सुजान।।

—बिहारी

यहाँ आँखों की विशिष्टता बताने के लिये भेदक पद (औरे) प्रयुक्त हुआ है—चितवन में 'औरे' द्वारा भिन्नत्व प्रकट किया गया है। अतः भेदकातिशयोक्ति है।

नयी अरुणिमा जगी अनल में, नवलोज्ज्वलता जल में।
नभ में नव्य नीलिमा, नूतन हरियाली भूतल में।।

—गुप्त

कृष्ण के आगमन पर भी आग, जल, आकाश और पृथ्वी है पहले ही जैसे, पर कवि ने आग में नवीन लाली, जल में नवीन उज्ज्वलता, आकाश में अपूर्व नीलिमा और भूतल हरियाली का वर्णन कर अभेद में भेद दिखलाया है। अस्तु, यहाँ भी भेदकातिशयोक्ति है।

असंबंधातिशयोक्ति

दो या दो से अधिक वस्तुओं में सम्बन्ध होने पर भी उस सम्बन्ध को न बताना ही असंबंधातिशयोक्ति है।

सम्बन्ध में असम्बन्ध की कल्पना—योग में अयोग की कल्पना ही इसका विषय है। अप्पयदीक्षितजी के अनुयायियों ने नहीं मालूम क्यों इसे सम्बन्धातिशयोक्ति के

1. (क) एकस्यैवान्योच्यते।—चन्द्रालोक 5।
   (ख) भेदकातिशयोक्तिस्तु तस्यैवान्यत्ववर्णनम्।—कुवलयानंद 38।
   (ग) भेदकातिसयउक्ति जहँ, सुबहम ही सब बात।—का. निर्णय 11।3।
   (घ) अतिसयोक्ति भेदक जु पद, औरे तिहि स्तुतिकाज।—पद्माभरण 65।

प्रथम भेद के रूप में माना है, जबकि स्वयं दीक्षित जी ने इसका स्वतंत्र रूप से निरूपण किया है[1]।

जुग उरोज तेरे अली, नित-नित अधिक बढ़ायें।
अब इन भुज लतिकान में, ऐरी ये न समायें।।

—अ. मुक्तावली

उरोजों और भुजाओं का सम्बन्ध स्वाभाविक और सनातन है। उरोज चाहे जितने भी बड़े हो जाये, भुजाओं में अँटेगें ही; पर कवि ने यहाँ उनका न अँटना कहकर संबंध में असंबंध की कल्पना की है। अतः असंबंधातिशयोक्ति है।

औषधालय भी अयोध्या में बने तो थे सही।
किन्तु उनमें रोगियों का नाम तक भी था नहीं।।

—उपाध्याय

औषधालय से रोगियों का सहज सम्बन्ध स्वतः सिद्ध है, पर कवि ने औषधालय में रोगियों का न रहना कह कर सम्बन्ध में असंबंध की कल्पना की है, जिसका उद्देश्य रामराज्य में नीरोग का अतिशय वर्णन करना। अस्तु यहाँ असंबंधातिशयोक्ति है।

वह सजीव रचना थी युग की, पल में आकर झलकी।
नहीं समायी जड़ जंगम में, छबि उसकी जो झलकी।।

—गुप्त

श्रीकृष्ण की छवि का जड़-जंगम में समाने पर भी न सामने भी कल्पना—संबंध में असंबंध की कलपना में यहाँ भी असम्बन्धातिशयोक्ति है।

संबंधातिशयोक्ति

संबंध न हाने पर भी जहाँ सम्बन्ध बताया जाये, वहाँ सम्बन्धातिशयोक्ति होती है।

यह असम्बन्धातिशयोक्ति का विलोम है। इसमें दो यां दो से अधिक वस्तुओं में असंबंध होने पर सम्बन्ध—अयोग होने पर योग की कल्पना की जाती है। इसका आधार भी 'कुवलयानंद' ही है[2]। कुछ आचार्यों ने इसके दो भेद—संभाव्यमाना और निर्णीयमाना किये है। ये भेद वर्णन विस्तार मात्र है।

मैं बरजी कै बार तू, इत कत लेति करौंट
पँखुरी लगै गुलाब को, परि है गात खरौंट।।

—बिहारी

---

1. (क) योगेऽप्ययोगोऽसंबंधातिशयोक्तिरितीर्यते।—कुवलयानंद 40।
   (ख) दूजी ताहि कहत सब लोगू। जहँहि जोग में भनत अजोगू।—पद्माभरण 67।
2. (क) सम्बन्धातिशयोक्तिः स्यादयोगे योगकल्पनम्।—कुवलयानंद 39।
   (ख) सम्बन्धातिसयोक्ति सु जानौ, जहँ अजोग में जोगा बखानौ।—पद्माभरण 66।

यह सर्वविदित है कि गुलाब की पंखुरियों से खुरच नहीं लगती—दोनों में असंबंध है, पर यहाँ कवि ने खुरचना (खरौंट लगना) कहा है। यह असंबंध में संबंध की कल्पना है। अतः सम्बन्धातिशयोक्ति हुई।

भरत होकर यहाँ क्या आज करते
स्वयं ही लाज से वे डूब मरते
तुम्हें सुतभक्षिणी सांपिन समझते
निशा को मुँह छिपाते दिन समझते।

—गुप्तजी

यहाँ भरत का रात को दिन, मां को सुतभक्षिणी समझना—असंबंध में सम्बन्ध की कल्पना है। अस्तु, यहाँ सम्बन्धातिशयोक्ति है।

दो पद्म शुण्डों में लिये, दो शुण्ड वाला गज कहीं।
मर्दन करे उनको परस्पर, तो मिले समता कहीं।।

—गुप्तजी

दो शुण्डोंवाले हाथी नहीं होते है, पर यहाँ 'कहीं' शब्द से दो शुण्डोंवाले हाथी की कल्पना असंबंध में सम्बन्ध की कल्पना है। अस्तु यहाँ भी सम्बन्धातिशयोक्ति ही है।

अक्रमातिशयोक्ति

कार्य और कारण का जहाँ एक साथ होना कहा जाये, वहाँ अक्रमातिशयोक्ति होती है।

अक्रमातिशयोक्ति का शब्दार्थ है अक्रम (क्रम का अभाव, क्रम की हीनता) की अतिशयोक्ति। प्रत्येक कार्य के पीछे एक-न-एक कारण का होना अनिवार्य है। सामान्यतः कारण उपस्थित होने पर ही कार्य होता है अर्थात् कारण की स्थिति कार्य से पहले होती है, पर इस अलंकार में कारण और कार्य का एक साथ होना ही कहा जाता है[1]। यही क्रमहीनता है।

कढ़त साथ ही म्यान तें असि रिपु तन ते प्रान।

—पद्माकर

यहाँ म्यान से तलवार का बाहर निकलना (कारण) और शत्रु के शरीर से प्राण का निकलना (कार्य) एक साथ ही कथित होने से अक्रमातिशयोक्ति है।

वह शर इधर गाण्डीव गुण से भिन्न जैसे ही हुआ।
धड़ से जयद्रथ का उधर सिर छिन्न वैसे ही हुआ।।

—गुप्तजी

1. (क) अक्रमातिशयोक्तिः स्यात् सहत्वे हेतुकार्ययोः।—कुवलयानंद 41।
(ख) जहाँ हेतु अरु काज मिलि होत एक ही साथ।—भूषण : शि. भूषण 112।
(ग) अक्रमातिसयउक्ति जहँ कारज कारन साथ।—का. निर्णय 11।15।

यहाँ गाण्डीव से बाण का छुटना (कारण) और जयद्रथ का सिर कटना (कार्य) एक ही साथ वर्णित होने से अक्रमातिशयोक्ति है।

चपलातिशयोक्ति

जहाँ कारण के ज्ञानमात्र से ही कार्य का होना कहा जाये, वहाँ चपलातिशयोक्ति होती है।

इसे ही हिंदी के शृंगारकालीन आचार्यों ने चंचलातिशयोक्ति के नाम से भी वर्णित किया है। इसमें कारण का ज्ञानमात्र ही कार्यसिद्धि के लिये पर्याप्त होता है[1]।

सुनत पयान मुहूरत पी को, दरक्यो मुकत-हार तचि ती को।

—पद्माकर

यहाँ प्रिय-विदेश-प्रयाण-मुहूर्त (कारण) के ज्ञानमात्र से ही नायिका के गले की माला के मोती का विरहाग्नि से तपकर चटक जाना कार्य वर्णित होने से चपलातिशयोक्ति है।

मैं जभी तौलने का करती
उपचार स्वयं तुल जाती हूँ।
भुज-लता फँसा कर नर-तरु से
झूले-सी झोंके खाती हूँ।

—प्रसाद

यहाँ तौलने के उपचार मात्र से तुल जाना—कारण के ज्ञानमात्र से कार्य का हो जाना वर्णित होने से चपलातिशयोक्ति है।

अत्यन्तातिशयोक्ति

जहाँ कारण के पहले ही कार्य का होना कहा जाये, वहाँ अत्यन्तातिशयोक्ति होती है।

इस अलंकार में पूर्वापर का क्रम उलट जाता है अर्थात् कार्य पहले हो जाता है तब कारण की स्थिति का ज्ञान होता है। हिंदी वालों ने इसे अप्पयदीक्षित के आधार पर ही निरूपित किया है[2]।

---

1. (क) चपलातिशयोक्तिस्तु कार्ये हेतुप्रसक्तिजे।—कुवलयानंद 42।
   (ख) जहाँ हेतु चरचाहि ते, काज होत ततकाल।—शिवराज भूषण 114।
   (ग) निपट उताली सों जहाँ, बरनत है कछु काज।—काव्य निर्णय 11।11।
   (घ) यों चपलातिसयोकति छाजै, हेतु प्रसंगाहि ते सिधि काजै।—पद्माभरण 69।
2. (क) अत्यन्तातिशयोक्तिस्तु पौर्वापर्यव्यतिक्रमे।—कुवलयानंद 43।
   (ख) जहाँ हेतु ते प्रथम ही प्रगट होत है काज।—शिवराज भूषण 117।
   (ग) जहाँ काज पहले सधै, कारन पीछे होय—का. निर्णय 12।20।

शर खींच उसने तूण से कब किधर सन्धाना उन्हें।
बस बिद्ध होकर ही विपक्षी वृन्द ने जाना उन्हें।।

—गुप्त जी

यहाँ विपक्षियों का बेधन (कार्य) पहले होना कथित है और शर-सन्धान (कारण) पीछे। अतः अत्यन्तातिशयोक्ति है।

पड़ी आचनक नदी अपार।
घोड़ा कैसे उतरे पार।
राणा ने सोचा इस पार
तब तक चेतक था उस पार

श्यामनारायण पांडेय

यहाँ चेतक का पार उतर जाना (कार्य) पहले होना कथिक है और राणप्रताप का सोचना (कारण) पीछे। अस्तु, यहाँ भी अत्यन्तातिशयोक्ति है।

17. तुल्ययोगिता

जहाँ अनेक प्रस्तुतों अथवा अनेक अप्रस्तुतों का सम्बन्ध एक ही साधारण धर्म से बताया जाये, वहाँ तुल्ययोगिता अलंकार होता है।

तुल्ययोगिता का अर्थ है तुल्य (समान) की योगिता (संबंध) अथवा अन्वय। समान का सम्बन्ध से यहाँ तात्पर्य है स्वजातीयों का सम्बन्ध अर्थात् जहाँ प्रस्तुत हों वहाँ केवल प्रस्तुत ही रहें और जहाँ अप्रस्तुत हों वहाँ केवल अप्रस्तुत ही रहे (प्रस्तुत और अप्रस्तुत का मिश्रण न हो) एवं उनका सम्बन्ध एक ही साधारण धर्म से बताया जाये। दीपक में प्रस्तुत और अप्रस्तुत दोनों का सम्बन्ध एक ही साधारण धर्म से दिखाया जाता है, पर इसमें केवल अनेक प्रस्तुतों अनेक अप्रस्तुतों का ही सम्बन्ध एक धर्म से दिखाया जाता है।

यह सादृश्यगर्भ गम्यौपम्याश्रय वर्ग का पदार्थगत अर्थालंकार है। यह भामह से ही स्वीकृत रहा है। दण्डी के अनुसार गुणवानों के सादृश्य प्रतिपादन में ही तुल्ययोगिता होती है[1]। वामन का लक्षण भी इसी प्रकार का है। उद्भट, रुय्यक, विद्याधर आदि ने इसमें औपम्य अथवा उपमानोपमेयभाव की अभिव्यंग्यता आवश्यक मानो है[2]। आ. मम्मट और पं॰ विश्वनाथ ने प्रकृत अथवा अप्रकृत का एक धर्म से सम्बन्धकथन इसके लिये पर्याप्त

---

1. विवक्षित गुणोत्कृष्टैर्यत्समीकृत्य कस्यचित्।
   कीर्तनं स्तुतिनिन्दार्थ सा मता तुल्ययोगिकता।।—काव्यादर्श 2।330
2. औपम्यं गम्यत्वे पदार्थगतत्वेन प्रस्तुतानामप्रस्तुतानां वा समानधर्माभिसंबंधे तुल्ययोगिता। इवाद्यप्रयोगे ह्यौपम्यस्य गम्यत्वम्।—अ. सर्वस्वम्

मानी है[1], अप्पयदीक्षित का 'धर्मेक्य' मम्मट और विश्वनाथ से ही प्रभावित है[2]। भोज का लक्षण इन सबों से भिन्न है। उन्होंने सुख हेतु और दुख हेतु के समवधान में तुल्यरूपत्वकृत में ही तुल्ययोगिता मानी है[3]। हिंदी काव्यशास्त्रियों ने प्रायः तीन प्रकार की तुल्ययोगिता मानी हैं लोगों ने पूर्वोक्त लक्षण में प्रथम तुल्योगिता स्वीकार की है। जसवंत सिंह, दास, पद्माकर ने भी ऐसा ही किया है[4]। वस्तुतः तीन प्रकार की तुल्ययोगिता स्वीकार करना ही अधिक संगत है। अस्तु, पूर्वोक्त लक्षण को प्रथम तुल्ययोगिता का लक्षण मानना चाहिये। इसके दो प्रकार हुए—अनेक प्रस्तुतों का धर्मेक्य और अनेक अप्रस्तुतों का धर्मेक्य। पद्माकर ने इन्हें दो स्वतंत्र अलंकार मान लिया है।

अनेक प्रस्तुतों का धर्मैक्य

मानहु मुख दिखरावनी, दुलहिन करि अनुराग।
सास सदन मन ललनहु, सौतिन दियो सुहाग।।

—अ. मुक्तावली

यहाँ नववधू के मुख-दर्शन का प्रसंग है। मुख देखने वाले नववधू को उपहार देते हैं। प्रसंगानुसार सास, प्रियतम और सपत्नियाँ अनुरागपूर्वक क्रमशः घर, हृदय और सुहाग नववधू को देते है। यहाँ तीन प्रस्तुतों (सास, प्रियतम और सपत्नी) का सम्बन्ध एक ही साधारण धर्म (दियो) से बताया गया है। अतः तुल्ययोगिता है।

सीता सुषमा सुधा सिंधु में आज भूपपुत डूबे।
वीर, धीर, मतिमान, जितेंद्रिय मन में तनिक न ऊबे।।

—उपाध्याय

यहाँ वीर, धीर, मतिमान और जितेंद्रिय (अनेक प्रस्तुतों) का एक धर्म (न ऊबना) से सम्बन्ध वर्णित है। अस्तु, यहाँ भी तुल्ययोगिता है।

अनेक अप्रस्तुतों का धर्मैक्य—

बारौ बलि तो दृगनि पै, अलि, खंजन, मृग, मीन।
आधी डीठि चितौनि जिन, कियो लाल आधीन।।

यहाँ नेत्र वर्णन में प्रसंगानुसार अलि, खंजन, मृग और मीन (अनेक अप्रस्तुतों) का 'वारौं' से धर्मेक्य वर्णित है। अस्तु यहाँ तुल्ययोगिता है।

---

1. (क) नियतानां सकृद्धर्मः सा पुनस्तुल्ययोगिता।—का. प्रकाश 10।104।
(ख) पदार्थानां प्रस्तुतानामन्येषां वा यदा भवेत्।
एकधर्माभिसंबंधः स्यात्तदा तुल्ययोगिता।।—सा. दर्पण 10।47।
2. वर्ण्यानामितरेषां वा धर्मैक्यं तुल्ययोगिता।—कुवलयानंद 44।
3. अन्ये सुखानिमित्ते च दुःखहेतौ च वस्तुनि।
स्तुतिनिन्दाथैमेवाहुस्तुल्यत्वे तुल्यगोगिताम्।।—सरस्वतीकंठाभरणम्।
4. भा. भूषण 77, का. निर्णय 8।81, पद्माभरण—71, 72।

इसी बीच में नृप आज्ञा से सीता गयी बुलायी।
सखियों सहित लिये जयमाला तुरत वहाँ वह आयी।।
रति, रंभा, भारती, भवानी उसके तुल्य नहीं है।
सकुनि सुता त्रिभुवन में कोई हंसी तुल्य कहीं है।

—उपाध्याय

यहाँ सीता के सौन्दर्य वर्णन के प्रसंग में रति, रंभा, भारती आदि (अनेक अप्रस्तुतों) का 'तुल्य नहीं है' (एक धर्म) से सम्बन्ध वर्णित है। अस्तु, यहाँ भी तुल्ययोगिता है।

दूसरी तुल्ययोगिता

जहाँ हित ओर अहित में समान व्यवहार बताया जाये, वहाँ भी तुल्ययोगिता होती है[1]।

जो सींचत काटत जु है, जो पेरत जन कोई।
जो रक्षत तिन सबन को, ऊख मीठिये होई।।

—पद्माकर

यहाँ ऊख का हित और अहित—सींचनेवालों और काटनेवालों, रक्षा करने वालों और पेरने वालों— के प्रति समान व्यवहार वर्णित है। अस्तु, यहाँ दूसरी तुल्ययोगिता है।

जो निसि दिन सेवन करै, अरु जो करै विरोध।
तिन्है परम पद देत हरि, कहौं कौन यह बोध।।

—मतिराम

यहाँ भक्त और विरोधी—हित और अहित दोनों के प्रति ईश्वर का समान व्यवहार वर्णित होने से तुल्ययोगिता है।

तीसरी तुल्ययोगिता

जहाँ प्रस्तुत की उत्कृष्टता बताने के लिये उसकी गणना अनेक उत्कृष्ट गुणवालों के साथ की जाये, वहाँ तीसरी तुल्ययोगिता होती है[2]।

---

1. (क) हिताहितैवृत्तितौल्यमपरा तुल्ययोगिता।—कुवलयानंद 46।
   (ख) हितहु अहित महँ सम व्यवहारू।—पद्माभरण 72।
   (ग) समफलप्रद हित अहित को काहू को यह कर्म।—का. निर्णय 8।81।
2. (क) गुणोत्कृष्टैः समीकृत्य बचोऽन्या तुल्ययोगिता।—कुवलयानंद 47।
   (ख) बहुत बड़े निसंग बर्न्यहु आनौ।—पद्माभरण 75।

प्रबल सुरेश रमेश महेशा।
शेष गणेशहु तुमहु नरेशा।

—पद्माकर

यहाँ प्रस्तुत 'नरेश' (स्वभावतः अल्पगुणवाला) की गणना सुरेश, रमेश, महेश, शेष और गणेश (स्वभावतः उत्कृष्ट गुणवाले) के साथ की गयी है। अतः तुल्ययोगिता है।

शिव दधीचि के सम सुयश इसी भूर्जतरु ने किया।
जड़ भी होकर के अहो त्वचा दान इसने किया।।

—उपाध्याय

यहाँ प्रस्तुत 'भूर्जतरु' (अल्प गुणवाला) की गणना शिव और दधीचि (उत्कृष्ट गुणवाले) के साथ की गयी है। अतः यहाँ भी तीसरी तुल्ययोगिता है।

18. दीपक

जहाँ प्रस्तुत और अप्रस्तुत दोनों का सम्बन्ध एक ही साधारण धर्म से प्रतिपादित किया जाये, वहाँ दीपक अलंकार होता है।

दीपक शब्द से स्पष्टीकरण की आवश्यकता नहीं है। दीपक-न्याय पर ही यह अलंकार आधारित है। जिस प्रकार एक स्थान पर रखा हुआ दीपक अपने चारों ओर की वस्तुओं को प्रकाशित करता है, उसी प्रकार इस अलंकार में एक ही साधारण धर्म प्रस्तुत और अप्रस्तुत दोनों से अन्वित होता है एवं दोनों को प्रकाशित करता है। यहाँ प्रस्तुत और अप्रस्तुत के लिये अलग-अलग धर्म नहीं होता है—दोनों का एक ही धर्म से सम्बन्ध कथन किया जाता है।

तुल्ययोगिता पर विचार करते समय उसका दीपक से अन्तर स्पष्ट किया गया था। कतिपय आचार्य दीपक और तुल्ययोगिता को एक ही अलंकार में अन्तर्भुक्त करना चाहते है। स्वयं पंडितराज जगन्नाथ ने दीपक को तुल्योगिता के अन्तर्गत ही स्वीकार किया है, किन्तु विषय की व्यापकता, ग्राहकता और नाम की सार्थकता की दृष्टि से उन्हें अलग-अलग मानना ही श्रेयस्कर है।

दीपक सादृश्यगर्भ गम्यौपम्याश्रय वर्ग का पदार्थगत अर्थालंकार है। यह आद्याचार्य

---

1. नानाधिकरणस्थानां शब्दानां संप्रदीपतः।
   एकवाक्येन संयोगो यस्तद्दीपकमुच्यते।।—नाट्यशास्त्रम् 17।60
2. क्रमिकैकगतानां तु गुम्फः कारकदीपकम्।- कुवलयानन्द 197।
   सर्ववाक्योपकारश्चेत् तमाहुदीपकं यथा।—काव्यादर्श—2।97
3. उपमानोपमेयवाक्येष्वेका क्रिया दीपकम्।—का. सू. वृत्ति 4।3।18
4. यत्रैकमनेकेषां वाक्यार्थाना क्रियापदं भवति।
   तद्वत्कारकपदमपि तदेतदिति दीपकं द्विधा।।—काव्यालंकार 7।64।

भरत के समय से ही स्वीकृत रहा है। उन्होंने प्रस्तुत-अप्रस्तुत भाव में नहीं, वरन भिन्न अधिकरण शब्दों के एक क्रिया द्वारा चमत्कारिक संयोग में दीपक स्वीकार किया[1]। भामह, दण्डी, भोज आदि के लक्षण इससे अधिक भिन्न नहीं है[2]। उद्‍भट और वामन के अनुसार इस अलंकार में उपमानोपमेयभाव की अन्तर्भुक्ति आवश्यक है[3]। रुद्रट के अनुसार दीपक के अनेक वाक्यार्थों में एक क्रियापद अथवा कारकपद की रचना का चमत्कार अपेक्षित है[4]। आ॰ मम्मट के लक्षण में उद्भट और रुद्रट का सम्बन्ध है[1]। उन्होंने इसके आदि, मध्य आदि भेदों को अस्वीकार कर दिया है। पं॰ विश्वनाथ प्रस्तुत-अप्रस्तुत को धर्मैक्य से सम्बन्धित बताकर मम्मट के ही अनुगामी ठहरते है[2]। जयदेव का लक्षण प्रस्तुत और अप्रस्तुत की तुल्यता को लेकर है[3]। पंडितराज ने दीपक को तुल्ययोगिता में ही अन्तर्भुक्त कर लिया है, पर वे भी पं॰ विश्वनाथ से मिलते-जुलते ही है[4]। हिंदी के आचार्यों में चिंतामणि, कुलपति आदि लक्षणों के लिये मम्मट के ऋणी है और जसवन्त सिंह, मतिराम, पद्माकर आदि जयदेव और अप्पयदीक्षित के[5]। दास जी का लक्षण प्रायः सब से भिन्न है[6]।

सरसिज से सर की शोभा, नयनों से तेरे आनन की।

—अ. मुक्तावली

यहाँ आनन (प्रस्तुत) और सर (अप्रस्तुत) दोनों का 'शोभा' (एक धर्म) से संबंध बताया गया है। अतः दीपक अलंकार है।

चितवन, भौंह, कमान, गढ़रचना, बरुनी, अलक।
तरुनी, तुरंगम, तान, आधु बँकाई ही बढ़ै।

—बिहारी

यहाँ तरुनी (प्रस्तुत) और चितवन, भौंह, कमान, गढ़निर्माण, पलक, केश, घोड़ा और संगीत की तान (अप्रस्तुत) का 'वक्रता' (गुणरूप एक धर्म) से मूल्य बढ़ना कथित है—एक धर्माभिसम्बन्ध है। अतः यहाँ दीपक अलंकार है।

रहिमन पानी राखिये, बिन पानी सब सून।
पानी गये न ऊबरे, मोती मानुष चून।।

—रहीम

---

1. सुकुद्‌वृत्तिस्तु धर्मस्य प्रकृताप्रकृतात्मनाम्।
   सैव क्रिया बह्वीषु कारकस्येति दीपकम्।।—का. प्रकाश 10।103।
2. अप्रस्तुतप्रस्तुतयोदीर्पकं तु निगद्यते।—सा. दर्पण 10।44।
3. प्रस्तुताप्रस्तुतानाञ्च तुल्यत्वे दीपकं मतम्।—चन्द्रालोक।
4. प्रकृतानामप्रकृतानाञ्चैकधर्माभिसंबंधी दीपकम्।—रस गंगाधर।
5. (क) दीपक वर्न्य अवर्न्य को, धर्म इकै जु लखाई।—पद्मभरण 76।
   (ख) बर्न्य अबर्न्यहि को जहाँ, धर्म होत है एक।—ल. ललाम 135।
6. एक सब्द बहु में लगै, दीपक जानै सोइ।—का. निर्णय 18।28।

यहाँ मनुष्य (प्रस्तुत) और मोती एवं चूना (अप्रस्तुत) का 'पानी राखिये' (एक धर्म) से कथन किया गया है। अस्तु, यहाँ दीपक अलंकार है।

आचार्यों ने दीपक अलंकार के कई रूपों का निरूपण किया है। दीपक अलंकार के जिस रूप के लक्षण और उदाहरण दिये गये हैं, उसे धर्म-दीपक के नाम से अभिहित किया जा सकता है, क्योंकि यहाँ दीपक-धर्म का निर्वाह ही असल बात है। इसके अतिरिक्त दीपक के ये चार रूप और होते है—कारक दीपक, आवृत्ति दीपक, देहली दीपक और माला दीपक।

कारक दीपक

जहाँ अनेक क्रियाओं का एक ही कारक हो, वहाँ कारक दीपक होता है।

कारक कई (कर्त्ता, कर्म आदि) होते हैं, पर कारक से यहाँ 'कर्त्ता' का ही अर्थ अभिप्रेत है। एक ही कर्त्ता (व्यक्ति) यदि अनेक प्रकार की क्रियाएँ करे और उनका काव्य में चामत्कारिक वर्णन किया जाये, तो वहाँ कारक दीपक होगा। संस्कृत के आचार्यों में आ॰ मम्मट और पं॰ विश्वनाथ आदि ने इसे दीपक का ही एक रूप माना है[1]।

जयदेव, अप्पयदीक्षित आदि ने इसकी स्वतंत्र सत्ता स्वीकार की है[2]। जसवन्त सिंह, मतिराम, पद्माकर आदि आचार्यों ने जयदेव की पद्धति ही स्वीकार की है। प्रायः सब के लक्षण समान ही है, दास जी का लक्षण थोड़ा भिन्न है[3]।

कर लै चूमि चढ़ाय सिर, उर लगाय भुज भेंटि।
लहि पाती पिय की तिया, बाँचति धरति समेटि।।

—बिहारी

यहाँ नायिका (कर्त्ता) का प्रिय के पत्र को हाथ में लेकर चूमना, सिर पर रखना, छाती से लगाना, पढ़ना और मोड़कर रख लेना (अनेक क्रियाओं) से संबंध बताया गया है। अतः यहाँ कारक दीपक है।

हेम पुंज हेमन्त काल के इस आतप पर बारूँ।
प्रिय स्पर्श की पुलकावलि मैं कैसे आज विसारूँ।
किन्तु शिशिर में ठण्डी साँसें हाय कहाँ तक धारूँ?
तन जारूँ, मन मारूँ, पर क्या मैं जीवन भी हारूँ?

—गुप्तजी

---

1. अन्यकारकमेकं स्थादनेकासु क्रियासु चेत्—सा. दर्पण 10।48।
2. क्रमिकैकगतानां तु गुम्फः कारकदीपकम्।—कुवलयानंद 117।
3. (क) क्रम सों इस में बहु क्रिया, कारक दीपक मान।—पद्माभरण 196।
   (ख) एकं भाँति के वचन कौ, काज बहुत जहँ होइ।—का. निर्णय 18।39।

यहाँ बरना, बिसारना, धारना, जराना एवं मारना—इन अनेक क्रियाओं का (कर्त्ता) कारक एक (मै : यशोधरा) है। अतः यहाँ कारक दीपक है।

धन पृथ्वी की छू-छू लेता, पर्वत पर घिर आता।
मोर नचाता, नदी बहाता, शोर मचाता आता।।

—भक्त

यहाँ पृथ्वी को छू लेना, पर्वत पर घिरना, मोर नचाना, नदी बहाना, और शोर मचाना—इन अनेक क्रियाओं का एक (कर्त्ता) है 'घन'। अतः यहाँ कारक दीपक है।

इन्दु की छबि में, तिमिर के गर्भ में,
अनिल की ध्वनि में, सलिल की बीचि में,
एक उत्सुकता विचरती थी सरल,
सुमन की स्मृति में, लता की अधर में।

—पंत

यहाँ चाँद का सुन्दर लगना, अंधकार का गहरा होना, हवा में गर्जन होना, पानी में लहर का उत्पन्न होना आदि—इन अनेक क्रियाओं का एक कारक (औत्सुक्य) से सम्बन्ध बताया गया है। अतः यहाँ भी कारक दीपक है।

देहली दीपक

जहाँ एक ही पद का दो वाक्यों में अन्वय हो, वहाँ देहली दीपक होता है[1]।

देहली दीपक का अर्थ है द्वार पर रखा हुआ दीपक, तात्पर्य यह कि जिस प्रकार द्वार पर रखा गया दीपक घर के बाहर और भीतर दोनों को समान रूप में प्रकाशित करता है, उसी प्रकार यहाँ दो वाक्यों के बीच में एक ऐसा पद रखा जाता है जो दोनों वाक्यों में समान रूप से अन्वित होता है।

संत सुधा ससि धेनु प्रगटे खल विष बारुनी।

—तुलसी

यहाँ 'प्रगटे' एक ऐसा पद है, जिसका पहले के 'संत सुधा ससि धेनु' और पीछे के 'खल बिष बारुनी'—इन दोनों से अन्वय होता है। अतः, यहाँ देहली दीपक अलंकार है।

शुल चुभते है छूते आग है जलाती भू को
लीलने को देखो गर्जमान पारावार है।

—दिनकर

यहाँ 'छूते' पद ऐसा है कि जिसका पहले के 'शूल चुभते है' एवं पीछे के 'आग है जलाती भू को'—इन दोनों वाक्यों से अन्वय हो जाता है। यानी 'छूते ही शूल चुभते है' और 'छूते ही भू को आग जलाती है' जैसे वाक्य बन जाते है। अतः, यहाँ भी देहली दीपक अलंकार है।

---

1. परै एक पद बीच में, दुहुं दिसि लागै सोइ।—का. निर्णय 18।37।

आवृत्ति-दीपक

जहाँ अर्थ अथवा पद और अर्थ की आवृत्ति की जाये, वहाँ आवृत्ति-दीपक अलंकार होता है।

आवृत्तिदीपक में दो शब्द है आवृत्ति और दीपक। इसका शब्दार्थ है दीपक की आवृत्ति अर्थात् दीपकवत् कार्य करने वाले धर्म (क्रियारूप या गुणरूप धर्म)—क्रियापद की आवृत्ति। इसमें ऐसे अर्थ अथवा पदार्थ (पद और अर्थ) की आवृत्ति होती है जो दीपक-धर्मवत् आचरण करता है, चाहे वह क्रियारूप हो या गुणरूप।

हिंदी काव्यशास्त्र में इस अलंकार का निरूपण जयदेव और अप्पयदीक्षित के आधार पर हुआ है। प्रायः सभी आचार्यों के लक्षण समान है[1]। कतिपय आचार्यों के लक्षण थोड़ी भिन्नता लिये हुए भी है[2]। आवृत्तिदीपक के तीन भेद दण्डी के समय से ही स्वीकृत है—शब्दावृत्ति (पदावृत्ति), अर्थावृत्ति और पदार्थवृत्ति[3]। वस्तुतः ये भेद विचारणीय है। 'भिन्न-भिन्न अर्थवाले क्रियापदों' की आवृत्ति में यदि शब्दावृत्ति (पदावृत्ति) दीपक मान भी लिया जाये, तो इसमें यमक और अनुप्रास के भ्रम की अनिवार्यता बनी ही रहती है। शब्दावृत्ति-दीपक को स्वीकार करने वाले आचार्य प्रायः यह कहते है कि दीपक में प्रस्तुत-अप्रस्तुत भाव होता है, पर यमक में नहीं। साथ ही दीपक में क्रियापद के प्रयोग में आवृत्ति होती है, पर यमक में आवृत्ति अक्रियापदों की होती हैं यदि इसे स्वीकार भी किया जाये तो इतना स्वीकार करने में हिचक नहीं होनी चाहिये कि दीपक का यह भेद फिर भी अस्पष्ट ही बना रहता है। हिंदी के शृंगार-कालीन अधिकांश आचार्यों ने देखा-देखी ही इसका निरूपण किया है, तर्कना और विचारणा पर नहीं। आधुनिक युग में पोद्दारजी ने इसे स्वीकार कर भला नहीं किया है। इनकी ही देखा-देखी अभी भी कुछ लोग इसका अन्धानुकरण कर रहे है। अस्तु, आवृत्तिदीपक के दो ही भेद माने जायेंगे—अर्थावृत्ति दीपक और पदार्थावृत्ति दीपक या शब्दार्थावृत्ति दीपक।

1. अर्थावृत्ति दीपक—जहाँ केवल अर्थ की आवृत्ति हो और शब्द भिन्न-भिन्न हों।

---

1. (क) त्रिविध दीपकावृत्तौ भवेदावृत्तिदीपकम्।—कुवलयानंद 49।
   (ख) जहं दीपक में होत है आवर्तन को जोग।—ल. ललाम 137।
   (ग) दीपक की अवृत्ति में, आवृत्ति दीपक जान।—पद्माभरण 77।
2. (क) दीपक पद को अर्थ जहँ, फिरि-फिरि करत बखान।—शिवराज भूषण 130।
   (ख) उहै सब्द फिरि-फिरि परै, आवृत्ति दीपक होइ।—का. निर्णय 18।28।
3. अर्थावृत्तिः पदावृत्तिरुभयावृत्तिरित्यपि।
   दीपकस्थानमेवेष्टमलंकारत्रयं यथा।।—काव्यादर्श 2।116।

2. शब्दार्थावृत्ति दीपक–जहाँ शब्द और अर्थ दोनों की आवृत्ति हो।

अर्थावृत्ति दीपक

फूले वृक्ष कदंब के, केतकि विसे आहि।

—जसवन्त सिंह

यहाँ 'फूले' और 'विकसे' दो भिन्न क्रियापद है जिनमें अर्थ (खिलता) की आवृत्ति हुई है। अतः अर्थावृत्ति है।

बढ़त नदीगन दान-जल, उमड़त नद गजदान।

—भूषण

यहाँ 'बढ़त' और 'उमड़त' दो भिन्न क्रियापदों में अर्थ (बढ़ना) की आवृत्ति से अर्थावृत्ति दीपक है।

दौरहिं संगर मत्त गज, धावहिं हय समुदाय।

—अ. पीयूष

यहाँ 'दौरहिं' और 'धावहिं' दो भिन्न क्रियापदों में अर्थ (दौड़ना) की आवृत्ति से आवृत्ति दीपक है।

शब्दार्थावृत्ति दीपक

गरज गगन के गान गरज गंभीर स्वरों में।
भर अपना संदेश उरों में औ अधरों में।।

—पंत

यहाँ 'गरज' में शब्द और अर्थ दोनों की आवृत्ति होने से शब्दार्थावृत्ति दीपक अलंकार है।

तब इस घर में था तम छाया।
था मातम छाया गम छाया।।

—बच्चन

यहाँ 'छाया' क्रियापद में शब्द और अर्थ की आवृत्ति होने से शब्दार्थावृत्ति दीपक अलंकार है।

19. माला दीपक

जहाँ पूर्व-पूर्व कथित वस्तुओं से उत्तरोत्तर कथित वस्तुओं का एक धर्म द्वारा सम्बन्ध बताया जाये, वहाँ माला दीपक अलंकार होता है।

मालादीपक का अर्थ है वह दीपक-धर्मवत् गुण या क्रियारूप धर्म जो पूरे माला को उसके अंग-प्रत्यंग के साथ प्रकाशित करे। जिस प्रकार माला में लगा एक फूल दूसरे फूल का उपस्कारक होता है, उसी प्रकार इस अलंकार में धर्म शृंखला-मूलक

होकर दीपक-धर्मवत् कार्य करता है। अर्थात् पूर्व-पूर्व कथित वस्तुएँ उत्तरोत्तर कथित-वस्तुओं से एक धर्म द्वारा सम्बन्धित होती है।

यह शृंखला-मूलक अर्थालंकार है। इस प्रकार की कल्पना पहले संभवतः आ॰ मम्मट ने की हैं उनके अनुसार पूर्व-पूर्व वर्णित वस्तु का उत्तरोत्तर वर्ण्य वस्तु में आधान ही मालादीपक है[1]। पं॰ विश्वनाथ ने मम्मट के लक्षण के आधार पर अपना लक्षण निर्मित किया है[2]। आगे चलकर रुय्यक के आधार पर जयदेव ने दीपक और एकावली के योग में ही मालादपीक स्वीकार किया है[3]। हिंदी के आचार्यों में कुछ के लक्षण मम्मट और विश्वनाथ के अनुसार भी है, किन्तु जसवन्त सिंह, भूषण, मतिराम, पद्माकर आदि के लक्षण जयदेव के ही अनुसार है। इन लोगों का लक्षण प्रायः दीपक से दूर और एकावली के निकट में मालादीपक को लाकर रख देता है[4]। यहाँ यह ध्यान रखना चाहिये कि इस अलंकार में अनेक वस्तुओं का एक धर्म से सम्बन्ध भर होता चलता है, उपमानोपमेयभाव की विवक्षा बिलकुल नहीं रहती है।

भूमंडल में ब्रज बसत, ब्रज में सुन्दर स्याम।
सुन्दर स्याम-सरूप में, मो मन आठो जाम।।

—अ. मुक्तावली

यहाँ भूमंडल से ब्रज, ब्रज से श्याम और श्याम से कवि का मन (उत्तरोत्तर) सम्बन्धित बताया गया है, जिसका अन्वय 'बसत' (एक क्रियापद—क्रियारूप धर्म) से हुआ है। अतः यहाँ मालादीपक है।

घन में सुन्दर बिजली-सी, बिजली में चपल-चमक-सी,
आँखों में काली पुतली, पुतली में श्याम-झलक-सी,
प्रतिमा में सजीवता-सी, बस गयी सुछबि आँखों में,
थी एक लकीर हृदय में, जो अलग रही लाखों में।

यहाँ पूर्व कथित 'घन' में उत्तर कथित 'बिजली' का, पुनः पूर्वोक्त बिजली का उत्तरोक्त 'चमक' और ऐसे ही आँखों की पुतली का, फिर पुतली में श्यामता का 'बस गयी सु छबि आँखों में'—इस एक क्रियारूप धर्म से सम्बन्ध स्थापन किया गया है। अतः यहाँ भी मालादीपक अलंकार है।

---

1. मालादीपकमाद्यं चेद्यथोत्तरगुणावहम्।—का. प्रकाश 10।103।
2. तन्मालादीपकं पुनः।
   धर्मिणामेकधर्मेण सम्बन्धों यथायोत्तरम्।।—सा. दर्पण 19।76।
3. दीपकैकावलीयोगान्मालादीपकमिष्यते।—चन्द्रालोक।
4. (क) मिलि दीपक एकावली, मालादीपक होत।—पद्माभरण 178।
   (ख) जहँ दीपक एकावली, होत दुहुन को जोग।—ल. ललाम 261।
   (ग) दीपक एकावली मिलि, माला दीपक नाम।—का. निर्णय 18।42।

20. प्रतिवस्तूपमा

जहाँ उपमेय और उपमान वाक्यों में एक ही साधारण धर्म का प्रतिपादन भिन्न-भिन्न शब्दों द्वारा किया जाये, वहाँ प्रतिवस्तूपमा अलंकार होता है।

प्रतिवस्तूपमा (प्रति + वस्तु + उपमा) का अर्थ है प्रत्येक वस्तु में उपमा। यहाँ वस्तु से तात्पर्य है प्रत्येक वाक्य या प्रत्येक वाक्यार्थ और उपमा का अर्थ है सादृश्यमात्र (समानधर्म)। **इस प्रकार प्रतिवस्तूपमा का अर्थ हुआ प्रत्येक वाक्य या वाक्यार्थ में सादृश्य।** इसके लिये चार बातें अपेक्षित है–(1) दो वाक्यों या वाक्यार्थों का होना, (2) दोनों वाकयों या वाक्यार्थों में एक का उपमेय और दूसरे का उपमान होना, (3) दोनों वाक्यों या वाक्यार्थों में एक साधारण धर्म का होना और (4) उस साधारण धर्म का भिन्न-भिन्न शब्दों द्वारा कथन किया जाना। इसके उपमेय वाक्य और उपमान वाक्य में बिंब-प्रतिबिंब भाव नहीं, वस्तु-प्रतिवस्तु भाव होता है। दोनों के साधारण धर्म का अर्थतः एक होकर भी शब्दतः भिन्न होते है। इसी से उनके कथन के लिये पर्यायवाची शब्द प्रयुक्त होते है। एक बात और–इसका सादृश्य वाच्य नहीं होता, व्यंग्य रहता है।

यह सादृश्यगर्भ गम्यौपम्याश्रय वर्ग का वाक्यगत अर्थालंकार है। भामह और दण्डी ने इसे उपमा के अन्तर्गत ही स्वीकार किया है। स्वतंत्र अलंकार के रूप में इसे संभवतः उद्भट ने मान्यता दी है। वामन ने इसमें उपमेय के कथन पर उसके समान अन्यवस्तु का वर्णन होना कहा है[1]। रुय्यक और मम्मट ने रुद्रट और वामन के मतों को ही अधिक स्पष्टता दी है। मम्मट के अनुसार एक ही सामान्य धर्म का उपमेय और उपमान वाक्यों में दो बार उपादान होना ही प्रतिवस्तूपमा है[2]। पं. विश्वनाथ ने मम्मट के लक्षण को नये सिरे से अधिक स्पष्ट कर रखा है[3]। जयदेव का लक्षण भी इसी प्रकार का है[4]। पंडितराज जगन्नाथ ने इसे दृष्टांत से अभिन्नरूप में स्वीकार किया है, परन उनका लक्षण भी इसी भाव को व्यक्त करता है[5]। हिंदी

---

1. उपमेयस्योक्तौ समानवस्तुन्यासः प्रतिवस्तु।–का. सू. वृत्ति 4।3।2।
2. प्रतिवस्तूपमा तु सा।
   सामान्यस्य द्विरेकस्य यत्र वाक्यद्वये स्थितिः।–का. प्रकाश 10।101।
3. प्रतिवस्तूपमा सा स्याद् वाक्ययोर्गम्यसाम्ययोः।
   एकोऽपि धर्मः सामान्यो यत्र निर्दिश्यते पृथक्।।–सा. दर्पण 10।49।
4. वाक्ययोरेकसामान्ये प्रतिवस्तूपमा मता।–चन्द्रालोक।
5. वस्तुप्रतिवस्तुभावापन्नसाधारणधर्मकवाक्यार्थयोरार्थमौपम्यं प्रतिवस्तूपमा।–रस गंगाधर।

के आचार्यों में कुछ के लक्षण मम्मट और विश्वनाथ के अनुसरण पर भी है, पर अधिकांश आचार्य तो लक्षणो, उदाहरणों के लिये भी जयदेव के ही ऋणी है[1]।

उपमा, तुल्ययोगिता, दृष्टांत आदि से इस अलंकार का भेद स्पष्ट है। उपमा में सादृश्य शब्दगत होता है, प्रतिवस्तूपमा में वाक्यगत। प्रथम में साधारण धर्म का कथन एक बार होता है, न कि शब्दभेद से दो बार। तुल्ययोगिता और दीपक में साधारण धर्म का कथन एक बार एक शब्द से होता है, पर इसमें शब्दभेद से दो बार। दृष्टांत में उपमेय, उपमान और साधारण धर्म में बिंब-प्रतिबिंब भाव होता है, पर प्रतिवस्तूपमा में वस्तु-प्रतिवस्तु भाव। यहाँ साधारण धर्म का कथन मात्र शब्दभेद से होता है।

चटक न छाँड़त घटत हूँ, सज्जन नेह गँभीर।
फीको परै न बरु फटै, रँग्यो चोल रँग चीर।।

—बिहारी

यहाँ पूर्वार्द्ध उपमेय वाक्य है और उत्तरार्द्ध उपमान वाक्य। दोनों का साधारण धर्म एक ही है 'कम न होना' जो 'चटक न छाँड़त' और 'फीको परै न'—इन दो भिन्न पदों द्वारा कहा गया है। यहाँ सादृश्य वाच्य नहीं, व्यंग्य है। अतः प्रतिवस्तूपमा अलंकार है।

सिंह सुता क्या कभी स्यार से प्यार करेगी?
क्या पर नर का हाथ कुल-स्त्री कभी धरेगी?

—उपाध्याय

यहाँ पूर्वार्द्ध उपमान वाक्य है और उत्तरार्द्ध उपमेय वाक्य, जिनमें 'प्यार करना' और 'पर पुरुष का हाथ धरना'—इन दो भिन्न पदों से एक ही साधारण धर्म का वर्णन किया है। सादृश्य यहाँ व्यंग्य है, वाच्य नहीं। अस्तु यहाँ प्रतिवस्तूपमा है।

एक समय जो ग्राह्य दूसरे समय त्याज्य होता है।
उष्मा में हिम के कंबल का भार कौन ढोता है?

—गुप्तजी

यहाँ 'त्याज्य' और 'भार कौन ढोता है'—इन भिन्न-भिन्न पदों में एक ही साधारण धर्म कथित होने एवं दोनों में उपमानोपमेय भाव होने से प्रतिवस्तूपमा है।

प्रतिवस्तूपमा के उदाहरण वैधर्म्यमूलक और मालारूप में भी मिलते है।

21. दृष्टान्त

जहाँ उपमेय, उपमान एवं उनके साधारण धर्मों का परस्पर बिंब-प्रतिबिंब भाव हो, वहाँ दृष्टान्त अलंकार होता है।

---

1. (क) वाक्यन को जुग होत जहं, एकै अरथ समान।—शिवराज भूषण 134।
(ख) उपमान' रु उपमेय पर, वाक्य दोऊ को जत्र।
धर्म इकै पद जुदेन महं, प्रतिवस्तूपमा तत्र।।—पद्माभरण 80।

दृष्टान्त का शब्दार्थ है—प्रामाणिक निश्चय को देखना अर्थात् किसी सत्य का प्रामाणिक रूप से निश्चय कराया जाना। 'दृष्टान्त' में 'अन्त' का अर्थ है 'निश्चय'। अतः दृष्टान्त का अर्थ होगा 'निश्चयपूर्वक देख लिया गया'। बोलचाल में आमतौर पर दृष्टान्त का अर्थ उदाहरण से लिया जाता है। इसमें पहले एक बात कही जाती है और पुनः उसकी सत्यता प्रमाणित करने के लिये हू-ब-हू उसी प्रकार की दूसरी बात दुहराई जाती है। सामान्य तौर पर दूसरा कथन उदाहरण के रूप में प्रयुक्त होकर प्रथम कनि की सत्यता प्रमाणित करता है। जैसे—'औरंगजेब को केवल शिवाजी ही हरा सकते है, हाथी पर सिंह के अतिरिक्त और कौन घाव कर सकता है?' यहाँ दो वाक्य हे, दोनों वाक्य स्वतन्त्र है। पहला उपमेय़ वाक्य है और दूसरा उपमान वाक्य, पर दोनों में एक ही विचार दो रूपों में व्यक्त हुये है—इनमें बिंब-प्रतिबिंब भाव है।

यहाँ बिंब-प्रतिबिंब भाव समझ लेना आवश्यक है। दर्पण में जब हमारी छाया पड़ती है तो हम होते हैं बिंब और हमारी छाया होती है प्रतिबिंब। हममें और हमारी छाया में अभेद होते हुये भी भेद है—एक है सत्य और दूसरा असत्य। इसी प्रकार की स्थिति इस अलंकार में होती है। बिंब-प्रतिबिंब भाव की स्थिति ही इसमें निश्चय है। इस विवेचन के पश्चात् कहा जायेगा कि इस अलंकार में चार बातें आवश्यक है—(1) दो वाक्यों का होना, (2) दोनों वाक्यों में एक का उपमेय वाक्य होना और दूसरे का उपमान वाक्य, (3) दोनों के साधारण धर्म में सादृश्य होना अर्थात् दोनों वाक्यों में मूलतः एक ही विचार का दो रूपों में व्यक्त होना और (4) सादृश्य का वाच्य नहीं, व्यंग्य होना।

यह सादृश्यगर्भ गम्यौपम्याश्रय वर्ग का वाक्यगत अर्थालंकार है। इस अलंकार के प्रारंभिक विवेचकों में उद्‌भट और रुद्रट का नाम लिया जाता है। मम्मट और रुय्यक ने इसके लक्षण को अधिक स्पष्ट और तर्क-सम्मत बनाया है। मम्मट के अनुसार इसमें उपमेय, उपमान और साधर्म्य में बिंब-प्रतिबिंब भाव का होना आवश्यक है[1]। पं. विश्वनाथ ने वस्तुओं के साधर्म्य के प्रतिबिंब-भाव कथन में ही इसे स्वीकार कर लक्षण को और भी संक्षिप्त कर दिया है[2]। जयदेव का लक्षण का भाव भी इसी प्रकार का है[3]। हिंदी के काव्यशास्त्री लक्षणों के लिये जयदेव और अप्पयदीक्षित के ही ऋणी है[4]। सबों के लक्षण प्रायः समान ही है।

---

1. दृष्टान्तः पुनरेतेषां सर्वेषां प्रतिबिंनम्।—का. प्रकाश 10।102।
2. दृष्टान्तास्तु सधर्म्यस्य वस्तुनः प्रतिबिंबनम्।—सा. दर्पण 10।50।
3. चेद्बिम्बप्रतिबिंबत्वं दृष्टान्तस्तदलंकृतिः।—चन्द्रालोक।
4. (क) पद समूह गुन धर्म जहं, जिमि बिंबहिं प्रतिबिंब।—ल. ललाम 145।
   (ख) जहाँ बिंब प्रतिबिंब सम, दुहूँ वाक्य को धर्म।—पद्माभरण 82।
   (ग) लखें बिंबप्रतिबिंब गति, उपमेयोपमान।—का. निर्णय 8।54।

सठ सुधरहिं सत संगति पाई।
पारस परस कुधातु सुहाई।।

यहाँ दो स्वतन्त्र वाक्य हैं। दोनों में उपमानोपमोय भाव है। प्रथम वाक्य की सत्यता के प्रतिपादन हेतु ही दूसरा वाक्य दृष्टान्त (उदाहरण) रूप में आया है जिसका अभिप्रेत है कि सत्संगति से शठ का सुधरना वैसा ही है जैसा पारसमणि के स्पर्श से कुधातु का सुधातु में परिणत हो जाना–अच्छे के साथ बुरे का अच्छा हो जाना। दोनों वाक्य में बिंब-प्रतिबिंब भाव होने से यहाँ दृष्टावन्त अलंकार है।

एक म्यान में दो तलवारें कभी नहीं रह सकती है।
किसी और पर प्रेम नारियाँ पति का क्या सह सकती है?

—भक्त

यहाँ भी दोनों वाक्यों में बिंब-प्रतिबिंब भाव है–एक म्यान में तलवारद्वय का रहना वैसे ही असम्भव है जैसे एक पति की दो नारियों में अनुरक्ति। अस्तु, यहाँ भी दृष्टान्त अलंकार है।

सुख-दुख के मधुर मिलन से
यह जीवन हो परिपूरन।
फिर घन में ओझल हो शशि
फिर शशि से ओझल हो घन।

—पंत

यहाँ सुःख-दुख और शशि-धन का उपमेयोपमान भाव है एवं साधर्म्य का भी बिंब-प्रतिबम्बभाव हैं अतः यहाँ भी दृष्टान्त अलंकार है, परन्तु परंपरित पद्धति से यहाँ थोड़ी भिन्नता है अवश्य।

हिंसा का आघात तपस्या ने कब कहाँ सहा है?
देवों का दल सदा दानवों से हारता रहा है!

—दिनकर

यहाँ पूर्वार्द्ध है, उपमेय वाक्य और उत्तरार्द्ध उपमान वाक्य। यहाँ कहा गया है कि तपस्वी हिंसकों के आघात को वैसे ही नहीं सह सके हैं जैसे संघर्ष में देवता दानवों से सदा हारते रहे है। यहाँ भी बिंब-प्रतिबिंब भाव स्पष्ट है। अस्तु, यहाँ भी दृष्टान्त अलंकार है।

दृष्टान्त अलंकार साधर्म्य के बिंब-प्रतिबिंब भाव में तो होता ही है, यह वैधर्म्य से भी होता है, किन्तु इसके उदाहरण खोजने पर ही मिलते हैं। मम्मट आदि के आधार पर आ॰ भिखारीदास आदि ने इसके भी उदाहरण दिये हैं।

22. निदर्शना

जहाँ उपमेय एवं उपमान का समन्वय इस प्रकार किया जाये कि वे आपाततः

अनुपपन्न (असंभव) दीखने पर भी सादृश्य-संबंध स्थापित कर लें, वहाँ निदर्शना अलंकार होता है।

निदर्शना का अर्थ है अच्छी तरह से देखना अर्थात् उदाहरण प्रदर्शन अथवा दृष्टांतकरण। इसमें दो ऐसी बातों का कथन किया जाता है जिनका सम्बन्ध कहीं संभव होता है और कहीं अंसभव। बिना सादृश्य की कल्पना के ये वाक्य पूर्णतः ऊटपटांग (अनुपपन्न)–असम्बद्ध प्रतीत होते हैं। इनमें सामंजस्यहेतु सादृश्य की कल्पना आवश्यक होती है, अन्यथा वाक्यों में संगति ही नहीं बैठती है। जैसे–'चीन ने भारत पर आक्रमण क्या किया है, स्यार ने शेर की माँद में प्रवेश किया है।' इस वाक्य के दो खण्ड हैं–प्रथम खण्ड है उपमेय वस्तु और द्वितीय खण्ड है उपमान वस्तु। दोनों खंड परस्पर सापेक्ष हैं इनके सम्बन्ध का स्पष्टीकरण सादृश्य कल्पना के पश्चात् ही होता है। इसी प्रकार–'जीवन को भोग-विलास में व्यतीत करना, हीरे को काँच के मूल्य बेचना है' में भी वे सारी बातें देखी जा सकती है। अस्तु, कहा जायेगा कि निदर्शना में पाँच बातों का होना आवश्यक है–(1) दो वाक्य-खंडों का होना, (2) दोनों वाक्य खंडों का सापेक्ष होना–अर्थ के लिये दोनों का एक दसूरे पर निर्भर करना (3) दोनों वाक्य-खंडों का प्रायः असम्बद्ध दिखाई पड़ना, (4) दोनों वाक्य-खंडों में संगति हेतु सादृश्य की योजना करना और (5) दोनों वाक्य-खंडों में व्यंगय रूप में बिंब-प्रतिबिंब भाव का होना।

यह सादृश्यगर्भ गम्यौपम्याश्रय वर्ग का वाक्यगत अर्थालंकार है। यह प्राचीनों से ही स्वीकृत रहा है। किसी कार्यान्तर में प्रवृत्त कोई कर्त्ता यदि स्वक्रियमाण कार्ययोग्य किसी सत् या असत् कार्य का बोधन करे तो दंडी के अनुसार निदर्शना होगी[1]। आगे उद्भट ने वस्तु के असंबंध होते हुये भी सम्बन्ध की कल्पना एवं उपमान और उपमेयत्व के कथन में ही निदर्शना मानी है[2]। मम्मट लक्षण के लिये उद्भट के ही ऋणी है[3]। वामन ने क्रिया के द्वारा ही अपना और अपने प्रयोजन के संबंध का बोध कराने में इसे स्वीकार किया है[4]। मम्मट अपने दूसरे लक्षण के लिये इन्हीं के ऋणी है[5]। निदर्शना की परिभाषा का सर्वाधिक विस्तार किया है पं॰ विश्वनाथ ने[6]। जयदेव और अप्पयदीक्षित के द्वारा भी यही भाव स्वीकृत किया गया

1. अर्थांतरप्रवृत्तेन किञ्चित् सत्सदृशं फलम्।
   सदसद्वा निदर्श्येत यदि तत्स्यान्निदर्शनम्।।–काव्यादर्श 2।348।
2. अभवन् वस्तुसंबंधो भवन्वा यत्र कल्पयेत्।
   उपमानोपमेयत्वं कथ्यते सा निदर्शना।।–का. सा. संग्रह 5।10।
3. अभवन् वस्तुसंबंध उपमापरिकल्पकः।–का. प्रकाश 10।97।
4. क्रिययैव स्वतदर्थान्वयख्यापनं निदर्शनम्।–का. सू. वृत्ति 4।3।20।
5. स्वस्वहेत्वन्यस्योत्ति क्रययैव च साऽपरा।–का. प्रकाश 10।97।
6. सम्भवन् वस्तुसंबंधोऽसंभवन् वाऽपि कुत्रचित्।
   यत्र बिंबानुबिंबत्वं बोधयेत्सा निदर्शना।।–सा. दर्पण 10।51।

है।[1] हिंदी के आचार्यों में केशव और देव ने इसके भेदों को स्वीकार नहीं किया है। दास और लछिराम ने इसके पाँच-पाँच भेद माने है, पर अधिकांश आचार्यों ने 'कुवलयानन्द' के आधार पर तीन भेदों का ही निरूपण किया है, जो इस प्रकार है—(1) सादृश्य के आपेक्ष से, (2) धर्मारोप से और (3) कार्येण सदसदर्थ निदर्शना।

सादृश्य के आक्षेप से निदर्शना

यह निदर्शना दो प्रकार से संभव है— संभव वस्तु-संबंधाश्रित निदर्शना और असंभव वस्तु-संबंधाश्रित निदर्शना। **निदर्शना के इस रूप का लक्षण निदर्शना के सामान्य लक्षण (पूर्वोक्त लक्षण) से अभिन्न है।** आ॰ भिखारीदास का लक्षण प्रचलित पद्धति का होकर भी थोड़ी भिन्नता लिये है[2]। अन्यों के लक्षण में कोई विशेषता नहीं है।

संभव वस्तु-संबंधाश्रित

तजि आसा तन प्रान की, दीपहिं मिलत पतंग।
दरसावत सब नरन को, परम प्रेम को ढंग।।

—भिखारीदास

—अपने तन-प्राण की आशा छोड़कर पतंग दीपक से मिलता है और मनुष्यों को उत्तम प्रेम का ढंग सिखाता है। यहाँ पतंग का दीपक की लौ में जलकर मर जाना मनुष्यों को प्रेम की पद्धति सिखाने के लिये कथित है। यद्यपि वह प्रेम की पद्धति सिखाने के लिये नहीं मरता है, पर प्रेम की उत्तमता प्रदर्शित करने के लिये जल मरना संभव है। यहाँ दोनों वाक्य-खंडों में बिंब-प्रतिबिंब भाव भी है। अतः यहाँ संभव-वस्तु-संबंधाश्रित निदर्शना है।

जंग जे जीते चहत है, तो सों बैर बढ़ाय।
जीवे की इच्छा करत, काल-कूट ते खाय।।

—अ. प्रकाश

—जो तुमसे बैर बढ़ाकर जंग जीतना चाहते है, वे कालकूट खाकर जीने की इच्छा करते हैं। यहाँ दोनों वाक्यखंडों—(1) तुमसे बैर बढ़ाकर जंग जीतने की इच्छा और (2) कालकूट खाकर जीने की इच्छा—में अर्थ की संगति हेतु सादृश्य का आक्षेप किया गया है। इस प्रकार की स्थिति संभव भी हैं अस्तु, यहाँ संभव-वस्तु-संबंधाश्रित निदर्शना है।

ऊपर के दोनों उदाहरणों में सादृश्य के आक्षेप द्वारा ही निदर्शना निष्पन्न हुई हैं सादृश्य के आक्षेप द्वारा निदर्शना कहीं पूरे वाक्यार्थ से निष्पन्न होती है और कहीं

---

1. वाक्यार्थयोः सदृशयोरैक्यारोपो निदर्शना।—चंद्रालोक।
2. सम अनेक वाक्यार्थ कौ एक कहै धरि टेक।—का. निर्णय 8।72।

मात्र पदार्थ से ही। इसी से कतिपय आलंकारिक इसके वाक्यार्थगत निदर्शना और पदार्थगत निदर्शना—ये दो और भेद मानते हैं।

असंभव वस्तु-सम्बन्धाश्रित

जे अस भगति जानि परिहरहीं
केवल ज्ञान हेतु स्रम करहीं
ते जड़ कामधेनु गृह त्यागी
खोजत आक फिरहिं पय लागी।

—जो सुगम भक्ति को छोड़कर मात्र ज्ञान के चक्कर में पड़े रहते हैं, वे घर की कामधेनु को छोड़कर दूध हेतु आक को खोजते फिरते हैं। यहाँ दो वाकय खंड है—(1) भक्ति को छोड़कर ज्ञान के लिये चक्कर काटना और (2) कामधेनु को छोड़कर दूध के लिये आक खोजना—ये दोनों वाक्य-खंड आपस में अनुपपन्न है। इनमें संगति उस समय तक नहीं होती, जब तक सादृश्य का आक्षेप नहीं किया जाता। सादृश्य का आक्षेप कर लेने पर इन्हें यों रखा जायेगा—'सर्वसुलभ भक्ति को त्याग कर ज्ञान के लिये श्रम करना घर की कामधेनु को छोड़कर दूध हेतु आक खोजने के समान ही व्यर्थ हैं इनमें असंभव सम्बन्ध सादृश्य—बिंब-प्रतिबिंबभाव की कल्पना कराता है। अस्तु यहाँ असंभव वस्तु-संबंधाश्रित निदर्शना है।

चुप बैठ जाना द्रोहियों से संधि करके।
आँगन में सोना है लगा के आग घर में।।

—वियोगी

—यहाँ दो वाक्य-खंड है—(1) द्रोहियों से संधि करके चुप बैठना और (2) घर में आग लगाकर आँगन में सोना—ये दोनों वाक्य-खंड दीखते तो हैं अनुपपन्न, पर यहाँ ये अभिन्न रूप से जुड़े हुये हैं। सादृश्य के आक्षेप से इसे यों कहा जायेगा—द्रोहियों से संधियाँ करके चुप बैठ जाना घर में आग लगाकर आँगन में सोने के समान ही कठिन कार्य है। इस प्रकार यह सुसंगत हो जाता है। यहाँ भी असंभव सम्बन्ध सादृश्य की—बिंब-प्रतिबिंबभाव की कल्पना कराता है।

धर्मारोप से निदर्शना

जहाँ उपमेय का गुण उपमान में अथवा उपमान का गुण उपमेय में आरोपित हो, वहाँ भी निदर्शना होती है।

इसे दूसरी निदर्शना कहेंगे। इसमें असल बात है धर्म के आरोप की। इसमें उपमेय का धर्म उपमान में अथवा उपमान का धर्म उपमेय में आरोपित किया जाता

है। हिंदी काव्यशास्त्रियों ने इसका निरूपण जयदेव और अप्पयदीक्षित के आधार पर किया है[1]। प्रायः सबों के लक्षण समान ही है।

रवि ससि नखत दिपहीं ओहि जोती।
रतन पदारथ मानिक मोती।।

—जायसी

यहाँ पद्मावती के दाँतों की ज्योति (उपमेय) से रवि, शशि, नक्षत्र, रत्न-माणिक्य और मोती (उपमानों) का ज्योतित होना काथत है। इस प्रकार उपमेय के गुण (दिपहीं) का उपमान के गुण में आरोप होने से निदर्शना है।

जो रस ऊख मयूख पियूष में।
सो रस हरि बतियान में देख्यौ।।

—भिखारीदास

यहाँ ऊख, मयूख और पीयूष (उपमानों) के गुण (मिठास) का आरोप कृष्ण की बात (उपमेय) में होने से निदर्शना है। पद्माकर के निम्नांकित उदाहरण में दोनों के एकत्र दर्शन होते है—

तुव बचनन की मधुरता, रही सुधामह छाई।
चारु चमक चल मीन की, नैननि गहि बनाई।।

—पद्माकर

यहाँ धर्मारोप के उदाहरण है। प्रथम उदाहरण में नायिका की वाणी के माधुर्य (उपमेय) से ही मधु (उपमान) का मीठा होना कथित है। अस्तु उपमेय के गुण का उपमान में आरोप है और द्वितीय उदाहरण में उपमान का गुण (मछली का चांचल्य) उपमेय (नेत्र) में आरोपित है।

कार्येण सदसदर्थ निदर्शना

जहाँ अपनी अवस्था और उसके कारण का सम्बन्ध अपनी क्रिया द्वारा बोध कराया जाये, वहाँ भी निदर्शना होती है।

इसे ही तीसरी निदर्शना कहेंगे। इसमें अपनी क्रिया द्वारा अपनी अवस्था और उसके कारणों के सम्बन्ध का बोध कराया जाता है। क्रियाएँ दो प्रकार की हो सकती है—सद् (उत्तम) और असद् (बुरा)। इनके द्वारा दूसरों को दो प्रकार के ज्ञान दिये जा सकते है—सद्ज्ञान और असद्ज्ञान। सत्-असत् क्रिया से सत्-असत् का बोध होते

1. (क) पदार्थवृत्तिमप्येके वदन्त्यन्यां निदर्शनम्।—चन्द्रालोक।
(ख) बर्न्य धर्म जु अबर्न्थ में थपै, जु बर्न्यहि माहि।
धर्म अवर्न्यहु को, कहत बिय निदर्शना ताहि।।—पद्माभरण 87।
(ग) एकै पद के अर्थ को, थापै यह वह एक।—का. निर्णय 8।72।

के कारण ही इसे सदसदर्थ निदर्शना के नाम से अभिहित किया गया है। निदर्शना के इसी रूप को दंडी और वामन ने स्वीकार किया है। मम्मट की दूसरी निदर्शना भी यही है (देखिये फुटनोट)। हिंदी के आचार्यों ने इसे जयदेव और अप्पयदीक्षित के आधार पर निरूपित किया है[1]। भिखारीदास ने इसे ही प्रथम निदर्शना के रूप में स्वीकार किया है[2]। यह मूलतः दो प्रकार की होती है—सदर्थ निदर्शना और असदर्थ निदर्शना। प्रथम के द्वारा अच्छे अर्थ (ज्ञान) का बोध कराया जाता है और द्वितीय के द्वारा बुरे अर्थ का।

सदर्थ निदर्शना

दै सु फूल-फल-दल जु द्रुम, यह उपदेसत ज्ञान।
लहि सुख संपति कीजिये, आये को सनमान।।

—पद्माकर

यहाँ वृक्ष अपनी क्रिया से—आगतों को फूल, फल और पत्तियाँ देकर संसार को सदुपदेश देता दिखाया गया है—सदर्भ क्रिया में संलग्न दिखाया गया है कि अतिथियों का सत्कार करना चाहिये। अस्तु यहाँ सदर्भ निदर्शना है।

असदर्थ निदर्शना

दीप जोति सिर धुनि सुसुकि, पौनहिं सों धर होइ।
यह उपदेसत सबन कों, कृस को हितू न कोइ।।

—पद्माकर

हवा (के झोंके से) बुझता हुआ दीपक सिर धुन-धुन कर (दीप शिखा से निकलने वाली लौ को नीचे-ऊपर ले जाता हुआ), सिसक-सिसक कर सबों को यही उपदेश करता है कि (इस संसार से) दुर्बल का कोई हितैषी नहीं है। यहाँ बुझता हुआ दीपक असदर्थ का बोध करता है, अस्तु यहाँ असदर्थ निदर्शना है। निम्नांकित उदाहरण में सत्-असत् का बोध एक ही साथ होता है—

पास-पास ये उभय वृक्ष देखो अहा?
फूल रहा है एक दूसरे झर रहा।
है ऐसी ही दशा प्रिये नर लोक की
कहीं हर्ष की बात कहीं पर शोक की।

---

1. (क) अपरां बोधनं प्राहुः क्रिययाऽसत्सदर्थयोः।—चन्द्रालोक।
(ख) करत असत्-सत् अर्थ को, एक क्रिया सों बोध।—ल. ललाम 152।
(ग) जु निज अवस्था सों करै, भलो-बुरो फल बोध।
सो सदर्थ असदर्थ जुत, यों निदसना सोध।।—पद्माभरण 89।

2. एक क्रिया तें देत जहँ, दूजी क्रिया मिलाइ।
सत-असत हूँ ते कहत हैं, निदरसना कबिराइ।।—का. निर्णय 8।71।

यहाँ एक वृक्ष के फूलने और दूसरे के झरने की क्रिया द्वारा संसार की सुख-दुःखात्मक गति का—सदसदर्थ स्थिति का बोध कराया गया है। अस्तु यहाँ असदसदर्थ निदर्शता है।

यहाँ यह ध्यान रखना चाहिये कि रूपक में सामानाधिकरण्य शाब्द होता है, पर निदर्शना में आर्थ। प्रथम आरोपमूलक अर्थालंकार है और द्वितीय गम्यौपम्याश्रयमूलक। इसी प्रकार दृष्टांत और निदर्शना में भी अन्तर स्पष्ट है। प्रथम में दो वाक्य होते है और द्वितीय में दो वाक्य खंड। प्रथम में वाक्य निरपेक्ष होते हैं, पर दूसरे में सापेक्ष। बिंब-प्रतिबिंब भाव रहता तो है दोनों में, पर प्रथम में पहले अर्थसंगति की कल्पना होती है और बिंब-प्रतिबिंबभाव की कल्पना पीछे। इसके प्रतिकूल द्वितीय में पहले बिंब-प्रतिबम्ब भाव की ही कल्पना होती है और अर्थसंगति की पीछे। इसी प्रकार प्रतिवस्तूपमा में साधर्म्य अलग-अलग निर्दिष्ट रहता है, पर निदर्शना में सादृश्य निर्दिष्ट रहता ही नहीं है; श्रोता स्वयं उसे आक्षिप्त करता है।

23. उदाहरण

जहाँ एक बात कहकर उसके स्पष्टीकरण के लिये वैसी ही दूसरी बात कही जाये, तो वहाँ उदाहरण अलंकार होता है।

यह सादृश्यगर्भ गम्यौपम्याश्रय वर्ग का वाक्यगत अर्थालंकार है। इसमें अभिप्राय की स्पष्टता के लिये पहले कही गयी बात के समान ही दूसरी बात दुहराई जाती है। इस अलंकार का प्रयोग बोल-चाल में प्रतिदिन होता रहता है। कुछ आलंकारिकों का मत है कि इसमें पूर्वार्द्ध में सामान्य कथन होता है एवं उत्तरार्द्ध में विशेष कथन। वस्तुतः यह मान्यता असंदिग्ध नहीं मानी जा सकती। उदाहरण इसके प्रतिकूल भी मिलते हैं।

उदाहरण और दृष्टांत में पर्याप्त साम्य होते हुये भी अन्तर है। प्रथम में उदाहरण देने के लिये जैसे, ज्यों, यथा आदि शब्द प्रयुक्त होते हैं, पर दृष्टांत में नहीं। अर्थात् उदाहरण में भावसाम्य वाच्य रहता है, पर दृष्टान्त पर व्यंग्य। लाला भगवानदीन जी के अनुसार—"दृष्टांत अलंकार में कवि का मुख्य लक्ष्य उपमान वाक्य (उत्तरार्द्ध) पर होता है, उदाहरण में कवि का मुख्य लक्ष्य उपमेय वाक्य (पूर्वार्द्ध) पर होता है, उत्तरार्द्ध केवल बानगी तौर पर आता है।"

अनरस हूँ रस पाइए, रसिक रसीली पास।
जैसे सांठे की कठिन, गाँठौ भरी मिठास।।

—बिहारी

—हे रसिक! रसीली के पास उसके अनरस होने (मान करने) पर भी रस मिलता है; जैसे ईख की कठिन गाँठों में भी मिठास होती है। यहाँ पूर्वार्द्ध के लिये उत्तरार्द्ध

उदाहरण रूप में विन्यस्त है।

बस गयी एक बस्ती है,
स्मृतियों की इसी हृदय में,
नक्षत्र लोक फैला है
जैसे इस नील निलय में।

—प्रसाद

इसमें सादृश्य-संकेत के रूप में पूर्वार्द्ध के लिये उत्तरार्द्ध में उदाहरण का विधान हो गया है।

ज्यों दिन ढलते सांध्य बिहग,
प्रति पल क्रीडाकुल होते।
वैसे ही तुम बिन ये चंचल,
प्राण तृषातुर रोते।

—अंचल

सादृश्य-संकेत के रूप में यहाँ भी पूर्वार्द्ध के लिये उत्तरार्द्ध उदाहरण बन कर आया है। अस्तु यहाँ भी उदाहरण अलंकार है।

24. व्यतिरेक

जहाँ उपमान की अपेक्षा उपमेय का गुणोत्कर्ष दिखलाया जाय, वहाँ व्यतिरेक अलंकार होता है।

व्यतिरेक शब्द के दो खंड है—'वि' और 'अतिरेक' जिनका अर्थ है विशेष अतिरेक या विशेष आधिक्य। पर विशेष अतिरेक किस का? लक्षण में उसे ही स्पष्ट किया गया है कि उपमान की अपेक्षा उपमेय का विशेष अतिरेक (गुणोत्कर्ष) ही व्यतिरेक है। अन्य अलंकारों में प्रायः उपमान की उत्कृष्टता ही प्रतिपादित होती है, पर यहाँ उपमान की उत्कृष्टता का नहीं, वरन् उपमेय की उत्कृष्टता का ही वर्णन मिलता है। उपमेय का उत्कर्ष वर्णन कवि-प्रतिभा पर निर्भर करता है। अस्तु यह कवि-प्रौढोक्ति-सिद्ध अलंकार है।

आचार्य भिखारीदास के 'काव्यनिर्णय' की टीका में श्री पं॰ जवाहर चतुर्वेदीजी ने व्यतिरेक का अर्थ 'विभिन्नतापूर्ण आधिक्य' किया है। वे मानते है कि उपमान और उपमेय का वैधर्म्य दिखलाते हुये उपमेय का गुणोत्कर्ष दिखलाना ही व्यतिरेक है।

यह सादृश्यगर्भ गम्यौपम्याश्रय वर्ग का भेदप्रधान (अतिशयमूलक?) अर्थालंकार है। इसे प्राचीन आलंकारिकों ने ही स्वीकृत किया है। भामह ने इसमें उपमान की

अपेक्षा उपमेय में 'विशेषापादन' की अपेक्षा की है[1]। दंडी ने उपमेय का उत्कर्ष और उपमान का अपकर्ष–दोनों को माना है[2]। उद्‌भट ने व्यतिरेक में स्पष्टतया उपमान और उपमेय दोनों का विशेषापादन ही स्वीकार किया है[3]। रुद्रट ने उपमेय और उपमान दोनों के यथा सम्भव आधिक्य वर्णन में व्यतिरेक माना है[4]। रुय्यक का लक्षण रुद्रट के समान ही है[5]। मम्मट ने इस प्राचीन विचारपद्धति को ठुकरा कर नवीन दृष्टि रखी एवुं उपमान की अपेक्षा उपमेय के आधिक्य अथवा उत्कर्ष के अपादन का निर्धारण किया[6]। इन्होंने व्यतिरेक के चौबीस प्रकार बताये हैं, जो इसी की अनेक सम्भावनाओं पर आधारित है। पं॰ विश्वनाथ ने पुनः उपमान से उपमेय के आधिक्य और न्यूनत्व–दोनों में व्यतिरेक स्वीकार किया है[7] एवं मम्मट के 24 भेदों को 48 कर दिया है। जयदेव का लक्षण मम्मट के ही निकट है[8]। हिंदी के मध्यकालीन काव्यशास्त्रियों में चिन्तामणि और कुलपति मम्मट के अनुयायी प्रतीत होते है, शेष आचार्यों ने प्रायः जयदेव और अप्पय दीक्षित का ही अनुसरण किया है[9]। दास के लक्षण पर भी मम्मट का ही प्रभाव लक्षित होता है[10]। विवेचन से स्पष्ट है कि प्रायः थोड़ी भिन्नता रखते हुये भी सबों ने इसमें उपमान की अपेक्षा उपमेय की श्रेष्ठता का वर्णन ही स्वीकार किया है[11]। चिन्तामणि और पोद्दारजी ने इसके 24 भेद माने हैं। दासजी ने 'पोखन-दूखन' कथन, 'पोखन' कथन, 'दूखन' कथन और

---

1. उपमानवतोऽर्थस्य यद्विशेषनिदर्शनम्।
   व्यतिरेकं तमिच्छन्ति विशेषापादनाद्‌यथा।–काव्यालंकार 2।75।
2. शब्दोपात्ते प्रतीते वा सादृश्ये वस्तुनोर्द्वयोः।
   तत्र यद्‌भेदकथनं व्यतिरेकः स कथ्यते।।–काव्यादर्श 2।180।
3. विशेषापादनं यत्स्यादुपमानोपमेययोः।
   निमित्तादृष्टिदृष्टिभ्यां व्यतिरेको द्विधा तु सः।।–का. सा. संग्रह 2।6।
4. यो गुण उपमेयो स्यात्तत्प्रतिपन्थी च दोष उपमाने।
   व्यस्तसमस्तन्यस्तौ तो व्यतिरेकं त्रिधा कुरुतः।–काव्यालंकार 7।86।
5. भेदप्राधान्ये उपमानादुपमेयस्याधिक्ये विपर्यये वा व्यतिरेकः।–अलंकार सर्वस्वम्।
6. उपमानाद्यदन्यस्य व्यतिरेकः स एव सः।–का. प्रकाश 10।105।
7. आधिक्यमुपमेयस्योपमानान्यूनताऽथवा। व्यतिरेकः।–सा. दर्पण 10।52।
8. व्यतिरेको विशेषश्चेदुपमानोपमेययोः।–चन्द्रालोक।
9. (क) व्यतिरेक जु उपमान तें, उपमै अधिको देखि।–भा. भूषण 169।
   (ख) जहाँ होत उपमान तें, उपमेय मैं बिसेख।–ल. ललाम 155।
   (ग) जहँ अबर्न्य अरु बर्न्य में, कछु विसेष व्यतिरेक।–पद्माभरण 93।
10. पोषन करि उपमेय को, दोषन दै उपमान।–का. निर्णय 10।2।
11. उपमानादुपमेयस्य आधिक्ये व्यतिरेकः।

'सब्द सक्ति' से–ये चार भेद माने हैं। पद्माकर ने तीन भेद–अधिक सम और न्यून माने है। आधुनिक युग के प्रसिद्ध काव्यशास्त्री पं॰ राम दहिन मिश्र ने इसके चार भेद स्वीकार किये हैं वस्तुतः संस्कृत और हिंदी के अनेक आचार्यों द्वारा व्यतिरेक का किया गया भेद-विस्तार मात्र बुद्धि-विलास है। इसका विषय है उपमान की अपेक्षा उपमेय का गुणोत्कर्ष दिखाना। इसके अलग-अलग भेद तो नहीं, पर विभिन्न पद्धतियाँ स्वीकार की जा सकती है–

1. उपमेय के उत्कर्ष और उपमान के अपकर्ष का कारण निर्दिष्ट होना।
2. उपमेय के उत्कर्ष का कारण निर्दिष्ट होना।
3. उपमान के अपकर्ष का कारण निर्दिष्ट होना।
4. दोनों के कारणों का अभाव होना।

उपमेय के उत्कर्ष और उपमान के अपकर्ष का कारण निर्दिष्ट होना

स्वर्ग की तुलना उचित ही है यहाँ,
किन्तु सुर-सरिता कहाँ सरयू कहाँ?
वह मरों को मात्र पार उतारती,
यह यहीं से जीवितों को तारती।

–गुप्तजी

यहाँ सरयू उपमेय और सुर-सरिता उपमान है, किन्तु सुर-सरिता (उपमान) की अपेक्षा सरयू (उपमेय) का गुणोत्कर्ष वर्णित हैं साथ ही यहाँ उपमान के अपकर्ष का कारण (केवल मरे हुये लोगों को मुक्त करना) और उपमेय के उत्कर्ष का कारण (जीवितों को मृत्युपूर्व ही मोक्ष का अधिकारी बना देना) भी निर्दिष्ट है। अस्तु व्यतिरेक है।

जुही-सुरभि की एक लहर से निशा बह गयी, डूबे तारे।
अश्रु-बिंदु में डूब-डूब कर दृग-तारे ये कभी न हारे।।

–रामकुमार वर्मा

यहाँ 'दृग-तारे' उपमेय और 'तारे' उपमान है, पर तारे (उपमान) की अपेक्षा नेत्र (उपमेय) का उत्कर्ष वर्णित है। यहाँ उपमेय के उत्कर्ष का–आँसुओं में निरन्तर डूबते रहना और कभी न हारना और उपमान के अपकर्ष–जूही-सुरभि की एक लहर मात्र से तारे का डूब जाना वर्णित है अतः व्यतिरेक है।

मात्र उपमेय के उत्कर्ष का कारण निर्दिष्ट होना

खंजन से दृग लसत पै, धरे बिसेष बिलास।

–पद्माकर

यहाँ नेत्र उपमेय है और खंजन उपमान, पर उपमान (खंजन) की अपेक्षा (उपमेय) नेत्र का उत्कर्ष दिखाया गया है। यहाँ केवल उपमेय के उत्कर्ष का कारण

(विलास का आधिक्य) बताया गया है, उपमान के अपकर्ष का नहीं। अस्तु, व्यतिरेक है।

ज्ञानयोग से हमें हमारा यही वियोग भला है।
जिसमें आकृति, प्रकृति, रूप, गुण, नाट्य, कवित्व कला है।

—गुप्तजी

यहाँ उपमेय (वियोग) के उत्कर्ष के कारणों का कथन उत्तरार्द्ध में किया गया है, पर उपमान (ज्ञानयोग) के अपकर्ष का कारण कथित नहीं है। अतः यहाँ भी व्यतिरेक है।

मात्र उपमान के अपकर्ष का कारण निर्दिष्ट होना

जनम सिंधु पुनि बंधु विष, दिन मलीन सकलंक।
सिय-मुख-समता पाव किमि, चन्द्र बापुरो रंक।।

—तुलसी

यहाँ उपमेय (सीता का मुख) का उपमान (चन्द्रमा) की अपेक्षा आधिक्य वर्णित है एवं उपमान के अपकर्ष के कारणों—खारे समुद्र से उत्पत्ति, भाई विष, दिन में प्रभाहीन होना और सकलंक होना— का शब्दतः कथन किया गया है। उपमेय के उत्कर्ष का कारण यहाँ उक्त नहीं है। इस प्रकार यहाँ व्यतिरेक है।

घटै बढ़ै सकलंक लखि, सब जग कहैं ससंक।
बाल-बदन सम है नहीं, रंक मयंक एकंक।।

—भिखारीदास

यहाँ उपमेय (नायिका का मुख) का उपमान (चन्द्रमा) की अपेक्षा आधिक्य वर्णित है एवं उपमान के अपकर्ष के कारणों—चाँद की कलाओं का घटना-बढ़ना, कलंकी होना आदि का शब्दतः कथन किया गया है। अतः व्यतिरेक है।

दोनों के कारणों का अभाव होना

रघुवर विशिख से सिंधुसम, सब सैन्य इससे व्यस्त है।
यह पार्थनन्दन पार्थ से भी, धीर वीर प्रशस्त है।।

—गुप्तजी

यहाँ उपमेय (पार्थनन्दन : अभिमन्यु) का उपमान (पार्थ) से आधिक्य वर्णित है, पर न तो उपमेय के उत्कर्ष का और न उपमान के अपकर्ष का—दोनों में से किसी का कारण भी न कहा गया है।

सरयू-सलिल की स्वर-सुधा समता न पा सकती कभी।
साकेत के माहात्म्य को वाणी न गा सकती कभी।।

—का. दर्पण

यहाँ उपमेय (सरयू-सलिल) का उपमान (स्वर-सुधा) से अधिक उत्कर्ष वर्णित

है, पर यहाँ उपमेय और उपमान के उत्कर्षापकर्ष का कारण अनुक्त है। अस्तु, यहाँ भी व्यतिरेक है।

टिप्पणी–पं॰ विश्वनाथ आदि कतिपय आचार्य उपमेय के न्यूनत्व में भी व्यतिरेक मानते है। हिंदी कविता में इसके भी उदाहरण पर्याप्त रूप में देखे जा सकते है

मै नीर भरी दुख की बदली।
विस्तृत नभ का कोई कोना,
मेरा न कभी अपना होना।
परिचय इतना इतिहास यही,
उमड़ी कल थी मिट आज चली।।

—महादेवी

यहाँ उपमेय है विरहिणी (मैं) और उपमान है बदली। विरहिणी नीरभरी दुःख की बदली तो है, पर बदली सदृश उसका भाग्य कहाँ है? बदली को विस्तृत नभ में छा जाने की स्वतंत्रता तो कम-से-कम अवश्य है, पर विरहिणी को इतनी भी स्वतंत्रता नहीं है। उसे घर के कोने में ही बैठकर अपने दुःख के दिन बिताने पड़ते हैं। इस प्रकार उपमान से उपमेय की न्यूनता बताने में जो चामत्कारिक स्थिति उत्पन्न हुई है, उससे यहाँ न्यून व्यतिरेक है।

कहता जग दुख को प्यार न कर।
अनवींधे मोती यह दृग के बन्ध पाये बंधन में किसके?
पल-पल बिनते पल-पल मिटते तू निष्फल गुन्थ-गुन्थ हार न कर।

—महादेवी

यहाँ उपमेय है आंसू और उपमान मोती। यहाँ उपमेय (आँसुओं) के वर्णन से उनके हाररूप में बन जाने की असंभाव्यता और उपमान (मोती) की संभाव्यता द्योतित होती है, जिससे उपमान की अपेक्षा उपमेय का न्यूनत्व ध्वनित है। अतः व्यंग्यरूप में यहाँ भी न्यून व्यतिरेक अंलकार है।

25. सहोक्ति

जहाँ 'सह' अर्थबोधक पदों के सामर्थ्य से एक ही पद के अनेक अर्थ निकले, वहाँ सहोक्ति अलंकार होता है।

सहोक्ति का अर्थ है (सह + उक्ति) सह भाव की उक्ति। इस अलंकार में सह, साथ, संग आदि सहभाव बोधक शब्दों की सामर्थ्य से दो वाक्यों का सहभाव कथन होता है। इस सहभाव का चमत्कारक होना अनिवार्य है। अलंकार के मूल-चमत्कार को ध्यान में रखकर ही पं॰ विश्वनाथ ने इसके मूल में अतिशयोक्ति की अनिवार्यता

स्वीकार की है[1]। इसे ही जययेव ने 'जनरञ्जन' शब्द से व्यक्त किया है[2]। एक बात और—सहभावबोधक शब्द के योग से; एक पद से निःसृत दो अर्थों में उपमानोपमेय भाव होता है। इसमें एक का निर्देश पूर्णतः रहा करता है और दसूरा सहभावबोधक शब्द के योग से संबद्ध रहता है—प्रधान-गौण भाव रहता है, पर प्रधानभाव और गौण भाव का औपम्य वैवक्षिक है, वास्तविक नहीं। दोनों के प्रधान हो जाने पर दीपक और तुल्ययोगिता की स्थिति हो जाती है।

यह सादृश्यगर्भ गम्यौपम्याश्रय वर्ग का भेदप्रधान (अतिशयमूलक?) अर्थालंकार है। यह प्राचीन काव्यशास्त्रियों से ही स्वीकृत रहा है, गुण क्रिया और द्रव्य के सहभावेन कथन में ही दंडी ने सहोक्ति मानी है[3]। मम्मट ने 'सह' आदि शब्द के अर्थ-सामर्थ्य से एकपद की अनेकार्थ बोधकता में ही इसे स्वीकार किया है[4]। अन्य आचार्यों ने भी यह धारणा व्यक्त की है। पं॰ विश्वनाथ के लक्षण का आधार मम्मट का लक्षण ही है[5]। हाँ, उन्होंने इसके लिये अतिशयोक्ति की अनिवार्यता मानकर यह घोषित अवश्य किया है कि इसे चामत्कारिक और कवि-प्रौढ़ोक्ति सिद्ध होना अनिवार्य है, पर 'उपमानोपमेय' भाव सम्बन्ध के प्रति वे भी मौन ही है। रुय्यक ने सहोक्ति में औपम्य की विवक्षा भी मानी है[6]। जयदेव का लक्षण भी प्रचलित पद्धति पर ही है। इनके 'जनरञ्जन' शब्द से पं॰ विश्वनाथ की 'अतिशयोक्ति' की अनिवार्यता सिद्ध हो जाती है। चन्द्रिकाकार ने 'चमत्कृतिजनकं साहित्यं सहोक्ति' कह कर तो मानों 'जनरञ्जन' पर मुहर लगा दी है। हिंदी काव्यशास्त्रियों में केशव का लक्षण अपूर्ण है, पर है वह दंडी का अनुगामी ही।[7]। मतिराम और कुलपति आदि ने मम्मट का अनुसरण किया है[8]। जसतंत सिंह, भूषण, पद्माकर आदि के लक्षण जयदेव और अप्पयदीक्षित के अनुसार बने है[9]। सामान्यतः कहा जायेगा कि इसके लक्षण में मत वैभिन्र्य के बराबर है।

---

1. सा सहोक्तिर्मूलमूतातिशयोक्तिर्यदा भवेत्।—सा. दर्पण 10।55।
2. सहोक्तिः सहभावश्चेद्भसते जनरञ्जनः।—चन्द्रालोक।
3. सहोक्तिः सहभावेन कथनं गुणकर्मणाम्।
   अर्थानां यो विनिमयः परिवृत्तिस्तु सा स्मृता।।—काव्यादर्श 4।351।
4. सा सहोक्तिः सहार्थस्य बलादेकं द्विवाचकम्।—का. प्रकाश 10।112।
5. सहार्थस्य बलादेकं यत्र स्वाद्वाचकं द्वयोः।—सा. दर्पण 10।55।
6. उपमानोपमेययोरेकस्य प्राधान्यनिर्देशेऽपरस्य सहार्थसम्बन्ध सहोक्तिः।—अ. सर्वस्त्रम्।
7. हानि बुद्धि सुभ असुभ कछु, कहिये गूढ प्रकास।
   होय सहोक्ति सो साथ ही, बरनत केसवदास।।—कवि प्रिया 12।20।
8. काज हेतु को छोड़ि जहँ औरन को सहभाव।—ल. ललाम 157।
9. (क) वस्तुन को भासत जहाँ, जन रंजन सहभाव।—शि. भूषण 149।
   (ख) सो सहोक्ति बहु संग भनै, जन रंजन के काज।—पद्माभरण 96।

सकुच संग कुच जुग बढ़त, कुटिस भौंह दृग संग।
मनमथ संग नितम्ब बढ़ि, विलसत तरुनी-अंग।।

—अ. मंजरी

यहाँ नायिका के यौवन का वर्णन है। यहाँ संकोच के साथ स्तन, वक्र भौहों के साथ आँखों और काम के साथ नितंब का बढ़ना कथित है जिनमें संग शब्द की सामर्थ्य से 'बढ़ने' से सब का सम्बन्ध कथित है। यहाँ अतिशयोक्ति का पुट भी वर्तमान है—दो क्रियाओं के कारण कारण-कार्यभाव का विपर्यय कर दिया गया है। अस्तु सहोक्ति है।

निज पलक मेरी विकलता साथ ही,
अवनि से उर से मृगेक्षिणि ने उठा।
एक पल निज शस्य श्यामल दृष्टि से
स्निग्ध कर दी दृष्टि मेरी दीप से।

—पंत

यहाँ यथासंख्य मिश्रित सहोक्ति है, जिससे चमत्कार और भी अधिक है। 'साथ ही' शब्द द्वारा नायिका की पलकों का पृथ्वी से और नायक की विकलता का हृदय से उठना कहा गया है। अस्तु सहोक्ति है।

तरणि के ही संग तरल तरंग में,
तरणि डूबी थी हमारी ताल में।

—पंत

यहाँ सूर्य और नाव का 'संग' शब्द द्वारा एक ही साथ डूबना कथित है। अस्तु सहोक्ति है।

26. विनोक्ति

जहाँ एक वस्तु के बिना दूसरी वस्तु को शोभन या अशोभन बतलाया जाये, वहाँ विनोक्ति अलंकार होता है।

विनोक्ति का अर्थ है (विना + उक्ति) 'विनार्थक उक्ति' अर्थात् राहित्य की उक्ति। इसकी कल्पना सहोक्ति के वजन पर हुई है। सहोक्ति साहित्य की उक्ति है और विनोक्ति राहित्य की। इसमें बिना, हीन, रहित आदि वाचक शब्द प्रयुक्त होते हैं, किन्तु इनका होना आवश्यक नहीं है। एक वस्तु के अभाव में दूसरी वस्तु की शोभा और अशोभा दोनों हो सकती है। इसी से इसके दो प्रकार होते हैं—शोभन की विनोक्ति और अशोभन की विनोक्ति।

यह सादृश्यगर्भ के गम्यौपम्याश्रय वर्ग का अर्थालंकार है। यह अपेक्षाकृत नवीन अलंकार है। इसका प्रचलन रुय्यक और मम्मट के समय से हुआ है। मम्मट के

अनुसार इसमें एक के अभाव में दूसरे का शोभन या अशोभन होने का कथन होता है[1]। रुय्यक की भी यही मान्यता है[2]। विश्वनाथ का लक्षण मम्मट के लक्षण पर ही आधारित है[3]। यहाँ 'नासाधु' का अभिप्राय शोभन ही है। जयदेव ने विनोक्ति के केवल हीनभेद (अशोभन) को ही स्वीकार किया है[4]। किन्तु अप्पयदीक्षित ने शोमन की विनोक्ति भी मानी है[5]। हिंदी के आचार्यों ने प्रायः अप्पयदीक्षित को ही टकसाल माना है[6]। दास ने अपने लक्षण में शोभन-अशोभन के लिये 'सुभ-असुभ' का प्रयोग किया है[7]। प्रायः सबों के लक्षण समान ही कहे जाएंगे।

शोभन की विनोक्ति–

भली प्रीति बिन कपट की, देत सबनि चित चैन।

–पद्माकर

बिना कपट की उत्तमप्रीति सबों के हृदय को चैन–आनन्द देती है। यहाँ कपट से रहित प्रीति आनन्द विधायक (शोभन) कही गयी है। अतः शोभन की विनोक्ति है।

लाज बिना राजत सही, वेश्या, हरिजन, फाग।

–अ. मुक्तावली

वेश्या, भक्तजन और फाग बिना लाज के ही शोभते है। यहाँ लाज से रहित वेश्या, हरिजन और फाग की शोभनता वर्णित होने से शोभन की विनोक्ति है।

पावस बिन आकाश बना अभिराम था।
वारिद बिन शुभ चन्द्र बना छबिधाम था।

–समदर्शी

यहाँ पावस के अभाव में आकाश का सुन्दर लगना और बादल से अनाच्छादित होने के कारण चन्द्रमा का छबिधाम लगना कहा गया है। अतः शोभन की विनोक्ति है।

अशोभन की विनोक्ति

दृग खंजन से कंज से अंजन बिन सोभैं न।

–जसवंत सिंह

---

1. विनोक्तिः सा विनाऽन्येन यत्रान्यः सन्न नेतरः।–का. प्रकाश 10।113।
2. विना कञ्चिदन्यस्य सदसत्त्वाभावो विनोक्तिः।–अ. सर्वस्वम्।
3. विनोक्तिर्यद्विनान्येन नासाध्वन्यदसाधु वा।–सा. दर्पण 10।55।
4. विनोक्तिश्चेद्विना किञ्चित्प्रस्तुतं हीनमुच्यते।–चन्द्रालोक।
5. तच्चेत्किचिद्विना रम्यं विनोक्ति सापि कथ्यते।–कुवलयानन्द 60।
6. (क) बिना कलु जहँ बरनिये, कै हीनो कै नीक।–शि. भूषण 151।
   (ख) प्रस्तुत कछु बिन हीन कै, कलु बिन छबि अधिकर।–पद्माभरण 97।
7. बिन सुभ असुभ विनोक्ति।–का. निर्णय 15।46।

नेत्र खंजन के समान (चंचल) और कमल के समान (सुन्दर) है, पर बिना अंजन के नहीं शोभते है। यहाँ अंजन के अभाव में नेत्र को अशोभन बताया गया है। अतः अशोभन की विनोक्ति है।

बिना दुख के सब सुख निःसार।
बिना आँसू के जीवन भार।।

—पंत

यहाँ दुःख के बिना सुख निस्सार और आँसू के बिना जीवन को भारस्वरूप बलाया गया हैं अतः अशोभन की विनोक्ति है।

न्याय शांतिका प्रथमन्यास है
जब तक न्याय न आता।
कैसा भी हो महल शांति का
सुदृढ़ नहीं रह पाता।।

—दिनकर

यहाँ न्याय के अभाव में शान्ति को अशोभन बताया गया है। अतः यहाँ भी अशोभन की विनोक्ति है। यहाँ 'बिना' आदि वाचक शब्द वाच्य नहीं है, फिर भी विनोक्ति है।

27. अप्रस्तुत प्रशंसा

जहाँ अप्रस्तुत के वर्णन से प्रस्तुत की प्रतीति करायी जाये, वहाँ अप्रस्तुत प्रशंसा अलंकार होता है।

अप्रस्तुत प्रशंसा का अर्थ है अप्रस्तुत (उपमान) की प्रशंसा (वर्णन)। यहाँ प्रशंसा शब्द के दो अर्थ लिये जा सकते हैं—(1) वर्णन और (2) व्यंजना। इस आधार पर कहा जायेगा कि अप्रस्तुत प्रशंसा की व्याख्याएँ दो प्रकार की होंगी—(1) प्रस्तुत की प्रतीति के लिये अप्रस्तुत का कवि प्रौढ़ोक्तिसिक्त वर्णन और (2) प्रस्तुत की व्यंजना के लिये अप्रस्तुत का वर्णन। इसमें वर्णन तो होता है अप्रस्तुत का, पर प्रयोजन रहता है प्रस्तुत से[1]। 'साहित्य दर्पण' की व्याख्या में तर्क वागीश ने भी ऐसा ही मत व्यक्त किया है[2]। यह अलंकार समासोक्ति के प्रतिकूल पड़ता है। वहाँ प्रस्तुत के वर्णन से अप्रस्तुत की व्यंजना होती है, यहाँ अप्रस्तुत से प्रस्तुत की। इसमें मुख्य बात प्रस्तुत की व्यंजकता से सम्बद्ध है। इसका प्रस्तुत पक्ष व्यंग्यार्थ होकर भी ध्वनि काव्य का विषय नहीं होता, चूंकि वाच्यार्थ ही अधिक चमत्कारक होता है।

1. अप्रस्तुतात् प्रस्तुतप्रतीतिः अप्रस्तुतप्रशंसा।
2. अप्रस्तुतेन प्रस्तुतस्य प्रशंसाव्यंजनम् यद्वा प्रस्तुतव्यंजकम् अप्रस्तुतकथनं अप्रस्तुत-प्रशंसा।—साहित्य दर्पण।

यह सादृश्यगर्भ के गम्यौपम्याश्रय वर्ग का अर्थालंकार है। यह प्राचीन काव्यशास्त्रियों से ही स्वीकृत रहा है। इसका लक्षण क्रमिक रूप में विकसित होकर ही वर्तमान स्थिति को प्राप्त कर सका है। भामह और उद्‌भट ने इसके सामान्य स्वरूप को ही लक्षणबद्ध किया है[1]। इन लोगों ने अप्रस्तुत को प्रशंसा द्वारा प्रस्तुत के अभिधान में कोई कारण की गवेषणा नहीं की है, पर उद्‌भट के व्याख्याता प्रतीहारेन्दु ने इसका संकेत अवश्य किया है[2]। इसका विशद निरूपण किया है रुय्यक ने। रुय्यक का मत ही आज तक मान्य है दंडी का लक्षण भी लघु सीमा में ही स्थित है[3]। मम्मट ने उद्‌भट के लक्षण का ही लगभग नवीनीकरण किया है[4]। पं॰ विश्वनाथ ने पूर्व गृहीत पाँचों का उल्लेख करते हुये 'अप्रस्तुतात्प्रस्तुतं चेद्रम्यते' को ही स्वीकार किया है (सा. दर्पण 10।10।59)। जयदेव की परिभाषा भी परम्परित ही ठहरती है[5]। इन्होंने भी इसके पाँच प्रकारों को स्वीकार किया है, पर अप्पयदीक्षित को ये भेद मान्य नहीं हैं हिंदी के आचार्यों में जसवन्त सिंह, मतिराम, भूषण आदि ने अप्पयदीक्षित को ही प्रमाण माना है, पर चिंतामणि, कुलपति, पद्माकर आदि ने भेदों का भी निरूपण किया है। इन लोगों के लक्षणों में कोई नवीनता नहीं है[6]।

रुय्यक ने अप्रस्तुत और प्रस्तुत में विविध सम्बन्ध स्थिर किया था। वह आज भी उसी रूप में मान्य है—सामान्य-विशेष रूप सम्बन्ध, कार्य-कारण भाव रूप सम्बन्ध और सारूप्य सम्बन्ध। इन्हें चाहें तो हम इस प्रकार कहेंगे कि अप्रस्तुत से प्रस्तुत की प्रतीति निम्नांकित प्रकार से सम्भव है—

1. अप्रस्तुत विशेष से प्रस्तुत सामान्य का प्रतीति—विशेष निबन्धना।
2. अप्रस्तुत सामान्य से प्रस्तुत विशेष की प्रतीति—सामान्य निबन्धना।
3. अप्रस्तुत कारण से प्रस्तुत कार्य की प्रतीति—कारण निबन्धना।
4. अप्रस्तुत कार्य से प्रस्तुत कारण की प्रतीति—कार्य निबन्धना।
5. अप्रस्तुत तुल्यरूप से प्रस्तुत तुल्यरूप की प्रतीति—सारूप्य निबन्धना।

---

1. अधिकारादपेतस्य वस्तुनोऽन्यस्य या स्तुतिः।
   अप्रस्तुतप्रशंसेयं प्रस्तुतार्थानुबिन्धिनी।।—का. सा. संग्रह 5।8।
2. (क) अधिकारादुपवर्णनावसरादपगतस्य प्राकरणिकादरपरस्य वस्तुनो यत्रोपनिबन्धः सा अप्रस्तुतप्रशंसा। न चैवमपि तस्या उन्मत्त प्रलापप्रख्यता यतः सा केनचित् स्वजन्येन (सम्बन्धेन) प्रस्तुतमर्थमनुबध्नाति।—का. सा. संग्रह वृत्ति।
3. अप्रस्तुतप्रशंसा स्यादपक्रान्तेषु या स्तुतिः।—काव्यादर्श 2।340।
4. अप्रस्तुतप्रशंसा या सा सैव प्रस्तुताश्रया।—का. प्रकाश 10।98।
5. अप्रस्तुतप्रशंसा स्यात्सा यत्र प्रस्तुतश्रया।—चन्द्रालोक।
6. (क) प्रस्तुत लीन्हें होत जहँ अप्रस्तुतत परसंस।—शि. भूषण 168।
   (ख) अप्रस्तुत बिरतांत महँ, जहँ प्रस्तुत को शान।—पद्माभरण 107।

यहाँ सामान्य और विशेष का अर्थ भी समझ लेना चाहिये। साम्रान्य का अर्थ है समष्टिगत अर्थात् अधिक देश व्यापी और विशेष का अर्थ है व्यक्तिगत अर्थात् अल्पदेश ब्यापी। जैसे, 'जानवर' शब्द सामान्य है, पर 'गाय' 'बैल' आदि विशेष। वस्तुतः सामान्य-विशेष भाव सापेक्षिक भाव के सूचक है—वह वस्तुओं के सम्बन्ध के अनुसार परिवर्तित भी हो सकता है।

विशेष निबन्धना : अप्रस्तुत विशेष के वर्णन से जहाँ प्रस्तुत सामान्य की प्रतीति कराई जाये, वहाँ विशेष निबन्धता अप्रस्तुत प्रशंसा होती है—

फरजी साह न ह्वै सकै, गति टेढ़ी तासीर।
रहिमन सीधी चाल ते, प्यादा होत वजीर।।

—रहीम

यहाँ अप्रस्तुत विशेष—'टेढ़ी चाल चलने वाला फरजी कभी बादशाह नहीं होता और सीधी चाल चलने वाला प्यादा वजीर हो जाता है' से प्रस्तुत सामान्य—'कुटिल व्यवहार करने वाले बड़े लोग भी उन्नति नहीं कर सकते और सरल व्यवहार वाले नीच से नीच भी उन्नति कर जाते है' की प्रतीति होती है। अतः, यहाँ विशेष निबंधना अप्रस्तुत प्रशंसा है।

क्षमा शोभती उस भुजंग को
जिसके पास गरल हो,
उसको क्या जो दन्तहीन,
विष रहित, विनीत, सरल हो।

—दिनकर

यहाँ अप्रस्तुत विशेष—'गरल युक्त भुजंग' से प्रस्तुत सामान्य 'शक्ति सम्पन्न पुरुष' की प्रतीति हो रही है। अतः, यहाँ भी विशेष निबन्धता अप्रस्तुत प्रशंसा है।

सामान्य निबन्धना—अप्रस्तुत सामान्य के वर्णन से जहाँ प्रस्तुत विशेष की प्रतीति हो, वहाँ सामान्य-निबन्धना अप्रस्तुत प्रशंसा होती है—

री आवेगा फिर भी बसन्त, जैसे मेरे प्रियप्रेमवन्त।
दुखों का भी है एक अन्त, हो रहिए दुर्दिन देख मूक।।

—गुप्तजी

यहाँ प्रस्तुत सामान्य (पतझड़ के पश्चात् बसन्त आता है और दुःखों का भी अन्ता होता है) से प्रस्तुत विशेष (तुम्हारे दुर्दिन बीतने वाले हैं और सुख के दिन आने वाले हैं) की प्रतीति हो रही है। अतः, यहाँ सामान्य निबन्धना अप्रस्तुत प्रंशसा है।

रुग्ण होना चाहता कोई नहीं,
रोग लेकिन आ गया जब पास हो,
तिक्त औषधि के सिवा उपचार क्या?
शमित होगा वह नहीं मिष्टान्न से।

—दिनकर

यहाँ अप्रस्तुत सामान्य (रुग्णता का उपचार तिक्त औषध है) से प्रस्तुत विशेष (कौरवों को दुर्नीति का प्रतीकार युद्ध ही था) की प्रतीति हो रही है। अतः यहाँ सामान्य निबन्धना अप्रस्तुत प्रशंसा है।

कारणनिबन्धना

अप्रस्तुत कारण के वर्णन से जहाँ प्रस्तुत कार्य की प्रतीति हो, वहाँ कारण निबन्धना अप्रस्तुत प्रशंसा होती है।

कोउ कह जब विधि रति-मुख कीन्हा।
सार भाग ससि कर हर लीन्हा।।

—तुलसी

यहाँ अप्रस्तुत कारण (चन्द्रमा के सार भाग का अपहरण) से प्रस्तुत कार्य (रतिमुख का निर्माण) की प्रतीति करायी गयी है। अतः यहाँ कारण-निबन्धना अप्रस्तुत प्रशंसा है।

जो चन्द्रमुख ठंठी हवा से सूखता है गेह में,
वह घाम में लू से झुलस कर हा मिलेगा खेह में।
चंपाकली-सी देह वह क्यों खुरखुरी भू पर कभी,
कब सो सकेगी, सो रही है फूल ऊपर जो अभी।

—उपाध्याय

यहाँ अप्रस्तुत कारण (जंगल जाने के बाधक कारणों) से प्रस्तुत कार्य (मेरे साथ जंगल चलो) की व्यंजना की गयी है। अतः यहाँ कारण निबन्धना अप्रस्तुत प्रशंसा है।

कार्यनिबन्धना

अप्रस्तुत कार्य के वर्णन से जहाँ प्रस्तुत कारण की प्रतीति करायी जाये, वहाँ कार्य-निबन्धना अप्रस्तुत प्रशंसा होती है—

गोपिन के अँसुवन भरी, सदा असोस अपार।
डगर-डगर में है रही, बगर-बगर के बार।।

—बिहारी

यहाँ अप्रस्तुत कार्य (गोपियों की आँखों से अश्रुपात) से प्रस्तुत कारण (विरह व्यथा) की प्रतीति करायी गयी है। अतः यहाँ कार्य-निबन्धता अप्रस्तुत प्रशंसा है।

है चन्द्र हृदय में बैठा, उस शीतल किरण सहारे।
सौन्दर्य सुधा बलिहारी, चुगता चकोर अंगारे।।

—प्रसाद

यहाँ प्रस्तुत कार्य (चकोर का अंगार को चन्द्रमा समझ कर चुगना) से प्रस्तुत का कारण (प्रेम की तीव्रता) की प्रतीति करायी गयी है। अतः यहाँ भी कार्य-निबन्धना अप्रस्तुत प्रशंसा है।

सारूप्यनिबन्धना

अप्रस्तुत समान वस्तु से जहाँ प्रस्तुत समान वस्तु की प्रतीति करायी जाये। वहाँ सारूप्य निबन्धना अप्रस्तुत प्रशंसा होती है।

सारूप्य निबन्धना का अर्थ है समान रूप का निबन्धन। इसमें व्यापार समष्टि (पूर्ण प्रसंग) का सहज समन्वय हो जाता हैं काव्यशास्त्रियों ने सारूप्य निबन्धना अप्रस्तुत प्रशंसा को ही अन्योक्ति भी कहा है, किन्तु डा. संसारचन्द (हिंदी काव्य में अन्योक्ति) के अनुसार अन्योक्ति की परिधि सारूप्यनिबंधना तक ही सीमित नहीं है। मम्मट ने सारूप्य-निबन्धना तीन प्रकार की मानी है—श्लेष-हेतुक। समासोक्ति-हेतुक और सादृश्यहेतुक एवं प्रकारान्तर से इनके पुनः तीन भेद किये है—वाच्य के प्रतीयमान का अनध्यारोप, अध्यारोप और आंशिक अध्यारोप। मम्मट के इस विस्तार पर आनन्दवर्द्धन के विवक्षित वाच्य, अविवक्षित वाच्य और विवक्षिताविवक्षित वाच्य का स्पष्ट प्रभाव है।

सादृश्य-हेतुक सारूप्यनिबन्धना और रूपकातिशयोक्ति में भ्रम संभव है। अस्तु, यह भी जान लेना चाहिये कि अप्रस्तुत प्रशंसा में चमत्कार व्यंजना प्रधान होता है। पर रूपकातिशयोक्ति में लक्षणाप्रधान। पुनः रूपकातिशयोक्ति का वाच्यार्थ सदा असंगत होता है, पर अप्रस्तुत प्रशंसा में वाच्यार्थ और व्यंग्यार्थ दोनों संगत होते हैं। यहाँ सारूप्यनिबन्धना के भेद विस्तार में न जाते हुये सामान्यरूप में इसके उदाहरण यों देखे जा सकते है—

नहिं पराग नहीं मधुर मधु, नहिं विकास यहि काल।
अली! कली ही सौ बिंध्यौं, आगे कौन हवाल।।

—बिहारी

यहाँ अप्रस्तुत भ्रमर और कली से प्रस्तुत राजा जयसिंह और उनकी नई रानी की प्रतीति कराना—नई रानी से हटा कर राजा जयसिंह को राज्यकार्य की ओर प्रवृत्त कराना प्रसिद्ध ही हैं अतः, यहाँ सारूप्य निबंधना है।

सागर के लहर-लहर में,
है हास स्वर्ण किरणों का।
सागर के अन्तस्तल में,
अवसाद अवाक् कणों का।।

—पंत

यहाँ अप्रस्तुत सागर के वर्णन से प्रस्तुत दुःख-सुख में समान रूप से स्थिर रहने वाले धीर, वीर और गंभीर व्यक्ति की प्रतीति करायी गयी है। अतः, यहाँ भी सारूप्यनिबन्धना अप्रस्तुत प्रशंसा है।

28. अर्थान्तरन्यास

जहाँ साधर्म्य अथवा वैधर्म्य द्वारा सामान्य से विशेष का या विशेष से सामान्य का समर्थन किया जाये, वहाँ अर्थान्तरन्यास अलंकार होता है।

अर्थान्तरन्यास का अर्थ है अर्थान्तर (अन्य अर्थ) का न्यास (रखना)। अर्थात् अन्य अर्थ को स्थापित करना ही इसका विशेष है। इसमें एक अर्थ के समर्थन के लिये अन्य अर्थ स्थापित किया जाता है। इसमें दो वाक्य होते हैं—एक सामर्थ्य वाक्य और दूसरा समर्थक वाक्य। प्रथम वाक्य या तो सामान्य होता है या विशेष, इसी प्रकार दूसरा वाक्य भी उससे सम्बद्ध या तो विशेष होता है या सामान्य। इन वाक्यों में सामर्थ्य-समर्थकभाव-रूप सम्बन्ध होता है। सामर्थ्य-समर्थकभाव-रूप सम्बन्ध दृष्टान्त अलंकार में भी होता है, किन्तु वहाँ सामान्य का समर्थन सामान्य से और विशेष का समर्थन विशेष से ही होता है; सामान्य का विशेष से अथवा विशेष का सामान्य से नहीं। इसी प्रकार समर्थ्य-समर्थक भाव होता है काव्यलिंग में, पर वहाँ कार्य का समर्थन कारण से और कारण का समर्थन कार्य से होता है।

अर्थान्तरन्यास में सामान्य और विशेष कथन सिद्धि-निरपेक्ष होते हैं। यह अलंकार कल्पित सत्य पर नहीं, अनुभवगम्य यथार्थ और अनुभूत सत्य पर आश्रित होता है। इसका चमत्कार सत्य के उद्घाटन से सम्बन्धित है।

यह सादृश्यगर्भ के गम्यौपम्याश्रय वर्ग का अर्थालंकार है। यह प्राचीन काव्यशास्त्रियों से ही स्वीकृत रहा है। इसका वर्णन भामह ने भी किया है[1]। दंडी ने भी भामह की ही बात मान ली है[2]। यही लक्षण-साधर्म्य और वैधर्म्य से सामान्य द्वारा विशेष का और विशेष द्वारा सामान्य का समर्थन प्रायः मम्मट, जयदेव और पंडितराज को भी मान्य रहा है[3]। रुय्यक और पं॰ विश्वनाथ की मान्यता इन सबों से भिन्न है। पं॰ विश्वनाथ तो प्रायः मम्मट और रुय्यक के समानरूप से ऋणी है। रुय्यक के आधार पर ही पं॰ विश्वनाथ ने कारण से कार्य एवं कार्य से कारण के समर्थन में भी

---

1. उपन्यसनमन्यस्य यदर्थस्योदितादृते।
   ज्ञयस्योऽर्थान्तरन्यासः पूर्वाथानुगतो यथा।—काव्यालंकार 2।71।
2. शेयः सोऽर्थान्तरन्यासो वस्तु प्रस्तुत्य किञ्चन।
   तत्साधनसमर्थस्य न्यासो योऽन्यस्य वस्तुनः।।—काव्यादर्श 2।69।
3. (क) सामान्यं वा विशेषो वा तदन्येन समर्थ्यते।
   यत्तु सोऽर्थान्तरन्यासः साधर्म्येणेतरेण वा।।—का. प्रकाश 10।109।
   (ख) उक्तिरर्थान्तरन्यासः स्यात् सामान्यविशेषयोः।—चन्द्रालोक।
   (ग) सामान्येन विशेषस्य विशेषण सामान्यस्य वा यत् समर्थनं तदर्थान्तरन्यासः।
   —रसगंगाधर।

अर्थान्तरन्यास स्वीकार कर लिया है[1]। किन्तु अन्यों के अनुसार यही काव्यलिंग है। अन्यों की कौन कहे, स्वयं 'अलंकार सर्वस्वम् विमर्शिनी' कार को यह मत अमान्य है[2]। पं॰ विश्वनाथ के अनुसार काव्यलिंग निष्पादक हेतु में होता है। यह मत चला नहीं। दंडी ने तो काव्यलिंग माना हीं नहीं। वस्तुतः लक्षण में सिद्धान्ततः ऐक्य होने पर भी उदाहरण-भेद-प्रदर्शन में मतवैभिन्न्य है। मम्मट ने इसके केवल चार भेद ही माने हैं, पर विश्वनाथ ने आठ। इसका कारण स्पष्ट है—कार्य-कारण भाव में अर्थान्तरन्यास मानने से पं॰ विश्वनाथ के यहाँ चार भेद बढ़ गये हैं। हिंदी काव्यशास्त्रियों ने प्रायः सामान्य और विशेष का समर्थन ही स्वीकार किया है[3]। भिखारीदास ने मम्मट के आधार पर साधर्म्य-वैधर्म्य से चारों भेदों का उल्लेख किया है[4]। वस्तुतः सामान्य-विशेष का परस्पर समर्थन साधर्म्य और वैधर्म्य से—उभयथा संभव है। इसी से इसके चार भेद यों माने जायेंगे—

1. सामान्य का विशेष से साधर्म्य द्वारा समर्थन।
2. सामान्य का विशेष से वैधर्म्य द्वारा समर्थन।
3. विशेष का सामान्य से साधर्म्य द्वारा समर्थन।
4. विशेष का सामान्य से वैधर्म्य द्वारा समर्थन।।

सामान्य का विशेष से साधर्म्य द्वारा समर्थन

जो रहीम उत्तम प्रकृति, का करि सकत कुसंग।
चन्दन विष व्यापक नहीं, 'लिपटे रहत भुजंग।।

—रहीम

यहाँ पूर्वार्द्ध की सामान्य बात (बुरी संगति उत्तम प्रकृति वालों का कुछ नहीं बिगाड़ सकती) का समर्थन उत्तरार्द्ध की विशेष बात (चन्दन का वृक्ष सर्पविष्ट होने पर भी विषहीन होता है) से हो रहा हैं अतः अर्थान्तरन्यास है।

---

1. सामान्य वा विशेषेण विशेषस्तेन वा यदि।
कार्य च कारणेनेदं कार्येण च समर्थ्यते।।
साधर्म्येणेतरेणार्थान्तरन्यासोऽष्टधा ततः।—सा. दर्पण 10।61-62।

2. कार्यकारणभावाश्रयस्य भेदद्वयस्य काव्यलिङ्गत्वं ग्रंथकृदेव वक्ष्यतीति सामान्य-विशेषभावाश्रयमेव भेदद्वयमाश्रयणीयम्।—अलंकारसर्वस्व-विमर्शिनी, पृ.139।

3. (क) कहि विसेष सामान्य पुनि, कै सामान्य विसेष।—ल. ललाम 289।
(ख) जहँ सामान्य विसेष को, करै समर्थन अर्थ।
है अर्थान्तरन्यास कहि, अर्थहि उलटि समर्थ।।—पद्माभरण 160।

4. साधारन कहिये वचन, कछु अवलोकि सुभाउ।
ताको पुनि दृढ़ कीजिये, प्रगटि विसेष बनाउ।।
कै विसेष हो दृढ़ करौ, साधारन कहि दास।
साधर्महु बैधर्म ते, है अर्थान्तरन्यास।। —का. निर्णय 8।60-61।

निर्ममता भी है जीवन में
हो वासन्ती अनिल प्रवाहित
करता जिनको दिन-दिन विकसित
उन्हें दलों को शिशिर समीरन तोड़ गिराता है क्षण भर में

—बच्चन

यहाँ भा साामन्य बात (जीवन में निर्ममता भी है) का समर्थन विशेष बात (वासंती हवा द्वारा विकसित किये गये पत्तों को शिशिर की हवा द्वारा तोड़कर गिराया जाना) से किया गया है। अस्तु अर्थान्तरन्यास है।

सामान्य का विशेष से वैधर्म्य द्वारा समर्थन

कोटि जतन कोऊ करौ, परै न प्रकृतिहिं बीच।
नल-बल जल ऊंची चढ़ै, अन्त नीच को नीच।।

—रहीम

यहाँ पूर्वार्द्ध की सामान्य बात (करोड़ों उपाय करने पर भी स्वभाव नहीं बदलता है) को समर्थन उत्तरार्द्ध की विशेष बात (नल-बल से ऊँचा चढ़ाने पर भी जल निम्नमुखी ही रहता है) से हो रहा है। यह समर्थन वैधर्म्य द्वारा हो रहा है, साधर्म्य द्वारा नहीं, चूँकि पूर्वार्द्ध 'स्वभाव नहीं बदलता है' निषेधात्मक है और उत्तरार्द्ध विध्यात्मक। अस्तु यहाँ वैधर्म्य से अर्थान्तरन्यास अलंकार है।

जीवन में सुख-दुःख निरंतर, आते-जाते हैं।
सुख तो सभी भोग लेते हैं, दुःख धीर ही सह पाते हैं।
मनुजंदुग्ध से, दनुज रुधिर से, अमर सुधा से जीते हैं।
किन्तु हलाहल भवसागर का, शिवशंकर ही पीते है।

—गुप्तजी

यहाँ सामान्य बात (केवल धीर व्यक्ति ही दुख सहते है) का समर्थन विशेष बात (संसाररूपी सागर का विष भगवान शंकर ही पीते है) से हो रहा है। यह समर्थन 'सहना' और 'पीना' के वैधर्म्य पर ही हो रहा है। अत : यहाँ भी वैधर्म्य से अर्थान्तरन्यास है।

विशेष का सामान्य से साधर्म्य द्वारा समर्थन–

हरि ल्यायो हरि कल्पतरु, जीति इंद्र के ताहि।
यह न आचरज बड़ेन को, है दुर्लभ कछु नाहिं।।

—पद्माकर

यहाँ विशेष बात (श्रीकृष्ण द्वारा कल्पतरु का हरण) का समर्थन सामान्य बात (बड़े लोगों के लिये दुर्लभ कुछ भी नहीं है) से हो रहा है। अस्तु अर्थान्तरन्यास है।

उड़ाती है तू घर में कीच।
नीच ही होते हैं बस नीच।।

—गुप्तजी

यहाँ पूर्वार्द्ध की विशेष बात (तू मंथरा घर में ही कीचड़ उछालती है) का समर्थन उत्तरार्द्ध की सामान्य बात (नीच सदा नीच ही होते है) से हो रहा है। अतः अर्थान्तरन्यास है।

विशेष का सामान्य से वैधर्म्य द्वारा समर्थन

सुकुमार तुम को जानकर भी युद्ध में जाने दिया।
फल योग्य ही है पुत्र! उसका शीघ्र हमने पा लिया।
परिणाम को सोचे बिना जो लोग करते काम है।
वे दुःख में पड़कर कभी पाते नहीं विश्राम है।

—गुप्तजी

यहाँ पूर्वार्द्ध की विशेष बात (सुकुमार अभिगन्यु को युद्ध में जाने की आज्ञा देकर योग्य फल की प्राप्ति) का समर्थन उत्तरार्द्ध की सामान्य बात (बिना परिणाम सोचे काम करने वालों को दुःख में भी विश्राम नहीं मिलता है) से रहा है। यहाँ 'योग्य-फल पाना' और 'विश्राग नहीं पाना' क्रमशः विध्यात्मक और निषेधात्मक है। अतः यहाँ वैधर्म्य से अर्थान्तरन्यास है।

भरत की माँ डरी सुन भूपवाणी,
कहीं वह राम-लक्षण ने प्रमाणी!
पतित क्या उन्नतों के भाव जानें,
उन्हें वे आप ही में क्यों न सानें!

—गुप्तजी

यहाँ भी पूर्वार्द्ध की विशेष बात का समर्थन उत्तरार्द्ध की सामान्य बात से हो रहा है। यहाँ भी पूर्वार्द्ध और उत्तरार्द्ध के क्रमशः विध्यात्मक और निषेधात्मक होने के कारण वैधर्म्य से अर्थान्तरन्यास है।

29. पर्यायोक्ति

जहाँ अभीष्ट अर्थ का कथन सीधे ढंग से नहीं, प्रकारान्तर से किया जाये, वहाँ पर्यायोक्ति अलंकार होता है।

पर्यायोक्ति का अर्थ है पर्याय (प्रकार) से उक्ति (कथन) अर्थात् प्रकारान्तर से कथन अथवा वैचित्र्यपूर्ण कथन। यहाँ जो कुछ कहना अभीष्ट होता है, उसे सीधे ढंग से नहीं, वरन् घुमा-फिराकर कहा जाता है। जैसे, 'आप यहाँ किस लिये आये है' न कहकर यदि कोई कहे 'कहिये' यहाँ तक आकर आपने आज दर्शन देने का कैसे कष्ट किया' तो यही होगी पर्यायोक्ति। तात्पर्य यह कि इसमें अभीष्टार्थ का भंग्यन्तर से कथन ही मूल बात है।

यह सादृश्यगर्भ के गम्यौपम्याश्रय वर्ग का अर्थालंकार है। यह भामह से ही स्वीकृत रहा है[1]। भामह के लक्षण को ही उद्‌भट ने अधिक स्पष्ट कर रखा है[2]। दंडी ने अपने लक्षण में प्रकारान्तर तथा भंगिमा-विशेष पर अधिक बल दिया है[3]। मम्मट का लक्षण परम्परित होकर भी चिन्तन की विशिष्टता के कारण अधिक मौलिक है[4]। प्राचीन आचार्यों द्वारा स्पष्ट 'अन्य प्रकार' या 'प्रकारान्तर' भाव का स्पष्टीकरण इन्होंने वृत्ति में 'अवगमन व्यापार' कह कर किया है[5]। इसी से यह भी सिद्ध है कि इस अलंकार में व्यंजना के द्वारा वाच्यार्थ का अभिधान होता है। तात्पर्य यह कि इसमें व्यंजना के द्वारा जो अभिधान होता है, वह 'ध्वनि' नहीं, वरन् उक्ति वैचित्र्य हो—गुणीभूत व्यंग्य ही समझा जाये। मम्मट के 'अवगमन व्यापार' के समान ही रुय्यक ने 'भंग्यन्तर' पर बल दिया है[6]। पं॰ विश्वनाथ ने रुय्यक का ही अनुसरण किया है[7]। जयदेव का लक्षण भी मम्मट के लक्षण के आधार पर ही निर्मित माना जायेगा[8]। अप्पयदीक्षित के लक्षण का आधार जयदेव का लक्षण नहीं है, वरन् रुय्यक का लक्षण है[9]।

ध्वनिवादियों के यहाँ पर्यायोक्ति का स्वरूप अलंकारवादियों से भिन्न हो गया हैं अलंकारवादियों के यहाँ इष्टार्थ का वाच्यवाचक वृत्ति के अतिरिक्त व्यंग्य-व्यंजकवृत्ति द्वारा अभिधान ही पर्यायोक्ति, पर ध्वनिवादियों के यहाँ इसमें गम्य अर्थ का प्रकाराम्तर से अभिधान होना आवश्यक है। इसी से लोचनकार का लक्षण उद्‌भट से मिलता-जुलता हुआ है।

पर्यायोक्ति के विवेचन के क्रम में काव्यशास्त्रियों ने एक प्रश्न उठाया है कि जो 'गम्य' है, वह उसी स्थल पर वाच्य कैसे होगा? इसका स्पष्टीकरण मम्मट और रुय्यक ने किया है। रुय्यक के अनुसार 'गम्य' अर्थ का वाच्य रूप में अभिघात एक

---

1. पर्यायोक्तं यदन्येन प्रकारेणाभिधीयते।—काव्यालंकार 3।8।
2. पर्यायोक्तं यदन्येन प्रकारेणाभिधीयते। वाच्यवाचकवृत्तिभ्यां शून्येनावगमात्मना।।—का. सा. संग्रह 4।6।
3. इष्टमर्थमनाख्याय साक्षात्तस्यैव सिद्धये। यत्प्रकारान्तराख्यानं पर्यायोक्तं तदिष्यते।।—काव्यादर्श 2।295।
4. पर्यायोक्तं विना वाच्यावाचकत्वेन यद्वचः।—का. प्रकाश 10।115।
5. वाच्यवाचकभावव्यतिरिक्तेनावगमनव्यापारेण यत्प्रतिपादनं तत्पर्यायेण भङ्ग्यन्तरेण कथानात्पर्यायोक्तम्।—वही (वृत्ति)।
6. गम्यस्य भंग्यन्तरेणाभिधानं पर्यायोक्तम्।—अ. सर्वस्वम्।
7. पर्यायोक्तं यदा भङ्ग्या गम्यमेयावाधीयते—सा. दर्पण 10।60।
8. कार्याधैः प्रस्तुतैरुक्ते पर्यायोक्तिं प्रचक्षते।—चन्द्रालोक।
9. पर्यायोक्तं तु गम्यस्च वचो भङ्ग्यान्तराश्रयम्।—कुवलयानन्द 68।

वैचित्र्य है, जैसे कि यदि 'कारण' रूप प्रस्तुत अर्थ गम्य है तो उसे 'कार्यरूप में अभिहित किया जा सकता है[1]।

हिंदी काव्यशास्त्रियों ने इस अलंकार का विवचेन दीक्षित जी के आधार पर ही किया है। वे लोग इसके दो भेद मानने के पक्ष में है। इन्होंने पूर्वोक्त लक्षण को प्रथम पर्यायोक्ति का लक्षण माना हैं। इसके निमित्त जसवन्त सिंह, मतिराम, दास, पद्माकर आदि के लक्षण देखे जा सकते हैं[2]। सब के लक्षण प्रायः समान ही है।

वन का व्रत हम आज तोड़ सकते कहीं।
तो भाभी की भेंट छोड़ सकते कहीं?

—गुप्तजी

केवट ने राम से अपने घर चलने का आग्रह किया हैं राम वहाँ जाना नहीं चाहते हैं, यह प्रसंग है। यहाँ राम को केवल इतना ही कहना अभीष्ट है कि 'मैं तुम्हारे घर नहीं जा सकता'—इतनी-सी बात को वे सीधे ढंग पर न कहकर प्रकारान्तर से कह रहे है कि 'यदि मैं आज वन में रहने का व्रत तोड़ देता तो तुम्हारे घर चलकर भाभी की भेंट लेने से न चूकता'। यह कथन प्रकारान्तर से किया गया है। अस्तु यहाँ पर्यायोक्ति है।

जिसने तुमको दुःख दिया वह नहीं रहेगा।
तुमसे निज वृत्तान्त स्वर्ग में स्वयं कहेगा।।

—उपाध्याय

यहाँ रामने जटायु से सीधी-सी बात (जिसने तुम्हें मारा है, उसे मैं अवश्य मारूँगा) को भंग्यन्तर से कहा है (जिसने तुम्हें मारा है, वह शीघ्र ही स्वर्ग में तुमसे मिलकर अपना वृत्तान्त सुनायेगा)। अतः यहाँ पर्यायोक्ति है।

तरु पर लौट रहे हैं नभचर
लौट रही नौकाएँ तट पर।
पश्चिम की गोदी में रवि की श्रांत किरण ने आश्रय पाया।

—बच्चन

---

1. यदेव गम्यत्वं तस्यैवाभिधाने पर्यायोक्तम्। गम्यस्य सतः कथमभिधानमिति चेत्, गम्यापेक्षया प्रकारान्तरेणाभिधानस्याभावात्। न हि तस्यैव तदेव तयैव विच्छित्त्या गम्यत्वं वाच्यत्वं च सम्भवति। अतः कार्यमुखद्वारैणाभिधानम्। कार्यादिरपि तत्र प्रस्तुतत्वेन वर्णनार्हत्वात्।—अ. सर्वस्वम्।
2. (क) कछु रचना सो बात।—भा. भूषण 100।
   (ख) गम्य अर्थ प्रगटै तहाँ, और वचन रचनानि।—ल. ललाम 147।
   (ग) कहिय लक्षना रीति लै, कछु रचया सों बैन।—का. निर्णय 12।41।
   (घ) पर्यायोक्ति सुगम्य जहँ, पुरै वचन रचनानि।—पद्माभरण 123।

यहाँ कवि सीधे 'सूर्यास्त हो गया है' न कहकर उसी बात को प्रकार-भेद से कह रहा है कि 'पक्षी वृक्षों पर (घोंसलों की ओर) लौट रहे हैं, नौकाएँ किनारे पर आ रही है और श्रांत सूर्य-रश्मियाँ पश्चिम की गोद में विश्राम कर रही है'। अतः पर्यायोक्ति है।

द्वितीय पर्यायोक्ति

अभीष्ट अर्थ का सम्पादन जहाँ किसी ब्याज (बहाना) से किया जाये, वहाँ दूसरी पर्यायोक्ति होती है।

द्वितीय पर्यायोक्ति के सम्बन्ध में मतैक्य नहीं हैं अप्पयदीक्षित जी ब्याज से इष्टसाधन में ही द्वितीय पर्यायोक्ति मानते हैं, किन्तु दंडी आदि के अनुसार इसमें इष्टसाधन हेतु ब्याज से कथन किया जाता हैं हिंदी काव्यशास्त्रियों ने दीक्षित जी के लक्षण के आधार पर ही अपने लक्षण दिये हैं, यही मत सटीक भी है। इससे पर्यायोक्ति के दोनों भेद स्पष्ट तो रहते ही है, सरलता भी होती है। इसमें 'मिस', 'व्याज' आदि शब्द प्रायः प्रयुक्त होते है, पर इनका होना आवश्यक नहीं है। यहाँ यह जान लेना चाहिये कि कैतवापह्नुति में 'मिस' आदि का प्रयोग वस्तु के गोपन के लिये होता है, पर यहाँ इष्टार्थ के संपादन के लिये।

तुलसी अवलंब न और कछू लरिका केहि भाँति जिआइहौं तू।
बरु मारिये मोहि बिना पग धोए, नाथ न नाव चढ़ाइहौ जू।।

—तुलसी

यहाँ केवट का इष्टार्थ प्रकारान्तर से व्यक्त हुआ है। वह चाहता है भगवान् राम के पैर का प्रक्षालन करना, पर वह उसे सीधे नहीं व्यक्त करता हैं। अस्तु यहाँ द्वितीय पर्यायोक्ति है।

तुम दोऊ बैठो यहाँ, जाति अन्हावन ताल।

—जसवन्त सिंह

यहाँ प्रेमी-प्रेमिका को एकत्र करके दूती यह कहकर वहाँ से चल देती है कि आप देनों जरा यहीं बैठिये, मैं तालाब में स्नान कर अभी आती हूँ। यहाँ तालाब में स्नान करने जाने के बहाने संघटन का कार्य (इष्टार्थ की सिद्धि) किया जा रहा हैं। अतः द्वितीय पर्यायोक्ति है।

चलत पाहुनी को जु हरि, छींकि लियो समुहाय।

—पद्माकर

जाती हुई पाहुनी (अतिथिनी, नायिका) के सम्मुख श्रीकृष्ण ने आकर छींक दिया। यहाँ छींक के व्याज से पाहुनी को रोक रखना ही इष्टार्थ का सम्पादन है। अतः व्याज से पर्यायोक्ति है।

30. आक्षेप

जहाँ विवक्षित (अपेक्षित) वस्तु में विशिष्टता-प्रतिपादन हेतु उसका निषध-सा किया जाये, वहाँ आक्षेप अलंकार होता है।

आक्षेप शब्द के अनेक अर्थ होते हैं—फेंकना, डालना, गिराना, दोष लगाना, छोड़ देना, आरोप लगाना, निन्दा करना आदि, पर यहाँ इसका अर्थ है निषेध। यहाँ अपेक्षित कथन को बिना पूरा किये ही, बीच में ही छोड़ दिया जाता है अथवा उसका निषेध-सा कर दिया जाता है। इससे अर्थ में असंगति नहीं आती, वरन् कथन और भी चामत्कारिक हो उठता है। निषेधात्मक चमत्कार के कारण ही इसे आक्षेप कहा जाता है। यहाँ निषेध का तात्पर्य वास्तविक अथवा पूर्णत्या निषेध नहीं है, वरन् निषेध का आभासमात्र है। ऐसे निषेध के आभास का आयोजन विवक्षित वस्तु में विशेषता सम्पादनार्थ ही, कथन को प्रभावशाली बनाने के लिये ही होता है।

यह सादृश्यगर्भ के गम्यौपम्याश्रय वर्ग का अर्थालंकार है। यह भामह और उद्भट से ही स्वीकृत रहा है। इनके लक्षणों में निषेध का भाव स्पष्ट रूप से वर्तमान है। उद्भट के अनुसार आक्षेप कवियों का वह वैचित्र्यपूर्ण वक्तव्य है जिसमें इष्टार्थ एक ऐसे व्याज से कथित होता है कि निषेधात्मक रूप अन्त में विधेयात्मक हो जाता है[1]। दंडी ने विधेयात्मक पर्यवसान को अस्वीकार करते हुये निषेध को वास्तविक मान लिया है। इनके अनुसार यह अतीताक्षेप, वर्तमानक्षेप और भविष्यदाक्षेप—तीन प्रकार का सम्भव है एवं इन तीनों के पुनः अनन्तरूप हो सकते हैं, क्योंकि निषेध्य पदार्थ धर्म-धर्मि, कार्य-कारणादि भेद से अनन्त हो सकते हैं[2]। दंडी के इस कथन में वस्तुतः अतिव्याप्ति की गंध है। सच तो यह है कि यदि निषेध वास्तविक हो जायेगा तो चमत्कार रहेगा कहाँ? मम्मट ने इसका लक्षण भामह और उद्भट के आधार पर ही निर्धारित किया है कि जिसमें किसी बात की विवक्षा की दृष्टि से उस विषय का वर्णन निषिद्ध किया जाये तो प्राकरणिक होने के कारण वर्णन योग्य हो[3]। कहा जायेगा कि 'वक्ष्यमा-णोक्तविषयः' कहकर मम्मट ने दंडी के अतीताक्षेप और भविष्यदाक्षेप को भी स्वीकार कर लिया है। वृत्ति में 'निषेधो निषेध इव' कहकर मम्मट ने स्पष्ट कर दिया है कि निषेध वास्तव में निषेधाभास मात्र है। पं. विश्वनाथ ने तो

---

1. प्रतिषेध इवेष्टस्य यो विशेषाभिधित्सया। आक्षेप इति तं संतः शंसन्ति कवयः सदा।।—का. सा. संग्रह 2/2।
2. प्रतिषेधोक्तिराक्षेपस्त्रैकाल्यापेक्षया त्रिधा। अथास्य पुनराक्षेप्यभेदानन्त्यादनन्तता।—काव्यादर्श 2/20।
3. निषेधो वक्तुमिष्टस्य यो विशेषाभिधित्सया। वक्ष्यमाणोक्तविषयः स आक्षेपो द्विधा मतः।।—का. प्रकाश 10/106, 107।

निषेधाभास शब्द का प्रयोग ही किया है[1]। इन्होंने इसके दो भेद माने हैं—वक्ष्यमाण और उक्त विषयक, किन्तु अप्पयदीक्षित ने इसके तीन भेद माने है—विशिष्टता प्रतिपादनार्थ स्वकथित बात का प्रतिषेध, निषेधाभास और प्रकट विधि का आक्षेप। रुय्यक के आक्षेप का लक्षण ही दीक्षितजी को दूसरे आक्षेप के रूप में स्वीकार है[2]।

हिंदी काव्यशास्त्रियों नें दीक्षितजी के आधार पर ही आक्षेप के तीन प्रकार माने हैं—प्रथम, द्वितीय और तृतीय, जिन्हें क्रमशः उक्ताक्षेप (उक्तविषयक), निषेधाक्षेप (वक्ष्यमाण) और व्यक्ताक्षेप कहा गया हैं। हिंदी काव्यशास्त्रियों द्वारा स्वीकृत आक्षेप के ये तीन भेद सरल ही नहीं, सटीक भी है, क्योंकि कथ्य का निषेध मोटे तौर पर तीन प्रकार से ही सम्भव है—

1. पहले उक्ति और पीछे उसे निषेध-सा किया जाना—**उक्ताक्षेप**
2. पहले निषेध-सा किया जाना और पीछे उक्ति—**निषेधाक्षेप।**
3. प्रकटरूप में विधि (स्वीकृति), पर अप्रकट रूप में निषेध-सा किया जाना—**व्यक्ताक्षेप।**

उक्ताक्षेप : जहाँ पहले विवक्षित वस्तु का कथन किया जाये और पीछे किसी विशेष कारण से उसका निषेध-सा किया जाये, वहाँ उक्ताक्षेप होता है।

हिंदी का शास्त्रियों ने उसका निरूपण अप्पयदीक्षित के आधार पर ही किया है[3]। भिखारीदास ने इसे ही तीसरा आक्षेप माना है[4]। इसमें अपने कथित अर्थ का निषेध तो किया जाता है, पर वह सदा उत्कर्ष सूचक ही होता है।

भये बटाऊ नेह तजि, बादि बकत बेकाज।
अब अलि देत उराहनो, उर उपजति अति लाज।।

—अ. मुक्तावली

यहाँ नायक के प्रति नायिका की उक्ति सखी से है कि—'ये तो प्रेम को ठुकराकर बटोही बन रहे है (विदेश जा रहे हैं), मैं तो बेकाज (व्यर्थ) ही बक रही हूँ। अरी सखी, अब तो इन्हें उलाहना देते हुये मुझे लाज लगती है'—यहाँ नायक को उलाहना देना ही नायिका की विवक्षित वस्तु (इष्टार्थ) है, जिसे वह निषेध के आभास के कथ्य को

---

1. वस्तुनो वक्तुमिष्टस्य विशेष प्रतिपत्तये। निषेधाभास आक्षेपो वक्ष्यमाणोक्तगो द्विधा।—सा. दर्पण 10/65, 66।
2. उक्तवक्ष्यमाणयोः प्राकरणिकयोविशेषप्रतिपत्त्यर्थ निषेधाभास आक्षेपः।—आ॰ सर्वस्वम्।
3. (क) आक्षेपः स्वयमुक्तस्य प्रतिषेधो विचारणात्।—कुवलयानंद 73।
   (ख) पहिले कहिये आपु कछु, बहुरि फेरिये तासु।—मा॰ भूषण 104।
   (ग) जहाँ कही निज बात कौ, समुझि करत प्रतिषेध।—ल. ललाम 187।
   (घ) करब निषेध सु उक्ति को, यहै प्रथम आक्षेप।—पद्माभरण 132।
4. दूषि आपने कथन को, फेरि कहै कछु और।—का. निर्णय 12।36।

और भी प्रभावशाली बना देती है। अतः उक्ताक्षेप है।

विरहानल में वह तिल-तिल जल,
निःशेष हुई जाती पल-पल
पर लाभ यहाँ क्या कहने का?
कुछ सोच रही वह मौन सजल।

—समदर्शी

यहाँ पूर्वार्द्ध में विरहिणी की दयनीय स्थिति का निवेदन उसकी सखी ने उसके प्रियतम से किया है, पर तीसरी पंक्ति में उसने नायक को कुछ सलाह न देकर कथ्य का ही निषेध-सा कर दिया है, जिससे वर्णनीय वस्तु और भी प्रभावशाली हो उठी है। पहले कथन और पीछे उसका निषेध होने से यहाँ भी उक्ताक्षेप है।

सुनो हे राम कंटक आप हूँ मैं।
कहूँ क्या और बस चुपचाप हूँ मैं।

—गुप्तजी

यहाँ पूर्वार्द्ध में कैकेयी का बोलना अभीष्ट है। बोलना अभीष्ट होते हुये भी उत्तरार्द्ध में उसका निषेध-सा किया गया है। अतः यहाँ भी उक्ताक्षेप है।

निषेधाक्षेप : जहाँ पहले निषेध-सा और पीछे विवक्षित वस्तु का कथन किया जाये, वहाँ निषेधाक्षेप होता है।

अधिकांश आलंकारिकों ने इसे निषेधाभास ही कहा है। इसमें विवक्षित वस्तु का निषेध वास्तविक नहीं, वरन् आभास मात्र होता है। हिंदीवालों ने इसे दीक्षित जी के अनुसार ही निरूपित किया है[1]।

रे खल! तेरे चरित ये, कहिहौं सबहि सुनाय।
अथवा कहिबो हत-कथा, उचित न मोहिं जनाय।।

—अ. मंजरी

यहाँ कथ्य है खल का चरित्र, जिसे बिना कहे ही निषेध-सा (उचित न मोहिं जनाय) कर दिया गया। तात्पर्य यह कि दुष्टों का चरित्र कहना ही नहीं चाहिये। इसे कहना भी पाप है। अतः यहाँ निषेधाक्षेप है।

हौं न कहत तुम जानिहौ।, लाल! बाल की बात।
अँसुवा उडुगन परत हौं, होन चहत उत्पात।।

—मतिराम

---

1. (क) निषेधाभासमाक्षेपं बुधाः केचन मन्यते।—कुवलयानंद 74।
(ख) जहाँ न साँच निषेध है, है निषेध आभास।—ल. ललाम 189।
(ग) मुकुरि परत जेहि बात कों, मुख्य वही जहँ राजु।—का. निर्णय 12।35।
(घ) झुठ निषेध आक्षेप मन, वहै निषेधाभास।—पद्माभरण 133।

यहाँ विरहिणी की स्थिति का कथन उसके प्रेमी से सखी कर रही है, पर कुछ कहने के पहले ही 'हौ न कहत' (मैं नहीं कहती) से वह निषेध-सा कर रही है। पीछे सखी ने कथ्य का वर्णन किया है कि 'अनर्थ होना ही चाहता है, चूंकि उसकी आँखों से उडुगन (आंसू की बूँदों की कल्पना तारे के रूप में है) गिर रहे है'। अस्तु यहाँ भी निषेधाभास ही है।

व्यक्ताक्षेप : जहाँ अनभीष्ट वस्तु की स्वीकृति (विधि) में ही उसका निषेध छिपा हो, वहाँ व्यक्ताक्षेप होता है।

व्यक्ताक्षेप का अर्थ है व्यक्त के साथ आक्षेप अर्थात् विधि के साथ निषेध। इसे निषेधगर्भ-जन्य-स्वीकृति कह सकते हैं। इसमें अभीष्ट अर्थ की स्वीकृति इस प्रकार होती है कि वह निषेध के तात्पर्य से गर्भित होती हैं। हिंदी के आचार्यों ने इसे दीक्षित जी से ही ग्रहण किया है[1]। दासजी ने इसे ही प्रथम आक्षेप माना है[2]। वस्तुतः इसमें विधि नहीं होती है, विधेयात्यक रूप में निषेध ही प्रबल होता है।

जाहु-जाहु, परदेश प्रिय, मोहिं न कछु दुख भीर।
लहहूँ ईस ते विनय करि, मैं हूँ तहाँ शरीर।।

—अ. मुक्तावली

यहाँ प्रवत्स्यत्पतिका नायिका नायक को प्रत्यक्षतः विदेश-गमन की अनुमति दे रही है, तुम परदेश जाओ, मुझे कोई व्यथा न होगी', पर प्रकारान्तर से अपनी मृत्यु की सूचना देकर—पर ईश्वर से मेरी इतनी ही प्रार्थना है कि मेरा जनम वहीं हो, जहाँ आप जा रहे है', विदेश गमन का निषेध भी कर रही है। अतः यहाँ व्यक्ताक्षेप है।

रोकहिं जो तो अमंगल होय औ प्रेम नसै जो कहौं प्रिय जाइए।
जो कहौं जाहु न तो प्रभुता जो कछु न कहौ तो प्रेम नसाइए।
जो हरिचंद कहौ तुम्हरे बिन जिहें न तो यह क्यों पतिआइए।
तासो पयान समय तुमतें हम का अहैं आपु हमें समझाइए।

—*भारतेन्दु*

यहाँ भी पूर्वोक्त स्थिति ही है—प्रवत्स्यत्पतिका नायिका नायक को प्रवास की आज्ञा प्रत्यक्षतः तो देती है, पर छिपे रूप (अपनी मृत्यु की सूचना देकर) निषेध भी कर रही है। इस निषेधगर्भित स्वीकृति के कारण यहाँ भी व्यक्ताक्षेप अलंकार है।

---

1. (क) आक्षेपोऽन्यो विधौ व्यक्ते निषेधे च तिरोहिते।—कुवलयानंद 75।
   (ख) दुरै निषेध जु विधि वचन।—आ॰ भूषण 105।
   (ग) जहाँ विधि प्रकट बखानिये, छप्यो निषेध प्रकास।—ल. ललाम 191।
   (घ) सु आक्षेप जहं विधि प्रगट, दुरयौ निषेध बखान।—पद्माभरण 134।
2. जहे बरजिवो कहि इहै, अवसि करौ यह काज।—का. निर्णय 12।35।

31. समासोक्ति

जहाँ प्रस्तुत के वर्णन से अप्रस्तुत की प्रतीति हो, वहाँ समासोकित अलंकार होता है[1]।

समासोक्ति शब्द में 'समास' और 'उक्ति' का योग है जिसका अर्थ है संक्षेप में उक्ति अर्थात् कहना थोड़ा और समझना अधिक। थोड़े कथन से अधिक समझने का तात्पर्य है कि यहाँ वर्णन किया जाता है केवल प्रस्तुत का, पर उससे प्रतीति होती है अप्रस्तुत की भी। यहाँ वर्णन होता है एक का, पर उससे बोध होता है दो का—ऐसी उक्ति यदि संक्षिप्त नहीं मानी जायेगी तो और कौन-सी उक्ति संक्षिप्त होगी।

यह सादृश्यगर्भ के गम्यौपम्याश्रय वर्ग का विशेषण-वैचित्र्यमूलक अर्थालंकार है। यह प्राचीन काव्यशास्त्रियों से ही स्वीकृत रहा है। इसकी कल्पना विशेषण-वचित्र्य के अनुसंधान से सम्बन्धित है। इससे अप्रस्तुत अभिव्यंग्य होकर प्रस्तुत की ही विशेषता बढ़ाता है। ध्वन्यालोककार ने भी यह स्वीकार किया है कि इसमें व्यंग्यार्थ का कार्य वाच्यार्थ को अलंकृत करना भर है। वस्तुतः, इसमें वाच्य से व्यंग्य की (प्रस्तुत से अप्रस्तुत की) प्रतीति तो होती है अवश्य, पर व्यंग्य सदा गौण ही रहता है; इसी से इसका व्यंग्य ध्वनि की सीमा के बाहर ही रह जाता है। इसके मूल में गुणीभूत व्यंग्य कार्य करता है। भामह ने समान विशेषण की सामर्थ्य से प्रकृत पर वाक्य द्वारा अप्रकृत अर्थ के अभिधान को समासोक्ति कहा है[2]। उद्भट का लक्षण भी ऐसा ही है[3]। रुय्यक का लक्षण इससे थोड़ा भिन्न पड़ता है[4]। मम्मट ने अपने लक्षण का निर्माण इन्हीं के पथचिह्नों पर चलकर किया है[5]। मम्मट ने स्पष्ट कर दिया है कि समासोक्ति का जीवन विशेषण-साम्य में ही निहित है, विशेष्यसाम्य की इसे अपेक्षा नहीं है। भोजराज का लक्षण इन सबों में भिन्न प्रतीत होता है[6]। पं॰ विश्वनाथ ने मम्मट के भाव को—'समान कार्य, लिंग एवं विशेषणों से अप्रस्तुत वस्तु का प्रस्तुत वस्तु पर आरोपित किया जाना' कहा है[7]। यहाँ समासोक्ति का क्षेत्र काफी विकसित

---

1. प्रस्तुतादप्रस्तुतप्रतीतिः समासोक्तिः।
2. प्रकृतार्थेन वाक्येन तत्समानविशेषणैः।
   अप्रस्तुतार्थकथनं समासोक्तिः।।—का. सा. संग्रह 2।10।
3. वस्तु किञ्चिदभिप्रेत्य तत्तुल्यस्यान्यवस्तुनः।
   उक्तिः संक्षेपरूपत्वात् सा समासोक्तिरिष्यते।।—काव्यादर्श 2।205।
4. विशेषणानां साम्यादप्रस्तुतस्य गम्यत्वे समासोक्तिः।—अ. सर्वस्वम्।
5. परोक्तिभदकैः श्लिष्टैः समासोक्तिः।—का. प्रकाश 10। 67।
6. यत्रोपमानादेवैतत् उपमेयं प्रतीयते।
   अतिप्रसिद्धेस्तामाहुः समासोक्ति मनीषिणः।।—सरस्वतीकण्ठाभरणम्।
7. समासोक्तिः समैर्यत्र कार्यालिङ् गविशेषणैः।
   व्यवहारसमारोपः प्रस्तुतेऽन्यस्य वस्तुनः।।—सा. दर्पण 10।56।

कर दिया गया है। जयदेव के लक्षण में भी यही भाव अपेक्षाकृत सूक्ष्म रूप में कथित है[1]। यहाँ 'स्फुरण' शब्द का अर्थ वाच्य-व्यंग्यभाव से अभिन्न मानना चाहिये। हिंदी के आचार्यों ने जयदेव का ही अनुसरण किया है[2]। इन लोगों ने भेदों को प्रायः छोड़ हीदिया है। भिखारीदास ने वाचक और श्लेष–दो भेंदो का कथन किया है। हाँ, पोद्दार जी ने पं॰ विश्वनाथ द्वारा प्रतिपादित भेदों को स्वीकार कर लिया है।

रूपक (एक देशविवर्ति) का समासोक्ति से घाल-मेल संभव है। अतः यहाँ जान लेना चाहिये कि रूपक में अप्रस्तुत प्रस्तुत का आच्छादक होता है–अप्रस्तुत प्रस्तुत पर अपना रूप आरोपित करता है, जबकि समासोक्ति में अप्रस्तुत प्रस्तुत का अवच्छेदक अविा वैशिष्ट्याधायक होता है–अप्रस्तुत प्रस्तुत पर अपना व्यवहार आरोपित करता है। प्रथम में प्रस्तुत और अप्रस्तुत दोनों वाच्य होते हैं, पर द्वितीय में मात्र प्रस्तुत ही वाच्य होता है और अप्रस्तुत व्यंग्य।

प्रस्तुत से अप्रस्तुत की प्रतीति तीन प्रकार से संभव है–समान कार्य से, समान लिंग से और समान विशेषण से। अस्तु, समासोक्ति भी तीन प्रकार की होगी। इसी से क्रिया लिंग और विशेषण–तीनों की समानता के कारण प्रस्तुत के वर्णन से अप्रस्तुत की प्रतीति में समासोक्ति अलंकार माना जाता है। क्रिया, लिंग और विशेषण का पूर्णतः पार्थक्य दुरूह है। इन तीनों के एकत्र स्थिति भी संभव है। वैसे स्थानों पर 'प्राधान्येन व्यपदेशा भवन्ति' के अनुसार ही अलंकार का निर्धारण होगा।

क्रिया साम्य से

नहिं पराग नहिं मधुर मधु, नहिं विकास यहि काल।
अली! कली हो सों, विध्यौ, आगे कौन हवाल।।

–बिहारी

यहाँ 'भौरे का अविकसित कली के सौन्दर्य-जाल में आबद्ध हो जाना' प्रस्तुत है पर 'विध्यौ' क्रिया के साम्य से अप्रस्तुत अर्थ–'किसी रसिक नायक' (राजा जयसिंह) का 'किसी सुन्दरी (नई रानी–जो अभी पूर्ण युवती भी नहीं हुई है) के मोह-पाश में बद्ध हो जाना' की प्रतीति करायी जा रही है। अतः यहाँ समासोक्ति है।

निशा को धो देता राकेश
चाँदनी में जब अलकें खोल

---

1. समासोक्तिपरिस्फूर्तिः प्रस्तुतेऽप्रस्तुतस्य चेत्।–चन्द्रालोक।
2. (क) समासोक्त्यप्रस्तुत पुरै, प्रस्तुत वर्णन माँझ।–भा. भूषण 93।
   (ख) जहँ प्रस्तुत में होत है, अप्रस्तुत को ज्ञान।–लं. ललाम 162।
   (ग) समासोक्ति प्रस्तुत विषे, अप्रस्तुत को ज्ञान।–पद्माभरण 99।

कली से कहता था मधुमास,
बता दो मधु मदिरा का मोल।

—महादेवी

यहाँ प्रस्तुत राकेश-निशा तथा मधुमास-कली पर अप्रस्तुत नायक-नायिका के कामुकतापूर्ण व्यवहार का आरोप है। यहाँ क्रियासाम्य (कहता था) के आधार पर समासोक्ति है। इस उदाहरण में समासोक्ति के साथ ही वाच्यार्थ का चमत्कार और गुणीभूत व्यंग्य भी दर्शनीय है।

जन्म से मृदु कंज-उर में
नित्य पाकर प्यार लालन
अनिल से चल पंख पर फिर
उड़ गया जब गंध उन्मन।
बन गया तब से अपरिचित
हो गयी कलिका बिरानी
निठुर वह मेरी कहानी।

—महादेवी

यहाँ प्रस्तुत कलिका से अप्रस्तुत नारी की प्रतीति हो रही है। प्रतीति का मुख्य आधार है क्रियासाम्य। जिस घर में उसका लालन-पालन हुआ, उसे छोड़कर चले जाने पर वह किस प्रकार विरानी हो जाती है, यह वस्तुतः बड़ी ही निठुर कहानी है। अतः यहाँ समासोक्ति है। इसी प्रकार निम्नांकित उदाहरण में भी क्रियासाम्य से समासोक्ति देखी जा सकती है—

गुलालों से पथ रवि का लीप
जला पश्चिम में पहला दीप
विहँसती सध्या भरी सुहाग
दृगों से झरता स्वर्ण पराग।

—महादेवी

यहाँ सन्ध्या में सुहागिन नायिका की आनन्दानुभूति की अप्रस्तुति प्रतीति हो रही है जिसका आधार है क्रियासाम्य। अस्तु, यहाँ समासोक्ति है।

लिंग साम्य से

जब तुहिन भार से चलता था।
धीरे-धीरे मारुत-कुमार।
तब कुसुम-कुमारी देख-देख
उस पर हो जाती थी निसार।

—श्यामनारायण पांडेय

यहाँ 'मारुत-कुमार पर कुसुम-कुमारी का निसार होना' प्रस्तुत है, पर उससे 'मस्ती से चलने वाले किसी युवक पर किसी युवती का निसार होना'–अप्रस्तुत की प्रतीति होती है। इस प्रतीति का मुख्याधार है लिंग साम्य–मारुत कुमार का पुलिंग और कुसुम कुमारी का स्त्री-लिंग होना। अस्तु, यहाँ लिंग साम्य से समासोक्ति है।

जग के दुख-दैन्य-शयन पर यह रुग्णा जीवन-बाला।
रे कब से जाग रही वह, आंसू की नीरव माला।
पीली पड़ निर्बल कोमल कृश देहलता कुम्हलाई।
विवसना, लाज में लिपटी, साँसों में शून्य समाई।

–पन्त

यहाँ प्रस्तुत है 'कुम्हलाई हुई चाँदनी का वर्णन', पर उससे अप्रस्तुत 'रुग्णा बाला' की प्रतीति हो रही है, जिसका मुख्याधार है लिंग साम्य। यद्यपि इसमें विशेषणरूप में आये हुये पद भी काफी स्फुट है, पर उनसे भी अधिक स्फुट है लिंग साम्य, जिससे पाण्डुर, क्षीणकाय, कोमल, तन्वंगी, रुग्ण स्त्री का बोध हो रहा है। अस्तु, यहाँ, भी लिंग साम्य से समासोक्ति है।

विशेषण साम्य से–

चंपकलता सुकुमार तू, धन तुव भाग्य विशाल।
तेरे डिग सोहत सुखद, सुन्दर श्याम तमाल।।

यहाँ प्रस्तुत 'सुन्दर श्याम तमाल से आवेष्ठित सुकुमार चंपकलता' से अप्रस्तुत 'राधाकृष्ण के संयोग' की प्रतीति हो रही है, जिसका मुख्याधार है विशेषण साम्य होना। चम्पकलता सुनहरी होती है और तमाल श्यामला या हरा–राधा गोरी (कंचनवर्णा) है और कृष्ण श्यामल। अतः विशेषण पद यहाँ ऐसी विशिष्टता लिये हैं कि उनके साम्य से ही अप्रस्तुत की प्रतीति हो रही है। अस्तु, विशेषण साम्य से यहाँ समासोक्ति है।

विशेषण साम्य कहीं श्लिष्ट भी हो सकता है और कहीं अश्लिष्ट भी। इसी से यह दो प्रकार का माना जाता है। उपर्युक्त उदाहरण अश्लिष्ट विशेषण साम्य का ही है। कहीं-कहीं ऐसे भी उदाहरण मिल जाते है हैं जहाँ क्रिया, लिंग और विशेषण–तीनों का सांकर्य मिलता है। जैसे–

ओस-बिन्दु की मालाओं का भूषण भार सम्हाले।
उतर रही ऊषा-मुग्धारवि के कर में कर डाले।।

–भक्त

यहाँ प्रस्तुत है रवि और उषा–सूर्योदय का वर्णन, पर भूषण भार सम्हालना और हाथ में हाथ डाल कर चलना (क्रिया साम्य), मुग्धा (विशेषण साम्य) और उषा में स्त्री-लिंग और रवि में पुलिंग (लिंग साम्य)–इन तीनों के आधार पर अप्रस्तुत

अधुनातम अप-टू-डेड नायक-नायिका की प्रतीति होती है। वाच्यार्थ—'ओस-बिन्दुओं की मालाओं के भूषणों को धारण कर मुग्धा उषा सूर्य के हाथों में हाथ डाले उतर रही है' से व्यंग्यार्थ—'आभूषणों से लक-दल उषा नामक मुग्धानायिका अपने प्रियतम रवि के हाथों में हाथ डाले विहार के क्रम में किसी ऊँचे स्थान से उतर रही है' की प्रतीति होती है। अतः यहाँ समासोक्ति है।

32. परिकर

जहाँ विशेषण का साभिप्राय कथन किये जाये, वहाँ परिकर अलंकार होता है।

परिकर का अर्थ है उपकरण, शोभाकारक सामग्री, उत्कर्षक साधन, भाव या अभिप्राय के उत्कर्षक। जिस प्रकार उपकरण किसी वस्तु की शोभा बढ़ाते है, उसी प्रकार साभिप्राय विशेषण से काव्य में चारुता आती है। **रमणीय, सौन्दर्य युक्त और उत्कर्ष विशेषण का होना ही परिकर है।** इसमें चमत्कार विशेषण के प्रयोग में वाच्य-वाचक भाव से अभिन्न होता है, व्यंग्यार्थ यहाँ गौण होता है।

यह सादृश्यगर्भ गम्यौपम्याश्रय वर्ग का विशेषण-वैचित्र्यममूलक अर्थालंकार है। इसकी कल्पना का मूलकारण है वाच्यार्थ की ऐसी अवस्था जो व्यंग्यार्थ को अपनी ओर आकर्षित करती है। इसका विवेचन संभवतः रुद्रट से प्रारंभ हुआ है। इसके लिये एक विशेषण की अभिप्रायगर्भता अपेक्षित है या अनेक विशेषणों की साभिप्रायता, इस सम्बन्ध में आलंकारिकों में पर्याप्त मतभेद रहा है। मम्मट, रुय्यक, जयरथ, विद्याधर, विश्वनाथ, जयदेव आदि के अनुसार इसमें अनेक विशेषणों की साभिप्रायता चाहिये, पर 'प्रदीप', 'उद्योत', पंडितराज जगन्नाथ आदि के अनुसार एक भी साभिप्राय विशेषण होने पर यह अलंकार होता है। इन लोगों ने भी यह स्वीकार किया है कि एक से अधिक विशेषण होने पर व्यंग्याधिक्य के कारण चमत्कार अधिक हो जाता है। मम्मट के अनुसार साभिप्राय विशेषणों के द्वारा प्रकृत अर्थ का प्रतिपादन ही इसका लक्षण है[1]। पं॰ विश्वनाथ का लक्षण भी इसी प्रकार का है[2]। जयदेव भी इसी का समर्थन कर रहे है[3]। ऊपर निर्देश किया गया है कि पंडितराज जगन्नाथ ने भी इस मत का समर्थन किया है[4]। हिंदी के आचार्यो ने जयदेव और अप्पयदीक्षित के आधार पर ही लक्षण निर्मित किये है[5]।

1. विशेषणैर्यत्साकूतैरुक्तिः परिकरस्तु सः।—का. प्रकाश 10।118।
2. उक्तैविशेषणैः साभिप्रायैः परिकरो मतः।—सा. दर्पण 10।57।
3. अलङ्कारः परिकरः साभिप्राये विशेषणे।—चन्द्रालोक।
4. विशेषणाना साभ्रिप्रायत्व परिकरः।—रसगंगाधर।
5. (क) साभिप्राय बिसेषनो।—का. निर्णय 16।27 और ल. ललाम 164।
   (ख) सो परिकर आसय सहित, जहाँ विशेषन ठान।—पद्माभरण 100।

परिकर के विवेचन में आचार्यों ने एक और प्रश्न उठाया है–विशेषण यदि अभिप्रायहीन हो जाये तो 'अपुष्टार्थ' दोष होता है। अतः, विशेषण का साभिप्राय होना तो आवश्यक ही है, फिर इसमें अलंकार कैसा? पंडितराज ने इस पर गंभीरता से विचार किया है एवं अन्तर को स्पष्ट कर दिया है। असल बात है चमत्कार की। साभिप्राय विशेषण यदि चामत्कारिक हो तो परिकर अन्यथा अपुष्टार्थ दोष का परिहार मानना चाहिये। परिकर के विशेषणों में अन्तर्निहित अभिप्राय में गौण व्यंग्यार्थ स्वतः स्फूर्त तो होता ही है, पर प्रधान होता है वाच्यार्थ ही।

शीतांशु चन्द्र! बरसाओ सुधा हृदय पर।
मन-कुमुद खिलाओ उर्मिल कर दो उर-सर को।

–समदर्शी

यहाँ चन्द्रमा के लिये 'शीतांशु' विशेषण पद साभिप्राय प्रयुक्त है। इससे उसके प्रकृत अर्थ–सुधा बरसाना और मन-कुमुद खिलाना का सम्यक् प्रतिपादन हो रहा है। अतः, यहाँ परिकर अलकार है।

स्वसुत रक्षण और परपुत्र के दलन की यह निर्मम प्रार्थना।
बहुत संभव है यदि यों कहें सुन नहीं सकती जगदंबिका।।

–हरिऔध

यहाँ 'जगदंबिका' साभिप्राय विशेषण है। कवि का अभिप्रेत है कि जो संसार की माता होगी, वह एक पुत्र का मरण और दूसरे का रक्षण नहीं चाहेगी–उसके लिये दोनों समान होंगे। इस भाव का प्रतिपादन 'जगदंबिका' से हो जाता है। अतः यहाँ परिकर है।

निदोर्षा, कुलवधू, एकवस्त्रा को खींच महल से।
दासी बना सभा में लाये दुष्ट द्यूत के छल से।

–दिनकर

यहाँ कौरवों द्वारा द्रौपदी को सभा भवन में खींच लाने को अनुचित बतलाना ही कवि का अभिप्रेत है, इसके लिये पूर्वार्द्ध में निर्दोषा, कुलवधू और एकवस्त्रा–तीन साभिप्राय विशेषण रखे गये है। अतः यहाँ भी परिकर अलंकार है।

33. परिकरांकुर

जहाँ विशेष का प्रयोग साभिप्राय हो, वहाँ परिकरांकुर अलंकार होता है।

परिकरांकुर की निरुक्ति है परिकर का अंकुर (अँकुआ)। जहाँ परिकर में विशेषण साभिप्राय होता है, वहाँ परिकरांकुर में विशेष्य। इसी से कुछ लोग इसे परिकर में ही अन्तर्भूत करना चाहते है। वस्तुतः इसकी सत्ता अलग ही माननी चाहिये। इसमें विशेष्य की विच्छित्ति से चमत्कारमूलक अभिनव अर्थ संकेत की क्षमता होती है।

यह सादृश्यधर्म गम्यौपम्याश्रय वर्ग का विशेषण-विशेष्य-विच्छित्त्याश्रयभूत अर्थालंकार है। यह प्राचीनों से स्वीकृत नहीं रहा है। इसे जयदेव, विद्याधर, अप्पयदीक्षित आदि ने स्वीकर किया है। हिंदी के आचार्यों ने इसे जयदेव और अप्पयदीक्षित से ही ग्रहण किया है[1]। प्रायः सब के लक्षण समान है।

बामा भामा कामिनी, कहि बोलो प्रानेस।
प्यारी कहत लजात नहिं, पावस चलत बिदेस।।

—बिहारी

यहाँ प्रवास हेतु प्रस्तुत नायक से नायिका की उक्ति है कि 'प्यारी कहने में तुम्हें लाज भी नही आती, आखिर निर्जज्ज जो ठहरे। इधर आयी है निगोड़ी वर्षा ऋतु और उधर तुम विदेश गमन की तैयारी कर रहे हो—यदि वास्तव में मैं तुम्हारी प्यारी होती तो क्या तू मुझे अकेली छोड़कर जाते? अतः हे प्राणेश! तू मुझे बामा (कटूक्ति कहने वाली), भामा (कोप करने वाली) और कामिनी (कामवती) ही कहो, 'प्यारी' नहीं। यहाँ 'प्यारी (विशेष्य) का कथन साभिप्राय किया गया है। अतः परिकरांकुर है।

अनुज रहना उचित तुमको यहीं है।

—गुप्तजी

यहाँ 'अनुज' (छोटा) होने से लक्ष्मण के लिये राम की आज्ञा का पालन करना आवश्यक है। अतः 'अनुज' (विशेष्य) के साभिप्राय प्रयोग में परिकरांकुर है।

वह नहीं हुआ श्रृंगार-युग्म-गत महावीर।

—निराला

यहाँ 'महावीर' (विशेष्य) का प्रयोग साभिप्राय है। श्रृंगार में लिप्त न होने से महावीर होना अनिवार्य है। अस्तु यहाँ परिकरांकुर है।

उस ओर शक्ति शिव की जो दशकन्ध-पूजित।

—निराला

यहाँ 'शक्ति' (विशेष्य) का उस ओर होना साभिप्राय कथित है। दशकन्ध (रावण) द्वारा पूजित होने के कारण ही वह उस ओर है। अस्तु यहाँ भी परिकरांकुर अलंकार है।

34. अर्थश्लेष

जहाँ एकार्थक शब्दों से स्वभावतः अनेक बैचित्र्यपूर्ण अर्थ निकलें, वहाँ अर्थ-श्लेष अलंकार होता है।

---

1. (क) साभिप्राये विशेष्ये तु भवेत् परिकराङ्‌ कुरः।—चन्द्रालोक।
   (ख) साभिप्राय विशेष्य जब, परिकर नाम—भा. भूषण 95।
   (ग) साभिप्राय बिसेस्य तें।—ल. ललाम 164।
   (घ) साभिप्राय बिसेस्य तहँ, परकर अंकुर होइ।—पद्माभरण 101।

शब्द-श्लेष से अर्थ-श्लेष की भिन्नता स्पष्ट है। वहाँ अनेकार्थक शब्द प्रयुक्त होते हैं, यहाँ एकार्थक। वहाँ शब्दपरिवृत्ति सहिष्णुत्व नहीं होता है। यहाँ श्लिष्ट शब्दों के स्थान पर उनके पर्याय दिये जा सकते हैं। इसकी सबसे बड़ी पहचान है शब्द परिवृत्ति सहिष्णुत्व।

यह सादृश्यगर्भ गम्यौपम्याश्रय वर्ग का विशेषण-विशेष्य-वैचित्र्यमूलक अर्थालंकार है। यह प्राचीनों से ही स्वीकृत रहा है। दंडी ने श्लेष को अधिक महत्त्व दिया है। ये केवल अर्थ-श्लेष को ही स्वीकार करने के पक्ष में हैं। इसके निमित्त इनका लक्षण ही प्रमाण है[1]। मम्मट का लक्षण रुद्रट के लक्षण के आधार पर ही निर्मित हुआ है[2]। पर इन्होंने रुद्रट द्वावा प्रतिपादित अर्थ-श्लेष के भेदों को अस्वीकार कर लिया है। इन्होंने तो उद्भट के अर्थ-श्लेष को भी शब्द-श्लेष ही मान लिया है। मरम्ट के ही अनुयायी है प॰ विश्वनाथ। इन्होंने स्वभावतः एकार्थवाची शब्दों के अनेक अर्थ कहे जाने में ही अर्थ-श्लेष स्वीकार किया है[3]। जयदेव का लक्षण भी इसी प्रकार का है[4]। अप्पयदीक्षित ने अर्थ-श्लेष के तीन प्रकार—वर्ण्य, अवर्ण्य और वर्ण्यावर्ण्य माने है[5]। हिंदी के आचार्यों में कुलपति को छोड़कर प्रायः सभी आचार्यों ने श्लेष को अर्थ-श्लेष के रूप में ही निरूपित किया है। पद्माकर ने तो 'कुवलयानंद' के आधार पर तीन प्रकार वर्ण्य, अवर्ण्य और वर्ण्यावर्ण्य श्लेष निरूपित भी किया है।

यहाँ यह जान लेना चाहिये कि श्लेष और ध्वनि में अन्तर है। प्रथम में अर्थों की प्रतीति का माध्यम अभिधा होने के कारण सभी अर्थों का बोध एक ही साथ ही जाता है, पर द्वितीय में अर्थों की प्रतीति एक साथ नहीं होती है। पहले अभिधा द्वारा एक अर्थ का बोध होता है, तदुपरांत अभिधार्थ के बाध होने से अन्य अर्थों की प्रतीति होती है। इसी प्रकार श्लेष और समासोक्ति में भी अन्तर है—श्लेष में विशेष्य तो श्लिष्ट होता ही है, विशेषण भी श्लिष्ट होता है।

साधु चरित सुभ चरित कपासू।
निरस बिसद गुनमय फल जासू।

—तुलसी

---

1. श्लिष्टमिष्टमनेकार्थमेकरूपान्वितं वचः।
   तदभिन्नपदं भिननपदप्रायमिति द्विधा।।—काव्यादर्श 2।310।
2. (क) यत्रैकनेकार्थैर्वाक्यं रचितं पदैरनेकास्मिन्।
   अर्थे कुरुते निश्चयमर्थश्लेषः स विज्ञेयः।।—काव्यालंकार 10।1।
3. शब्दैः स्वंभावादेकार्थैः श्लेषोऽनेकार्थवाचनम्।।—सा. दर्पण 10।57।
4. अर्थश्लेषोऽर्थमात्रस्य यद्यनेकार्थसंश्रयः।—जयदेव।
5. नानार्थसंश्रयः श्लेषो वर्ण्यावर्ण्योभयाश्रितः।—कुवलयानन्द।

यहाँ नीरस, विशद और गुणमय—ये तान विशेषण हैं, जिनसे विशेष्य कपास और साधु के प्रसंग में एक ही साथ अनेक अर्थ निकलते हैं। अतः यहाँ अर्थ-श्लेष है।

सखि! मुख तेरा और कमल, दोनों हैं एक समान।
कोमल, सुखद, सुगंधि, मनोहर, विकसित अति छबिमान।।

—अ. मुक्तावली

यहाँ मुख और कमल का वर्णन है। इनके लिये उत्तरार्द्ध में कोमल आदि अनेक विशेषण आये हैं। प्रसंगानुसार इनके अर्थ तो निकलते ही हैं। यदि इनके लिये पर्यायवाची शब्द रख दिये जायें तो भी अर्थ अपरिवर्तित ही रहेगा। अस्तु, यहाँ भी अर्थ-श्लेष अलंकार है।

35. विरोधाभास

जहाँ दो वस्तुओं में वास्तविक विरोध न रहने पर भी विरोध जैसा वर्णन किया जाये, वहाँ विरोधाभास अलंकार होता है।

विरोधाभास का अर्थ है विरोध का आभास। इसमें विरोध वास्तविक नहीं होता—यहाँ विरोध शब्दाश्रित ही होता है अर्थाश्रित नहीं। इसी से प्रो॰ देवेन्द्रनाथ शर्मा ने इसे 'प्रणय-कलह' से उपमित किया है। जिस प्रकार प्रणय-कलह से प्रेम का पोषण है उसी प्रकार विरोधाभास से उक्ति अधिक रमणीय और प्रभावकारी बनती है।

यह विरोधमूलक अर्थालंकार है। यह प्राचीनों से ही स्वीकृत रहा है। अधिकांश आचार्यों ने इसे विरोध नाम से ही अभिहित किया है। कुछ आलंकारिकों ने विरोधाभास और विरोध को दो स्वतंत्र अलंकार भी स्वीकार किया है, इसे दुराग्रह ही समझना चाहिये। दंडी के अनुसार विशेष—प्रस्तुतगत उत्कर्ष प्रदर्शित करने के लिये जहाँ विरुद्ध पदार्थों का संसर्ग—एकत्रावस्थान वर्णन करने से ही विरोध (विरोधाभास) होता है[1]। इसके प्राणतत्व के रूप में इन्होंने विरुद्ध वस्तुओं के समानाधिकरण्य का वर्णन स्वीकार कर लिया है। 'विरोधाभासत्वं विरोधः' कहकर वामन ने इसी का अनुमोदन किया है। मम्मट ने प्राचीनों का अनुसरण तो किया है अवश्य पर लक्षण में इन्होंने स्पष्टता भी दी है[2]। इन्होंने जाति, गुण, क्रिया एवं द्रव्य के विरोध से दस

---

1. विरुद्धानां पदार्थानां यत्र संसर्गदर्शनम्।
विशेषदर्शनायैव स विरोधः स्मृतो यथा।।—काव्यादर्श 2।333।
2. विरोधः सोऽविरोधोऽपि विरुद्धत्वेन यद्वचः।—का. प्रकाश 10।110।

भेद माने हैं। ये दस भेद पं॰ विश्वनाथ को भी मान्य है[1]। यह भेद कथन विस्तार के अतरिक्त और कुछ नहीं है। वस्तुतः, सबों का प्राणतत्त्व है विरोध वर्णन। अप्पयदीक्षित का लक्षण[2] इस क्षेत्र में स्पष्ट ही नहीं, सरल, सुबोध और सुकंठ भी है।

हिंदी के अधिकाश आचार्यों ने विरोध और विरोधाभास को एक ही अलंकार माना है, इसका कारण है पं॰ विश्वनाथ और अप्पयदीक्षित को आधाररूप में ग्रहण करना। आ॰ केशव ने विरोध और विरोधाभास का निरूपण अलग-अलग किया है, पर दोनों में अन्तर का स्पष्टीकरण ये भी नहीं कर पाये हैं। जयदेव के आधार पर भूषण ने भी द्रव्य, क्रिया, गुण आदि से 'काज विरोध' तो माना ही[3], अलग से विरोधाभास को भी स्वीकार किया है[4]। जसवन्त सिंह, मतिराम, पद्माकर आदि ने अप्पयदीक्षित को टक्साल तो माना ही है, हो सकता है कि परवर्ती आचार्यों के सामने भूषण का भी आदर्श रहा हो[5]। हां, दासजी ने मम्मट और पं॰ विश्वनाथ के आदर्श का पालन करते हुये 'विरुद्धालंकार' के दस भेद अवश्य माने है[6], पर जैसा कि पहले कहा गया है, ये भेद विस्तार मात्र है।

या अनुरागी चित्त की, गति समुझै नहिं कोय।
ज्यो-ज्यों बूड़े स्यामरंग, त्यों त्यों उज्ज्वल होय।।

—बिहारी

1. विरुद्धमिव भासेत् विरोधोऽसौ दशाकृति।—सा. दर्पण 10।67, 68।

1. जाति का जाति से विरोध।	6. गुण का क्रिया से विरोध।
2. जाति का गुण से विरोध।	7. गुण का द्रव्य से विरोध।
3. जाति का क्रिया से विरोध।	8. क्रिया का क्रिया से विरोध।
4. जाति का द्रव्य से विरोध।	9. क्रिया का द्रव्य से विरोध।
5. गुण का गुण से विरोध।	10. द्रव्य का द्रव्य से विरोध।

2. आभासत्वे विरोधस्य विरोधाभास इष्यते।—कुवलयानन्द 76।
3. द्रव्य क्रिया गुन में जहाँ उपजत काज विरोध।
   तार्को कहत विरोध हैं, भूषण सुकवि सुबोध।।—शि. भूषण 182।
4. जहँ विरोध-सो जानिये, साँच विरोध न होय।—शि. भूषण 184।
5. (क) भासै जवै विरोध सो, वहै विरोधाभास।—भा. भूषण 107।
   (ख) जहं विरोध सो लगत है, होत न साँच विरोध।—ल. ललाम 194।
   (ग) कहत विरोधाभास तहँ, झूठो जहाँ विरोध।—पद्माभरण 135।
6. कहत सुनत देखत जहाँ, है कछु अनमिल बात।
   चमत्कारजुत अर्थजुत, सो विरुद्ध अवदात।।
   जाति जाति, गुन जाति अरु, क्रिया जाति अनरेखि।
   जाति, द्रव्य, गुग गुन, क्रिया-क्रिया, क्रिया गुन लेखि।।
   क्रिया द्रव्य, गुन द्रव्य अरु, द्रव्य-द्रव्य पहिचानि।
   ये दस भेद विरुद्ध के, गुनो सुमति उर आनि।।—का. निर्णय 13।2, 3, 4।

श्याम रंग में यदि कोई वस्तु डुबाई जायेगी तो वह उजली नहीं, काली ही होगी, पर यहाँ 'श्याम रंग' में अनुरागी चित्त के डूबने से 'उज्ज्वल होना' कथित है; यही विरोधाभास है। वस्तुतः यह विरोध शबदाश्रित ही है, अर्थाश्रित नहीं। यहाँ 'श्यामरंग' का तात्पर्य 'श्रीकृष्ण की भक्ति' से है, जिसमें अनुरागी भक्त का चित्त जितना रमता जाता है, वह उतना ही उज्ज्वल (पाप इत्यादि के नष्ट होने से) होता चला जाता है। अस्तु यहाँ विरोध का आभास भर ही है। अतः यहाँ गुण का गुण के साथ विरोधाभास है।

आग हूँ जिससे ढुलकते बिन्दु हिमजल के।
शून्य हूँ जिस में बिछे हैं पांवड़े पल के।।

—महादेवी

यहाँ आग से हिमजल का ढुलकना—दाह का शीतल होना कथित है, जिससे विरोध-भाव है। शब्दतः यहाँ विरोध तो दिखता है, पर अभिप्रेत है विरह निवेदन। अस्तु, यहाँ द्रव्य और क्रिया का विरोध वर्णित होने से विरोधाभास है।

तुम मांस हीन तुम रक्त हीन,
हे अस्थिशेष तुम अस्थि हीन।
तुम शुद्ध बुद्ध आत्मा केवल,
हे चिर पुरान हे चिर नवीन।।

—पंत

यहाँ 'अस्थिशेष' और 'अस्थिहीन' (दूसरा चरण) एवं 'चिर पुरान' एवं 'चिर नवीन' (चौथा चरण) में विरोधाभास हैं प्रथम में द्रव्य का द्रव्य से और द्वितीय में गुण का गुण से विरोध वर्णित है जिनका समाहार म॰ गाँधी जी के व्यक्तित्व में हो जाता है।

शीतल ज्वाला जलती है,
ईंधन होता दृग-जल का।

—प्रसाद

यहाँ शीतल ज्वाला के जलने में गुण का क्रिया से विरोध-भाव हैं। अतः विरोधाभास है।

तप रे मधुर मधुर मन!
विश्व-वेदना में तप प्रतिपल
जग-जीवन की ज्वाला में जल
बन अकलुष उज्ज्वल औ कोमल
तप रे विधुर विधुर मन!

—पंत

आग में जलनें पर कोई भी वस्तु सकलुष, काली और कठोर ही होगी, पर यहाँ 'अकलुष', 'उज्ज्वल' और 'कोमल' होने के लिये कवि ने 'मन' को 'विश्व-वेदना' और 'जग-ज्वाला' में तपने-जलने के लिये कहा है। इसमें प्रत्यक्षतः दिखता तो है विरोध जैसा, पर है विरोध का आभास-मात्र। उपर्युक्त स्थिति में मन वस्तुतः अकलुष (विशद), उज्ज्वल (उदार) और कोमल (सहानुभूति से परिपूर्ण) होगा ही। अस्तु यहाँ भी विरोधाभास अलंकार है।

मैं सन्नाटा हूँ, फिर भी बोल रहा हूँ।
मैं शांत बहुत हूँ, फिर भी डोल रहा हूँ।

—भवानी प्र॰ मिश्र

यहाँ सन्नाटा का बोलना और शांत (स्थिर) का डोलना कथित होने से विरोध-भाव है। अस्तु, यहाँ भी विरोधाभास अलंकार है।

36. विभावना

जहाँ कारण के अभाव में कार्य की उत्पत्ति का वर्णन किया जाये, वहाँ विभावना अलंकार होता है।

विभावना का अर्थ है विशिष्ट भावना या कल्पना। वस्तुतः कारण के अभाव में कार्योत्पत्ति का वर्णन विशिष्ट भावना का ही विषय हो सकता है, सामान्य भावना का नहीं। ऐसी विशिष्टता स्थूल जगत् में नहीं, काव्यलोक में ही सम्भव है। सामान्य भावानुसार कारण के पश्चात् ही कार्योत्पत्ति होती है।

विभावना में कारण के अभाव का अर्थ वास्तव में कारण का न होना नहीं है, यहाँ तात्पर्य है कारणान्तर से। कारण तो होता है, पर लोक प्रसिद्ध या सामान्य कारण का अभाव बताकर अप्रसिद्ध कविकल्पित कारणांतर दिखाया जाता है। वस्तुतः इस अलंकार का मूल है अभेद अध्यवसान। इसमें आरोप के विषय का नहीं, मात्र आरोप्यमाण का उल्लेख होता है।

यह विरोधमूलक अर्थालंकार हैं भामह से लेकर आज तक यह समान रूप में महत्त्वपूर्ण माना जाता रहा है। भामह, उद्भटादि के अनुसार कारण के निषेध से उसके फल की कल्पना में ही विभावना होती है[1]। दंडी ने प्रसिद्ध कारण के अभाव में कविकल्पित कारणान्तर के अनुसन्धान अथवा कारण के ज्ञान मात्र न होने से कर्ा के स्वाभाविकत्व के अंदाज में ही इस अलंकार की कल्पना की है[2]। मम्मट के लक्षण

---

1. क्रियायाः प्रतिषेधे या तत्फलस्य विभावना।
ज्ञेया विभावनैवाऽसौ समाधो सुलभे सति।।—का. सा. संग्रह 2।9।
2. प्रसिद्ध हेतुव्यावृत्त्या यत् किञ्चित् कारणानतरम्।
यत्र स्वाभाविकत्वं वा विभाव्यं सा विभावना।।—काव्यादर्श 2।199।

पर भामह और उद्भट का पूर्ण प्रभाव है[1]। पं॰ विश्वनाथ ने लक्षण निर्माण मम्मट के आधार पर ही किया है, पर इनमें स्पष्टता अधिक है[2]। परवर्ती आचार्यों ने इन्हीं के लक्षण को आधार माना है। रुय्यक ने विभावना के विवेचन में यह स्पष्ट किया है कि इसके मूल में अतिशयोक्ति होती है। इसके अनुसार इसमें अतिशयोक्ति का अनुप्राणन स्वाभाविक है। अतिशयोक्ति से यह सबल ही होती है, बाधित नहीं[3]। इसका पोषण विमर्शिनीकार ने भी किया है, पर पंडितराज जगन्नाथ ने इसे सर्वत्र आवश्यक नहीं माना है[4]। पं॰ विश्वनाथ ने निमित्त कथन के आधार पर विभावना के दो भेद माने हैं–उक्तनिमित्ता और अनुक्तनिमित्ता[5]। जहाँ कारण के अभाव में कार्योत्पत्ति का निमित्त प्रतिपादन हो, वहाँ उक्तनिमित्ता और जहाँ कारण के अभाव में कार्योत्पत्ति का निमित्त प्रतिपादित न हो, वहाँ अनुक्तनिमित्ता विभावना होती है। संस्कृत के अधिकांश आचार्यों को ये भेद मान्य है। अप्पयदीक्षित ने विभावना के छह भेद माने हैं–(1) प्रसिद्ध कारणाभाव में कार्योत्पत्ति (2) असमग्र कारण में कार्योत्पत्ति, (3) प्रतिबन्धक के होने पर भी कार्योत्पत्ति, (4) अकारण में कार्योत्पत्ति, (5) विरोधी कारण से कार्योत्पत्ति और (6) कार्य से कारणोत्पत्ति।। दीक्षित जी ने इसके लिये किसी निश्चित आधार की कल्पना नहीं की है। पंडितराज जगन्नाथ ने दीक्षित जी के उपर्युक्त भेदों को अस्वीकार करते हुये प्रतिपादन किया है कि वे सभी प्रकार प्रथम विभावना में ही अन्तर्भूत हो जाते हैं[6]। हिंदी के प्रायः सभी आचार्य विभावना के लक्षण के लिये पं॰ विश्वनाथ और जयदेव के ऋणी है, पर भेदों का निरूपण इन्होंने दीक्षित जी के आधार पर ही किया है। यहाँ एक बात कही जा सकती है कि चूँकि अलंकार का मूल है चमत्कार और विभावना के उपर्युक्त सभी भेदों में चमत्कार उत्पादन की क्षमता है। अतः ये छह भेद मान्य है।

प्रथम विभावना

जहाँ प्रसिद्ध कारण के अभाव में कार्योत्पत्ति का वर्णन किया जाये, वहाँ प्रथम विभावना होती है।

1. क्रियायाः प्रतिषेधेऽपि फलव्यक्तिर्विभावना।–का. प्रकाश 10।107।
2. विभावना बिना हेतुं कार्योत्पत्तिर्यदुच्यते।–सा. दर्पण 10।66।
3. सा (अतिशयोक्तिः) च अस्यामव्यभिचारिणीति न तद्बाधेनास्या उत्थानम्, अपितु तदनुप्राणितत्वेन।–अ. सर्वस्वम्।
4. मा स्म भूत्सर्वत्र विभानर्यावायामतिशयोक्तिरनुप्राणिका। आहाय रंसगंगाधर भेदबुद्धि मात्रमेवानुफप्राणकम्। तच्च क्वचिदतिशयोक्त्या, क्वचिच्च रूपकेणेति न दोषः।
5. उक्तानुक्तनिमित्तत्वाद् द्विधा सा परिकीर्तिता।–सा. दर्पण 10।66।
6. तस्मादाद्येन प्रकारेण प्रकारान्तराणामालीढकरत्वात्षट् प्रकारा इत्यनुपपन्नमेव। –रसगंगाधर।

हिंदी के आचार्यों ने इसका लक्षण पं. विश्वनाथ और अप्पयदीक्षित के आधार पर निरूपित किया है[1]। इसके निमित्त जसवन्त सिंह, मतिराम, पद्माकर आदि के लक्षण देखे जा सकते है[2]।

बिनु पद चलै सुनै बिनु काना, कर बिनु कर्म करै विधि नाना।
आनन रहित सकल रस भोगी, बिनु बानी बकता बड़ जोगी।।

—तुलसी

यहाँ ईश्वर को पैर, कान, हाथ, मुँह और वाणी (कारण) से हीन बताया गया है, फिर भी उसे चलने वाला, सुनने वाला, सकल-कर्म करने वाला, सकल रस भोगी और कुशल वक्ता (कार्योत्पत्ति) कहा गया है। अस्तु, प्रथम विभावना है।

किन्तु आज आकुल है ब्रज में,
जैसी वह ब्रजरानी।
दासी ने घर बैठे उसकी,
मर्म-वेदना जानी।।

—गुप्तजी

यहाँ दासी घर बैठे ही (बिना ब्रज में गये ही) राधा (ब्रजरानी) की तरह मार्मिक वेदना जान लेती हैं। इस प्रकार कारण के अभाव में ही कार्योत्पत्ति हो जाती है। अस्तु, प्रथम विभावना अलंकार है।

दुख क्या था उनको मेरा,
जो सुख लेकर यों भागे।
सोते में चुम्बन लेकर,
जब रोम तनिक-सा जागे।।

—प्रसाद

यहाँ दुःख नहीं होने पर भी सुख लेकर भागना—कारण के अभाव में कार्य का उत्पन्न होना कथित होने से प्रथम विभावना अलंकार है।

द्वितीय विभावना

जहाँ अपर्याप्त अथवा असमग्र कारण से ही कार्योत्पत्ति का वर्णन किया जाये, वहाँ द्वितीय विभावना होती है।

1. (क) पं. विश्वनाथ के लक्षण हेतु देखिये फुटनोट 2, पृष्ठ 374।
(ख) विभावना विनापि स्यात् कारणं कार्यजन्म चेत्।—कुवलयानन्द 77।
2. (क) कारन बिन ही काज।—भा. भूषण 108।
(ख) बिन कारननि तें कारज प्रगट होई।—का. निर्णय 13।16।
(ग) बिन काननि तें कारज प्रगट होई। — का. निर्णय 13।16।
(घ) हेतु बिना कारज की उपज विभावना है।—दूलह।
(ङ) सो विभावना जान, कारज बिन कारज जहां।—पद्माभरण 137।

इसका प्रथम निरूपण किया है अप्पयदीक्षित ने[1]। हिंदी के आचार्यों ने इसे दीक्षितजी के आधार पर ही निरूपित किया है[2]। विभावना के इसी भेद को दंडी ने विशेषोक्ति के रूप में स्वीकार किया है। उनके अनुसार जहाँ विशेष्यदर्शन के लिये गुण-जाति-क्रियादि की विशेषता बतायी गयी हो, वहाँ विशेषोक्ति होती है[3]।

काम कुसुम-धनु-सायक लीन्हा।
सकल भुवन अपने बस कीन्हा।।

—तुलसी

यहाँ फूल के धनुष-बाण से समस्त संसार को बस में करना—अपर्याप्त कारण से कार्य का होना कथित होने से द्वितीय विभावना अलंकार है।

आया जब मार मुझे मारने को बार-बार
अप्सरा-अनीकिनी सजाये हेम तीर से,
तुम तो यहाँ थी ध्यान-धीर ही तुम्हारा वहाँ
जूझा, मुझे पीछे कर, पंचसर वीर से।

—गुप्तजी

यहाँ यशोधरा के ध्यान मात्र से ही ससैन्य आक्रमण करने वाले कामदेव को पराजित करना—अपर्याप्त कारण से ही कार्योत्पत्ति होना कथित है। अस्तु यहाँ भी द्वितीय विभावना है।

तृतीय विभावना

प्रतिबन्धक के रहते हुये भी हाँ कार्य का हो जाना कहा जाये, वहाँ तीसरी विभावना होती है[4]

मानत लाज लगाम नहीं, नैक न गहत मरोर।
होत तोहि लखि बाल के, दृग तुरंग मुँहजोर।।

—मतिराम

---

1. हेतूनामसमग्रत्वे कार्योत्पत्तिश्च सा मता।—कुवलयानन्द 79।
2. (क) हेत अपूरन तें जबै कारज पूरन होय। भा. भूषण 109।
   (ख) काज हेतु असमर्ध तें, बिय विभावना अंक।—पद्माभरण 138।
   (ग) लघु कारननि तें कारज परगट होइ।—का. निर्णय 13।16।
3. गुणजातिक्रियादीनां यत्र वैकल्यदर्शनम्
   विशेष्यदर्शनायैव सा विशेषोक्तिरिष्यते।।—काव्यादर्श 2।323।
4. (क) कार्योत्पत्तिस्तृतीया स्यात् सत्यपि प्रतिबंधके।—कुवलयानंद 79।
   (ख) प्रतिबंधक के होत हूँ, कारज पूरन मानि।—भा. भूषण 110।
   (ग) प्रतिबंध के होत हूँ काज।—पद्माभरण 139।

यहाँ लाज और मरोड़ प्रतिबंधक है, फिर भी नायिका के नेत्ररूपी घोड़े (नायक को देखते ही) मुँहजोर हो जाते हैं—प्रतिबंधक रहते हुये भी कार्य हो जाता है। अतः तीसरी विभावना है।

रुद्ध भी तुम्हारी गिरा जगती में गूँजी है।
देखो यह सारी सृष्टि पुलकित हो गयी।

—गुप्तजी

यहाँ वाणी का गूँजना (कार्य) रुद्ध होने पर भी (प्रतिबन्धक के रहते हुये भी) कथित है। अतः तीसरी विभावना है।

ज्यों-ज्यों लज्जा विवश वह थी रोकती वारि धारा;
त्यों-त्यों आँसू अधिकतर थे लोचनों मध्य आते।

—हरिऔध

यहाँ लज्जावश रोकने पर भी आँसुओं का उमड़ना—प्रतिबन्धक के होते हुये भी कार्य का होना कथित है। अतः यहाँ भी तीसरी विभावना है।

चौथी विभावना

जहाँ अकारण (भिन्न कारण) से कार्य का होना कहा जाये, वहाँ चौथी विभावना होती है[1]।

हँसति बाल के बदन में, यों छवि कछु अतूल।
फूली चम्पक वेलि तें, झरत चमेली फूल।।

—मतिराम

यहाँ चम्पक लता से चमेली का फूल झड़ना—भिन्न कारण से कार्य का होना वर्णित है। अतः चौथी विभावना अलंकार है।

चुभते ही तेरा अरुण वाण,
बहते कण-कण से फूट-फूट
मधु के निर्झर से जल गान।

—महादेवी

यहाँ बाण के आघात से गान का उत्पन्न होना—भिन्न कारण से कार्य का होना कथित है। अतः यहाँ भी चौथी विभावना है।

---

1. (क) अकारणात् कार्यजम चतुर्थी स्याद्विभावना।—कुवलयानन्द 80।
(ख) जबै अकारन वस्तु तें कारज परगट होत।—भा. भूषण 111।
(ग) काज अकारन ते जहाँ।—पद्माभरण 139।
(घ) अकारनि वस्तु तें विधि।—का. निर्णय 13।16।

पाँचवीं विभावना

जहाँ विपरीत कारण से कार्य का होना कहा जाये, वहाँ पांचवीं विभावना होती है[1]।

करत मोहिं संताप यह, सखी सीतकर सुद्ध।

—जसवन्त सिंह

—हे सखी! यह शुद्ध (केवल) शीतल किरणों वाला (चन्द्रमा) मुझे संताप दे रहा है।—यहाँ शीतल किरणोंवाला को संतापकारी कहा गया है—विपरीत कारण से कार्य का होना वर्णित है। अतः पाँचवीं विभावना है।

रहौ गुही बेनी लख्यौ, गुहिबे को त्यौनार।
लागे नीर चुचान ये, नींठ सुखाये बार।।

—बिहारी

यहाँ सूखे हुये बाल से पानी का चूना—विरुद्ध कारण से कार्य का होना कहा गया है। अतः पाँचवीं विभावना है। असल में नायिका बेनी गूँथ रही है। उसी समय नायक का संस्पर्श होता है, जिससे सात्त्विक भाव 'स्वस्वेद' उत्पन्न हो गया है और सूखी बेनी से पानी (स्वेद = बूँद) चूने लगा है।

दुख इस मानव आत्मा का
रे नित का मधुमय भोजन।
दुख के तम को खा-खा कर
भरती प्रकाश से वह मन।

—पंत

यहाँ तम (अंधकार) को खाकर प्रकाश से मन भरना—विपरीत कारण से कार्य का होना कथित है। अतः यहाँ भी पाँचवीं विभावना है।

छुट्ठी विभावना

जहाँ कार्य से ही कारण की उत्पत्ति बतायी जाये, वहाँ छुट्ठी विभावना होती है[2]।

---

1. (क) विरुद्धात् कार्यसंपत्तिर्दृष्टा काचिद्विभावना।—कुवलयानन्द 81।
   (ख) काहू कारन ते जबै कारज होहिं विरुद्ध। भा. भूषण 112।
   (ग) कारण तें कारज कछू।—का. निर्णय 13।17।
   (घ) कारण हेतु विरुद्ध तें।—पद्माभरण 141।
2. (क) कार्यात् कारणजन्मापि दृष्टा काचिद्विभावना।—कुवलयानन्द 82।
   (ख) कछु कारज तें जबै उपजै कारण रूप।—भा. भूषण 113।
   (ग) कारज ही तें हेतु।—का. निर्णय 13।17।
   (घ) होत जू कारन काज तें।—पद्माभरण 142।

सुदृग-सरोजन ते भयो, छबि पानिप दरियाउ।

—पद्माकर

कमल की उत्पत्ति पानी से होती है, पर यहाँ नेत्र-कमल (कार्य) से ही सौन्दर्यरूपी पानी (कारण) का उत्पन्न होना वर्णित है। कार्य से कारण की उत्पत्ति कहने से यहाँ छट्ठी विभावना है।

हाय उपाय न जाय कियो, ब्रज बूड़त है बिन पावस पानी।
धारन तें अँसुवान की है चख-मीनन तें सरिता सरसानी।।

—का. दर्पण

यहाँ नेत्ररूपी मछली (कार्य) से अश्रुपवाहरूपी नदी (कारण) का उत्पन्न होना कथित होने से छठ्ठी विभावना है।

36. विशेषोक्ति

जहाँ प्रबल कारण के होते हुये भी कार्य का न होना कथित हो, वहाँ विशेषोक्ति अलंकार होता है।

विशेषोक्ति का अर्थ है विशेष प्रकार की उक्ति। सामान्य उक्ति तो यही होगी कि कारण से कार्य का होना वर्णित हो, पर यहाँ समर्थ कारण के होने पर भी कार्य का अभाव बताया जाता है। इस प्रकार यहाँ 'विशेष' का अर्थ है—कारण के सद्भाव में भी कार्य की उत्पत्ति और उक्ति का अर्थ है कथन।

यह अलंकार विभावना का प्रतिलोम है। विभावना में चमत्कार 'फलसत्त्व' के कारण होता है और विशेषोक्ति में फलाभाव के कारण। कहीं-कहीं जहाँ निषेध आर्थ होता है, वहाँ यह निर्णय करना दुष्कर हो जाता है कि यह विभावना है या विशेषोक्ति है।

यह विरोध मूलक अर्थालंकार है। यह भामह से ही स्वीकृत रहा है। भामह और उद्भट के अनुसार कारक शक्तियों का सामग्र्य अथवा सामस्त्य में फलाभाव का कथन ही विशेषोक्ति है[1]। मम्मट और विश्वनाथ के लक्षण भी भामह और उद्भट के ही अनुसार है[2]। जयदेव और अप्पयदीक्षित के लक्षण भी परम्परित ही है, इनमें कोई नवीनता नहीं है[3]। दंडी का लक्षण इन सबों से भिन्न है। उनका लक्षण द्वितीय विभावना में अन्तर्भूत हो जाता है। भोजराज का लक्षण प्रायः दंडी के ही अनुरूप है[4]।

---

1. यत्सामग्रयेऽपि शक्तीनां फलानुत्पत्तिबन्धनम्।
   विशेषस्याभिधित्सातस्तद्विशेषोक्तिरुच्यते।।
2. (क) विशेषोक्तिरखण्डेषु कारणेषु फलावचः।—का. प्रकाश 10।108।
   (ख) सति हेतौ फलाभावे विशेषोक्तिस्तथा द्विथा।—सा. दर्पण 10।67।
3. कार्याजनिविशेषोक्तिः सति पुष्कलकारणे।—कुवलयानन्द 83।
4. एक गुणहीनकल्पनायां साम्यदाढयं निशेषोक्तिः।—सर॰ कण्ठाभरण।

निमित्त कथन के आधार पर मम्मट ने विशेषोक्ति के तीन भेद माने हैं—अनुक्तनिमित्ता, उक्तनिमित्ता और अर्चित्यनिमित्ता। पं॰ विश्वनाि ने अन्य आचार्यों के मतों का पोषण करते हुये इसके दो ही भेद स्वीकार किये है—उक्तनिमित्ता और अनुक्तनिमित्ता। वस्तुतः अचित्यनिमिता का अन्तर्भाव अनुक्तनिमित्ता और अनुक्तनिमित्ता। वस्तुतः अर्चित्यनिमित्त। का अन्तर्भाव अनुक्तनिमित्ता में ही हो जाता है। इस प्रकार इसके दो ही भेद हुये—

(क) **उक्तनिमित्ता—जहाँ प्रबल कारण होने पर भी कार्य के न होने का कारण उक्त हो।**

(ख) अनुक्तनिमित्ता—जहाँ प्रबल कारण होने पर भी कार्य के न होने का कारण अनुक्त हो।

हिंदी के आचार्यों ने अपने लक्षण जयदेव और पं॰ विश्वनाथ के ही अनुरूप दिये है[1], पर भेदों के लिये ये अप्पयदीक्षित का ही प्रमाण मानते हैं। प्रायः सब के लक्षण समान ही है।

उक्तनिमित्ता

नेह न नैननि को कछू उपजो बड़ी बलाय।
नीर भरे नित प्रति रहें, तऊ न प्यास बुझाय।।

—बिहारी

जल भरा रहने पर भी प्यास का न बुझना—प्रबल कारण के होते हुये भी कार्य का न होना कथित होने से यहाँ विशेषोक्ति है और इसका कारण (उपजी बड़ी बलाय) स्पष्ट रहने से उक्तनिमित्ता है।

त्यों-त्यों प्यासेई रहत, ज्यो-ज्यों पियत अधाय।
सगुन सलोने रूप की, जु न चख तृषा बुझाय।

—बिहारी

यहाँ जितना पीया जाता है, उससे प्यास का उतना ही अधिक बढ़ना कथित होने से—प्रबल कारण के होते हुये भी कार्य के न होने से विशेषोक्ति है और निमित्त के उक्त (सलोना) होने से उक्तनिमित्ता।

अनुक्तनिमित्ता—

फूलै-फलै न बेंत, जदपि सुधा बरसहिं जलद।
मूरख हृदय न चेत, जो गुरु मिलहिं विरंचि सम।।

—तुलसी

---

1. (क) विसेषोक्ति जो हेतु सों, कारज उपजै नाहि।—भा. भूषण 114।
(ख) जहँ परिपूरन हेतु तें, परगट होत नहिं काज।—ल. ललाम 209।
(ग) हेतु धनेहू काज नहिं, विसेषोक्ति निसंदेह।—का. निर्णय 13।34।
(घ) विशेषोक्ति कारन प्रबल, ताते काज जहाँ न।—पद्माभरण 143।

यहाँ अमृत की वर्षा (प्रबल कारण) होने पर भी बेंत में फूल-फल का न लगना (कार्य का न होना) और ब्रह्मा के समान गुरु मिलने पर भी (प्रबल कारण) मूर्ख का बुद्धिहीन ही रह जाना (कार्य का न होना) कथित हैं। अतः विशेषोक्ति है। यहाँ कारण अनुक्त है। अतः यहाँ अनुक्तनिमित्ता विशेषोक्ति है।

अब छुटता नहीं छुड़ाये
रँग गया हृदय है ऐसा।
आँसू से धुला निखरता
यह रंग अनोखा ऐसा।।

—प्रसाद

यहाँ अश्रु-रूप जल (प्रसिद्ध कारण) से धोने पर भी रंग का न छूटना (कार्य का न होना) वर्णित है। इसका निमित्त उक्त नहीं हैं अस्तु यहाँ अनुक्तनिमित्ता विशेषोक्ति है।

है बहुत बरसी धरित्री
पर सुधा की धार
पर नहीं अब तक सुशीतल
हो सका संसार।

—दिनकर

यहाँ पृथ्वी पर अम1त की धार बरसने पर भी (प्रसिद्ध कारण के होने पर भी) संसार का सुशीतल न होना (कार्य का न होना) वर्णित है। इसका कारण उक्त नहीं है। अस्तु यहाँ भी अनुक्तनिमित्ता विशेषोक्ति है।

38. असंगति

जहाँ कारण और कार्य भिन्न-भिन्न आश्रयों में वर्णित होते हैं, वहाँ असंगति अलंकार होता है।

असंगति का अर्थ है 'अ' (अयोग्य), 'संगति' (साहचर्य) अर्थात् उचित संगति अथवा साहचर्य का अभाव। लोक प्रसिद्ध संगति यही देखी जाती है कि जहाँ 'कारण' रहता है, 'कार्य' भी वहीं उत्पन्न होता है; पर यदि कवि लोकातिक्रांत प्रतिभा द्वारा कारण और कार्य का स्थान भिन्न-भिन्न बताये, तो उससे उत्पन्न काव्य-वैचित्र्य ही असंगति कहा जाता है। अर्थात् एकाधिकरण्य (कार्य-कारण) के वैयाधिकरण्य वर्णन से उत्पन्न वाच्य-वैचित्र्य ही असंगति है। जैसे, प्रसिद्ध लोकोक्ति है कि 'आये थे हरिभजन को ओटन लगे' 'कपास' अथवा 'खेत खाए गदहा, मार खाए जुलहा'—इनमें 'असंगति' स्पष्ट है।

यह विरोधमूलक अर्थालंकार है। दंडी ने इसे विरोध में ही अन्तर्भूत कर लिया

है। इसका स्वतंत्र विवेचन संभवतः रुद्रट से प्रारम्भ हुआ है[1]। इन्होंने इसमें अतिशय के सिद्धान्त को भी स्वीकार किया है[2]। इसी के आधार पर मम्मट ने लक्षण निर्धारित किया कि जहाँ कार्य-कारणरूप से अवस्थित धर्मों का ऐसा प्रतिपादन हो कि भिन्नदेशता में भी अपने किसी उत्कर्ष विशेष द्वारा साथ-साथ अवस्थित हो, तो असंगति होगी[3]। वृत्ति में इन्होंने इसमें निहित अतिशयोक्ति के सिद्धान्त को भी स्वीकार किया है[4]। यहाँ यह जान लेना चाहिये कि असंगति केवल भिन्नदेशता में ही नहीं भिन्नकालता में भी होती है। जयदेव और पं॰ विश्वनाथ ने केवल 'कार्यकारण की भिन्नदेशता' में ही असंगति मानी है[5]। पं॰ विश्वनाथ ने असंगति में अतिशयोक्ति के अनुप्राणन की बात छोड़ दी है, पर रुय्यक ने इसे माना है। पंडितराज जगन्नाथ ने रुय्यक के मत पर विचारते हुये निष्कर्ष दिया है कि 'अतिशयोक्ति का अनुप्राणन' असंगति में उतना आवश्यक नहीं है जितना 'अभेदाध्यवसान'। अप्पयदीक्षित ने असंगति के तीन भेद माने हैं। हिंदी के आचार्यों ने इन्हीं को आधार मानकर तीन प्रकार की असंगति स्वीकार की है। विचारणा की दृष्टि से इसके दो ही भेद सटीक पड़ते हैं।

प्रथम असंगति (पूर्वोक्त लक्षण) सबों को मान्य है। हिंदी वालों ने इसका निरूपण प्रायः जयदेव, पं॰ विश्वनाथ और दीक्षित जी के अनुसार किया है। सब के लक्षण प्रायः समान ही है[6]। कतिपय आचार्यों ने इसमें विरोध का कुछ न कुछ आभास होना आवश्यक स्वीकार किया है। स्वयं पंडितराज ने भी इस पर विचार किया है। उनका मत विरोधी नहीं प्रतीत होता है। यह सत्य है कि असंगति और विरोधाभास दो विलोम अलंकार है—प्रथम में एकाधिकरण्य का वैयधिकरण्य होता है और द्वितीय

---

1. विस्पष्टे समकालं कारणमन्यत्र कार्यमन्यत्र।
यस्यामुपलभ्यते विज्ञेयाऽसंगतिः सेयम्।।—काव्यालंकार 9।48।
2. देखिये—काव्यालंकार 9।1।1
3. भिन्नदेशतायात्यन्तं कार्यकारणभूतयोः।
युगपद्धर्मयोर्यत्र ख्यातिः सा स्यादसंगतिः।।—काव्य प्रकाश 10।124।
4. यत्र स हेतुफलरूपयोरपि धर्मयोः केनाप्यतिशयेन नानादेशतया युगपदवभासनं सा तयोः स्वभावोत्पन्नपरस्परसंगतित्यागादसंगतिः।—वही।
5. (क) विरुद्धं भिन्नदेशत्वं कार्य-हेत्वोरसंगतिः।—चन्द्रलोक, कुवलयानन्द 85।
(ख) कार्यकारणयोर्भिन्नदेशयामसंगतिः।— सा. दर्पण 10।69।
6. (क) काज अरु कारन न्यारे ठाम।—भा. भूषण 116।
(ख) होत हेतु जहँ और थल, काज और थल होय।—ल. ललाम 214।
(ग) जहँ कारण है और थल, कारज औरे ठाम।—का. निर्णय 1339।
(घ) सु असंगति कारन कहूँ, कारज औरे ठाँहि।—पद्माभरण 145।

में वैयधिकरण्य का एकाधिकरण्य, फिर भी विरोधाभास असंगति का बाधक नहीं, उत्कर्षकारक ही है। कहीं-कहीं पर यह अलंकार केवल एकाधिकरण्य में भी हो सकता है।

दृग उरझत, टूटत कुटुम, जुरत चतुर चित प्रीति।
परत गाँठ दुरजन हिये, दई नई यह रीति।।

—बिहारी

लोक प्रसिद्ध नियम है कि जो वस्तु उलझती है, वही टूटती भी है; पर यहाँ उलटी बात कही गयी है—यहाँ उलझते हैं प्रेमी-प्रेमिका ने नेत्र और टूटता है कौटुम्बिक सम्बन्ध। पुनः जो वस्तु टूटती है, वही जुटती भी है; पर यहाँ भी विपरीत कथन ही है—टूटता है कुटुम्ब और जुटता है सज्जनों के हृदय में प्रेम। एक बात और—जो वस्तु टूटती है, उसे ही गाँठ देकर जोड़ा भी जाता है; पर यहाँ इसमें भी व्यतिक्रम है—टूटा है कुटुम्ब और गाँठ पड़ रही है दुर्जनों के हृदय में। इस प्रकार यहाँ उचित संगति के पूर्णतः अभाव से प्रेम-प्रसंग का बड़ा ही चामत्कारिक वर्णन प्रस्तुत किया गया है। अस्तु, असंगति है।

दृगन लगत बेधत हियो अँग
विकल करत अंग आन।

—बिहारी

नेत्ररूपी तीक्ष्ण बाण लगते हैं आँखों में, बेधते हैं हृदय और बेचैन करते हैं समस्त अंगों को। वस्तुतः पीड़ा तो वहीं होनी चाहिये, जहाँ बाण लगे; पर यहाँ बाण लगते हैं कहीं, घाव होता है कहीं और पीड़ा उठती है कहीं—इस प्रकार यहाँ कारण और कार्य का भिन्नदेशता वर्णित होने से योग्य संगति का अभाव हो गया है, जिससे असंगति अलंकार है।

मेरे जीवन की उलझन
बिखरी थीं उनकी अलकें।
पी ली मधु मदिरा किसने
थीं बन्द हमारी पलकें।।

—प्रसाद

यहाँ उलझन में पड़ा है कोई और लटें बिखरी है किसी की; मदिरा पी है किसी ने और पलकें झिंपी है (मदिरा के सुरूर के कारण) किसी की—इस प्रकार यहाँ कारण और कार्य में भिन्नदेशता वर्णित होने के कारण असंगति है। यह उदाहरण विरोधाभास से पुष्ट होने के कारण अधिक सशक्त बन गया है।

वाह री पाक मुहब्बत! असर तुम्हारा है।
चोट मुझको लगी बेहोश कोई और हुआ।।

—रामसेवक श्रीवास्तव

यहाँ चोट लगी है किसी और को और बेहोशी छायी है किसी और पर—इस प्रकार यहाँ भी कारण-कार्य में भिन्नदेशता वर्णित होने से असंगति अलंकार है।

द्वितीय असंगति

अन्यत्र किया जाने योग्य कार्य का यदि अन्यत्र किया जाना वर्णित हो, तो द्वितीय अंसगति होती है।

पंडितराज जगन्नाथ ने असंगति के इस रूप को अस्वीकार किया है। इसे वे विरोधाभास से अभिन्न मानते हैं, पर 'कुवलयानन्द' के व्याख्याता वैघनाथ ने पंडित राज के तर्क का खंडन करते हुये दीक्षित के मत का ही पोपण किया हैं नागेशभट्ट ने भी इस अलंकार को स्वीकार ही किया है। हिंदी के आचार्यों ने इसका निरूपण 'कुवलयानन्द' के आधार पर ही किया है[1]। प्रायः सब के लक्षण सामन है।

पलनि पीक, अंजन अधर,
धरे महावर भाल।

—बिहारी

उचित संगति के अनुसार पान की पीक अधरों में, अंजन नेत्रों में और महावर पैर में होना चाहिए, पर यहाँ पान की पीक का पलकों में, अंजन का अधरों में और महावर का ललाट पर लगा हुआ होना कथित है—अन्यत्र किया जाने योग्य कार्य का अन्यत्र किया जाना वर्णित है। अतः यहाँ असंगति है। ठीक इसी प्रकार की यह उक्ति भी देखी जा सकती है—

दिय अंजन अधरान कत, दृगनि खवाये पान।

—जसवन्त सिंह

यहाँ खंडिता नायिका की उक्ति है अन्य-स्त्री का रमण कर घर आये हुये नायक से। अन्यत्र करणीय कार्य का अन्यत्र वर्णित होने से यहाँ भी असंगति है।

बिहँसि बुलाय बिलोकि उत, प्रौढ़ तिया रस धूमि।
पुलकि पसीजत पूत को, पिय चूम्यौ मुहुँ चूमि।।

—बिहारी

प्रौढ़ा नायिका को चूमना चाहिये था पति का मुख, किन्तु पिय द्वारा चुंबित पुत्र के मुख को चूमकर उसने उतना ही आनन्द ग्रहण किया—अन्यत्र करणीय कार्य यहाँ भी अन्यत्र वर्णित है। अस्तु दूसरी असंगति है।

---

1. (क) अन्यत्र करणीयस्य ततोऽन्यत्र कूतिश्च सा।—कुवलयानन्द 86।
   (ख) और ठौर ही कीजिये, और ठौर को काम।—भा. भूषण 116।
   (ग) आन ठौर करनीय सो, करै और ठौर।—शि. भूषण 202।
   (घ) अनतकरन कों चाहिए, करै अनत ही काम।—का. निर्णय 13।36।
   (ङ) काज अनत को अनत जहँ, यही असंगति जान।—पद्माभरण 146।

अप्पयदीक्षित ने विशेष कार्य को करने की प्रवृत्ति में उसके विरुद्ध कार्य के लिए जाने में तृतीय असंगति स्वीकार की है[1]। दीक्षितजी के आधार पर ही हिंदी के आचार्यों ने भी इसे स्वीकार किया है पर असंगति का यह भेद वस्तुतः विरोधाभास से अभिन्न ठहरता है। तर्क के आधार पर इसकी युक्तियुक्तया सन्दिग है।

39. विषम

जहाँ दो बे-मेल पदार्थों के सम्बन्ध का वर्णन किया जाये वहाँ प्रथम, जहाँ कार्य एवं कारण की गुण-क्रियाओं का परस्पर वैपरीत्य प्रतिपादन किया जाये वहाँ द्वितीय और जहाँ कार्यानुकूल फल प्राप्ति के स्थान पर तद्विपरीत परिणाम का निरूपण किया जाये वहाँ तृतीय विषय अलंकार होता है।

विषम का अर्थ है (वि + सम), सम के प्रतिकूल, अननरूप। इसमें परस्पर अननुरूप पदार्थों की—अनमेल पदार्थों की संघटना का वर्णन किया जाता है। कार्य-कारण के स्वाभाविक वैरूप्य—स्वभावतः अननुरूप पदार्थों के संसर्ग में यह अलंकार नहीं होता है। यह कवि प्रतिभोत्थित अलंकार है—इसके वाच्य-वैचित्र्य के लिये कवि में प्रतिभा की मौलिकता आवश्यक है। वैरूप्य सूचन हेतु इसमें 'कहाँ' आदि वाचक शब्द भी प्रयुक्त होते हैं।

यह विरोधमूलक अर्थालंकार है। यह प्राचीनों से स्वीकृत नहीं रहा है। इसकी चर्चा संभवतः रुद्रट से प्रारम्भ हुई है। रुद्रट ने कार्य और कारण की गुण-क्रियाओं के विरोध में विषम स्वीकार किया है[2]। मम्मट ने चार प्रकार का विषम माना है—(1) अति वैलक्षण्य के कारण दो सम्बन्धित पदार्थों का अनुपपन्न प्रतीत होने में, (2) कर्ता का अपनी क्रिया में अभीष्ट फलाभाव एवं उलटे अनिष्ट का गला पड़ने में, (3) कार्य एवं कारण के गुण वैरूप्य में और (4) कार्य एवं कारण के क्रिया वैरूप्य में[3]। इनके तीसरे और चौथे विषम का आधार है रुद्रट का लक्षण एवं प्रथम और द्वितीय का आधार है रुय्यक द्वारा निर्धारित विषम का लक्षण[4]। जयदेव ने एक ही प्रकार का विषय स्वीकार किया है। पं. विश्वनाथ विषम के तीन भेद मानते हैं—(1) कार्य-कारण

---

1. अन्यत्कर्तु प्रवृत्तस्य तद्विरुद्धकृतिस्धा।—कुवलयानन्द 86।
2. कार्यस्य कारणस्य च यत्र विरोधः परस्परं गुणयोः।
   तद्वत् क्रिययोरथवा संजयेतेति तद्विषयम्।।—काव्यालंकार 9।45।
3. क्वचिद्यदतिवैधर्म्यान्न श्लेषो घटनामियात्।
   कर्तुः क्रियाफवाप्तिनैंवानर्थश्च यद्भवेत्।।10।126।
   गुणक्रियाभ्यां कार्यस्य कारणस्य गुणक्रियै।
   क्रमेण च विरुद्धे यत्स एष विषमो मतः।।—का. प्रकाश 10।127।
4. विरूपकार्याऽनर्थयोरुत्पत्तिर्विरूपसंघटना च विषमूम।—अ. सर्वस्वम्।

की गुण-क्रियाओं के वैपरीत्य में (2) प्रयत्न की विफलता के साथ ही अनिष्ट होने में और (3) अननुरूप वस्तुओं की संघटना में[1]। इन्होंने मम्मट के तीसरे चौथे विषयम को एक में ही अन्तर्भूत कर लिया है। लगभग यही मान्यता अन्यों की भी है। अप्पयदीक्षित ने संभवतः रुय्यक के मतानुसार ही तीन प्रकार का विषम माना है, अन्तर सिर्फ इतना है कि रुय्यक का तृतीय, प्रथम और द्वितीय दीक्षित जी का प्रथम, द्वितीय और तृतीय भेद है[2]। हिंदी वालों को दीक्षितजी का ही क्रम मान्य है। भोजने विषम को विरोधाभास में ही अन्तर्भुक्त स्वीकार किया है। पंडितराज जगन्नाथ ने अभीष्ट की अप्राप्ति मात्र में ही तीसरा विषम माना है। कतिपय आचार्यों ने अभीष्ट की अप्राप्ति के साथ अनिष्ट की प्राप्ति में तीसरा विषम माना है। तात्पर्य यह कि तीसरे विषय के पूर्वोक्त सामान्य लक्षण से थोड़ा मंत-वैभिन्नय भी है। हिंदी आलंकारिकों में भूषण ने जयदेव के आधार पर एक ही प्रकार का विषम स्वीकार किया है[3]। अन्यों में जसवन्त सिंह, मतिराम, भिखारीदास, पद्माकर आदि ने पं॰ विश्वनाथ और दीक्षित जी के आधार पर लक्षण निर्मित किया है। इन्हें क्रम मान्य है दीक्षित जी का ही[4]। प्रायः सब के लक्षण समान है।

---

1. गुणौ क्रिये वा चेत्स्यातां विरुद्धे हेतुकार्ययोः।।
   यद्वारब्धस्य वैफल्यमनर्थस्य च संभवः।
   विरूपयोः संघटना या च तद्विषमं मतम्।।—सा. दर्पण 10।69, 70।
2. विषमं वर्ण्यते यत्र घटनाऽननुरूपयोः।
   विरूपकार्यस्योत्पत्तिरपरं विषमं मतम्।
   अनिष्टस्याप्यवाप्तिश्च तदिष्टार्थ समुद्यमात्।—कुवलयानन्द 88-91।
3. कहाँ बात यह कहँ वहै यों लहँ करत बखान।—शि. भूषण 206।
4. (क) विषम अलंकृत तीन विधि, अनमिलते को संग।
   कारन को रँग और कछु, कारज औरे रंग।
   और भलो उद्दिम किये, होत बुरो कल आइ।—भा. भूषण 119।120।
   (ख) जहाँ है अनुरूप द्वै, तिनकी घटना होय।—221
   जहाँ बरनिये हेतु ते, उपजन काज विरूप—224।
   इष्ट अर्थ उद्यम हिते, तहँ अनिष्ट है जाय।—226—ल. ललाम
   (ग) अनमिल वातनि को जहाँ, परत कैसहू संग।
   कारन को रँग औरई, कारज और रंग।।
   कर्त्ता को न क्रियाफलै, अनरथ ही फल होय।—का. निर्णय 13।45, 46।
   (घ) सु विषम अनमिल दायको, जहँ बरनन दरसात।
   विषम जु उपजै हेतु तें, कारज औरहिं रंग।
   विषम भले उद्योग तें, जहाँ बुरो फल होत।—पद्माभरण 146-151।

प्रथम विषम

को कहि सकै बड़ेन की, लखि बड़ी हूँ भूल।
दीन्हे दई गुलाब की, इन डारन ये फूल।।

यहाँ गुलाब में कँटीली डाल और कोमल फूल—दो बे-मेल पदार्थों की संघटना का वर्णन किया गया है। अस्तु यहाँ प्रथम विषम अलंकार है।

आज गर्वोन्नत हर्म्य अपार,
रत्न-दीपावलि मंत्रोच्चार।
उलूकों के कल भग्नविहार,
झिल्लियों की झनकार।

—पंत

यहाँ गर्वोन्नत हर्म्य और मंत्रोच्चार के साथ उल्लुओं के भग्न-विहार और झिल्लियों की झनकार का एकत्रीकरण—दो बे-मेल पदार्थों का संघटन होने से प्रथम विषम अलंकार है।

पल-पल श्री शोभा करती लीला से शृंगार जहां।
दग्ध कथा अपनी कहते थे अब बिखरे अंगार वहां।।

—सुधीन्द्र

यहाँ श्रीशोभा से शृंगार करना और बिखरे अंगारों का दुःखकथा कहना में दो अननुरूप पदार्थों का संघटन है। अस्तु यहाँ प्रथम विषम अलंकार है।

द्वितीय विषम

श्याम कृपाण लिए राजन्! कर में तुम
विमल कीर्ति का करते सतत प्रसार।

—समदर्शी

यहाँ काली तलवार से उजली कीर्ति उत्पन्न करना वर्णित है। तलवार है कारण, जिसका रंग काला है और कार्य है कीर्ति-प्रसार, जिसकर रंग है उज्ज्वल (विमल) है। अस्तु यहाँ कारण और कार्य में अननुरूप सम्बन्ध स्पष्ट है, जिससे द्वितीय विषय अलंकार है।

नहीं तत्त्वतः कुछ भी मेरे आगे जीना मरना।
किन्तु आत्मघाती होना है घात किसी का करना।।

यहाँ दूसरे के मारने से स्वयं आत्मघाती होना—कार्य और कारण में वैपरीत्य वर्णित होने से द्वितीय विषम है।

सदियों का दैन्य तमिस्र-तूम
धुन तुमने कात प्रकाश-सूत।

—पंत

यहाँ 'दैन्य तमिस्र' से 'प्रकाश का सूत' कातना कथित है। दैन्य है कारण, जो काला (तमिस्र) है और कार्य है उज्ज्वल (प्रकाश) रंग का सूत काटना। अस्तु, विरूप कार्योत्पत्ति वर्णित होने से यहाँ भी द्वितीय विषम अलंकार है।

तृतीय विषयम

छिरकत नीर गुलाब को, हुव तन ताप उदोत।

—पद्माकर

यहाँ गुलाबजल छिड़का तो गया है भलाई के लिये कि शीतलता हो, पर वह लगा है उलटे शरीर में जलन (ताप) उत्पन्न करने। यहाँ कार्यानुकूल फल की प्राप्ति न होकर अनिष्ट घटित हो रहा है। अस्तु यहाँ तीसरा विषम अलंकार है।

माँग मैंने ही लिया कुल-केतु,
राजसिंहासन तुम्हारे हेतु।
'हा हतोऽस्मि' हुये भरत हतबोध
'हू' कहा शत्रुघ्न ने सक्रोध।

—गुप्तजी

यहाँ भरत के लिये कैकेयी ने माँगा है राजसिंहासन, इससे उन्हें प्रसन्नता होनी चाहिये थी, पर वे होते है 'हतबोध'। कार्यानुकूल फल की प्राप्ति के प्रतिकूल परिणाम होने से यहाँ भी तीसरा विषम है।

तुम्हें बना सम्राट देश का राजसूय के द्वारा,
केशव ने था ऐक्य-सृजन का उचित उपाय विचारा;
सो परिणाम और कुछ निकला, भड़की आग भुवन में;
द्वेष अंकुरित हुआ पराजित राजाओं के मन में।

—दिनकर

यहाँ प्रयास किया गया था ऐक्य-सृजन का, वह तो विफल हुआ ही; पराजित राजाओं के मन में उलटे अंकुरित हुआ द्वेष—कार्यानुकूल फल प्राप्ति के स्थान पर हुआ तद्विपरीत परिणाम। अस्तु, यहाँ भी तीसरा विषम अलंकार है।

40. व्याघात

जहाँ एक के द्वारा विशिष्ट उपाय से साधित कार्य को दूसरा उसी उपाय से उसे व्यर्थ कर दे, वहाँ 'ब्याघात' होता है।

व्याघात का अर्थ है (विशिष्ट) आघात (चोट, टक्कर) अर्थात् विशिष्ट टक्कर या विशेष प्रकार का आघात। इसमें एक क्रिया द्वारा दो विरोधी कार्यों का टक्कर दिखलाया जाता है।

यह विरोधमूलक अर्थालंकार है। यह प्राचीनों से अस्वीकृत रहा है। इसके प्रथम

विवेचक है रुद्रट[1]। रुय्यक ने इसे साधित कार्य का उसी उपाय से अन्यथाकरण में स्वीकार किया है[2]। मम्मट का लक्षण रुय्यक के लक्षण का अनुसरण करता है[3]। पं॰ विश्वनाथ का प्रथम व्याघात भी यही है[4]। अप्पयदीक्षित ने भी इसे प्रथम व्याघात ही माना है[5]। हिंदी के आचार्यों में केशव और देव ने इसकी चर्चा ही नहीं की है। भूषण ने केवल एक ही प्रकार का व्याघात माना है[6], किन्तु जसवन्त सिंह, दास, पद्माकर आदि ने प्रायः पं॰ विश्वनाथ के आधार ही ही दो भेद माने है[7]। इसमें जयदेव का अनुसरण प्रायः नहीं हुआ है। कतिपय नवीन आचार्यों ने इसके और भी भेद मानकर बेकार का प्रपंच खड़ा किया है।

दृग सो जर्‌यौ जु काम तिहि, दृग सों ज्यावत जोई।
सिबहूँ की जित वार तिय, ताहि भजौ सब कोई।।

जिस कामदेव को भगवान शंकर ने अपने नेत्र से भस्म कर दिया था, उसे ही नारियाँ (जोई) अपने नेत्रों से जीवित कर देती है–जिस उपाय से कामदेव भस्म हुआ था, उसी उपाय से उसे जीवित कर देने का वर्णन होने से यहाँ व्याघात अलंकार है।

विधुर्‌यौ जावक सौति पग, निरखि हँसी गहि साँस।
सलज हँसौहि लखि लियो, आधी हँसी उसांस।।

–बिहारी

नायिका ने अपने सौत की एँड़ी में लगे महावर को इधर-उधर बिखरा देखकर उसके फूहड़पने पर हँस दिया। इस पर सौत भी विलासयुक्त लज्जा से मुस्कायी (चूंकि महावर लगाया था नायक ने–प्रथम तो नायक महावर लगाने की कला से अनभिज्ञ था, दूसरे सात्त्विक भाव 'कंपन' उदित होने से महावर बिखर गया था)। सौत की मुस्कान को समझ कर (नायक से महावर लगवाने के सौभाग्य पर) नायिका

---

1. अन्यैरप्रतिहतमपि कारणमुत्पादनं न कार्यस्यै
   यस्मिन्नभिधीयेत् व्याघातः स इति विज्ञेयः।–काव्या. 9।52।
2. यथा साधितस्य तथैवान्येनाऽन्यथाकरणं व्याघातः–अ. सर्वस्वम्।
3. यद्यथा साधितं केनाप्यपरेण तदन्यथा। तथैव यद्विधीयेत स व्याधातः इति स्मृतः।।–का. प्रकाश 10।138।
4. व्याघातः सतु केनापि वस्तु येन यथाकृतम्।
   ते नैव चेदुपायेन कुरुतेऽन्यरतदन्यथा।।–सा. दर्पण 10।74, 75।
5. स्यात् व्यावातोऽन्यथाकारि तथाऽकारि क्रियेत चेत्।–कुवलयानन्द 102।
6. और काज करता जहाँ, करे औरई काज।–शि. भूषण 229।
7. (क) जो जैसो करतार, सो विरुद्धकारी जहाँ।–ल. ललाम 251।
   (ख) जाहि तथाकारी गनै, करै अन्यथा सोउ।–का. निर्णय 13।27।
   (ग) सु व्याघात करता जु जस, सु विरुधकारी होय।–पद्माभरण 116।

उसाँसें लेने लगी। यहाँ जिस उपाय (हँसी) से कार्य साधित हुआ था (सौत के फूहड़पन पर हँसना), उसी उपाय (हँसी) से उसे व्यर्थ कर दिया जाना (हँसी को उसाँस में बदल देना) वर्णित होने से व्याघात अलंकार है।

द्वितीय व्याघात

जहाँ साधित कार्य को आसानी से उलट दिया जाना कहा जाये, वहाँ द्वितीय व्याघात अलंकार होता है।

मम्मट ने एक ही प्रकार का व्याघात माना हैं दूसरे व्याघात का विवेचन संभवतः रुय्यक से प्रारम्भ हुआ है। उन्होंने 'सौकर्येणा कार्यविरुद्धक्रिया च व्याघातः' कहकर इसका निरूपण किया है। प॰ विश्वनाथ का लक्षण भी इसी प्रकार का है[1]। इसे 'निष्पादित कार्य का विघात' कहा जा सकता है। दीक्षित जी का लक्षण भी लगभग इसी प्रकार का है[2]। हिंदी के आचार्यों ने व्याघात के इस रूप का निरूपण प्रायः पं॰ विश्वनाथ के आधार पर ही किया है[3]। जसवन्त सिंह आदि के लक्षण थोड़े भिन्न पड़ते है। उन्होंने दो विरोधी क्रियाओं से एक ही कार्य का होना ही इसका लक्षण मान लिया है[4]। वस्तुतः इसमें निष्पादित कार्य का सरलता से अन्यथा किया जाना ही वर्णित होता है।

लोभी धन संचय करै, दारिद को डर मानि।
दास यहै डर मानिकै, दान देत है दानि।।

—भिखारीदास

लोभी जिस दारिद्र्य के डर से धन का संग्रह करता है, दानी भी उसी भय से (कि कहीं दान न देने से मैं ही दरिद्र हो जाऊँ) दरिद्रों को दान देता है। यहाँ साधित कार्य (दान न देकर धन संग्रह) को आसानी से उलट दिया गया (दान देकर धन को खर्च कर दिया गया) है। अस्तु यहाँ द्वितीय व्याघात है।

छल किया भाग्य ने मुझे अयश देने का।
बल दिया उसी ने भूल मान लेने का।।

—गुप्तजी

यहाँ भी साधित कार्य (अयश देना) को भूल मानने से (आसानी ने) उलट देना (बल देना = यश देना) वर्णित है। अस्तु, यहाँ भी द्वितीय व्याघात है।

---

1. सौकर्येण च कार्यस्य विरुद्ध क्रियते यदि।—सा. दर्पण 10।75।
2. सौकर्गेण निबद्धापि क्रिया कार्यविरोधिनी।—कुवलयानन्द 103।
3. (क) जहाँ क्रिया की सुकरता, बरनत काज विरोध।—ल. ललाम 253।
   (ख) काहू सुद्ध विरुद्ध ही, है व्याघात दोउ।—का. निर्णय 13। 27।
4. विरुद्धी तें जबै काज ल्याइयै ठौर।—भा. भूषण 133।

41. विचित्र

जहाँ इष्ट फल की प्राप्ति के लिये विपरीत कार्य किया जाना कहा जाये, वहाँ विचित्र अलंकार होता है।

विचित्र का अर्थ है आश्चर्य, विस्मय, अद्भुत आदि। इष्ट विपरीताचरण आश्चर्यजनक व्यापार है। इसमें इच्छा की पूर्ति के लिये सर्वथा भिन्न मार्ग का अवलम्बन होता है जिससे चमत्कार की सृष्टि होती है। दिल्ली जाने की इच्छा होने पर कलकत्ते की टिकट खरीदना निश्चय ही एक विचित्र व्यपार होगा, उस पर भी आश्चर्य तो तब और भी बढ़ जायेगा, यदि वह पहुँचे दिल्ली ही। ठीक इसी प्रकार इसमें इष्ट फल की प्राप्ति के लिये प्रयत्न उसके प्रतिकूल किया जाता है।

यह विरोधमूलक वर्ग का गौण अर्थालंकार है। प्राचीनों से यह अस्वीकृत रहा है। इसका प्रथम विवेचन विपरीत फल के लिये प्रयत्न में रुय्यक ने किया है[1]। इसी के आधार पर जयदेव, पं॰ विश्वनाथ, पंडितराज जगन्नाथ आदि ने इसका विवेचन किया है[2]। हिंदी के आचार्यों ने इसका निरूपण जयदेव और पं॰ विश्वनाथ के आधार पर ही किया है[3]। सब में मौलिक और विशिष्ट लक्षण है भिखरीदासजी का, यद्यपि उनके भाव भी वे ही है।

भ्रांति से बचने के लिये यह सदा ध्यान रखना चाहिये कि 'विषम' और 'विचित्र' परस्पर भिन्न अलंकार है। प्रथम में 'कारण निषेध' का अवसर 'कार्य वैपरीत्य प्रतीति' के पश्चात् आता है, पर द्वितीय में 'कार्य-वैपरीत्य प्रतीति' ही बाद में होती है और 'कारण निषेध' की प्रतीति पहले। पुनः 'विषम' में कारण के विपरीत कार्य की स्वयं उत्पत्ति का वर्णन किया जाता है, पर 'विचित्र' में विपरीत फल की प्राप्ति के लिये कार्य मैं पुरुष-प्रयत्न का वर्णन किया जाता है। अतः, दोनों में भ्रम के लिये स्थान नहीं है। वस्तुतः अभीष्ट प्राप्ति हेतु विपरीत क्रिया वर्णन से आश्चर्य-प्रतीति ही 'विचित्र' का मूल है।

अमर होन को समर में, जूझत पुरुष पुनीत।

—पद्माकर

---

1. स्वविपरीतफलनिष्पत्तये प्रयत्नो विचित्रम्।—अ. सर्वस्वम्।
2. (क) विचित्रं तत्प्रयत्नश्चेद्विपरीतः फलेच्छया।—चन्द्रालोक।
   (ख) विचित्र तद्विरुद्धस्य कृतिरिष्टफलाय चेत्।—सा. दर्पण 10।71।
3. (क) इच्छाफल विपरीत की कीजै जतन विचित्र।—भा. भूषण 125।
   (ख) जहाँ करत है जतन फल, चित्त चाहि विपरीत—शि. भूषण 212।
   (ग) सो विचित्र फल चाहि जु कछू, जतन करै विपरीत।—पद्माभरण 155।
   (घ) करत दोष की चाह जहँ, ताहीं में गुन देखि।—का. निर्णय 14।25।

महान (पवित्र) पुरुष अमर होने के निमित्त समर में जूझते है—यहाँ अमरता की प्राप्ति हेतु युद्ध में मृत्यु का वरण इष्ट विपरीताचरण है। अतः, विचित्र अलंकार है।

सुखी बनने को सहते क्लेश
अमर होने को देते प्राण
निराली कैसी उनकी रीति
जिन्हें है प्रिय स्वदेश कल्याण

—अ. मुक्तावली

यहाँ सुखी होने के निमित्त क्लेश सहना और अमरता प्राप्ति के निमित्त प्राण देना अभीष्टार्थ की प्राप्ति के लिये विपरीत कार्य हैं। अस्तु, विचित्र अलंकार है।

आँखों में तुम्हें चुराकर मैं आंख बंद कर लेती।
फिर गर्दन झुका खुशी से मैं मिलने को सिर देती।।

—भक्त

यहाँ मिलने के लिये सिर कटाना में अभीष्ट फल की प्राप्ति के लिये विपरीत कार्य का करना कहा गया है। अतः विचित्र अलंकार है।

42. कारणमाला

जहाँ पूर्व-पूर्व वर्णित पदार्थ उत्तरोत्तर वर्णित पदार्थों के कारण-रूप में वर्णित होते चलें, वहाँ कारणमाला अलंकार होता है।

कारणमाला का अर्थ है कारणों की माला। 'कार्य-कारण क्रम' के आधार पर ही इस अलंकार की कल्पना हुई है। इसे ही 'हेतुमाला' और 'गुंफ' भी कहा गया है। 'हेतुमाला' तो स्पष्ट है ही, 'गुंफ' का अर्थ है 'गुँथी हुई रचना, निबंधन या शृंखला'। यहाँ शृंखला होती है कारण कार्य की।

यह शृंखलामूलक अलंकार है। शृंखला दो प्रकार से संभव है—(1) उत्तरोत्तर पदों के कारणभूत पूर्व-पूर्व वस्तुओं का गुंफन और (2) पूर्व-पूर्व पदों के कारणभूत उत्तरोत्तर वस्तुओं का गुंफन। अर्थात् प्रथमरूप में पूर्व-पूर्व कारण होता है और पर-पर कार्य, एवं द्वितीय में पूर्व-पूर्व कार्य होता है और पर-पर कारण। प्रथम है कारणमाला और द्वितीय कार्यमाला। इस अलंकार की चर्चा रुद्रट से प्रारंभ हुई है। मम्मट के अनुसार उत्तरोत्तरवर्ती अर्थ के प्रति पूर्व-पूर्ववर्ती अर्थ का कारण रूप में उपनिबंध होना ही कारणमाला है[1]। पं. विश्वनाथ, अप्पयदीक्षित, पंडितराज जगन्नाथ आदि के लक्षण भी ऐसे ही है[2]। दीक्षितजी और पंडितराज ने कारणमाला के अन्यरूप (कार्यमाला)

1. यथोत्तरं चेत्पूर्वस्य पूर्वस्यार्थस्य हेतुता—का. प्रकाश 10।120।
2. (क) परं परं प्रति यदा पूर्व पूर्वस्य हेतुता।—सा. दर्पण 10।76।
(ख) गुंफः कारणमाला स्यात् यथा प्राक् प्रान्त कारणैः।—कुवलयानंद 104।

की भी संभावना की है[1]। हिंदी के आचार्यों में केशव ने इसकी चर्चा ही नहीं की है। जसवन्त सिंह ने इसे 'गुंफ' के नाम से निरूपित किया है और मतिराम ने 'हेतु माला' के नाम से। जसवन्त सिंह, भूषण, भिखारीदास आदि ने इसके एक ही रूप का उल्लेख किया है, पर मतिराम, पद्माकर आदि ने दोनों रूपों का[2]। कुलपति मिश्र का लक्षण अपेक्षाकृत अधिक स्पष्ट है[3]। इस विवेचन से स्पष्ट है कि कुछ आचार्य कारणमाला के एक रूप को ही मानते हैं और कुछ आचार्य दोनों रूप। हिंदी में इसके दोनों रूपों के उदाहरण मिल जाते हैं।

प्रथम रूप

बिनु विस्वास भगति नहिं, तेहि बिनु द्रवहिं न राम।
राम कृपा बिनु सपनेहुँ, जीव न लह विश्राम।।

—तुलसी

यहाँ 'विश्वास' को 'भक्ति' का 'भक्ति' को 'रामकृपा' का एवं 'रामकृपा' को 'विश्राम' का उत्तरोत्तर कारण कहा गया है। अस्तु यहाँ कारणमाला अलंकार है।

विद्या देती विनय को, विनय पात्रता मित्त।
पात्रत्वे धन, धन धरम, धरम देत सुख नित्त।।

—दास

यहाँ 'विद्या' को 'विनय' का, 'विनय' को 'पात्रता' का, 'पात्रत्व' को 'धन' का, 'धन' को 'धर्म' का और 'धर्म' को 'सुख' का उत्तरोत्तर कारण कहा गया है। अस्तु कारणमाला है।

द्वितीय रूप

जहाँ उत्तरोत्तर वर्णित पदार्थ ही पूर्व-पूर्व वर्णित पदार्थों के कारण हों, वहाँ द्वितीया कारणमाला (कार्यमाला) अलंकार होता है।

अन्नमूल धन, घनन को मूल यज्ञ अभिराम।
ता को धन, धन को धरम, धरम-मूल हरिनाम।।

—पद्माकर

---

1. (क) पूर्व पूर्व कारण भूतोत्तरोत्तरैर्वा वस्तुभिः कृतो गुंफः कारणमाला।—कुवलयानन्द।
   (ख) पूर्व पूर्व कार्यं परं परं कारणमित्यपराः (कारणमाला)।—रसगंगाधर।
2. (क) कहिये गुंफ परम्परा, कारन की जब होय।—भा. भूषण 135।
   (ख) कारन ते कारन-जनम, कारन माला चारु—का. निर्णय 18।8 1
   (ग) पूरब-पूरब हेतु जहँ उत्तर-उत्तर काज।।
   उत्तर-उत्तर हेतु जहँ, पूरब-पूरब काज।।—का. ललाम 255, 257।
3. पहिलो पहिलो हेत जहँ, पिछले कारन होय।
   हेतन ही को गूँथियो, कारनमाला सोय।।—रसरहस्य।

यहाँ पूर्व कथित 'अन्न' कार्य है और उत्तरकथित 'घन' (वर्षा) कारण। इसी प्रकार 'वर्षा' का कारण 'यज्ञ', 'यज्ञ' का 'धन' का 'धर्म' और 'धर्म' का कारण 'हरिनाम' वर्णित है। यहाँ उत्तरोत्तर वर्णित पदार्थ पूर्व-पूर्व पदार्थों के कारण बनते चले आये हैं। जिससे द्वितीय कारणमाला है।

दुख मूल गनि पाप, पाप कहँ कुमति प्रकासै।
कुमति मोह बिस्तरै, क्रोध मोहै उल्लासै।।

—मतिराम

यहाँ पूर्व वर्णित 'दुख' कार्य है और उत्तर वर्णित 'पाप' है कारण। इसी प्रकार 'पाप' का 'कुमति', 'कुमति' का 'मोह' कारण रूप में कथित है। पूर्व-पूर्व कार्य और उत्तरोत्तर कारण वर्णित होने से यहाँ भी द्वितीय कारणलमाला अलंकार है।

43. एकावली

जहाँ पूर्व-पूर्व वर्णित वस्तु के लिये उत्तरोत्तर वर्णित वस्तु का विशेषणरूप से विधान या निषेध किया जाये, वहाँ एकावली अलंकार होता है।

एकावली का अर्थ है एक शृंखला या एक लर की माला। एक लर की माला में विरोये गये दाने एक दूसरे से सम्बद्ध होकर भी स्वतन्त्र सत्ता बनाये रखते हैं, एवं पहले पिराये गये दाने की सुन्दरता बाद में पिरोये जाने वाले दानों (मोती के) से बढ़ जाती है, उसी प्रकार इस अलंकार में प्रत्येक वस्तु स्वतन्त्र होकर भी विशेषण-विशेष्य रूप में सम्बन्धित होते हैं और पूर्व वर्णित वस्तु को बाद में वर्णित वस्तु से विशिष्टता प्रदान की जाती है। वस्तुतः यह माला होती है विशेषण-विशेष्य की। यह दो प्रकार से सम्भव है—या तो उत्तरोत्तर पद पूर्व-पूर्व पद का विशेषण हो या पूर्व-पूर्व पद उत्तरोत्तर पद का विशेषण हो। विशेषण-विशेष्य भाव का यहाँ चाहे विधान (स्थापन) होता है या निषेध। यहाँ विशेषण का तात्पर्य है विशेष्य का उत्कर्षवर्द्धक, दो वस्तुओं को जोड़ने वाला और भिन्नता स्थापित करने वाला। विशेषण के उपर्युक्त अर्थ व्याकरण की सीमा से थोड़ी भिन्नता लिये है।

यह शृंखलामूलक अर्थालंकार हैं इसकी चर्चा रुद्रट से प्रारम्भ हुई है। मम्मट का लक्षण उन्हीं के आधार पर बना है[1]। पं॰ विश्वनाथ के लक्षण का भाव भी वही है[2]। अप्पयदीक्षित ने जयदेव के आधार पर इसे ही 'गृहीत-मुक्तरीति से विशेषण-विशेष्य

---

1. स्थाप्यतेऽपोह्यते वापि यथापूर्वं पर परम्।
विशेषणतया यत्र वस्तु सैकावली द्विधा।।—का. प्रकाश 10।131।
2. पूर्व पूर्व प्रति विशेषणत्वेन परं परम्।
स्थाप्यऽपोह्यते वा चेत् स्यात् एकावली द्विधा।।—सा. दर्पण 10।77, 78।

का वर्णित होना कहा है[1]। वृत्ति में इन्होंने इसके दोनों रूपों को ग्रहण किया है। भोजराज ने इस अलंकार को 'परिकर' में अन्तर्भुक्त कर दिया है। हिंदी के आचार्यों में केशव और देव ने इसकी चर्चा भी नहीं की है। जसवन्त सिंह जयदेव के आधार पर इसके एक ही रूप को स्वीकार किया है और 'कुवलयानन्द' की वृत्ति पर ध्यान नहीं दिया है[2]। अधिकांश आचार्यों ने इसका निरूपण जयदेव और दीक्षितजी के आधार पर ही किया है। प्रायः मतिराम, भूषण, गोकुल, रामसिंह, वैरीसाल, पद्माकर आदि के लक्षण समान है[3]। पद्माकर ने इसका दूसरा लक्षण भी दिया है जो मम्मट के लक्षण पर निर्मित है[4]। दास जी ने 'जंजीर का सा जोड़' (शृंखलाबद्ध) कह कर लक्षण को थोड़ा भिन्न बनाया है[5]। लगता है, लछिराम ने दासजी का लक्षण अवश्य देखा था[6]। इन्होंने एकावली के वर्णन में 'मुक्त प्रकाशी' (एकावली और प्रश्नोत्तर का सम्मिलित रूप) नामक नवीन अलंकार की कल्पना की है।

आधुनिक हिंदी कविता में एकावली के ऐसे भी उदाहरण पर्याप्त मात्रा में मिलते हैं, जिनमें ग्रहणरीति और मुक्तरीति (गृहीत मुक्त रीति) से शृंखला तो पायी जाती है, पर विशेषण-विशेष्य भाव का अभाव रहता है। तात्पर्य यह कि मात्र गृहीत मुक्तरीति की शृंखला में भी इस अलंकार को स्वीकार कर लेना चाहिये, विशेषण-विशेष्य भाव की अनिवार्यता आवश्यक नहीं है।

विशेषण भाव से विधान

मनुष्य वही जो हो गुणी, गुणी जो कोविद रूप।
कोविद जो कवि पद लहै, कवि गो उक्ति अनूप।।

—अ. मुक्तावली

यहाँ पूर्व वर्णित 'मनुष्य' है विशेष्य और उत्तर वर्णित 'गुणी' है विशेषण; पुनः 'गुणी' ही विशेष्य ही गया है और 'कोविदरूप' उसका विशेषण। इसी प्रकार 'कोविदरूप' विशेष का 'कवि' विशेषण और अन्त में 'कवि' विशेष्य के रूप में वर्णित हुआ है। इस प्रकार यहाँ अनेक वस्तुयें विशेषण-विशेष्य भाव से शृंखलाबद्ध होने के कारण एकावली अलंकार है।

---

1. गृहीतमुक्तरीत्यार्थश्रेणिरेकावलिर्मता।—कुवलयानन्द 105।
2. ग्रहित मुक्तापद रीति जब, एकावलि तव मान।—भा. भूषण 136।
3. (क) प्रथम बरनि जहँ छोड़िये, जहाँ अरथ की पाँति।—शि. भूषण 235।
   (ख) गहव तजब अर्थालि को जहँ, एकावलि सो।—पद्माभरण 175।
4. पूरब गहहिं जु उत्तर तजि पूरब्ब।
   गहै पदारथ और यों, एकावलि कह सब्ब।।—पद्माभरण 176।
5. किये जँजीरा-जोर पद, एकावलि प्रमाण।—का. निर्णय 18।6।
6. जबहिं जँजीरा-जोर पद, ग्रहित मुक्त के साज।—रामचन्द्र भूषण।

विशेष्य भाव से विधान

रस सो काव्यरु काव्य सौ, सोहत वचन महान।
बचनन हीं सो रसिकजन, तिनसौ संत सुजान।।

—कोश

इसमें पूर्व-पूर्व वर्णित 'रस' आदि विशेषण है और उत्तरोत्तर वर्णित 'काव्य' आदि विशेष्य। अतः यहाँ विशेष्य भाव से विधान होने के कारण एकावली अलंकार है।

विशेषण भाव से निषेध

गेह न कछु बिन तनय जो, तनय न विनय विहीन।
विनय न कछु विद्या बिना, विद्या बुधि बिन खीन।।

—अ. मुक्तावली

यहाँ पूर्व-पूर्व वर्णित 'गेह' आदि विशेष्यों के लिये उत्तरोत्तर वर्णित 'तनय' आदि विशेषण रूप में आये हैं। साथ ही 'न' के प्रयोग से यहाँ निषेध भी वर्णित है। अस्तु, यहाँ विशेषण भाव से निषेध युक्त एकावली है।

गृहीत मुक्त रीति से

पट में तन, तन में नवयौवन,
नवयौवन में छबिमाला थी।
छबिमाला के भीतर जलती
पावन सतीत्व की ज्वाला थी।

—श्यामनारायण पांडेय

यहाँ विशेषण-विषेष्यभाव का अभाव है, केवल पूर्व-पूर्व वर्णित 'पट' आदि का त्याग और उत्तर वर्णित 'तन' आदि का ग्रहण कथित होने से ग्रहण और त्याग की शृंखला बन गयी है। अस्तु, यहाँ गृहीत-मुक्त रीति से एकावली अलंकार है।

आज बन में पिक, पिक में गान,
विटप में कलि, कलि में सुविकास,
कुसुम में रज, रज में मधु-प्राण,
सलिल में लहर, लहर में लास।

—पंत

यहाँ भी गृहीत-मुक्त रीतिसे प्रत्येक पंक्ति में एकावली अलंकार है। इसे एकावली अलंकार का मालारूप भी कह सकते हैं।

44. सार

जहाँ वस्तुओं का उत्तरोत्तर उत्कर्ष अथवा अपकर्ष वर्णित हो, वहाँ सार अलंकार होता है।

सार का अर्थ है तत्त्व, उत्कर्ष, उत्कृष्ट अंश अर्थात् विशेषता। इसमें शृंखला रूप में नियोजित वस्तुओं में पूर्व-पूर्व वर्णित वस्तुओं की अपेक्षा उत्तरोत्तर वर्णित वस्तुओं में उत्कर्ष अथवा अपकर्ष दिखलाया जाता है।

यह शृंखलामूलक अर्थालंकार है। यह प्राचीनों से अस्वीकृत रहा है। इसकी चर्चा सर्व प्रथम रुद्रट ने की है[1]। इन्हीं के आधार पर मम्मट ने उत्तरोत्तर पराकाष्ठा पर पहुँचा हुआ उत्कर्ष वर्णन को 'सार' माना है[2]। जयदेव और पं॰ विश्वनाथ ने इसके लक्षण में 'परावधि' को हटा मात्र दिया है, शेष बातें वही है[3]। पंडितराज जगन्नाथ ने उत्तरोत्तर उत्कर्ष के साथ अपकर्ष में भी सार स्वीकार किया है[4]। रुय्यक ने 'सार' को 'उदार' के नाम से लक्षणबद्ध किया है[5]। हिंदी के आचार्यों में केशव और देव ने इसकी चर्चा नहीं की है। आ॰ भिखारीदास ने इसे 'उत्तरोत्तर' कहकर निरूपित किया है[6]। दास जी का लक्षण जसवन्त सिंह के लक्षण के ही समान है[7]। इन लोगों ने 'उत्कर्ष' के स्थान पर 'सरस' शब्द प्रयुक्त किया है। यह लक्षण की दृष्टि से सदोष होकर भी शृंगारकालीन वाचिक रसिकता के योग्य है—तत्कालीन रसिक श्रोता (पाठक?) 'उत्कर्ष' जैसे अपेक्षाकृत कटु शब्द की अपेक्षा 'सरस' जैसे मधुर शब्द को आसानी से ग्रहण कर सकता था। मतिराम, भूषण आदि के लक्षण 'कुवलयानन्द' के आधार पर है, पर कुलपति मिश्र का लक्षण मम्मट का ही अनुसरण करता है[8]। चिंतामणि ने 'सार' और 'उदार' को अलग-अलग अलंकार मान लिया है और पद्माकर ने सार के उत्कर्ष, अपकर्ष उत्कर्षापकर्ष के आधार पर तीन रूप माने हैं[9]।

कारणमाला, एकावली और सार तीनों है तो शृंखलामूलक अलंकार ही, पर इनमें पर्याप्त अन्तर है। कारणमाला में 'कार्य-कारण-भाव', एकावली में 'विशेषण-विशेष्य भाव' और सार में 'उत्कर्षापकर्ष भाव' होता है।

---

1. यत्र तथा समुदायाद यथैकदेशं क्रमेण गुणावदिति।
   निर्धार्यते परावधिनिरतिशयं तद्भवेत् सारम्।।—काव्यालंकार 7।196।
2. उत्तरोत्तरमुत्कर्षो भवेत्सारः परावधिः।—का. प्रकाश 10।123।
3. (क) उत्तरोत्तरमुत्कर्षो वस्तुनः सार उच्यते।—सा. दर्पण 10।78।
   (ख) उत्तरोत्तरमुत्कर्षः सार इत्यभिधीयते।—चन्द्रालोक, कुवलयानन्द 1081
4. सैव संसर्गस्योत्कृष्टापकृष्टभावरूपत्वे सारः।—रसगंगाधर।
5. उत्तरोत्तरमुत्कर्षणमुदारः।--अ. सर्वस्वम्।
6. एक एक तें सरस लखि, अलंकार कहि सार।—का. निर्णय 18।11।
7. एक एक तें सरस, जब, अलंकार यह सार।—भा॰ भूषण 138।
8. अधिक बढ़ाई अन्त तक, आगे आगे होय।
   पिछले ते जहँ सारँ, करि, सार बखाने सोय।।—रस रहस्य।
9. गुन ही सों कै दोषसों, कै दुहूँ सों जिहि थान।
   एक एक वे अधिक मनि, त्रिविध सार यों जान।।—पद्माभरण 179।

उत्कर्ष कथन में सार

मखमल ते कोमल महा, कदलि गरभ को पात।
ताहू ते कोमल अधिक, प्यारी तेरी गात।।

—पद्माकर

यहाँ 'मखमल' की अपेक्षा 'केले के गर्भ से उगता हुआ पत्ता' और पुनः उसकी अपेक्षा 'नायिका का शरीर' का कोमल होना वर्णित है। इस प्रकार यहाँ कोमलता का उत्तरोत्तर उत्कर्ष वर्णित होने से सार अलंकार है।

जग जो जीवन सार, ताको संपति सार।
संपति की उपकार पुनि, सार कहत संसार।।

—अ. मंजरी

यहाँ 'जीवन' आदि पूर्व-पूर्व वर्णित वस्तुओं की अपेक्षा संहति' आदि उत्तरोत्तर वर्णित वस्तुओं का 'सार' शब्द से उत्कर्ष कथन किया गया है। अतः सार अलंकार है।

अपकर्ष कथन में सार

रहिमन वे नर मर चुके, जे कछु माँगन जाहिं।
उनते पहले वे मुए, जिन मुख निकसत नाहिं।।

—रहीम

यहाँ याचक की अपेक्षा 'न देनेवाले' का अपकर्ष वर्णित है। अतः यहाँ अपकर्ष कथन से सार अलंकार है।

बहु आयुध के बात तें, दुसह वज्र को पात।
ताके पातहुँ से दुसह, खल मुख निकसो बात।।

—पद्माकर

यहाँ पूर्व-पूर्व वर्णित 'अनेक शस्त्रों के घात' की अपेक्षा उत्तरोत्तर वर्णित 'दुष्ट के मुख से निःसृत बात' का अपकर्ष वर्णित है। अतःय हाँ भी अपकर्ष कथन में सार अलंकार है।

पद्माकर ने उत्कर्षाकर्ष में भी 'सार' माना है और उसका निम्नांकित उदाहरण दिया है—

कठिन काठ ते अति कठिन, या जग में पाषान।
पाषानहुँ ते कठिन ये, तेरे उरज सुजान।।

—पद्माकर

—हे सुन्दरी! इस संसार में काठ से अधिक काठिन्य पत्थर में और उससे भी अधिक काठिन्य तेरे इन उरोजों में जानना (मानना) चाहिये। यहाँ पूर्व-पूर्व वर्णित 'काठ' आदि से अधिक काठिन्य उत्तरोत्तर वर्णित 'स्तन' में कहा गया है। काठिन्यता

(कठोरता) वस्तुतः है अवगुण। अतः, दोष का उत्कर्ष (अपकर्ष) हुआ, किन्तु कवि-रूढ़ि में स्तनों में काठिन्य होना गुण है। इस प्रकार गुणोत्कर्ष हुआ। अस्तु, यहाँ अपकर्ष और उत्कर्ष दोनों कथित होने से उत्कर्षापकर्ष में सार अलंकार है।

45. सूक्ष्म

जहाँ आकार अथवा चेष्टा से पहचाना हुआ सूक्ष्म पदार्थ (अर्थ) भी किसी चातुर्यपूर्ण संकेत से सहृदयवेद्य बनाया जाये, वहाँ सूक्ष्म अलंकार होता है।

सूक्ष्म का अर्थ है जो स्थूल न हो, जिसे स्थूल बुद्धिवाले, अनाड़ी न समझ सकें अर्थात् तीक्ष्णमति संवेद्य, कुशाग्रबुद्धिवेद्य, सहृदयवेद्य, मात्र प्रबुद्ध व्यक्ति की समझ में आने वाला इत्यादि। इसमें इंगित अथवा आकार द्वारा संलक्षित सूक्ष्म अर्थ का युक्तियुक्ता से प्रकाशन होता है।

यह गूढ़ार्थ प्रतीतिमूलक अर्थालंकार है। यह प्राचीनों से ही स्वीकृत रहा है। अर्थ-वैचित्र्य के अभाव के कारण ही यह अलंकार अमान्य (सूक्ष्म...... नालंकारतया मतः) है। दंडी और रुद्रट ने इसे स्वतन्त्र सत्ता प्रदान की है[1]। रुय्यक ने संलक्षित सूक्ष्म अर्थ के प्रकाशन में ही 'सूक्ष्म' माना है[2]। मम्मट का लक्षण दंडी और रुय्यक के लक्षणों का ही विकसित रूप है[3]। पं॰ विश्वनाथ को भी मम्मट की बात ही मान्य है, पर उनका आधार है रुय्यक का विवेचन ही[4]। जयदेव और अप्पयदीक्षित ने किसी अन्य व्यक्ति के आशय को जानने वाले के द्वारा उसके प्रति की गयी साभिप्राय चेष्टा में ही सूक्ष्म स्वीकार किये हैं[5]। हिंदी काव्यशास्त्रियों में जसवन्त सिंह, मतिराम, भिखारीदास, पद्माकर आदि ने इसे 'कुवलयानन्द' के आधार पर ही निरूपित किया है[6]। प्रायः सबों ने साभ्रिपाय उक्ति द्वारा सूक्ष्म अर्थ सूचन में 'सूक्ष्म' स्वीकार किया है।

---

1. (क) इङ्गिताकारलक्ष्योर्थः सौम्यात् सूक्ष्म इति स्मृतः।—काव्यादर्श 2।260।
   (ख) यत्रायुक्तिमदर्थो गमयति शब्दो निजार्थसंबद्धम्। अर्थान्तरमुपपत्तिमदिति तत् संजायते सूक्ष्मम्।।—काव्यालंकार 7।98।
2. संलक्षितसूक्ष्मार्थप्रकाशनं सूक्ष्मम्।—अ. सर्वस्वम्।
3. कुतोऽपि लक्षितः सूक्ष्मोऽप्यर्थोऽन्यस्मै प्रकाश्यते।
   धर्मेण केनचिद्यत्र तत्सूक्ष्मं परिचक्षते।।—का. प्रकाश 10।122, 123।
4. संलक्षितस्तु सूक्ष्मोऽर्थ आकारेणेङ्गितेन वा।
   कयापि सूच्यते भङ्गया यत्र सूक्ष्मं तदुच्यते।।—सा. दर्पण 10।91।
5. सूक्ष्मं पराशयाभिज्ञेतरसाकूतचेष्टितम्।—कुवलयानन्द।
6. भा. भूषण 178, ल. ललाम 354, का. निर्णय 16/3, पद्माभरण 249।

परतिय दोष पुरान सुनि, लखी मुलकि सुखदानि।
कस पर राखी मिश्र हूँ, मुँह आयी मुसकानि।।

—बिहारी

पुराण में वर्णित परस्त्रीगमन के दोष का वर्णन करने वाले पंडितजी स्वयं परकीया से प्रेम करते थे। जिस समय वे यह प्रसंग सुना रहे थे, उनकी प्रेमिका भी श्रोताओं के मध्य वर्तमान थी। अस्तु, परस्त्रीगमन का दोष सुनते ही वह सुखदात्री (प्रेमिका) पंडितजी की ओर देखने लगती है, देखकर मुस्कराने लगती है (कटाक्षपात करती है) इस स्थिति से स्वयं पंडित जी को हंसी आ गयी, बडी मुश्किल से उन्होंने मुस्कुराहट रोक रखा—अन्यथा सब भेद ही खुल जाता। यहाँ मुस्कान (आकार) द्वारा रहस्य का प्रकाशन होने से यह कुशाग्रबुद्धि वेद्य है। अतः सूक्ष्म अलंकार है।

लखि गुरुजन बिच कमल सों, सीस छुबायो स्याम।
हरि सनमुख करि आरसी, हिये लगाई बाम।।

—बिहारी

—राधा गुरुजनों के बीच थी। अतः कृष्ण ने चतुराई से अभीष्टार्थ का प्रकाशन किया। उन्होंने कमल को सिर से लगाया (चेष्टा द्वारा मिलनेच्छा व्यक्त की)। इस पर राधा ने दर्पण को कृष्ण के सामने कर छाती से लगा लिया अर्थात् उसने भी चेष्टा द्वारा भाव व्यक्त किया। अतः यहाँ भी जाने हुये सूक्ष्म अर्थ का प्रकाशन चेष्टा द्वारा होने से सहृदय वेद्य है जिससे 'सूक्ष्म' अलंकार है।

कर जोरत लखि हरिहि तिय,
लिय कज्जल दृग लाय।

—पद्माकर

यहाँ कृष्ण का हाथ जोड़ना और नायिका का काजल लगाना साभिप्राय चेष्टायें हैं। कृष्ण से संपुटित हाथ नायिका से मिलन हेतु प्रार्थना बोधक तो है ही, यह भी संकेत है कि कमल के मुर्झा जाने पर (सूर्यास्त होने पर) मिलना। तत्पश्चात् आँखों में काजल लगाकर नायिका (चेष्टा द्वारा) यह संकेत करती है कि अंधकार होने पर मिलूँगी। अस्तु, यहाँ साभिप्राय चेष्टा से सूक्ष्म अलंकार है। कुवलयानन्दकार और हिंदी के अधिकांश काव्यशास्त्रियों को यही मत मान्य है।

46. भाविक

जहाँ भूत अथवा भविष्यत् भावों अथवा पदार्थों का प्रत्यक्षवत् वर्णन किया जाये, वहाँ भाविक अलंकार होता है।

भाविक शब्द भाव से निर्मित है जिसका अर्थ है 'भाव की रक्षा'। इसमें भूत अथवा भविष्यत् भावों अथवा पदार्थों की रक्षा वर्तमानवत् वर्णन द्वारा की जाती है।

यह गूढ़ार्थ प्रतितिमूलक अर्थालंकार है। यह प्राचीन आलंकारिकों से ही स्वीकृत रहा है, किन्तु भामह, दंडी आदि ने इसे अलंकार नहीं, व्यापक काव्य-व्यापी सौन्दर्य माना है[1]। वाच्य-सौन्दर्य के रूप में इसकी प्रतिष्ठा की है रुद्रट ने, पर इन समय तक भी उसे अलंकार का रूप नहीं मिल पाया था। हाँ, भामह और दंडी से रुद्रट की मान्यता बदली हुई है अवश्य[2]। अलंकार के रूप में इसे मान्यता दी है रुय्यक और मम्मट ने। मम्मट की मान्यता के आधार है रुद्रट[3]। मम्मट का लक्षण ही पं॰ विश्वनाथ द्वारा अधिक स्पष्ट और संयत रूप में उपस्थित किया गया है[4]। उन्होंने 'अद्‌भुत' शब्द रूद्रट से ही लिया है। जयदेव और अप्पय दीक्षित ने 'अद्‌भुत' शब्द को महत्त्वपूर्ण नहीं माना हे, इसी से लक्षण में उसका निर्वाह नहीं हुआ है[5]। हिंदी के आचार्यों में जसवन्त सिंह, मतिराम, भूषण दास, पद्माकर आदि के लक्षण दीक्षित जी के ही अनुसार है[6]। इनमें भाव-साम्य है।

विभिन्न काव्यशास्त्रियों के विचारों के आलोड़न से स्पष्ट है कि इस अलंकार में भूत और भविष्यत् भावों अथवा पदार्थों का प्रत्यक्षवत् चामत्कारिक वर्णन होता है। इस प्रकार यह दो प्रकार हुआ—भूतार्थ प्रत्यक्ष और भविष्यार्थ प्रत्यक्ष।

भूतार्थ प्रत्यक्ष

यों दलमलियतु निरदयी, दई कुसुम सौं गातु।
करु धरि देखौ धरधरा, अजौं न उरते जातु।।

—बिहारी

यहाँ नायिका की सुकुमारता और नायक की प्रबलता का सखी द्वारा 'अजौ न जातु' द्वारा वर्तमानवत् वर्णन किया गया है।

दलनि दबाई ही जु तुम, हनहिं दसानन गोत।
लखहु राम वह आज लौं, धक-धक धरती होत।।

—पद्माकर

---

1. भाविकत्वमिति प्राहुः प्रबन्धविषयं गुणम्। प्रत्यक्षा इव दृश्यन्ते यत्रार्थाः भूतभाविनः।—काव्यालंकार 3।53।
2. प्रत्यक्षा इव यन्नार्था दृश्यन्ते भूतभाविनः। अत्यद्भ, ताः स्यात्तद्वाचमना कुल्येन भावकिम्।।—का. सा.. संग्रह 6।6।
3. प्रत्यक्षा इव यद्भावाः क्रियन्ते भूतभाविनः।—का. प्रकाश 10।114।
4. अद्भुतस्य पदार्थस्य भूतस्यार्थ भविष्यतः। यत्प्रत्यक्षायमाणत्वं तद्भाविकमुदाहृतम्।।—सा. दर्पण 10।13।
5. भाविकं भूतभाव्यर्थसाक्षात्कारस्य वर्णनम्—कुवलयानन्द 161।
6. (क) भाविक भूत भविष्यगो परतिछ होय बनाय।—भा. भूषण 179।
   (ख) भूत भविष्यहुँ बात को, जहँ बोलत ब्रतमान।—का. निर्णय 15।16।
   (ग) भाविक भूत भविष्य जहँ, करि प्रतच्छ बखान।—पद्माभरण 263।

यहाँ भगवान राम की सेना द्वारा दबाई गयी पृथ्वी का 'लखहु' द्वारा वर्तमानवत् वर्णन किया गया है। अतः, भूतार्थ प्रत्यक्ष होने के कारण यहाँ भाविक अलंकार है।

अरे मधुर है कष्ट पूर्ण भी
जीवन की बीती घड़ियाँ।
जब निःसम्बल होकर कोई
जोड़ रहा बिखरी कड़ियाँ।।

—महादेवी

यहाँ विगत जीवन की कष्टपूर्ण घड़ियों का प्रत्यक्षवत् वर्णन किया गया है। अतः, भूतार्थ प्रत्यक्ष में 'भाविक' है।

भविष्यार्थ प्रत्यक्ष

जनि चलाइये चलन की, चर्चा स्याम सुजान।
मैं देखति हौ वाहि, यह बात सुनत बिन प्रान।।

—मतिराम

श्याम विदेश जाने को है। शरीर प्राणहीन होगा उनके विदेश प्रयाण के पश्चात् (भविष्यत् में), पर उसका वर्णन यहाँ प्रत्यक्षवत् किया है। अस्तु, यहाँ भविष्यार्थ प्रत्यक्ष का वर्णन होने से भाविक अलंकार है।

हृदय में खिल उठता तत्काल
अधखिले अंगों का मधुमास
तुम्हारी छबि का कर अनुमान
प्रिये, प्राणों की प्राण?

—पंत

यहाँ भावी पत्नी के प्रति अनुमान से हृदय में उठने वाले भावों का प्रत्यक्षवत् वर्णन है। अतः भाविक अलंकार है।

पास जब आ न सकोगी, प्राण!
मधुरता में-सी भरी अजान,
लाज की छुई-मई-सी म्लान,
प्रिये, प्राणों की प्राण!

—पंत

यहाँ भावी पत्नी से प्रथम-प्रथम संपर्क होने से हृदय में उठने वाले भावों का प्रत्यक्षवत् वर्णन किया जा रहा है। अतः, भविष्यार्थ प्रत्यक्ष के ।करण यहाँ भाविक अलंकार है।

कतिपय काव्यशास्त्री भाविक अलंकार को 'स्मरण' और 'अनुमान' का संकर भी मानना चाहते है, स्वतंत्र अलंकार नहीं, पर वस्तुतः यह कथन तर्कहीन-सा जँचता है। यह ऊपर के उदाहरणों से स्पष्ट है।

47. उदात्त

जहाँ किसी लोकोत्तर वैभव अथवा महान चरित्र की समृद्धि का वर्ण्यवस्तु के अंगरूप में वर्णन किया जाये वहाँ उदात्त अलंकार होता है।

उदात्त का अर्थ है उत्कृष्ट वर्णन अर्थात् समृद्धिगत वर्णन। इसमें किसी वस्तु का अलौकिक अभिव्यंजन होता है अथवा किसी महापुरुष का ऐसा वर्णन किया जाता है कि प्रस्तुत वस्तु की उससे महनीयता प्रकट होती है।

यह गूढ़ार्थ प्रतीतिमूलक अर्थालंकार है। यह अलंकार प्राचीनों से ही स्वीकृत रहा है। इसे आधुनिक रूप दिया है मम्मट ने। उनकी परिभाषा रुद्रट की परिभाषा से अनुप्राणित है[1]। मम्मट के मत को ही पं॰ विश्वनाथ ने भी स्वीकार किया है[2]। अप्पयदीक्षित का मत जयदेव पर आधारित है। वस्तुतः दीक्षितजी का मत पं॰ विश्वनाथ के मत का संक्षिप्तीकरण भर माना जा सकता है[3]। हिंदी के आचार्यों ने इसे जयदेव और दीक्षित जी के आधार पर ही स्वीकार किया है, एवं इसके दो प्रकार माने है[4]। पद्माकर का लक्षण अपेक्षाकृत अधिक स्पष्ट है[5]। इन्होंने उदात्त के दोनों रूपों को स्वीकर किया है। सामान्यतः दो प्रकार का उदात्त माना है। किसी लोकोत्तर वस्तु के वैभव वर्णन में अथवा किसी वस्तु की समृद्धि के लिये महापुरुषों के अंगरूप वर्णन में।

लोकोत्तर वस्तु-वैभव वर्णन में

मणिमय दर्पण महल में, थल-थल परो लखाइ।
विप्र सुदामा तत्त्व तें, जानी जोइ वस्याइ।।

—पद्माकर

प्रस्तुत उदाहरण में सुदामा के महल की लोकोत्तर समृद्धि का वर्णन किया गया है। अतः उदात्त है।

नील मणि के वन्दनवार,
उनमें चाँदी के मृदु तार।
जातरूप के बने किवार,
सजे कुसुम-से हीरक हार।।

—श्यामनारायण पांडये

---

1. उदात्तं वस्तुनः सम्पत् महतां चोपलक्षणम्।—का. प्रकाश 10।155।
2. लोकातिशयसम्पत्तिवर्णनोदात्तमुच्यते।
   यद्वापि प्रस्तुतस्याङ्ग महतां चरितं भवेत्।।—सा. दर्पण 10।94।
3. उदात्तमृद्धेश्चरितं श्लाध्यं चान्योपलक्षणम्।—कुवलयानंद 192
4. उपलक्षन दै सोधिये अधिकाई सुउदात्त।—आ॰ भूषण 189।
5. कछु उत्तम कछु वस्तु, सो है काहू को अंग।
   कै समृद्धि अंग जान की, द्विविध उदात्त अभंग।।—पद्माभरण 266।

यहाँ अकबर के भवन का लोकातिशायी वैभव वर्णित होने के कारण उदात्त अलंकार है।

महापुरुषों का वर्ण्य वस्तु के अंगरूप वर्णन में

करन भये जाके तरे, राधा-कृष्ण बिहार।
सो न हाय क्यों तरुन को, बंसीबट सिंगार।

—पद्माकर

यहाँ वर्ण्य-वस्तु है 'वंशीवट', जिसकी समृद्धि का वर्णन करना कवि को इष्ट है। इसके लिये उसने राधा-कृष्ण का अंगरूप से वर्णन किया है, जिससे 'वंशीवट' की समृद्धि होती है। अतः यहाँ उदात्त अलंकार है।

धरा पर धर्मादर्श निकेत, धन्य है स्वर्ग सदृश साकेत।
बढ़े क्यों आज न हर्षोद्रेक, राम का कल होगा अभिषेक।।
दशों दिक्पालों के गुण केंद्र, धन्य है दशरथ मही महेन्द्र।
त्रिवेणी तुल्य रानियाँ तीन, बहातीं सुख-प्रवाह नवीन।।

—साकेत

यहाँ अभिप्रेत है अयोध्या की समृद्धि का वर्णन। अयोध्या (वर्ण्यवस्तु) के वर्णन में राम, दशरथ एवं उसकी रानियों का वर्णन अंग-रूप से किया गया है। इससे अयोध्या की समृद्धि का पता चलता है। अतः उदात्त अलंकार है।

48. व्याजोक्ति

जहाँ प्रकट होते हुये रहस्य को किसी बहाने से छिपा लिया जाये, वहाँ व्याजोक्ति अलंकार होता है।

व्याजोक्ति का अर्थ है बहाने की उक्ति, कपटपूर्ण उक्ति। इसमें कोई गुप्त बात खुलने-खुलने को होती ही है कि उसे किसी बहाने से गोपनीय बना दिया जाता है। ऐसा करने में भी यद्यपि सत्य बात का पता तो चल जाता है, पर वह बनी रहती है गुप्त ही। वस्तुतः इसमें प्रकट होते हुये सत्य को कपटपूर्ण उक्ति से छिपाने का कार्य होता है।

यह गूढ़ार्थप्रतीतिमूलक अलंकार है। यह प्राचीनों से ही स्वीकृत रहा है। उद्भट ने इसे अपह्नुति में अन्तर्भुक्त कर दिया है। परवर्ती काव्य-शास्त्रियों ने इसके औचित्य पर विचार करते हुये अपह्नुति से इसकी स्पष्ट भिन्नता स्वीकार की हैं अपह्नुति में उपमेयोपमान भाव का होना आवश्यक है, पर यहाँ उस अभिप्राय की अपेक्षा नहीं है। वामन ने इसे असत्य के बहाने सत्य का सादृश्य प्रतिपादन (व्याजस्य सत्यसारूप्यं) कहा है। मम्मट ने इससे भिन्न रूप में—'किसी वस्तु का व्याज से गोपन, यद्यपि

वह प्रगट भी हो गयी है' लक्षण स्वीकार किया है[1]। पं॰ विश्वनाथ का लक्षण भी इसी प्रकार का है[2]। अप्पयदीक्षित ने जयदेव के मत को ही स्वीकार किया है[3]। इन्होंने उक्ति के अतिरिक्त चेष्टा, क्रिया आदि द्वारा गोपन भी स्वीकार किया है, पर उसके लिये 'युक्ति' नामक अलग अलंकार स्वीकार किया है[4]। वस्तुतः 'युक्ति' को व्याजोक्ति से अभिन्न मानना ही अधिक संगत है। हिंदी के आचार्यों में जसवन्त सिंह, मतिराम, दास, पद्माकर आदि ने दीक्षित जी के आधार पर ही लक्षण निरूपित किया है एवं 'व्याजोक्ति' में वाक्चातुर्य और 'युक्ति' में क्रिया-चातुर्य स्वीकार किया है[5]। तो स्पष्ट है कि इस अलंकार में कोई गुप्त बात किसी-न-किसी प्रकार से प्रकट हो जाती है, पर उसे पुनः किसी बहाने से छिपाया जाता है। छिपाने के लिये बहाना दो प्रकार का संभव है—वाक्-चातुर्य और क्रिया-चातुर्य। अतः व्याजोक्ति भी दो प्रकार से संभव है—वाक्-चातुर्य से और क्रिया-चातुर्य से।

वाक् चातुर्य से व्याजोक्ति

कारे बरन डरावने, कत आवत यही गेह।
कई वा लक्ष्यो सखी लखै, लगी थरथरी देह।।

साँवले श्रीकृष्ण को देखते ही नायिका को रोमांच और आलिंगनेच्छाजन्य कंपन (थरथरी) हो आता है, पर इस डर से कि कहीं पास बैठी हुई सखी (अन्तरंग नहीं) पर यह भाव प्रकट न हो जाये, वह इस सत्य के गोपनहेतु वाक्चातुर्य से काम लेती है। वह कहने लगती है कि कृष्ण का काला वर्ण बड़ा ही डरावना है, उससे भयभीत होकर मैं काँप जाती हूँ और मुझे थरथरी हो जाती है। अस्तु यहाँ वाक्चातुर्य से व्याजोक्ति है।

भलो नहीं यह केवरो, सजनी गेह आराम।
वसन फटै कंटक लगै, निस दिन आठो याम।।

—मतिराम

---

1. व्याजोक्तिश्छद्मनोद्भिन्नवस्तुरूप निगूहनम्।—का. प्रकाश 10।118।
2. व्याजोक्तिर्गोपनं व्याजादुद्भिन्नस्यापि वस्तुनः।—सा. दर्पण 10।92।
3. व्याजोक्तिरन्यहेतूक्त्या यदाकारस्य गोपनम्।—कुवलयानन्द 153।
4. युक्तिः परातिसंधानं क्रियया मर्म गुप्तये।।—कुवलयानन्द 156।
5. (क) व्याजउक्ति कछु और विधि, कहै दुरै आकार।—भा. भूषण 180।
   यहै युक्ति कीन्हैं लिया, मर्म छिपायो जाय।—भा. भूषण 183।
   (ख) वचन चातुरी सो जहाँ, कीजै काज दुराउ।—का. निर्णय 16।24।
   क्रिया चातुरी सो जहाँ, करै बात को गोप।—का. निर्णय 16।9।
   (ग) व्याजोकति आकार जहाँ, दुरै हेतु करि आन।—पद्माभरण 252।
   जुक्ति क्रियाकरि जुक्ति की, मरम दुरावै कोय।—पद्माभरण 256।

प्रस्तुत उदाहरण में नायिका है भूतसुरतगुप्ता। सुरत-व्यापार में नायक ने उसे नखक्षत किया हैं। उसे छिपाना ही उसका उद्देश्य है। इसी से यह केवड़े के काँटेदार वृक्ष की बात सखी से कह रही है कि इसे गृहाराम में होना अच्छा नहीं। इससे वस्त्र तो फटते ही है, शरीर के विभिन्न अंगों में काँटे भी लग जाते हैं। इस प्रकार यहाँ वाक्चातुर्य द्वारा रहस्य गोपन होने से व्याजोक्ति अलंकार है।

क्रिया-चातुर्य से व्याजोक्ति

ललन चलन सुनि पलन में, अँसुवा झलके आय।
भई लखाय न सखिन हूँ, झूठे ही जमुहाय।।

—बिहारी

नायक के विदेश गमन की बात सुनते ही निकल आये आँसुओं को यहाँ जंभाई लेकर—युक्तिपूर्वक स्वचेष्टा द्वारा छिपाती है। अर्थात् यह प्रकट करना चाहती है कि आँसू अँगड़ाई के कारण निकले हैं, प्रियतम के विदेश गमन की बात सुनने से नहीं। अस्तु यहाँ क्रिया-चातुर्य से व्याजोक्ति है।

प्रिय लखि पुलकी सखिन में, लगि सु छिरकन तोय।

—पद्माकर

सखियों के बीच बैठी नायिका ने अपने प्रियतम को देखा जिससे वह पुलकायमान हो गयी। सखियों में भाव प्रकट न हो जाये, इस डर से वह पुलक को छिपाने के लिये जल छिड़कने लगी। पुलक छिपाने के लिये अपने ऊपर जल छिड़कना युक्ति-पूर्वक स्वचेष्टा को रोकना है। अतः यहाँ भी क्रिया-चातुर्य द्वारा व्याजोक्ति है। पद्माकर ने इसे ही युक्ति अलंकार कहा है।

49. स्वभावोक्ति

जहाँ जो वस्तु जैसी है उसका ठीक वैसा ही वर्णन किया जाये, तो वहाँ स्वभावोक्ति अलंकार होता है।

स्वभावोक्ति का अर्थ है स्वभाव की उक्ति। यहाँ स्वभाव का अर्थ है प्राकृतिकरूप। अर्थात् किसी वस्तु का यथातथ्य वर्णन करना—शब्द-चित्र अंकित करना ही स्वभावोक्ति है।

यह गूढ़ार्थप्रतीतिमूलक अर्थालंकार है। इसे ही जाति भी कहा गया है। यह स्वीकृत तो रहा है प्राचीनों से ही, पर इसकी आलंकारिता के सम्बन्ध में काव्यशास्त्रियों में पर्याप्त मतभेद रहा है। भामह ने इसका उल्लेख भर किया है—वक्रोक्ति के अभाव इसे अलंकार नहीं माना है[1]। वामन और कुंतक आदि भी इसी मत के पोषक है।

1. सैषा सर्वैव वक्रोतिक्तनयार्थों विभाव्यते। यतोऽस्यां कविना कार्यः कोऽलंकारोऽनया विना।।—काव्या. 2।85।

इसके प्रतिकूल दंडी ने इसे अलंकार घोषित किया है। आगे उद्‌भट, रुय्यक, मम्मट, विश्वनाथ आदि ने इसकी आलंकारिता का पोषण किया हैं। मम्मट का लक्षण उद्‌भट के लक्षण का अनुसरण करता है[1]। मम्मट ने बालक आदि की प्रकृतिसिद्ध क्रिया अथवा उनके रूप वर्णन में स्वभावोक्ति मानी है[2]। पं॰ विश्वनाथ का मत रुय्यक के अनुसार है[3]। इन्होंने दुरूह अथवा सूक्ष्म पदार्थों के स्वरूप वर्णन में ही स्वभावोक्ति स्वीकार की है[4]। जयदेव के आधार पर दीक्षित जी द्वारा स्वीकृत लक्षण भी ऐसा ही है[5]। हाँ, इन्होंने दुरूह अथवा सूक्ष्म को छोड़ दिया है। हिंदी के आचार्यों में अधिकांश ने इसका निरूपण दीक्षित जी के आधार पर किया है, पर हिंदी के आद्याचार्य केशव ने इसे दंडी के आधार पर ही स्वीकार किया है[6]। केशव ने 'गुण' को सम्मिलित कर कुछ और अधिक बात भी कही है।

जहाँ तक इसकी आलंकारिता की बात है, इस पर दिग्गजों (बड़े-बड़े अलांकारिकों) की मुहर लग चुकी है। हिंदी के मूर्द्धन्य आलोचक आ॰ शुक्ल भी इसकी आलंकारिता नहीं स्वीकारते थे, पर कुतर्क का तो उत्तर दिया ही नहीं जा सकता। हाँ, इसे यदि तर्क पर कसा जाये तो इसकी आलंकारिता स्पष्ट हैं अलंकार का मूल है चमत्कार। इसमें चमत्कार का अभाव नहीं है, फिर इसे अलंकार क्यों नहीं माना जाये। नमक-मिर्च लगाकर कहने वाले तो बहुत मिलते हैं, पर वस्तु का यथातथ्य रूप आँकने में तीक्ष्णमति वाले ही बाजी मार ले जाते हैं। यह पूर्णतः कविप्रतिभोत्पन्न अलंकार है। कवि की पर्यवेक्षणशक्ति के साथ-साथ निरूपण शक्ति की पूरी परख इसी अलंकार में हो पाती है। अस्तु इसे अलंकार मानना ही न्यायोचित है। इस अलंकार का प्रचलन हिंदी के पिछले कवियों की अपेक्षा वर्तमान युग के कवियों में अधिक दिखता है।

सोभित कर नवनीत लिये।
घुटरन चलत रेनु तन मंडित मुख दधि लेप किये।

—सूर

---

1. क्रियायां सम्प्रवृत्तस्य हेवकानां निबन्धनम्। कस्यचिन्मृगडिम्भादेः स्वभावोक्तिरुदाहृता।।—का. सा. संग्रह 3।5।
2. स्वभावोक्तिस्तु डिम्भादेः स्वक्रियारूपवर्णनम्।—का. प्रकाश 10।111।
3. सूक्ष्म वस्तुस्वभावस्य यथावद् वर्णनम् स्वभावोक्तिः।—रुय्यक।
4. स्वभावोक्तिर्दुरूहार्थस्वक्रियारूपवर्णनम्।—सा. दर्पण 10।92।
5. स्वभावोक्तिः स्वभावस्य जात्यादिस्थस्य वर्णनम्।—कुवलयानन्द 160।
6. (क) जाको जैसो रूपगुण, कहिये ताही साज।—का. प्रिया 9।8।
   (ख) स्वभावोक्ति गरम जहाँ, केवल जाति सुभाय।—पद्माभरण 262।

यहाँ बालक कृष्ण की चेष्टाओं का स्वाभाविक वर्णन है। अतः स्वभावोक्ति अलंकार है।

वह आता–
दो टूक कलेजे को करता, पछताता पथ पर आता
पेट पीट दोनों मिलकर है एक
चल रहा लकुटिया टेक
मुट्ठी भर दाने को–भूख मिटाने को
मुँह फटी पुरानी झोली का फैलाता
दो टूक कलेजे को करता, पछताता पथ पर आता।

–निराला

यहाँ भिक्षुक के स्वरूप एवं उसकी क्रियाओं का स्वाभाविक वर्णन है। अस्तु स्वभावोक्ति अलंकार है।

रात के विशाल काले दरवाने पर
दस्तकें प्रतिध्वनित हो रहीं
लोग बिस्तर पर उठ बैठे
कौन हो सकता है?
घर में डर
घूम रहा है नंगे पाँव
दिये बुझे, दस्तक
अजाने मेहमान को पुकार
पुतलियों पर पतली नीली रोशनी–
कौंध-कौध जाती है–

–डा. नर्मदेश्वर प्रसाद

यहाँ रात्रि के नीरव अन्धकार में अपरिचित और अप्रतीक्षित दस्तक के कारण उत्पन्न होने वाले भय की क्षणिक अन्तर्दशा का स्वाभाविक वर्णन होने से स्वभावोक्ति अलंकार है।

50 व्याजस्तुति

जहाँ किसी की निन्दा के व्याज से स्तुति और स्तुति के व्याज से निन्दा की जाये, वहाँ व्याजस्तुति अलंकार होता है।

व्याजस्तुति के दो अर्थ किये जाते हैं–व्याज से स्तुति (व्याजेन स्तुतिः) और व्याज की स्तुति (व्याजरूपा स्तुतिः)। अर्थात् जहाँ किसी की प्रत्यक्षतः की जाये निन्दा, पर उससे उसकी प्रशंसा हो एवं प्रत्यक्षतः तो हो प्रशंसा, पर उससे व्यक्त हो

उसकी निन्दा, तो वहाँ व्याजस्तुति होती है। इसका चमत्कार व्यंग्यार्थ पर निर्भर करता है—इसमें वाच्यार्थनिन्दा से व्यंग्यार्थप्रशंसा और वाच्यार्थप्रशंसा से व्यंग्यार्थनिन्दा का उद्घाटन किया जाता हैं कतिपय आलंकारिकों ने स्तुति के ब्याज से निन्दा में व्याजनिन्दा अलंकार भी माना है। पर यह व्यर्थ का विस्तार मात्र है।

कुछ के अनुसार यह सादृश्यगर्भ के गम्यौपम्याश्रयं वर्ग का अर्थालंकार है। वस्तुतः यह गूढार्थप्रतीतिमूलक अलंकार है। यह भामह और उद्भट से ही स्वीकृत रहा है। इन लोगों ने इसके एक रूप—निन्दा के व्याज से स्तुति को ही स्वीकार किया है[1]। दंडी ने इसे लेश अलंकार के अन्तर्गत ही अन्तर्भूत कर दिया है। आगे चलकर आ॰ मम्मट और पं॰ विश्वनाथ आदि ने इसके दो रूप निरूपित किये हैं[2]। अप्पयदीक्षित ने एक तीसरा रूप भी स्वीकार किया है—अन्य की स्तुति में अन्य की स्तुति। इसके अतिरिक्त अन्य की निन्दा से अन्य की निन्दा में व्याजनिन्दा को अलग से स्वतंत्र अलंकार मान लिया है।[3] हिंदी काव्यशास्त्रियों ने 'कुलवयानन्द' को ही प्रमाण मान लिया है[4]। जसवंत सिंह ने केवल व्याज से स्तुति में ही व्याजस्तुति मानी है[5]। किसी-किसी ने इसका तीसरा और किसी-किसी ने चौथा रूप भी स्वीकार किया है[6]। चौथारूप ही 'कुवलयानन्द' को व्याजनिन्दा है। वस्तुतः, यह विस्तार वाग्जाल मात्र है। इसके दो रूप ही स्वीकृत होने चाहिये, शेष अलंकार से अधिक व्यंग्य काव्य के निकट पड़ते हैं।

अनेक आलंकारियों ने व्याजस्तुति में अप्रस्तुतप्रशंसा की भ्रांति का प्रश्न उठाया है। यह प्रश्न तथ्यहीन है। अप्रस्तुत प्रशंसा में 'सामान्य-विशेष भाव', 'कार्य-कारण भाव' और 'सारूप्य' सम्बन्ध होता है, पर व्याजस्तुति में इनसे भिन्न स्तुति-निन्दा रूप सम्बन्ध-वैचित्र्य का चमत्कार होता है। रुय्यक ने 'स्तुतिनिन्दारूपत्वस्य विच्छित्तिविशेषस्य भावादप्रस्तुतप्रशंसातो भेदः' कह कर यही प्रतिपादित किया है।

---

1. शब्दशक्तिस्वभावेन यत्र निन्देव गम्यते।
   वस्तुतस्तु स्तुतिः श्रेष्ठा व्याजस्तुतिरसौ मता।।—का. सा. संग्रह।
2. (क) व्याजस्तुतिर्मुखे निन्दास्तुतिर्वा रूढिरन्यथा।—का. प्रकाश 11।112।
   (ख) निन्दास्तुतिभ्यशँ वाच्याभ्यां गम्यत्वे स्तुतिनिन्दयोः।—सा. दर्पण 10।60।
   (ग) उक्तिर्व्याजस्तुतिर्निन्दासतिभ्यां स्तुतिनिन्दयोः।—चन्द्रालोक।
3. निन्दाया निंदया व्यक्तिर्व्याजनिन्देति गीयते।—कुवलयानंद 72।
4. निन्दा में स्तुति पाइए, स्तुति में निन्दा होय।—शि. भूषण 182।
5. व्याजस्तुति निन्दा मिसहिं, जहाँ बड़ाई होहिं।—भा. भूषण 102।
6. तीसरारूप—अन्यस्तुति में अन्य की, स्तुति भाषत हैं तत्र।—पद्माभरण 125।
   तीसरा और चौथारूप—अस्तुति अस्तुति व्याज कहुँ, निदा निन्दा साज।—का. निर्णय 12।14।

निन्दा के व्याज से स्तुति

भसम जटा विष अहि सहित, गंग कियो तैं मोहि।
भोगी तें जोगी कियो, कहा कहौं अब तोहि।।

—पद्माकर

—हे गंगे। अब मैं तुझे क्या कहूँ, तूने तो मुझे भस्म, जटा, विष और सर्पधारी बनाकर भोगी से योगी (शिव) बना दिया है—यहाँ प्रत्यक्षतः गंगा की निन्दा की गयी है, पर व्यंग्यार्थ से गंगा की प्रशंसा की गयी है कि उसने शिव को भोगी से योगी (देवता) बना दिया हैं। अतः यहाँ व्याजस्तुति है।

राज-भोग से तृप्त न होकर मानों वे इस बार।
हाथ पसार रहे है जाकर जिसके-तिसके द्वार।
छोड़कर निज कुल और समाज।

—गुप्तजी

यशोधरा अपने पति गौतम का प्रसंग अपनी सखी से छेड़ती है—मानों वे राजभोग से तृप्त नहीं हुये, इसी से कुल, समाज आदि की मर्यादा छोड़कर वे जिस-तिसके आगे तृप्ति हेतु हाथ फैला रहे हैं। प्रत्यक्षतः यह कथन प्रतीत होता है निन्दापरक, पर वस्तुतः यहाँ निन्दा के व्याज से वृद्ध की जा रही है प्रशंसा कि 'राजभोगों से घिरे रहने पर भी वे मात्र व्यक्तिगत सुख से तृप्त न हो सके। इसी से संपूर्ण विश्व को तृप्ति प्रदान करने के लिये ही उन्होंने कुल-समाज को ठुकरा दिया और वैराग्य ग्रहण किया है।' वृद्ध का वैराग्य, सुख के प्रति उदासीनता, ममता का त्याग, विश्वबंधुत्व आदि की अभिव्यक्ति ही इसका दृष्ट है। अतः यहाँ व्याजस्तुति है।

स्तुति के व्याज से निन्दा

ऊधो तुम अति चतुर सुजान।
जो पहले रँग रँगी स्याम रँग तिनहिं चढ़ै रँग आन।

—सूरदास

ऊधव के प्रति कहे गये गोपियों के इस कथन में प्रत्यक्षतः प्रशंसा दिखती है, पर उसमें छिपी है निन्दा। वे उन्हें 'मूर्ख' और 'अजान' कहना चाहती है। अतः यहाँ व्याजस्तुति है।

जो बरमाला लिये आप ही तुमको बरने आयी हो।
अपना तन, मन, धन सब तुमको अर्पण करने आयी हो
मज्जागत लज्जा तजकर भी तिसपर करे स्वयं प्रस्ताव।
कर सकते हो तुम किस मन से उससे भी ऐसा बर्ताव।

—गुप्तजी

यहाँ सीता जी लक्ष्मण से सूर्पनखा के सम्बन्ध में परिहासपूर्वक कह रही है। इस कथन में प्रत्यक्षतः सूर्पनखा की प्रशंसा झलकती है, किन्तु उसमें छिपी है निन्दा। व्यंग्यार्थ से (अतिशय कामुकता की परितृप्ति हेतु परपुरुष से प्रस्ताव में) में यहाँ सूर्पनखा की कामुकता, उसमें लज्जा का अभाव आदि व्यंजित हो रहा है, जिससे उसकी निन्दा हो रही है। अतः व्याजस्तुति है।

ऐसे शिव से गिरिजा-विवाह।
करने की मुझको नहीं चाह।

—निराला

यहाँ 'शिव' के कथन में प्रत्यक्षतः झलकती है स्तुति, पर कवि का अभिप्रेत है उससे निन्दा। अतः स्तुति से निन्दा में यहाँ व्याजस्तुति है।

51. काव्यलिंग

जहाँ वर्णनीय विषय के हेतुरूप में किसी वाक्यार्थ या पदार्थ का प्रतीयमान प्रतिपादन किया जाये, वहाँ काव्यलिंग अलंकार होता है।

काव्यलिंग में दो शब्द है—काव्य और लिंग; यहाँ 'लिंग' का अर्थ है कारण। इस प्रकार काव्यलिंग का अर्थ होगा 'काव्य का कारण या हेतु'। तात्पर्य यह कि काव्य में किसी असाधारण या चमत्कारयुक्त कथन को युक्तियुक्त बनाने के लिये जहाँ युक्ति अथवा हेतु (कारण) का कथन किया जाये, वहाँ काव्यलिंग अलंकार होगा। इस हेतु को लोकसिद्ध अथवा तर्कसिद्ध हेतु से भिन्न होना आवश्यक है। लोकसिद्ध अथवा तर्क सिद्ध हेतु में चमत्कार का अभाव होने से अलंकार की स्थिति नहीं मानी जाती है। हेतु दो प्रकार के होते हैं—कारक और ज्ञापक। पुत्र के लिए पिता कारक हेतु है और पिता के लिए पुत्र ज्ञापक हेतु। कारक हेतु को ही पं॰ विश्वनाथ ने 'निष्पादक' और 'समर्थक'—दो भिन्न रूपों में विभक्त कर 'काव्यलिंग' का 'अर्थान्तरन्यास' से भेद किया है। काव्यलिंग के लिये निष्पादक हेतु का होना आवश्यक हैं। इसमें हेतु वाच्य नहीं होता है। अर्थात् इसमें वाचक शब्द (चूँकि, क्योंकि, इसलिए आदि) प्रयुक्त नहीं होते हैं—अर्थसिद्धि हेतु उनकी कल्पना करनी पड़ती है। हेतु का वाचिक निर्देश होने से चमत्कार नष्ट हो जाता है। इसलिए हेतु को गम्य या प्रतीयमान होना चाहिये।

यह तर्कन्यायमूलक अर्थालंकार है। यह प्राचीनों से ही मान्य रहा है। दंडी ने इसे ही 'कारक हेतु' के रूप में ग्रहण किया हैं भोज का 'हेतु' भी यही है। 'काव्यलिंग' के रूप में इसे प्रथम स्वीकार किया है उद्‌भट ने। रुय्यक और मम्मट ने इसे वाक्यार्थ

अथवा पदार्थ रूप से हेतु का कथन किया जाना कहा है[1]। पं॰ विश्वनाथ ने इसे मम्मट के आधार पर ही स्वीकार किया है[2]। अप्पयदीक्षित का लक्षण भी समान भाववाला ही है, पन इसमें वाक्यार्थ और पदार्थ के स्थान पर समर्थनीय अर्थ द्वारा समर्थन को प्रमुखता मिली है[3]। हिंदी के आचार्यों में जसवन्त सिंह और पद्माकर (प्रथम लक्षण) ने अप्पयदीक्षित के आधार पर लक्षण दिये है[4]। पद्माकर का द्वितीय लक्षण मम्मट और पं॰ विश्वनाथ के आधार पर निर्मित है[5]। इसमें संस्कृत के आचार्यों की तरह ही पूर्ण स्पष्टता वर्तमान हैं केशवदास, मतिराम, देव आदि ने इसका निरूपण किया ही नहीं है। भूषण का लक्षण गड़बड़ है। आ॰ भिखारीदास जी ने भी इसकी दो परिभाषायें दी हैं। प्रथम में इन्होंने 'स्वभावपुष्ट' और 'युक्तिपुष्ट'—दो प्रकार का काव्यलिंग माना है, पर द्वितीय परिभाषा में 'वहै निरुक्ति न आन' कह उन्हें एक ही मान लिया है[6]।

ऊपर के विवचेन से स्पष्ट है कि आचार्यों ने इसमें वर्णनीय विषय के समर्थन के लिये कारण का होना कहीं वाक्य के अर्थ में माना है और कहीं पद के अर्थ में। इसी से काव्यलिंग दो प्रकार का माना गया है—

1. वाक्यार्थगत काव्यलिंग—यहाँ कारण सम्पूर्ण वाक्य के अर्थ में कहा जाये।
2. पदार्थगत काव्यलिंग—जहाँ कारण एक पद के अर्थ में कहा जाये।

वाक्यार्थगत

मेरी भवबाधा हरौ, राधा नागरि सोय।
जा तन की झाँई परै, स्याम हरित दुति होय।।

—बिहारी

यहाँ 'मेरी भवबाधा हरौ' (वर्णनीय विषय) की युक्तियुक्तता का समर्थन उत्तरार्द्ध के सम्पूर्ण वाक्य के अर्थ से—'जिस राधा के संपर्क में आने से भगवान् श्री कृष्ण

---

1. काव्यलिंग हेतोर्वाक्यपदार्थता।—का. पकाश 10।114।
2. हेतोर्वाक्यपदार्थत्वे काव्यलिंगं निगद्यते।—सा. दर्पण 10।62।
3. समर्थनीयस्यार्थस्य काव्यलिंगं समर्थनम्।—कुवलयानन्द 121।
4. (क) काव्यलिंग जब जुक्ति सों, अर्थसमर्थन होय।—भा. भूषण 150।
   (ख) अर्थ समर्थहि जोग जो, करै समर्थन तास।—पद्माभरण 200।
5. हेतु पदारथ लहि कहुँ, कहुँ वाक्यारथ पाइ।
   करै समर्थन अर्थ को, काव्यलिंग सो आइ।।—पद्माभरण 201।
6. जहँ सुभाव के हेतु को, कै प्रमान को कोइ।
   करै समर्थन जुक्तिबल, काव्यलिंग है सोइ।।—17।25।
   कहुँ वाक्यारथ समथिंये, कहुं सब्दार्थ सुजान।
   काव्यलिंग कवि जुक्तिगनि, वहै निरुक्ति न आन।।—17।26—का. निर्णय।

भी प्रसन्न हो जाते हैं' से हो रहा है। अस्तु यहाँ वाक्यार्थगत काव्यलिंग है।

कनक कनक तें सौगुनी, मादकता अधिकाय।
वह खाये बौराय नर, यह पाये बौराय।।

—बिहारी

यहाँ वर्णनीय विषय—'सोना धतूरे से सौ गुणा अधिक मादक होता है' का समर्थन उत्तरार्द्ध के सम्पूर्ण वाक्य के अर्थ—'क्योंकि धतूरा खाने से व्यक्ति पागल होता है और सोना (धन) के पा लेने पर भी व्यक्ति मदांध हो जाता है' से हो रहा है। अतः यहाँ वाक्यार्थगत काव्यलिंग है।

क्षमा करो इस भाँति न तुम तज दो मुझे,
स्वर्ण नहीं, हे राम्! चरण रज दो मुझे।
जड़ भी चेतन मूर्ति हुई पाकर जिसे,
उसे छोड़ पाषाण भला भावे किसे।।

—गुप्तजी

यहाँ वर्णनीय विषय—'चरण रज दो मुझे' का समर्थन 'जड़ भी चेतनमूर्ति हुई पाकर जिसे'—सम्पूर्ण वाक्य के अर्थ से किया गया है। अतः वाक्यार्थगत काव्यलिंग है।

वेदना ही में तप कर प्राण,
दमक दिखलाते स्वर्ण हुलास।

—पंत

यहाँ 'प्राण के दमकने' का समर्थन 'वेदना में तपना' से किया गया है। अतः यहाँ भी वाक्यार्थगत काव्यलिंग है।

वृथा विरस बातें करति, लेति न हरि को नाम।
यह न आचरज है कछु, रसना तेरो नाम।।

—पद्माकर

यहाँ पूर्वार्द्ध में कथित 'वृथा विरस बातें करति' का समर्थन उत्तरार्द्ध के एक पद 'रसना' (रस + ना) के अर्थ से किया गया है। अतः यहाँ पदार्थगत काव्यलिंग है।

और भोले प्रेम! क्या तुम हो बने
वेदना के विकल हाथों से, जहाँ
झूमते गज-से विचरते हो वहीं
आह है, उन्माद है, उत्ताप है।

—पंत

यहाँ वर्णनीय विषय 'प्रेम वेदना से निर्मित है' का समर्थन चतुर्थ चरण के तीन पदों—'आह है, उन्माद है, उत्ताप' के अर्थों से हुआ है। अतः यहाँ भी पदार्थगत काव्यलिंग है।

52. अनुमान

जहाँ कवि-कल्पित साधन के द्वारा साध्य का चमत्कारपूर्वक वर्णन किया जाये, वहाँ अनुमान अलंकार होता है।

'अनुमान' शब्द 'अनुमति' का विकसित रूप है। 'अनु' का अर्थ है 'लक्षण' और 'मिति' का अर्थ है 'ज्ञान'। यह न्यायशास्त्र का विषय है। अलंकार-शास्त्र में 'अनुमान' का प्रयोग हुआ तो है उसी के आधार पर, पर उससे भिन्न अर्थ में। यहाँ अनुमान का अर्थ है 'चिह्न द्वारा किसी वस्तु का ज्ञान'। इस अलंकार में काल्पनिक साधन द्वारा साध्य की प्रतीति करायी जाती हैं। धुएँ से अग्नि का अनुमान किया जाना लोकसिद्ध है। यहाँ धुआँ है साधन और अग्नि है साध्य। चूँकि उपर्युक्त अनुमान लोकसिद्ध होने के कारण चमत्कारहीन है, अतः वहाँ अलंकार नहीं माना जायेगा। इसे अलंकार होने के लिये कविकल्पित साधन का होना आवश्यक है। आचार्यों ने 'ज्ञापक हेतु' को अनुमान अलंकार के लिये आवश्यक माना है।

यह तर्कन्यायमूलक अर्थालंकार है। इसका विवेचन रुद्रट से प्रारम्भ हुआ है। उन्हीं के आधार पर मम्मट के साध्य-साधन के भावरूप में किसी अर्थ के प्रतिपादन को 'अनुमान' माना है[1]। इसी मत को स्पष्ट करते हुये पं॰ विश्वनाथ ने सौन्दर्य से कहा जाना स्वीकार किया है[2]। संस्कृत के अधिकांश आचार्यों की तरह ही हिंदी के अधिकांश आचार्यों ने इसका ही निरूपण किया है। चिंतामणि, शोभनाथ, देव, पद्माकर आदि ने इसे निरूपित किया है[3]। भूषण का लक्षण अस्पष्ट ही समझिये[4]।

भौह भाव जहँ तिय करै, तहीं परति है बानि।
इनके आगे सर मदन, लीन्हें बान कमान।।

—चिन्तामणि

यहाँ साध्य है—'नारियों की आज्ञा का पालक कामदेव' और साधन है—'नारियों का भौंहों से भाव प्रकट करना'—इससे नारियों के कटाक्षपातवाले स्थलों पर कामदेव का बाण छोड़ना' जैसी सिद्धि का यहाँ वर्णन किया गया है। यहाँ साधन कवि-कल्पित है। अतः अनुमान अलंकार है।

मोहि करत कत बावरी, किये दुराव दुरैन।
कहे देत रँग राति के, रँग निचुरत से नैन।।

—बिहारी

---

1. अनुमानं तदुक्तं यत् साध्यसाधनयोर्वचः।—का. प्रकाश 10।117।
2. अनुमानं तु विच्छित्त्या ज्ञानं साध्यस्य साधनात्—सा. दर्पण 10।63।
3. (क) जुहै साध्य साधन कठिन सो बरनत अनुमान।—क॰ कु॰ क॰ तरु।
   (ख) सत्य हेतु के ज्ञानते, पच्छ माहिं जिहि थान।—पद्माभरण 313।
4. जहाँ काजते हेत कै, जहाँ हेत ते काज।—शि. भूषण 341।

यहाँ साधन है–'रँग निचुरत से नैन', जिससे साध्य–'रात्रि की रति-क्रीड़ा' का अनुमान हो रहा है। अतः यहाँ अनुमान अलंकार है।

हाँ वह कोमल है सचमुच ही वह कोमल है कितना।
मैं इतना ही कह सकता हूँ तेरा मक्खन जितना।
बना उसी से तो उसका तन तूने आप बनाया।
तब तो ताप देख अपनों का पिघल उठा उठ धाया।

–गुप्तजी

यहाँ मक्खन-निर्मित होने के कारण (साधन) ताप से पिघल उठना (साध्य) का चामत्कारिक अनुमान वर्णित है। अतः अनुमानालंकार है।

53. यथासंख्य

जहाँ क्रमशः वर्णित पदार्थों का प्रायः उसी क्रम से आगे के पदार्थों से अन्वय किया जाये, वहाँ यथासंख्य अलंकार होता है।

यथासंख्य का अर्थ है संख्या के अनुसार। इसमें पहले कुछ वस्तुओं का उल्लेख किया जाता है, पुनः उसी क्रम से उनसे सम्बन्धित गुणों अथवा क्रियाओं का वर्णन किया जाता है। तात्पर्य यह कि पूर्व कथित पदार्थों का उसी क्रम से उनसे सम्बन्धित गुणों अथवा क्रियाओं का अन्वय (सम्बन्ध स्थापन) ही इसके चमत्कार का विषय है। इसे ही आचार्यों ने 'क्रम' और 'यथाक्रम' भी कहा है।

यदि पूर्व कथित पदार्थों के साथ उत्तर कथित पदार्थ का सम्बन्ध व्यतिक्रम से हो तो वहाँ 'अपक्रम' दोष होता है, किन्तु यह समझना भूल होगी कि 'यथासंख्य' की कल्पना 'अपक्रम' का अभावमात्र है। वस्तुतः यह वाक्यशोभा और कवि-प्रतिभा का परिचायक अलंकार है।

यह वाक्यन्यायमूलक अर्थालंकार है। यह भामह से ही स्वीकृत रहा है। दंडी ने इसे उद्दिष्ट पदार्थों का उसी क्रम से समन्वय कहा है[1]। उद्भट के लक्षण का भाव भी यही है[2]। मम्मट ने पदार्थों के क्रमिक सम्बन्ध को स्वीकार किया है[3]। अप्पयदीक्षित का लक्षण मम्मट से हू-बहू मिलता है। पं० विश्वनाथ का लक्षण रुय्यक के लक्षण का ही स्पष्ट रूप है, जो स्वयं दंडी और उद्भट के लक्षणों से अनुप्राणित है[4]। हिंदी के प्रायः

1. उद्दिष्टानां पदार्थोनामनूद्देशों यथाक्रमम्। यथासंख्यमिति प्रोक्तं संख्यानक्रम इत्यपि।।–काव्यादर्श 2।273।
2. भूयसामुपदिष्टानामर्थानामसधर्मणाम्। क्रमशो योऽनुनिर्देशो यथासंख्यं तदुच्यते।।–का. सा. संग्रह 3।2
3. यथासंख्यं क्रमेणेव क्रमिकाणां समन्वयः।–का. प्रकाश 10।108, कुवलयानन्द 109।
4. (क) उद्दिष्टानामर्थानां क्रमेणानूद्देशो यथासंख्यम्।–अ. सर्वस्वम्।
   (ख) यथासंख्यमनूद्देश उद्दिष्टानां क्रमेण यत्।।–सा. दर्पण 10।79।

सभी आचार्यों को यह अलंकार मान्य रहा है। प्रायः सब के लक्षण मम्मट और जयदेव के अनुसार है। जसवन्त सिंह आदि ने तो जयदेव के उदाहरण तक अनूदित कर रखे है। चिन्तामणि, पद्माकर आदि के लक्षण प्रायः अधिक स्पष्ट है[1]। केशव, मतिराम, भूषण आदि के लक्षण प्रायः अस्पष्ट रह गये हैं।

अमिय हलाहल मद भरे, स्वेत स्याम रतनार।
जियत मरत झुकि-झुकि परत, जिहि चितवत इक बार।।

—रसलीन

यहाँ प्रथम चरण में 'अमिय', 'हलाहल' और 'मद' का जिस क्रम से कथन किया गया है, द्वितीय चरण में उसी क्रम से 'स्वेत', 'श्याम' और 'रतनार' का तथा पुनः तृतीय चरण में 'जियत', 'मरत' और 'झुकि-झुकि परत' का कथन किया गया है। अस्तु यहाँ यथासंख्य अलंकार है।

रमा भारती कालिका, करति कलोल अशेष।
विलसति बोधति संहरति, जहाँ सोइ मम देश।।

—वियोगी हरि

यहाँ पूर्वार्द्ध में 'रमा', 'भारती' और 'कालिका' का जिस क्रम से वर्णन किया गया है, उत्तरार्द्ध में उसी क्रम से 'विलसति', 'बोधति' और 'संहरति' का भी कथन हुआ है अतः यहाँ यथासंख्य अलंकार है।

वसंत ने सौरभ ने पराग ने
प्रदान की थी अतिकान्त भाव से
वसुन्धरा को पिक को मिलिन्द को,
मनोज्ञता, मादकता, मदान्धता।।

—हरिऔध

यहाँ 'वसन्त', 'सौरभ' और 'राग' का जिस क्रम से उल्लेख किया गया है, उसी क्रम से पुनः 'वसुन्धरा', 'पिक' और 'मिलिन्द' तथा 'मनोज्ञता', 'मादकता' और 'मदान्धता' का वर्णन किया गया है। अतः यहाँ भी यथासख्य अलंकार है।

54. परिवृत्ति

जहाँ पदार्थों का परस्पर विनिमय किया जाये, वहाँ परिवृत्ति अलंकार होता है।

परिवृत्ति का अर्थ है परिवर्तन, विनिमय अर्थात् वस्तुओं का आदान-प्रदान। इसमें एक वस्तु से दूसरी वस्तु का विनिमय वर्णित होता है। यहाँ 'विनिमय' का तात्पर्य

---

1. (क) क्रम क्रम को अन्वइ जहां, बरन्यौ अनुक्रम संग।—क.कु.कु. तरु।
   (ख) जहँ क्रमसों वर्णितनकों, क्रम सो अन्वय घाल।—पद्माभरण 183।

लोकसिद्ध विनिमय से नहीं है—इसे कवि-कल्पना प्रसूत होना आवश्यक है। लोकसिद्ध (वास्तविक) विनिमय में चमत्कार का अभाव होने से अलंकार के लिये स्थान रह कहाँ जाता है? इसी से आचार्यों ने ऐसा माना है कि इसमें कवि-प्रतिभोत्पन्न विनिमय के वर्णन से जो वाच्य-वैचित्र्य दिखाई पड़ता है, उसमें उपमानोपमेय भाव की ही अभिव्यक्ति होती है। यदि त्याज्यमान और आदीयमान वस्तुओं में औपम्य का अभिप्राय अन्तर्निहित न हो—केवल लोकसिद्ध विनिमय हो तो यह अलंकार नहीं होगा। इसे ही 'विनिमय' अलंकार भी कहा गया है।

यह वाक्यन्यायमूलक अर्थालंकार है। यह प्राचीनों से ही स्वीकृत रहा है। भामह ने इसमें 'अर्थान्तरन्यास' का होना आवश्यक माना है (काव्यालंकार 3।39), पर यह मत चला नहीं। वामन ने इसे 'विसदृश' कह कर प्रकारान्तर से सम और असम की पुष्टि कर दी है। आगे मम्मट ने स्पष्ट रूप से सम और असम—दो प्रकार की परिवृत्ति स्वीकार की है[1]। 'सम', 'अधिक' और 'न्यून' की मान्यता देकर पं॰ विश्वनाथ ने भी इसे स्वीकार ही कर लिया है[2]। अप्पयदीक्षित का लक्षण भी इसी प्रकार का है[3]। पंडितराज जगन्नाथ ने सम परिवृत्ति और विषम परिवृत्ति की स्पष्ट कल्पना की है। हिंदी के प्रायः सभी आचार्यों को यह अलंकार मान्य है। किसी ने इसके एक और किसी ने दो भेदों का वर्णन किया है। आ॰ केशव का लक्षण तो विलक्षण है ही, उदाहरण भी विनिमय भाव का अस्पष्ट ही है। देव का उदाहरण भी 'पर्याय' जैसा हो गया है। आ॰ भिखारीदास ने विनिमय या बदले का भाव ही प्रधान माना है[4]। मतिराम और भूषण ने अच्छी और बुरी बातों का बदल जाना (वस्तु विनिमय नहीं) मात्र ही माना है[5]। जसवन्त सिंह, ठाकुर, पद्माकर आदि ने मूलतः 'थोड़ा देकर अधिक अथवा अधिक देकर थोड़ा लेना' को ही इसका लक्षण माना है[6]। कुलपति मिश्र का लक्षण सर्वाधिक स्पष्ट बन पड़ा है[7]। इन्होंने इसे 'विनिमय' के नाम से निरूपित किया है।

विभिन्न आचार्यों के मतों की परीक्षा से स्पष्ट है कि पदार्थों के कवि-प्रतिभोत्पन्न विनिमय में इस अलंकार का चमत्कार निहित है। यह विनिमय मूलतः दो प्रकार

---

1. परिवृत्तिर्विनिमयो योऽर्थानां स्यात्समासमैः।—का. प्रकाश 10।113।
2. परिवृत्तिर्विनिमयः समन्यूनाधिकैर्भवेत्।—सा. दर्पण 10।80।
3. परिवृत्तिर्विनिमयो न्यूनाभ्यधिकयोर्मिथः।—कुवलयानंद 112।
4. कछु लीबो दीबो कथन, ताको विनिमै जानु।—का. निर्णय 15।14।
5. ल. ललाम 277, शि. भूषण 245।
6. भा. भूषण 142, पद्माभरण 187।188 इत्यादि
7. अर्थन को जहँ बदलिबो, विनिमय कहिये सोय।
   सम असम के भेद करि, सो पुन द्वै विधि होय।।—रस रहस्य।

का संभव है—सम और विषम। पुनः इसके भी दो-दो प्रकार और हो सकते हैं—

(क) सम

1. उत्तम वस्तु देकर उत्तम वस्तु लेना = उत्तम विनिमय।

2. निकृष्ट वस्तु देकर निकृष्ट वस्तु लेना = निकृष्ट (न्यून) विनिमय।

(ख) विषम

1. उत्तम वस्तु देकर निकृष्ट वस्तु लेना = उत्तम से न्यून का विनिमय।

2. निकृष्ट वस्तु देकर उत्तम वस्तु लेना = न्यून से उत्तम का विनिमय।

इस प्रकार परिवृत्ति अलंकार के कुल चार प्रकार हुये।

सम परिवृत्ति—उत्तम विनिमय—

मृदु सौरभ अर्पित करती है सुरभित मलय पवन।
तरु शाखायें उसे चढ़ाती है फल पत्र सुमन।।

—'कादम्बिनी'

यहाँ 'सुरभित मलय पवन' देकर 'फल, पत्र और फूल' का लेना कहा गया है—उत्तम वस्तु से उत्तम वस्तु का विनिमय दिखलाया गया है। अतः उत्तग विनिमय से यहाँ सम परिवृत्ति अलंकार है।

मुझको कुछ करने योग्य काम बतलाओ।
दो अहो नव्यता और भव्यता पाओ।।

—गुप्तजी

यहाँ 'नव्यता' से 'भव्यता' का—उत्तम वस्तु से उत्तम वस्तु का विनिमय होने से समपरिवृत्ति अलंकार है।

निकृष्ट विनिमय—

अस्थि-माल-मय अपने तन को अर्पण वे करते हैं।
मुण्ड-माल मय तन उनके बस परिवर्तन में लेते हैं।।

—अ. मंजरी

यहाँ अस्थिमय शरीर देकर मुण्डमालमय शरीर पाना वर्णित है। हड्डियों की माला का मुण्डमाला से विनिमय—निकृष्ट वस्तु का निकृष्ट वस्तु से विनिमय होने के कारण यहाँ समपरिवृत्ति अलंकार है। इसमें भगवान् शंकर की निन्दा के व्याज से स्तुति (व्याजस्तुति) भी है।

विषम परिवृत्ति—उत्तम से न्यून का विनिमय—

क्रांति हो चुकी श्रांति मेट अब आ मैं। व्यजन करूँगी।
मोती न्योछावर करके, वे श्रमकण बीन धरूँगी।।

—का. दर्पण

यहाँ 'मोती' देकर 'श्रमकण' लेना—उत्तम वस्तु देकर निकृष्ट वस्तु लेना कथित होने से विषम परिवृत्ति है।

दीन्हौं होइ सुपाइये, कहते वेद पुरान।
मन दे पाई वेदना, वाह हमारो दान।।

—अ. मुक्तावली

यहाँ 'मन' देकर 'वेदना' लेना—उत्तम वस्तु देकर निकृष्ट वस्तु लेना वर्णित होने के कारण विषम परिवृत्ति है।

न्यून से उत्तम का विनिमय

लै त्रिलोक की साहिबी, दै धतूर को फूल।

—मतिराम

यहाँ 'धतूरे का फूल' देकर 'त्रिलोक का राज्य' लेना—निकृष्ट वस्तु देकर उत्तम वस्तु लेना कथित होने से विषम परिवृत्ति अलंकार है।

मेरा अतिथि देव आवे तो मैं सिर माथे लूँगी।
उसने मुझको दिया देह मैं उसे प्राण भी दूँगी।।

—गुप्तजी

यहाँ 'देह' देकर 'प्राण' लेना—निकृष्ट वस्तु देकर उत्तम वस्तु लेना वर्णित होने से विषम परिवृत्ति है।

55. परिसंख्या

जहाँ एक वस्तु की अनेकत्र स्थिति संभव रहने पर भी अन्यत्र निषेधकर उसका एक स्थान में नियमन कर दिया जाये, वहाँ परिसंख्या अलंकार होता है।

परिसंख्या का अर्थ है छोड़कर (परि) वर्णन करना (संख्या), निषेध कर कहना अर्थात् नियंत्रण कर विचार देना। इसमें किसी वस्तु की अनेकत्र स्थिति संभाव्य होने पर भी अन्यत्र निषेध कर उसका केवल एक स्थान में ही वर्णन किया जाता है। जैसे, 'कांग्रेसी राज्य में ईमानदारी केवल शिक्षकों में ही है'—यहाँ ईमानदारी की स्थिति अन्यत्र भी हो सकती है—नेताओं में, मंत्रियों में इत्यादि, पर यहाँ अन्य स्थलों से उसका निषेधकर केवल शिक्षकों में ही उसकी स्थिति बतायी गयी है।

इस अलंकार की कल्पना मीमांसा-दर्शन की 'परिसंख्या-विधि' के आधार पर की गयी है। जैसे 'परिसंख्या-विधि' निषेध पर्यवसायी है, उसी प्रकार यह अलंकार भी। हाँ, यहाँ 'परिसंख्या' शब्द का अर्थ-विस्तार अवश्य हुआ है। इस अलंकार का कवि-कल्पना-प्रसूत होना आवश्यक है। इसी से आचार्यों ने लोकसिद्ध-वस्तु-व्यवच्छेद और नैयायिक या मीमांसक-सम्मत-वस्तु-व्यवच्छेद (निषेध) से हटकर कल्पनाप्रसूत अन्यवस्तु-व्यवच्छेद में ही इस अलंकार को स्वीकार किया है। इस अलंकार का चमत्कार कवि-प्रतिभोत्पन्न विधि-निषेध पर निर्भर करता है।

यह वाक्यन्यायमूलक अर्थालंकार है। इसे अलंकार रूप में प्रथम सभवतः रुद्रट ने स्वीकार किया है। मम्मट ने 'पूछी गयी अथवा न पूछी गयी किसी वस्तु के ऐसे शाब्दिक प्रतिपादन में जो अन्त में अपने समान किसी अन्यवस्तु के व्यवच्छेद (निषेध) में परिणत हो जाये' में 'परिसंख्या' मानी है[1]। पं॰ विश्वनाथ का लक्षण भी समान ही है, पर उन्होंने निषेध को वाच्य और व्यंग्य दो प्रकार का माना है[2]। जयदेव का लक्षण इन लोगों से थोड़ा भिन्न है। अप्पयदीक्षित को जयदेव का लक्षण ही मान्य है[3]। हिंदी के आचार्यों में जसवन्त सिंह, मतिराम, भूषण, पद्माकर आदि के लक्षण दीक्षित जी के अनुसार ही है[4]। कुलपति मिश्र, भिखारीदास आदि के लक्षण मम्मट के आधार पर है[5]। इनमें स्पष्टता भी अपेक्षाकृत अधिक है।

इस विश्लेषण के पश्चात् कहा जायेगा कि परिसंख्या अलंकार का चमत्कार वस्तु का अन्यत्र से निषेध कर किसी अन्य स्थान में स्थापन में निहित है। यह निषेध दो प्रकार से संभव है--प्रश्नपूर्वक और प्रश्न रहित। पुनः इसके दो और भेद संभव है—वाच्या और प्रतीयमाना। इस प्रकार परिसंख्या कुल चार प्रकार की हो सकती है—(1) प्रश्नरहित प्रतीयमान निषेध, (2) प्रश्नरहित वाच्य निषेध (3) प्रश्नपूर्वक प्रतीयमान निषेध और (4) प्रश्नपूर्वक वाच्य निषेध।

प्रश्नरहित प्रतीयमान निषेध

केसन ही में कुटिलई, संचारिन में संक।
लखौ राम के राज में, इक ससि माहिं कलंक।।

—पद्माकर

—राम के राज्य में कुटिलता केवल केश में, शंका (भाव) केवल संचारियों में और कलंक केवल चंद्रमा में है। यहाँ रामराज्य को सर्वथा निर्दोष बताना ही कवि का अभिप्राय है। इसी से कुटिलता, शंका और कलंक की अन्यत्र स्थिति संभव होने पर भी, उनका सभी स्थलों से निषेध कर एक स्थल में (क्रमशः केश, संचारी और चन्द्रमा में) स्थापन किया गया है। यहाँ निषेध प्रतीयमान तो है ही, प्रश्नरहित भी है। अस्तु यहाँ प्रश्नरहित प्रतीयमान निषेध से परिसंख्या अलंकार है।

---

1. किञ्चित्पृष्टमपृष्टं वा कथितं यत्प्रकल्पते।
   तादृगन्यव्यपीहाय परिसंख्या तु सा स्मृता।।—का. प्रकाश 10।119।
2. प्रश्नादप्रश्नतो वापि कथिताद्वस्तुनो भवेत्।
   तादृगन्यव्यपोहश्चेच्छाब्द आर्थोऽथवा तदा।।—सा. दर्पण 10।81।
3. परिसंख्या निषिध्यैकमेकस्मिन् वस्तुयंत्रणम्।—कुवलयानन्द 113।
4. (क) परिसंख्या इक थल बरजि, दूजे थल ठहराय।—भा. भूषण 143।
   (ख) करि निषेध इक वस्तु को, थपै जु इकथल माह।—पद्माभरण 178।
5. पूछयो अनपूछयो कछुक, कह्यौ मानि जहँ लेइ।
   वा सम और न करन कों, परिसंख्या कहि देह।।—रसरहस्य।

पावउ में ही धनुष अब, नदी तीर ही तीर।
रोदन में ही लाल दृग, नवरस में ही बीर।।

—वियोगी हरि

—धनुष अब वर्षा ऋतु में ही दिखते हैं (शत्रुओं के विनाश हेतु वीरों के हाथ में नहीं), तीर अब नदियों के तीर (किनारों) में ही रह गये हैं (किसी की तूणीर में नहीं—जब भारत ही वीर विहीन हो गया है तो तीर आयेगा कहाँ से?), अब रोने में ही आँखे लाल होती है (किसी अत्याचारी के विनाश के लिये नहीं—भारत वीर विहीन जो है) और वीर केवल नवरसों के वर्णन में ही मिलते है (भारत में नहीं—भारत पुरुषत्वहीन हो गया है न)। यहाँ कवि का अभिप्रेत है पराधीन भारत की दुर्दशा का चित्रण, इसी से उसने उपर्युक्त वस्तुओं का अन्यत्र से प्रश्नहित व्यंग्यपूर्वक निषेध कर स्थानविशेष (क्रमशः पावस, नदी, रोदन और नवरस) में नियमन कर दिया है। अस्तु यहाँ परिसंख्या अलंकार है।

देह में पुलक, उरो में भार
भ्रुवों में भंग, दृगों में बाण,
अधर में अमृत, हृदय में प्यार,
गिरा में लाज, प्रणय में मान।

—पंत

यहाँ 'पुलक', 'भार', 'भंग', 'बाण', 'अमृत' आदि को अन्यत्र संभाव्य स्थलों से प्रश्न रहित व्यंग्यपूर्वक निषेध कर 'देह', 'उरोजों', 'भ्रुवों, 'दृगों', 'अधर' आदि में नियंत्रित कर दिया गया है। अतः यहाँ परिसंख्या है।

प्रश्नरहित वाच्य निषेध—

नृपति राम के राज में, है न सूल दुखमूल।
लखियतु चित्रण में लिख्यो, शंकर के कर सूल।

—पद्माकर

—राजा राम के राज्य में दुखों की जड़ 'सूल' (पीड़ा) नहीं है। 'सूल' (त्रिशूल) केवल चित्र-लिखित शंकर (भगवान् शंकर का चित्र) के हाथ में ही दीखता है। यहाँ 'सूल' की अनेक स्थिति का प्रश्नरहित वाच्यनिषेध किया गया है एवं उसे शंकर के हाथ में नियंत्रित किया गया है। अतः परिसंख्या अलंकार है।

जहाँ वक्रता सर्प के चाल में थी,
प्रजा में नहीं थी न भूपाल में थी।
नरों में नहीं, कालिमा थी घनों में,
जनों में नहीं, शुष्कता थी वनों में।

—उपाध्याय

यहाँ 'वक्रता' और 'कालिमा' जैसे गुणों का एक स्थान ने निषेध कर अन्यत्र स्थापन किया गया हैं यहाँ निषेध वाच्य तो है ही, प्रश्नरहित भी है। अतः प्रश्नरहित वाच्यनिषेध से यहाँ परिसंख्या अलंकार है।

प्रश्नपूर्वक प्रतीयमान निषेध

सेव्य कहाँ? तट सुरसरित, कहा ध्येय? हरिपाद।
करन उचित कह? धर्म नित, चित तजि सकल विषाद।।

—कौमुदी

यहाँ 'सेव्य क्या है?' है प्रश्न, जिसका उत्तर है—'गंगा का तट', पर इसके अतिरिक्त अन्य वस्तुयें भी सेव्य हो सकती है, जिनका प्रतीयमान निषेध किया गया है। इसी प्रकार 'ध्येय किया है?' और 'उचित करणीय क्या है?' जैसे प्रश्नों के उत्तर में क्रमशः 'हरिपाद' और 'हृदय से सभी विषादों को त्याग कर धर्म करना' कहे गये है। इनमें भी निषेध प्रतीयमान ही है। अतः यहाँ प्रश्नरहित प्रतीयमान निषेध से परिसंख्या अलंकार है।

प्रश्नपूर्वक वाच्य निषेध

आजु कुटिलता कौन में? राज मनुष्यनि माँहि।
देखौ बूझि विचार कै, व्यालबंस में नाहिं।।

—दास

यहाँ प्रश्न है—'कुटिलता किसमें है?', जिसका उत्तर है—'राज्य के कर्मचारियों (मनुष्यनि) में, किन्तु कुटिलता इनके अतिरिक्त अन्यों में भी संभव है। यहाँ उसका 'साँपों' (ब्यालबंस) में वाच्यनिषेध किया गया है। अतः यहाँ प्रश्नपूर्वक वाच्यनिषेध से परिसंख्या अलंकार है।

यहाँ यह जान लेना चाहिये कि कतिपय आचार्य केवल प्रतीयमान निषेध में ही परिसंख्या अलंकार मानते हैं। उनके अनुसार वाच्यनिषेध में चमत्कार का अभाव होता है और चूँकि अलंकार का मूल है चमत्कार, अतः वहाँ अलंकार कैसे संभव है। उनके अनुसार वाच्यनिषेध में शुद्ध परिसंख्या तो होती है, पर परिसंख्या अलंकार नहीं। चमत्कार की छटा प्रतीयमान निषेध में ही निखरती है। हाँ, श्लेषमूलक हो जाने पर चमत्कार योजना अधिक अवश्य हो जाती है—

दंड जतिन्ह कर, भेद जहँ नर्तक नृत्य समाज।
जीत्यौ मनसिज, सुनिय अस रामचन्द्र के राज।।

—तुलसी

—राम के राज्य में 'दंड' (डंडा) केवल यतियों (संन्यासियों) के हाथ में ही रहता था (कोई व्यक्ति अपराध ही नहीं करता था, अतः सजा भी किसी को नहीं मिलती थी)। 'भेद' (अन्तर, फूट) केवल नर्तकों के नृत्य के प्रसंग में—ताल के अनुसार

गतिभेद में था (समाज में भेद नहीं था—सभी सप्रेम रहते थे)। वस्तुतः, यहाँ रामराज्य की सुव्यवस्था का वर्णन ही अभिप्रेत है, जिसके लिये 'दंड' और 'भेद' का श्लिष्ट प्रयोग हुआ है। अन्यत्र से इनका निषेध कर स्थानविशेष (यतियों और नर्तकों के नृत्य) में ही नियमन कर दिया गया है। इसी प्रकार उत्तरार्द्ध में विजय (जीत्यौ) का अन्य स्थान से निषेध कर कामदेव में नियमन किया गया है। यहाँ प्रश्नरहित व्यंग्यपूर्वक निषेध से परिसंख्या अलंकार है, पर श्लिष्ट प्रयोग होने के कारण चमत्कार और भी बढ़ गया है।

56. समुच्चय

जहाँ किसी कार्य की सिद्धि के लिये एक समर्थ साधक के रहते हुये भी साधकान्तर का कथन किया जाये, वहाँ समुच्चय अलंकार होता है।

समुच्चय का अर्थ है समूह, एक साथ इकट्ठा होना। कार्य की सिद्धि हेतु एक समर्थ साधक के रहने पर भी इसमें साधकान्तर का समुच्चय कराया जाता है। इस अलंकार के मूल में 'कार्य-कारण की एक कलात्मक विषयरूपा अतिशयोक्ति' रहती हैं इसके सभी साधकों (कारणों) में कार्यसिद्धि के लिये होड़-सी लगी रहती है, इसी से यहाँ 'खले कपोतन्याय'[1] की संगति मानी जाती है। कार्यसिद्धि हेतु एक कारण के होने पर भी 'काकतालीय न्याय[2] से दूसरा कारण अकस्मात् आ जुटता है। प्रथम में कारण तुल्यकक्ष होते हैं और द्वितीय में अतुल्यकक्ष। समुच्य 'विकल्प' का विलोम अलंकार है। प्रथम में एक ही काल में तुल्य बलवाले अनेक साधकों की एकत्र स्थिति रहती है, पर द्वितीय में दो तुल्य बलवाने पदार्थों में एक ही काल और स्थिति में विरोध रहता है।

यह वाक्यन्यायमूलक अर्थालंकार है। इसका विवेचन रुद्रट से प्रारम्भ हुआ है। उन्होंने सद्योग, असद्योग और सदसद्योग में त्रिविध समुच्चय माना है[3]। मम्मट ने अपने लक्षण में रुद्रट के मत का ही नहीं, रुय्यक के मत का भी पोषण्न किया है। इन्होंने प्रस्तुत कार्य की सिद्धि हेतु एक कारण के होते हुये भी अन्य कारण के समावेश में ही इसे स्वीकार किया है एवं रुद्रट द्वारा प्रतिपादति समुच्चय के तीनों

---

1. खलिहान में दाना चुगने के लिये एक कबूतर के उतरते ही समूह में उड़ने वाले सभी कबूतरों का उतर पड़ना।
2. ताड़ के फल का तो गिरना निश्चित है ही, पर यदि उस पर कौआ आकर बैठ जाये तो वह अचानक गिर जायेगा—यही है काकतालीय न्याय।
3. यत्रैकत्रानेकं वस्तु परं स्यात्सुखावहाद्येव। ज्ञेयः समुच्चयोऽसौ त्रेधान्यः सदसतोयोंगः।—काव्या. 7।19।

प्रकारों का गुण, क्रिया और गुण-क्रिया के योग से भी प्रतिपादन किया है[1]। पं० विश्वनाथ की परिभाषा भी यही है, पर उन्होंने लक्षण में 'खले कपोतन्याय' का संकेत कर इसे और भी स्पष्ट कर दिया है[2]। केवल 'व्यधिकरण' अथवा केवल 'समानाधिकरण' में समुच्चय की कल्पना (जिसकी आलोचना मम्मट ने 'व्याधि करणे इति एकस्मिन्देशे इति च न वाच्यम्' के द्वारा की है) भी रुद्रट ने ही की है[3]। जयदेव और आगे चलकर अप्पयदीक्षित ने समुच्चय के दो स्पष्ट भेद मान लिये हैं—(1) जहाँ एक ही वस्तु से सम्बन्द्ध अनेक पदार्थों का एक साथ गुंफन हो और (2) कार्यसिद्धि के लिये एक समर्थ कारण के होते हुये भी अनेक हेतुओं का अहमहमिकापूर्ण वर्णन[4]। स्पष्ट है कि मम्मट, पं० विश्वनाथ आदि द्वारा स्वीकृत लक्षण ही अप्पयदीक्षित का दूसरा समुच्चय है। हिंदी के आचार्यों के प्रेरणास्रोत जयदेव और अप्पयदीक्षितजी ही है, पर इसके लक्षणों में स्पष्टता का प्रायः अभाव है[5]।
आ० दासजी का लक्षण अपेक्षाकृत अधिक स्पष्ट है[6]।

इस विवेचन के पश्चात् निष्कर्ष रूप में कहा जा सकता है कि समुच्चय मूलतः दो प्रकार का होगा—प्रथम समुच्चय (पूर्वोक्त लक्षण) और द्वितीय समुच्चय—**जहाँ अनेक गुण या अनेक क्रियायें अथवा गुण और क्रियायें एक साथ वर्णित हो; तो वहाँ द्वितीय समुच्चय होगा।** पुनः प्रथम समुच्चय के भी तीन प्रकार होंगे—सद्योग

---

1. तत्सिद्धिहेता वेकस्मिन् यत्रान्यत्तत्करं भवेत्। समुच्चयोऽसौ, स त्वन्यो युगपत् या गुणक्रियाः।—का. प्रकाश 10।116।
2. समुच्चयोऽयमेकस्मिन् सति कार्यस्य साधके।
   खलेकपोतिकान्यायात्तत्करः स्यात्परोऽपि चेत्।।—
   गुणौ क्रिये वा युगपत्स्यातां यद्वा गुण क्रिये।—सा. दर्पण 10।84, 85।
3. व्यधिकरणे वा यस्मिन् गुणक्रिये चैककालमेकस्मिन्।
   उपजायेते देशे समुच्चयः स्यात्तदन्योऽसौ।।—काव्या. 7।27।
4. बहूनां युगपद्भावभाजां गुंफः समुच्चयः।
   अहं प्राथमिकाभाजानेककार्यान्वयेऽपि सः।।—कुवलयानन्द 115।116।
5. (क) दोय समुच्चय भाव बहु, कहुँ उपजै इक संग।
   एक काज चाहै कर्यौ, है अनेक इन अंग।।—भा. भूषण 245।
   (ख) बहुत भये इक वारगी, तिनको गुंफ जुहोय।
   बहसि बरन बहुहेत जहँ, एक काज की सिद्धि—ल. ललाम 277, 279।
   (ग) सु समुच्चय बहुभाव जहँ, इकहिं भजत इक दाहि।।
   बहुमिलि बहसि करै जुइक, काज रामुच्चय जान।—पद्माभरण 193।195।
6. एकै करना सिद्धिको, और होहिं सहाय।
   बहुत होहहिं इकबार कै, द्वै अनमिल इकभाइ।—का. निर्णय 15।31।

से, असद्योग से और सदसद्योग से। द्वितीय समुच्चय के भी तीन प्रकार होंगे—गुण समुच्चय, क्रिया समुच्चय और गुण-क्रिया समुच्चय। इसका वृक्ष इस प्रकार बनाया जा सकता है—

समुच्चय

- प्रथम समुच्चय
  - सद्योग से
  - असद्योग से
  - सदसद्योग से
- द्वितीय समुच्चय
  - गुण समु॰
  - क्रिया समु॰
  - गुण - क्रिया समु॰

प्रथम समुच्चय

(क) सद्योग से

तात वचन पुनि मातु हित, भाइ भरत अस राउ।
मों कहँ दरस तुम्हार प्रभु, सब मम पुण्य प्रभाउ।

—तुलसी

राम वन गमन के लिये यहाँ चार साधकों का समुच्चय है—पिता की आज्ञा, माता की इच्छा पूर्ति, भाई भरत की राज्य प्राप्ति और मुनियों के दर्शन का सौभाग्य लाभ। इनमें से कोई एक साधक (कारण) ही राम की वन-यात्रा के लिये समर्थ था, पर कथन चारों का हुआ है। यहाँ सद्योग भी है। अतः यहाँ सद्योग का समुच्चय है।

लोकरीति है, हुक्म खुदा का, अनुमति जान हमारी।
हिन्द देश की सम्राज्ञी बन, पुरवों साधें सारी।।

—भक्त

यहाँ नूरजहां को उसकी माता जहांगीर से विवाह करने की राय दे रही है—यही लोकरीति है, ईश्वर की आज्ञा भी यही है और इसके निमित्त मैं भी अनुमति देती हूँ। विवाह के लिये यहाँ तीन साधकों (कारणों) का समुच्चय है। सद्योग यहाँ भी है। अतः सद्योग का समुच्चय है।

(ख) असद्योग से

धन जोबन बल अग्यता, मोह मूल इक एक।
दास मिलैं चारों तहाँ, पैये कहाँ विवेक।।

—दास

विवेक-नाश के लिये यहाँ धन, यौवन आदि चार साधक वर्णित है—इनमें से कोई एक कारण ही विवेक-नाश के लिये पर्याप्त है, पर यहाँ चारों असत् साधनों का समुच्चय किया गया हैं अतः यहाँ असद्योग से समुच्चय अलंकार है।

(ग) **सदसद्योग से**

यौवन कंचन धन अधिर, जीवन काल ग्रस्त।
मन के काँटे हो रहे; मिलये सदा समस्त।।

—अ. मुक्तावली

यहाँ 'यौवन' आदि विशेष्य स्वतः शोभन है, पर उनके लिये प्रयुक्त 'चंचल' आदि विशेषण के कारण वे अशोभन बन रहे है। अतः, यहाँ सत् और असत् दोनों का योग होने से सदसद्योग से समुच्चय अलंकार है।

द्वितीय समुच्चय

(क) **गुण समुच्चय**

पावस के आवत भयो, स्याम मलिन नभ थान।
रक्त भये पथिकन हृदय, पीत कपोल तियान।।

—अ. मुक्तावली

वर्षा के आगमन के समय यहाँ श्याम, रक्त और पीत—तीन गुणों का वर्णन (समुच्यय) किया गया है। एक ही समय में यहाँ तीन गुणों का समुच्चय होने से गुण समुच्चय है।

सुन्दरता, गुरुता, प्रभुता मनि 'भूषण' होत है आदर जामै।

—भूषण

यहाँ सुन्दरता, गुरुता और प्रभुता—इन तीन गुणों का एक ही काल में समुच्चय होने से यहाँ भी गुण समुच्चय है।

क्रिया समुच्चय—

तब हीं ते 'देव' देखो देवता-सी हँसति-सी,
खीझति-सी, रीझति-सी, रूसति, रिसानी-सी।

—देव

यहाँ हँसना, खीझना, रीझना आदि अनेक क्रियाओं का एकत्र वर्णन होने से क्रिया समुच्चय है।

हँसि-हँसि हेरति नवल तिय, मद के मद उमदाति।
बलकि-बलकि बोलति वचन, ललकि-ललकि लपटाति।।

—अ. मुक्तावली

यहाँ हेरति, उमदाति, बोलति आदि अनेक क्रियाओं का एक ही काल में समुच्चय होने से क्रियासमुच्चय है।

गुण-क्रिया समुच्चय

आली तू ही बता दे इस विजन बिना मैं कहाँ आज जाँऊ।

दीना, हीना, अधीना, ठहर कर जहाँ शांति दूँ और पाँऊ।

—गुप्तजी

यहाँ दीना, हीना, अधीना—इन तीन गुणों और 'दूँ' और 'पाँऊ—दो क्रियाओं का एक ही काल में समुच्चय होने से यहाँ गुण-क्रिया समुच्चय है।

57. विकल्प

जहाँ एक ही काल और स्थिति में दो समान सामर्ध्यवाले परस्पर विरोधी पदार्थों में विरोध दिखाया जाये, वहाँ विकल्प अलंकार होता है।

विकल्प का अर्थ है 'यह या वह'[1]। इसमें दो समान बल वाले पदार्थों का एक ही काल और एक ही स्थिति में विरोध दिखाया जाता है। अर्थात् इसमें 'यह अथवा वह' का कथन किया जाता है।

यह वाक्यन्यायमूलक अर्थालंकार है। इसका प्रथम विवेचन रुय्यक ने किया है[2]। आचार्यों के अनुसार 'विकल्प' एक ज्ञान प्रकार है। इसी से अधिकांश आचार्यों ने इसे अलंकार नहीं माना है, पर रुय्यक ने इसकी कल्पना 'समुच्चय' के प्रतिपक्ष रूप में की है। उन्होंने इस अलंकार के लिये 'कवि-प्रतिभा-निवर्तित होना आवश्यक माना है। शुद्ध औपम्य-गर्भता अथवा श्लेषोत्थापित औपम्य-गर्भता के अभाव में यह अलंकार नहीं माना जा सकता[3]। पं॰ विश्वनाथ ने इसे जयदेव के आधार पर निरूपित किया है[4]। अप्पयदीक्षित को भी यही मान्य है[5]। हिंदी के प्रायः सभी आचार्यों ने इसे अप्पयदीक्षित के आधार पर ही निरूपित किया है। लोगों ने 'यह अथवा वह' कह कर इसका लक्षण दिया है[6]। पद्माकर का लक्षण अप्पयदीक्षित के लक्षण का स्पष्ट अनुवाद है[7]।

कतिपय आचार्यों ने 'विकल्प' को संदेह' के अन्तर्गत ही स्वीकार करने की बात कही है, पर उससे इसका अन्तर स्पष्ट है। इसमें यह निश्चित रहता है कि दो में से कोई एक इसे करेगा, पर 'संदेह' में ऐसे निश्चय का अभाव होता है। तात्पर्य यह कि 'विकल्प' में निश्चय का ज्ञान रहता है, पर 'संदेह' में नहीं। अतः दोनों को भिन्न मानना ही संगत है।

---

1. अनेन वान्येनेति विकल्पः।—कौटिल्य : अर्थशास्त्र।
2. तुल्यबलविरोधो विकल्पः।—अ. सर्वस्वम्।
3. औपम्यगर्भत्वाच्चात्र चारुत्वम्—कचिच्छ्लेषावलम्वनेनाप्ययं दृश्यते।—अ. सर्वस्वम्।
4. विकल्पस्तुल्यबलयोर्विरोधश्चातुरीययु (य) तः।।—सा. दर्पण 10।83।
5. विरोधे तुल्यबलयोर्विकल्यालंकृतिर्मता।—कुवल्यानन्द 114।
6. (क) है विकल्प यह है वहै, इहि विधि को वृतंत।—भा. भूषण 144।
   (ख) है विकल्प यह कै बहै, यह निहचै जहँ राजु।—का. निर्णय 15।44।
7. द्वै सम बलजुत को बिरुध जहँ, सुविकल्प बखान।—पद्माभरण 191।

इस अलंकार में नतरू, या, कि कै, कितौ आदि वाचक शब्द भी प्रयुक्त होते हैं। आचार्यों ने इस अलंकार के लिये मूलतः चार स्थितियाँ स्वीकार की है—(1) समान बल की वस्तुयें, (2) दोनों एक काल और एक स्थिति में हो, पर वे एक ही व्यक्ति द्वारा साथ-साथ सम्पादित न हों, (3) इच्छानुसार एक को वरण करने की छूट और (4) दोनों में कल्पित सादृश्य। इनके अभाव में यह अलंकार नहीं होगा।

जनम कोटि लगि रगर हमारी।
बरौं शंभु नतु रहौं कुमारी।।

—तुलसी

यहाँ पार्वती के इस कथन—मैं शंकर का वरण करूँगी या आजन्म कुँवारी रहूँगी—में दो समान बलवाले पदार्थों का एक ही काल और एक ही स्थिति में होना वर्णित है, जो पूर्णतः असंभव है। एक काल में दोनों में से केवल एक ही बात हो सकती है—शंभु से विवाह या आजन्म अविवाहित रहना। अतः दो तुल्य पदार्थों में एककालिक विरोध होने से यहाँ विकल्प अलंकार है।

कै तो तब विजय जयद्रथ सुनैहैं जाय।
कै तो लै पराजय प्रलाप आप लैहौं मैं।।

—अ. मंजरी

मृत अभिमन्यु के प्रति अर्जुन की इस उक्ति में—या जयद्रथ तुम्हारे पास जाकर मेरी विजय कथा सुनायेगा या मैं स्वयं ही पराजय का प्रलाप लेकर तुम्हारे पास आऊँगा—दो समान बल वाले पदार्थों का एक ही काल और एक ही स्थिति में होना असंभव है। दो में से कोई एक ही बात संभव है। अतः दोनों में विरोध होने से यहाँ भी विकल्प अलंकार है।

आते यहाँ नाथ निहारने हमें।
उद्धारने या सखि तारने हमें।।
या जानने को किस भाँति जी रहे।
तो जान लें वे हम अश्रु पी रहे।।

—गुरूजी

यहाँ भी समान सामर्थ्यवाले पदार्थों में एक ही स्थिति में एककालिक विरोध होने से विकल्प अलंकार है।

58. समाधि

जहाँ किसी आकस्मिक कारणान्तर या कर्त्ता के योग से किसी कार्य की सिद्धि सुगम हो जाये, वहाँ समाधि अलंकार होता है।

समाधि का अर्थ है 'सम्यक् आधान' अर्थात् अच्छी तरह से अथवा सुगमता से किसी कार्य का किया जाना। इसमें नियत कारण से कार्य स्वभावतः होता रहता है,

पर अकस्मात् किसी दूसरे कारण या कर्त्ता के आ जुटने से कार्य और भी सुगमतापूर्वक सिद्ध हो जाता है। आचार्यों ने इसकी संगति 'काकतालीयन्याय' (देखिये टिप्पणी 2 'समुच्चय') से बैठायी है। यहाँ 'काकतालीयन्याय' से कारणान्तर सौकर्य का साधक होता है।

यह वाक्यन्यायमूलक अर्थालंकार है। यह प्राचीनों से ही स्वीकृत रहा है। दंडी और भोज ने इसकी चर्चा 'समाहित' के नाम से की है। दंडी के अनुसार प्रारंभ किये गये किसी कार्य के सम्पादन हेतु साधन का दैववशात् आ जुटना ही इस अलंकार का विषय है[1]। आगे मम्मट, जयदेव, पं॰ विश्वनाथ, अप्पयदीक्षित आदि ने दंडी के लक्षण पर ही अपने लक्षण निर्मित किये हैं[2]। लक्षण के अतिरिक्त 'मानमस्या' वाला उदाहरण भी लोगों ने 'काव्यादर्श' (2।299) से ही लिया है। रुय्यक का लक्षण भी इसी के अनुरूप है[3]। भोज ने अन्य के धर्म का अन्यत्र आरोपण मानकर लक्षण को सर्वथा भिन्न कर दिया है[4]। हिंदी के आचार्यों में केशव का लक्षण भी सव से भिन्न ही कहना चाहिये[5]। जसवंत सिंह, मतिराम, भूषण, चिन्तामणि, दास, पद्माकर आदि के लक्षण मम्मट और अप्पयदीक्षित के लक्षण के अनुरूप पड़ते हैं, पर दासजी का लक्षण इनमें सर्वाधिक स्पष्ट बन सका है[6]। इस अलंकार में असल बात है कारणान्तर द्वारा कार्य की सुकरतापूर्वक सिद्धि।

हरि चाह्यौ पगपरन को, मानवती लखि वाम।
भई तड़ित घनस्याम में, निरखि तड़ित घनस्याम।।

—चिन्तामणि

नायिका है मानिनी। नायिका के मानमोचन हेतु श्रीकृष्ण उसके पैरों पर गिरना ही चाहते थे कि उपकार हेतु अकस्मात् काले बादलों के बीच बिजली चमक पड़ती

---

1. किञ्चिदारंभमाणस्य कार्यं दैववशात् पुनः। तत्साधनसमापत्तिर्या तदाहुः समाहितम्।—काव्यादर्श 2।298।
2. (क) समाधिः सुकरं कार्यं कारणान्तरयोगतः।—का. प्रकाश 10।125।
   (ख) समाधिः सुकरे कार्ये दैवाद्वस्त्वन्तरागमात्।—सा. दर्पण 10।85।
   (ग) समाधिः कार्यसौदर्य कारणान्तरसंनिधेः।—कुवलयानन्द 118।
3. कारणान्तरयोगात् कार्यस्य सुकरत्वं समाधिः।—अ. सर्वस्वम्।
4. समाधिमन्यधर्माणामन्यत्रारोपणं विदुः।—सर॰ कंठाभरण 4।32।
5. होत न क्यों हूँ होत जहँ, दैवजोग तें काज।—कविप्रिया 13।1।
6. (क) सो समाधि कारज सुगम, और हेतु मिलि होत।—भा. भूषण 148।
   (ख) क्यों हूँ कारज को जतन, निपट सुगम है जाय।
   तासों कहत समाधि लखि, काकताल को न्याय।—का. निर्णय 15।11।
   (ग) और हेतु मिलि सुकर जहँ, काज समाधि बखान।—पद्माभरण 197।

है और नायिका मान छोड़कर श्रीकृष्ण से शीघ्रतापूर्वक लिपट जाती हैं यहाँ कार्य (मानमोचन) नियत रूप में चल ही रहा था कि अचानक बिजली की चमक (गौण कारण) से कार्य सिद्धि सुगम हो गयी है। अस्तु समाधि अलंकार है।

निरखन को तिय बदन छवि, पठई डीठि कुमार।
उत ह्वाँ चपल समीर ने, घूँघट दियो उघारि।।

—सोमनाथ

नायिका का मुख-सौन्दर्य देखने के लिये नायक ने उस ओर अपनी दृष्टि दौड़ाई, अचानक चंचल हवा का एक झोंका आया और नायिका के मुखड़े का अवगुंठन खुल गया। फिर क्या था—मुरारी ने नायिका की मुख-छवि छक कर देखी। यहाँ मुख-छवि देखने का प्रयास स्वाभाविक रूप में चल रहा था, अकस्मात् चंचल हवा के झोंके से (कारणान्तर से) कार्य सुकर हो गया। अस्तु समाधि अलंकार है।

राम रहे थे सोच युक्ति रावण के उन्मूलन की,
तब तक शूर्पनखा पहुँची उस रम्य कुटी में वन की।

—अ. मुक्तावली

यहाँ रावण के उन्मूलन की युक्ति राम नियत रूप में सोच रहे थे, पर आकस्मिक रूप से शूर्पनखा के आगमन ने इसे और भी सुकर बना दिया है। अस्तु यहाँ भी समाधि अलंकार है।

59. अर्थापत्ति

जहाँ दण्डापूपिका न्याय से अर्थ की सिद्धि की सामर्थ्य से अन्य सहज साध्य अर्थ स्वयं आक्षिपत हो जाये, वहाँ अर्थापति अलंकार होता है।

अर्थापत्ति का अर्थ है अर्थ की आपत्ति, अर्थ का स्वयं आ पड़ना अर्थात् खिंच आना, आक्षिप्त हो जाना। इस अलंकार की संगति आचार्यों ने 'दंडापूपिका न्याय' से बैठायी है। 'दंड का अर्थ है 'दंडा' और 'आपूपिका' का अर्थ है 'पूआ' अर्थात् दंडा और मालपूआ का न्याय (ढंग)। जैसे कोई लोहे की छड़ में खोंस कर रख दे और कालभेद से किसी के पूछने पर यह कहे कि 'चूहा छड़ को भी खा गया, तो इससे छड़ में खोंस कर रखे गये मालपूये का खा जाना भी स्वतः सिद्ध हो जाता है। यहाँ मालपूआ के खा जाने का शब्दतः वर्णन नहीं हुआ है—यह अर्थ पहले अर्थ से आक्षिप्त हुआ है। ठीक इसी प्रकार की स्थिति होती है इस अलंकार में। यहाँ भी एक अर्थ से दूसरा अर्थ स्वतः खिंच आता है।

यह वाक्य न्यायमूलक अर्थालंकार है। इसे भोज और रुय्यक ने ही प्रथम स्वीकार किया है। मम्मट ने इसकी चर्चा नहीं की है। इस अलंकार के मूल में मीमांसा-दर्शन का 'दंडापूपिका-प्रमाण' है, पर मीमांसकों की 'अर्थापति' से आलंकारिकों की

'अर्थापित्ति' भिन्न है। जयदेव और अप्पयदीक्षित ने इसमें 'कैमुत्य न्याय' माना है और पं॰ विश्वनाथ ने 'दंडापूपिका न्याय'[1]। पंडितराज जगन्नाथ इसमें 'तुल्यन्याय' की स्थिति स्वीकार करते हैं[2]। हिंदी के आचार्य प्रायः इसे 'काव्यार्थापत्ति' के नाम से निरूपित करते है। जसवन्त सिंह, मतिराम, भूषण, दास, पद्माकर आदि सब के लक्षण समान हैं। इन लोगों ने प्रायः 'यह हो गया तो वह क्या है' ही इस अलंकार का लक्षण मान लिया है[3]। 'भाषाभूषण' की कुछ प्रतियों में 'कुवलयानन्द' के समान ही 'कैमुत्य' शब्द प्रयुक्त मिलता है (कवि कैमूतिक न्याय को काव्यार्थापत्ति गात)। आचार्य सोमनाथ का लक्षण अपेक्षाकृत अधिक स्पष्ट है[4]। इस अलंकार में असल बात है एक अर्थ के आधार पर दूसरे अर्थ का आक्षेप। यदि यह अलंकार श्लेषमूलक होता है तो चमत्कार और भी बढ़ जाता है।

कामिनि जुगल उरोज ये, निकसे निज हिय भेद।
औरन हिय भेदन करत, इनहिं कहा चित खेद।।

—अ. मंजरी

—जिन उरोजों ने भला अपने ह्रुदय का भेदन किया है (हृदय चीर कर उत्पन्न हुये हैं), उन्हें दूसरों का हृदय भेदने में क्या कष्ट होगा। जो वस्तु अपने को चीर सकती है (दुःख दे सकती है), तो दूसरों को क्यों न चीर डालेगी, यह तो स्वतः सिद्ध है। यहाँ प्रथम अर्थ के आधार पर ही द्वितीय अर्थ आक्षिप्त होता है। अस्तु, अर्थापत्ति अलंकार है।

उसके आशय की थाह मिलेगी किसको।
जन कर जननी भी जान न पायी जिसको।।

—गुप्तजी

—भरत को जन्म देने वाली स्वयं कैकेयी भी जब उनका आशय न जान सकी, तो दूसरे उसके आशय की थाह कैसे पा सकते हैं। यहाँ प्रथम अर्थ की प्रबलता से ही उत्तर अर्थ—किसी अन्य द्वारा उनका आशय न जानना स्वतः सिद्ध है। अस्तु, अर्थापत्ति है।

देखो यह कपोत कंठ,
बाहु बल्लरी कर सरोज।

---

1. (क) दंडापूपिकयान्यार्थगमोऽर्थापत्तिरिष्यते।—सा. दर्पण 10।83।
   (ख) कैमुत्येनार्थसंसिद्धिः काव्यार्थापत्तिरिष्यते।—कुवलयानन्द 120।
2. केनचिदर्थेन तुल्यन्यायत्वादर्थान्तरस्यापत्तिरर्थापत्तिः।—रसगंगाधर।
3. (क) यहै, भयो तो यह कहा, यहि बिधि बरनत जात।—का. निर्णय 15।56।
   (ख) वह जु कियो तो यह कहा, यों काव्यार्थापत्ति।—पद्माभरण 199।
4. अमुकौ जीति लियौ जबै, बात और की कौन।—रसपीयूषनिधि।

नितम्ब भार-चरण सुकुमार गतिमंद,
छूट जाता धैर्य ऋषि-मुनियों का,
देव-भोगियों की तो बात ही निराली है।

—निराला

यहाँ ऋषि मुनियों के धैर्य छूट जाने से भोगियों का धैर्य छूट जाना। स्वतः सिद्ध है। अस्तु, यहाँ भी अर्थापत्ति अलंकार है।

60. प्रत्यनीक

जहाँ प्रतिपक्षी के प्रतीकार में असमर्थ होकर उसके सम्बन्धी का तिरस्कार किया जाये (जिससे शत्रु का ही उत्कर्ष प्रकट हो), तो वहाँ प्रत्यनीक अलंकार होता है।

प्रत्यनीक का अर्थ है प्रति (प्रतिनिध) + अनीक (मैन्य) अर्थात् सेना का प्रतिनिधि'। लक्षणाशक्ति से इसका अर्थ होगा 'शत्रु का प्रतिनिधि'। इस अलंकार में शत्रु का प्रत्यक्षतः प्रतीकार करने में असमर्थ होने पर शत्रुता निवारण हेतु शत्रुतापक्षवालों का तिरस्कार किया जाता है। यहाँ तिरस्कार की भावना वास्तविक नहीं होती है। इसे कवि-प्रतिभोत्पन्न होने के साथ ही चमत्कारपूर्ण तिरस्कारयुक्त होना चाहिये। इस तिरस्कार से शत्रुपक्ष का ही उत्कर्ष झलक मारता है।

यह लोकन्यायमूलक अर्थालंकार है। संभवतः इसका विवेचन रुद्रट से प्रारम्भ हुआ है। मम्मट के अनुसार असमर्थतावश प्रतिपक्षी का तिरस्कार नहीं किया जा सकना ही प्रत्यनीक है[1]। पं॰ विश्वनाथ का लक्षण भी ऐसा ही है, पर उन्होंने शत्रु का ही उत्कर्ष होना भी स्वीकार किया है[2]। अप्पयदीक्षित का लक्षण किंचित! भिन्न होते हुये भी समान भाव वाला ही है[3]। हिंदी के आचार्यों में जसवंत सिंह, मतिराम, भूषण, पद्माकर आदि के लक्षण 'कुवलयानन्द' के आधार पर है[4]। दासजी का लक्षण किंचित् भिन्न है। इन्होंने मित्र पक्ष वालों से मित्रता के व्यवहार में भी प्रत्यनीक स्वीकार किया है[5]। चिन्तामणि के लक्षण का आधार मम्मट का लक्षण ही रहा है[6]।

---

1. प्रतिपक्षमशक्तेन प्रतिकर्तुं तिरस्क्रिया। या तदीयस्य तत्स्तुत्यै प्रत्यनीकं तदुच्यते।—का. प्रकाश 10।129
2. प्रत्यनीकमशक्तेन प्रतीकारे रिर्पोर्यदि।
   तदीयस्य तिरस्कारस्तस्यैवोत्कर्षसाधकः।।—सा. दर्पण 10।86।
3. प्रत्यनीकं बलवतः शत्रोः पक्षे पराक्रमः—कुवलयानन्द 119।
4. (क) प्रबल सत्रु के पक्ष जहँ बिक्रम उल्लास।—ल. लालम 285।
   (ख) प्रत्यनीक दुखदेत जहँ, सुअरिपक्ष को कोइ।—पद्माभरण 198।
5. सत्रु मित्र के पक्ष नें क्रिये बैर औ हेतु।—का. निर्णय 17।37।
6. जाइ लियो नहिं बैर जहँ, पर सों प्रबल विचारि।
   एकै को अपकार जो, प्रत्यनीक निरधारि।।—का.कु.क. तरु।

कतिपय आचार्य (पंडितराज जगन्नाथ) 'प्रत्यनीक' को प्रतीयमाना हेतूत्प्रेक्षा से अभिन्न मानते है, पर वस्तुतः दोनों में भिन्नता है। 'प्रत्यनीक' में तिरस्कार का भाव ही प्रधान रहता है, पर प्रतीयमाना हेतूत्प्रेक्षा में तिरस्कार की स्थिति होती ही नहीं है। 'प्रत्यनीक' का मूल आधार है शत्रु पक्ष का तिरस्कार। इसी से शत्रु के आधार पर ही (शत्रु के सम्बन्ध के आधार पर ही) पोद्दारजी ने इसके दो भेद किये हैं–

1. साक्षात सम्बन्धी–जहाँ शत्रु के साथ साक्षात् सम्बन्ध रखने वालों का तिरस्कार हो।

2. परम्परागत सम्बन्धी–जहाँ शत्रु के सम्बन्धी के साथ सम्बन्ध रखने वालों का तिरस्कार हो।

कतिपय विचारकों ने इसके अतिरिक्त 'केवल नाम सम्बन्धी' में भी प्रत्यनीक स्वीकार किया है।

साक्षात् सम्बन्धी

मदन गरब हर हरि कियो, सखि परदेश पयान।
बहै बैर नाते अली, मदन हरत मों प्रान।।

–दास

यहाँ नायिका की उक्ति सखी के प्रति है–हे सखी, हरि (श्रीकृष्ण : प्रिय) ने कामदेव का गर्व चूर कर प्रयाण किया परदेश; उसी शत्रुता के कारण कामदेव मेरे प्राण हरण कर रहा है।–नायक को सन्तप्त करने में असमर्थ कामदेव द्वारा नायक से प्रत्यक्षतः सम्बन्धित नायिका को सन्तप्त करने का वर्णन किया जाने से यहाँ साक्षात् सम्बन्धी प्रत्यनीक अलंकार है।

परन्परागत सम्बन्धी

तो मुख-छबि सों हारि जग, भयो कलंक समेत।
सदर-इन्दु अरविन्दु-मुखि! अर बिन्दनि दुख देत।।

–अ. मुक्तावली

–हे सुमुखी! तुम्हारी मुख-छवि से पराजित चन्द्रमा कलंकी बन गया है। इसी से मुकख के साथ सादृश्यरूप में वर्णित होने वाले कमल को वह दुख दे रहा है।–यहाँ प्रत्यनीक कविरूढ़ि (चन्द्रमा के निकलते ही कमल का सम्पुटित हो जाना) पर आधारित है। मुख से परम्परागत सम्बन्ध रखने के कारण कमल का चन्द्रमा द्वारा तिरस्कार वर्णित होने से यहाँ परम्परागत सम्बन्ध में प्रत्यनीक अलंकार है।

केवल नाम-सम्बन्धी

तेज मंद रवि ने कियो, बस न चल्यौ तेहि संग।
दुहुन नाम एकै समुझि, जारत दीप पतंग।।

–अ. मुक्तावली

—सूर्य के प्रकाश से दीपक का प्रकाश क्षीण हो जाता है, पर दीप सूर्य से प्रतीकार में असमर्थ होकर नाम सम्बन्ध के कारण (पतंग का अर्थ सूर्य भी होता है) पतंग को जलाता है। यहाँ प्रत्यनीक केवल नाम सम्बन्ध में ही है।

मित्रपक्ष में प्रत्यनीक

इसकी कल्पना आ॰ भिखारीदास ने की है। इसमें मित्र पक्षवालों के साथ मित्रता के व्यवहार में भी प्रत्यनीक माना जाता है।

छैल जू सैल तिहारी सुनै,
तिहि गैल की धूरिनि नैन धुरेरति।
रावरे अंग को रंग विचारि,
तमाल की डाल भुजा भरि भेंटति।।

—दास

कृष्ण ने जिन गलियों में बिहार किया है, गोपियाँ उनकी यों धूल आँखों में लगा लेती है और कृष्ण के रंग से मिलते-जुलते तमाल वृक्ष की डालों का आलिंगन करती है। यहाँ श्रीकृष्ण के मित्रों (प्रिय वस्तुओं) से गोपियों का मित्रवत् व्यवहार करना वर्णित होने से मित्र पक्ष में प्रत्यनीक है।

61. तद्गुण

जहाँ अपने गुण को त्याग कर समीपस्थ वस्तु (अप्रस्तुत) के उत्कृष्ट गुण का ग्रहण किया जाना वर्णित हो, वहाँ तद्गुण अलंकार होता है।

तद्गुण (तत् + गुण) का अर्थ है उसका गुण अर्थात् अप्रस्तुत का गुण। इसमें समीपस्थ अप्रस्तुत का उत्कृष्ट गुण प्रस्तुत द्वारा ग्रहण कर लेना ही वर्णित होता है। यहाँ गुण का अभिप्राय है—रंग अथवा रूप।

यह लोकन्यायमूलक अर्थालंकार है। रुद्रट ने इसे अतिशय वर्ग का अलंकार स्वीकार किया है। यद्यपि रुय्यक और मम्मट ने रुद्रट के तद्गुण लक्षण[1] को अस्वीकार किया है, किन्तु उनके तद्गुण-विश्लेषण[2] को माना अवश्य है। मम्मट का लक्षण रुय्यक के लक्षण से पूर्णतः मिलता-जुलता हुआ है[3]। पं॰ विश्वनाथ ने मम्मट

1. यस्मिन्नेकगुणानामर्थानां योगलक्ष्यरूपाणाम्।
संसर्गे नानात्वं न लक्ष्यते तद्गुणाः स इति।।—काव्या. 9।22।
2. असमानगुणं यस्मिन्नतिवहलगुणेन वस्तुना वस्तु।
संसृष्टं तद्गुणतां धत्तेऽन्यस्तद्गुणः स इति।—काव्या. 9।24।
3. (क) स्वगुण त्यागादत्युत्कृष्टगुणस्वीकारस्तद्गुणः।—अ. सर्वस्वम्।
(ख) स्वमुत्सृज्यं गुणं योगादत्युज्ज्वलगुणस्य यत्।
वस्तु तद्गुणतामेति भण्यते स तद्गुणः।।—का. प्रकाश 10।137।

के लक्षण का ही संक्षिप्तीकरण भर किया है[1]। अप्पयदीक्षित का लक्षण अपूर्ण और अस्पष्ट मानना चाहिये, चूँकि इन्होंने मम्मट के 'अत्युज्ज्वल गुणस्य' अथवा पं॰ विश्वनाथ के 'उत्कृष्ट' शब्द को छोड़ दिया है[2]। पंडितराज जगन्नाथ का लक्षण पूर्ण होने के साथ-साथ स्पष्ट भी है[3]। एक बात और—जयदेव और अप्पयदीक्षित ने 'पूर्वरूप' को स्वतंत्र अलंकार माना है। इनकी ही देखादेखी पर मतिराम, पद्माकर आदि ने भी उसे स्वतंत्र रूप प्रदान किया है, पर मम्मट, पं॰ विश्वनाथ, पंडितराज आदि अनेक दिग्गजों ने 'पूर्वरूप' की अलग सत्ता न स्वीकारते हुये इसे 'तद्गुण' से अभिन्न ही स्वीकार किया है। हाँ, पंडितराज जगन्नाथ ने 'इमं केचित् पूर्वरूपमामनन्ति' कहकर अप्पयदीक्षित आदि की ओर संकेत अवश्य किया है। उसी के अनुरूप हिंदी के आचार्यों में 'कुवलयानन्द' के अनुयायिमों में तद्गुण-लक्षण सदोष बन पड़ा है[4]। मम्मट के आधार पर निर्मित कुलपति मिश्र का लक्षण स्पष्ट है[5]। दासजी का लक्षण भिन्न पद्धति पर बना है। इन्होंने 'पूर्वरूप' को भी 'तद्गुण' का ही रूप (स्वगुण) स्वीकार किया है[6]। आधुनिक विवेचक श्री पोद्दारजी भी 'पूर्वरूप' को 'तद्गुण' ही स्वीकारते है। भिखारीदासजी ने 'पूर्वरूप' का अलग से भी लक्षण किया है[7]। स्पष्ट है कि इस अलंकार में आचार्यों में मतवैभिन्नय पर्याप्त रूप में प्राप्त है।

अधर धरत हरि कैं परत, ओठ-दीठि-पट-जोति।
हरित बाँस की बाँसुरी, इन्द्रधनुष-रँग-होति।

—बिहारी

यहाँ हर बाँस से निर्मित बाँसुरी ने अपना रंग (हरा) छोड़कर ओठ, दृष्टि और वस्त्र के रंगों (लालिमा, उज्ज्वलता और पीलापन) को ग्रहण कर लिया है। अस्तु तद्गुण अलंकार है।

यह उषा का नव विकास है—
जो रज को है रजत बनाता।

—पंत

---

1. तद्गुणः स्वगुणत्यागादत्यु कृष्टगुणग्रहः।—सा. दर्पण 10।90।
2. तद्गुणः स्वगुणत्यागादन्यदीयगुणग्रहः।—कुवलयानन्द 141।
3. स्वगुणत्यागपूर्वकं स्वसंनिहितवस्त्वन्तरसम्बनधिगुणग्रहणं तद्गुणः।—रसगंगाधर।
4. (क) जहाँ आपनो रंग तजि, लेत और को रंग।—ल. ललाम 331।
   (ख) तजि निज गुन गुन और को, गहै जु तद्गुन सोय।—पद्माभरण 237।
5. अधिक और गुन जोग तें, निज तजि और हिलेइ।
   सोई तद्गुन जानिये, ताको गुन कहि देइ।।—रसरहस्य।
6. तद्गुन तजि गुन आपनो, संगति को गुन लेत।
   पाये पूरबरूप फिरि, स्वगुन सुमति कहि देत।।—का. निर्णय 14।28।
7. पूरब गुन जहँ नहि भिटै, भये मिटन के हेत।—का. निर्णय 14।32।

यहाँ धूलि को अपना रंग (धूमिल अथवा गंदगी) त्याग कर प्रगति की उज्ज्वलता ग्रहण करना (रज से रजत बन जाना) कहा गया है। अतः तद्गुण अलंकार है।

अन्य के गुण-ग्रहण करने के पश्चात् जहाँ पुनः अपना गुण-ग्रहण कर लिया जाता है, वहाँ भी 'तद्गुण' की स्थिति होती है। पोद्दारजी ने इसका उदाहरण यों दिया है–

लखत नीलमणि होत अलि! कर विद्रुम दिखरात।
मुकुता को मुकुता बहुरि, लख्यो तोहि मुस्क्यात।।

—अ. मंजरी

यहाँ मोती का दृष्टि के रंग के कारण नीला होना, हाथ में आने पर मूँगे के समान लाल होना—दूसरे का गुण ग्रहण करना वर्णित है। पर नायिका की हंसी की श्वेतिमा से उसे स्वाभाविक गुण-ग्रहण कर लेना (उज्ज्वल हो जाना) वर्णित है। अतः यहाँ भी तद्गुण का द्वितीय रूप है। दासजी का 'स्वगुण' यही है।

वस्तुतः, 'तद्गुण' के द्वारा कवियों ने सौन्दर्यवर्णन के क्रम में रंग परिवर्तन का बड़ा ही चामत्कारिक उल्लेख किया है। आज की कविता में रंग योजना (Colour element का रूप पहले की अपेक्षा भिन्न हो गया है।

62. अतद्गुण

जहाँ समीप वस्तु के गुण-ग्रहण की सम्भावना होने पर भी गुण न ग्रहण किया जाना वर्णित हो, वहाँ अतद्गुण अलंकार होता है।

अतद्गुण का अर्थ है अ + तत् + गुण = उसका गुण नहीं अर्थात् संभावना होने पर भी किसी दूसरी वस्तु के गुण को ग्रहण नहीं करना। यह 'तद्गुण' का विलोम हैं इसी से रुय्यक ने 'सति हेतौ तद्गुणानुहारोऽतद्गुणः' कह कर इसका लक्षण किया है।

यह लोकन्यायमूलक अर्थालंकार है। इसका विवेचन रुय्यक और मम्मट से ही प्रारम्भ हुआ है। मम्मट के अनुसार प्रस्तुत के संसर्ग में आकर भी प्रकृत का उसके गुण का अनुकरण न करना ही 'अतद्गुण है[1]। जयदेव और अप्पयदीक्षित के लक्षण भी इसी प्रकार के है[2]। पं॰ विश्वनाथ का लक्षण रुय्यक के लक्षण पर ही आधारित है[3]। इन्होंने गुण न ग्रहण करने की दो स्थितियाँ स्वीकार की है—(1) उत्कृष्ट गुणवाले प्रकृत के समीपस्थ होने पर भी न्यून गुण वाले अप्रकृत का रूप न ग्रहण करना और (2) उत्कृष्ट गुण वाले अप्रकृत के समीपस्थ होने पर भी न्यून गुणवाले प्रकृत का रूप

1. तद्रपाननुहारश्चेदस्य तत्स्यादतद्गुणः।—का. प्रकाश 10।138।
2. संगतान्यगुणनङ्गीकारमाहुरतद्गुणम्।—कुवलयानन्द 144।
3. तद्रूपाननुहरस्तु हेतौ सत्यप्यतद्गुणः।— सा. दर्पण 10।90।

न ग्रहण करना। वस्तुतः यह भेद मात्र विस्तार भर है। हिंदी के आचार्यों में जसवन्त सिंह मतिराम, भूषण, पद्माकर आदि के लक्षण समान है[1]। कुलपति ने 'सम्भबहू में नहीं गहै' कह कर अधिक स्पष्टता प्रदान की है।

लाल बाल अनुराग सौं, रँगत रोज सब अंग।
तऊ न छोड़त रावरो, रूप साँवरों रंग।।

—मतिराम

यहाँ नायिका द्वारा साँवले श्रीकृष्ण को अनुराग के रंग में रंग जाने पर भी न रंगा जाना—अनुराग का रंग ग्रहण करना सम्भव होने पर भी न ग्रहण करना वर्णित है। अतः अतद्गुण अलंकार है। 'अतद्गुण' के कारण ही पद का भाव-सौन्दर्य उत्कृष्ट बन पड़ा है।

गंगा जल उज्ज्वल, जमुन जल छबि अन्त समेत।
दुहूँ मध्य मज्जन करत, हंस सेत को सेत।।

—चिन्तामणि

—गंगा के 'उज्ज्वल' और यमुना के 'नीले' जल में मज्जन करने पर भी हंस की 'श्वेतिमा' ज्यों की त्यों बनी रहती है—गंगा जल की उज्ज्वलता से हंस की श्वेतिमा न तो बढ़ती है और न यमुना जल की नीलिमा से घटती है। इस प्रकार यहाँ सम्भव होने पर भी हंस द्वारा अन्य का रंग न ग्रहण किया जाना कहा गया है। अस्तु, यहाँ भी 'अतद्गुण' है।

पूर्वोक्त उदाहरणों को यदि चाहे तो पं॰ विश्वनाथ के अनुसार क्रमशः प्रथम और द्वितीय 'अतद्गुण' कह सकते है। कतिपय आचार्य 'अतद्गुण' को 'विशेषोक्ति' से अभिन्न मानते है, पर दोनों में अन्तर है। वस्तुतः समर्थ कारण के रहने पर भी कार्य का न होना विशेषोक्ति है और गुण-ग्रहण सम्भव होने पर भी गुण का न ग्रहण करना अतद्गुण।

63. उत्तर

जहाँ चामत्कारिक उत्तर दिया जाये, वहाँ उत्तर अलंकार होता है।

उत्तर का अर्थ है जवाब। इसमें उत्तर सम्बन्धी चमत्कार होता है। चमत्कार से हीन उत्तर अलंकार नहीं हो सकता। हिंदी काव्यशास्त्रियों ने इसे ही 'प्रश्नोत्तर' अथवा 'गूढ़ोत्तर' भी कहा है।

---

1. (क) सु अतद्गुण संगति भर्ये, जब गुण लागत नाहिं।—भा. भूषण 170।
(ख) जहाँ संग में और को, रंग कछू नहिं लेत।—ल. ललाम 337।
(ग) गहै न संगति के गुनहिं, सु अतदगुन ठहराइ।—पद्माभरण 240।

यह लोकन्यायमूलक अर्थालंकार है। रुद्रट ने इसे वास्तव वर्ग का अलंकार माना है। प्रायः प्रत्येक आचार्य ने इसकी व्याख्या अपने ढंग से की है। मम्मट के अनुसार इसमें उत्तर के श्रवण मात्र से ही प्रश्न की कल्पना की जाती है या प्रश्न के रहते हुये भी ऐसे उत्तर की कल्पना की जाती है जिसकी कोई संभावना न करे[1]। संभवतः मम्मट की यह व्याख्या रुद्रट के निरूपण पर ही आधारित है[2]। पं. विश्वनाथ के अनुसार जब उत्तर से प्रश्न का अनुमान किया जाये तो उत्तर अलंकार होगा[3]। अप्पयदीक्षित ने विशेष अभिप्राय से युक्त गूढ़ उत्तर देने में ही इसकी स्थिति स्वीकार की है[4]। हिंदी के आचार्यों ने इसके विवेचन के लिये 'कुवलयानन्द' को ही आधार ग्रंथ के रूप में चुना है। जसवन्त सिंह, मतिराम, पद्माकर आदि ने इसे 'गूढ़ोत्तर' और भूषण, दास आदि ने 'प्रश्नोत्तर' के नाम से निरूपित किया है। प्रायः सब के लक्षण में अस्पष्टता समान रूप से वर्तमान है। आधुनिक काव्यशास्त्रियों ने संस्कृत-काव्यशास्त्र के आधार पर इसे पुनः प्रतिष्ठित किया है। उत्तर में निहित चमत्कार भेद के आधार पर यह अलंकार तीन प्रकार का हो सकता है।

प्रथम उत्तर

जहाँ चामत्कारिक उत्तर के श्रवण मात्र से ही प्रश्न की कल्पना की जाये[5]।

बसौ पथिक इत आजु ही, आगे नगर उजार।

—पद्माकर

यहाँ वचनविदग्धा स्वयंदूती नायिका की पथिक के प्रति उपर्युक्त उक्ति के श्रवणमात्र से ही—'मैं आज कहाँ निवास करूँ?'—इस प्रकार की कल्पना हो जाती है। अस्तु यहाँ प्रथम उत्तर अलंकार है।

हाँ, इसी ढालवें को जब
बस सहज उतर जावें हम,
फिर सम्मुख तीर्थ मिलेगा
वह अति उज्ज्वल पावनतम।

—प्रसाद

---

1. उत्तर श्रुतिमात्रतः। प्रश्नस्योन्नयनं यत्र क्रियते तत्र वा सति।।
असकृद्यसंभाव्यमुत्तरं स्यात्तदुत्तरम्।—का. प्रकाश 10।121, 122।
2. उत्तरवचनश्रवणादुन्नयनं यत्र पूर्ववचनानाम्।
क्रियते तदुत्तरं स्यात् प्रश्नादप्युत्तरं यत्र।।—काव्यालंकार 7।93।
3. उत्तरं प्रश्नस्योत्तरादुन्नयो यदि।
यच्चासकृदसंभाव्यं सत्यपि प्रश्न उत्तरम्।।—सा. दर्पण 10।82।
4. किश्चदाकूतसहितं स्याद्गूढोत्तरमुत्तरम्।—कुवलयानन्द 149।
5. उत्तर दीवे में जहाँ, प्रश्नौ परत लखाय।—का. निर्णय 17।49।

यहाँ उपर्युक्त उत्तर के श्रवण मात्र से ही–'वह पावन तीर्थ कहाँ है?'–इस प्रश्न की कल्पना हो जाती है अस्तु प्रथम उत्तर अलंकार है।

तुम मुझमें प्रिय फिर परिचय क्या!
तेरा अधर विचुंबित प्याला
तेरा ही स्मृति-मिश्रित हाला
तेरा ही मानस मधुशाला
फिर पूछूँ मैं मेरे साकी, देते हो मधुमय विषमय क्या!

–महादेवी

यहाँ उपर्युक्त उक्ति से–'तेरा परिचय क्या है?', जैसा प्रश्न सहज ही अनुमित होता है। अतः प्रथम उत्तर है।

द्वितीय उत्तर

जहाँ निबद्ध प्रश्न में अनेक प्रश्नों के अनेक अप्रसिद्ध उत्तर दिये जायें।

को इस आवत? कान्ह हौं, काम कहा? हित मानि।
किन बोल्यो? तेरे दृगनि, साखी? मृदु मुसुकानि।।

–दास

यहाँ 'को इत आवत?' आदि चार प्रश्न किये गये है, एवं उनके चार उत्तर भी दिये गये है जो अप्रसिद्ध (असंभाव्य–सामान्य बुद्धि द्वारा अगम्य) है। अस्तु, द्वितीय उत्तर अलंकार है।

कौन के सुत? बालि के, वह कौन बालि? न जानिये?
काँख चाँप तुम्हें जो सागर सात न्हात बखानिये।
है कहाँ वह वीर? अंगद देवलोक बताइयो।
क्यों गयो? रघुनाथ-बाण-विमान बैठि सिधाइयो।।

–केशव

यहाँ 'कौन के सुत?' आदि चार प्रश्न किये गये हैं, जिनके चार उत्तर भी दिये गये हैं जो सहज ही में असंभाव्य है। अस्तु यहाँ भी द्वितीय उत्तर अलंकार है।

रे कपि कौन तू? अच्छ को घात दूत बली रघुनन्दन जू को।
को रघुनन्दन रे? त्रिसिरा-खर-दूषण-दूषण भूषण भू को।
सागर कैसे तर्‌यौ? जैसे गोपद, काज कहा? सिय चोरहिं देखौं।
कैसे बंधायौ? जुसुन्दरि तेरी छुई दृग सोवत पातक लेखौ।।

–केशव

यहाँ 'रे कपि कौन तू' आदि पांच प्रश्न किये गये हैं, जिनके पाँच उत्तर भी दिये गये हैं। ये उत्तर भी अप्रसिद्ध है। अतः यहाँ भी द्वितीय उत्तर अलंकार है।

तृतीय उत्तर

जहाँ प्रश्नवाक्य से ही उत्तर भी निकल आवें अथवा अनेक प्रश्नों का एक ही उत्तर हो।

मध्यकालीन आचार्यों ने अप्पयदीक्षित के आधार पर इसे ही 'चित्रोत्तर' के नाम से अभिहित किया है[1]। पद्माकर आदि इसके दो प्रकार माने है[2]। वस्तुतः यह विस्तार प्रपंच भर है।

को कहिये निसि में दुखी? कोन नवल तिया बास।

—पद्माकर

यहाँ दो प्रश्न है—रात्रि में दुखी किसे कहा जाये? और नवल वधू का निवास कहाँ है?—इन प्रश्नों के उत्तर प्रश्नवाक्य से ही मिल जाते हैं—क्रमशः 'कोक हिये' (चक्रवाक का हृदय) और 'कोन' (कमरे का कोना) कवि रूढ़ि है कि चक्रवाक का जोड़ा रात्रि में अलग-अलग रहता है, अस्तु दुःखित होना आवश्यक है। दूसरी ओर लज्जा के कारण नववधू का छिपकर कोने में बैठी रहना भी अस्वाभाविक नहीं—इस प्रकार प्रश्न वाक्य से ही उत्तर मिलने के कारण यहाँ तीसरा उत्तर अलंकार है।

कौन जु रिपु छत्रियन को? मूसलधर को? राम।

—पद्माकर

यहाँ दो प्रश्न हैं—क्षत्रियों का शत्रु कौन था? और मूसलको धारण करनेवाला कौन था? दोनों प्रश्नों का एक ही उत्तर है 'राम' (परशुराम और बलराम)। यहाँ 'राम' श्लिष्टपद है। इस अलंकार में प्रायः श्लेष द्वारा ही उत्तर दिया जाता है। अन्यथा चमत्कार कम हो जाने की आशा है। यहाँ भी तृतीय उत्तर अलंकार है।

रोटी जली क्यों? पान सड़ा क्यों? घोड़ा अड़ा क्यों? फेरे बिना?

—अ. मुक्तावली

यहाँ तीन प्रश्नों के लिये 'फेरे बिना'—एक ही उत्तर दिया गया है। अस्तु तृतीय उत्तर अलंकार है।

समर भूमि महँ लरत को? को तम-रिपु पर कूर?
कवि जन महं सिरमौर को? निपुन भनत वह 'सूर'।

यहाँ भी तीनों प्रश्नों का उत्तर एक ही श्लिष्ट पद 'सूर' द्वारा दिया गया है जिसके तीन अर्थ है—शूर, सूर्य और सूरदास। अस्तु यहाँ भी तृतीय उत्तर अलंकार है।

---

1. प्रश्नोत्तरान्तराभिन्नमुत्तरं चित्रमुच्यते।—कुवलयानन्द 150।
2. (क) चित्र वचन जो प्रस्न को, उत्तर वहै प्रकास।—पद्माभरण 247।
   (ख) उत्तर इक बहुप्रस्न को, चित्र।—पद्माभरण 248।

64. सम

जहाँ दो अनुरूप पदार्थों के सम्बन्धं का वर्णन किया जाये वहाँ प्रथम और जहाँ कार्य एवं कारण के अनुकूल गुण-क्रियाओं का प्रतिपादन किया जाये वहाँ द्वितीय सम अलंकार होता है।

सम का अर्थ है समान, सदृश, बराबर अर्थात् अनुरूपता का वर्णन। इसमें दो अनुरूप पदार्थों की एकत्र स्थिति दिखलाई जाती है। वस्तुतः यह विरूप संघटनात्मक' विषम (प्रथम विषम) का विलोम अलंलकार है[1]।

यह लोकन्यायमूलक अर्थालंकार है। कुछ लोगों ने इसे विरोधमूलक वर्ग में रखा है। यह अलंकार प्राचीनों से अस्वीकृत रहा है। रुद्रट तथा भोज ने जिस 'साम्य' अलंकार की चर्चा की है[2]। उसे 'सम' अलंकार ही समझना चाहिये। 'सम' नाम से विवेचन करने वालों में रुय्यक और मम्मट के नाम ही पहले लिये जायेंगे। रुय्यक के विवेचन से स्पष्ट है कि वे 'विरूप संघटनात्मक विषम' (प्रथम विषम) के विपर्यय में ही 'सम' (अनुरूपयोः संघटना) मानते हैं[3]। मम्मट ने अपने लक्षण में रुद्रट के 'साम्य' के लक्षण का ही लगभग परिष्कार-सा किया है। उनके अनुसार इसमें वस्तुओं के ऐसे सम्बन्ध का प्रतिपादन होता है जो सर्वसम्मति से उचित हो[4]। पं. विश्वनाथ का लक्षण रुय्यक के विवेचन का ही परिष्कृत रूप कहा जायेगा। वे परस्पर अनुरूप पदार्थों के संसर्ग में 'सम' मानते हैं[5]। आगे अप्पयदीक्षित ने तीन प्रकार का 'सम' माना है—(1) दो अनुरूप पदार्थों के सम्बन्ध वर्णन में, (2) कारण और कार्य की एकता में और (3) कार्यानुकूल फल की निर्विघ्न प्राप्ति में[6]। ऐसा मानने के लिये

---

1. पीछे चलकर 'विषम' से तुल्यता प्रदान करने के लिये आचार्यों ने इसके भी तीन भेद माने हैं।
2. अर्थक्रियया यस्मिन्नुपमानस्येति साम्यमुपमेयम्।
   तत्सामान्यगुणादिककारणया तद्भवेत्साम्यम्।।
   सर्वाकारं यस्मिन्नुभयोरभिधातुमन्यथा साम्यम्।
   उपमेयोत्कर्षकरं कुर्वीत विशेषमन्यत्तत्।।—काव्या. 8।105, 107।
3. यद्यपि विषमस्य भेदत्रयमुक्तं तथापि तच्छब्देन संभवादन्त्यो भेदः परामृश्यते। पूर्वभेद द्वयविपर्ययस्यानलङ्कारत्वात्। अन्त्यभेदविपर्ययस्तु चारुत्वात्समाख्योऽलङ्कारः।—अ. सर्वस्वम्।
4. समं योग्यतया योगो यदि सम्भावितः क्वचित।—का प्रकाश 10।125।
5. समं स्यादानुरूप्येण श्लावा योग्यस्य वस्तुनः।—सा. दर्पण 10।71।
6. सवं स्याद्वर्णनं यत्र द्वयोरप्यनुरूपयोः।
   सारूप्यमपि कार्यस्य कारणेन समः विदुः।
   विनाऽनिष्टं च तत्सिद्धिर्यमर्थं कर्तुमुद्यतः।—कुवलयानन्द 91, 92, 93।

उन्होंने किसी प्रकार के तर्क से काम नहीं लिया है। यहाँ मात्र यह अनुमान किया जा सकता है कि 'विषम' के तीन भेदों के वजन पर ही ऐसा किया गया है। पंडितराज जगन्नाथ और रसिक रंजनीकार श्री गंगाधर बाजपेयी जी ने भी अप्पयदीक्षित के इन भेदों को स्वीकार किया है एवं रुय्यक के मत का पर्याप्त खंडन किया है।

हिंदी के अधिकाश आचार्यों ने अप्पयदीक्षित के प्रमाण पर 'सम' के तीन भेदों को स्वीकार कर लिया है[1]। दासजी ने तीनों भेदों के लक्षण-निरूपण के पश्चात् यह घोषणा भी कर दी है कि वे 'विषम' के प्रतिद्वन्द्वी है[2]। असल बात है चल पड़ने की—औचित्य पर विचारने के लिये समय किसके पास था? हिंदी के आचार्यों ने इसे देखादेखी पर ही निरूपित किया है। इसमें निहित चमत्कार पर विचारने से पता चलता है कि इसके प्रथम और द्वितीय प्रकार में चमत्कार तो है (द्वितीय भेद में चमत्कार अपेक्षाकृत कम होता है), पर तृतीय भेद पूर्णतः चमत्कार शून्य है। अतः तृतीय प्रकार का सम मानना असंगत है।

प्रथम सम

अनुरूप पदार्थों का योग्य सम्बन्ध कथन

चिरजीवौ जोरी जुरै, क्यों न सनेह गँभीर।
को घटि ये वृषभानुजा, वे हलधर के वीर।।

—बिहारी

यहाँ राधा (वृषभ + अनुजा = बैल की बहन) और कृष्ण (हलधर के वीर = हल को धारण करने वाला (बैल) का भाई) में—दो अनुरूप पदार्थों में योग्य सम्बन्ध वर्णित होने से सम अलंकार है।

---

1. (क) अलंकार सम तीन विधि, जथाजोग को संग।
कारज में सब पाइये कारन ही को अंग।।
श्रम बिन कारज सिद्धि जब, उद्दिम करते होय।—भा. भूषण 122, 123।

(ख) जहाँ दुहूं अनुरूप को, कविजन करत बखान।
जहाँ हेतु ते काज को, वरनत उचित सरूप।
ताकी सिद्धि अनिष्ट बिन, उद्यम जाके अर्थ।—ल. ललाम 328, 330, 332।

(ग) जथाजोग सम बरनियो, समभाषत कविलोग।
कारन को गुन काज में, जहूँ पैये सम सोइ।
सम श्रम बिनु सिधि काज की, जतन करत है जाई।—पद्माभरण 152, 153, 154।

2. जाको जैसो चाहिये, ताको तैसो संग।
कारज में सब पाइये, कारन ही को अंग।।
उद्यम करि जो है मिल्यो, वहै उचित धरि चित्त।
है विषमालंकार को, प्रतिद्वंद्वी सम मित्त।।—का. निर्णय 15।4, 5।

मिल रहे नवल बेलि-तरु प्राण!
शुकी-शुक, हंस-हंसिनी संग,
लहर-सर, सुरभि-समीर विहान,
मृगी-मृग, कलि-अलि, किरण-पतंग।

—पंत

यहाँ लता एवं वृक्ष, शुकी एवं शुक, हंसिनी एवं हंस, लहर एवं तालाब, सुरभि एवं समीर, मृगी, कलि एवं अलि और किरण एवं सूर्य (पतंग) का योग्य सम्बन्ध वर्णित होने से मालारूप प्रथम सम अलंकार है।

भुज लता पड़ी सरिताओं के
शैलों के गले सनाथ हुये,
जलनिधि का अंचल व्यजन बना
धरनी का, दो-दो साथ हुये।

—प्रसाद

यहाँ नदियों और पर्वतों एवं समुद्र और पृथ्वी का अनुरूप सम्बन्ध वर्णित होने से प्रथम सम अलंकार है। ऊपर जितने भी उदाहरण दिये गये हैं, उनमें सद्वस्तुओं का अनुरूप सम्बन्ध वर्णित है, पर असद्वस्तुओं के अनुरूप सम्बन्ध भी हो सकते है। उसके भी उदाहरण आये दिन मिल जाते हैं।

द्वितीय सम

कार्य-कारण के अनुकूल गुण-क्रिया का प्रतिपादन

सिय जु दुसह दुख सहि लियो, सुता भूमि की होइ।

—पद्माकर

पृथ्वी (सर्वसहा) की पुत्री होने के कारण सीता ने दुःसह दुःख सहन किया—पृथ्वी सर्वसहा है। अतः उससे उत्पन्न सीता का दुःख सहना स्वाभाविक है। यहाँ कार्य (सीता का दुःख सहना) और कारण (सर्वसहा पृथ्वी की पुत्री होना) में आनुरूप्य वर्णन होने से दूसरा सम अलंकार है।

करत बाल मनुहारि पै, तू न लखति इहि ओर।
ऐसो उर जो कठोर तो, उचित ही उरज कठोर।।

—अ. मुक्तावली

मानिनी नायिका ने नायक के लाख मनाने पर भी मान भंग न किया है। इसी से उसकी सखी की उक्ति है कि ठीक ही तो है, मैंने आज यह जान लिया है कि तुम्हारे स्तन इतने कठोर क्यों हैं। ये तो ठहरे उरज (उर से उत्पन्न)—जब उर (हृदय) ही कठोर है तो ये कठोर कैसे न होते। यहाँ कार्य (स्तनों का काठिन्य) और कारण

(हृदय का काठिन्य) में गुणानुरूप्य सम्बन्ध होने से द्वितीय सम अलंकार है।

प्रिय को वश में करने को
गोरी करती थी नर्तन।
सुध-बुध खोये प्रणयी से
तन-मन का लिया समर्पण।

—समदर्शी

यहाँ भी कार्य (प्रियतम का तन-मन से समर्पण करना) और कारण (प्रियतम को वश में करने के लिये प्रेमिका का नाचना) में क्रिया आनुरूप्य है। अस्तु यहाँ भी द्वितीय सम अलंकार है।

65. विशेष

जहाँ आधार के बिना आधेय की स्थिति कही जाये वहाँ प्रथम, जहाँ एक वस्तु का एक ही समय में अनेकत्र वर्णन किया जाये वहाँ द्वितीय और जहाँ एक कार्य के आरम्भ से किसी अन्य अशक्य कार्य की सिद्धि का वर्णन किया जाये वहाँ तृतीय विशेष अलंकार होता है।

विशेष का अर्थ है साधारण नहीं—असाधारण। इसमें वे वस्तुएँ ही वर्णित होती हैं, जो सामान्य नियम के अन्तर्गत नहीं आती हैं। वस्तुतः यह तीन अलंकारों का संघ रूप है। इसके तीनों रूपों में वैलक्षण्य का पूरा-पूरा निर्वाह होता है। चाहें तो सामान्य रूप से कह सकते हैं कि **किसी वस्तु का विशेष वैलक्षण्य वर्णन करने में 'विशेष' अलंकार होता है।**

यह लोकन्यायमूलक अर्थालंकार है। कतिपय विचारक इसे विरोधमूलक अर्थालंकार मानते हैं, पर यह उचित नहीं है। इसका विवेचन संभवतः रुद्रट से प्रारम्भ हुआ है। उन्होंने स्पष्टतः तीन प्रकार का विशेष स्वीकार किया है[1]। रुय्यक का लक्षण उन्हीं के लक्षण का संक्षिप्तीकरण भर है[2]। मम्मट का लक्षण रुद्रट और रुय्यक के आधार

---

1. किञ्चिदवश्याधेयं यस्मिन्नभिधीयते निराधारम्।
   तादृगुणलभ्यमानं विज्ञेयोऽसौ विशेष इति।
   यत्रेकमनेकस्मिन्नाधारे वस्तु विद्यमानतया।
   युगपदभिधीयतेऽसावत्राऽन्यः स्याद्विशेष इति।
   यत्रान्यत् कुर्वाणो युगपत्कार्यान्तरं च कुर्वीति।
   कर्तुमशक्यं कर्त्ता विज्ञोयोऽसौ विशेषोऽन्यः।।—काव्या. 9।5।70।
2. अनाधारमाधेयमेकमनेकगोचरमशक्यवस्त्वन्तरकरणं विशेषः।—अ. सर्वस्वम्।

पर हो निर्मित-सा लगता है[1]। पं॰ विश्वनाथ का लक्षण भी इसी प्रकार का है, पर उसमें स्पष्टता अधिक है[2]। जयदेव ने प्रथम विशेष को ही विशेष का लक्षण स्वीकारते हुये एक ही प्रकार का विशेष माना है, पर अप्पयदीक्षित को तीनों प्रकार का विशेष मान्य है[3]। हिंदी के आचार्यों ने प्रायः पं॰ विश्वनाथ और अप्पयदीक्षित का ही अनुकरण किया है। किसी-किसी ने मम्मट का भी अनुसरण किया है। आ॰ केशव का लक्षण कुछ भिन्न प्रकार का है, पर भूषण ने जयदेव का अनुसरण किया है[4]। जसवन्त सिंह, मतिराम, दूलह, पद्माकर, लछिराम आदि ने दीक्षितजी की लीक पकड़ी है। दासजी का लक्षण दीक्षितजी के अनुसरण पर निर्मित तो है, पर संक्षिप्त के साथ सटीक भी है[5]। इन्होंने इसे 'विशेषण' नाम से निरूपित किया है।

प्रथम विशेष

आधार के बिना आधेय वर्णन

सुभदाता सूरो सुकवि, सेत करै आचार।
बिना देह हूँ दास ये, जीवत इहि संसार।।

—दास

यहाँ शूर, दाता, कवि आदि का शरीर के बिना भी जीवित रहना कहा गया है। शरीर (आधार) के बिना जीवन (आधेय) की स्थिति का कथन होने के कारण यहाँ प्रथम विशेष अलंकार है।

---

1. विना प्रसिद्धमाधारमाधेयस्य व्यवस्थितिः।
एकात्मा युगपद्वृत्तिरेकस्यानेकगोचरा।
अन्यत्प्रकुर्वतः कार्यमशक्यस्यान्यवस्तुनः।
तथैव करणं चेति विशेषस्त्रिविधः स्मृतः।

—का. प्रकाश 10।135, 136।

2. यदाधेयमनाधारमेकं चानेकगोचरम्। किञ्चित्प्रकुर्वतः कार्यमशक्यस्येतरस्य वा।।
कार्यस्य करणं दैवाद्विशेषस्त्रिविधस्ततः।—सा. दर्पण 10।73, 74।
3. विशेषः ख्यातमाधारं विनाप्याधेय वर्णनम्।
विशेषः सोऽपि यद्येकं वस्त्वनेकत्र वर्ण्यते।
किञ्चिदारम्भतोऽशक्यवस्त्वन्तरकृतिश्च सः।—कुवलयानन्द 69, 100, 101।
4. (क) साधन कारन विकल जहँ, हाये साध्य की सिद्धि।—कविप्रिया।
(ख) बरनत हैं आधेय को, जहँ बिनहीं आधार।—शि. भूषण।
5. अनाधार आधेय अरु, एकहि ते बहु सिद्धि।
एकै सब थल बरनिये, त्रिविध विसेषन वृद्धि।।—का. निर्णय 11।44।

आज पतिहीना हुई शोक नहीं इसका
अक्षय सुहाग हुआ मेरे आर्यपुत्र तो
अजर-अमर है सुयश के शरीर में।

—वियोगी

यहाँ पति के बिना अक्षय सुहाग का होना—आधार के बिना आधेय की स्थिति का वर्णन किया जाना है। अतः प्रथम विशेष अलंकार है।

द्वितीय विशेष

एक वस्तु की एक ही समय में अनेकत्र स्थिति का वर्णन

आँखों की नीरव भिक्षा में, आँसू के मिटते दागों में,
ओठों की हँसती पीड़ा में, आहों के बिखरे त्यागों में,
कण-कण में बिखरा है निर्मम, मेरे मानस का सूनापन।

—महादेवी

यहाँ एक ही समय में एक वस्तु (मानस का सूनापन) की अनेकत्र स्थिति का वर्णन किया गया है। अतः द्वितीय विशेष अलंकार है।

एक ही तो असीम उल्लास, विश्व में पाता विविधाभासः;
तरल जलनिधि का हरित-विलास, शांत अंबर में नील-विकास;
वही उर-उर में प्रेमच्छ्वास, काव्य में रस कुसुमों में वास;
अचल-तारक-पलकों में हास, लोल लहरों में लास।

—पंत

यहाँ भी एक ही समय में एक वस्तु (विराट् सत्ता का स्पंदन) की अनेकत्र स्थिति का वर्णन होने से द्वितीय विशेष अलंकार है।

तृतीय विशेष

एक कार्य करते हुये अन्य अशक्य कार्य को सिद्धि

पाइ चुके फल चारहू, करत गंगजल पान।

—पद्माकर

धर्म, अर्थ, काम और मोक्ष—चारों फलों की प्राप्ति हेतु अथक प्रयास की आवश्यकता है। इन्हें पाना अशक्य कार्य की सिद्धि ही है, पर गंगाजल मात्र पीने से ही इनकी प्राप्ति होना वर्णित है। यहाँ एक कार्य करते हुये (गंगाजल पान) ही अन्य अशक्य कार्य (चारों फल पाना) की सिद्धि वर्णित होने से तृतीय विशेष अलंकार है।

प्रभुपद धोकर भक्त आप भी धो गया।
कर चरणामृत पान अमर वह हो गया।।

—गुप्तजी

यहाँ चरणामृत पान (एक कार्य) करते ही अमर हो जाना (अन्य अशक्य कार्य की सिद्धि) वर्णित होने से तृतीय विशेष अलंकार है।

66. पर्याय

जहाँ एक वस्तु की कालभेद से क्रमशः अनेक वस्तुओं में अथवा अनेक वस्तुओं की एक वस्तु में स्वतः स्थिति हो या अन्य द्वारा स्थिति की जाये, वहाँ पर्याय अलंकार होता है।

पर्याय का अर्थ है अनुक्रम, एक के पश्चात् दूसरा। इसमें एक वस्तु कालभेद से अनेक वस्तुओं में अथवा अनेक वस्तुएँ एक वस्तु में बारी-बारी से दिखाई जाती है। यह स्थिति दो प्रकार से संभव है—स्वतः अथवा अन्य द्वारा। 'विशेष' अलंकार में भी एक वस्तु की अनेकत्र स्थिति दिखलाई जाती है, पर वहाँ अनेकत्र स्थिति एक ही समय में होती है और यहाँ (पयार्य में) कालभेद से।

यह लोकन्यायमूलक अर्थालंकार है। अधिकांश आचार्यों ने इसे वाक्यन्याय मूलक कहा है। इसका विवेचन संभवतः रुद्रट से ही प्रारंभ हुआ है। रुय्यक के आधार पर निरूपित मम्मट का लक्षण ही आलंकारिकों में अधिक स्वीकृत रहा है[1]। पं॰ विश्वनाथ और अप्पयदीक्षित के लक्षण भी समान भाववाले ही है[2]। हिंदी के आचार्यों में जसवन्त सिंह, कुलपति, चिन्तामणि, पद्माकर आदि के लक्षण अप्पयदीक्षित के आधार पर ही निर्मित है। इनमें स्पष्टता समान रूप में उपलब्ध है[3]। भूषण, मतिराम

---

1. (क) एकमाधेयमनेकस्मिन्नाधारे यत्तिष्ठति स एकः पर्यायः × × ×
   एकस्मिन्नाधारेऽनेकमाधेयं द्वितीयः पर्यायः।—अ. सर्वस्वम्।
   (ख) एकं क्रमेणानेकस्मिन् पर्यायः। अन्यस्ततोऽन्यथा।—का. प्रकाश 10।117।
2. (क) कचिदेकमनेकस्मिन्ननेकं चैकगं क्रमात्।
   भवति क्रियते वा चेत्तदा पर्याय इष्यते।।—सा. दर्पण 10।79, 80।
   (ख) पर्यायो यदि पर्यायेणैकस्यानेकसंश्रयः।
   एकस्मिन् यद्यनेकं वा पर्यायः सोऽपिसंमतः।—कुवलयानन्द 110, 111।
3. (क) द्वै पर्याय अनेक कों, क्रम सों आश्रय एक।
   फिरि क्रम तें जब एक वह, आश्रय धरे अनेक।।—भा. भूषण 140।
   (ख) एक अनेकन में रहै क्रम पर जाय सु और।
   सो दूजो'रू अनेक जहँ रहत एक ही ठौर।।—रस रहस्य।
   (ग) सु पर्याय क्रम सों जु इक, आश्रय धरे अनेक।
   बिन पर्याय अनेक कों क्रम सों आश्रय एक।।—पद्माभरण 184, 185।

आदि के लक्षण संक्षिप्त तो है ही, अस्पष्ट भी है। आचार्यों ने इस अलंकार के मूलतः दो रूप माने है–

1. **प्रथम पर्याय :** जहाँ एक वस्तु (आधेय) की स्वतः या अन्य द्वारा क्रमशः स्थिति कही जाये।

2. **द्वितीय पर्याय :** जहाँ अनेक वस्तुओ (आधेय) की स्वतः या अन्य द्वारा क्रमशः स्थिति कही जाये।

प्रथम पर्याय

(क) स्वतः सिद्ध अनेक आधार

तेरी आभा का कण तम को, देता अगणित दीपक दान।
दिन को कनक राशि पहनाता, विधु को चाँदी का परिधान।।

—महादेवी

यहाँ एक 'आभा' का क्रमशः ताराओं में, दिन के प्रकाश में और चन्द्रमा की उज्ज्वलता में होना कथित है। यहाँ कालभेद (दिन, रात) तो स्पष्ट है ही, आभा के ये सभी आधार स्वतः सिद्ध भी है। अतः यहाँ पर्याय है।

(ख) अन्य द्वारा अनेक आधार

अलि कहाँ संदेश भेजूँ, मैं किसे संदेश भेजूँ,
नयन पथ से स्वप्न में मिल प्यास में घुल,
प्रिय मुझी में खो गया, अब दूत को किस देश भेजूँ।

—महादेवी

यहाँ एक वस्तु 'प्रिय' का क्रमशः अनेक वस्तुओं—नयनपथ, स्वप्न, प्यास आदि में कालभेद से होना कथित है। प्रियतम की अनेकत्र स्थिति स्वतः सिद्ध नहीं है, प्रत्युत नायिका (अन्य) द्वारा अनेकत्र स्थिति की कल्पना है। अस्तु, यहाँ पर्याय है।

कभी काफिला होकर निकला ऊँचे शुष्क पहाड़ों से,
समतल मैदानों से होता हुआ कँटीले झाड़ों से।

—भक्त

यहाँ भी एक आधेय (काफिला) का क्रमशः अनेक आधारों—पहाड़ों, मैदानों और कँटीले झाड़ों से होकर निकलना कहा गया है। यहाँ कालभेद के साथ काफिला का अनेक स्थानों से निकलना अन्य द्वारा ही सिद्ध है। अतः पर्याय है।

द्वितीय पर्याय

(क) स्वतः सिद्ध आधार

उसी देह में लरिकई, पुनि तरुनाई जोर।
बिरधाई आयी अजहूँ, भजि के नन्दकिशोर।।

—का. दर्पण

यहाँ एक ही आधार (शरीर) में अनेक आधेयों (लरिकाई, तरुनाई, बिरधाई) को क्रमशः स्थिति दिखलाई गयी है। इसमें कालभेद के साथ ही स्वतः सिद्ध आधार है। अस्तु द्वितीय पर्याय है।

(ख) अन्य द्वारा सिद्ध आधार

जिस रथ पर थे प्रसून झड़ते,
उस पर थे आज अश्रु पड़ते।

—गुप्तजी

यहाँ एक ही आधार (रथ) पर अनेक आधेयों (फूल, अश्रु) का कालभेद से क्रमशः गिरना कथित है। यह आधार अन्य द्वारा सिद्ध भी है। अस्तु यहाँ भी द्वितीय पर्याय अलंकार है।

67. अधिक

जहाँ आधार और आधेय में से किसी एक का चमत्कारपूर्ण आधिक्य वर्णन किया जाये, वहाँ अधिक अलंकार होता है।

अधिक का अर्थ होता है आधिक्यवर्णन, पर आधिक्य वर्णन किसका? इसी का उत्तर पूर्वोक्त लक्षण में दिया गया है। आधिक्य वर्णन यहाँ दो का ही संभव है—आधार का अथवा आधेय का। इस अलंकार में कहीं आधार की अपेक्षा आधेय का चमत्कारपूर्वक आधिक्य वर्णित होता है अथवा कहीं आधेय की अपेक्षा आधार का।

आधार और आधेय दो भिन्न वस्तुएँ हैं। आधार का अर्थ है जिस पर कुछ रखा जाये अथवा टिकाया जाये। जो वस्तु रखी अथवा टिकायी जाये, वही है आधेय। जैसे—'मेज पर कलम है'—यहाँ मेज है आधार और कलम है आधेय। आधार और आधेय को क्रमशः आश्रय और आश्रयी भी कहते हैं। आधार अथवा आधेय का न्यूनाधिक्य वर्णन कवि की प्रतिभा पर ही निर्भर करता है। जिसमें जितनी अधिक प्रतिभा और कल्पनाशीलता होगी, वह आधिक्य वर्णन में उतना ही पटु होगा। तात्पर्य यह कि यह मूलतः कवि प्रतिभोत्थित अलंकार है। इसी से कुछ लोग इसे अतिशय वर्ग का अलंकार भी मानते हैं।

यह लोकन्यायमूलक अर्थालंकार है। कुछ विचारकों ने इसे विरोधमूलक अर्थालंकार भी माना है। दंडी ने इसका अन्तर्भाव अतिशयोक्ति में किया है। स्वतंत्र अलंकार के रूप में इसे सर्वप्रथम संभवतः रुद्रट ने स्वीकार किया है[1]। रुद्रट के द्वितीय अधिक

1. यत्रान्योन्यविरुद्धं विरुद्धबलवत् क्रिया प्रसिद्धं वा।
वस्तुद्वयमेकस्माज्जायत इति तद्भवेदधिकम्।।
यत्राधारे सुमहत्याधेयमवस्थितं तनीयोऽपि।
अतिरिच्येत कथञ्चित्तदधिकमपरं परिज्ञेयम्।।

—काव्या. 6।26, 28।

का लक्षण ही मम्मट के लक्षण का आधार है[1]। जयदेव और पं. विश्वनाथ के लक्षण का भी यही आधार है, पर पं॰ विश्वनाथ का लक्षण रुय्यक के लक्षण की ओर अधिक उन्मुख है[2]। अप्पयदीक्षित ने जयदेव के लक्षण की दो भिन्न भेदों के रूप में स्वीकार कर लिया है–(1) पृथुल आधार होने पर भी आधेय का आधार से आधिक्यवर्णन और (2) वृहत् आधेय होने पर भी आधार का आधेय से आधिक्यवर्णन[3]। पंडितराज जगन्नाथ ने आधाराधेय के न्यूनाधिक्य-वर्णन में ही इस अलंकार को स्वीकार किया है[4]। हिंदी के आचार्यों ने दीक्षितजी के अनुसरण पर ही दो प्रकार का अधिक स्वीकार किया है। इनके निरूपण में शब्द साम्य भी मिलता है[5]। मतिराम, पद्माकर आदि के लक्षण ऐसे ही है। हाँ, भूषण ने एक ही प्रकार का अधिक माना है[6]। आ॰ केशव और देव ने इसकी चर्चा ही नहीं की है। वस्तुतः इसके दो भेद स्वीकार करना विस्तार-प्रपंच भर है।

'अधिक' के विवेचन में रुय्यक ने ऐसा निर्देश किया है कि इसमें 'विषम' का भ्रम भी संभव है, पर उससे इसकी भिन्नता स्पष्ट है। उसमें दो अननुरूप पदार्थों की संघटना का वर्णन मात्र अपेक्षित होता है, पर इसके लिये आश्रयाश्रयिभाव (आधाराधेयभाव) से सम्बद्ध दो पदार्थों की अननुरूप संघटना का वर्णन आवश्यक माना जाता है[7]। यहाँ आधार या आधेय के आधिक्यवर्णन में ही चमत्कार निहित रहता है।

आधार का आधिक्य वर्णन

है त्रिभुवन जामें सु प्रभु, सोवत सिंधु मँझार।

---

1. महतोर्यन्महीयांसावाश्रिताश्रययोः क्रमात्।
आश्रयाश्रयिणोः स्यातां तनुत्वेऽप्येधिकं तु।।–का. प्रकाश 10।128।
2. (क) आश्रयाश्रयिणोरनानुरूप्यमधिकम्। अ. सर्वस्वम्।
(ख) आश्रयाश्रयिणोरेकस्याधिक्येऽधिकमुच्यते।–सा. दर्पण 10।72।
3. अधिकं पृथुलाधारादाधेयाधिक्य वर्णनम्।।
पृथ्व्याधेयाद्यदाधाराधिक्यं तदपि तन्मतम्।।–कुवलयानन्द 95, 96।
4. आधाराधेययोरतिविस्तृतत्वसिद्धिफलकमितरस्याऽतिन्यूनत्वकल्पनमधिकम्।–रसगंगाधर।
5. (क) अधिकाई आधेय की, जब आधार सों होइ।
जो आधार आधेय तें अधिक अधिक ये दोइ।।–भा. भूषण 126।
(ख) अधिकाई आधेय की जहँ अधार तें होइ।
अरु अधार आधेय तें अधिक अधिक ये दोइ।।–का. निर्णय 11।36।
6. जहाँ बड़े आधार तै, बरनत बढ़ि आधेय।–शि. भूषण 220।
7. अनानुरूपस्य विरोधोत्थापकत्वात्। तच्चानानुरूप्यमाश्रयस्य वैपुल्येऽपि आश्रितस्य परिमितत्वाद्वा भवति यद्वाश्रितस्य वैपुल्येऽप्याश्रयस्य परिमितत्वाद्वा स्यात्।
–आ॰ सर्वस्वम्।

—पद्माकर

—वही ईश्वर, जिनमें त्रिभुवन सन्निहित है, सिंधु में शयन करते है। यहाँ आधेय से आधार (समुद्र) का आधिक्य वर्णित है। अतः अधिक अलंकार है।

अथवा अपने पैरों पर ही खड़ा आप वह नटवर।
बची रसातल जाने से यह धरा वही पद धर कर।।

—गुप्तजी

यहाँ आधेय (नटवर) से आधार (पृथ्वी) का आधिक्य वर्णित है। अतः अधिक अलंकार है।

इतना सुख जो न समाता
अन्तरिक्ष में जल-थल में।
मुट्‌टी में तुम ले बैठे
आश्वासन देकर छल में।।

—प्रसाद

यहाँ आधेय (सुख), जो अन्तरिक्ष-जल-थल में भी नहीं समाता है, का छोटे आधार (मुट्‌ठी) में समाविष्ट होना कहा गया है। आधार (मुट्‌ठी) के चामत्कारिक आधिक्यवर्णन से यहाँ अधिक अलंकार है।

आधेय का आधिक्यवर्णन

शिव सरजा तव हाथ को, नहिं बखान करि जात।
जाको बासी सुजस सब, त्रिभुवन में न समात।।

—भूषण

—शिवाजी के हाथ का यश त्रिभुवन में भी समाविष्ट नहीं होता है। यहाँ आधार (त्रिभुवन) से आधेय (शिवाजी के हाथ का यश) का आधिक्य वर्णित होने से अधिक अलंकार है।

नयी तरंगें थीं यमुना में नयी उमंगें ब्रज में।
तीन लोक से दीख रहे थे, लोट-पोट इस रज में।।

—भूषण

यहाँ भी आधार (रज) से आधेय (तीनों लोकों का दिखाई पड़ना) का आधिक्य वर्णित होने से 'अधिक' है।

हिंदी के श्रृंगारकालीन आचार्यों ने दीक्षित जी के अनुकरण पर 'अधिक' से भिन्न 'अल्प' अलंकार स्वीकार किया है।[1] 'अल्प' के जनक है दीक्षितजी। वस्तुतः

1. (क) अल्पं तु सूक्ष्मादाधेयाद्यदाधारस्य सूक्ष्मता।—कुवलयानन्द 97।
(ख) अलप अलप आधेय तें, अति सूक्ष्म आधार।—का. निर्णय 11।41।
उदाहरण— तुम पूछत कहि मुद्रिके, मौन होति या नाम।
कंकन की पदवी दई, तुम बिन या कह राम।
—केशव (रामचंद्रिका)

यहअधिक से अभिन्न है। इसकी अलग से स्वतंत्र सत्ता नहीं स्वीकार की जा सकती।

68. अन्योन्य

जहाँ दो पदार्थ एक ही क्रिया द्वारा परस्पर एक दूसरे के उत्कर्षकारक रूप में वर्णित किये जायें, वहाँ अन्योन्य अलंकार होता है।

अन्योन्य का अर्थ है अन्य और अन्य अर्थात् परस्पर। इसमें दो पदार्थों की एक ही क्रिया का वर्णन होता है एवं उस एक ही क्रिया से दोनों एक दूसरे का उत्कर्ष सूचित करते हैं।

यह लोकन्यायमूलक अर्थालंकार है। कतिपय आचार्यों ने इसे विरोधमूलक वर्ग में रखा है। इसका विवेचन रुद्रट से प्रारंभ हुआ है। उसने इसे वास्तव वर्ग का अलंकार स्वीकार किया है। उसने अपने लक्षण में क्रिया के द्वारा पदार्थों के निर्विलक्षणकारक भाव में अस्फुटता स्वीकार की है[1]। रुद्रट की अपेक्षा रुय्यक का लक्षण अधिक स्पष्ट है। उन्होंने क्रिया द्वारा पदार्थों में जन्य-जनकभाव में ही अन्योन्य माना है[2]। मम्मट के लक्षण पर रुद्रट और रुय्यक दोनों का समान प्रभाव दिखता है[3]। आगे जयदेव, पं० विश्वनाथ, पंडितराज जगन्नाथ ने इसके लक्षण का और भी परिष्कार किया है। जयदेव ने इसमें पारस्परिक उपकार को स्वीकार किया है[4] एवं पं० विश्वनाथ ने दो पदार्थों के द्वारा की गयी एक क्रिया का वर्णन[5]। इसके लक्षण का सर्वाधिक निखार किया है पंडितराज जगन्नाथ ने[6]।

संस्कृत के आचार्यों ने इसके विवेचन में यह प्रश्न उठाया था कि चूँकि परस्पर जनन विरुद्ध बात है तो फिर 'परस्पर क्रिया जनन' के वर्णन में 'अन्योन्य' कैसे माना जाये। इसका समाधान करते हुये रुय्यक ने परस्पर जनकता को उपलक्षण मात्र बताया है। यहाँ दो पदार्थों के स्वरूपतः परस्परोत्पादन का अभिप्राय अभीष्ट नहीं है, वरन् क्रिया अथवा गुण द्वारा परस्पर निष्पादन का ही अभिप्राय अभीष्ट है। यहीं पर एक और बात ध्यान में रख लेनी चाहिये कि दो पदार्थों का परस्पर एक की क्रिया करना भी उपलक्षण ही है। ऐसे भी उदाहरण मिलते हैं, जहाँ दो पदार्थों का मात्र पारस्परिक सम्बन्ध ही वर्णित रहता है।

---

1. यत्र परस्परमेकः कारकभावोऽभिधेययोः क्रियया।
   संजायेत स्फारिततत्त्वविशेषस्तदन्योन्यम्।।—काव्यालंकार 7।91।
3. क्रियया तु परस्परम्। वस्तुनोर्जननेऽन्योन्यम्—का. प्रकाश 10।120, 121।
4. अन्योन्यं नाम यत्र स्यादुपकारः परस्परम्।—चन्द्रालोक।
5. अन्योन्यमुभयोरेकक्रियायाः कारणं मिथः।—सा. दर्पण 10, 73।
6. द्वयोरन्योन्येनान्योन्यस्य विशेषाधानमन्योन्यम्।—रसगंगाधर।

हिंदी के आचार्यों में केशव, देव, मतिराम आदि ने इसे स्वीकार नहीं किया है। जसवन्त सिंह, भूषण, पद्माकर आदि ने इसे जयदेव के आधार पर निरूपित किया है[1]। दास का लक्षण थोड़ी भिन्नता लिये है[2]। लछिराम ने पारस्पारिक सुखदत्व के भाव को प्रधानता दी है[3]।

जहाँ तक इसके भेदों की बात है मम्मट ने इसका एक ही रूप (एक क्रिया द्वारा दो वस्तुओं की परस्पर कारणता) माना है। पंडितराज ने भी इसी का समर्थन किया है। पं. विश्वनाथ के लक्षण ने ही इसके भेदों के लिये मार्ग प्रशस्त किया है, जिससे भोज ने इसके तीन भेद—अभिधीयमान, प्रतीयमान और प्रतीयमानाभिधीयमान स्वीकार किये हैं। हिंदी के आचार्यों में पद्माकरने भी इसका तीन भेद ही स्वीकार किया है—परस्पर उपकार, परस्पर अपकार और समान व्यवहार[4]। अर्जुनदास केडिया का भेद निरूपण इससे भिन्न प्रकार का है—परस्पर कारणता, परस्पर उपकार और समान व्यवहार। भेद-निरूपण की मीमांसा से स्पष्ट है कि यह विस्तार-प्रपंच के अतिरिक्त और कुछ नहीं है। वस्तुतः इसका एक ही रूप मानना ही संगत है।

अँगुरिन उचि भरु भीति दै, उलमि चितै चख लोल।
रुचि सों दुहूँ दुहून के, चूमैं चारु कपोल।।

—बिहारी

यहाँ दीवाल का सहारा लेकर अँगुलियों के बल पर खड़ा होकर उझक-उझक कर नायक और नायिका का परस्पर कपोल चूमना वर्णित है। इस प्रकार एक क्रिया (चूमना) का दो पदार्थों (नायक, नायिका) द्वारा परस्पर किया जाना वर्णित होने से यहाँ अन्योन्य अलंकार है।

मैं ढूँढ़ता तुझे था जब कुंज और वन में।
तू खोजता मुझे था तब दीन के वतन में।।

यहाँ एक ही क्रिया (खोजता) का दो पदार्थों (भक्त और ईश्वर) से होना वर्णित है। अतः 'अन्योन्य' है।

अश्रुओं में रहता है हास

---

1. (क) अन्योन्यालंकार है अन्योन्यहिं उपकार।—भा. भूषण 129।
(ख) अन्योन्या उपकार, जहँ, यह बरनन ठहराय।—शि. भूषण 223।
2. होत परस्पर जुगल सों सो अन्योन्य सुछंद।—का. निर्णय 15।39।
3. जहँ उनते उनकी सुखद, उनते उन सुख रूप।—रामचन्द्र भूषण।
4. सो अन्योन्य जु परसपर करै जु भल उपकार।
अन्योन्यहु उपकार जहँ, सो अन्योन्य अवलोकु।
रहौ जु दुहूँ दुहूँ में तहाँ सो अन्योन्य बिलास।—पद्माभरण 160, 161, 162।

हास में अश्रुकणों का भास;
श्वास में छिपा हुआ उच्छ्वास
और उच्छ्वासों में ही श्वास!

—पंत

यहाँ दो पदार्थों से एक ही क्रिया का होना वर्णित नहीं है, पर हास और अश्रु एवं श्वास और उच्छ्वास (दो पदार्थों) में परस्पर समान सम्बन्ध दिखलाया गया है, जिससे दोनों का पारस्परिक उपकार—उत्कर्ष हो रहा है। अतः यहाँ भी अन्योन्य अलंकार है।

(घ) मिश्रित अलंकार

पहले यह कहा जा चुका है कि अलंकार मूलतः दो ही प्रकार के होते हैं—शब्दालंकार और अर्थालंकार (उभयालंकार को जोड़ देने पर इनकी संख्या तीन हो जायेगी)। एक स्थल पर सामान्यतः एक ही प्रकार का अलंकार अधिक स्फुट होता है, पर सर्वत्र यही स्थिति सम्भव नहीं है। कतिपय स्थल ऐसे भी आ सकते हैं (आते ही है), जहाँ पूर्वचर्चित अलंकारों में से अनेकों की एकत्र-स्थिति हो सकती है। तात्पर्य यह कि कभी-कभी अनेक अलंकार मिश्रित-रूप में भी स्फुट रह सकते हैं। जहाँ अनेक अलंकारों की मिश्रित-रूप में एकत्र-स्थिति होती है, वहाँ मिश्रित अलंकार होता है। अलंकारों का मिश्रण तीन प्रकार का हो सकता है—(1) शब्दालंकार का शब्दालंकार के साथ मिश्रण, (2) अर्थालंकार का अर्थालंकार के साथ मिश्रण और (3) शब्दालंकार का अर्थालंकार के साथ मिश्रण। मिश्रित अलंकार का चमत्कार शब्दालंकार अथवा अर्थालंकार के चमत्कार से पूर्णतः भिन्न होता है। यहाँ एक ही उक्ति में चमत्कार वैभिन्य की स्थिति होती है जिससे उक्ति की चारुता अधिक बढ़ी हुई होती है।

अलंकारों के मिश्रण में मूलतः दो प्रकार की विधियाँ प्रमुख होती है—(1) तिल-तण्डुल विधि और (2) नीर-क्षीर विधि। पहली विधि से मिश्रित अलंकार अपनी स्वतन्त्र सत्ता अक्षुण्ण बनाये रहते हैं, पर दूसरी विधि से मिश्रित अलंकार अपनी स्वतन्त्र सत्ता पूर्णतः तिरोभूत कर देते हैं। प्रथम विधि से मिले अलंकारों का पृथक्करण सहज ही संभव है, पर द्वितीय विधि से मिले अलंकारों को अलग-अलग छाँट लेना असम्भव सा है। संख्यावृद्धि के विचार से मिश्रित अलंकारों में कई के नाम गिनाए जा सकते हैं (गिनाए भी गये हैं), पर सर्वमान्य रूप में निरूपित किये जाते रहे हैं दो ही—'संसृष्टि' और 'संकर'। प्रस्तुत पुस्तक में भी इन्हीं दोनों अलंकारों का विवेचन किया गया है और यही उचित भी है।

एक बात और यहाँ यह जान लेना अनिवार्य है कि उभयालंकार ही मिश्रित अलंकार नहीं है। साहित्यिक-वत्स की बात क्या कही जाये, तथाकथित अनेक आचार्यों को—यहाँ तक कि अध्ययनशील और काव्यमर्मज्ञ दीनजी जैसे आचार्यपाद को भी उभयालंकार और मिश्रित अलंकार में अभिन्नता का भ्रम हो गया था। इसी से उन्होंने एकाधिक अलंकारों की एकत्र-स्थिति में उभयालंकार स्वीकार कर लिया था—

भूषण इक तैं अधिक जहँ सो उभयालंकार।

—अ. मंजूषा

वस्तुतः एकाधिक अलंकारों की एकत्र-स्थिति में उभयालंकार नहीं, मिश्रित अलंकार होगा। जहाँ केवल अनेक शब्दालंकार अथवा केवल अनेक अर्थालंकार होंगे, वहाँ उभयालंकार कैसे माना जायेगा? संसृष्टि, संकर आदि भले ही हों, पर ये उभयालंकार नहीं, मिश्रित अलंकार है। लगता है दीनजी को भ्रम हुआ है 'उभय' शब्द के कारण। वस्तुतः 'उभय' का अर्थ है दोनों (शब्द + अर्थ) अर्थात् शब्दालंकार और अर्थालंकार, न कि केवल दो शब्दालंकर अथवा केवल दो अर्थालंकार। अस्तु, मिश्रित अलंकार को उभयालंकार समझना भूल है।

1. संसृष्टि

जहाँ परस्पर निरपेक्ष रूप से तिल-तंडुलवत् एकाधिक अलंकारों की एकत्र स्थिति होती है, वहाँ संसृष्टि अलंकार होता है।

संसृष्टि का अर्थ है संसर्ग अथवा मेल। मेल का अर्थ ही है एकाधिक की एकत्र स्थिति। मेल दो प्रकार का संभव है—निरपेक्ष अथवा तिल-तण्डुलवत् और सापेक्ष अथवा नीर-क्षीरवत्। इसमें एकाधिक अलंकारों का मेल तिल-तण्डुलवत् अर्थात् निरपेक्ष होता है। तात्पर्य यह कि अनेक के मिलने के पश्चात् भी वे यहाँ एक दूसरे से पृथक्-पृथक् प्रतीत होते हैं। जिस प्रकार किसी पात्र में रखा गया तिल-चावल आसानी से अलग-अलग पहचान लिया जा सकता है, एवं अलग भी कर लिया जा सकता है, उसी प्रकार इसमें अलंकारों को पहचान लेना और उन्हें अलग कर लेना आसान होता है।

यह मिश्रित अलंकार है। कतिपय विद्वान् इसे गूढ़ार्थप्रतीतिमूलक वर्ग का अलंकार स्वीकार करते है। यह प्राचीनों से ही स्वीकृत रहा है, किन्तु प्राचीनों (भामह आदि) की दृष्टि किंचित् भिन्न रही है। मम्मट ने इसे उद्‌भट और रुद्रट के अनुसार स्वीकार किया है[1]। उनके अनुसार पूर्वप्रतिपादित (शब्दालंकार और अर्थालंकार) अलंकारों की निरपेक्ष स्थिति में स्थित चमत्कार ही संसृष्टि है[2]। पं. विश्वनाथ ने भी निरपेक्ष स्थिति पर ही बल दिया है। अप्पयदीक्षित ने स्पष्टरूप से तिल-तण्डुल न्याय को स्वीकृत किया है[4]। हिंदी के आचार्यों में मूलतः चिन्तामणि, सोमनाथ, दास आदि के विवेचन अधिक मान्य हैं। शेष के लक्षण मात्र लक्षण के लिये ही है। दासजी का

1. (क) अलंकृतीनां बह्वीनां द्वयोर्बापि समाश्रयः।
   एकत्रनिरपेक्षाणां मिथः संसृष्टिरुच्यते।।—का. सा. संग्रह 6।5।
   (ख) एषां तिलतण्डुलन्यायेन मिश्रत्वे संसृष्टिः।—रुय्यक।
2. सेष्टा संसृष्टिरेतेषां भेदेन यदिह स्थितिः।—का. प्रकाश 10।139।
3. मिथोऽनपेक्षमेतेषां स्थितिः संसृष्टिरुच्यते।—सा. दर्पण 10।98।
4. तत्र तिलतण्डुलन्यायेन स्फुटावगम्यभेदालंकारमेलने संसृष्टिः।—कुवलयानन्द।

लक्षण मम्मट के अनुसरण पर निर्मित है, यद्यपि इसमें शब्दभेद है अवश्य[1] है। आचार्यों ने इसके तीन भेद स्वीकार किये हैं—

1. **शब्दालंकार संसृष्टि** : जहाँ केवल एकाधिक शब्दालंकारों की ही तिल-तण्डुलवत् एकत्र स्थिति हो।

2. **अर्थालंकार संसृष्टि** : जहाँ केवल एकाधिक अर्थालंकारों की ही तिल-तण्डुलवत् एकत्र स्थिति हो।

3. **उभयालंकार संसृष्टि** : जहाँ शब्दालंकार और अर्थालंकार की परस्पर तिल-तण्डुलवत् स्थिति हो।

शब्दालंकार संसृष्टि

मार सुमार करी खरी, डरी अरी अकुलाइ।
हरि हरिये बलि विरह चलि, मुख सुषमा दरसाइ।।

—वैरीसाल

यहाँ 'मार सुमार' और 'हरि हरिये' में यमक तथा 'करी, खरी, डरी, अरी' और 'बलि विरह' में अनुप्रास हैं। अतः यहाँ 'यमक' और 'अनुप्रास' की निरपेक्ष स्थिति होने से शब्दालंकार संसृष्टि है।

तरणि के साथ ही तरल तरंग में,
तरणि डूबी थी हमारी ताल में।

—पंत

यहाँ 'तरणि' (सूर्य और नाव) को आवृत्ति में यमक और 'त र' की आवृत्ति में अनुप्रास है। अतः उपर्युक्त स्थिति के समान ही यहाँ भी शब्दालंकार संसृष्टि अलंकार है।

अर्थालंकार संसृष्टि

झर पड़ता जीवन-डाली से,
मैं पतझड़ का-सा जीर्ण प्रात।
हों, केवल इस जग-आँगन में,
लाने फिर से मधु का प्रभात।

—पंत

यहाँ प्रथम और तृतीय चरण (जीवन-डाली, जग-आँगन) में 'रूपक' और द्वितीय चरण में 'उपमा' अलंकार हैं इनकी स्थिति निरपेक्ष है। अतः यहाँ 'रूपक' और 'उपमा' की संसृष्टि है।

---

1. एक छंद में जहँ परै, अलकार बहु दृष्टि।
   तिल-तंडुल से हैं मिलै, ताहि कहैं संसृष्टि।।—का. निर्णय 3।46।

सखी नीरवता के कन्धे पर डाले बांह,
छाँह-सी अम्बर-पथ से चली।

—निराला

यहाँ 'उपमा' (छाँह-सी) और 'रूपक' (अँबर-पथ) की संसृष्टि है।

खुल-सी गयी है दो पहाड़ों की श्रेणियां
और बीच में अबाध अन्तराल में
शुभ्र घौत—
मानों स्फुट अधरों के
बिखर गया हो कल हास्य
एक क्रीड़ा लोल अमिट लहर-सा।

—अज्ञेय

यहाँ वस्तूत्प्रेक्षा और उपमा की निरपेक्ष रूप से एकत्र स्थिति है। अतः यहाँ भी अर्थालंकार संसृष्टि है।

उभयालंकार संसृष्टि

तिर रही अतृप्ति-जलधि में
नीलम की नाव निराली।
कालापानी वेला सी
है अंजन-रेखा काली।।

—प्रसाद

यहाँ प्रथम चरण (अतृप्ति-जलधि) में 'रूपक', द्वितीय चरण ('न' की आवृत्ति) में 'अनुप्रास' और तृतीय चरण में 'उपमा' उपमा की निरपेक्ष स्थिति होने से उभयालंकार संसृष्टि है।

फूटा प्रभात फूटा विहान
छूटे दिनकर के कर ज्यों छबि के बह्नि वाण।

—भारतभूषण

यहाँ प्रथम चरण ('फूटा' की आवृत्ति) में 'लाटानुप्रास', द्वितीय चरण ('कर' की आवृत्ति') में 'यमक' और द्वितीय चरण में ही (सम्पूर्ण रूप में) 'उपमा' अलंकार की तिल-तण्डुलवत् स्थिति है। अतः यहाँ उभयालंकार संसृष्टि है।

आयी बरसात आज!
गीली अलकों से वारिबूँद चुआती हुई,
झीनी झोलियों से मुक्त मुक्ता लुटाती हुई,
कोयल-सा श्यामल स्वर।

—गिरिजाकुमार माथुर

यहाँ तृतीय चरण में 'अनुप्रास' (झ, म की आवृत्ति) एवं चतुर्थ चरण में 'उपमा' की रिनपेक्ष स्थिति होने से उभयालंकार संसृष्टि है।

2. संकर

जहाँ परस्पर सापेक्षरूप से नीर-क्षीरवत् एकाधिक अलंकारों की एकत्र स्थिति हो, वहाँ संकर अलंकार होता है।

संकर का अर्थ है पूर्णतः मिला हुआ; ऐसा मिश्रण जिसे अलग न किया जा सके। इसमें अनेक अलंकारों का नीर-क्षीरवत् मेल रहता है। जिस प्रकार एक पात्र में रखा गया दूध और पानी अभेद सम्बन्ध स्थापित कर लेते हैं, उन्हें आसानी से अलग नहीं किया जा सकता है; उसी प्रकार इस अलंकार में भी एकाधिक अलंकारों की एकत्र-स्थिति वैसी ही होती है कि उन्हें अलग करना आसान नहीं रहता।

यह मिश्रित अलंकार है। कतिपय आचार्यों ने इसे गूढ़ार्थप्रतीतिमूलक वर्ग का अलंकार स्वीकार किया है। यह उद्‌भट के समय से स्वीकृत रहा है। उनके पूर्ववर्ती काव्यशास्त्री इसे 'संसृष्टि' से अभिन्न मानते रहे हैं। मम्मट ने विभिन्न अलंकारों की अंग-अंगी रूप में अवस्थिति में 'संकर' स्वीकार किया है[1]। पं. विश्वनाथ ने इसके तीन रूपों को स्वीकार किया है—अंगांगिभाव संकर, एकाश्रयानुप्रवेश संकर और सन्देह संकर[2]। रुय्यक के समान ही अप्पयदीक्षित ने भी इसकी व्याख्या करते हुये इसमें नीर-क्षीर न्याय को ही स्वीकार किया है[3]। दीक्षितजी ने पूर्वस्वीकृत तीन प्रकारों के अतिरिक्त 'समप्रधान संकर' और 'संकर-संकर' नामक दो और भेद माने हैं, पर आगे यह मत स्वीकृत नहीं हुआ। हिंदी के आचार्यों में चिन्तामणि, सोमनाथ, दास, पद्माकर आदि ने इस अलंकार का विवेचन किया है। दासजी का लक्षण सरल और स्पष्ट बन पड़ा है[4]। अधिकांश आचार्यों ने इसके तीन रूप ही स्वीकार किये हैं—अंगांगिभाव संकर, एकाश्रयानुप्रवेश संकर और सन्देह संकर।

अंगांगिभाव संकर

जहाँ एक अलंकार अंगी (प्रधान) हो और शेष अलंकार उसके अंग (गौण) बनकर आयें, वहाँ अंगांगिभाव संकर होता है।

---

1. अविश्रांतिजुषामात्मन्यंगांगित्व तु संकरः।—का. प्रकाश 10।140।
2. अङ्गाङ्गित्वेऽलङ्कृतीनां तद्वदेकाश्रयस्थितौ।
   संदिग्धत्वे च भवति सङ्करः।—अ. सर्वस्वम्।
3. (क) क्षीर नारन्यायेन तु सङ्करः।—अ. सर्वस्वम्।
   (ख) नीरक्षीरन्यायेनास्फुटभेदालङ्कारमेलने सङ्करः।—कुवलयानन्द।
4. द्वै कि तीन भूषन मिलै, छीर नीर के न्याय।
   अलंकार संकर कहैं, तिहि प्रवीन कविराय।।
   एक एक को अंग कहुँ, कहुँ सम होहिं प्रधान।
   कहूँ कहत संदेह में, संकर तीनि प्रमान।।

नाम से ही स्पष्ट है कि इसमें अंग-अंगी भाव होता है। इसे कुछ लोगों ने पोष्य-पोषकभाव अथवा अनुग्राह्य-अनुग्राहक भाव भी कहा है। तात्पर्य यह कि इसमें एक अलंकार होता है। प्रधान और शेष गौण—एक अलंकार से ही दूसरे अलंकार की स्थिति सिद्ध होती है। एक अलंकार के अभाव में दूसरा नहीं उत्पन्न हो सकता है।

मिटत नहीं निसि बासरहूँ आनन-चंद प्रकास।
बने रहै यातें उरज पंकज कलिका दास।।

—दास

—मुखचन्द्र दिन-रात प्रकाशित रहता है, इसी से स्तन-कमल सदा कली ही बने रहते हैं (कभी नहीं खिलते हैं)। कवि समय है कि कमल चन्द्रमा के प्रकाश में नहीं खिलता है। यहाँ 'रूपक' अलंकार 'कान्कलिंग' अलंकार (युक्तिपूर्वक समर्थन) का अंगी बनकर आया है। 'आनन-चंद' और 'उरज-पंकज' में रूपक है तथा 'यातें उरज पंकज कलिका' में काव्यलिंग। इस प्रकार यहाँ अंगांगिभाव संकर है।

खल-बढई बल करि थके, कटे न कुबत कुठार।
आलबाल उर झालरी, खरी प्रेम-तरु डार।।

—बिहारी

यहाँ 'रूपक' (खल-बढ़ई) है अंगी और 'विशेषोक्ति' (समर्थ कारण से कार्य का न होना—प्रेम-तरु का न कटना) उसका अंग। अस्तु यहाँ भी अंगांगिभाव संकर है।

करुणामय को भाता है, तम के परदे में आना।
हे नभ की दीपावलियों, तुम क्षण भर को बुझ जाना।।

—महादेवी

यहाँ दो 'रूपक' है—अन्धकार रूपी परदा और आकाश में स्थित तारे रूपी दीपों की पंक्ति। इनमें पोष्य-पोषक भाव के कारण अंगांगिभाव संकर है।

नयन नीलिमा के लघु नभ में
अलि किस सुषमा का संसार।
विरल इन्द्रधनुषी बादल-सा
बदल रहा निज रूप अपार।।

—पंत

यहाँ प्रथम चरण में 'रूपक' (नेत्र रूपी आकाश) और तीसरे चरण में 'उपमा' (बादल-सा) है। 'रूपक' है अंगी और 'उपमा' अंग। अस्तु यहाँ भी अंगांगिभाव संकर अलंकार है।

एकाश्रयानुप्रवेश संकर

जहाँ एक ही आश्रय (पद) में एकाधिक अलंकारों की स्थिति हो, वहाँ एकाश्रयानुप्रवेश संकर होता है।

इसमें एक ही आश्रय (पद) में अनेक अलंकारों की स्थिति होती है। इसे एकवाचकानुप्रवेश संकर भी कहा जाता है। यहाँ वाचक का अर्थ पद अथवा वाक्य

से ही है। दासजी और पद्माकर ने इसे ही सम-प्रधान संकर कहा है। मम्मट ने इसमें शब्दालंकार और अर्थालंकार दोनों की स्थिति एक ही पद में स्वीकार की है, पर रुय्यक का मत भिन्न है। वे एक पद में केवल कई शब्दालंकारों अथवा कई अर्थालंकारों की स्थिति ही स्वीकार करते हैं। पं॰ विश्वनाथ ने केवल शब्दालंकारों, केवल अर्थालंकारों और उभयालंकारों के मेल में एकाश्रयानुप्रवेश संकर की संभावना की है। पं॰ विश्वनाथ रुय्यक से प्रभावित है। चाहे जो भी हो, पं॰ विश्वनाथ का मत ही अधिक संगत जँचता है। इस अलंकार के उदाहरण पुष्कल रूप में प्राप्त है।

पारस परस कुधातु सुहाई।

—तुलसी

यहाँ 'पारस परस' में छेकानुप्रास और यमक का एकाश्रयानुप्रवेश संकर है।

निज पलक, मेरी विकलता साथ ही
अवनि से, उर से मृगेक्षिणी ने उठा
एक पल निज शस्य-श्यामल दृष्टि से
स्निग्ध कर दी दृष्टि मेरी दीप-सी।

—पंत

यहाँ पूर्वार्द्ध में अवनि से पलक और उर से विकलता के उठाने में 'यथासंख्य', पलक और विकलता के एक साथ उठाने में 'सहोक्ति' और मृगेक्षिणी में 'लुप्तोपमा' है। अतः यहाँ 'यथासंख्य', 'सहोक्ति' और 'लुप्तोपमा' का एकाश्रयानुप्रवेश संकर है।

सिंधु-सेज पर धरा-वधू अब
तनिक संकुचित बैठी-सी

—प्रसाद

यहाँ 'सिंधु-सेज' में रूपक और छेकानुप्रास का एकाश्रयानुप्रवेश संकर है। इस प्रकार यहाँ पूर्वोक्त उदाहरणों में क्रमशः शब्दालंकारों, अर्थालंकारों और उभयालंकारों के एकाश्रयानुप्रवेश संकर की स्थिति दिखलाई गयी है। निम्नांकित उदाहरण भी उभयालंकारों में एकाश्रयानुप्रवेश संकर का है—

तुम विमल हृदय उच्छ्वास
और मैं कांत-कामिनी-कविता।

—निराला

यहाँ 'कांत-कामिनी-कविता' में अनुप्रास और रूपक का एकाश्रयानुप्रवेश संकर है।

सन्देह संकर

जहाँ एकाधिक अलंकारों की एकत्र स्थिति में यह निश्चय न हो सके कि कौन सा अलंकार है, तो वहाँ संदेह संकर होता है।

नाम से स्पष्ट है कि यहाँ एकाधिक अलंकारों को एकत्र स्थिति में सदा

अनिश्चय बना रहता है—अलंकार का ठीक-ठीक निर्णय नहीं हो पाता है कि यहाँ कौन-सा अलंकार ह। इसमें साधक-बाधक भाव की स्थिति होती है। साधक-बाधक भाव का अर्थ है अलंकार है। निर्णय के लिये अनुकूल और प्रतिकूल भाव।

यों भूतल कोऊ? कछू राखो हिये सयान।
भजो मधुप तजि पदमिनिहि, जानि होत गत भान।।

—बैरीसाल

यहाँ सामान्य व्यक्ति-वचन भ्रमर प्रति अथवा सखी-वचन नायक प्रति है—हे मधुप (नायक), तुम चतुर हो, तुम मेरी बातों को हृदयंगम करो। क्या भूतल में कोई ऐसा भी है? (अथवा-दूसरे अर्थ में—इस स्थल पर कोई है)। सूर्यास्त होता जान (समय व्यतीत होता समझ) कमल (नायिका) को त्यागकर भागो—यहाँ यदि प्रस्तुत (कमल में भ्रमर का रस लेना) द्वारा प्रस्तुत (नायिका का नायक द्वारा आलिंगन) की प्रतीति मानी जाये तो 'प्रस्तुतांकुर' और यदि मधुप के बहाने नायक विशेष को संकेत करना माना जाये, तो गूढ़ोक्ति अलंकार मानना पड़ेगा। अतः सन्देह की स्थिति होने से यहाँ सन्देह संकर है।

जब शांत मिलन संध्या को
हम हेमजाल पहनाते,
काली चादर के तह का
खुलना न देखने पाते।

यहाँ 'काली चादर' और 'हेमजाल' के प्रयोग में 'रूपकातिशयोक्ति' भी हो सकती है और पुनः 'हेमजाल' गुण के साथ 'काली चादर' दोष का वर्णन होने से 'उल्लास' भी माना जा सकता है—इस प्रकार स्थिति संदिग्ध ही बनी रहती है। अतः यह सन्देह संकर है।

काली आँधों में कितनी
यौवन के मद की लाली।
मानिक मदिरा से भर दी
किसने नीलम की प्याली।

—प्रसाद

यहाँ 'काली आँखों' पर 'नीलम की प्याली' एवं 'यौवन के मद' पर 'मानिक मदिरा' के आरोप से 'रूपक' की स्थिति है, किन्तु यदि अन्वय ऐसा हो—'यौवन-मद से भरी काली आँखें मानकि-मदिरा से भरी नीलम की प्याली के समान सुन्दर है, तो 'लक्ष्योपमा' और यदि अन्वय ऐसा हो—'यौवन-मद से भरी आँखें मानों मानिक-मदिरा से भरी नीलम की प्याली है', तो प्रतीयमाना 'उत्प्रेक्षा' अलंकार माना जायेगा। अतः यहाँ भी सन्देह की स्थिति बनी ही रहती है। इस प्रकार यहाँ भी सन्देह संकर अलंकार है।

(ङ) पाश्चात्यालंकार

पाश्चात्य अलंकारशास्त्र (Rhetoric) का उद्भव कभी भाषणकला को लेकर हुआ था अवश्य, पर आज उसे काव्यशास्त्रीय मान्यता प्राप्त है। यद्यपि भारतीय अलंकार-शास्त्र की समकक्षता न तो इसे संख्यात्मक वृद्धि की दृष्टि से प्राप्त है और न विश्लेषण की सूक्ष्मता की दृष्टि से ही, फिर भी कतिपय पाश्चात्य अलंकार आधुनिक हिंदी-काव्य में स्वतंत्र अलंकार के रूप में ही प्रयुक्त नहीं हुये है, प्रत्युत वे प्रधान अलंकार के गौरव के अधिकारी भी है।

भारतीय अलंकार की तरह ही पाश्चात्य अलंकार भी तीन प्रकार के होते हैं—शब्द विन्यास मूलक, अर्थ विन्यास मूलक और वाक्य-विन्यास मूलक। प्रथम वर्ग के अलंकार अपने यहाँ व्याकरण में अन्तर्भुक्त है। अंतिम दो वर्गों के अलंकार प्रायः यहाँ के अलंकार के समानान्तर ही चलते हैं। भारतीय और पाश्चात्य अलंकारों के विवेचन में मूल अन्तर है शब्द-शक्ति को लेकर। अपने यहाँ शब्द-शक्तियाँ अलंकार से पृथक् मानी गयी हैं, पर वहाँ वे अलंकारों में ही अन्तर्भुक्त है। पाश्चात्य अलंकार-शास्त्र में अधिकांश अलंकार साधर्म्यमूलक हैं, जो लक्षणाश्रित है। अपने यहाँ भी अनेक अलंकार लक्षणाश्रित हैं, किन्तु उस रूप नहीं। साधर्म्यमूल कतिपय पाश्चात्यालंकार (सिमिली मेटाफर) उपमा और रूपक के पर्याय हैं और कतिपय (फेबिल, पैरेबिल; एलीगरी आदि) अन्योक्ति आदि के रूपान्तर। पर 'फेबिल', 'पैरेबिल', 'एलीगरी' आदि शुद्ध अलंकार है कहाँ? इसी प्रकार वैषम्यमूलक ऑक्सीमारन', अतिशयमूलक 'हायपर बोल', 'क्लाईमेक्स', वक्रतामूलक 'यूफिज्म' 'एनुएण्डो' और 'आयरनी' क्रमशः विरोध, अतिशयोक्ति, सार, पर्याय, गूढ़ोक्ति और काकुवक्रोक्ति के पर्यायवाची माने जायेंगे। पाश्चात्यालंकार 'पन' और 'ज्यूग्मा' क्रमशः यमक और दीपक के समकक्ष है। इन सबों के बावजूद भी वहाँ 'पसीनिफिकेशन' (Persarification) 'ओनोमेटोपोइया' (onomatopoeisic), ट्रांससफर्डइपिथेड' (Transferred Epithet), 'मेटोनिमी' (Metonymy), सिनेकडोकी' (synedoche) आदि कतिपय महत्त्वपूर्ण अलंकार है, जिनके ठीक पर्याय हिंदी-काव्य में प्रचलित अलंकारों में नहीं मिलते है। इनमें शुद्ध अलंकारत्व भी प्राप्त है। इनमें से कतिपय आधुनिक हिंदी-काव्य में धड़ल्ले से साथ प्रयुक्त हुये हैं, हो रहे है। इनकी ओर से आँख मूँद लेने पर काम नहीं चल सकता। यदि काव्य ने इन्हें अलंकारण हेतु ग्रहण

किया है, तो शास्त्र में भी उसे स्थान देना ही होगा, उसके औचित्य पर विचारना ही होगा। आचार्य महावीर प्रसाद द्विवेदी भी भारती के हित में इन्हें स्वीकार कर लेना उत्तम समझते थे–"भारती को कुछ नवीन आभूषणों से अलंकृत करने में हमें संकोच नहीं करना चाहिये। फिर क्या कारण, बेचारी भारती के जेवर वही भरत, कालिदास, भोज इत्यादि के जमाने के ज्यों-के-त्यों बने हुये है? भारती को क्या नवीनता पसन्द नहीं?"–("भारती भूषण के प्रस्तावना में उद्धृत द्विवेदी जी के एक पत्र में)। अस्तु, भारती के अनुकूल पाश्चात्यालंकारां का ग्रहण पाप नहीं है।

यहाँ केवल वे ही पाँच पाश्चात्यालंकार निरूपित किये गये हैं, जिनके प्रचुर प्रयोग हिंदी-काव्य में मिलते है। इनके प्रयोग प्राचीन भारतीय-काव्य में भी यत्र-तत्र मिलते है, पर पाश्चात्य संपर्क से इस प्रकार के प्रयोग जोर पकड़ चुके हैं। आधुनिक हिंदी-काव्य में इन्हें पश्चिमी कलम कहना ही अधिक संगत और विश्वसनीय है।

1. मानीवकरण

जहाँ प्रकृति के जड़ और कुरूप (अमानवी) वस्तुओं में चेतन और सरूप (मानवीय गुण-क्रिया) का आरोप किया जाये, वहाँ मानवीकरण अलंकार होता है।

मानवीकरण का अर्थ है मानव करना अर्थात् जो वस्तुतः मानव नहीं है उसमें मानवी गुण-क्रियाओं का आरोप कर उसे मानव बनाना। मानवीकरण का अर्थ यहाँ मानवरूप में स्वरूपतः परिवर्तन नहीं है, प्रत्युत उसमें मानवी गुण-क्रियाओं के आरोप भर से ही है। इस प्रकार का आरोप सादृश्यरूप में नहीं, साधर्म्यरूप में ही संभव है। यों साधर्म्य की सिद्धि के लिये सादृश्य की योजना उसमें स्वतः हो जाती है, पर यह सादृश्य मात्र साधन-रूप में ही होता है।

मानवीकरण अंग्रेजी के 'पर्सनिफिकेशन' (Personification) के लिये प्रयुक्त होने वाला शब्द है। अंग्रेजी में 'एनीमिज्म', 'एंथापामामिज्म' (प्रत्येक वस्तु राग-द्वेष आदि मानवगुणों से सम्पन्न है–सर्वमानववाद) आदि इसी प्रवृत्ति से विकसित हुये हैं। यह प्रवृत्ति वैज्ञानिक प्रक्रिया और तर्कणा के आधार पर सदोष भले ही हो, पर कला और साहित्य के लिये उपयोगी है। इस प्रवृत्ति का विकास अद्यतन युग में हिंदी कविता में अलंकार-रूप में हुआ है। है तो यह पश्चिमी आयात, पर प्रकृति में चेतना का आरोप भारतीयों के लिये सर्वथा नवीन नहीं है। इस प्रवृत्ति का विकास वेदों में उषा, संध्या आदि का वर्णन करने वाली ऋचाओं तक में देखा जा सकता है।

अपने अलंकारशास्त्र में मानवीकरण के समान ही 'समासोक्ति' का निरूपण हुआ है। 'समासोक्ति' में समान कार्य, लिंग और विशेषण के प्रयोग से प्रस्तुत के साथ ही अप्रस्तुत की प्रीति होती है। मोटे तौर पर दोनों एक ही अलंकार प्रतीत होते हैं, पर दोनों में सूक्ष्म अन्तर है। समासोक्ति में प्रस्तुत का वर्णन पूर्णतः स्फुट रहता

है, जिससे अप्रस्तुत की प्रतीति होती है, पर मानवीकरण में प्रस्तुत वर्णन दब-सा जाता है—अप्रस्तुत-मानवीयरूप व्यापार का वर्णन ही प्रमुखता प्राप्त कर लेता है। मानवीकरण में मानवी गुण-क्रियाओं का आरोप ही पूर्णतः मुखर हो उठता है। आरोप तो होता है 'रूपक' में भी, पर मानवीकरण के आरोप से उसकी स्पष्ट भिन्नता होती है। मानवीकरण में आरोप सदा अमानव में मानव-व्यापार का होता है, पर 'रूपक' के लिये ऐसी अनिवार्यता नहीं है। दूसरा अन्तर यह है कि 'रूपक' में प्रस्तुत का स्वरूप सदा स्पष्ट रहता है, पर मानवीकरण में अप्रस्तुत का वर्णन ही सर्वस्व होता हैं इसमें प्रस्तुत की स्वरूपगत अस्पष्टता में ही मानवीय संकेत कथित हो चलते हैं। मानवीकरण का प्रयोग छायावादी कवियों ने धड़ल्ले के साथ प्रारंभ किया था, जिसका निर्वाह परवर्ती कवि भी कर रहे है।

नीले नभ के शतदल पर,
वह बैठी शारद-हासिनी—
मृदु करतल पर शशि-मुखधर,
नीरव, अनिमिष एकाकिनी!
वह स्वप्नजड़ित नत चितवन,
छू लेती अग-जग का मन!
श्यामल, कोमल चल चितवन,
जो लहराती जग-जीवन।

—सुमितानंदन पंत

यहाँ कवि वर्णन कर रहा है चाँदनी का। चाँदनी है प्रस्तुत, जिसमें कवि ने मानवी गुण-क्रियाओं का आरोप किया है। प्रस्तुत चांदनी का वर्णन पूर्णतः गौण हो गया है और अप्रस्तुत 'नायिका' का स्वरूप ही अधिक मुखरित हो उठा है। अस्तु यहाँ मानवीकरण अलंकार है।

सोती थी सुहागभरी—जुही की कली
उपवन-सर-सरित गहन-गिरि-कानन
कुंज-लता-पुंजों को पार कर
पहुँचा जहाँ उसने की केलि
कली-खिली-साथ।
निर्दय उस नायक ने
निपट निठुराई की
कि झोंको झाड़ियों से
सुन्दर सुकुमार देह सारी झकझोर डाली,
मसल दिये गोरे कपोल गोल,

चौंक पड़ी युवती—
चकित चितवन निज चारों ओर फेर।

—सूर्यकान्त त्रिपाठी निराला

यहाँ प्रस्तुत पक्ष (जुही की कली और पवन) का वर्णन पूर्णतः गौण है—अप्रस्तुत पक्ष (नायिका और नायक) का वर्णन ही—मानवी क्रियाओं का वर्णन ही प्रमुख है। जुही की कली और नायिका में किसी प्रकार का सादृश्य नहीं है—सोने की क्रिया, सुन्दर सुकुमार देह, गोरे कपोल गोल, चकित चितवन आदि केवल मानवाकार वस्तु में ही संभव है। इसी प्रकार पवन में नायकत्व के गुण का आरोप किया गया है—उपवन-सर-सरित, गहन-गिरि-कानन और कुंज-लता आदि को लाँघ कर आना, केलि करना, झोंकों से लता के साथ कली को अपने वृंत पर हिलाना, कपोलों को मसलना आदि। इसमें केवल साधर्म्य है। यहाँ कवि को यह सोचने का अवकाश ही नहीं है कि जिन गुण-क्रियाओं का आरोप वह प्रस्तुत में कर रहा है, वे उसमें होते हैं या नहीं। अप्रस्तुत पक्ष ही यहाँ भी प्रबल है। अस्तु यहाँ भी मानवीकरण अलंकार है।

आयी बरसात आज!
गीली अलकों से वारि बूँदें चुआती हुई,
झीनी झोलियों से मुक्त मुक्ता लुटाती हुई,
कोयल-सा श्यामल स्वर
भींगी अमराई से आता है पल-पल पर,
सुरमीली आँखों को ढाँक रही श्याम अलक,
साँवली बदलियों का उड़ाता-सा घूँघट पट,
छिपाता-सा इन्दु बदन जाता है झलक-झलक
उठती नत चितवन जब हल्की-सी विद्युत बन।

—गिरिजाकुमार माथुर

माथुर जी ने यहाँ नारी-रूप में वर्षा का मानवीकरण किया है। ऐसे ही मानवीकृत चित्र बिम्बग्रहण में पूर्ण सहायक होते हैं। प्रसादजी में मानवीकरण की अपूर्व क्षमता थी। उन्होंने प्रकृति को ही नहीं, मनोवृत्तियों को भी मानवीकृत रूप में उपस्थित किया हैं मनोवृत्तियों के मानवीकृत रूप 'कामायनी' में सर्वत्र उभर कर आये हैं।

2. ध्वन्यर्थव्यंजना

जहाँ काव्यगत शब्द ही अपनी सामर्थ्य से प्रसंगानुसार वस्तु के रूप, गुण, क्रिया आदि के साथ वस्तु की ध्वनि को व्यक्त कर अर्थ का भी उद्बोधन करें, वहाँ ध्वन्यर्थव्यंजना अलंकार होता है।

ध्वन्यर्थव्यंजना का अर्थ है ध्वनि द्वारा अर्थ की व्यंजना। ध्वन्यात्मकता शब्द का

गुण है। अंग्रेजी में यह 'ओनोमेटोपोइया' (Onomatopoeia) के नाम से अलंकार-रूप में व्यवहृत होता हैं आधुनिक हिंदी कविता में उसी की देखादेखी इसका प्रचलन अधिक बढ़ गया है। पर वहाँ इसका पूर्ण निर्वाह नहीं मिलता है। नादानुकरण पर निर्मित शब्द प्रत्येक भाषा में मिलते हैं, पर वे एक समान नहीं होते है। इस अलंकार में नादानुकरण पर निर्मित शब्द ही प्रयुक्त किये जाते हैं। हिंदी कविता में इसके प्राचीन प्रयोग तो मिलते हैं, पर अलग से इसका विवेचन लोगों ने नहीं किया है। छायावादी कवियों ने इसके प्रयोग में पूर्ण सजगता दिखलाई है। ध्वनि की प्रकृति को सर्वाधिक पहचाना है पंतजी ने। उन्होंने छोटे-मोटे अनेक नादानुकारी शब्दों की सृष्टि की है—रलमल, टलमल, रणमण, छलछल, कलमल, झरझर्, मर्मर, दलदल, खलखल आदि। नाद इसमें भावों का पूर्णतः अनुकरण करता है। ध्वनि द्वारा नाद (शब्द) की व्यंजना ही इसका मूल है। इससे भाव बोधकता अधिक तीव्र हो उठती है।

झूम-झूम मृदु गरज-गरज घन घोर।
राग-अमर! अंबर में भर निज रोर।
झर झर झर निर्झर-गिरि-सर में,
घर मरु, तरु-मर्मर, सागर में,
मन में विजन-गहन-कानन में,
आनन-आनन, में, रव-घोर-कठोर—
राग-अमर! अंबर में भर निज रोर।

—निराला

यहाँ शब्द-योजना ऐसी है कि उसकी ध्वनि से ही बादलों का रव व्यंजित हो रहा है। इसी प्रकार पंतजी की ये पंक्तियाँ (पवनगीत) देखी जा सकती है—

सर-सर मर-मर झन-झन सन-सन
गाता कभी गरजता भीषण
वन-वन उपवन
पवन, प्रभंजन।

—पंतजी

यहाँ पवन का वर्णन है, जिसमें उसकी ध्वनि का अनुरणन मृतिं हो उठा है। अतः यहाँ ध्वन्यर्थव्यंजना अलंकार है।

भेरी झरर झरर दमाये
घोर नकारों की है चोप।
कड़-कड़-कड़, सन-सन बंदूकें,
अरर अरर अरर तोप
आग उगलती दहक-दहक दह

काँप रही भू नभ के छोर।

निराला

यहाँ भेरी, बन्दूक तोप की आवाजों के अनुकरण पर शब्द गढ़े गये हैं। वर्णों की सहज आवृत्ति, शब्दों के दुहरे प्रयोग आदि से वर्ण-संगीत की योजना बड़ी ही सटीक हो गयी है। अतः, यहाँ ध्वन्यर्थव्यंजना है। शब्दों के दुहरे प्रयोग से प्रभावान्विति भी सुकर हो गयी है। पंतजी का निम्नांकित उदाहरण भी इसी प्रकार का है—

चमक-झनकमय मंत्र वशीकर
छहर-छहरमय विष-सीकर!

—पंतजी

यहाँ वर्षा की झमझम ध्वनि स्वतः स्फूर्त है। इससे भावों की तीव्रता में सहायता मिल रही है। यहाँ भी ध्वन्यर्थव्यंजना अलंकार है।

3. विशेषण विपर्यय

जहाँ विशेषण को अपने स्थान पर प्रयुक्त न करके लक्षणाशक्ति द्वारा अन्यत्र प्रयुक्त किया जाये, वहाँ विशेषण-विपर्यय अलंकार होता है।

विशेषण-विपर्यय का अर्थ है विशेषण का विपर्यय। विपर्यय का अर्थ है व्यत्यय अर्थात् उलट देना या अन्यत्र प्रयुक्त करना। इसे ही विशेषणव्यत्यय भी कहा जाता है। इसमें सामान्यतः एक वस्तु का विशेषण दूसरी वस्तु के साथ नियोजित हो जाता है। तात्पर्य यह कि अभिधाशक्ति से विशेषण की जगह जहाँ होती है, वहाँ से इसे हटा दिया जाता है और लक्षणाशक्ति से इसे अन्यत्र प्रतिष्ठित कर दिया जाता है। इसमें (दो से अधिक भी) वस्तुओं के गुण-गर्भ विशेषणों के परस्पर विपर्यय द्वारा चमत्कार उत्पन्न किया जाता है। यह एक प्रकार अर्थालंकरण है। इससे काव्य-सौष्ठत में महत्त्वपूर्ण वृद्धि हो जाती है। श्री सुधांशुजी के अनुसार—''भावाधिक्य की व्यंजना के लिये विशेषण-विपर्यय अलंकार का व्यवहार बहुत सुन्दर है।' यह एक प्रकार का लाक्षणिक प्रयोग है जो प्रयोजनवती लक्षणा पर आधारित है। भारतीय अलंकारों में 'तद्गुण' इसका सजातीय अलंकार है पर 'तद्गुण' की अपेक्षा विशेषण-विपर्यय अधिक सूक्ष्म अलंकार है। हिंदी काव्य में इसका प्रचलन आधुनिक समय में हुआ है। यह अंग्रेजी अलंकार शास्त्र के ट्रांसफर्ड इपिथेट' अथवा 'हाइपैलेज' (Transferred Epithet or Hypallage) का हिंदी करण ही है।

कभी किसी वत्सल अंचल ने
लिया तुम्हें यदि पाल।

—मिलिंद

यहाँ 'वत्सल' के प्रयोग में विशेषण का विपर्यय है। अंचल वत्सल नहीं होता,

वत्सल होती है माँ। यहाँ वत्सला माता के वात्सल्य को तीव्रता की व्यंजना के लिये ही 'वत्सल अंचल' प्रयुक्त है। अस्तु, यहाँ विशेषण-विपर्यय है।

अभिलाषाओं की करवट
फिर सुप्त व्यथा का जगना।

यहाँ 'करवट' विपर्यस्त विशेषण है। अभिलाषाएं करवट नहीं लेतीं, करवट लेता है मनुष्य। अस्तु, यहाँ विशेषण-विपर्यय अलंकार है।

तैरती स्वप्नों में दिन-रात,
मोहिनी छबि-सी तुम अम्लान,
कि जिसके पीछे-पीछे नारि,
रहे फिर मेरे भिक्षुक गान।

—दिनकर

यहाँ 'भिक्षुक' गान नहीं है, प्रत्युत भिक्षुक है कवि। सौन्दर्य की प्यास—नारी-सौन्दर्य को गीतबद्ध करने की अभिलाषा ही उसे भिक्षुक बनाये है। अस्तु यहाँ भी विपर्यस्त विशेषण ही है। विशेषण-विपर्यय का सर्वाधिक कलात्मकरूप होता है कृदन्तरूप विशेषण-विर्पयय। यथा—

कल्पना में है कसकती वेदना
अश्रु में जीता सिसकता गान है।

—पंतजी

पंतजी में विशेषण-विपर्यय के इसी रूप की अधिकता है। इस प्रकार के प्रयोग में चमत्कार की तीव्रता अधिक होती है। निम्नांकित उदाहरणों में भी क्रमशः मूर्च्छित, व्याकुल, सुरीले, तुतले आदि विपर्यस्त विशेषण ही है, जिससे चमत्कार बढ़ गया है।—

1. यह मूर्च्छित मूर्च्छना आह-सी। —प्रसाद
2. चल चरणों का व्याकुल पनघट। —निराला
3. वेदना के ही सुरीले हाथ से। —पंतजी
4. बच्चों के तुतले भय-सी। —पंतजी
5. इन ललचायी पलकों पर पहरा था जब व्रीड़ का —महादेवी

4. अनुकल्प

किसी सम्पर्क-सूत्र के कारण जहाँ एक वस्तु को दूसरी वस्तु के नाम से अभिहित किया जाये, वहाँ अनुकल्प अलंकार होता है

'अनुकल्प' में 'अनु' उपसर्ग है जिसका अर्थ है समान, पीछे, गौण आदि और 'कल्प' का अर्थ है कल्पना या विधान। इस प्रकार 'अनुकल्प का अर्थ है समान

कल्पना, पीछे की कल्पना अर्थात् गौण विधान। इसमें वैसी बात या वस्तु का विधान किया जाता है जिसका प्रयोग किसी अन्य बात या वस्तु के अभाव में किया जा सके। तात्पर्य यह कि मुख्य वस्तु के अभाव में काम में लायी जाने वाली तत्सदृश वस्तु ही अनुकल्प है। अँग्रेजी में अनुकल्प अलंकार 'मेटोनिमी (Metonymy) के नाम से जाना जाता है[1]। हिंदी की आधुनिक कविता में इसका प्रयोग अँग्रेजी-साहित्य के सम्पर्क का परिणाम है। इसमें अंश के लिये अंशी, आधेय के लिये आधार, लिंग के लिये लिंगी, कर्त्ता के लिये कारण अथवा अर्थ के लिये धर्म का प्रयोग किया जाता है। इस प्रकार के प्रयोग का आधार है निश्चित सम्पर्क-सूत्र। किसी सम्पर्क-सूत्र के अभाव में यदि ऐसा प्रयोग किया जाये, तो उसमें वाक्यात्मक चमत्कार उत्पन्न होगा ही नहीं। इस प्रकार के प्रयोग सामान्य बोलचाल की स्थिति में भी सुनने को मिल जाया करते हैं। यथा—'जेठ जल रहा है'—यहाँ 'जेठ' है अंशी, जिसका प्रयोग 'अंश' (संसार) के लिये किया गया है। यहाँ इतना ही कहना अभिप्रेत है कि 'जेठ के महीने में गर्मी की अधिकता से संसार जल रहा है'। यहाँ 'अंश' से 'अंशी' का सम्पर्क स्पष्ट है।

लाये, कौन सन्देश गये घन!
अंवर गर्वित ही आया तन,
चिर निस्पन्द हृदय में उसके
उमड़े री पुलकों के सावन!

—महादेवी

यहाँ चतुर्थ चरण में अंश के स्थान पर अंशी—'मेघ' के स्थान पर 'सावन' का प्रयोग हुआ है। अस्तु, यहाँ अनुकल्प अलंकार है।

उषा का था उर में आवास,
मुकुल का मुख में मृदुल विकास।
चाँदनी का स्वभाव में वास
विचारों में बच्चों को साँस।

यहाँ हर्षातिरेक, सुन्दरस्मित, स्वभाव की पवित्रता और विचारों की निश्छलता के लिये क्रमशः 'उषा', 'मुकुल', 'चांदनी' और 'बच्चों की साँस' का प्रयोग किया गया है। अस्तु, यहाँ भी अनुकल्प अलंकार है।

---

1. The word Metonymy means 'Substitution' or 'name change'. It, therefore, Consists in substituting the name of one thing for that of another to which it has some relation. It is the use of an attribute (quality) for the thing. This attribute Suggests the thing associated with it.
Examples— 1. The pen is meghtier than the sowrd.
2. He succuded to the crown.

5. उपलक्ष

जहाँ पूर्णता के लिये अपूर्णता और अपूर्णता के लिये पूर्णता का वर्णन किया जाये, वहाँ उपलक्ष अलंकार होता है।

उपलक्ष का अर्थ है (उप + लक्ष + घञ्) अच्छी तरह विचार कर कुछ कहना। 'उपलक्ष' के 'उप' उपसर्ग का यहाँ अर्थ है तीव्रता, प्राथमिकता, विस्तार, अलंकरण आदि और 'लक्ष' का अर्थ है देखना या आँकना। इस प्रकार 'उपलक्ष' का अर्थ है निश्चित सोच-विचार अथवा चिंतन-मनन के पश्चात् विचारों की अभिव्यक्ति। तात्पर्य यह कि अलंकार पूर्णतः कवि-प्रतिभोत्थित होता है।

उपलक्षक शब्द अपने सिवा अपने वर्ग की अन्य बातों अथवा वस्तुओं का भी बोध कराता है। यथा—'देखो, कहीं बिल्ली दूध न पी जाये' में 'बिल्ली' उपलक्षक शब्द है। यहाँ 'बिल्ली' से बिल्ली के अतिरिक्त कुत्ते, नेवले आदि का भी बोध होता है। यह अर्थबोध होता है उपादान लक्षणा से।

'अनुकल्प' अलंकार की तरह ही 'उपलक्ष' का मूलाधार है लक्षणा शक्ति। वस्तुतः 'उपलक्ष' अलंकार का ग्रहण भारतीय काव्यशास्त्र में रूढ़ि लक्षणा के अन्तर्गत हुआ है। यथा—'हाकी के खेल में भारत बहादुर है'—यहाँ 'भारत' का अर्थ उस भारत से नहीं है जो मिट्टी का एक निश्चित भूभाग भर है, प्रस्तुत मुख्यार्थ को छोड़कर आधराधेय सम्बन्ध से यहाँ 'भारत' का अर्थ है 'भारत के निवासी'। ठीक यही स्थिति होती है उपलक्ष अलंकार में। यह अनुकल्प अलंकार का ही एक विशिष्ट प्रकार है। इसे अँग्रेजी में 'सिनेकडोकी'[1] (Synechdoche) कहा जाता है, जिसका अर्थ है एक वस्तु के माध्यम से अन्य वस्तु को समझना (understanding of one thing by means of another)। इसमें व्यक्ति के लिये जाति, जाति के लिये व्यक्ति, अंगी के लिये अंग, अंग के लिये अंगी, मूर्त के लिये अमूर्त, अमूर्त के लिये मूर्त आदि का प्रयोग किया जाता है।

हैं कुपथ पर पाँव मेरे
आज दुनियाँ की नजर में।

—बच्चन

यहाँ 'दुनियाँ' की नजर' में आधाराधेय सम्बन्ध है जिससे लक्षणा द्वारा 'दुनियाँ'

---

1. उदाहरण— (a) A part for the whole–He manages to earn his bread.
–The necessaries of life.
(b) The concrete for the abstract–He felt the patriot rise within his breast.
–The patriotic feling.

का अर्थ है दुनियाँ में निवास करने वाले लोग यहाँ दुनियाँ वालों के लिये दुनियाँ—अंग के लिये अंगी का प्रयोग होने से उपलक्ष अलंकार है।

आज यह राजवाटिका छोड़,
चलो कवि वनफूलों की ओर।

—दिनकर

यहाँ 'कवि' का प्रयोग 'काव्यगत भावनाओं' के लिये हुआ है। यह प्रयोग अमूर्त के लिये मूर्त रूप में हुआ है। अस्तु यहाँ भी उपलक्ष अलंकार है।

हाथ जो
चट्टान को
तोड़े नहीं
वह टूट जाये।

—केदारनाथ अग्रवाल

यहाँ 'हाथ' का प्रयोग व्यक्ति के अर्थ में किया गया है। यह अंगी के लिये अंग का प्रयोग है। अस्तु यहाँ भी उपलक्ष अलंकार है।

(च) उपसंहार

1. कतिपय अलंकारों में पारस्परिक साम्य-वैषम्य

1. **यमक-लाटानुप्रास**–दोनों शब्दालंकार है। शब्दों की आवृत्ति दोनों में होती हैं। यमक में निरर्थक अथवा भिन्नार्थक शब्दों की आवृत्ति होती है, पर लाटानुप्रास में समानार्थक शब्दों की आवृत्ति होती है। प्रथम के चमत्कार का मूलाधार है शब्दावृत्ति और द्वितीय के चमत्कार का आधार है शब्दार्थावृत्ति। प्रथम में प्रायः श्लिष्ट शब्द का प्रयोग होने` कारण उन्हें बार-बार आना पड़ता है, पर द्वितीय में शब्द अश्लिष्ट होते है।

2. **यमक-पुनरुक्तवदाभास**–दोनों शब्दालंकार हैं। कतिपय आचार्यों के अनुसार पुनरुक्तवदाभास उभयालंकार है। समान अर्थ की आवृत्ति संशय दोनों में होता है, पर वस्तुतः यमक में शब्दों में स्वरूप-ऐक्य भर होता है, अर्थ-ऐक्य नहीं; पुनरुक्तवदाभास में स्वरूप और अर्थ दोनों भिन्न-भिन्न होते हैं।

3. **यमक-श्लेष**–दोनों शब्दालंकार हैं। सामान्यतः श्लेष में श्लिष्ट शब्द एक बार ही प्रयुक्त होता है, पर यमक में श्लिष्ट शब्द अनेक बार प्रयुक्त होते हैं। श्लेष के चमत्कार के मूल में है श्लिष्ट शब्द का एक बार ही प्रयुक्त होकर अनेकार्थता बनाये रखना और यमक के चमत्कार के मूल में है अनेकार्थता के लिये शब्दों का पुनःपुनः प्रयुक्त होना। वाच्य-वैचित्र्य ही दोनों में है।

4. **यमक-आवृत्तिदीपक**–प्रथम शब्दालंकार है, जबकि द्वितीय अर्थालंकार। प्रथम का चमत्कार शब्दाश्रित होता है, पर द्वितीय का अर्थाश्रित। प्रथम में प्रस्तुत-अप्रस्तुत सम्बन्ध नहीं होता है, द्वितीय में होता है। क्रिया-पदभिन्न स्थलों में होता है यमक, पर क्रियापद की आवृत्ति में होता है आवृत्तिदीपक।

5. **पूर्णोपमा-लुप्तोपमा**–दोनों भेदाभेदतुल्यप्रधान सादृश्यमूलक अर्थालंकार है। उपमा-प्रपंच के अन्तर्गत ही दोनों गृहीत है। उपमा के चार अंगो (उपमेय, उपमान, वाचक और साधर्म्य) का प्रयोग होने पर पूर्णोपमा और उपमा के पूर्वोक्त चारो अंगों में से किसी एक, दो या तीन के लोप होने पर लुप्तोपमा होती है।

6. **उपमा-प्रतीप**–दोनों साधर्म्यमूलक अर्थालंकार है। कतिपय आचार्यों के अनुसार प्रतीप लोक-न्यायमूलक अर्थालंकार है। उपमा में चमत्कार होता है साम्य

भाव के कारण और प्रतीप में उपमान के अनादर के कारण प्रथम में प्रस्तुत उपमेय रहता है और अह्रप्रस्तुत उपमान, द्वितीय में अप्रस्तुत उपमेय रहता है और प्रस्तुत उपमान। दोनों को एक दूसरे का विलोम अलंकार कहना चाहिये।

7. उपमा-रूपक—दोनों साधर्म्यमूलक अर्थालंकार है। प्रथम भेदाभेद-तुल्यप्रधान है, जब कि द्वितीय अभेदप्रधान आरोपमूलक। प्रथम में चमत्कार सादृश्य या साधर्म्य के कारण होता है, द्वितीय में आरोप या तादात्म्य के कारण। प्रथम में सादृश्य-वाचक शब्द वाच्य रहता है, द्वितीय में व्यंग्य। उपमेय और उपमान की दूरी उपमा में आवश्यक रूप में बनी रहती है, पर रूपक में यह पार्थक्य नहीं होता है।

8. उपमा-प्रतिवस्तूपमा—सादृश्यमूलक अर्थालंकार दोनों है, पर प्रथम है भेदाभेदतुल्यपधान और द्वितीय भेद्रप्रधान अथवा गम्यौपम्यमूलक। प्रथम मात्र साधर्म्य पद्धति द्वारा ही निर्दिष्ट होता है, जब कि द्वितीय साधर्म्य अथवा वैधर्म्य किसी भी पद्धति द्वारा निर्दिष्ट हो सकता है। प्रथम एक ही वाक्य में निष्पन्न होता है, द्वितीय दो वाक्यों में। उपमा में एक साधर्म्य का एक ही शब्द से कथन किया जाता है, प्रतिवस्तूपमा में एक ही साधर्म्य को दो शब्दों से।

9. उपमा-उपमेयोपमा—दोनों भेदाभेदतुल्यप्रधान साधर्म्यमूलक अर्थालंकार है। उपमा एक वाक्यगत होती है, उपमेयोपमा द्विवाक्यगत। प्रथम में मात्र उपमेय की उपमान से समता बतायी जाती है, उपमेयोपमा में उपमेय और उपमान परस्पर एक दूसरे का उपमान और उपमेय बनते चलते है।

10. उपमा-अनन्वय—दोनों भेदाभेदतुल्यप्रधान साधर्म्यमूलक अर्थालंकार हैं। उपमा में उपमेय और उपमान भिन्न-भिन्न होते हैं, अनन्वय में उपमेय ही स्वयं उपमान होता है।

11. उपमा-उत्प्रेक्षा—दोनों साधर्म्यमूलक अर्थालंकार है, पर उपमा है भेदाभेदतुल्यप्रधान और उत्प्रेक्षा अभेदप्रधान अध्यवसायमूलक। प्रथम में उपमेय और उपमान में साम्य प्रतिपादन किया जाता है, द्वितीय में उपमेय में उपमान की संभावना। उपमा में (लुप्तोपमा में नहीं) औपम्य-वाचक—सा, ऐसा, जैसा, सरिस आदि शब्द प्रयुक्त होते है, पर उत्प्रेरक्षा में उत्प्रेक्षावाची—मनु, जनु, जानो, मानो आदि शब्द। उपमा में साम्यभाव निश्चित होता है, पर उत्प्रेक्षा में अनिश्चित। प्रथम में संशय की भावना बिल्कुल नहीं होती है, पर द्वितीय में संशय (उपमान के प्रति) आवश्यक रूप से रहता है।

12. उत्प्रेक्षा-संदेह—दोनों सादृश्यमूलक अभेदप्रधान अलंकार है, किन्तु उत्प्रेक्षा है अध्यवसायमूलक और संदेह आरोपमूलक। संशय की भावना दोनों में रहती है। दोनों का अस्तित्व सादृश्य, किन्तु अनिश्चितता पर टिका है। प्रथम में उपमान पक्ष का मोह होने से झुकाव एककोटिक (उपमान की ओर) होता है, पर द्वितीय में

संशयात्मक ज्ञान द्विकोटिक होने से अन्त तक संशय उभयपक्षीय बना रहता है। उत्प्रेक्षा में उपमेय और उपमान के भेद और उनके वास्तविक रूपों का ज्ञान आवश्यक रूप से रहता है, पर संदेह में ऐसा नहीं होता। वहाँ दोनों के प्रति संशयात्मक भाव रहता है। तात्पर्य यह कि वहाँ ज्ञान होता है।

13. उत्प्रेक्षा-भ्रांतिमान–दोनों संशय की भावना से युक्त होते हैं। दोनों अभेद प्रधान साधर्म्यमूलक अर्थालंकार है, पर उत्प्रेक्षा है अध्यवसायमूलक और भ्रांतिमान आरोपमूलक। प्रथम में ज्ञान संभावित होता है, द्वितीय में निश्चयात्मक किन्तु मिथ्या। प्रथम में वास्तवकि वस्तु का ज्ञान रहता है, पर द्वितीय में वास्तविक वस्तु का ज्ञान बिल्कुल नहीं रहता है।

14. उत्प्रेक्षा-अतिशयोक्ति–दोनों अध्यवसायमूलक अभेदप्रधान सादृश्यगर्भ अर्थालंकार है। उत्प्रेक्षा में उपमेय में उपमान की संभावना की जाती है, अतिशयोक्ति में उपमेय को निगीर्ण कर उपमान के साथ अभेद की प्रतीति करायी जाती है। साधर्म्यकल्पना दोनों में होती है। प्रथम में चित्तवृत्ति अनिश्चित रहती है (एक सीमा तक ही), द्वितीय में ऐसी बात नहीं होती। प्रथम में उपमेय और उपमान दोनों का कथन किया जताा है, पर द्वितीय में उपमेय अप्रकट रहता है।

15. उत्प्रेक्षा-रूपक–दोनों अभेदप्रधान सादृश्यमूलक अर्थालंकार है, पर प्रथम है अध्यवसायमूलक और द्वितीय आरोपमूलक। प्रथम में उपमेय में उपमान की संभावना होती है, पर द्वितीय में उपमेय में उपमान का आरोप अथवा तादात्म्य। उत्प्रेक्षा में चित्तवृत्ति की एक सीमा तक अनिश्चितता रहती है, रूपक में नहीं।

16. रूपक-संदेह–दोनों आरोपमूलक अभेदप्रधान सादृश्यगर्भ अर्थालंकार है। उपमेय में उपमान का आरोप होता है रूपक में, पर संदेह में होता है संशय। प्रथम में ज्ञान निश्चित रहता है, पर द्वितीय में अनिश्चित और द्विकोटिक।

17. रूपक-अपह्नुति–दोनों आरोपमूलक अभेदप्रधान सादृश्यगर्भ अर्थालंकार है। उपमेय में उपमान का आरोप दोनों में होता है, पर रूपक में आरोप होता है निषधरहित और अपह्नुति में निषेधयुक्त।

18. रूपक-अतिशयोक्ति–अभेदप्रधान सादृश्यमूलक अर्थालंकार दोनों हैं, पर रूपक है आरोपमूलक और अतिशयोक्ति (रूपका.) अध्यवसायमूलक। प्रथम में होती है गौणी सारोपा लक्षणा, पर द्वितीय में गौणी साध्यवसाना लक्षणा। प्रथम में उपमेय और उपमान के शब्दतः कथन द्वारा अभेद प्रतिपादन किया जाता है, पर द्वितीय में उपमेय को निगीर्ण कर उससें उपमान का अभेद दिखलाया जाता है। प्रथम में आहार्य अभेद होता है और द्वितीय में अध्यवसान-रूप आहार्य अभेद होता है।

19. रूपक-भ्रांतिमान–दोनों आरोपमूलक अभेदप्रधान सादृश्यगर्भ अर्थालंकार है। रूपक अहार्य ज्ञान पर आश्रित है, जबकि भ्रांतिमान अनाहार्य ज्ञान पर। रूपक

में ज्ञाता को उपमेय और उपमान दोनों का ज्ञान रहता है, पर भ्रांतिमान में मात्र उपमान का। प्रथम में उपमेय में उपमान का आरोप जान-बूझकर किया जाता है, पर द्वितीय में भ्रांतज्ञान के कारण।

20. रूपक-उल्लेख–दोनों आरोपमूलक अभेदप्रधान सादृश्यगर्भ अर्थालंकार हैं। निरंगमालारूपक में अनेक उपमानों का एक उपमेय में आरोपमात्र रहता है, उल्लेख में एक वस्तु का परिस्थिति-भेद से अनेकधा वर्णन किया जाता है।

21. रूपक-समासोक्ति–साधर्म्यमूलक अर्थालंकार दोनों हैं, पर रूपक है आरोपमूलक अभेदप्रधान अलंकार और समासोक्ति भेद-प्रधान अथवा गम्यौपम्याश्रय वर्ग का विशेषण- वैचित्र्यमूलक। प्रथम में उपमेय में उपमान का आरोप स्वरूपतः होता है, द्वितीय में व्यवहारतः। प्रथम में उपमान (अप्रकृत) का संकेत स्पष्ट (वाच्य) रहता है, द्वितीय में ऐसी बात नहीं होती है। वहाँ लिंगसाम्य अथवा विशेषणसाम्य आदि के आधार पर अप्रकृत व्यंजित होता है। प्रथम के मूल में होती है गौणी सारोपा लक्षणा, पर द्वितीय के मूल में स्थित रहता है गुणीभूत व्यंग्य। रूपक में उपमेय और उपमान समान भाव (बल) वाले होते हैं, जबकि समासोक्ति में एक प्रधान होता है और दूसरा होता है गौण।

22. रूपक-स्मरण–दोनों सादृश्यमूलक अर्थालकांर है, किन्तु प्रथम है अभेदपधान आरोपमूल और द्वितीय है भेदाभेदतुल्यप्रधान। प्रथम में होता है उपमेय में उपमान का आरोप और द्वितीय में उपमान को देखकर उपमेय की स्मृति।

23. रूपक-निदर्शना–सादृश्यमूलक अर्थालंकार दोनों हैं, पर रूपक है अभेदपधान आरोपमूलक अर्थालंकार और निदर्शना है भेदप्रधान अथवा गम्यौपम्याश्रय वर्ग का वाक्यार्थगत अलंकार। आरोप दोनों में होता है, पर प्रथम में होता है ताद्रूप्यारोप और द्वितीय में ऐक्यारोप। प्रथम में बिंब-प्रतिबिंबभाव नहीं होता है (कुछ लोगों के अनुसार होता है), जबकि द्वितीय में बिंब-प्रतिबिंबभाव होता है। प्रथम में सामानाधिकरण्य श्रोत या शाब्द होता है, पर द्वितीय में आर्थ।

24. निदर्शना (वाक्यार्थ) प्रतिवस्तूपमा–दोनों सादृश्यगर्भ गम्यौपम्याश्रयमूलक वर्ग के वाक्यार्थगत अर्थालंकार है। निदर्शना में उपमेय और उपमान वाक्य आपस में सापेक्ष होते हैं, प्रतिवस्तुपमा में निरपेक्ष। प्रथम में सादृश्य निर्दिष्ट नहीं रहता है, श्रोता उसे आक्षिप्त करता है; जबकि द्वितीय में आश्चर्य अलग-अलग निर्दिष्ट रहता है। प्रथम में बिंब-प्रतिबिंबभाव रहता है, जबकि द्वितीय में नही।

25. निदर्शना-दृष्टांत–दोनों सादृश्यगर्भ गम्यौपम्याश्रयमूलक वर्ग के वाक्यार्थगत अर्थालंकार है। निदर्शना में उपमेय और उपमान वाक्य आपस में सापेक्ष होते है, दृष्टांत में निरपेक्ष। प्रथम में साधर्म्य निर्दिष्ट नहीं रहता है, पर दृष्टांत में यह निर्दिष्ट तो रहता ही है; उपमेयवाक्य और उपमानवाक्य का भिन्न-भिन्न भी रहता है।

बिंब-प्रतिबिंबभाव दोनों में रहता है, पर निदर्शना में प्रथम बिंब-प्रतिबिंबभाव की कल्पना होती है और पुनः अर्थ की; किन्तु इसके प्रतिकूल दृष्टांत में प्रथम अर्थ-संगति की और उसके पश्चात् बिंब-प्रतिबिंबभाव की कल्पना होती है। प्रथम में मात्र उपमेय-उपमान का ही बिंब-प्रतिबिंबभाव होता हैं, पर द्वितीय में साधरण धर्मों का भी।

26. दृष्टांत-प्रतिवस्तूपमा–दोनों सादृश्यगर्भ गम्यौपम्याश्रयमूलक वर्ग के वाक्यार्थगत अर्थालंकार है। दोनों के उपमेय वाक्य और उपमान वाक्य निरक्षेप होते हैं। प्रथम में बिंब-प्रतिबिंबभाव होता है, पर द्वितीय में वस्तु-प्रतिवस्तु भाव। प्रथम में दो साधर्म्य रहते हैं, जिन्हें भिन्न-भिन्न शब्दों द्वारा कहा जाता है, प्रतिवस्तूपमा में साधर्म्य एक ही रहता है, केवल दो भिन्न शब्दों द्वारा उनका कथनभर किया जाता है। प्रथम में प्रतिबिंब केवल उपमेय, उपमान का ही नहीं, प्रत्युत विशेषण आदि साधरणधर्मों का भी होता है, पर द्वितीय में केवल उपमेय और उपमान का ही प्रतिबिंबन होता है।

27. दृष्टांत-उदाहरण–दोनों सादृश्यगर्भ गम्यौपम्याश्रयमूलक वर्ग के वाक्यार्थगत अर्थालंकार है। दोनों में दो-दो वाक्य होते हैं और बिंब-प्रतिबिंबभाव भी दोनों में होता है। दृष्टांत के औपम्यवाचक शब्द नहीं रहता है, पर उदाहरण में रहता है। प्रथम में दोनों वाक्य या तो सामान्य होते हैं या विशेष, पर द्वितीय में पहले सामान्य वाक्य रहता है और पुनः विशेष वाक्य द्वारा उसकी पुष्टि की जाती है।

28. दृष्टांत-अप्रस्तुतप्रशंसा–दोनों सादृश्यगर्भ गम्यौपस्याश्रयमूलक अर्थालंकार है। दृष्टांत में उपमेय और उपमान दोनों वाच्य रहते हैं, जबकि अप्रस्तुतप्रशंसा में उपमेय व्यंग्य होता है और केवल उपमान वाच्य। प्रथम में साधर्म्य का प्रयोग भिन्न-भिन्न रूप से दो बार होता है, पर द्वितीय में केवल एक बार।

29. दृष्टांत-अर्थान्तरन्यास–दोनों सादृश्यगर्भ गम्यौपम्याश्रयमूलक अर्थालंकार है। कुछेक विचारकों के अनुसार अर्थान्तरन्यास तर्कन्यायमूलक अर्थालंकार है। दोनों में दो (उपमेय और उपमान) वाक्य होते है। ये वाक्य परस्पर निरपेक्ष होते है। दृष्टांत में दोनां वाक्यों में बिंब-प्रतिबिंबभाव होता है। पर अर्थान्तरन्यास में समर्थ्य-समर्थक भाव। प्रथम में दोनों वाक्य सामान्य अथवा विशेष होते हैं, पर द्वितीय में एक सामान्य और दूसरा विशेष। प्रथम में अपेक्षित है मात्र साधर्म्य की व्यंजना, जबकि द्वितीय में साधर्म्य अथवा वैधर्म्य किसी की भी व्यंजना हो सकती है।

30. अर्थान्तरन्यास-प्रतिवस्तूपमा–दोनों सादृश्यगर्भ गम्यौपम्याश्रयमूलक अर्थालंकार है। दोनों में दो (उपमेय और उपमान) वाक्य होते हैं। प्रथम में समर्थ्य-समर्थक भाव होता है, पर द्वितीय में उपमानोपमेय भाव अथवा वस्तु-प्रति वस्तु भाव। प्रथम में पहले वाक्य का दूसरे वाक्य से समर्थन होता है, जब कि द्वितीय में साधर्म्य की प्रतीति।

31. अर्थान्तरन्यास-उदाहरण—दोनों सादृश्यगर्भ गम्यौपम्याश्रयमूलक अर्थालंकार हैं। प्रथम में सादृश्य और उसके वाचक शब्द नहीं रहते हैं, द्वितीय में दोनों रहते हैं। प्रथम में एक वाक्य सामान्य और दसूरा वाक्य विशेष होता है, जबकि द्वितीय में कतिपय आचार्यों के अनुसार ऐसी बात नहीं होती है।

32. अर्थान्तरन्यास-अप्रस्तुतप्रशंसा—दोनों सादृश्यगर्भ गम्यौपम्याश्रयमूलक अर्थालंकार हैं। दोनों में दो वाक्य होते हैं। अर्थान्तरन्यास में प्रस्तुत और अप्रस्तुत दोनों वाच्य रहते हैं, पर अप्रस्तुतप्रशंसा में प्रस्तुत और अप्रस्तुत कोई एक ही वाच्य रहता है, दूसरा व्यंग्य। प्रथम में समर्थ्य-समर्थक भाव होता है, द्वितीय में नहीं।

33. अर्थान्तरन्यास-काव्यलिंग—अर्थान्तरन्यास गम्यौपम्याश्रयमूलक अर्थालंकार है, पर काव्यलिंग तर्कन्यायमूलक। दोनों मे दो-दो वाक्य होते हैं, जिनमें थोड़े अन्तर से समर्थ्य-समर्थ भाव होता है। प्रथम में सामान्यविशेष भाव होता है, द्वितीय में कार्य-कारण भाव। प्रथम में प्रस्तुतपरक एक ही वाक्य होता है, द्वितीय में दोनों वाक्य प्रस्तुतपरक ही होते है; अप्रस्तुतपरक एक भी नहीं। प्रथम में होता है समर्थक हेतु, पर द्वितीय में निष्पादक हेतु।

34. काव्यलिंग-अनुमान—दोनों तर्कन्यायमूलमक अर्थालंकार है। तात्पर्यसिद्धि के निमित्त थोड़े अन्तर के साथ कारण का प्रयोग दोनों में होता है। काव्यलिंग में कार्य-कारण भाव वाच्य नहीं, व्यंग्य होता है; अनुमान में साध्य-साधन भाव वाच्य। प्रथम में होता है समर्थक हेतु (कारव हेतु) पर द्वितीय में ज्ञापक हेतु।

35. अतिशयोक्ति-स्वभावोक्ति—अतिशयोक्ति अतिशयमूलक अर्थालंकार (रूपकातिशयोक्ति को छोड़कर) है, पर स्वभावोक्ति गूढार्थप्रतीतिमूलक। प्रथम पूर्णतः कल्पना पर आधारित है, सत्य का अंश इसमें अत्यल्प होता है। इसके प्रतिकूल द्वितीय में कल्पना का अंश ही अत्यल्प होता है, इसका आधार पूर्णतः यथार्थ होता है; इसी से कुछ लोगों के अनुसार इसमें कभी-कभी चमत्कार होता ही नहीं है। वस्तुतः दोनों पूर्णतः कवि-प्रतिभोत्थित अलंकार कहे जाएंगे—प्रथम में आवश्यकता है कल्पना की प्रतिभा की ओर द्वितीय में यथार्थ अंकन की प्रतिभा की।

36. स्वभावोक्ति-भाविक—दोनों गूढार्थप्रतीतिमूलक अर्थालंकार है। स्वभावोक्ति में प्रत्यक्ष वस्तु के धर्म का वर्णन होता है, पर भाविक में परोक्ष वस्तु के धर्म का प्रत्यक्ष वर्णन किया जाता है। स्वभावोक्ति की अपेक्षा भाविक में चमत्कार अधिक होता है।

37. भाविक-भ्रांतिमान—भाविक गूढार्थप्रतीतिमूलक अर्थालंकार है, पर भ्रांतिमान साधर्म्यमूलक। प्रथग सादृश्य की भावना पर आश्रित नहीं होता है, पर द्वितीय सादृश्य की भावना पर आश्रित होता है। यहाँ कवि की भावना का अतिरेक नहीं होता है। भ्रांतिमान गें ज्ञान मिथ्या होता है, भाविक में नहीं।

38. भ्रांतिमान-उल्लेख—दोनों सादृश्यगर्भ अभेदप्रधान आरोपमूलक अर्थालंकार

है। दोनों में ज्ञान मात्र अप्रस्तुत का ही होता है, पर भ्रांतिमान में ज्ञान मिथ्या पर आश्रित होता है; उल्लेख में मिथ्यात्व नहीं होता है। उल्लेख में ज्ञान सदा सत्य होता है।

39. भ्रांतिमान-संदेह–दोनों सादृश्यगर्भ अभेदप्रधान आरोपमूलक अर्थालंकार। भ्रांतिमान में मिथ्यात्व सादृश्य पर आधारित होता है, संदेह में मिथ्यात्व की संशयावस्था सादृश्य में स्वयं उत्पन्न होती है। प्रथम में मिथ्याज्ञान निश्चयात्मक होने के कारण एककोटिक होता है, द्वितीय में संशयात्मक होने के कारण द्विकोटिक। प्रथम के मूल में है भ्रांति, जबकि द्वितीय के मूल में संशय–दोनों के मूल में निहित होता है स्मरण। प्रथम में अप्रस्तुत मात्र एक ही होता है, जबकि द्वितीय में एकाधिक अप्रस्तुत होते हैं।

40. भ्रांतिमान 'मीलित–भ्रांतिमान सादृश्यमूलक अर्थालंकार है, पर मीलित को कुछ आचार्य लोकन्यायमूलक अर्थालंकार मानते हैं। वस्तुतः दोनों सादृश्यगर्भ अभेदप्रधान आरोपमूलक अलंकार ही है। प्रथम में ज्ञान मिथ्या होता है; द्वितीय में ज्ञान को यदि मिथ्या मान भी लिया जाये (कुछ सीमा तक), तो भी उसे भ्रांत नहीं माना जा सकता। प्रथम में एक वस्तु के सादृश्य के कारण दूसरी वस्तु का भान होता है, अर्थात् ज्ञाता एक ही वस्तु को जानता है; पर मीलित में ज्ञाता को दो समानधर्मी वस्तुओं का ज्ञान होता है। यहाँ एक वस्तु दूसरी समान वस्तु को इस प्रकार छिपा लेती है कि ज्ञाता दोनों का पार्थक्य भूल जाता है।

41. मीलित-तद्गुण–मीलित सादृश्यगर्भ अभेदप्रधान आरोपमूलक अर्थालंकार है, पर तद्गुण लोकन्यायमूलक अलंकार। कुछ लोगों के अनुसार मीलित भी लोकन्यायमूलक अलंकार ही है। दोनों में एक सबल और दूसरी निर्बल वस्तु वर्णित होती है। मीलित में एक वस्तु अन्य वस्तु को छिपा लेती है, पर तद्गुण में एक वस्तु का गुण अन्य वस्तु के गुण को छिपा लेता है। प्रथम में दोनों वस्तुएँ समानधर्मी होती है, जब कि द्वितीय में भिन्नधर्मी।

42. मीलित-सामान्य–दोनों सादृश्यमूलक अर्थालंकार है, पर मीलित है अभेदप्रधान आरोपमूलक और सामान्य अभेदप्रधान अध्यवसायमूलक। कुछ लोगों के अनुसार दोनों लोकन्यायमूलक अर्थालंकार है। दोनों में सामान्यधर्मी वस्तुएँ वर्णित होती हैं मीलित में सबल वस्तु निर्बल वस्तु को छिपा लेती है, पर सामान्य में दोनों वस्तुएँ एक-दूसरे से घुल-मिल जाती है। प्रथम में साधर्म्य के कारण निर्बल वस्तु इस प्रकार छिप जाती है कि उसका भेद कुछ भी लक्षित नहीं होता, पर द्वितीय में यह भेद पूर्णतः नहीं छिपता है।

43. दीपक-प्रतिवस्तूपमा–दोनों सादृश्यगर्भ गम्यौपम्याश्रयमूलक अर्थालंकार है, पर दीपक है पदार्थगत अलंकार और प्रतिवस्तूपमा वाक्यार्थगत। प्रथम एकवाक्यगत

अलंकार है और द्वितीय द्विवाक्यगत। प्रथम में प्रस्तुत और अप्रस्तुत का एकधर्माभिसंबंध होता है; द्वितीय में भी सम्बन्ध एकधर्म द्वारा ही होता है, किन्तु कथन भिन्न-भिन्न शब्दों द्वारा किया जाता है।

44. दीपक (पदार्थावृत्ति)-लाटानुप्रास–दीपक है अर्थालंकार और लाटानुप्रास शब्दालंकार। आवृत्ति दोनों में होती है शब्दार्थ की ही, पर प्रथम में तात्पर्य अथवा अभिप्राय की भिन्नता से अर्थ की भिन्नता नहीं होती है (अभिप्राय भेद होता ही नहीं है), किन्तु द्वितीय में शब्द और अर्थ की आवृत्ति में तात्पर्य अथवा अभिप्राय का भेद होना आवश्यक है। इसके अभाव में लाटानुप्रास का चमत्कार टिकही नहीं पायेगा।

45. दीपक-तुल्ययोगिता–दोनों सादृश्यगर्भ गम्यौपम्याश्रयमूलक वर्ग के पदार्थगत अर्थालंकार है। दोनों में एकधमाभिसंबंध होता है। दोनों सादृश्य, साधर्म्य पद्धति द्वारा निर्दिष्ट होते हैं। दोनों में कथन एकवाक्यगत होता है, पर दीपक में जहाँ प्रस्तुताप्रस्तुत का एकधर्माभिसंबंध होता है, वहाँ तुल्ययोगिता में मात्र प्रस्तुत का अथवा मात्र अप्रस्तुत का।

46. मालादीपक-कारणमाला–दोनों शृंखलामूलक अर्थालंकार हैं। दोनों में पूर्व-पूर्व पद का सम्बन्ध उत्तरोत्तर पद से स्थापित होता चलता हैं। मालादीपक में चमत्कार धर्मविधान द्वारा होता है, पर कारणमाला में कार्य-करण भाव द्वारा होता है। प्रथम में एकधर्माभिसंबंध होता है, द्वितीय में कार्य-कारण भाव।

47. कारणमाला-एकावली–दोनों शृंखलामूलक अर्थालंकार हैं। दोनों में पूर्व-पूर्व पद का सम्बन्ध उत्तरोत्तर पद से स्थापित होता चलता है। दोनों में चमत्कार शृंखला पर आश्रित है। कारणमाला में चमत्कार कार्य-कारण भाव का होता है, पर एकावली में विशेषण-विशेष भाव का।

48. कारकदीपक-समुच्चय–कारकदीपक सादृश्यगर्भ गम्यौपम्याश्रयमूलक अर्थालंकार है, पर समुच्चय वाक्यन्यायमूलक। प्रथम में अनेक क्रियाओं का एक कारक (कर्त्ता) द्वारा अन्वय होता है, पर उनमें पौर्वापर्य सम्बन्ध होता है; समुच्चय में अनेक गुणों या क्रियाओं या गुण क्रियाओं का एक ही साथ वर्णन होता है।

49. समुच्चय-समाधि–दोनों वाक्यन्यायमूलक अर्थालंकार है। कार्य-कारण भाव दोनों में रहता हैं समुच्चय में 'खले-कपोत न्याय' रहता हैं और समाधि में 'काकतालीय न्याय'। प्रथम में कारण तुल्य बल वाले होते हैं–कार्यसिद्धि में सबों का समान बल होता है; पर द्वितीय में दो कारणों में से एक कारण पहले से उपस्थित रहता है और दूसरा कारण अकस्मात् उपस्थित होता है, जिससे कार्य सुकर हो जाता है। प्रथम में सभी कारणों में अहमहमिका (प्रतिद्वन्द्विता) का भाव होता है, पर द्वितीय में नहीं। प्रथम में कार्यसिद्धि क होना प्रायः निश्चित-सा रहता है, पर द्वितीय में शंका का भाव बना रहता है। समुच्चय में दिखलाया जाता है कारणों का आधिक्य, पर

समाधि में हेतु की आकस्मिकता। इसी से कार्यसिद्ध होने पर समुच्चय में आश्चर्य नहीं होता है, पर समाधि में आश्चर्य का उदय स्वाभाविक है।

50. विरोधाभास-असंगति–दोनों विरोधमूलक अर्थालंकार है। विरोधाभास में दो विरोधी वस्तुएँ एक ही आश्रय में वर्णित होती हैं, पर असंगति में वैसी दो एकाश्रित वस्तुओं की, जिनमें कार्य-कारण भाव हो, भिन्नदेशता या भिन्नकालता वर्णित की जाती है। अर्थात् प्रथम में पृथक् अधिकरण वालों का समानाधिकरण्य होता है, पर द्वितीय में एकाधिकरण्य का वैयधिकरण्य। भावोत्तेजन हेतु प्रथम का चमत्कार वाच्य-वैचित्र्य भर सीमित मानना चाहिये, पर द्वितीय का चमत्कार रमणीयता-प्रतिपादक।

51. विरोधाभास-विशेषोक्ति–दोनों विरोध मूलक अर्थालंकार हैं। विरोधाभास में विरोध का केवल आभास होता है, पर विशेषोक्ति में न तो विरोध ही होता है और न विरोध का आभास ही। प्रथम में विरोध का अन्त में परिहार हो जाता है, पर विशेषोक्ति में समर्थ कारण के रहने पर भी कार्य नहीं हो पाता है।

52. विरोधाभास-विभावना–दोनों विरोधमूलक अर्थालंकार हैं। विरोधाभास में विरोध का आभास द्रव्य, गुण, क्रिया अथवा जातिगत होता है, पर विभावना में विरोध कार्य-कारणमूलक होता है। प्रथम में विरोध अवास्तविक होता है, द्वितीय में कारणभाव और कार्य का विरोध वास्तविक होता है।

53. विभावना-विशेषोक्ति–दोनों विरोधमूलक अर्थालंकार हैं। दोनों में विरोध कार्य-कारणमूलक होता है। विभावना में चमत्कार 'फल सत्त्व' के कारण होता है, पर विशेषोक्ति में फलाभाव के कारण। प्रथम में बिना कारण के कार्य का होना वर्णित होता है, पर द्वितीय में समर्थ कारण के रहने पर भी कार्य का न होना कहा जाता है। एक प्रकार से दोनों विलोम अलंकार कहे जा सकते हैं प्रथम में कथन किया जाता है केवल आरोप्यमाण का, आरोप के विषय का नहीं; द्वितीय में मात्र आरोप के विषय का, आरोप्यमाण का नहीं। प्रथम की प्रकृति होती है विधेयात्मक, पर द्वितीय की निषेधात्मक।

54. विरोधाभास-विषम–दोनों विरोधमूलक अर्थालंकार हैं। दोनों में कार्य-कारण भाव मिलता है। विरोधाभास में दो विरोध वस्तुओं का सम्बन्ध वर्णित होता है, पर विषम में अयोग्य सम्बन्धवाले वस्तुओं का सम्बन्ध। प्रथम में विरोध अवास्तविक होता है, पर द्वितीय में वास्तविक। प्रथम का चमत्कार निर्भर करता है विरोध के आभास की तीव्रता पर और द्वितीय का विरोध के आकारिक रूप की उत्तमता पर। प्रथम की प्रकृति होती है आगमनात्मक, पर द्वितीय की निगमनात्मक। प्रथम का विरोध होता है अस्थायी, पर द्वितीय का स्थायी।

55. विषम-विचित्र–दोनों विरोधमूलक अर्थालंकार हैं। कार्य-कारण भाव दोनों में होता है। विषम में 'कारण-निषेध' का अवसर 'कार्य वैपरीत्य प्रतीति' के पश्चात् आता है, पर विचित्र में 'कार्य वैपरीत्य प्रतीति' ही बाद में होती है और 'कारण निषेध' की प्रतीति पहले। पुनः प्रथम में कारण के विपरीत कार्य की स्वयं उत्पत्ति का वर्णन किया जाता है, पर द्वितीय में विपरीत फल की प्राप्ति के लिये कार्य में पुरुष-प्रयत्न का वर्णन किया जाता है।

56. विषम-अधिक–विषम विरोधमूलक अर्थालंकार है, पर अधिक लोकन्यायमूलक। कतिपय आचार्यों के अनुसार अधिक भी विरोधमूलक अलंकार के अन्तर्गत ही मान्य है। विषम में दो अननुरूप पदार्थों की संघटना मात्र का वर्णन अपेक्षित होता है, पर अधिक में आश्रयाश्रयिभाव (आधाराधेय भाव) से सम्बद्ध दो पदार्थों की संघटना का वर्णन आवश्यक माना जाता है। अधिक का चमत्कार निर्भर करता है आधार या आधेय के आधिक्य वर्णन में।

57. विशेषोक्ति-अतद्गुण–विशेषोक्ति विरोधगर्भ अलंकार है, पर अतद्गुण लोकन्यायमूलक। कारण के होने पर भी दोनों में कार्याभाव पाया जाता है। प्रथम में कारण के होते हुये भी कार्याभाव पाया जाता है, द्वितीय में अल्पगुणवाली वस्तु द्वारा उत्कृष्ट गुणवाली वस्तु से गुण-ग्रहण की सम्भावना होने पर भी गुण-ग्रहण नहीं किया जाता है। प्रथम में कार्य-कारण भाव के सामान्य सम्बन्ध में चमत्कार निहित होता है, द्वितीय में गुण-ग्रहण में ही चमत्कार रहता है।

58. व्याजोक्ति-अपहुति–व्याजोक्ति गूढ़ार्थप्रतीतिमूलक अर्थालंकार है, पर अपहुति सादृश्यगर्भ अभेदप्रधान आरोपमूलक। वास्तविकता को निगीर्ण कर अवास्तविकता का प्रकटीकरण दोनों में होता है। प्रथम में वास्तविक वस्तु स्वयं प्रकट हो जाती है, कवि उसे बाद में छिपाता है, पर द्वितीय में वास्तविक वस्तु को कवि स्वयं प्रकट कर पुनः उसे छिपाता (निबन्ध करता) है।

59. पर्यायोक्ति-व्याजस्तुति–पर्यायोक्ति सादृश्यगर्भ गम्यौपम्याश्रयमूलक अर्थालंकार है और व्याजस्तुति गूढार्थप्रतीतिमूलक। कुछ आचार्य व्याजस्तुति को भी सादृश्यगर्भ गम्यौपम्याश्रयमूलक अर्थालंकार ही मानते हैं। दोनों में वाच्यार्थ से संश्लिष्ट व्यंग्यार्थ की प्रतीति होती है। प्रथम में कार्य-कारण भाव पाया जाता है, पर द्वितीय में निन्दा-स्तुति भाव।

60. पर्यायोक्ति-अप्रस्तुतप्रशंसा–दोनों सादृश्यगर्भ गम्यौपम्याश्रयमूलक अर्थालंकार हैं। पर्यायोक्ति में वाच्यार्थ और व्यंग्यार्थ दोनों प्रस्तुत रहते है, पर अप्रस्तुतप्रशंसा में केवल वाच्यार्थ ही प्रस्तुत रहता है। प्रथम में प्रस्तुत की प्रतीति प्रस्तुत से ही होती है, जिसका आधार होता है गुणीभूतव्यंग्य; द्वितीय में प्रस्तुत की प्रतीति अप्रस्तुत से होती है, जिसका आधार होता है अवगमनव्यापार। प्रथम में प्रधानता होती है वाच्यार्थ

की, पर द्वितीय में व्यंग्यार्थ की। प्रथम में वाच्य-वाचक भाव मूलतः व्यंजना का भंग्यन्तर मात्र कहा जायेगा, जबकि द्वितीय में ऐसी बात नहीं होती है। प्रथम में कारण सदा वाच्य ही होता है और कार्य व्यंग्य पर द्वितीय में वाच्य या व्यंग्य में कोई भी कारण या कार्य हो सकता है।

61. अप्रस्तुतप्रशंसा-समासोक्ति—दोनों सादृश्यगर्भ गम्यौपम्याश्रयमूलक अर्थालंकार है। दो-दो अर्थों की प्रतीति दोनों में होती है—एक वाच्यार्थ और दूसरा व्यंग्यार्थ। प्रथम में अप्रस्तुत वाच्य रहता है और प्रस्तुत व्यंग्य, पर द्वितीय में प्रस्तुत वाच्य रहता है और अप्रस्तुत व्यंग्य। दोनों एक-दूसरे के विलोम अलंकार है। प्रथम में आरोप सम्बन्धाश्रित होता है, पर द्वितीय में यह आश्रित होता है व्यवहार की समानता पर।

62. समासोक्ति-मानवीकरण—समासोक्ति पूर्णतः भारतीय अलंकार है। पर मानवीकरण अंग्रेजी अलंकार-साहित्य से आयात है। मोटे तौर पर दोनों एक ही अलंकार प्रतीत होते है, पर दोनों में सूक्ष्म अन्तर है। प्रथम में प्रस्तुत का वर्णन पूर्णतः स्फुट रहता है, जिससे कार्य, लिंग, विशेषणसाम्य के आधार पर अप्रस्तुत की प्रतीति होती है; पर द्वितीय में प्रस्तुत का वर्णन दब-सा जाता है—अप्रस्तुत-मानवीरूप व्यापार का वर्णन ही प्रमुखता प्राप्त कर लेता है।

63. समासोक्ति-श्लेष—दोनों सादृश्यगर्भ गम्यौपम्याश्रयमूलक के वर्ग विशेषण-वैचित्र्यप्रधान अर्थालंकार है। समासोक्ति में केवल प्रस्तुत ही वाच्य रहता है, अप्रस्तुत व्यंग्य; पर अर्थश्लेष में दोनों वाच्य ही रहते हैं। प्रथम में केवल विशेषण ही श्लिष्ट रहता है, पर द्वितीय में विशेषण और विशेष्य दोनों।

64. शब्दश्लेष-अर्थश्लेष—दोनों में अर्थ श्लिष्ट रहते हैं। शब्दश्लेष में शब्द का परिवर्तन नहीं होता है। अर्थश्लेष में परिवर्तन सम्भव है। प्रथम में शब्द अनेकार्थक होते हैं, द्वितीय में एकार्थक।

65. रूपक-मानवीकरण—रूपक भारतीय अलंकार है ओर मानवीकरण पाश्चात्य अलंकार का भारतीयकरण। आरोप की क्रिया दोनों में होती है, पर रूपक का आरोप मानवीकरण के आरोप से भिन्न होता है। प्रथम के लिये यह आवश्यक नहीं कि मात्र जड़ और अरूप वस्तुओं पर ही चेतन और सरूप का (मानवी गुण क्रिया का) आरोप हो, पर मानवीकरण के लिये यह विधान आवश्यक है। प्रथम में प्रस्तुत का स्वरूप सदा स्पष्ट रहता है, पर द्वितीय में अप्रस्तुत का वर्णन ही सर्वस्त्र हो जाता है। मानवीकरण में प्रस्तुत की स्वरूपगत अस्पष्टता में ही मानवीय संकेत कथित हो चलते हैं।

66. प्रतीप-व्यतिरेक—दोनों सादृश्यगर्भ अर्थालंकार है, पर प्रतीप है भेदाभेदतुल्यप्रधान अलंकार और व्यतिरेक गम्यौपम्याश्रयमूलक। उपमान की अपेक्षा उपमेय को

अधिक महत्त्व दोनों में दिया जाता है। प्रतीप का चमत्कार निर्भर करता है उपमान के अनादर में और व्यतिरेक में उपमेय की विशिष्टता के प्रतिपादन में। प्रथम में उपमान का अनादर वाच्यरूप में होता है, पर द्वितीय में नहीं। उत्कर्ष सूचनहेतु प्रथम में उपमेय की कल्पना उपमान रूप में कर ली जाती है, पर द्वितीय में उपमेय में केवल गुणाधिक्य भर दिखलाया जाता है।

67. **परिकर-परिकरांकुर**–दोनों सादृश्यगर्भ गम्यौपम्याश्रयमूलक वर्ग के विशेषण-वैचित्र्यप्रधान अर्थालंकार हैं। दोनों का चमत्कार गुणीभूतव्यंग्य और कभी-कभी श्लेष से परिपुष्ट होता है। परिकर में साभिप्राय होता है विशेषण, पर परिकरांकुर में साभिप्राय होता है। विशेष्य। दोनों में प्रधान होता है वाच्यार्थ ही, पर प्रथम में व्यंग्य वाच्य का सदा उत्कर्षकारक होता है; द्वितीय में ऐसी बात नहीं होती, वहाँ व्यंग्य वाच्य-वैचित्र्य में निहित चमत्कार की सिद्धि का सदा अंग बन कर उपस्थित होता है।

68. **संसृष्टि-संकर**–दोनों मिश्रित अलंकार हैं। एकाधिक अलंकारों की एकत्र-स्थिति दोनों में होती है। संसृष्टि में एकाधिक अलंकार तिलतण्डुलवत् निरपेक्ष रूप में मिले रहते हैं, जिससे उनका पृथक्करण सहज ही सम्भव है, पर संकर में उसके प्रतिकूल अलंकारों का मिश्रण नीर-क्षीरवत् सापेक्ष रूप में होता है, जिससे उन्हें अलग-अलग छाँटना असंभव-सा हो आता है। तात्पर्य यह कि दोनों में अलंकारों के मिश्रण की विधि में पूर्णतः अन्तर है।

2. अलंकार-विषयक–कतिपय उक्तियाँ

क. अलंकार

1. वाचां वक्रार्थशब्दोक्तिरलंकाराय कल्पते। —भामह
(वक्रार्थ शब्दोक्ति वाणी का अलंकार बन जाती है।)
2. काव्यशोभाकरान् धर्मान् अलंकारान् प्रचक्षते। —दंडी
(काव्य-शोभा के सम्पादक-धर्म अलंकार है।)
3. सौन्दर्यमलंकारः। —वामन
(काव्य में सौन्दर्य का नाम अलंकार है।)
4. अंगाश्रितास्त्वलंकारा मन्तव्याः कटकादिवत्। —आनंदवर्द्धन
(कटक आदि के समान जो (काव्य के) अंगाश्रित है, वे अलंकार है।)
5. रसाक्षिप्ततया यस्य बन्धः शक्यक्रियो भवेत्।
अपृथग्यत्ननिर्वर्त्यः सोऽलंकारों ध्वनौ मतः।। —आनन्दवर्द्धन
(रस-कर्त्तृक-आक्षिप्त होने से जो रचना सम्भव होती है–रसों के साथ एक ही बार के प्रयत्न में जो सम्पन्न होता है, ध्वनिकार के मत से वही अलंकार है।)
6. उपकुर्वन्ति तं सन्तं येऽङ्गद्वारेण जातुचित।
हारादिवत् अलंकारास्तेऽनुप्रासोपमादयः।। —मम्मट
(अलंकार हार आदि आभूषणों के समान है, ये रस का उपकार कदाचित् करते हैं, सर्वदा नहीं; जहाँ रस नहीं है, वहाँ भी अलंकार रह सकता है।)
7. शब्दार्थपोरस्थिरा ये धर्मा; शोभातिशायिनः।
रसादीनुपकुर्वन्तोऽलंकारास्तेऽङ्गदिवत्।। —पं॰ विश्वनाथ
(अंगद आदि के समान शोभा को अतिशयित करनेवाले, रसादि के उपस्कारक और शब्दार्थ के अस्थिर धर्म ही अलंकार है।)
8. उक्ति-भेद तें होत हैं, अलंकार यह जानि। —कुलपति मिर
9. ऊपर तें भूषित करैं, जैसे तन को हार। —दास
10. भूषनवत् पद-अर्थ में अलंकार अनुमान। —लखिराम

11. जो काव्य की शोभा को बढ़ावे, वही अलंकार है।—जगन्नाथ प्रसाद भानु
12. जहाँ चमत्कार नहीं, वहाँ कोई अलंकार नहीं। – जगन्नाथ प्रसाद भानु
13. मैं अलंकार को केवल वर्णन-प्रणाली मानता हूँ; जिसके अन्तर्गत करके चाहे किसी वस्तु का वर्णन किया जा सकता है। वस्तु-निर्देश अलंकार का काम नहीं। —आ॰ शुक्ल
14. अलंकार केवल वाणी की सजावट के लिये नहीं हैं, वे भाव की अभिव्यक्ति के लिये विशेष द्वार हैं। भाषा की पुष्टि के लिये, राग की परिपूर्णता के लिये आवश्यक उपादान हैं, वे वाणी के आचार, व्यवहार, रीति-नीति हैं, पृथक् स्थितियों के पृथक् स्वरूप, भिन्न अवस्थाओं के भिन्न चित्र हैं। —पंतजी
16. अलंकार अभाव-प्रसूत है। जब काव्यकार अपने भावों को इच्छानुकूल प्रकट नहीं कर सकता, तब वह अलंकार का आश्रय लेता है। —ल. ना. सुधांशु
17. अलंकार वस्तुतः वाच्यार्थ में ही माना जा सकता है, व्यंग्यार्थ में नहीं।
18. आरोपित तथा संभावित वस्तु या तथ्य में ही अलंकार रहता है। —ल. ना. सुधांशु
19. अलंकार केवल पहले से सुन्दर वस्तु को अधिक सुन्दर बनाने के उपकरण नहीं हैं। काव्य के मौलिक स्वरूप से उनका गहरा सम्बन्ध है। —नंददुलारे वाजपेयी

ख. अलंकार का काव्य में महत्त्व

1. न कांतमपि निर्भूषं विभाति वनितामुखम्। —भामह
(सुन्दर होने पर भी भूषण के अभाव में नायिका के मुख पर कांति नहीं आती है।)
2. न नितान्तादिमात्रेण जायते चारुता गिराम्।
वक्राभिधेयशब्दोक्तिरिष्टा वाचामलङ्कृतिः।। —भामह
(वाणी के प्रकृत रूप में सुन्दरता नहीं आती, उसकी चारुता के लिये वक्र नाम की शब्दोक्ति इष्ट है।)
3. किञ्चिदाश्रयसौन्दर्याद् धत्ते शोभामसाध्वपि।
कांताविलोचनन्यस्तं मलीमसमिवाञ्जनम्।। —भामह
(कभी-कभी असाधु भी आश्रय के सौन्दर्य से शोभा प्राप्त करता है, जिस प्रकार कांता के नेत्रों में लगा हुआ काला अंजन।)
4. गतोऽस्तमर्को भातीन्दुर्यान्ति वासाय पक्षिनः।

इत्येवमादि किं काव्यं वार्तामेव प्रचक्षते।। —भामह

(सूर्य छिप गया, चन्द्रमा शोभित हो रहा है, पक्षी अपने नीड़ों को जा रहे हैं—इत्यादि में काव्यत्व क्या है? यह तो वार्ता या यथार्थ कथन है।)

5. काव्यं कल्पान्तरस्थायी जायते सदलंकृति। —दंडी

(सदलंकृत काव्य ही चिरस्थायी होता है।)

6. काव्यं ग्राह्ममलंकारात्। —वामन

(अलंकार के कारण ही काव्य ग्राह्म होता है।)

7. तदतिशयहेतवस्त्वलंकाराः। —वामन

(उस काव्यशोभा के अतिशायी धर्म अलंकार है।)

8. युक्तेरिव रूपमङ्गं काव्यं, स्वदते शुद्धगुणं तदप्यतीव।
विहितप्रणयं निरन्तराभिः सदलंकारविकल्पकल्पनाभिः।।
यदि भवति वचश्च्युतं गुणोभ्यो, वपुरिव यौवनवन्ध्यमङ्गनाया।
अपि जनदयतानि दुर्भगत्वं, नियतमलंकरणानि संश्रयन्ते।। —वामन

(युवती के रूप के समान अलंकाररहित काव्य भी रुचिकर होता है एवं सालंकार-सगुण काव्य युवती के विभूषित रूप के समान अति आह्लादकारक होता है, किन्तु युवती के कुरूप शरीर के समान गुणरहित काव्य में उत्तम आभूषण भी भद्दे लगते हैं।)

9. अलंकाररहिता विधवेव सरस्वती। —अग्निपुराण

(अलंकाररहित सरस्वती विधवा के समान है।)

10. सालंकारस्य काव्यता। —कुन्तक

(सालंकार शब्दार्थ काव्य है।)

11. अलंकृतमपि श्रव्यं न काव्यं गुणवर्जितम्।
गुणयोगस्तायोर्मुख्यो गुणलंकारयोगयोः।। —भोजराज

(गुणवर्जित काव्य अलंकृत होने पर भी कर्णप्रिय नहीं लगता; गुण और अलंकार के योगों में गुणयोग मुख्य है।)

12. उचितस्थानविन्यासाद् अलंकृतिरलंकृतिः। —क्षेमेन्द्र

(उचित स्थान पर धारण करने से ही अलंकार शोभाकारक होते हैं।)

13. अंगीकरोति यः काव्यं शब्दार्थावनलंकृती।
असौ न मन्यते कस्मादनुष्णमनलंकृती।। —जयदेव

(जो कृती अलंकार-शून्य शब्दार्थ में काव्यत्व स्वीकार करता है, वह अग्नि में ठंढक को क्यों नहीं मानता।)

14. जदपि सुजाति सुलक्षणी, सुबरन सरस सुवृत्त।
भूषन बिनु न बिराजई, कविता बनिता मित्त।। —आ॰ केशव

15. कविता कामिनी सुखद प्रद, सुबरन सरस सुजाति।
अलंकार पहिरे अधिक, अद्भुत रूप लखाति।। —देवकवि

16. चरन बरन लच्छन ललित, रचि रीझैं करतार।
बिन भूषण नहिं भूषई, कविता-वनिता चार।। —दूलह कवि

17. सगुन सभूषन सुभ सरस, सुपद सुचरन सराग।
इमि कविता अरु कामिनी, लहै जु सो बड़भाग।। —पद्माकर

18. अलंकार काव्य का हृदय स्वरूप है, क्योंकि उसका आभास हृदय में ही होता है। —जगन्नाथ प्र० भानु

19. अलंकारहीन काव्य नग्न कहलाता है। —जगन्नाथ प्रसाद भानु

20. कविता करने में अलंकारों को बलात् लाने का प्रयत्न न करना चाहिये।
—आ० महावीर प्र० द्विवेदी

21. जब तक अलंकार भीतरी उत्साह के द्योतक होते हैं तब तक तो वे शोभा के उत्पन्न करने वाले या बढ़ाने वाले कहे जा सकते हैं, किन्तु जब वे रूढ़ि या परम्परामात्र रह जाते है, तभी वे भार-रूप दिखाई देने लगते हैं।
—गुलाबराय

22. अलंकार की सबसे बड़ी कसौटी यही है कि काव्य में हम किसी उक्ति व्यंजना की पूर्णताया और बोधगम्यता पर ही ध्यान देते हैं, उसमें अलंकारत्व नहीं खोजते। —ल. ना. सुधांशु

23. काव्य में चमत्कार-विधान के लिये अलंकार का प्रयोजन है, इस बात को कोई अस्वीकृत नहीं कर सकता। —ल. ना. सुधांशु

ग. आद्यालंकार और अलंकारोत्तम

1. सैषा सर्वैव वक्रोक्तिरनयार्थो विभाव्यते।
यत्नोऽस्यां कविना कार्यः कोऽलंकारोऽनया विना।। —भामह
(वह सब वक्रोक्ति ही है जिससे अर्थ में आभा आती है, कवि को इसके निमित्त प्रयत्नशील रहना चाहिये, इसके अभाव में किस अलंकार का अस्तित्व सम्भव है।)

2. स्वभावोक्तिश्च जातिश्चेत्याद्या सालंकृतिर्यथा। —दंडी
(स्वभावोक्ति या जाति आद्यालंकार है।)

3. अपहृत्यान्यालंकारलावण्यातिशयश्रियः।
उत्प्रेक्षा प्रथमोल्लेखजीवित्वेन जृम्भते।। —कुन्तक
(अन्य अलंकारों की विशेष श्री का अपहरण करनेवाली उत्प्रेक्षा ही सर्वप्रथम उल्लेखयोग्य है।)

4. उपमैवानेकप्रकारवैचित्र्येणानेकालंकारबीजभूतेति प्रथमं निर्दिष्टा। –रुय्यक
(अनेक प्रकार की विचित्रता से युक्त उपमा ही अनेक अलंकारों का बीज है, इसलिये यह सर्वप्रथम निर्दिष्ट है।)

5. अलंकारशिरोरत्नं सर्वस्वं काव्यसम्पदाम्।
उपमा कविवंशस्य मतैवेति मतिर्मम।। –राजशेखर
(सम्पूर्ण अलंकारों में उपमा शिरोभूषण के समान काव्य-सम्पति है और कविवंश की माता के समान है।)

6. उपमैषा शैलूषी सम्प्राप्त चित्रभूमिकाभेदान।
रञ्जयति काव्यरंगे नृत्यन्ती तद्विदां चेतः।। –अप्पयदीक्षित
(काव्य की रंगभूमि पर अनेक भूमिका-भेदों से विविधरूपों में, उपमा-नटी सभी काव्य-रसिकों का मनोरंजन करती है।)

7. विपुलालंकारांतर्वर्तिनी उपमा। –पंडितराज जगन्नाथ
8. सो उपमा सिरमौर। –कुलपति मिश्र
9. सु समासोकति सो जानिये, अलंकार सिरमौर। –देवकवि
10. अलंकार में मुख्य है, उपमा और सुभाव। –देवकवि
11. सकल अलंकारन विषै, उपमा अंग लखाहि।। –देवकवि

घ. अलंकार और रस

1. कामं सर्वोऽप्यलंकारो रसमर्थे निषिञ्चति। –दंडी
(सभी अलंकार अर्थ में रस का पर्याप्त सिंचन करते हैं।)

2. अलंकारो ही बाह्यालंकारसाम्याद् अंगिनश्चारुत्वहेतुरुच्यते।
–आनंदवर्द्धन
(बाह्य अलंकार के समान ही अलंकार अंगीरस के चारुत्व हेतु है।)

3. उपकुर्वन्ति तं सन्तं येऽङ्गद्वारेण जातुचित्। –मम्मट
(अलंकार रस का उपकार कदाचित् ही करते हैं, सर्वदा नहीं।)

4. हारादिवद् अलंकारः सन्निवेशोः मनोहरः। –जयदेव
(हारादि के समान अलंकार का (काव्य अथवा रस में) योग मनोहर होता है।)

5. उत्कर्षहेतवः प्रोक्ता गुणालंकाररीतया :। –पं॰ विश्वनाथ
(गुण, अलंकार और रीति काव्य में रस के उत्कर्षकार है।)

6. सो रस बरसत भाववस, अलंकार अधिकार। –देवकवि
7. रसहिं बढ़ावे होय जहँ, कबहुक अंग निवास। –कुलपति मिश्र
8. रस कविता को अंग, भूषण है भूषण सकल। –दास
9. रस के भूषित करन तें, गुण बरने सुखदानि।
गुण-भूषण अनुमानि कैं, अनुप्रास उर आनि।। –दास

ड. अलंकार-अलंकार्य

1. अलंकारकृतां येषां स्वभावोक्तिरलंकृतिः।
   अलंकार्यतया तेषां किमन्यद् अवतिष्ठते।। —कुन्तक
   (जिन आचार्यों के अनुसार स्वभावोक्ति भी अलंकार ही है, उनके अनुसार फिरये अलंकार्य क्या रह गया।)
2. अलंकार-अलंकार्य का भेद मिट नहीं सकता। —आ॰ शुक्ल
3. दोनों (अलंकार-अलंकार्य) में व्यवहारगत भेद न मानने से न केवल साहित्य-शास्त्र, वरन् भावशास्त्र और विचारशास्त्र का भी अस्तित्व लुप्त हो जाता है। —डा. नगेन्द्र

च. अलंकारों की संख्या

1. ते चाद्यापि विकल्प्यन्ते कस्तान् कात्स्र्न्येन वक्ष्यति। —दंडी
   (वे (अलंकार) प्रतिदिन नये-नये बनते हैं, अतः उनका समग्र भाव से निरूपित करना अक्षम है।)
2. अनन्ता हि वाग्विकल्पास्तत्प्रकारा एव चालंकाराः। —आनन्दवर्द्धन
   (वाणी की अनन्त शैलियाँ है और उतने ही अलंकार के प्रकार हैं।)
3. अलंकार शब्दार्थ के, कहे एक सौ आठ। —जसवन्त सिंह
4. मुख्य गौन विधि भेद करि, हैं अर्थालंकार।
   मुख्य कहौ चालीस विधि, गौन सु तीस प्रकार।। —देवकवि
5. भूषण छियासी अर्थ के। —दास
6. एकादस अरु एक शत, मुख्य अलंकृत रूप। —रसरूप
7. ये शैलियाँ न जाने कितनी हो सकती हैं, अतः यह नहीं कहा जा सकता कि जितने अलंकारों के नाम ग्रंथों में मिलते हैं उतने ही अलंकार हो सकते हैं। —आचार्य शुक्ल
8. अलंकारों की संख्या न निश्चित है, औन न निश्चित की जा सकती है।
   —लक्ष्मी नारायण सुधांशु

छ. अलंकार और प्रतीक

1. हमारे काव्यों में प्रतीकों के प्रतीकवत् व्यवहार बहुत ही कम हुआ करते हैं। वे प्रायः अलंकार-प्रणाली के भीतर उपमान के रूप में प्रयुक्त किये गए हैं।

   —लक्ष्मी नारायण सुधांशु

3. सहायक ग्रन्थों की सूची

संस्कृत-ग्रन्थ

1. काव्यालंकार–भामह–चौखम्भा संस्कृत सीरीज
2. काव्यादर्श–दंडी–चौखम्भा विद्या भवन, काशी
3. काव्यालंकारसूत्रवृत्ति–वामन–ओरिएंटल बुक एजेन्सी, पूना
4. काव्यलंकारसारसंग्रह–उद्‌भट–सं॰ नारायणदास वनहट्टी
5. काव्यलंकार–रुद्रट–निर्णय सागर प्रेस
6. ध्वन्यालोक–आनन्दवर्द्धन–कुप्पुस्वामी शास्त्री, रिसर्च इन्सटीट्यूट
7. वक्रोक्तिजीवितम्–कुन्तक–सं॰ डा. सुशीलकुमार दे
8. सरस्वती कण्ठाभरणम्–भोज–निर्णय सागर प्रेस
9. अलंकार सर्वस्वम्–रुय्यक–शारदा-भवन, काशी
10. काव्य प्रकाश–मम्मट–चौखम्भा
11. चन्द्रालोक–जयदेव–चौखम्भा संस्कृत सीरीज
12. साहित्य दर्पण–पं॰ विश्वनाथ–चौखम्भा विद्या भवन, काशी
13. कुवलयानन्द–अप्पयदीक्षित–चौखम्भा विद्या भवन, काशी
14. रस गंगाधर–पंडितराज जगन्नाथ–चौखम्भा विद्या भवन, काशी
15. अग्निपुराण का काव्यशास्त्रीय भाग–श्री रामलाल वर्मा
16 अभिनव नाट्यशास्त्र–श्री सीताराम चतुर्वेदी

हिंदी-ग्रन्थ

1. प्रिया प्रकाश–सं॰ लाला भगवानदीन
2. केशवदास ग्रन्थावली–सं॰ आ॰ विश्वनाथप्रसाद मिश्र
3. मतिराम ग्रन्थावली–गंगा पुस्तकालय, लखनऊ
4. भाषा-भूषण–सं॰ आ॰ विश्वनाथप्रसाद मिश्र
5. भूषण-ग्रन्थावली–सं॰ आ॰ विश्वनाथप्रसाद मिश्र
6. पद्माकर-ग्रन्थावली–सं॰ आ॰ विश्वनाथप्रसाद मिश्र
7. कवि-कुल कंठाभरण–दुलारे लाल भार्गव
8. कवि-कुल कल्पतरू–नवल किशोर प्रेस, लखनऊ
9. रस रहस्य–इंडियन प्रेस लि., प्रयाग

10. भिखारीदास ग्रन्थावली—सं॰ आ॰ विश्वनाथ प्रसाद मिश्र
11. काव्य-प्रभाकर—लक्ष्मी वेंकटेश्वर छापाखाना, कल्याण
12. भारती भूषण—भारती भूषण कार्यालय, काशी
13. अलंकार पीयूष—(दोनों भाग) डा. रामशंकर शुक्ल रसाल
14. अलंकार मंजूषा—लाला भगवानदीन
15. अलंकार मंजरी (काव्य कल्पद्रुम-दूसरा भाग)—सेठ कन्हैयालाल पोद्दार
16. अलंकार मुक्तावली—प्रो॰ देवेन्द्रनाथ शर्मा
17. काव्यांग कौमुदी—(तृतीय कला) आ॰ विश्वनाथ प्रसाद मिश्र
18. वाङ्गमय विमर्श—आ॰ विश्वनाथ प्रसाद मिश्र
19. काव्य दर्पण—पं॰ रामदहिन मिश्र
20. अलंकार प्रकाश—रामचन्द्र पाठक
21. अलंकार मीमांसा—मुरली मनोहरप्रसाद सिंह
22. काव्यशास्त्र की रूपरेखा—श्यामनन्दन शास्त्री
23. पद्माभरण-स्व सम्पादित
24. हिंदी साहित्यः युग —(औरकारा)—स्वलिखित
25. रीति काव्य की भूमिका—डा. नगेन्द्र
26. अरस्तू का काव्यशास्त्र—डा. नगेन्द्र
27. काव्य में अप्रस्तुत योजना—पं॰ रामदहिन मिश्र
28. काव्य में अभिव्यंजनावाद—लक्ष्मीनारायण सुधांशु
29. पाश्चात्य काव्यशास्त्र की परम्परा—डा. नगेन्द्र
30. साहित्य सिद्धान्त—राम अवध द्विवेदी
31. हिंदी अलंकार साहित्य—डा. ओमप्रकाश
32. हिंदी कविता और उसका सौन्दर्य—डा. ओमप्रकाश
33. आधुनिक हिंदी कविता में अलंकार विधान—डा. जगदीश नारायण त्रिपाठी
34. रस मीमांसा—आ॰ शुक्ल
35. चिंतामणि—(दूसरा भाग)—आ॰ शुक्ल
36. तुलसीदास—आ॰ शुक्ल
37. हिंदी साहित्य कोश (प्रथम खंड)—ज्ञानमंडल लिमिटेड, काशी
38. संस्कृत आलोचना—बलदेव उपाध्याय
39. भारतीय साहित्यशास्त्र—बलदेव उपाध्याय
40. भारतीय काव्यांग—डा. सत्यदेव चौधरी
41. काव्यशास्त्र—डा. भगीरथ मिश्र
42. सिद्धांत और अध्ययन—गुलाबराय

43. हिंदी साहित्य पर आँग्ल प्रभाव--रवीन्द्र सहाय वर्मा
44. हिंदी साहित्य का वृहत् इतिहास (षष्ठ भाग)–सं॰ डा. नगेन्द्र (रीतिकाल)
45. हिंदी साहित्य का इतिहास–आ॰ शुक्ल
46. हिंदी साहित्य का अतीत (दूसरा भाग)–आ॰ विश्वनाथप्रसाद मिश्र
47. हिंदी काव्यशास्त्र का इतिहास–डा. भगीरथ मिश्र
48. साहित्य की वर्तमान धारा–प्रो॰ जगन्नाथ प्रसाद मिस्र
49. हिंदी रीति परम्परा के प्रमुख आचार्य–डा. सत्यदेव चौधरी
50. साहित्य विज्ञान–डा. गणपतिचन्द्र गुप्त

अँग्रेजी ग्रन्थ

1. हार्रठवेज एंड वाईवेज ऑफ लिटरेरी क्रिटिसिज्म इन संस्कृत–कुप्पू स्वामी
2. स्टडीज ऑन सम कान्सैप्ट्स ऑफ दि अलंकारशास्त्र–दि आद्यार लाइब्रेरी
3. पोयट्री एंड एक्सपीरिएंस–आर्कीवाल्ड मैक्लिश
4. दि रोमांटिक इमैजिनेशन–सी॰ एम॰ बाँवरा
5. दि सायन्स ऑफ इमोशन्स–भगवानदास
6. फिगर्स ऑफ स्पीच और फिगर्स ऑफ थॉट्–ए॰ के॰ कुमारस्वामी
7. सायकॉलॉजी ऑफ सेक्स–हैवलॉक एलिस
8. एस्थेटिक्स–क्रोचे
9. एलीमेन्ट्स ऑफ रेटोरिक्स–व्हाटले
10. दि सिम्बोलिस्ट मूवमेन्ट इन लिटरेचर–ए. साइमन्स
11. दि पोयटिक पैटर्न–रोबिन स्केलट्न
12. जूनियर ऑक्सफोर्ड एन्साइक्लोपीडिया–व्हौल्यूम 7।

पत्र-पत्रिकायें

1. आलोचना–त्रैमासिक–काव्यालोचन शेषांक
2. अवन्तिका–मासिक–काव्यालोचनांक
3. साहित्य–त्रैमासिक
4. कल्पना–मासिक

उपर्युक्त सूची में कविता की पुस्तकों के नाम नहीं दिये गये हैं।